INTÉRPRETES DO BRASIL

AGNALDO DOS SANTOS

ALEXANDRE DE FREITAS BARBOSA

ÂNGELA ANTUNES

ANGÉLICA LOVATTO

ANTONIO CARLOS MAZZEO

CARLOS MALLORQUÍN

EVERALDO DE OLIVEIRA ANDRADE

FABIO BETIOLI CONTEL

FLÁVIO AGUIAR

GUILLERMO ALMEYRA

HAROLDO CERAVOLO SEREZA

ISA GRINSPUM FERRAZ

JOÃO QUARTIM DE MORAES

LINCOLN SECCO

LUIZ BERNARDO PERICÁS

MARCELO RIDENTI

MARCOS DEL ROIO

MARCOS SILVA

MARIA CÉLIA WIDER

MARIO HELIO GOMES DE LIMA

MÁRIO MAESTRI

MARISA MIDORI DEAECTO

MILTON PINHEIRO

PAULO ALVES JUNIOR

PAULO DOUGLAS BARSOTTI

PAULO RIBEIRO DA CUNHA

RICARDO BIELSCHOWSKY

THIAGO LIMA NICODEMO

INTÉRPRETES DO BRASIL

LUIZ BERNARDO PERICÁS
E LINCOLN SECCO (ORGS.)

clássicos, rebeldes e renegados

Copyright © Boitempo Editorial, 2014

Coordenação editorial
Ivana Jinkings

Edição
João Alexandre Peschanski

Assistência editorial
Livia Campos e Thaisa Burani

Preparação
Denise Roberti Camargo

Revisão
Marisa Rosa Teixeira

Diagramação
Antonio Kehl

Capa
David Amiel

Coordenação de produção
Juliana Brandt

Assistência de produção
Livia Viganó

CIP-BRASIL. CATALOGAÇÃO NA PUBLICAÇÃO
SINDICATO NACIONAL DOS EDITORES DE LIVROS, RJ

I 1

Intérpretes do Brasil : clássicos, rebeldes e renegados /
organização Luiz Bernardo Pericás , Lincoln Ferreira Secco. -
1. ed. - São Paulo : Boitempo, 2014.
416 p. ; 23 cm.

ISBN 978-85-7559-359-2

1. Intelectuais - Brasil - Biografia. I. Pericás, Luiz Bernardo,
1969-. II. Secco, Lincoln

13-07606
CDD: 920.9305552
CDU: 929:316.343652

É vedada a reprodução de qualquer
parte deste livro sem a expressa autorização da editora.

1ª edição: março de 2014; 2ª reimpressão: fevereiro de 2025

BOITEMPO
Jinkings Editores Associados Ltda.
Rua Pereira Leite, 373
05442-000 São Paulo SP
Tel.: (11) 3875-7250 | 3872-6869
editor@boitempoeditorial.com.br | boitempoeditorial.com.br
blogdaboitempo.com.br | youtube.com/tvboitempo

Sumário

APRESENTAÇÃO 9

OCTÁVIO BRANDÃO 13
João Quartim de Moraes

HEITOR FERREIRA LIMA 27
Marcos Del Roio

ASTROJILDO PEREIRA 39
Antonio Carlos Mazzeo

LEÔNCIO BASBAUM 59
Angélica Lovatto

NELSON WERNECK SODRÉ 79
Paulo Ribeiro da Cunha

IGNÁCIO RANGEL 99
Ricardo Bielschowsky

RUI FACÓ 117
Milton Pinheiro

EVERARDO DIAS 129
Marcelo Ridenti

SÉRGIO BUARQUE DE HOLANDA 139
Thiago Lima Nicodemo

GILBERTO FREYRE 153
Mario Helio Gomes de Lima

CÂMARA CASCUDO 169
Marcos Silva

JOSÉ HONÓRIO RODRIGUES 181
Paulo Alves Junior

CAIO PRADO JÚNIOR 193
Luiz Bernardo Pericás • Maria Célia Wider

EDGARD CARONE... 215
Marisa Midori Deaecto • Lincoln Secco

FLORESTAN FERNANDES... 227
Haroldo Ceravolo Sereza

RUY MAURO MARINI... 239
Guillermo Almeyra

JACOB GORENDER 253
Mário Maestri

ANTONIO CANDIDO 275
Flávio Aguiar

CELSO FURTADO 287
Carlos Mallorquín

RÔMULO ALMEIDA 305
Alexandre de Freitas Barbosa

DARCY RIBEIRO... 325
Agnaldo dos Santos • Isa Grinspum Ferraz

MÁRIO PEDROSA.. 337
Everaldo de Oliveira Andrade

MAURÍCIO TRAGTENBERG 357
Paulo Douglas Barsotti

PAULO FREIRE... 377
Ângela Antunes

MILTON SANTOS.. 393
Fabio Betioli Contel

OS AUTORES.. 411

APRESENTAÇÃO

O pensamento radical no Brasil ganha impulso e se firma no país, dentro do processo de modernização conservadora, como tentativa de solucionar os dilemas nacionais postos pela revolução brasileira desde o começo da década de 1920.

Ainda que seja possível identificar autores críticos e visionários com profundas inquietações sociais no período imediatamente anterior àquele decênio, foram "momentos" definidores como o modernismo, o tenentismo e a Revolução de 1930 que, de fato, simbolizaram a rotação intelectual acentuada da geração de revolucionários brasileiros surgida logo após o primeiro pós-guerra.

Antes de 1922, os críticos sociais eram, em grande medida, vozes isoladas e dissonantes no painel político e intelectual brasileiro (o médico sergipano Manoel Bonfim, por exemplo, é um dos que se posicionavam em defesa das classes desprotegidas). A partir da fundação do Partido Comunista do Brasil (PCB), da Semana de Arte Moderna e dos levantes dos tenentes (1922), uma nova leva de artistas e intelectuais engajados e comprometidos com projetos estéticos, políticos e sociais transformadores se dinamizou, ganhou força e se consolidou como um grupo amplo, com maior capilaridade, penetração cultural e autoridade para vocalizar as expectativas de fatias menos privilegiadas da sociedade.

Nesse sentido, a Revolução de Outubro, em 1917, e a constituição do Comintern, em 1919, também exerceram, sem dúvida, um papel fundamental (não só no Brasil, como em toda a América Latina) entre aqueles que aderiram ao marxismo como uma importante ferramenta teórica de interpretação e transformação do país.

Nos anos 1920 e 1930, o Brasil testemunhou toda uma "geração" pioneira no que diz respeito à busca por explicações para a opressão e a miséria que sofriam os setores mais explorados da nossa população desde o período colonial. De escravos a proletários, as massas oprimidas estiveram no centro das discussões. Havia um claro anseio por respostas aos dilemas do Brasil com base em interpretações inovadoras (que iriam, finalmente, colocar em lugar de destaque as camadas populares), assim como uma necessidade de intervir politicamente na realidade concreta para ulteriormente mudar o painel socioeconômico nacional.

A leitura da história brasileira acompanhou as duas primeiras gerações que compõem este livro. Mesmo entre sociólogos e críticos literários a perspectiva adotada era muitas vezes a da sociologia diferencial, do folclore ou da história da literatura.

Parte dessa primeira geração (assim como alguns estudiosos de décadas posteriores), devido ao seu engajamento orgânico, incômodo para as elites intelectuais das classes dominantes, alojadas ou não nas universidades, foi relegada ao ostracismo ou simplesmente desprezada, muitas vezes até mesmo por organizações de esquerda, ora por não se enquadrar nos cânones, ora por ser contrária à abordagem marxista.

Esta coletânea incorpora os renegados, normalmente esquecidos como pensadores do Brasil. Tais autores não eram (e, em alguns casos, ainda não são) aceitos ou incorporados pelo mundo acadêmico e eram (ou continuam sendo) marginalizados. Apesar de possíveis limitações interpretativas, foram não apenas pioneiros, mas importantes intelectuais e dirigentes partidários, homens como Octávio Brandão, Heitor Ferreira Lima, Astrojildo Pereira, Leôncio Basbaum, Rui Facó e Everardo Dias.

Esses pensadores discorreram sobre temas tão variados como a literatura, a cultura, a economia e a política, mas os trabalhos de alguns deles, ainda assim, foram vistos como "menores" e nunca receberam o devido respeito ou atenção do mundo acadêmico. Algo parecido pode ser dito de um *scholar* de grande importância, José Honório Rodrigues, um desbravador nos estudos acerca das relações e dos vínculos etnico culturais entre Brasil e África que produziu uma sólida e extensa análise da independência em cinco volumes (além de uma vasta bibliografia sobre temas diversos, que iam da teoria e metodologia a obras de referência e edições de textos), assim como Edgard Carone, expoente da história documental da república. Até mesmo Nelson Werneck Sodré, um dos maiores intelectuais da esquerda brasileira do século XX e autor de uma obra historiográfica monumental, é muitas vezes relegado a um posto secundário na academia. Ruy Mauro Marini, por sua vez, tem sido cada vez mais lido e discutido, particularmente de alguns anos para cá, e seu legado teórico ganha lentamente uma posição de destaque, em especial entre os movimentos sociais e partidos progressistas

Alguns dos nomes escolhidos para figurar nesta coletânea tiveram certa acolhida e receptividade por parte do *establishment*, ainda que com restrições. Contudo, mesmo que tenham recebido a devida deferência, geram polêmica até hoje. Vários desses intelectuais atuaram *fora* da academia e, em alguns casos, eram militantes, como Caio Prado Júnior e Jacob Gorender, ainda que suas vozes

APRESENTAÇÃO

tenham sido ouvidas por um número maior de pessoas e suas teses, recebido maior atenção da intelectualidade nacional do que a de membros do PCB da primeira geração.

Há também casos como o de Maurício Tragtenberg, que apesar de ser professor universitário sempre foi um *outsider*, um "radical" para a maioria de seus colegas. Assim como Mário Pedrosa, que, mesmo sendo ligado a um círculo de artistas e literatos de renome, atuou tanto em organizações políticas de esquerda como na grande imprensa, e se aprofundou em temas tão variados como arquitetura e pintura. Todos eles, de qualquer forma, nunca descolaram seus trabalhos do mundo em que viviam e tinham em seus estudos o objetivo de *entender a realidade para mudá-la*. Muitos chegaram a sacrificar a vida pessoal e profissional para pôr em prática suas ideias.

Equivocados ou não, o fato é que a compreensão do processo histórico e da dinâmica de luta de classes, no campo ou na cidade, nunca foi um fim em si mesmo, mas uma ferramenta necessária para que pudessem avaliar corretamente o painel social do Brasil de sua época para, então, nele intervir.

Por fim, agregam-se aqui alguns autores considerados "clássicos" pelo *establishment* acadêmico. Em verdade, todos os que figuram nesta obra poderiam, de certa forma, ser classificados assim. Nesse caso, designamos os "consagrados", ou seja, aqueles "intérpretes" plenamente incorporados ao pensamento nacional, que são constantemente citados e discutidos no país e já têm seus nomes consolidados no debate dentro das universidades. São, bem ou mal, autores de teorias e interpretações vistas como basilares e influentes nos pensamentos político, econômico e historiográfico do Brasil. Alguns desses homens transitaram entre os postos na administração pública e no ensino superior e, por vezes, tentaram aplicar na prática (mesmo que a partir de um cargo burocrático no Estado ou em instituições internacionais) o resultado de seus estudos para também interferir na realidade em que viviam. Celso Furtado, Darcy Ribeiro, Milton Santos, Sérgio Buarque de Holanda, Gilberto Freyre, Câmara Cascudo, Florestan Fernandes, Ignácio Rangel e Paulo Freire são apenas alguns deles. Já Rômulo Almeida é quase um desconhecido e, aqui, ganha o espaço necessário para que seja resgatado pelas novas gerações. Isso sem falar de Antonio Candido, ainda em atividade.

Como toda coletânea, esta também será incompleta. Afinal, sempre faltarão nomes que, de uma forma ou de outra, deram contribuições para se conhecer e "mudar" o Brasil. Em todas as décadas do século passado surgiram estudiosos que se debruçaram sobre a realidade brasileira, e nem todos estão representados neste volume. De qualquer modo, os autores escolhidos certamente compõem um panorama bastante rico e amplo dos pensamentos social e historiográfico nacional da década de 1920 até o começo dos anos 1990, alguns dos quais foram muito pouco discutidos em outras obras do gênero.

Acreditamos que este livro é um aporte importante sobre vários intelectuais emblemáticos e suas teorias. Para isso, pudemos contar com a generosa colaboração de diversos estudiosos que se dispuseram a escrever sobre os pensadores e "intérpretes" do Brasil. A eles o nosso agradecimento.

Os organizadores

OCTÁVIO BRANDÃO

João Quartim de Moraes

Octávio Brandão nasceu em Viçosa, Alagoas, no dia 12 de setembro de 1896. Perdeu a mãe quando tinha apenas quatro anos e o pai quando tinha quinze. No longo e precioso depoimento sobre sua vida, feito para o Centro de Pesquisa e Documentação de História Contemporânea do Brasil (CPDOC)[1], ele explicou que Viçosa era uma "cidade muito pequeno-burguesa, cercada de latifúndios [e] engenhos de açúcar", e o pai, um "prático de farmácia", era "democrata, progressista, um homem de ideias muito avançadas para a época". Mas o traço do pai que ele mais reteve foi a coragem moral. Ao menos, é o aspecto que ele enfatiza ao contar um episódio provocado pela boataria que acompanhou, nas regiões mais distantes da capital, a notícia de que a república tinha sido proclamada:

> Não havia telégrafo; não havia estrada de ferro. Então, os pequeno-burgueses urbanos reuniram-se na Câmara Municipal e proclamaram sua adesão à república. Bom; até aí, nada demais. Na hora dos triunfadores, sempre aparecem os oportunistas. O diabo é que Viçosa ficava longe, no interior, e um dia chegou a notícia: d. Pedro II recompôs a monarquia. E todos começaram a dizer: "Estamos perdidos, vamos ser enforcados, porque fizemos um documento público". [...] Foram a meu pai para ele retirar a assinatura. Estava lá: Manuel Correia de Melo Rego. Mas meu pai respondeu: "Não; eu coloquei a assinatura; agora, acabou-se. Prefiro ser enforcado a retirar a assinatura. Então ele deu coragem aos outros pequeno-burgueses e ficou o dito pelo não dito".

Da mãe, sobraram-lhe poucas imagens conscientes. A mais viva, e por uma cruel mas não rara ironia, é a de sua morte. A caminhada ao cemitério ficou gravada

---

[1]   As passagens entre aspas, salvo indicação em contrário, foram extraídas de *Octávio Brandão (depoimento, 1977)*, Rio de Janeiro, CPDOC, 1993.

na memória do menino ainda mal entrado na vida. Quando cresceu, foi atrás da imagem que a mãe deixou em suas amigas:

"Chegava num lugar e perguntava: 'A senhora conheceu dona Maroquinha, da Farmácia Popular, rua do Juazeiro?' Ela dizia: 'Ah, eu conheci'. E eu perguntava: 'Como era dona Maroquinha?' Ela respondia: 'Era uma maravilha de mulher'. Para as amigas ficou aquela recordação."

Em 1912, estudou farmácia por três anos em Recife. O interesse pelas ciências naturais (teoria e prática, como ele salienta) levava-o pelos "arredores de Recife para estudar botânica, mineralogia, geologia". Lia o que encontrava da "literatura universal" e conheceu "os hindus, o *Rig-Veda*, que é o mais bonito dos quatro Vedas". Leu também o *Sa Kuntale*[2], do qual "eu guardo esse exemplar", conforme disse na entrevista realizada em 1977 ao CPDOC. "Eu admirei muito os hindus", acrescenta, mas "fui procurando os materialistas, aqui, ali e acolá". Não tardou muito a achá-los.

Seu nunca desmentido amor à natureza, inseparável para ele do amor à humanidade e ao conhecimento científico, levou-o – mais de meio século antes de a ecologia se tornar moda e assegurar prestígio cultural aos amigos da natureza, sinceros ou pretensos – a percorrer numa canoa as lagoas Mundaú e Manguaba, além dos muitos canais que recortam sua terra. Também o encantava a beleza do rio Paraíba, "no meio dos pedregais", dos canaviais e das matas:

> Uma coisa raríssima na história do Brasil a gente encontrar matas virgens. Uma dessas, subindo a serra Dois Irmãos, atravessei com um grupo de amigos: seis horas subindo e abrindo caminho com um facão, porque de outra forma não era possível dar um passo – aquele entrelaçamento de cipós, da base até lá em cima, eram matas virgens. Agora estive em Itatiaia e vi lá matas bonitas, mas os paus são finos, quer dizer, são recentes, e a mata não é virgem.

Dessa apaixonada, mas lúcida, intimidade com a terra, a água e a mata, em que a sensibilidade poética e a curiosidade científica reforçavam-se reciprocamente, resultou o seu primeiro livro, *Canais e lagoas*. Não foi sua estreia literária: mal saído da adolescência, Brandão vinha compondo artigos para o *Semana Social*, um modesto jornal de Maceió produzido por Antônio Bernardo Canelas. "Ele era tipógrafo, jornalista, doutor, escritor, tudo." Canelas não estudava. "Acreditava demais na própria intuição, mas era muito inteligente. Tinha antenas; pegava as coisas no ar." Faltava-lhe apenas dinheiro: "deixava de comer para [...] poder comprar papel"; dormia num cantinho, junto às caixas de peças do tipógrafo. Quando o governo brasileiro, a reboque dos impérios liberais, declarou guerra à Alemanha,

---

[2] A grafia da transcrição feita pelo CPDOC não é correta. *Shakuntala* (e não *Sa Kuntale*), que significa "criada pelos pássaros", é a forte figura feminina que intitula um célebre drama de um dos maiores poetas indianos, Kalidasa (e não Kalidaga, como está no depoimento), que viveu provavelmente no século V.

o *Semana Social* replicou: "Abaixo à guerra imperialista". Somente em Maceió, no Rio de Janeiro e em São Paulo, houve protestos contra a guerra. "A esmagadora maioria dos intelectuais" (Brandão cita nominalmente Rui Barbosa e Coelho Neto) apoiavam os aliados contra os alemães. "E nós contra os aliados e contra os alemães [...]." Esse corajoso posicionamento custou a vida do jornal e por pouco a de seu editor e seu jovem parceiro. Cerca de 5 mil manifestantes juntaram-se diante da redação de *Semana Social* aos brados: "Lincha Canelas! Mata Canelas! Espião boche!". A solidariedade de uma vizinha, que o fez sair pelos fundos, o salvou. Um dos linchadores frustrados lembrou do artigo contra a guerra escrito por Octávio Brandão, e não por Canelas. Mas Brandão, prudentemente, tinha saído de Maceió para refugiar-se em Viçosa.

Passada a tempestade, Brandão voltou a Maceió, onde continuou a desafiar os baluartes locais da opressão social e do obscurantismo. Fundar um sindicato era tarefa arriscada. Havia fábricas de tecidos, "mas aquilo era como fortalezas, muito difícil de penetrar. [...] Havia os capangas, bandidos pagos pelas fábricas para vigiar, espiões". O que não o impediu de lutar pela jornada de oito horas, com agitação na porta das fábricas. Foi também ao interior, "aos engenhos dos meus parentes, procurar lá os trabalhadores de enxada e dizer: 'A terra pertence a vocês! Divisão das terras!' A família se reuniu e disse: 'Ainda mais essa! O homem é um inimigo de Deus, um inimigo de Cristo, e agora é inimigo dos próprios parentes'". A inimizade com Deus, mais exatamente com seus alegados porta-vozes terráqueos, começou quando ele explicou que a origem da terra alagoana remontava a milhões de anos. "'E Deus?' Perguntavam os padres, furibundos. Ele respondia: 'Deus não tem nada a fazer nesse terreno. É a geologia'." Os padres também se incomodavam muito com a propaganda da reforma agrária:

> A terra pertence a Deus; ninguém pode tocar na terra. (Salvo, claro, os senhores de baraço e cutelo, investidos de algum mandato especial da Providência Divina.) Eu queria a reforma agrária, e a Igreja era contra. E a Igreja não pensava nos operários. Os operários, largados, abandonados. Depois, a Igreja, muito esperta, muito politiqueira, começou a criar esses sindicatos operários [riso] e, ultimamente, é a maior propagandista da reforma agrária. Eu digo: "Quem te viu, quem te vê!". [risos]

Brandão era um homem marcado até para morrer. Em março de 1919, quando visitava na prisão um companheiro anarquista, Rosalvo Guedes, ele foi detido também. A família interveio para que o soltassem, mas o secretário do Interior avisou que, a partir daquele momento, não mais se responsabilizava por sua vida. Ele já tinha notado, na cadeia, que um sujeito do lado de fora das grades ficava olhando para ele. Quando saiu, perguntou: "Quem é esse sujeito?". Disseram: "É o Horato Maurício; é um pistoleiro político. Tem promessa de ser oficial da Polícia Militar de Alagoas, caso liquide você". Brandão preferiu atrasar a promoção do pistoleiro: no dia 18 de maio de 1919, de forma discreta, quase clandestinamente, embarcou no navio Itapura rumo ao Rio de Janeiro. Na bagagem, que certamente não era muita, estava o manuscrito de *Canais e lagoas*. Publicou-o na então capital federal, no mês de outubro do mesmo ano. O livro foi asperamente criticado por intelectuais bem pensantes (João Ribeiro, Rui Barbosa, Tristão de Ataíde), mas elogiado por Monteiro Lobato, precursor, como Brandão, da luta pelo petróleo brasileiro.

Esforço teórico pioneiro

No Rio de Janeiro, Brandão não tardou a tomar duas decisões que mudaram o rumo de sua vida: uniu-se a Laura Fonseca e Silva, jovem mas já consagrada poetisa, cujos pais eram, como ele próprio, oriundos do Nordeste, e avançou do anarquismo para o comunismo. Ele explicou o porquê no depoimento ao CPDOC:

> [...] quando chegou 1921, passei por uma crise. Dois anos e meio de anarquismo, eu vi que terminava em derrota. Caminho, não vejo nenhum. Ir para onde? Não tem. O ano de 1921 foi um ano de crise. Por um lado, uma felicidade extraordinária com Laura [...]; mas, do outro lado, uma crise política, moral e filosófica. Ir para onde? Não sei. Voltar ao anarquismo, não volto. O anarquismo está perdido. Foi o principal culpado dessas derrotas[3]. Demos tudo. Sacrifício total [...]. Centenas de militantes e, no final, nada. E não víamos nenhuma saída. Por isso; porque o anarquismo não queria a política, não queria a máquina do Estado; queria essas pequenas comunas agrícolas, o federalismo sem concentração. Então, não tinha futuro nenhum. Bakunin não compreendeu isso; Kropotkin não o compreendeu também; mesmo homens de valor como eles dois não compreenderam nada de nada.

A experiência de Brandão, que resume a da vanguarda operária brasileira, explica por que, invertendo a relação histórica de antecedente a consequente, o

---

[3] "[...] há um pensamento de Lenin [...], dizendo que, no meio daquela confusão dos anarquistas, havia algo de puro, algo de nobre, que iria se desenvolver. Eles queriam fazer greve, lutavam por aumento de salário, pelo dia de oito horas, por liberdades sindicais, contra o governo. Por exemplo, a greve da Leopoldina, as greves gerais em todo este Brasil eram dirigidas pelos anarcossindicalistas, que não eram corruptos. Havia os amarelos, que recebiam dinheiro da polícia. Eles, não. Imagine: passavam fome, miséria, desemprego, porque havia aquelas listas negras. Alguém, por exemplo, deixava o sindicato, não era mais presidente, nada, e ia procurar trabalho. Ora, havia a lista negra. Eu conheci um desses... Chamava-se Guilhermino Leite. Ele [...] andou aqui, em Petrópolis, São Paulo, procurando trabalho como tecelão e não conseguiu. Ele estava na lista negra, porque participou da insurreição de Magé. Depois, foi ser motorista." Em 1918, explica em seguida, as lutas operárias do Rio de Janeiro repercutiram fortemente; os tecelões de Magé dominaram a cidade "durante dois ou três dias e, no fim, não sabiam o que fazer". No Rio, "o movimento já tinha fracassado, porque Oiticica levou um tenente do exército, o Ajus, um judas, que prometeu que faria coisas extraordinárias lá no exército e era um traidor. Denunciou tudo à polícia. Quando estavam reunidos os dirigentes – Oiticica, Astrojildo Pereira –, chegou a polícia e prendeu todos. Lá se foi. Houve greves em Bangu. Foi um movimento importante. O proletariado foi para o Campo de São Cristóvão com bombas na mão, jogando bombas nos soldados".

OCTÁVIO BRANDÃO

comunismo[4] introduziu-se no Brasil antes do marxismo. Com efeito, os fundadores do Partido Comunista do Brasil (PCB) provinham do anarcossindicalismo, então predominante no pequeno, mas combativo, movimento operário e passaram ao comunismo no entusiasmo suscitado pela Revolução de Outubro. Foi nomeadamente o caso de Astrojildo Pereira, o principal organizador do primeiro núcleo dirigente do PCB. O predomínio do positivismo nos meios intelectuais progressistas também contribuiu para essa inversão. Pouquíssimos deles tinham alguma noção do marxismo. Foi graças às traduções francesas emprestadas por Astrojildo que Brandão teve seu primeiro contato com as ideias de Karl Marx[5] e aceitou, ainda em 1922, o convite para ingressar no partido recém-fundado. Decisão coerente com o balanço negativo de sua militância anarquista, mas com certeza também estimulada pelo imenso impacto da revolução bolchevista.

Dois anos depois, em 28 de julho de 1924, no mesmo momento em que se desenrolava em São Paulo o segundo levante tenentista, prelúdio da Coluna Prestes, Brandão, escondido da polícia de Artur Bernardes, iniciou a redação de *Agrarismo e industrialismo*, "ensaio marxista-leninista sobre a revolta de São Paulo e a guerra de classes no Brasil", como anuncia o subtítulo[6]. Nas precárias condições da clandestinidade, ele concluiu "a parte fundamental" do livro menos de um mês depois. Esse texto, ainda incompleto, circulou em cópias datilografadas, servindo de subsídio para as teses que Astrojildo Pereira apresentou no II Congresso do PCB (de 16 a 18 de maio de 1925). Trata-se da primeira tentativa de analisar a sociedade brasileira à luz do marxismo. O livro, publicado em abril de 1926, sob o pseudônimo de Fritz Mayer e com indicação falsa do lugar de edição (Buenos Aires) para despistar a polícia política de Artur Bernardes[7], acompanha desde a origem as vicissitudes da trajetória de Brandão.

---

[4] Usamos o termo no sentido que lhe conferiram os bolcheviques, por iniciativa de Lenin. A ruptura com a social-democracia tornou necessário um novo nome, que correspondesse às perspectivas internacionais abertas pela Revolução de Outubro.

[5] Ver João Quartim de Moraes, "A influência do leninismo de Stalin no comunismo brasileiro", capítulo III de *História do marxismo no Brasil*, v. 1, *O impacto das revoluções* (3. ed. rev., Campinas, Editora da Unicamp, 2007), p. 138.

[6] A data é referida pelo próprio Brandão em *Combates e batalhas* (São Paulo, Alfa-Omega, 1978), p. 284.

[7] Embora tenha entrevistado Brandão, John W. Foster Dulles afirma, equivocadamente, em *Anarquistas e comunistas no Brasil* (Rio de Janeiro, Nova Fronteira, 1977), p. 222, que a obra "foi completada em 22 de agosto de 1924". Levando em conta a má qualidade média das traduções brasileiras, tivemos o cuidado de verificar o original em inglês (*Anarchists and Communists in Brazil*, Austin/ Londres, University of Texas Press, 1973), constatando que, dessa vez, ao menos, o problema estava no original: segundo o brasilianista norte-americano, *Agrarismo e industrialismo* "foi realizado em 22 de agosto de 1924" (ibidem, p. 269-70). Basta, entretanto, ler o texto com um mínimo de atenção para constatar que Brandão evoca fatos posteriores àquela data, por exemplo, o 1º de maio de 1925,

No título, está expressa sua tese principal: a de que a contradição entre interesses agrários e industriais constituía o fator determinante dos confrontos políticos e da guerra civil larvada que convulsionavam o Brasil. Nela se baseava a aliança da classe operária com a pequena-burguesia democrática na luta contra a "oligarquia agrária entrançada com a oligarquia financeira"[8]. São notáveis também suas observações sobre o imperialismo e a subordinação econômica dos interesses agrários à alta finança inglesa, bem como sobre as perspectivas sombrias que reservava ao povo a posição brasileira de monoexportadores de café. Quantos economistas e outros tagarelas neoliberais, que falaram sobre as virtudes da privatização e do mercado, foram capazes de prever a crise de 2008 com lucidez remotamente comparável à do jovem comunista escondido da polícia de Artur Bernardes que previu com cinco anos de antecedência o colapso da monocultura de exportação do café e suas consequências políticas internas?

Hoover, secretário do Comércio, agente do imperialismo norte-americano, faz campanha contra o café brasileiro e preconiza até o boicote. Enquanto isso, os bancos ingleses emprestam dinheiro à Brazilian Coffee e ao Instituto de Defesa Permanente do Café. Como, porém, a América do Norte é o maior consumidor do café brasileiro, desenha-se no horizonte uma grave crise cafeeira. [...] A dominação econômica e política do fazendeiro do café irá por água abaixo e, o que é mais sério, o país debater-se-á numa crise horrível.[9]

Já nos referimos à novidade, naquele momento, da expressão "marxista-leninista", que ainda não fazia parte do vocabulário do Comintern[10]. Brandão antecipou-se a uma inovação ideológica que refletia o imenso impacto da revolução socialista russa e o reconhecimento da decisiva importância de Lenin, seu principal dirigente.

"aurora de *A Classe Operária*", "primeiro e único órgão da classe operária do Brasil" (O. Brandão, *Agrarismo e industrialismo*, 2. ed., São Paulo, Anita Garibaldi, 2006, p. 119). É evidente, pois, que acréscimos importantes foram introduzidos no texto durante a longa espera de sua publicação. No artigo "Uma etapa da história de lutas", *Imprensa Popular*, 21 jan. 1957, que comentamos mais adiante, Brandão dirimiu qualquer dúvida a esse respeito: "Na vida clandestina, no ambiente de repressão da polícia do marechal Fontoura, comecei a escrever *Agrarismo e industrialismo* a 28 de julho de 1924, na hora da derrota dos revoltosos pequeno-burgueses, quando eles começaram a evacuar a cidade de São Paulo, enquanto no Rio de Janeiro o ambiente era de desânimo. Terminei a obra, no fundamental, menos de um mês depois, a 22 de agosto de 1924. Tirei cópias à máquina e tratei de divulgá-la imediatamente. Escrevi o penúltimo capítulo em 1925, e o último, em 1926. Publiquei-o sob o estado de sítio, em 1926, com o pseudônimo de Fritz Mayer. O livro foi lido por operários, intelectuais e revoltosos pequeno-burgueses – civis e militares".

[8] Octávio Brandão, *Agrarismo e industrialismo*, cit., p. 40. Vale ressaltar que da edição clandestina de 1926 sobraram raríssimos exemplares, acessíveis somente a pesquisadores. Donde o interesse dessa nova edição, preparada por J. C. Ruy, Augusto Buonicore, Marisa Brandão, entre outros.

[9] Ibidem, p. 184. Citado pelo próprio Brandão em *Combates e batalhas*, p. 294.

[10] João Quartim de Moraes, *História do marxismo no Brasil*, cit., p. 140-1.

Agrarismo e industrialismo exerceu, nos anos seguintes, forte influência não somente entre os comunistas, como também entre os positivistas de esquerda que o leram e o discutiram. Nessa influência, inclui-se a aliança com a pequena-burguesia democrática, da qual o tenentismo era a expressão mais radical, mas essa aliança era compreendida na perspectiva dos interesses da classe operária. Tanto que, decidido a participar das eleições de janeiro de 1927, o PCB articulou um bloco operário, que foi ampliado, na perspectiva das eleições de 1928, para se tornar Bloco Operário e Camponês (BOC). O BOC lançou no Rio de Janeiro as candidaturas de Brandão e do operário negro Minervino de Oliveira para vereadores ("intendentes", como se dizia então). Eleitos, ambos *honraram os mandatos recebidos, tanto que seus discursos na Câmara passaram a ser censurados por fazerem propaganda comunista.*

Entretanto, a pressão combinada do esquerdismo obreirista no interior do PCB e da linha dita "classe contra classe", adotada pelo Comintern e aplicada por seu Secretariado Sul-Americano (SSA/IC), minou as posições do grupo dirigente, acusado de subordinar os interesses do proletariado à pequena-burguesia (entenda--se, o tenentismo revolucionário) e de diluir o Partido Comunista no interior do BOC. Brandão e Astrojildo Pereira, principais expoentes das ideias rejeitadas, foram acusados de desvio direitista e marginalizados. A essa situação adversa no interior do partido acrescentaram-se para Brandão as consequências da retomada, pelo governo provisório de Getúlio Vargas, da repressão anticomunista que a república dos fazendeiros tinha movido até seus estertores. Preso e em seguida expulso do Brasil, em 1931, partiu para um longo exílio na antiga União Soviética, do qual só retornaria após o aniquilamento do nazifascismo.

Uma indevida autocrítica

Quase três décadas depois, no artigo "Uma etapa da história de lutas", publicado na *Imprensa Popular* de 21 de janeiro de 1957, Brandão assumiu o que considerava parte de sua responsabilidade pelos desvios direitistas que teriam caracterizado a linha do PCB entre 1924 e 1928:

> O nosso PC não conseguiu compreender o caráter da revolução, suas etapas e for-ças motrizes. SUBESTIMOU a importância dos camponeses. SUPERESTIMOU o revolucionarismo pequeno-burguês em geral e, em particular, a significação dos revoltosos pequeno-burgueses de Copacabana, São Paulo e da Coluna Prestes. Colocou à frente o Bloco Operário e Camponês, e não o próprio PC.
> O autor destas linhas é um dos responsáveis por esses erros. As raízes deles estão na obra *Agrarismo e Industrialismo*.

Mais adiante, acrescenta:

> Durante trinta anos nenhum comunista fez a análise da obra. O reacionário Jack-son de Figueiredo publicou um artigo sobre ela, manifestando o pavor de que, no

Brasil, depois desses ensaios teóricos, viesse um ensaio prático, revolucionário, comunista. Em 1930-1931, os trotskistas, em seu jornal, atacaram-na violentamente e consideraram-na um amontoado de erros e absurdos.

Fiz a autocrítica muitas vezes: em 1930-1935, em 1938, em dezembro de 1954 e outras ocasiões. Hoje, faço a autocrítica, mais uma vez. Cumpro, assim, um dever para com o PC, a classe operária e o povo brasileiro.

A obra *Agrarismo e industrialismo* é um ensaio sobre o Brasil em geral e o imperialismo em particular, sobre a luta das classes e as insurreições armadas de Copacabana em 1922 e São Paulo em 1924. Apresenta uma série de falhas. Tem desvios materialistas mecânicos, de caráter político, filosófico e ideológico geral.

Mais do que difícil, é sempre doloroso para um comunista ir contra o consenso partidário. Se apenas registra as críticas da direita católica e dos trotskistas (seria espantoso se o elogiassem), enfatiza as sucessivas autocríticas em que reconheceu (em parte, indevidamente) a validade daquelas provindas de seus camaradas. Sem dúvida, há no livro defeitos que saltam aos olhos. É evidente, em particular, que o entusiasmo pela descoberta da "dialética marxista" levou-o a aplicá-la ingenuamente à periodização da história do proletariado brasileiro, amoldando a luta operária de maneira a fazê-la caber na famosa tríade dialética hegeliana: a "tese" abrangeria as três primeiras etapas, da proclamação da república à presidência de Epitácio, em que se verificou a "ascensão (do proletariado) sob a influência do anarquismo"; a "antítese", que iria até a sexta etapa, caracterizou-se pelas "perseguições epitacistas e consequente desorganização até a fundação do Grupo Comunista do Rio"; e, enfim, a "síntese ou negação da negação" teria começado com a fundação do PCB[11]:

Traços característicos da etapa	Período	Significação da etapa no processo histórico
I – —	15/11/1889 a agosto de 1914	"preparação ou gestação"
II – "da conflagração à Revolução Russa"	agosto de 1914 a 7/11/1917	"eclosão ou desabrolhamento"
III – "presidência Epitácio"	fim de 1917 a meados de 1919	"culminância, apogeu"
IV – "morte de *A Voz do Povo*"	fim de 1919 a fim de 1920	"crepúsculo"
V – —	fim de 1920 a 6/11/1921	"vazante completa"
VI – "fundação do Grupo Comunista do Rio"	7/11/1921 a 24/3/1922	"reagrupamento de forças"
VII – "fundação do PCB"	25/3/1922 a 30/4/1925	"preparação das forças para as novas batalhas"

---

[11] Octávio Brandão, *Agrarismo e industrialismo*, cit., p. 118-20.

OCTÁVIO BRANDÃO

Traços característicos da etapa	Período	Significação da etapa no processo histórico
VIII – "aurora de *A Classe Operária*", o semanário do PCB do qual foram publicados doze números; foi fechado pela polícia de Artur Bernardes, que governava por meio do estado de sítio desde julho de 1924	de 1/5/1925 a julho de 1925	—

Insistir na artificialidade dessa "dialética" seria arrombar uma porta aberta, mas, diferentemente do que sugeriram críticas preconceituosas, quando não francamente debochadas[12], essas e outras fantasias intelectuais do livro são menos importantes do que suas qualidades, que já apontamos. Algumas delas, porém, foram rejeitadas pelo próprio Brandão, cujo honroso afã de cumprir "um dever para com o PC, a classe operária e o povo brasileiro" levou-o a exagerar muito as falhas de seu livro. Consideremos aquela que ele aponta como decisiva: ter subestimado a importância dos camponeses e superestimado o "revolucionarismo pequeno-burguês". Pensamos, ao contrário, que no contexto histórico dos anos 1920 a contradição principal era opor-se às forças sociais empenhadas em libertar a nação do jugo dos fazendeiros do café, de seus associados locais e, por trás deles, do imperialismo inglês e estadunidense, exatamente como sustenta *Agrarismo e industrialismo*. Pode-se discutir se subestimou ou não os camponeses (admitimos que falhou em não mencionar Canudos e Contestado), mas não se deve esquecer de que salientou que sem mobilizar as massas trabalhadoras do campo a Coluna Prestes não lograria levar adiante sua empreitada revolucionária:

> No Sul, os revoltosos perderam a batalha. Chegou a vez do Norte: o capitão Prestes, após marcha colossal através dos sertões, mantém viva a chama da revolta. *Mas não se apoiando sobre o proletariado rural, tombará fatalmente.* O pequeno-burguês não vê classes! O técnico só vê a técnica! De qualquer forma, é necessário que a 3ª revolta não repita os erros das duas anteriores: abarque a técnica e a política, o exército e a marinha, o Rio e S. Paulo, o Sul e o Norte, o proletariado, a pequena-burguesia urbana e a grande burguesia industrial. O

---

[12] Em "A evolução da consciência política dos marxistas brasileiros", capítulo II de *História do marxismo no Brasil: teorias, interpretações* (Campinas, Editora da Unicamp, 1995), v. 2, p. 96-7, comentamos na nota 12 a zombaria fácil de Leandro Konder a respeito dos "ativistas revolucionários [...] que começavam a dar sinais de que estavam atacados pela mania de ser Lenin"; Brandão, em particular, teria sido, segundo o festejado marxólogo guanabarino, "um Lenin que não deu certo". Ponderamos, em síntese, que cada qual se define moralmente pelo que considera "dar certo". No "sonho americano", por exemplo, dar certo é ficar mais rico do que o vizinho.

proletariado entrará na batalha como classe independente, realizando uma política própria.[13] (Grifos meus.)

Caminhos e campanhas

Logo ao se fixar na antiga URSS, em 1932, Brandão começou a redigir "um poema lírico e épico" inspirado "pelo povo brasileiro". Numa nota do 2º volume (ainda inédito) de *Combates e batalhas*, ele assinala que terminou o livro em Moscou em agosto de 1940, acrescentando que nos Urais, em 1942, ampliou-o e fez a segunda revisão geral do texto[14]. Entretanto, só o publicou em 1950, no Rio de Janeiro, provavelmente, sem editor. Durante esse longo intervalo, acompanhou de perto as grandes tragédias históricas de seu tempo, inclusive a maior de todas, a grande guerra do povo soviético contra os invasores nazifascistas. Viveu também um grande drama pessoal. Em janeiro de 1942, morreu nos Urais sua companheira, Laura Brandão. Embora sofrendo de um câncer implacável, no outono de 1941 ela tinha participado, com ele, da defesa de Moscou contra os invasores hitlerianos. Aceitaram finalmente ser transferidos para a retaguarda, mas a longa e penosa viagem para Ufá, nos montes Urais (República Soviética da Bachquíria), consumiu as últimas energias de Laura. Anos mais tarde, seus restos foram transportados para o cemitério dos heróis em Moscou.

O "caminho" anunciado no título percorre em trinta "ciclos" a história da continuada opressão a que foram submetidas as populações formadoras do povo brasileiro ao longo das sucessivas etapas que marcaram o estabelecimento e o desenvolvimento da economia colonial. Dessa história, fazem parte os Caetés, dos quais Brandão é um dos muitos descendentes. A eles é consagrado o "1º ciclo"; como no resto do livro, o estilo singelo combina narrativa didática e prosa carregada de poesia:

> Dentro do coração da terra brasileira, no interior do Nordeste, ao pôr do sol, no fundo da mata, canta o *sabiá-gonga* a melopeia triste. [...] "Sobre a chã[15], depois de um dia de labor enorme, a aldeia dos índios Caetés dormia ao luar. [...] Um grupo de índios rodeava a fogueira. As labaredas iluminavam os rostos acobreados. [...]

---

[13] Octávio Brandão, *Agrarismo e industrialismo*, cit., p. 187. A passagem citada está no apêndice "Em marcha para o futuro", datado de 9 mar. 1926.

[14] As passagens citadas do 2º volume inédito de *Combates e batalhas* foram-me transmitidas por Marisa Brandão, com quem já tinha colaborado na preparação da 2ª edição de *Agrarismo e industrialismo*.

[15] Estranhando a palavra "chã", mas não se dando ao trabalho de consultar um bom dicionário, o revisor da 2ª edição do livro (Maceió, Edufal, 2007) permitiu-se corrigir Brandão, escrevendo "Sobre o chão". Enfraqueceu a frase: chã designa terreno plano, planície e até planalto, com forte conotação de terra. Essa e outras falhas (por exemplo, em vez de 11º ciclo, escreve 11º capítulo) não tiram o interesse nem o mérito da reedição, que contém no final um belo "Caderno de fotos".

O silêncio profundo da noite foi perturbado por um tropel abafado. Ouvia-se o choque das armas de fogo.[16]

O enredo da tragédia repetiu-se milhares de vezes durante os quatro séculos seguintes: aldeias atacadas de surpresa, matança, incêndio, escravização dos cativos. Não somente os indígenas da "terra brasilis", mas também os do resto do Novo Mundo, bem como as populações da África ao sul do Sahara (estas desde o século XV), foram sangradas e dizimadas pela caça ao escravo sistematicamente empreendida pelos conquistadores ocidentais e cristãos. Diferentemente de muitos comunistas de hoje, de atitudes gelatinosas em relação às instituições eclesiásticas, Brandão sempre se ergueu contra as manifestações da hipocrisia e do obscurantismo clerical. Em *O caminho*, em particular, desmistifica o enaltecimento dos jesuítas pela história oficial.

Brandão não teria sido Brandão se o esforço da escrita o tivesse distanciado dos combates do momento. Em 1937, deslocando-se de Moscou para Paris, participou da campanha pela libertação de Olga Benário (entregue aos nazistas no ano anterior pela polícia de Getúlio Vargas) e de sua filha Anita, nascida na prisão em Berlim; o pai, Luiz Carlos Prestes, estava encarcerado no Brasil em regime de brutal isolamento. No segundo volume (inédito) de *Combates e batalhas*, ele relata seu primeiro encontro, logo ao chegar em Paris, com dona Leocádia, mãe de Prestes e avó de Anita: "exasperada e desesperada", ela "não via nenhuma saída". É que, explica, a campanha tinha caído "em ponto morto": "Levaram-na, a princípio, à Espanha Republicana, em vez de fazerem a campanha no Brasil, na Inglaterra, nos Estados Unidos e na América Latina. Depois, abandonaram-na"[17].

Pode-se discutir a pertinência dessa crítica. O mais importante, porém, é o testemunho de primeira mão que Brandão nos oferece sobre sua própria intervenção e o desfecho da campanha:

> Fui ver dona Leocádia, no Quartier Latin. Ouvi-a longamente. No final de sua exposição dolorosa, disse-lhe com certeza: "Saída existe!" [...] Passei três dias a ler recortes de jornais do Brasil. Recolhi as últimas notícias. E tomei as iniciativas. Dona Leocádia rompera todas as relações com o camarada Bonnet, dirigente do Socorro Vermelho Internacional em Paris. Recusava recebê-lo. [...]. Tratei de reconciliar dona Leocádia com Bonnet. E ela, auxiliada por Lígia, passou a desenvolver nova atividade. Fez viagens a Berlim. Reivindicou diretamente à Gestapo que lhe entregasse a neta.

---

[16] Octávio Brandão, *O caminho* (Rio de Janeiro, s. n., 1950), p. 15-6.

[17] Idem, *Combates e batalhas ou alegrias e amarguras*, v. 2 (inédito), p. 93. Diz ainda: "A mãe via o inverso de suas esperanças. O filho, Luiz Carlos Prestes, preso no Rio de Janeiro, no quartel da Polícia Especial, onde poderia ser assassinado a qualquer momento. Ela, em Paris, com a filha Lígia, impotentes. A nora, Olga Benário, presa em Berlim, nas garras da Gestapo, com a filha Anita, nascida na prisão. Uma cadeia de tragédias".

24

INTÉRPRETES DO BRASIL

A principal iniciativa que tomou em Paris foi solicitar uma reunião do Socorro Vermelho Internacional, na qual propôs desencadear uma grande campanha para que Anita fosse entregue à avó. Delegações e mensagens de personalidades inglesas e belgas deveriam levar a Berlim a mesma reivindicação. A Gestapo, explica, não receberia delegações francesas nem espanholas, mas não poderia recusar delegações inglesas e belgas. Hitler, naquele momento, queria "neutralizar" a Inglaterra, enganar e adormecer os belgas até a hora da invasão. *L'Humanité*, *La Correspondance Internationale*, *Rundschau* e outras publicações difundiram pela Europa a infâmia dos hitlerianos, que mantinham na prisão uma brasileira recém-nascida.

Um cartaz enorme foi afixado nas ruas de Paris. Choveram os telegramas e as mensagens a Berlim. Delegações de personalidades inglesas e belgas foram à Gestapo. [...] Tantos esforços de tantas organizações, personalidades e publicações, foram coroados de um triunfo magnífico. Em Berlim, a Gestapo teve de entregar Anita Prestes à avó. Vitória excepcional.[18]

A vitória poderia ter sido ainda mais excepcional se o esforço para também libertar Olga Benário não tivesse sido solertemente torpedeado por Fernando Lacerda. Acusação muito grave que consta do relato de Brandão. "Cheio de esperanças e entusiasmos", Brandão voltou a Moscou no dia 29 de agosto de 1937 ("uma alegria para Laura, as crianças e para mim"). Trazia uma incumbência, que assumira perante dona Leocádia Prestes: solicitar à Internacional Comunista que intercedesse junto ao governo soviético para que este concedesse a naturalização de Olga, o que permitiria negociar com o governo alemão a libertação de uma cidadã soviética. Esse recurso já havia sido utilizado em 1934 para a libertação do comunista búlgaro Georges Dimitrov. Mas em Moscou,

Fernando Lacerda continuava como "representante" do PCB. Esperava que eu fracassasse em Paris. Ficou com raiva e ainda mais hostil quando a luta foi coroada de vitória, com a libertação de Anita. Opôs-se categoricamente ao meu pedido relativo a Olga Benário. Alegou que se tratava de uma "provocação" de Brandão para agravar ainda mais as relações entre a União Soviética e a Alemanha nazista. Fernando fez tudo isso à socapa. Só vim a saber dessa trama 17 anos depois, quando ele foi interrogado no Brasil pela direção do PCB. Ignorando a trama, insisti tenazmente no meu pedido a favor de Olga Benário. Nada consegui. Veio a agressão da Alemanha hitleriana à União Soviética, em 1941. A Gestapo aproveitou a guerra e matou Olga. Portanto, o "representante" do PCB, Fernando Lacerda, auxiliou de fato a Gestapo a assassinar Olga.[19]

A conclusão pode parecer exagerada, mas a veracidade do relato parece-nos indubitável. Não apenas porque não há como, de boa-fé, pôr em dúvida a honradez

---

[18] Ibidem, p. 93-4.

[19] Ibidem, p. 96-7.

OCTÁVIO BRANDÃO

de Brandão, mas também porque o pretexto ou argumento de Fernando Lacerda, embora mal-intencionado, não era descabido. Para a União Soviética, o tempo era um fator mais estratégico do que para a Alemanha. O êxito dos planos quinquenais foi enorme, mas não se podiam anular em poucos anos as colossais diferenças de desenvolvimento industrial entre os dois países. Por isso, sabendo ser inevitável o confronto com os nazistas, os soviéticos procuraram postergá-lo tanto quanto puderam. Donde a solércia da intriga de Lacerda: acusar Brandão de pôr em risco a segurança da União Soviética com sua campanha pela libertação de Olga Benário.

Entre os muitos outros combates de Brandão após sua volta ao Brasil em 1946, vale registrar aqui sua candidatura a vereador do Rio de Janeiro. Em janeiro de 1947, foi novamente eleito, mas seu mandato, como o de todos os eleitos do PCB, foi confiscado pelo golpe judiciário do mesmo ano.

A justiça histórica é lenta como a dos tribunais, mas falha menos. Pouco a pouco, a partir notadamente do início dos anos 1970, com os livros de Edgard Carone sobre a República Velha e com o de J. F. Dulles sobre anarquistas e comunistas[20], *Agrarismo e industrialismo* foi ocupando o lugar que merecia no pensamento marxista brasileiro. Nos anos 1980, ficou disponível aos pesquisadores a documentação doada por Dionysa Brandão, filha de Octávio, ao Arquivo Edgard Leuenroth do IFCH/Unicamp e reunida no Acervo Octávio Brandão. Naquela década, Michel Zaidan Filho salientou devidamente, nos estudos que consagrou aos primeiros teóricos do PCB, a importância da intervenção teórica de Brandão entre 1924 e 1928[21]. Vários capítulos de *História do marxismo no Brasil* (cuja publicação foi iniciada em 1991), distribuídos em três volumes, de quatro autores diferentes (Evaristo de Moraes Filho, Marcos Del Roio, Ângelo José da Silva e João Quartim de Moraes), analisam aspectos diversos de sua obra fundadora. Estudos posteriores, nomeadamente os de Paulo Ribeiro da Cunha[22] e de Marcos Del Roio[23], também põem em evidência a contribuição de Brandão para a compreensão marxista da sociedade brasileira. Mais recentemente, no mesmo espírito, Augusto Buonicore publicou no jornal eletrônico *Vermelho* vários artigos em que ressalta aspectos importantes da contribuição intelectual e política de Brandão ao Brasil e ao socialismo.

---

[20] Ver Edgard Carone, *A República Velha* (3. ed., São Paulo, Difel, 1975), e John W. Foster Dulles, *Anarquistas e comunistas no Brasil*, cit.

[21] Michel Zaidan Filho, *PCB (1922-1929): na busca de um marxismo nacional* (São Paulo, Global, 1985). Vale assinalar que em apêndice desse livro (p. 121-32) está reproduzido outro notável texto de Brandão, "O proletariado perante a revolução democrática pequeno-burguesa", publicado em 1928, com vistas ao III Congresso do PCB.

[22] "Agrarismo e industrialismo: pioneirismo de uma reflexão", *Novos Rumos*, v. 12, n. 26, set.-out. 1997, p. 54-61.

[23] "Octávio Brandão nas origens do marxismo no Brasil", *Crítica Marxista*, n. 18, 2004, p. 115-32.

Heitor Ferreira Lima

Marcos Del Roio

Heitor Ferreira Lima nasceu em Corumbá, Mato Grosso, em 1905, e morreu em São Paulo, em 1989 – veio ao mundo quando começava a revolução na Rússia e faleceu logo que ocorreu a derrubada do Muro em Berlim, evento tão cheio de simbolismo. Sua vida e obra se confundem com essa época e em meio a uma geração de nomes importantes que pensaram o processo de autoconstrução do Brasil moderno e capitalista mediante uma revolução democrática e nacional capaz de romper com a condição histórica de periferia colonial e ter o socialismo no horizonte.

De fato, particularmente entre as décadas de 1930 e 1980, a intelectualidade brasileira, produto de diferentes vertentes culturais e metodológicas, se interrogou sobre a essência da nacionalidade, exatamente quando o Estado nacional e o capitalismo estavam em pleno desenvolvimento, ou seja, quando se desenrolava a revolução burguesa no Brasil. Uma revolução passiva, analisaria Gramsci, o oposto de uma revolução democrática. Algumas das interpretações mais importantes desse processo em andamento fizeram uso do instrumental oferecido pelo marxismo, entre os quais se apresenta também Heitor Ferreira Lima.

É preciso lembrar, porém, que o marxismo penetrou no Brasil apenas a partir dos anos 1920 e como parte da difusão política e cultural propagada pela revolução socialista na Rússia. Esse marxismo mal-assimilado e depois coagulado na corrente staliniana se entranhou no Brasil com a de esquerda do positivismo, também muito influente em meios militares. O resultado foi que a intrusão positivista no marxismo soviético se juntou com alguma facilidade no terreno já fertilizado pelo positivismo da cultura de esquerda no Brasil.

Se Heitor Ferreira Lima se proclamava marxista e expressava certo bom-senso, é importante apreender não só as linhas centrais da sua leitura de Brasil, mas também do ambiente cultural e intelectual do qual fez parte. Pode-se dizer que a obra de Heitor

Ferreira Lima constitui um exemplo de interpretação da realidade brasileira que é característica de sua época, em particular os anos 1950 e 1960, mas não alcançou uma articulação mais elaborada e sistemática, ainda que dissesse sempre ser um seguidor do materialismo histórico ou do marxismo. Como ele mesmo dizia com frequência a respeito de seus biografados, sua obra só pode ser vista como produto do seu tempo.

Formação

Com 17 anos de idade, Heitor Ferreira Lima se mudou para o Rio de Janeiro, vindo de Três Lagoas. Buscou ganhar a vida como aprendiz de alfaiate, mas logo se envolveu na vida sindical e ingressou no Partido Comunista, que havia sido fundado em 1922, exatamente no ano da chegada de Heitor ao Rio de Janeiro. Em 1927, organizada a União da Juventude Comunista, Heitor Ferreira Lima foi um dos três jovens escolhidos para ir a URSS estudar na Escola Leninista. Diante da pouca consistência do ambiente cultural que permeava o movimento operário do Brasil, pode-se dizer que foi na URSS que Heitor Ferreira Lima cumpriu o seu "curso superior". Ali pôde estudar história contemporânea e economia política do capitalismo, assim como ler textos de Marx e dos bolcheviques. Quando chegou a Moscou, Trotski já havia sido marginalizado, e a luta entre Bukharin e Stalin ainda não havia se tornado aberta. Bukharin era o nome de maior relevância na Internacional Comunista naquele momento e, decerto, referência importante para Heitor Ferreira Lima, tal como Astrojildo Pereira, o principal dirigente do PCB.

A geração de Heitor Ferreira Lima, formada na URSS, foi denominada de "jovens bolcheviques" e voltou aos países de origem para dirigir os seus partidos. Heitor assumiu o lugar de Astrojildo Pereira, que havia sido destituído alguns meses antes, mas não tinha base de sustentação política e foi também substituído em pouco tempo. Começava para ele um período bastante turbulento de militância política, que se concluiria na prisão de 1938.

Heitor viajou pelo Nordeste, por Mato Grosso e também por Minas Gerais, o que possibilitou a ele conhecer de perto os dramáticos problemas sociais do país. Provou também a prisão e a deportação, mas sua vivência mais intensa ficou entre Rio de Janeiro e São Paulo. No começo de 1935, foi a São Paulo com o encargo de ministrar curso de formação política e militância comunista, o mesmo curso que havia sido bem-sucedido no Rio de Janeiro. Em São Paulo, identificou-se mais com a direção regional paulista do partido do que com a do Rio de Janeiro. Foi exatamente em São Paulo que travou contato com Caio Prado Júnior, Hermínio Sacchetta, Tito Batini, entre outros.

Como a Aliança Nacional Libertadora (ANL) e o PCB de São Paulo não participaram do levante de novembro de 1935, o seu grupo dirigente se manteve intacto e continuou a desenvolver a linha política da frente popular antifascista. A perseguição sistemática se abateu contra os comunistas no Brasil todo, com inumeráveis prisões de dirigentes nacionais e regionais. Nessa situação é que a direção do PCB acabou ficando com Lauro Reginaldo da Rocha, o Bangu, que tentou implantar a linha que a Internacional Comunista passou a difundir em 1937, ou seja, aquela da frente nacional contra a ameaça do eixo nazifascista, comandado pela Alemanha nazista. Essa orientação, essencialmente genérica, foi entendida no Brasil como necessidade de apoiar as reivindicações da burguesia (e de parte da burocracia estatal) por estímulos à industrialização, de modo que seria a burguesia industrial a força motriz da revolução burguesa.

Os comunistas de São Paulo, incluindo Heitor Ferreira Lima, se opuseram à ideia e defenderam "ser a burguesia nacional incapaz de assumir tal papel, dadas as suas ligações com os restos feudais ainda persistentes no país e com o imperialismo, cabendo então essa função ao proletariado [...]"[1]. O apoio da IC ao grupo restante da direção nacional, conduzido por Bangu, e a subsequente fratura do grupo paulista – com Hermínio Sacchetta e outros tendo aderido à ideia de Trotski de uma nova Internacional a ser forjada – resultaram em duro isolamento para Heitor Ferreira Lima, o qual acabou preso por algum tempo em 1938. Depois de mais uma passagem pelo Rio de Janeiro, se transferiu em definitivo para São Paulo, em 1941, a fim de trabalhar como jornalista.

Economia colonial

Em 1942, no apogeu do Estado Novo, Heitor Ferreira Lima publicou seu primeiro livro, *Castro Alves e sua época*, inspirado nos estudos de Edson Carneiro, notável estudioso da escravidão no Brasil e militante comunista. Passou a trabalhar no *Observador Econômico e Financeiro* e também na *Revista do Comércio*. Estavam assim configurados os maiores interesses intelectuais de Heitor: o ensaio biográfico e a economia, ou melhor, a história econômica. Desses interesses e atividades é que se desdobra a sua interpretação da realidade brasileira.

A industrialização da economia brasileira era um fato constatável naquele lustro dos anos 1940. Aconteceram importantes encontros de dirigentes políticos e intelectuais vinculados aos interesses da fração industrial da burguesia que então se fortalecia. Destacou-se amplamente a figura de Roberto Simonsen, intelectual orgânico da burguesia brasileira, presidente da Federação das Indústrias do Estado de São Paulo (Fiesp), onde criou o Conselho de Economia Industrial.

Heitor Ferreira Lima, em 1944, foi um dos convidados escolhidos para compor esse órgão assessor, em que permaneceu até sua aposentadoria. Nessa nova ocupa-

---

[1] Heitor Ferreira Lima, *Caminhos percorridos: memórias de militância* (São Paulo, Brasiliense, 1982), p. 210.

ção, especializou-se como técnico em economia. Foi assessor de representantes da burguesia industrial na participação do Congresso de Bretton Woods (1944), na Conferência Nacional da Indústria (1946), e também dirigiu a *Revista Industrial de São Paulo*, entre 1946 e 1949. A admiração por Roberto Simonsen se estendeu por muito tempo, tanto que, já em meados dos anos 1970, Heitor Ferreira Lima escrevia estas linhas de elogio à instalação do fordismo no Brasil,

> mas Roberto Simonsen não aspirava apenas à formação das elites para assumir a direção de nossos negócios administrativos, públicos e privados. Isso não bastava e não basta a um país. É preciso que a instrução, a capacidade profissional se estenda às largas massas da população, preparando igualmente obreiros aptos, conhecedores de seus ofícios, conscientes de suas responsabilidades no mecanismo da produção, dominando perfeitamente a técnica e as máquinas, nas tarefas de que são incumbidos. Dessa forma, se dá maior valor ao operário, proporcionando-lhe salário mais elevado, integrando-o de modo mais sólido à sociedade.[2]

Temos então um paradoxo, mas apenas aparente, a ser explicado. De fato, todos os indícios são de que a influência intelectual de Roberto Simonsen sobre Heitor Ferreira Lima foi considerável, porém, mesmo assim, ele jamais deixou de se declarar marxista. Por hipótese, podemos considerar que a visão de Simonsen sobre a história da economia brasileira, expressa exatamente no livro *História econômica do Brasil*, de 1937, indicava a história de um capitalismo em desenvolvimento desde sempre.

Ora, outro autor que concebeu uma leitura análoga a essa foi o militante comunista Caio Prado Júnior, que publicou *Formação do Brasil contemporâneo*, em 1942, e *História econômica do Brasil*, em 1945, ainda que fosse muito crítico de Roberto Simonsen. Vale lembrar que Heitor Ferreira Lima, em 1945, assim como Caio Prado e Astrojildo Pereira – num primeiro momento –, foi favorável à aproximação dos comunistas com a União Democrática Nacional (UDN) em chave antifascista, ainda que aceitando agora a presença da burguesia liberal. Mais tarde, a partir de 1955, Heitor foi assíduo colaborador da *Revista Brasiliense*, fundada e editada por Caio Prado.

A questão que então se coloca é se Heitor Ferreira Lima – que permaneceu na Fiesp até 1975 – mudou a sua concepção geral sobre a formação social brasileira em relação àquela que predominava no PCB ou mesmo se chegou efetivamente a configurar outra leitura. A hipótese é que a visão desenvolvida por Heitor Ferreira Lima é, por um lado, bastante próxima daquela de Roberto Simonsen e, por outro, da de Caio Prado, mas com resquícios da visão clássica pecebista. O ecletismo foi evitado pela questão nacional, que vinculava todas essas leituras e oferecia o tom da época, marcada pelo "nacional-desenvolvimentismo".

---

[2] Idem, *3 industrialistas brasileiros* (São Paulo, Alfa-Omega, 1976), p. 180.

Outra característica de época foi a importância dada à história econômica conectada a certo senso comum de um marxismo positivista que informava "que, constituindo a economia a infraestrutura da sociedade, é ela que determina a ação dos homens no campo político, administrativo e social em geral"[3]. Mas Heitor enfatiza também – no melhor estilo de um intelectual orgânico da burguesia – como os estudos de história econômica "podem prestar ajuda de enorme relevância às entidades das classes patronais, às fundações e mesmo às grandes empresas, por meio de organizações que já possuam ou por outras que sejam criadas com essa finalidade"[4].

De fato, a descrição que Heitor Ferreira Lima faz da formação econômica do Brasil na sua fase colonial, tanto no livro de 1961, *Formação industrial do Brasil (período colonial)*, quanto no livro atualizado em 1970, *História político-econômica e industrial do Brasil*, não traz uma discussão efetiva da natureza das relações sociais de produção na zona colonial portuguesa, somente uma descrição do que e com que se produzia e se comerciava, com ênfase no vínculo colonial. O economicismo está patente, mas o interesse de Heitor esteve mesmo voltado para as origens e o desenvolvimento da indústria no Brasil, ou, em outros termos, das origens e do desenvolvimento do capitalismo no país.

Acontece que Heitor com frequência apreende a noção de indústria de forma genérica, abarcando quase que toda atividade transformativa, tanto que afirma ter sido a produção do açúcar a primeira indústria no Brasil. Outro ponto a destacar é que o autor privilegia muito a questão da técnica de produção, mas deixa de lado o problema das relações sociais e dos processos de trabalho obtido como resultado a dissolução da centralidade do trabalho escravo na economia colonial.

Para ele, além de escravos e donos de terra, havia moradores, lavradores, clérigos e outros grupos a comporem as camadas sociais intermediárias da vida social. Apesar disso, Heitor nota que são "as duas classes fundamentais da sociedade: o senhor de engenho e o escravo" e que "simbolizando essas duas forças antagônicas erguiam-se as suas moradias características: a Casa-grande e a senzala"[5].

Persistem ambiguidades na exposição de Heitor quanto à natureza da forma social brasileira, já que afirma também que "o próprio sistema colonial adotado, com as sesmarias e suseranias feudais," logo fez uso de "negros broncos, destinados ao labor exaustivo nas plantações"[6]. Mais tarde, Heitor afiança que:

> o fim do regime colonial, entre nós, coincide, mais ou menos, com o fim do século XVIII, que marca por sua vez o levante geral das novas forças produtoras cria-

---

[3] Idem, *Formação industrial do Brasil (período colonial)* (Rio de Janeiro, Fundo de Cultura, 1961), p. 5-6.

[4] Ibidem, p. 6.

[5] Ibidem, p. 96.

[6] Ibidem, p. 90.

das no seio da sociedade medieval, personificadas na burguesia urbana, contra os entraves opostos ao seu florescimento pela ordem social vigente – o sistema feudal – encarnado esse levante no grande acontecimento socioeconômico que foi a Revolução Francesa.[7]

Parece então que Heitor Ferreira Lima percebia na ordem social colonial uma junção de características díspares que articulavam aspectos escravistas, feudais e capitalistas; mas importante mesmo era identificar a herança colonial, o peso do passado com suas amarras duradouras, perceptíveis na sobrevivência do latifúndio e do vínculo colonial sempre renovado. Então seria possível deslindar o caminho do progresso, que só poderia estar na industrialização do Brasil. Percebe-se nos escritos de Heitor Ferreira Lima uma visão histórica sempre progressiva, que implica a valorização da ação de setores ilustrados das classes dirigentes de cada momento crucial. De fato, no texto de Heitor Ferreira Lima, mal se pode notar a presença dos grupos sociais explorados e oprimidos ao modo de protagonistas. Não se observa a existência da perseverante resistência dos escravos negros e índios à exploração e opressão.

Parte do livro de 1961, *Formação industrial do Brasil*, foi incorporada no de 1970, *História político-econômica e industrial do Brasil*. Dessa vez, nas partes subsequentes, Heitor presta maior atenção ao trabalho escravo e sintetiza que, "entre nós, as sesmarias do tempo da colonização se transformaram em imensos latifúndios isolados, bastando-se a si mesmos, com suas escravarias e uma produção completamente voltada para o mercado exterior, como eram as unidades econômicas do Nordeste, as principais da época"[8].

Heitor Ferreira Lima segue com atenção a crise do trabalho escravo, mas com ênfase no aumento do preço do trabalhador escravo e nos capitais liberados pela suspensão do tráfico intercontinental. Percebe então o impulso dado à acumulação do capital e as possibilidades maiores de um capitalismo brasileiro com a agricultura cafeeira, a imigração e o surgimento de ferrovias e bancos. Mas, desde logo, poder-se-ia concluir que:

> os males de que sofre a nossa economia, principalmente dos campos, decorrem da insuficiente penetração do capitalismo na agricultura e permanência do velho sistema herdado do tempo colonial. Daí a deficiência estrutural de que padece e que só pode ser resolvida com uma reforma agrária de profundidade.[9]

Em busca de políticas estatais que estimulassem a industrialização, Heitor só poderia mesmo ter encontrado políticas de Estado de caráter fiscal, dada a natureza

---

[7] Ibidem, p. 289.

[8] Idem, *História político-econômica e industrial do Brasil* (2. ed., São Paulo, Companhia Editora Nacional, 1976), p. 214.

[9] Ibidem, p. 247.

do Estado monárquico. O problema era quase que extemporâneo e, na verdade, mal colocado. Tanto que Heitor se dá conta plenamente do surgimento de uma "classe empresarial" nas cidades e de um proletariado nos campos, além da pequena propriedade, mas não tem dúvida de que as classes dominantes, que fazem persistir o vínculo colonial, ainda são "os latifundiários e os exportadores"[10].

De outra parte, Heitor Ferreira Lima acompanha as mudanças no complexo ideológico brasileiro, com o declínio do quase monopólio do pensamento católico e a assimilação das concepções científicas, naturalistas, positivistas que se difundiam na Europa. Percebe um caráter progressivo e mesmo revolucionário na instauração da República, em particular na política econômica de Rui Barbosa, mas quase que lamenta a recaída no poder do latifúndio monocultor e exportador, nucleado no Estado de São Paulo e na cafeicultura.

Industrialismo e industrialização

Sem negar o valor de autores como Caio Prado ou Nelson Werneck Sodré, por exemplo, é inegável que na fase em que o marxismo se implanta no Brasil e que coincide com a revolução burguesa, de fins dos anos 1920 a meados dos anos 1970 do século XX, tanto o movimento operário quanto o marxismo aparecem como força secundária. O resultado é um marxismo vulgar e subalterno, embebido de economicismo, de positivismo, o qual, por um lado, teve enorme dificuldade de ver e fazer do proletariado um protagonista de uma revolução democrática, em virtude de dificuldades teóricas e práticas (que não cabe discutir agora), e, por outro, traduziu a ideologia burguesa ao modo, por exemplo, de industrialismo e industrialização para expressar o processo de revolução burguesa (sem democracia).

Heitor Ferreira Lima, no caso, refere-se à ideologia, em geral, e à ideologia do industrialismo, em particular, do seguinte modo: "O aparecimento de uma ideologia é consequência de transformações que estão se operando na infraestrutura da sociedade, refletindo-se na mente dos indivíduos ou grupos sociais"[11]. Há nos trabalhos de Heitor uma forte valorização do positivismo contra o liberalismo, pois os primeiros eram propensos à defesa da ação estatal em prol da industrialização, enquanto os outros se identificavam com o livre-câmbio e com o agrarismo. Daí a demonstração de apreço que Heitor Ferreira Lima dá aos primeiros intelectuais orgânicos de uma burguesia em gestação.

Desde um precursor como Mauá, passando por Rui Barbosa (com ou sem razão), o fato é que Serzedelo Correia, Jorge Street, Barata Ribeiro e Vieira Souto

---

[10] Ibidem, p. 273.

[11] Ibidem, p. 308.

foram defensores da industrialização do Brasil, ou, em outros termos, de uma revolução burguesa, e assim foram elevados na obra de Heitor Ferreira Lima. Mas qual era a inspiração teórica dessa nascente intelectualidade orgânica da burguesia? Responde o próprio Heitor Ferreira Lima que o grande inspirador era Friedrich List, defensor da industrialização acelerada da Alemanha com proteção estatal ou, se quisermos, importante teórico da denominada (por Lenin) "via prussiana". Vale lembrar que para a burguesia a sua revolução se confunde com a industrialização e a liberdade de exploração da força de trabalho.

Crises no mercado mundial em 1905-1907 e em 1914-1918 ofereceram algum fôlego à indústria no Brasil. Nos anos 1920, observa Heitor Ferreira Lima, o cenário era muito diferente e se encaminhava para alguma forma de revolução, pois "ampliou e fortificou as duas principais classes da sociedade moderna: os empresários industriais e os trabalhadores fabris"[12].

Em breve passagem, lembra a fundação do PCB, o amigo Astrojildo Pereira, mas também aponta a sua debilidade histórica da organização operária: mais uma vez o eventual papel protagonista da classe do trabalho nas mudanças da época é subestimado. Em 1930, ocorre a queda do regime, e o poder da oligarquia cafeeira se vê acuado, mas a vida social no campo mudou muito pouco ou mesmo nada. O centro da cena é ocupado pela pequena-burguesia urbana, intelectuais da nova ordem urbana e industrial. Para Heitor Ferreira Lima, "era a classe média das cidades entrando em ação, encabeçada militarmente pelos jovens oficiais do tenentismo"[13].

Heitor narra o efetivo processo de industrialização do Brasil que se manifestava desde 1929. A observação crítica mais importante é que essa industrialização ocorreu sem planejamento, por conta de ter sido, em grande medida, uma resposta necessária da economia em crise, a qual precisou substituir as importações. Anota também a presença crescente de investimentos externos, em particular aqueles vindos dos Estados Unidos, mas não nega que eles contribuem também para o desenvolvimento do capitalismo.

O entusiasmo de Heitor Ferreira Lima pelo processo de industrialização – transparente nas páginas que escreve – e a ausência de senso crítico quanto à ação das classes dirigentes do país fazem dele um admirador do progresso, um autor mais economicista do que efetivamente marxista e, mais importante, um intelectual orgânico da burguesia. No entanto, um intelectual que, na prática, defendeu uma particular forma de revolução burguesa, uma revolução passiva, como caracterizaria Gramsci, posto que foi conduzida por uma fração das classes dominantes, mas dotada de um programa, aquele da industrialização como rota da independência nacional. Enfim, a força motriz da revolução era mesmo a burguesia industrial, assim

---

[12] Ibidem, p. 335.

[13] Ibidem, p. 339.

como queriam os seus adversários no PCB em 1937 e também os que se seguiram na aplicação da política de União Nacional?

Aposentado em 1975, Heitor Ferreira Lima ocupou-se de publicar novas edições de seus estudos. No seu livro de 1976, *História do pensamento econômico no Brasil*, publicado em coedição com o Instituto Roberto Simonsen, da Fiesp, ele acompanha a trajetória da reflexão sobre a economia brasileira desde seus albores e observa uma clara bifurcação entre uma corrente liberal, que preserva o caráter agrário e dependente do Brasil, e outra que entendia estar na industrialização a rota para a independência nacional. De fato, esse embate foi bastante marcante na conjuntura dos anos 1950 e começo dos anos 1960, e contribuiu para que Heitor formasse a sua visão de Brasil, da história e das perspectivas do país. Reconhece a debilidade do marxismo e a sua subordinação à vertente industrialista burguesa. Heitor afirma que

> o que parece, no entanto, ressaltar de forma límpida é que a corrente de pensamento econômico melhor adaptado às nossas condições particulares emergiu inicialmente no primeiro pós-guerra, em decorrência do primeiro progresso industrial registrado na época, com a criação do Centro das Indústrias do Estado de São Paulo e o aparecimento de Roberto Simonsen preconizando a industrialização, como meio de erguer o baixo padrão de vida da população e superar o retardamento material em que nos encontrávamos.[14]

Nesse livro, culminando uma série de elogios, anota ainda que para ele "Roberto Simonsen foi o mais combativo e o mais coerente industrialista que o Brasil já teve"[15].

Fim do ciclo

Em fins dos anos 1970 do século XX, o Brasil já era um país bastante industrializado e plenamente capitalista. Não só a fração industrial da burguesia se arrogava a desprezar a ditadura militar que lhe fora tão útil, mas também a classe operária aparecia numerosa e as camadas médias intelectualizadas reivindicavam direitos de cidadania. A luta pela democracia aproximava amplo espectro de forças políticas e sociais, oferecendo possibilidades de organização ao movimento operário e da aproximação com a intelectualidade, que também se articulava, inclusive em sindicatos e partidos. Um setor dos intelectuais se preocupou em se organizar autonomamente e reconhecer a importância da memória das lutas operárias e populares no país.

---

[14] Idem, *História do pensamento econômico brasileiro* (São Paulo, Companhia Editora Nacional, 1976), p. 5.

[15] Ibidem, p. 159.

Nesse momento favorável, Heitor Ferreira Lima recebeu o reconhecimento do PCB, aproximou-se da União Brasileira de Escritores, que então se organizava, acercou-se da vida acadêmica e se sentiu estimulado a escrever as suas memórias num livro despojado, modesto, sincero, mas não isento de contradições, como a própria vida. Nas últimas linhas de suas memórias, confessa que viveu sempre "aspirando por melhores dias para a humanidade. De sua realização final não tenho dúvida, sendo apenas questão de tempo, porque acredito no poder inelutável do progresso, sempre triunfador"[16].

Naqueles anos, contribuiu bastante para o resgate da figura de Astrojildo Pereira, escrevendo textos lúcidos sobre o velho amigo, mas ajudou muito também na pesquisa sobre as primeiras décadas de existência do PCB, aproximando-se do Instituto Astrojildo Pereira. O seu interesse por biografias continuava desperto e decidiu escrever um ensaio sobre Silva Jardim. Assim como Castro Alves, seu primeiro biografado (e seu primeiro livro), Heitor, no seu último livro, também se dedicava a um intelectual rebelde da época da crise da monarquia.

Logo na nota de apresentação preliminar, Heitor Ferreira Lima indica aquele que seria o seu método e concepção teórica. Diz então:

> Como se poderá verificar mais adiante, não projeto Silva Jardim isoladamente em meio aos acontecimentos efervescentes e às lutas em que se envolveu, porque como adepto do materialismo histórico, procuro explicar sua ação como fruto da formação mental e da cultura adquirida desde os bancos acadêmicos, participando de organizações consideradas então como subversivas, como a Maçonaria e Bucha, em uma palavra, como fruto do tempo.[17]

Ao procurar descrever o ambiente no qual viveu e lutou Silva Jardim, Heitor reafirma a sua leitura do Brasil ao dizer que "o que caracteriza, entretanto, a trajetória nacional nesse período é a intensificação do processo capitalista, iniciado em 1850, com a supressão do tráfico negreiro e os empreendimentos pioneiros de Mauá". Para ele, a cafeicultura do pós-guerra do Paraguai era já "eminentemente capitalista"[18].

Efeito importante da guerra do Paraguai foi o aguçamento da crise da escravatura e o fortalecimento político do papel do exército, mas o que Heitor destaca é a "revolução ideológica", que teria ocorrido entre 1868 e 1878, segundo sugestão de Silvio Romero. Essa revolução ideológica fora a incorporação da filosofia positivista pela intelectualidade brasileira, com destaque para engenheiros e militares. Núcleos intelectuais positivistas marcaram presença no Rio de Janeiro, em São Paulo e no Rio Grande do Sul com influência intelectual e política de suma importância. Heitor

---

[16] Idem, *Caminhos percorridos* (São Paulo, Brasiliense, 1982), p. 290.

[17] Idem, *Perfil político de Silva Jardim* (São Paulo, Companhia Editora Nacional, 1987), p. 14.

[18] Ibidem, p. 20.

nota também o aparecimento de uma vertente intelectual inspirada na cultura alemã, que havia "pressentido a necessidade em contrapor o humanismo ao positivismo"[19].

Dessa revolução ideológica fez parte a reivindicação política pela república. Acontece que o movimento pela república não se vinculou de modo decidido a outro movimento contemporâneo de oposição ao trabalho escravo, que para Heitor era "o mais candente problema da época, como suporte principal do sistema latifundiário reinante". Destaca ainda que era o Brasil "o único país no Continente a manter tão infamante e anacrônico modo de produção"[20].

No escrito de Heitor Ferreira Lima, como já foi sugerido, não há rigor no aparato conceitual, o que não possibilita uma clara exposição da natureza da formação social brasileira. Mais à frente, depois de acompanhar a formação intelectual de Silva Jardim, desde as origens familiares na comarca de Rio Bonito, no Rio de Janeiro (mesma origem de Astrojildo Pereira) até a formação do jurista republicano e positivista, da ala esquerda do movimento, Heitor sintetiza o momento histórico como sendo aquele "quando transpúnhamos o latifúndio colonial do açúcar para entrar na expansão cafeeira, de acentuadas conotações capitalistas e iniciar o nosso primeiro grande surto industrial[21].

Nesse momento, conforme narra Heitor, como publicista e orador de talento, Silva Jardim ataca a monarquia e defende uma república como governo do proletariado, particularizado no Brasil como agrícola e de origem africana, na maioria. Prossegue Heitor dizendo que, para Silva Jardim,

> a república, desde a sua instauração, é um governo forte, uma ditadura progressista, guiada pela opinião pública, revogável pelo povo, pressupondo-se a liberdade de exposição e de discussão a mais completa, até a relativa à vida privada dos homens públicos – liberdade que aumenta a responsabilidade do chefe de Estado e impossibilita a tirania.[22]

A postura de Silva Jardim em defesa das ideias mais à esquerda que o embate político suportava formam as mesmas ideias que o fizeram angariar grande prestígio público e a marginalização política, logo que alcançado o objetivo da instauração da república. A morte o colheu em acidente no vulcão Vesúvio, em 1891, antes mesmo de completar 31 anos de idade, quando havia se imposto um exílio voluntário.

O interesse de Heitor Ferreira Lima pela biografia de Silva Jardim pode ter um significado esclarecedor do seu próprio pensamento e visão de Brasil. Silva Jardim foi um jovem intelectual positivista de esquerda, vertente que se alongou no

---

[19] Ibidem, p. 28

[20] Ibidem, p. 30-1.

[21] Ibidem, p. 47.

[22] Ibidem, p. 54.

tempo no Brasil e foi o tronco do qual se originaram as ideologias do movimento operário, inclusive o marxismo particular do Brasil, marxismo do qual foi Heitor Ferreira Lima um representante dos mais dignos e expressivos, ainda que não lhe tenha sido possível romper com a subalternidade ante a vanguarda do pensamento burguês brasileiro.

ASTROJILDO PEREIRA

Antonio Carlos Mazzeo

Não é uma tarefa fácil discorrer sobre um personagem como Astrojildo Pereira, intelectual e militante do movimento operário e comunista. Autores de relevo escreveram sobre a trajetória desse intelectual orgânico do proletariado que vivenciou ativamente o dramático processo de transformação do movimento operário brasileiro, no início do século XX[1]. Astrojildo encarnou essa transformação como o *indivíduo* de Plekhanov, isto é, aquele que é capaz de servir às grandes necessidades de uma época histórica, no sentido do *hic et nunc* lukacsiano[2], resultado de uma incindível concomitância operativa entre o homem singular e as circunstâncias sociais de seu agir, quando um ato singular alternativo contém uma série de determinações sociais gerais, obviamente articuladas e mediadas dialeticamente pela práxis militante do indivíduo singular, a inter-relação dialética entre o singular, o sujeito da alternativa e o universal. Astrojildo, dentro dos limites de seu tempo e de seus instrumentais teóricos – postos por uma realidade sociocultural e política com baixa qualidade analítica sobre si, em que a teoria socialista aparecia rudimentarmente por meio dos manuais dos operários socialistas imigrantes, via de regra simplistas e carregados de positivismo cientificista –, consegue articular

---

[1] Ver, entre outros, Leandro Konder, Edgard Carone, Nelson Werneck Sodré et al., *Astrojildo Pereira: o homem, o militante, o crítico* (São Paulo, Ciências Humanas, 1981), série Memória e História, v. 1; Virgilio Baccalini, *Astrojildo Pereira, giovane libertario: alle origini del movimento operaio brasiliano* (Milão, Cens, 1984); Martin Cezar Feijó, *O revolucionário cordial: Astrojildo Pereira e as origens de uma política cultural* (São Paulo, Boitempo, 2001); José Paulo Netto, "Astrojildo: política e cultura", em Astrojildo Pereira, *Machado de Assis: ensaios e apontamentos avulsos* (Belo Horizonte, Oficina de Livros, 1991).

[2] Ver Georgi V. Plekhanov, *O papel do indivíduo na história* (São Paulo, Expressão Popular, 2011), p. 139s; e G. Lukács, *Ontologia dell'essere sociale* (Roma, Editori Riuniti, 1976), v. 1, p. 327.

mediativamente a imediaticidade das lutas operárias com a necessidade de transcender as formas espontâneas e empíricas da ação política. Astrojildo foi um raro intelectual militante, expressão de seu tempo e um protagonista central do *primeiro período* da construção do projeto comunista brasileiro.

Astrojildo Pereira Duarte Silva, nascido em 1890, na cidade serrana fluminense de Rio Bonito, era filho de um comerciante de bananas que se tornou vereador e delegado de polícia. Próspero nos negócios, seu pai, Ramiro Pereira Duarte Silva, mudou-se com a família para Niterói. Astrojildo frequentou o tradicional colégio Anchieta, de jesuítas, em Nova Friburgo, e, depois, o Colégio Abílio, em Niterói, onde teve a possibilidade de estar perto da cidade do Rio de Janeiro. É nesse momento que Astrojildo trava contato com grupos literários cariocas, escreve seus primeiros versos amorosos e torna-se antimilitarista e, mais adiante, ateu. Aos dezesseis anos, considerando-se um republicano radical, abandona o curso ginasial na terceira série optando pelo autodidatismo[3]. A paixão pelos escritos de Machado de Assis e o ímpeto romântico de admiração da atmosfera literária da capital o levam a visitar o grande romancista em seu leito de morte. Sem dizer nada a seus pais, Astrojildo sai de casa e, atravessando a Baía da Guanabara, chega ao Cosme Velho, nas Laranjeiras, fazendo-lhe a visita derradeira[4].

A partir da década de 1910, desiludido com o republicanismo liberal e com a retórica formalista de Rui Barbosa, Astrojildo adere ao anarquismo e mergulha de cabeça no jornalismo proletário de corte anarcossindicalista, após uma rápida e desastrada viagem à Europa, na terceira classe do vapor Siena, e quase sem dinheiro, com a perspectiva de trabalhar e estudar em Paris. Desembarca em Gênova, onde o espera o amigo Max Vasconcelos, e vai direto para a Suíça participar, em 1º de maio, de um ato antimilitarista[5]. Em Paris, aprofunda sua desilusão com a cidade, um "desencanto gostoso", como definiu mais tarde. Sempre com problemas financeiros, é repatriado pela Associação da Colônia Brasileira de Paris, que além de pagar a

---

[3] Martin Cezar Feijó, *O revolucionário cordial*, cit., p. 20; e Leandro Konder et al., *Astrojildo Pereira: o homem, o militante, o crítico*, cit., p. 52.

[4] "[...] Estava trêmulo. Emocionado, bateu à porta. Foi recebido por escritores que tanto admirava, mas que nunca tinham visto ou ouvido falar daquele garoto atrevido e, no entanto, tão tímido. Lá estavam Euclides da Cunha, José Veríssimo, Mário de Alencar e outros. O dono da casa, o verdadeiro procurado estava no quarto [....] morrendo [...] o jovem quis saber como estava o moribundo; se possível, gostaria de vê-lo. [...] Houve resistência na sala. Não seria conveniente um estranho adentrar no quarto de um velho à beira da morte. Mas o mesmo parece ter ouvido o burburinho vindo da sala e quis saber o que se passava. Quando soube autorizou a entrada de Astrojildo. [...] Astrojildo estava sozinho com seu maior ídolo. [...] Procurou beijá-lo no rosto, mas o mestre se afastou, dando-lhe a mão, que então foi beijada. [...] Tão rápido e silencioso como entrou, o adolescente saiu dali engrandecido e vaidoso, deixando emocionados todos os presentes", Martin Cezar Feijó, *O revolucionário cordial*, cit., p. 42-3.

[5] Astrojildo Pereira, "Um esguicho de civilização (notas de viagem de um vagabundo)", em Leandro Konder et al., *Astrojildo Pereira: o homem, o militante, o crítico*, cit.

passagem de volta lhe dá 50 francos, devidamente gastos com livros. Desembarca no cais do Rio de Janeiro "mais vermelho que nunca", convicto anarquista, com seu "cachimbo na boca e o saco às costas"[6].

Esse período, que sedimenta o intelectual-militante anarcossindicalista, constitui também uma época de rápidas mudanças na realidade brasileira. A partir de 1907 até 1920, a industrialização atinge altos índices, delineando assim um rápido processo de modernização – ainda que centrado nos núcleos urbanos mais importantes do país – de um capitalismo que até ali se tinha fundamentado em bases essencialmente rurais, um desenvolvimento que atrai um enorme fluxo de imigrantes estrangeiros[7]. Conforma-se, desse modo, um novo perfil do contingente dos trabalhadores dos grandes centros urbanos nacionais, onde se misturam imigrantes e migrantes, em que os primeiros serão a maioria. Nessa Babilônia proletária, de diversas línguas e diferentes culturas, chegam, juntamente com o proletariado do outro continente, as formas ideo-organizativas sindicais e políticas, como o anarcossindicalismo que hegemonizou o incipiente movimento operário brasileiro[8].

No âmbito histórico de uma sociedade sem tradição democrática como a brasileira, o *pacto burguês* de vezo *prussiano-colonial*[9] reduz mais ainda a política a seu intrínseco elemento *ontonegativo* de controle social e de classe, ganhando dimensões desconstrutoras e alienantes nas relações institucionais e na própria realidade concreta, determinadas não somente por uma sociedade cerrada pelo próprio caráter do *pacto burguês*, isto é, pela manutenção de um *bloco hegemônico* centrado em seu núcleo socioeconômico agroexportador, como pela fragmentação definida pelo regionalismo. De fato, desde a formação do Estado Nacional brasileiro a construção de uma sociedade civil (*bürgerliche Gesellschaft*) nos moldes liberais burgueses será permeada pela contradição estrutural de um liberalismo que convive com a escravidão e com o "sentido histórico" do *ser-precisamente-assim* de uma formação social de extração colonial que não rompe com seu passado estrutural, ao contrário, o reafirma permanentemente ajustando-o aos movimentos e às transformações da economia internacional,

---

[6]   Ibidem, p. 99.

[7]   Antonio Carlos Mazzeo, *Sinfonia inacabada: a política dos comunistas no Brasil* (São Paulo, Boitempo, 1999), p. 16s.

[8]   Boris Koval, *História do proletariado brasileiro* (São Paulo, Alfa-Omega, 1982), p. 83-102. Ver também: John W. Foster Dulles, *Anarquistas e comunistas no Brasil (1900-1935)* (Rio de Janeiro, Nova Fronteira, 1977); Sheldon L. Maram, *Anarquistas, imigrantes e o movimento operário brasileiro* (Rio de Janeiro, Paz e Terra, 1979); Edgard Carone, *A República Velha: instituições e classes sociais* (São Paulo, Difel, 1972); Paulo Sérgio Pinheiro, *Política e trabalho no Brasil* (Rio de Janeiro, Paz e Terra, 1975); e Boris Fausto, *Trabalho urbano e conflito social* (São Paulo/Rio de Janeiro, Difel, 1976).

[9]   Sobre esse conceito, ver Antonio Carlos Mazzeo, *Estado e burguesia no Brasil: origens da autocracia burguesa* (São Paulo, Cortez, 1997), p. 123s.

integrando-se a ela de forma complementar e subalterna. Até a abolição do trabalho escravo, a contradição fundamental das relações sociais da sociedade brasileira foi nucleada pela relação escravo-senhor[10], ainda que já, a partir da segunda metade do século XIX, despontem também as contradições com os trabalhadores assalariados nos centros urbanos. Com a instituição do trabalho livre, essa contradição ganha novas dimensões, seja na tradicional relação entre os fazendeiros e os trabalhadores rurais – em suas diversas formas laborais –, seja naquelas que se desenvolvem de maneira moderna nas fábricas e oficinas do país. Ambas, no entanto, sofriam as agruras da *tradição escravista e colonial*, quer dizer, da prevalência de séculos de uma economia assentada sobre o *trabalho forçado*, onde o direito regulador do trabalho se materializava no direito da propriedade sobre o trabalhador escravizado.

De certo modo, essa cultura estendia-se para os setores "médios" da sociedade brasileira, também eles caudatários e inseridos nessa forma de liberalismo "fora e dentro do lugar", porque produto de um *Ocidente incompleto* e de uma ordem burguesa "anômala"[11], em que o liberalismo servia de instrumento ideológico para uma economia fundada na hegemonia agroexportadora de vezo político autocrático-burguês, como uma impropriedade original e originária da escravidão[12], que agravava a dissimulação da intrínseca violência da exploração do trabalho assalariado. Aqui o liberalismo ganha os elementos constitutivos do *favor*, uma *forma-ideologia* nascida com a escravidão, como pioneiramente assinalou Sérgio Buarque de Holanda[13], que emaranha na teia do poder *oligárquico-burguês* não somente os escravos, mas também os homens livres, um mecanismo pelo qual se reproduz a classe dominante nas relações sociais.

Os reduzidos núcleos ideológicos liberais democráticos de extração pequeno-burguesa, espelhados numa genérica e apologética concepção de liberdade e de igualdade, desmentidas pelo passado escravista e pela *materialidade de uma forma societal* em que *o moderno subsume-se permanentemente ao arcaico*, raramente dialogavam com o movimento operário. De outro lado, a própria ausência de um sólido movimento operário atesta a impossibilidade do aprofundamento do uni-

---

[10] Décio Saes, *A formação do Estado burguês no Brasil (1888-1891)* (Rio de Janeiro, Paz e Terra, 1985), p. 267s.

[11] Aqui no sentido da especificidade das *formas particulares do capitalismo nas colônias americanas*. No dizer de Marx: "[...] Se atualmente não só chamamos os proprietários de plantações na América de capitalistas, mas se eles de fato o *são*, isso se baseia no fato de que eles existem como uma anomalia no interior de um mercado mundial fundado no trabalho livre", Karl Marx, *Grundrisse* (trad. Mario Duayer e Nélio Schneider, São Paulo/Rio de Janeiro, Boitempo/Editora UFRJ, 2011), p. 422.

[12] Roberto Schwarz, *Cultura e política* (São Paulo, Paz e Terra, 2005), p. 60s.

[13] Sérgio Buarque de Holanda, *Raízes do Brasil* (Rio de Janeiro, José Olympio, 1976), p. 41s.

versalismo *desenhado pela morfologia histórico-particular* da revolução burguesa. A inexistência de espaços democráticos e das livres organizações populares, postas pela *forma particular* da sociabilidade capitalista brasileira, e os reduzidos núcleos urbanoindustriais favoreciam também a proliferação de organizações sindicais atomizadas, principalmente as operárias, absoluta minoria no início do século XX, mas também com pequenos núcleos de intelectuais proletários – em geral imigrantes estrangeiros – de difusas orientações socialistas e nem sempre expressando uma conexão identitária com a *realidade concreta* brasileira. De qualquer modo, desses embriões organizativos nascem as primeiras tentativas de organização proletária e socialista, já em fins do século XIX, como, entre outras, a União Operária de Santos, sob liderança de Silvério Fontes, considerado por Astrojildo o pioneiro do marxismo no Brasil. Mas é nos primeiros anos do século XX que o movimento operário ganha força, com o surgimento de um sindicalismo anarquista que definia como arma principal da luta de classes os movimentos de ação direta e as greves proletárias.

O anarquismo exercia um grande fascínio nos operários e na vanguarda intelectual pequeno-burguesa, de algum modo ligada ao movimento dos trabalhadores, como alternativa a uma sociedade conservadora e repressiva, como observa Joll, ao discorrer sobre a aceitação das ideias anarquistas nos países europeus de governos autocráticos e de industrialização tardia como, na época, Portugal, Espanha e Itália[14]. A *particularidade histórica* brasileira e a tradição autocrática de uma burguesia "transformista" configuraram uma permanente repressão aos movimentos sociais e operários para garantir seu projeto de modernização-conservadora e "pelo-alto", sem o povo e contra ele. Desde seus primórdios, a burguesia brasileira tratou as questões sociais como "caso de polícia", como "perigo" a ser reprimido. Essa trajetória *particular* de desenvolvimento do capitalismo brasileiro configura a *bürgerliche Gesellschaft* "incompleta" e autocrática – seja em sua forma bonapartista, seja em sua forma de *legalidade burguesa de autocracia institucionalizada* – que vigeu na Primeira República, até o golpe de 1930[15].

Não restam dúvidas de que foi o incipiente movimento operário, em seu núcleo anarcossindicalista – mesmo considerando todos os limites de uma perspectiva muito mais *ético-política* que revolucionária e de vezo *radical-pequeno-burguês* –, o primeiro a colocar no centro da vida política brasileira a ausência de liberdades democráticas, numa sociedade recém-saída do horror da escravidão. A difusa ação anarquista tenta conectar sua linha de ação direta, no plano da luta prática, à intenção idealista por princípio de incrustar na racionalidade industrial que estava

---

[14] James Joll, *Anarquistas e anarquismo* (Lisboa, Dom Quixote, 1977), p. 174. Ver também: Boris Fausto, *Trabalho urbano e conflito social*, cit., p. 65s; e Sheldon L. Maram, *Anarquistas, imigrantes e o movimento operário brasileiro*, cit., especialmente o capítulo V.

[15] Antonio Carlos Mazzeo, *Burguesia e capitalismo no Brasil* (2. ed., São Paulo, Ática, 1995), p. 26s.

em precipitação e dissolvia relações sociais arcaicas um conteúdo ideológico cientificista, laico e evolucionista que, se de um lado ganhava competência na atração de setores intelectuais pequeno-burgueses não pertencentes ao proletariado, de outro dispersava o núcleo central da luta de classes em lutas genéricas, na permanente recusa da construção de *mediações* e táticas políticas para o movimento operário e a ineficácia em elaborar uma análise substancial da realidade sócio-histórica brasileira. Mas o fundamental é que com o desenvolvimento industrial no Brasil *engendra-se um proletariado moderno*, ainda que restrito a algumas cidades. *Nesse contexto, a nascente classe operária brasileira constitui-se na maior novidade histórica do país.* Na primeira década dos Novecentos havia mais de mil organizações operárias nos maiores centros industriais brasileiros. Na sua vanguarda, os proletários urbanos – gráficos, sapateiros, metalúrgicos, chapeleiros, têxteis e pedreiros. Eclodem greves importantes com excelentes saltos organizativos. Entre 1903 e 1916, as principais cidades do Brasil, como São Paulo, Rio de Janeiro, Porto Alegre e Recife, presenciaram cerca de 84 greves, que culminariam na grande greve de 1917.

O despertar de um intelectual com as "ideias no lugar"

Os primeiros contatos de Astrojildo com o movimento anarquista foram ironicamente propiciados por seu pai, por meio de folhetos trazidos de uma viagem a São Paulo, em 1909. No mesmo período, inicia suas leituras do livro que seria sua referência, *A conquista do pão*, de Piotr Kropótkin. Concomitantemente, frequenta cafés e entra em contato com intelectuais e artistas libertários. Suas ligações com o anarquismo se intensificam durante a campanha pela libertação e depois contra o fuzilamento do militante e importante pedagogo espanhol Francisco Ferrer, em 1909. Em 1911, pouco depois de desembarcar no Rio de Janeiro, de volta da Europa, Astrojildo, convicto da necessidade de atuar politicamente, após os primeiros contatos e o estabelecimento de vínculos com o periódico anarquista *A Guerra Social*, dirigido por J. Arzua, publica, como nos demonstra o pesquisador italiano do Archivio Storico del Movimento Operaio Brasiliano (Asmob)[16] Virgilio Baccalini, seu primeiro artigo, *A ordem deles*, sob pseudônimo de Astper[17]. Seus artigos em *A Guerra Social* já evidenciam uma visão crítica que ia para além dos clichês sectários.

---

[16] Archivio Storico del Movimento Operaio Brasiliano (Asmob), constituído por documentos pertencentes ao PCB e por documentos originais de alguns de seus dirigentes e militantes, entre eles, Astrojildo Pereira, que por decisão do Comitê Central do PCB foram retirados do Brasil, no período da ditadura militar-bonapartista, e, por um tempo, ficaram no exterior, acolhidos na Fondazone Giangiacomo Feltrinelli, em Milão – daí sua denominação italiana. Nos dias de hoje, encontra-se no Centro de Documentação e Memória da Unesp (Cedem), em São Paulo.

[17] Virgilio Baccalini, *Astrojildo Pereira, giovane libertario: alle origini del movimento operaio brasiliano*, cit., p. 55.

Sua pena ácida e inteligente expressava vivacidade e ampla formação intelectual ao analisar temas políticos nacionais relacionados ao movimento operário brasileiro e questões internacionais, como a crítica ao terrorismo individual na luta contra o capitalismo e a greve dos mineiros britânicos de 1911. Nos períodos seguintes, Astrojildo intensifica suas atividades no movimento operário e, já mergulhado na militância, atua contra a cooptação de setores do movimento operário pelo governo Hermes da Fonseca, em 1912. Um ano após, participava ativamente do Segundo Congresso Operário[18] – organizado para se opor ao promovido por Hermes da Fonseca –, em que se deliberou que a luta operária deveria ser por meio de permanentes ações diretas, da reativação do jornal *A Voz do Trabalhador* e da reorganização da Confederação Operária Brasileira (COB). Nesse congresso, o secretário-geral eleito, Artur Rosendo dos Santos, terá Astrojildo, então com 23 anos, como estreito e eficiente colaborador[19].

Mas é como articulista dos jornais anarquistas que Astrojildo se diferencia. Colaborando também no jornal paulista *Germinal*, irá dedicar-se a assuntos relacionados diretamente ao movimento dos trabalhadores e também a temas culturais, como a resenha do livro *Uma paixão de mulher*, de Cecília Mariz, ao tratar o amor na perspectiva libertária, contrapondo um conceito profano e livre àquele sacro e cristão. Suas formulações sempre foram fundamentadas e redigidas com sobriedade, como podemos verificar em seus escritos na *Voz dos Trabalhadores*, de 1913, em que relaciona a situação do proletariado brasileiro à do conjunto dos trabalhadores no quadro internacional, e quando alerta os produtores de café da possibilidade de recusa da colheita se não fosse revogada a Lei da Expulsão dos estrangeiros, a Lei Adolpho Gordo de 1904-1912. Nesses dois artigos, explicitam-se uma argumentação original e a proposta de uma *linha política* tática que, de um lado, vê com otimismo o futuro organizativo do proletariado e, de outro, evidencia o potencial de mobilizações de conteúdos políticos dos trabalhadores, em especial aqueles vinculados à produção cafeeira.

Sua atuação como dirigente da comissão organizativa do II Congresso da COB o obriga a estudar as realidades dos principais sindicatos brasileiros, o que possibilitou a Astrojildo uma visão ampla e articulada da estrutura do movimento operário,

---

[18] Como nos conta Astrojildo Pereira: "Foi este de fato um congresso operário nacional, dele participando mais de cem delegados, a maioria dos quais vindos de muitos Estados, do Pará ao Rio Grande do Sul. Representou, sem dúvida alguma, um importante papel no conjunto do movimento operário brasileiro, sobretudo como fator de mútuo conhecimento, de congraçamento moral e de unidade nas lutas futuras. No entanto, do ponto de vista da orientação e dos métodos de organização, o congresso de 1913 foi apenas uma confirmação e em certa medida um desdobramento do congresso de 1906", Astrojildo Pereira, "A formação do PCB", em *Ensaios históricos e políticos* (São Paulo, Alfa-Omega, 1979), p. 50.

[19] John W. Foster Dulles, *Anarquistas e comunistas no Brasil (1900-1935)*, cit., p. 34.

situação que favorece o desenvolvimento de sua capacidade de organizador político e de crítico do próprio movimento anarcossindicalista evidenciada em diversos artigos em que destaca a debilidade e os limites do movimento sindical no Brasil em relação aos de outros países. Foi essa capacidade, percebida também por seus companheiros de militância, que o leva a ser designado a representar o movimento operário brasileiro no Congresso anarquista convocado para Londres, em agosto de 1914, suspenso em virtude da eclosão da Primeira Guerra Mundial. Seguem-se no movimento operário brasileiro intensas atividades antiguerra, em que a situação operária internacional acaba incidindo no Brasil, nos debates e na própria condução organizativa do movimento, principalmente as questões da paz e do internacionalismo *versus* nacionalismo. No Brasil, crescem as posições pró-guerra, alimentadas por interesses econômicos da burguesia exportadora, que, de um modo ou de outro, acabavam refletindo no movimento dos trabalhadores e reverberaram a mesma divisão sofrida internacionalmente. Nesse período, de 1915 a 1917, percebemos a sensibilidade de Astrojildo diante dos impasses e dos limites do movimento por meio dos temas de seus artigos no periódico *O Cosmopolita*, que indicavam uma mudança importante em sua visão política: a luta contra a guerra, a liberdade do trabalho, as injustiças das leis, a falência do Estado, que pela guerra encontra sua sustentabilidade e reforço, e os contrastes antagônicos entre razão de Estado e razão pública, temas constitutivos das abordagens astrojildianas no que podemos definir como momento de fundas reflexões críticas e de preparação para futuras rupturas.

O importante a ressaltar sobre o primeiro período da trajetória intelectual--orgânica de Astrojildo é sua determinação de estar nas trincheiras do proletariado. Astrojildo procurou articular em suas análises a *universalidade* da ação política e da cultura com a *particularidade de classe* do proletariado. No Brasil do jovem Astrojildo, as forças constitutivas da *ideologia do favor* eram mais explícitas e menos sutis e dissimuladas. A cooptação da intelectualidade era uma das práticas *sans phrase* da estrutura política da República Velha, em que a organização da cultura estava exclusivamente a cargo dos aparelhos de hegemonia burguesa. Ora, Astrojildo, oriundo de uma estável pequena-burguesia fluminense, poderia ter optado pelo caminho da cooptação pelo *favor* ou, como definiu C. N. Coutinho, pelo "intimismo à sombra do poder" ou ao limite de ter se tornado um intelectual marginal, *dandy* e niilista. No entanto, ao perfilar-se nas fileiras proletárias e agir como intelectual orgânico do movimento operário, optou pela *construção de outra hegemonia*. Sua postura crítica não conciliava ou tergiversava em relação ao caráter da sociabilidade nacional, como fica explícito em sua definição da república brasileira: "o reduto das quadrilhas e de ladroíces"[20]. A opção pelo anarquismo e pelas fileiras proletárias anunciou

---

[20] Astrojildo Pereira, "Generalidades", em Leandro Konder et al., *Astrojildo Pereira: o homem, o militante, o crítico*, cit., p. 103.

um jovem intelectual que de crítico de uma sociedade autocrática rapidamente se transforma em lúcido militante libertário e anticapitalista. Nesse momento, suas ideias são colocadas no devido lugar do projeto da revolução proletária.

La Svolta: o intelectual orgânico do proletariado

A Primeira Guerra Mundial favoreceu um formidável deslanche econômico para o Brasil. As indústrias internacionais, que já operavam no mercado brasileiro por meio da exportação de seus produtos, intensificaram a transferência de suas instalações, aproveitando os baixos custos da mão de obra e a facilidade de recursos e de logística; empresas subsidiárias que atuavam como uma seção de acabamento de produtos, articuladas numa divisão internacional do trabalho em que a finalização e a montagem final cabiam à seção brasileira. Esse período de desenvolvimento, que se mostra conformador de uma densa estrutura produtiva em São Paulo e ainda propicia outro e fundamental impulso modernizador e de inserção da classe operária na vida nacional, aumenta as atividades sindicais e, na relação direta desse crescimento, amplia também a violência de Estado contra o movimento dos trabalhadores, intensificado pelas expulsões de proletários imigrantes, torturas e assassinatos de manifestantes operários.

Esse é o momento em que eclode a grande greve operária de 1917, em São Paulo, que inaugura o "segundo período" dos movimentos operários da República Velha. Contrastando com o desenvolvimento econômico, as condições de vida do proletariado dos grandes centros urbanos eram precárias, com longas jornadas de trabalho – que variavam de dez a doze horas – e baixíssimos salários. Já no início de 1917, em São Paulo e no Rio de Janeiro, intensificam-se as mobilizações operárias contra a carestia. Em São Paulo, esse movimento ganha dimensão a partir das paralisações no cotonifício Crespi e na fábrica de bebidas Antarctica, no bairro da Mooca, no mês de junho, difundindo-se para outras fábricas importantes[21]. A greve que mobiliza milhares de trabalhadores paulistanos passa a ser dirigida pelo Comitê de Defesa Proletária, de hegemonia anarquista. Em 12 de julho, já eram 20 mil trabalhadores paralisados, juntamente com o transporte público, o comércio e os serviços de luz e das ferrovias paulistas. A greve culmina com uma negociação entre patrões e trabalhadores, com uma aparente vitória do movimento porque, em tese, os patrões cedem às reivindicações dos trabalhadores. Mas após a desmobilização dos grevistas o governo do estado desencadeia uma violenta repressão sobre as lideranças da greve, prendendo seus principais expoentes, como

---

[21] Ver Edgard Carone, *A República Velha: instituições e classes sociais*, cit., p. 228-30; Luiz Alberto Moniz Bandeira, Clovis Melo e A. T. Andrade, *O ano vermelho: a revolução russa e seus reflexos no Brasil* (São Paulo, Brasiliense, 1980), p. 58-64; e Boris Fausto, *Trabalho urbano e conflito social*, cit., p. 192-200.

Edgard Leuenroth e Candeias Duarte, e expulsando o militante italiano Teodoro Monicelli, e a maioria das empresas acaba por não honrar os acordos firmados com os trabalhadores.

Vale ressaltar que essa greve, além de sua magnitude, expressa o *esgotamento das formas organizativas do proletariado* implementadas pelo anarcossindicalismo, no contexto de um período de maior crescimento da classe operária nos grandes centros urbanos brasileiros. *A desarticulação e posterior derrota de um movimento grevista que havia sido vitorioso evidenciaram a necessidade de outra e mais complexa forma organizativa.* Mas se ficou evidenciada, no plano do imediato pós-greve, a debilidade da organização do movimento operário, por outro lado a própria experiência da greve de 1917 servirá de parâmetro para as outras mobilizações operárias, principalmente a crítica ao espontaneísmo e à fragilidade do movimento, que será engrossada pelo fortalecimento de um setor pró-Revolução Russa no movimento operário.

Astrojildo está nas fileiras dos que veem os acontecimentos da Rússia como um novo patamar da luta. Seu artigo de 1918, intitulado "Um ano depois", já apontava sua concordância com o programa bolchevique de expropriação da propriedade da terra e das indústrias, e a dissolução das formas de poder autocráticas czaristas, medidas que Astrojildo chamou de "programa anarquista construído em consonância com as aspirações populares". No mesmo artigo, podemos ler o entusiasmo de Astrojildo com os "maximalistas" e que, após o 7 de novembro, "[...] uma esplêndida aurora anunciou ao proletariado de todo o mundo o início de uma nova era social"[22]. Essa defesa da experiência em curso na Rússia abre uma visão que se diferencia no contexto anarcossindicalista em relação ao movimento revolucionário e, principalmente, ao conceito de organização. Isso se evidencia nas cartas que Astrojildo envia aos principais jornais burgueses do Rio de Janeiro, em especial ao *O Imparcial*, em que defende a Revolução Russa e Lenin, acusado pelo jornal de ser agente alemão. A constante divisão do movimento operário brasileiro e sua debilidade organizativa demonstravam a profunda distância em relação a um processo em que o proletariado seguia organizado e unitário na luta pelo socialismo. Em artigo de fevereiro de 1918 para *O Cosmopolita*[23], Astrojildo delineia suas divergências quanto aos preceitos clássicos anarquistas, enfatizando a organização unitária da "revolução social" em curso na Rússia e a necessidade de relançar, no Brasil, a Aliança Anarquista contra a dilaceração do movimento. Indo mais adiante, confrontando-se com lideranças como Elias da Silva, da Federação Operária do Rio de Janeiro (Forj), afirma categoricamente: "[...] *Se, de outro lado, somos anarquistas ativos e não simples e inócuos anarquistas literários e diletantes, nos ocorre a obrigação* [...] *de aceitar* [...] *a tarefa*

---

[22] Virgilio Baccalini, *Astrojildo Pereira, giovane libertario: alle origini del movimento operaio brasiliano*, cit., p. 82-3.

[23] Asmob, arquivo A - 2, 3 (1) 1; arquivo A - 2, 3 (4) 5; e arquivo A - 2, 3 (4) 9.

que a história e as nossas convicções nos colocam"[24], claramente a contraposição da necessidade organizativa em *novos moldes*. Fica evidente que a revolução na Rússia foi o elemento decisivo para a maturação das concepções críticas de Astrojildo em relação ao movimento operário.

Encontravam eco, entre a liderança anarquista brasileira, as experiências e a simpatia ao processo revolucionário na Rússia. Ao mesmo tempo, cresce a repulsa pela II Internacional[25], ainda que dentro de confusões e discernimentos imprecisos. O certo é que, de um modo ou de outro, a Revolução de Outubro tinha penetrado nos poros do movimento operário brasileiro. Em março de 1919, com Astrojildo ainda na prisão – resultado do levante de 1918, no contexto da greve da Cantareira, no Rio de Janeiro, quando um grupo de líderes anarquistas ensaia um fracassado e mal articulado golpe pela tomada do governo do estado, entre eles José Oiticica, Manuel Campos, Carlos Dias e Astrojildo –, funda-se o Partido Comunista do Rio de Janeiro, com um programa nitidamente anarquista que, na sequência, prepara a Conferência Comunista, realizada em junho. No mesmo mês, inaugura-se o núcleo paulista do PC. Na Conferência Comunista, definida por Leuenroth como "uma assembleia de todo o movimento anarquista do Brasil"[26], estavam presentes grupos de Alagoas, Paraíba, Pernambuco, Rio Grande do Sul e São Paulo, sendo eleito presidente do Congresso José Oiticica. À parte a confusão, como admitiu mais tarde Leuenroth, dali em diante os anarquistas brasileiros dividiram-se em dois grupos: os "puros", composto por militantes como Elias da Silva e Oiticica; e os "anarcobolchevistas", com a presença, entre outros, de Antônio Canellas, Everardo Dias, Astrojildo Pereira, Abílio de Nequete e Octávio Brandão. Mesmo divididos em duas correntes de opinião, esses dois grupos atuaram em conjunto até 1921, quando os "anarcobolchevistas" aderem à III Internacional. Mas ao longo do período que culmina na fundação do PCB, em 1922, as divergências foram ganhando dimensões inconciliáveis; dissensões que não se limitavam ao plano teórico e *incidiam na luta prática*. O antigo núcleo dirigente anarcossindicalista vai progressivamente perdendo

---

[24] Virgilio Baccalini, *Astrojildo Pereira, giovane libertario: alle origini del movimento operaio brasiliano*, cit., p. 84 (grifos meus).

[25] Como ressalta o autor: "[...] O que mais se sabia desta última era que se tornara um reduto do mais podre oportunismo reformista, como a guerra aliás viera confirmar de maneira definitiva. E o que se sabia e se compreendia da Revolução Russa era que se tratava efetivamente de uma 'revolução proletária'. Postas as coisas nestes termos, tudo o mais vinha a ser secundário – e foi justamente essa consideração que serviu para esclarecer os melhores elementos do anarcossindicalismo brasileiro e levá-los ao rompimento com os dogmas e preconceitos do anarquismo e à plena aceitação de princípios da ditadura do proletariado e das vinte e uma condições de adesão estabelecidas pela III Internacional", Astrojildo Pereira, "Generalidades", cit., p. 56-7.

[26] John W. Foster Dulles, *Anarquistas e comunistas no Brasil (1900-1935)*, cit., p. 78.

50

sua inserção nas bases operárias e transforma-se em inimigo da Revolução Russa, diferentemente dos "anarcobolchevistas", cada vez mais ativos e influentes.

O início da delimitação ideológica entre anarquistas e comunistas está no III Congresso dos Operários de 1920, onde foi debatida a relação do movimento operário brasileiro com a III Internacional. Se por um lado, por pressão de líderes como Leuenroth, o Congresso não adere àquela organização internacional por não ser uma entidade sindical, por outro, é aprovada uma declaração de solidariedade à III Internacional cujos "princípios correspondiam por completo às autênticas aspirações à liberdade e igualdade de todos os trabalhadores"[27]. Note-se que Astrojildo, em que pese sua adesão inequívoca ao segmento "anarcobolchevista", vota com Leuenroth pela não adesão do III Congresso dos Operários à IC, seguindo os argumentos de que aquela entidade não se constituía como uma organização eminentemente sindical[28]. Na lógica e coerência das posições de Astrojildo pela unidade de ação operária na luta, esse voto se situava no âmbito de uma tentativa de manter unido um Congresso que rumava para a divisão irremediável[29]. De modo que concordamos quando Baccalini chama a atenção para a "prudência" de Astrojildo em relação às condições de debilidade do movimento e para a negatividade de uma ruptura nas condições de fragilidade da organização proletária[30]. Esse aspecto é reforçado no ano seguinte, em dois artigos publicados em *A Plebe*, respectivamente, 4 e 11 de junho de 1921, em que Astrojildo demonstra a necessidade imperiosa de estudar as causas profundas da desorganização do movimento operário, com base em três eixos fundamentais: 1) examinar os erros do movimento, no passado e no presente; 2) estudar ampla e universalmente os métodos de organização eficientemente

---

[27] A. Barreira, "O Brasil atual: *Krasni Internatsional Prof-soiuzov*", 1924, n. 1 (36), p. 24, *apud* Boris Koval, *História do proletariado brasileiro*, cit., p. 155.

[28] Como nos informa Dulles: "A Liga Operária da Construção Civil de São Paulo, representada por Deoclécio Fagundes e Teófilo Ferreira, propôs a adesão do congresso à Internacional Comunista (Terceira). Mas Edgard Leuenroth objetou não ser esta 'uma organização genuinamente sindical'. Astrogildo Pereira [*sic*] reforçou as palavras de Leuenroth, e José Elias, por sua vez, as de Astrogildo", John W. Foster Dulles, *Anarquistas e comunistas no Brasil (1900-1935)*, cit., p. 113.

[29] As conclusões de Koval sobre esse episódio reforçam nossa visão sobre a prudência de Astrojildo: "[...] A velha direção já havia perdido o antigo prestígio, e a nova jovem força, solidária ao bolchevismo, ainda não tinha se fortificado o suficiente e politicamente não se tinha libertado dos pontos de vista e tendências tradicionais. No geral o trabalho do III Congresso dos Operários pode ser avaliado como positivo o que, por exemplo, indica a proposta de uma série de delegados de ingressar na Internacional Comunista. Embora essa proposta não pudesse ser concretizada pois no Comintern, como todos sabem, não se aceitavam sindicatos, ela demonstra o fortalecimento da tendência pró-comunista entre os jovens ativistas do sindicalismo revolucionário", Boris Koval, *História do proletariado brasileiro*, cit., p. 155.

[30] Virgilio Baccalini, *Astrojildo Pereira, giovane libertario: alle origini del movimento operaio brasiliano*, cit., p. 91.

ASTROJILDO PEREIRA

adotados pelo proletariado de outros países; e 3) elaborar um estudo comparativo para aplicação e adaptação desses novos métodos à realidade brasileira. Todos esses elementos deveriam ser postos em prática a partir de uma campanha de propaganda e de realização organizativa.

Indo além, Astrojildo acentua que o movimento operário brasileiro não possui tradição revolucionária de corte proletário e, nesse sentido, é necessário divulgar os acontecimentos europeus, para que se constituam um exemplo para o proletariado brasileiro[31]. Fica evidente, no escopo desses dois artigos, a emergência de um dirigente preocupado em apontar *outra forma organizativa*, já distante do anarcossindicalismo, agora parte de um passado com o qual rompia definitivamente.

Intelectual orgânico e dirigente do movimento comunista

Astrojildo fixa sua trincheira de defesa da Revolução Russa a partir das cartas que envia aos grandes jornais do Rio de Janeiro, entre novembro de 1917 e fevereiro de 1918, rebatendo as críticas caluniosas da grande imprensa brasileira[32]. Dali em diante, aprofunda-se sua identificação com o processo revolucionário russo e com seus métodos políticos, o que implicava também uma gradativa convergência teórica com as formulações de Marx e Lenin. Procurando estabelecer um parâmetro analítico sobre a estrutura da sociabilidade brasileira, Astrojildo, em seu texto sobre a revolução na Rússia, faz algumas comparações entre o processo histórico russo e a implantação da república no Brasil, tendo em conta que nos dois países as rupturas são contra regimes monárquicos de tradição autocrática, demonstrando que a radicalização política na Rússia *rompia de fato* com a autocracia czarista e propiciava a revolução socialista, enquanto no Brasil a república brasileira atualizava e mantinha a espoliação dos trabalhadores e a própria autocracia da burguesia, realçando os *elementos histórico-particulares diferenciadores da realidade brasileira* ao mesmo tempo que reafirma sua convicção da possibilidade de uma revolução semelhante no Brasil. Alinhando-se com uma vanguarda que vai difundindo o caráter da Revolução Russa e dos princípios defendidos por Lenin, em junho de 1918, funda o periódico "artesanal" *Crônica Subversiva*, sendo Astrojildo seu único redator que,

---

[31] Incisivamente, Astrojildo escreve: "Os trabalhadores das cidades ou do campo, das indústrias ou das fazendas, sejam brasileiros ou estrangeiros, brancos, amarelos ou negros [...] são todos igualmente explorados pelo patronato industrial ou agrícola. Os seus interesses, as suas necessidades, os seus sofrimentos são perfeitamente idênticos. E se esse interesse econômico forma a base homogênea sobre a qual repousa a vida de todos os trabalhadores do Brasil, resulta evidente que o interesse econômico deve constituir a base sobre a qual deve se formar cada organização proletária", ibidem, p. 93.

[32] Mais tarde, Astrojildo organiza e publica esses textos sob o título *A Revolução Russa e a imprensa*, com o pseudônimo de Alex Pavel.

já no primeiro número, assina uma crítica demolidora às calúnias lançadas sobre diversas lideranças revolucionárias russas. Mas é após sua prisão, em meados de 1919, que se intensifica sua ligação com o comunismo.

Depois do Congresso Operário de 1920 e da organização do grupo "anarco-comunista", as relações de Astrojildo com a liderança anarquista se tornam mais difíceis e cheias de mágoas por parte de antigos camaradas, como expressou José Oiticica, acusando-o de "conspirador caviloso"[33]. Para além da sectarização resultante de uma divisão implacável – em que se trabalhava para construir uma organização política alinhada com os princípios comunistas –, havia o esforço para uma ação unitária de um movimento operário seriamente golpeado pela desorganização e pela crise econômica. O movimento operário esboça reações nas greves dos portuários de Santos e dos marítimos do Rio de Janeiro, em 1920, duramente reprimidas e denegridas pela imprensa burguesa. Na condução da repressão aos grevistas de Santos, a preocupação da polícia foi a de prender a liderança do movimento e, como novidade de trabalho de inteligência repressiva, arrestar os responsáveis pelos jornais proletários, isto é, os intelectuais organizadores da cultura e da política, utilizando ainda todas as formas de provocações, como o caso de uma bomba lançada contra a Bolsa de Valores do Rio de Janeiro, rapidamente definida por *O Estado de S. Paulo*, como "planos terroristas dos operários em greve"[34]. Com o aumento da repressão do Estado, no dia 13 de fevereiro, a Federação dos Trabalhadores do Rio de Janeiro conclama uma greve geral de solidariedade aos marítimos para o dia 15 e, já no dia seguinte, as tropas do Batalhão Naval ocupam o porto e desencadeiam uma brutal repressão contra os grevistas[35]. Mas o peso da desorganização e da fragmentação do movimento foi imperioso e decisivo para o fracasso de uma curta e desastrosa greve geral, à qual muitos sindicatos não aderiram. Aproveitando-se da total confusão no movimento, provocadores explodem, em 15 de fevereiro, outra bomba, dessa vez diante do Clube Naval, causando mais divisões internas e o isolamento total da greve a tal condição que os dirigentes grevistas decidem "transferi-la para melhores dias". Refletindo sobre o processo histórico de declínio do anarcossindicalismo e ascenso do movimento comunista brasileiro, Astrojildo, em "A formação do PCB", generosamente inicia sua avaliação crítica da greve geral de 1920, afirmando que a "[...] greve dos marítimos, já no fim de 1920, quando o surto grevista entrava em descenso, fracassou lamentavelmente, mas, apesar de tudo, constituiu indiscutível demonstração de combatividade por

---

[33] Luiz Alberto Moniz Bandeira, Clovis Melo e A. T. Andrade, *O ano vermelho*, cit., p. 58-64 e 279.

[34] *O Estado de S. Paulo*, 10 fev. 1921, em John W. Foster Dulles, *Anarquistas e comunistas no Brasil (1900-1935)*, cit., p. 121.

[35] Ibidem, p. 122.

ASTROJILDO PEREIRA

parte da massa dos trabalhadores marítimos"[36]. Mas a generosidade para com a classe em luta não obnubila sua crítica às fundas debilidades de um movimento atomizado e *carente de teleologia na ação, na teoria e na política e de um partido independente e de classe*[37]. Essas considerações de Astrojildo expressam, no contexto dos primeiros momentos dos anos 1920, a divisão nas águas do movimento operário brasileiro e o surgimento da consciência de uma nova *Weltanschauung* proletária mundial, que se firmava com a Revolução Russa, assentada na teoria social de Marx e Lenin.

Desfaziam-se assim confusões iniciais sobre o caráter da revolução na Rússia. Ao mesmo tempo, surgia no movimento operário uma vertente anticomunista de "esquerda" – que enfatizava a necessidade de lutar contra o Estado burguês e também contra o Estado bolchevista –, que passa a atuar contra a formação de um partido comunista. Como asseverou o influente militante anarquista, Florentino de Carvalho, em seu artigo em *A Obra*: "causaria um cisma e representaria uma traição à causa da emancipação humana"[38]. No âmbito dessa vigorosa ofensiva antibolchevista, Astrojildo, em maio de 1921, ao comentar a construção de uma Internacional Sindical Vermelha, chamava a atenção à cautela em uma série de artigos para *A Plebe* e *A Vanguarda*, demonstrando que a incipiência de um sindicalismo brasileiro de orientação comunista "nos limitava a estar presente nesse Congresso sindical de Moscou apenas em espírito"[39], isto é, os comunistas *não deveriam apostar no fracionamento, em sua visão, a marca histórica do movimento operário brasileiro* "imerso num vaivém de organização, desorganização, reorganização e desmantelamento", ressaltando ainda: "o inimigo era um só e uma só deve ser a nossa força"[40]. O momento era o de construir, fortalecer e unificar o sindicalismo de classe. Mas, ao mesmo tempo, Astrojildo deixava claro que não era uma unidade a qualquer custo. Esse foi o norte de sua posição diante do grupo brasileiro que tentou fundar uma associação semelhante ao Grupo Clarté francês (Liga Intelectual para o Triunfo da Causa Internacional) que aglutinava intelectuais revolucionários e progressistas, como Anatole France, H. G. Wells e Thomas Hardy, que apoiavam a III Internacional. No Brasil, um grupo liderado por Nicanor do Nascimento, em que estavam líderes sérios como Everardo Dias, mas também intelectuais não confiáveis ao movimento operário, tenta fundar o Grupo Clarté brasileiro. Recusando-se a participar de tal agrupamento, em artigo para *A Plebe*, de 1921, sob o título

---

[36] Astrojildo Pereira, "A formação do PCB", cit., p. 60.

[37] Ibidem, p. 61.

[38] Florentino de Carvalho, "O bolchevismo: sua repercussão no Brasil", citado em John W. Foster Dulles, *Anarquistas e comunistas no Brasil (1900-1935)*, cit., p. 134.

[39] Ibidem, p. 139.

[40] Idem.

"Clarté de mau nascimento", Astrojildo critica duramente a iniciativa, não por ser contrário a uma seção brasileira, mas por questionar a idoneidade de alguns de seus integrantes, a começar pelo próprio Nicanor do Nascimento, apoiador de Hermes da Fonseca e de Epitácio Pessoa, e outros que chamou de "chefes e pastranos que haviam descido à ignomínia"[41].

E, direcionando-se para a consolidação da vertente comunista, junto a onze camaradas, lança em 7 de novembro de 1921, no Rio de Janeiro, o Grupo Comunista, tendo como linha política a defesa da III Internacional, divulgando suas 21 cláusulas. Nos meses seguintes, fundam-se grupos semelhantes no Estado de São Paulo, na cidade de Cruzeiro, em Recife, e Juiz de Fora, em Minas Gerais. Desde janeiro de 1922, redator do primeiro periódico explicitamente comunista – a revista *Movimento Comunista* editada pelo Grupo Comunista –, Astrojildo era a mais expressiva liderança do comunismo brasileiro. Mesmo sendo o líder "natural" para ocupar o cargo de secretário-geral nas articulações para a organização do congresso de fundação do Partido Comunista – Seção Brasileira da Internacional Comunista –, Astrojildo acaba indicando o barbeiro imigrante libanês, Abílio de Nequete (Abdo Nakt), fundador da União Maximalista de Porto Alegre, ligado ao PC do Uruguai e à seção da IC em Buenos Aires. Mais tarde, após sua prisão durante o levante do Forte de Copacabana, em 1922, Nequete, apavorado com a repressão e com os maus-tratos e ameaças que recebera da polícia, renuncia e parte para Porto Alegre.

Com a renúncia de Nequete, Astrojildo é indicado pela Comissão Executiva Central para assumir a secretaria-geral do PCB. Uma vez no cargo, Astrojildo atua como organizador da cultura e da política do partido, dedicando-se a fortalecer o campo comunista no movimento operário e procurando também ampliá-lo para outros segmentos sociais, o que significou uma ação planejada para atuar politicamente na *construção de um bloco de hegemonia*. De um lado, divulga o programa do partido no movimento operário, critica duramente a forma anarquista de organização e, ao mesmo tempo, *delimitando diferenças*, chama ao debate político e à unidade na luta os grupos anarquistas[42]. De outro, busca o diálogo com a intelectualidade progressista e simpática à Revolução Russa. Nas duas frentes de ação, a revista *Movimento Comunista* teve papel central no alargamento da influência da linha política do partido, seja no âmbito das lutas nacionais, seja no plano internacional. Além disso, sempre por meio da revista, ampliou-se a divulgação do debate sobre a teoria marxista[43]. Em 1924, Astrojildo viaja a Moscou para participar do V Congresso da IC e consolidar a inserção do PCB na Internacional Comunista,

---

[41] Ibidem, p. 141.

[42] Astrojildo Pereira, "Movimento Comunista I", mar. 1922, citado em Martin Cezar Feijó, *O revolucionário cordial*, cit., p. 78.

[43] Idem, "A formação do PCB", cit., p. 82-5.

adiado com a morte de Lenin, em janeiro do mesmo ano. De lá, relatou os funerais de Lenin e não deixou de enviar cartas discorrendo sobre o processo de construção socialista e sobre questões de organização partidária. De volta ao Brasil, sua atuação foi centrada na necessidade de crescimento do partido e na elaboração de análises mais aprofundadas sobre a realidade nacional. Por esse motivo, incentiva Octávio Brandão a escrever seu *Agrarismo e industrialismo*, a primeira tentativa (ainda que bastante limitada no plano teórico-histórico) de analisar o Brasil sob a ótica marxista, e protagoniza a criação do jornal *A Classe Operária*, que tem seu primeiro número em 1º de maio de 1925.

Além disso, há um grande esforço de organização da política partidária e da construção de uma "teoria marxista do Brasil" como referencial de atuação para os comunistas. Ressalte-se o papel central das concepções elaboradas por Brandão que Astrojildo apresenta como base para a formulação das teses do II Congresso do PCB, em maio de 1925, expressando a visão do *núcleo dirigente* do partido sobre a realidade nacional. Com todos os problemas e limitações que o livro apresenta, há nas análises de Brandão, e consequentemente nas teses para o congresso, uma originalidade que trata de questões como as revoltas militares no contexto da revolução democrática e do imperialismo fora das visões esquemáticas[44]. As resoluções do II Congresso buscam atender às demandas efetivas da vida nacional e, apesar da ligação com as orientações políticas da IC, elas aparecem adaptadas às condições objetivas e subjetivas do meio social brasileiro[45] porque nelas estão presentes temas candentes, como as revoltas militares, a questão do caráter dos "dois imperialismos" (a disputa entre Inglaterra e Estados Unidos da América) e o problema da unidade sindical. Fica patente a preocupação da inserção do PCB na vida política brasileira, mas não no sentido tradicional do "fazer política", com "centralidade eleitoral". O *projeto evidente* do PCB em seu II Congresso é a participação nas eleições com *independência* e a *centralidade da classe operária*[46]. Na busca da construção de uma política de classe para o PCB, vê-se claramente a presença das formulações astrojildianas no que se refere ao corte revolucionário e classista que marcou sua trajetória de dirigente e militante e deu ao PCB uma fisionomia própria, conformando a linha política de seu *primeiro período* – 1922-1929[47].

---

[44] Octávio Brandão, *Agrarismo e industrialismo: ensaio marxista-leninista sobre a revolta de São Paulo e a guerra de classes no Brasil* (2. ed., São Paulo, Editora da Unicamp/Arquivo Edgard Leuenroth/Anita Garibaldi, 2006).

[45] Michel Zaidan Filho, *PCB (1922-1929): na busca das origens de um marxismo nacional* (São Paulo, Global, 1985), p. 21.

[46] Ver as resoluções do II Congresso do PCB, em Edgard Carone, *O PCB, 1922-1943* (São Paulo, Difel, 1982), v. I, p. 39.

[47] Como acentua o autor: "[...] o II Congresso representa um certo avanço na vida do partido. Suas teses políticas revelam profundas debilidades, agravadas pelas difíceis condições em que se debatia

Na linha da construção de uma fisionomia comunista e do debate amplo com o proletariado e seus aliados, em janeiro de 1927 o PCB publica o jornal *A Nação*, que, em seu segundo número, lança a *Carta Aberta da Comissão Central Executiva* do PCB dirigida a várias organizações operárias e a políticos de esquerda, propondo a criação do *Bloco Operário*, que reafirmava a linha de independência de classe do partido no processo eleitoral[48].

A continuidade da ação política *com núcleo na centralidade operária* desdobra-se na ampliação do Bloco Operário, transformado, em 1928, em Bloco Operário e Camponês (BOC), como ressalta Astrojildo, uma saída lógica que as circunstâncias impunham, isto é, sua ampliação no âmbito nacional que procurava absorver o maior segmento proletário do país, os trabalhadores rurais. O que deve ser realçado na política desenvolvida pelo Bloco Operário é sem dúvida a colocação da *questão democrática como um problema a ser afrontado pela classe operária e com a preocupação do elemento de classe, diferenciador da democracia formal-burguesa.* No programa da frente única – apresentado como proposta de formação de um *Bloco político* de hegemonia proletária –, *fica explícito o entendimento do* núcleo dirigente do PCB *sobre a tarefa imediata, isto é, levar adiante e com outro patamar as lutas que o proletariado urbano vinha desenvolvendo desde o início do século XX*: 1) apresentação de candidaturas proletárias e independentes ao processo eleitoral, representando um partido de corte proletário; 2) plataforma e programa político integrados numa frente única proletária na luta pela elaboração de um Código do Trabalho que fosse *fiscalizado em sua aplicação pelos trabalhadores, mediante comitês eleitos nas fábricas e sindicatos, redução da jornada de trabalho para oito horas diárias*, proibição do trabalho para menores, implantação do salário mínimo etc.; 3) luta anti-imperialista; 4) anistia aos presos políticos; e 5) educação obrigatória com auxílio econômico às crianças com idade escolar das famílias operárias etc.[49]. Essas reivindicações constituíam o alicerce do que tinha caracterizado as primeiras lutas pela democracia no contexto histórico da autocracia burguesa, ressaltando ainda que o *Bloco* possibilitou a organização de uma política de frente que, sem perder seu norte de classe, retirou efetivamente o proletariado de seu isolamento em relação a seus aliados da pequena-burguesia e de outros segmentos proletarizados da sociedade. Colocava-se abertamente um novo conceito de luta que propunha impulsionar a democracia para limites nunca vistos na sociedade brasileira, inseriam-se definitivamente os trabalhadores na luta democrática.

---

o país, mas ao mesmo tempo denotam inegável esforço por acertar o rumo e levar por diante as tarefas do Partido. Importa sobretudo verificar que em 1925 já o Partido começava a aparecer com uma fisionomia própria de partido comunista". A. Pereira, "A formação do PCB", cit., p. 96.

[48] John W. Foster Dulles, *Anarquistas e comunistas no Brasil (1900-1935)*, cit., p. 256.

[49] Ver o Programa Político do BO, p. 110-22.

Astrojildo considerou, mais tarde, a *Carta Aberta* "limitada e sectária", mas contextualizando-a historicamente encontrou positividades não somente na afirmação do PCB, como na vanguarda proletária e principalmente na plataforma de elaboração de uma legislação social e trabalhista, mais adiante absorvida em parte por Getúlio Vargas. Além disso, a *Carta Aberta* possibilitou aos comunistas a participação na campanha eleitoral pela primeira vez na história e contribuiu decisivamente para a eleição, em 1928, já como BOC de dois vereadores (Minervino de Oliveira e Octávio Brandão), ao Conselho Municipal do Distrito Federal[50]. Também é nesse momento que o PCB retoma a publicação de *A Classe Operária*, tendo por redatores Astrojildo e Octávio Brandão e, por diretor, Minervino de Oliveira. A originalidade das análises sobre a realidade brasileira – mesmo com as debilidades teóricas sobre o marxismo e o processo histórico-social brasileiro – ganha um grande impulso com o esforço de caracterização socioeconômica do Brasil, apresentado nas teses e depois nas resoluções para o III Congresso do PCB, realizado entre dezembro de 1928 e janeiro de 1929, quando se define o Brasil como um país "semicolonial" dominado pelo imperialismo, assentado numa economia fundamentalmente de base agrária, cuja burguesia capitulou "completamente diante do imperialismo"[51].

Essa definição realça um elemento *histórico-particular* da sociabilidade brasileira de fundamental relevância, pois leva em conta a *extração colonial* do capitalismo brasileiro e a debilidade e a impossibilidade estrutural de sua burguesia em realizar tarefas democrático-nacionais. Desdobrando suas interpretações, e dando a elas consequência política, as resoluções apontam para a necessidade de aliança com os setores radicalizados da pequena-burguesia para aprofundar a revolução democrática, sob comando do proletariado[52]. A postura de ampliar o espectro das alianças dentro da linha da independência de classe, implementada por Astrojildo na secretaria-geral do PCB, já o tinha levado a fazer contato com o então líder da pequena-burguesia radical Luiz Carlos Prestes, em dezembro de 1927, na Bolívia, portando sua famosa mala cheia de livros de Marx, Engels e Lenin[53], na perspectiva de uma aliança, para uma provável continuidade das ações "revolucionárias" tenentistas. No âmbito da ação política, a decisão é reforçar a presença dos comunistas na direção do BOC e consolidar sua presença ao lado dos trabalhadores do campo.

Mas o desenvolvimento de uma clara e original política de frente procurando unificar os segmentos radicalizados da pequena-burguesia com o proletariado urbano e com os trabalhadores do campo, que, de certo modo, fugia dos padrões estabelecidos pela IC, de "classe contra classe", desencadeará duras críticas ao PCB,

---

[50] Ibidem, p. 122-4.

[51] Ver as resoluções do III Congresso do PCB, em Edgard Carone, *O PCB, 1922-1943*, cit., p. 71.

[52] Ibidem, p. 72.

[53] Astrojildo Pereira, "A formação do PCB", cit., p. 127-30.

por parte da IC, que definirá o programa partidário de "menchevique" e de "antileninista". No contexto da ascensão no PC soviético do grupo liderado por Stalin, implementa-se a "bolchevização" dos PCs em todo o mundo, que determinou abertas intervenções da IC nas políticas nacionais dos partidos comunistas. Na América Latina, a intervenção atingirá também as criativas formulações propostas por José Carlos Mariátegui, fundador do Partido Socialista Peruano, depois Partido Comunista[54]. A política do PCB é repreendida na Conferência Latino-Americana, em especial a política implementada pelo BOC, assim como a aproximação com o tenentismo. Essas mudanças profundas incidem também na direção do PCB. Astrojildo é destituído do cargo de secretário-geral e, juntamente com Octávio Brandão, é afastado da direção do PCB. Também é dissolvido o BOC. A dissolução do núcleo dirigente original do partido encerra o *primeiro período* do PCB, inaugurando o *segundo período*, cuja tônica política será obreirista e estreita. Afastado do PCB[55], Astrojildo dedica-se a escrever ensaios sobre literatura, entre eles, seu trabalho sobre Machado de Assis, como ressalta Konder, quase um trabalho sociológico sobre o autor. Mesmo assim, Astrojildo defendia intransigentemente o PCB em sua atividade de intelectual que aglutina escritores antifascistas, que o levam a participar do 1º Congresso Brasileiro de Escritores, em 1945. Após uma "autocrítica" sem convicção, retorna ao partido e passa a dirigir revistas culturais do PCB, como a revista *Literatura*. Escreve mais três ensaios sobre seu escritor preferido publicados no livro *Machado de Assis – ensaios e apontamentos avulsos*, em 1959.

Astrojildo morre em novembro de 1965, aos 75 anos de idade. Sua importância na vida do PCB é reconhecida na década de 1980, exatamente em seu aspecto central, quer dizer, na sua concepção da necessidade da articulação da cultura como fundamento da formação do militante comunista. Se valeu uma vida de muitas lutas pelo socialismo e pelo comunismo, essa lição continua acesa nas mentes e nos corações dos que pensam que a "alma" de uma organização revolucionária é a capacidade de estruturar a política como meta de transformar cada militante do movimento operário em intelectual orgânico de sua classe.

Afinal, como dizia o poeta Fernando Pessoa, "tudo vale a pena se a alma não é pequena!".

---

[54] Sobre essa questão, ver Leila Escorsim, *Mariátegui: vida e obra* (São Paulo, Expressão Popular, 2006), em particular o capítulo V.

[55] Em carta dirigida ao CC, em 1931, Astrojildo, pressionado e humilhado pelo sectarismo da direção partidária, desliga-se do PCB. "[...] Segundo Guralski, a carta confirmava que a destituição de Astrojildo tinha sido justa, pois deixava claro que ele não tinha o espírito bolchevista da autocrítica", Leandro Konder et al., *Astrojildo Pereira: o homem, o militante, o crítico*, p. 45.

LEÔNCIO BASBAUM

Angélica Lovatto

> Como, porém, há quatrocentos anos vem sendo o Brasil interpretado sem nenhum resultado prático para o seu futuro, resolvi levar minhas pretensões mais longe; quero também contribuir para transformá-lo. Para melhor, é claro.
>
> *Leôncio Basbaum*[1]

Leôncio Basbaum (1907-1969), ao afirmar que além de interpretar o Brasil também desejava transformá-lo, parece estar em perfeita consonância com a tese 11 de "Ad Feuerbach". Por isso, vale a pena resgatar literalmente a frase em que Marx e Engels deixam claro que "os filósofos apenas *interpretaram* o mundo de diferentes maneiras; o que importa é transformá-lo"[2].

Basbaum não foi um historiador comum do Brasil. A favor dele estava a disposição – e a circunstância – de não se fechar num circuito teórico e acadêmico restrito. Talvez, justamente por essa liberdade, tenha produzido seus quatro volumes de *História sincera da república* de maneira tão singular, sem os entraves de uma ciência supostamente neutra, como tanto proclamam as vertentes positivistas da história. Sua consciência desse aspecto era também sua escolha: "Eu deveria, como cabe a um historiador, fazer, tanto quanto possível, uma análise fria e objetiva dos fatos e documentos, tal qual um marciano julgando a Terra"[3]. Mas Basbaum não era um marciano. Seu sarcasmo deixa clara a opção teórico-metodológica no campo do marxismo:

> Encarada a História como *ciência*, com suas características de *método e relação com a realidade*, um mundo novo surge aos nossos olhos, por trás de cada fato ou acontecimento. Desse modo ela nos permite não só explicar o presente, e compreender o passado, mas também *prever o futuro*, ou pelo menos, antever as pers-

---

[1] Leôncio Basbaum, *História sincera da república: das origens a 1889* (5. ed., São Paulo, Alfa-Omega, 1986), v. 1, p. 9.

[2] Karl Marx e Friedrich Engels, "Ad Feuerbach", em *A ideologia alemã* (trad. Rubens Enderle et al., São Paulo, Boitempo, 2007), p. 535.

[3] Leôncio Basbaum, *História sincera da república*, cit., v. 1, p. 9.

pectivas do desenvolvimento de cada fato estudado, na medida do nosso conhecimento das causas e das leis que as governam.[4]

Não poderia ser diferente, afinal esse médico de formação, historiador por força das circunstâncias e "militante" por opção devotou pelo menos 32 anos de sua existência à atuação no Partido Comunista Brasileiro (PCB).

Historiador sincero da república e intérprete do Brasil

A sinceridade do historiador tem um preço, segundo ele mesmo: "Não sendo porém historiador nem habitante de Marte, vi-me por vezes arrastado, contra minha vontade, em certos trechos, a um tom quase panfletário"[5]. No entanto, de acordo com os propósitos que estabeleceu para apresentar a história de seu país, o autor justifica: "É que, como o poeta, não posso pensar no passado, presente ou futuro do Brasil sem me comover", dizendo estar convencido "de que essa minha emotividade não prejudicou os objetivos do meu trabalho nem torceu a verdade dos fatos"[6].

Basbaum preocupou-se fundamentalmente em realizar um estudo crítico sobre o Brasil. Esse é o principal valor de seu trabalho. Dessa forma, é imprescindível lembrar que, no período em que projetou e efetivou a coleção, eram raros os estudos não oficiais sobre a história brasileira, pautada por versões conservadoras. Mesmo que não se concorde com todas as teses expostas em seus volumes – ou do modo como ele escreveu uma interpretação do Brasil –, seu estudo representa um bem-vindo frescor, trazido à tona, sobre a nossa história. E uma referência.

A dedicação para escrever os volumes de *História sincera da república* se deu no período da maturidade e coincidiu com o afastamento completo das atividades que o envolviam no PCB. Foi em 1953 que ele esboçou o projeto de escrever aquele que viria a ser o primeiro volume, cujo recorte temporal cobria das origens até 1889: "Fiz um plano para uma história da república e comecei a trabalhar nele. Levou-me todo o ano de 1953. No ano seguinte consegui terminá-lo"[7]. Estávamos, portanto, em pleno governo Getúlio Vargas, às vésperas de seu ato derradeiro, em agosto de 1954.

Mas 1953 também foi o ano de convocação do 4º Congresso do PCB. Nas páginas de *Memórias*, publicado em 1978, Basbaum opina sobre as incoerências do partido que, antes do suicídio de Vargas, proclamava sua derrubada e, depois de sua morte – e subsequente comoção popular –, mudou as palavras de ordem

---

[4] Ibidem, p. 11. Em todas as citações, os grifos em itálico são do autor. Só fiz observações, quando o grifo foi meu.

[5] Ibidem, p. 9.

[6] Idem.

[7] Idem, *Uma vida em seis tempos: memórias* (2. ed. rev., São Paulo, Alfa-Omega, 1978), p. 220.

e a própria estratégia: "Nós tínhamos, agora, de levantar a bandeira da luta anti-imperialista (agora Getúlio era anti-imperialista) que estivera nas mãos de Getúlio" e, empunhando essa bandeira, "ir para a rua, arvorá-la como o estandarte da revolução"[8].

Basbaum terminou de escrever o primeiro volume em dezembro de 1954, portanto após a morte de Getúlio. A publicação veio a público apenas em 1957, quando ele encontrou um editor[9]. A estrutura do livro foi dividida em quatro partes, cada uma contando, em média, com quatro a seis capítulos. Na primeira parte, são trabalhadas as raízes do surgimento do Brasil colonizado, expondo a situação econômica e política dos países dominantes, seus objetivos, a relação entre povoamento e ocupação da terra, o trabalho escravo. Nas três partes seguintes são tratados, respectivamente, a monarquia, o ideal republicano e a queda do império. Tudo isso visando entender a implantação da república e suas causas, por meio de seus fundamentos econômicos, políticos e sociais, bem como "a origem primeira de nosso atraso, como nação e como povo, em relação a outras nações e outros povos"[10].

Pautado por uma concepção de que houve feudalismo no Brasil – o que não deixa de ser uma influência da leitura do PCB sobre a formação brasileira –, Basbaum conclui que o império nasceu com "os germes de sua própria ruína" porque alimentou, em vez de destruir, "a enfermidade que havia herdado do período colonial – o latifúndio, as relações feudais de produção, o escravismo"[11]. E dá os indicativos para a futura retomada da questão republicana no segundo volume, adiantando que, por uma série de circunstâncias ocasionais, "foi a república proclamada, constituída e governada durante cinco anos, pelo primeiro grupo, a pequena-burguesia romântica". Mas, pelas raízes aristocráticas e latifundiárias, o poder acabou "caindo em mãos do segundo grupo, organizado principalmente no Partido Republicano Paulista"[12]. A configuração de classe do império para a república é assim definida:

> A história do Império é, pois, antes de tudo o processo dessa classe, a aristocracia rural do açúcar, como a história da Segunda República será o processo de uma outra classe, a dos fazendeiros de café.[13]

Ainda digna de registro é a lucidez de Basbaum, nesse primeiro volume, na crítica ao pensamento conservador. Isso fica claro logo nas primeiras páginas do

---

[8]   Ibidem, p. 224.

[9]   Ibidem, p. 228.

[10]   Idem, *História sincera da república*, cit., v. 1, p. 277.

[11]   Idem.

[12]   Ibidem, p. 279.

[13]   Ibidem, p. 278.

livro, quando justifica a maneira como pretende dizer sinceramente tudo o que pensa sobre o país em que vive (e como mudá-lo), a fim de se diferenciar dos chamados "intérpretes do Brasil", pelo menos aqueles consagrados pela literatura:

> Há os que procuram basear o desenvolvimento e a formação de nosso país numa pseudo "família patriarcal" e outros que buscam essas causas no "clima dos trópicos". Para uns ela é a história de uma raça superior, dolicocéfala, em luta para dominar uma raça inferior, braquicéfala. Para outros a história do Brasil se desenvolveu condicionada pela natureza geográfica. E outros, ainda, acreditam que a origem de nossos males se encontra no fato de não termos carvão em nosso subsolo e não sermos tão ricos quanto pensamos.[14]

Com isso, Basbaum mostra sua disposição de apresentar uma nova interpretação da história do Brasil, à luz da classe que "constitui o grosso da sua população" e "mais tem contribuído com os seus músculos e o seu sangue" para fazer a história e da qual os "nossos historiógrafos não têm tomado conhecimento". Ele proclama que se pense a história "do ponto de vista [dessa classe], pondo à luz as deturpações, as falsificações, as sonegações e os privilégios"[15]. Além disso, ele nomina os "intérpretes" conservadores: "Dentre esses historiógrafos mais arraigados às convicções e ao ponto de vista das classes dominantes, devemos destacar particularmente Oliveira Viana, Pedro Calmon e Gilberto Freyre"[16].

Para aferir sua posição, Basbaum cita Caio Prado Júnior, quando este afirma em *Evolução política do Brasil*, de 1933, que os grandes feitos e os ilustres heróis da história brasileira são cunhados pelos interesses da classe dominante[17]. E afirma, peremptório: "A classe que deve reexaminar e reescrever a história do Brasil é sem dúvida o proletariado", reconhecendo que, como classe, ele "só muito recentemente penetrou em nossa história", sendo porém o "descendente direto – físico e espiritual – de toda uma série de gerações espoliadas, provindas da escravidão e da vida miserável dos feudos"[18].

Assim que o primeiro volume foi publicado, Basbaum começou a preparar os originais do segundo tomo. Foi um momento difícil de sua vida, pois a atividade quase nula no PCB se confirmou com o afastamento definitivo. Foi o período em que os efeitos do XX Congresso do Partido Comunista da União Soviética (PCUS), de 1956, se faziam sentir no Brasil. Basbaum tinha um emprego com salário mediano – instrutor de propagandistas do Laboratório Moura Brasil[19] –, sem condições de

---

[14] Ibidem, p. 12.

[15] Ibidem, p. 15.

[16] Idem.

[17] Cf. Caio Prado Júnior, *Evolução política do Brasil* (4. ed., São Paulo, Companhia das Letras, 2006).

[18] Leôncio Basbaum, *História sincera da república*, cit., v. 1, p. 16.

[19] Depois de trabalhar muitos anos na gerência das Lojas Brasileiras – opção que implementou para poder atuar com mais tempo no partido (o que a profissão de médico não permitiria) –,

LEÔNCIO BASBAUM

retomar uma atividade conforme a sua formação de médico. Estava fora do partido, ao qual havia dedicado muitos anos de sua vida: "Eu estava agora com perto de 50 anos, e tinha a terrível impressão de que ainda não começara a viver, porque ainda nada havia feito". E fez para si mesmo a pergunta que lhe incomodava profundamente: "Pensava que toda a minha vida tinha sido uma frustração e agora, quase cinquentão, eu me via na contingência de começar tudo de novo. Onde era que eu havia errado?"[20]. Estava nesse momento sem absolutamente nenhum contato político. Para continuar enfrentando essa situação frustrante, naquela altura da vida, ele se lançou à segunda parte da empreitada de redigir sua história do Brasil: "Assim, comecei a preparar o segundo volume da *História sincera*, o que, sobretudo, me distraía e me impedia de pensar sobre as voltas que o mundo dá, e como ficamos tontos com essas voltas"[21].

O período retratado no segundo volume corresponde à Primeira República: de 1889 a 1930. Basbaum dedica esse livro a Heitor Ferreira Lima. A primeira parte trata da "República da Espada", que termina com o que Basbaum denomina de conflito entre o café e a espada; a república passa então a ser governada pelo "Reino do café", título da segunda parte do livro, na qual são retratados as transformações econômicas e o caráter que assume o desenvolvimento capitalista no Brasil. Basbaum o define assim, em linhas gerais:

> Faltava, inicialmente ao capitalismo que se transplantava para o nosso país, o *operário livre*. A produção à base de trabalho escravo se processava dentro de *sistemas fechados* de origem feudal, criando entre nós um sistema peculiar de produção, misto de capitalismo, escravismo e feudalismo, que durou, com algumas variações de forma, em regiões diversas, quase quatrocentos anos e está ainda bem longe de haver desaparecido.[22]

Basbaum busca compreender a estrutura arcaica e retrógrada, "sustentada pelos interesses colonialistas de nações mais fortes, já em pleno processo de produção capitalista"[23], definindo-a como uma das mais importantes causas do atraso brasileiro no caminho do desenvolvimento capitalista e do enriquecimento nacional. Sua análise desse período vai aprofundar a razão de o Brasil ficar estagnado numa economia essencialmente agrícola, de produtividade débil. Isso o leva a concluir que o sistema de produção no país estava muito mais próximo de relações arcaicas feudais do que propriamente do chamado "verdadeiro

---

Basbaum chegou a ter uma pequena fábrica metalúrgica em São Paulo, na época do segundo governo Vargas. As restrições de crédito dos bancos e a alta diária das matérias-primas levaram-no à bancarrota.

[20] Idem, *Uma vida em seis tempos*, cit., p. 229.

[21] Idem.

[22] Idem, *História sincera da república*, cit., v. 2, p. 89.

[23] Idem.

capitalismo", o capitalismo industrial. Porém, é importantíssimo registrar que Basbaum reconhece que "as primeiras explorações agroindustriais em nosso país" datam "do século da descoberta" e tiveram "origens capitalistas". No entanto, "ao instalarem-se aqui adquiriram novas formas bem diferentes das formas clássicas do capitalismo europeu"[24].

O destaque desse aspecto é importante porque sua interpretação do Brasil não desconsidera a necessidade de solução para a questão agrária. Para estudar a origem e o desenvolvimento do capitalismo num país como o Brasil, Basbaum trabalha o conceito de *acumulação de segundo grau* que significa uma diferenciação em relação à *acumulação primitiva* que caracterizou o surgimento do capitalismo na Europa dizendo que, "quando o capitalismo começa realmente a desenvolver-se no país, já este sistema econômico-social dominava a Europa e parte da América"[25], isto é, durante pelo menos três séculos, "os elementos capitalistas trazidos da Europa" teriam permanecido praticamente inertes:

> No século XIX esse débil capitalismo começa a criar nova vida, mas é somente no alvorecer deste século que ele surge na verdade em nosso país como se fora recriado, à base de uma acumulação que se não é primitiva também não é ainda capitalista. Essa recriação do capitalismo poderia ser designada como uma espécie de *acumulação em segundo grau* e dele surgiu verdadeiramente o capitalismo nacional.[26]

Basbaum passa a tratar do período em que a atuação do Partido Republicano Paulista (PRP) é hegemônica e a oligarquia cafeeira se impõe definitivamente. Nesse sentido, ele privilegia demonstrar a formação da infraestrutura que deu suporte a essa oligarquia, abordando os transportes, comércio externo e câmbio, finanças internas e, consequentemente, todas as mudanças urbanísticas e de saneamento que foram forçadas a se desenvolver. Logicamente, o papel do Estado de São Paulo é tratado com destaque, mas Basbaum não deixa de mesclar essa análise urbana e local com a conjuntura internacional, notadamente o imperialismo inglês. Para tanto, descreve longamente o processo de penetração imperialista sofrida pelo Brasil naquela divisão internacional do trabalho, oriunda do pós-Primeira Guerra Mundial.

Na sequência, Basbaum trabalha o conceito de povo em meio à evolução das relações de classe, o que dá a seu estudo uma marca original, principalmente se considerarmos que os volumes tinham sido pensados como uma maneira de reescrever a história do Brasil, da perspectiva do proletariado. Interessante notar que não faltaram referências às classes médias, ao que chama de subclasses rurais,

---

[24] Idem.

[25] Ibidem, p. 90.

[26] Idem.

LEÔNCIO BASBAUM

ao proletariado propriamente dito – na formação social pré-1930 – e à especificidade do papel do negro. Para completar, discute as bases políticas sobre as quais o período se articulava, mostrando inclusive o funcionamento da máquina eleitoral. Essa segunda parte do livro é encerrada trabalhando três aspectos: a) a evolução cultural que a república conheceu no pós-1889, descrevendo o papel do ensino, da ciência e da filosofia e da arte e literatura; b) a criação do Partido Comunista em meio à situação do proletariado e das lutas e organizações operárias na década de 1920; c) as "agitações revolucionárias", assim designadas por Basbaum para referir-se, "de Canudos a Copacabana", o movimento tenentista de 1924 e a Coluna Prestes[27]. O segundo volume de *História sincera da república* caracteriza o momento da crise de 1929 e o esgotamento da Primeira República como "O império do dólar", título que o autor dá à terceira e última parte do livro, analisando "a invasão americana"[28]. Ele conclui que, embora estivesse escrevendo sobre eventos ocorridos há cerca de trinta anos, era muito difícil dar conta de todos os elementos que tinham envolvido os fatos. E que, desde o ano seguinte à Revolução de 1930, havia sido produzido um conjunto de livros e depoimentos que, em sua grande maioria, eram "contribuições, de qualquer modo, se não valiosas, pelo menos úteis, pelos testemunhos que representam, embora se sinta que, como nas novelas policiais 'não dissessem tudo o que sabiam'"[29]. Entre estes, Basbaum destaca os estudos de

> Virgílio Melo Franco (*Outubro-30*), Maurício de Lacerda (*Segunda República*), Sertório de Castro (*A república que a revolução destruiu*) e Barbosa Lima sobr. (*A verdade sobre a Revolução de Outubro*). Este sem dúvida o melhor de todos, pois além de narrar os fatos mais importantes e decisivos procura analisá-los e buscar suas causas. Mas como todos os demais, analisa os fatos *do ponto de vista das classes dominantes*. O que é perfeitamente natural.[30] (O último grifo é meu.)

Com sua habitual sinceridade, Basbaum esclarece que – em termos de uma história que passasse a ser escrita numa ótica diferente da classe dominante – seu trabalho e sua intenção eram apenas de dar um "sinal de partida", pois o futuro diria "até que ponto nos aproximamos da verdade, utilizando os poucos elementos de que dispúnhamos", a saber, "a situação real do país na época e as contradições internas; as notícias dos jornais e os depoimentos de alguns personagens e observadores, expostos em livros; o conhecimento pessoal do Autor"[31]. A diferença entre o

---

[27] Ibidem, p. 218.

[28] Ibidem, p. 241.

[29] Ibidem, p. 285.

[30] Idem.

[31] Ibidem, p. 286.

autor e os demais historiadores (a que ele se refere) era básica: enquanto Basbaum assumia escrever segundo uma perspectiva específica e sem intenção de neutralidade – deixando claras suas paixões –, as demais "interpretações" se apresentavam como se fossem uma versão objetiva – leia-se "neutra" – dos fatos. Para deixar esse aspecto ainda mais claro, ele presenteia os leitores do segundo volume de sua *História sincera* com três Apêndices. O primeiro é um *Testemunho inédito de Quintino Bocayuva* sobre fatos ocorridos na madrugada de 15 de novembro de 1889, documento inédito que Basbaum conseguiu em suas pesquisas com o "sr. Lair Bocayuva Bessa, neto do ilustre republicano"[32]. O segundo é um artigo de *A Classe Operária*, n. 96, de agosto de 1930, distribuído como volante pelo Partido Comunista pelas ruas e locais de trabalho, na mesma data, que contém o texto "Resposta do proletariado a Luiz Carlos Prestes". E o terceiro é uma entrevista de Octávio Brandão, impressa no verso do documento anterior, já que *O Jornal* (que publicou a crítica de Prestes ao documento) não publicou a versão de Brandão, com os elementos que perpassavam o debate sobre a Frente Única Revolucionária.

Enquanto escrevia o segundo volume, Basbaum teve de interromper por um pequeno período seus esforços de concluí-lo, pois passou por transformações pessoais mais decisivas, para além daquelas que o envolviam em situação financeira difícil. Em 1956, separou-se da primeira esposa e foi viver na Bahia, de onde havia saído em 1939. Em Salvador vivia mal, de novo com um emprego ligado à venda de farmacêuticos. Não deu certo. Morava mal, num hotel insalubre, com iluminação insuficiente para continuar – pelo menos – estudando e escrevendo seu livro. Voltou, dessa vez, para o Rio de Janeiro, onde fez uma última tentativa de – quem sabe – atuar como médico. Era então 1957[33]. Foi quando terminou de escrever o segundo volume: "Levei os originais ao Carlos Ribeiro que, dado o êxito do primeiro volume, se dispôs a editar também o novo volume"[34]. A publicação efetiva do segundo volume se deu em outubro de 1958.

---

[32] Ibidem, p. 303.

[33] Basbaum não ficará muito tempo no Rio de Janeiro, pois não conseguirá viver atuando como médico. Segundo ele mesmo, estava desatualizado demais e era impossível se estabelecer com consultório próprio naquela altura da vida. Seguirá para São Paulo e vai se casar novamente. Conseguirá, mais tarde, fundar a Editora Edaglit e publicar seus textos: *No estranho país dos iugoslavos* (1962), *Processo evolutivo da história* (1964), *História e consciência social* (1967). Para completar a indicação dos livros publicados por Basbaum, resta destacar *Alienação e humanismo* (1967), publicado pela Fulgor, e a 2ª edição de *Sociologia do materialismo* (1959), lançada pela Obelisco, em São Paulo.

[34] É interessante registrar o sucesso de vendas do primeiro volume: "No começo de 1957, creio que em março, saiu o 1º volume da *História sincera*. Durante uns dois meses se manteve entre os cinco livros mais vendidos no Rio e isso, é claro, me trouxe uma alegria de que eu estava precisando. E ânimo para terminar o 2º volume, o que realmente aconteceu pouco tempo depois", em Leôncio Basbaum, *Uma vida em seis tempos*, cit., p. 235.

No interregno entre o segundo e o terceiro volumes, Basbaum se põe numa empreitada diferente: escrever um novo livro sobre o Brasil – separado da Coleção –, dessa vez visando ao único objetivo de analisar a conjuntura brasileira da época: o fim dos anos 1950. Trata-se de *Caminhos brasileiros do desenvolvimento*. Escreveu-o a partir de outubro de 1958 e publicou-o em abril de 1960: "Esse foi um dos meus livros de maior venda, pois uma edição de cinco mil exemplares esgotou-se em menos de um ano. No Brasil, é uma boa venda. Saiu em 1960"[35].

Esse livro foi fruto da participação de Basbaum nos cursos do Instituto Superior de Estudos Brasileiros (Iseb), no Rio de Janeiro. Ele pretendia abordar questões políticas e econômicas: "Do ponto de vista econômico, porém, notei que minha ignorância era quase completa"[36]. Foi quando decidiu frequentar os cursos do Iseb, que eram destinados ao público em geral e traziam um debate sobre as alternativas que o país poderia perseguir para seu desenvolvimento. Esses cursos eram fruto da produção teórica de intelectuais brasileiros – tendo à frente o cientista político carioca Hélio Jaguaribe – que se punham como uma *intelligentsia brasileira*, a fim de auxiliar o governo brasileiro em suas tarefas. Basbaum faz um balanço: "Sem dúvida eu sabia alguma coisa, tinha estatísticas, números, informações diversas sobre vários produtos agrícolas e industriais"[37]. Mas faltava-lhe algo, e pondera: "não me largava a impressão de que, em todos aqueles dados, havia algo de secreto, que não transpirava através dos números" somente acessível aos que "estivessem por dentro do assunto". E toma sua decisão: "Foi quando descobri que em breve começariam as aulas do Iseb" em que, "eu acreditava, os problemas econômicos brasileiros certamente deveriam ser bem estudados"[38].

Vale registrar a postura crítica que Basbaum vai desenvolver em relação às soluções propostas pelo Iseb em sua primeira fase, isto é, aquela que acompanhou o governo Juscelino Kubitschek[39]. Sua principal crítica será sobre a pouca importância que os isebianos vão atribuir à questão agrária.

> Aos poucos fui verificando que, em matéria de economia política, no que se referia aos problemas brasileiros, eu estava simplesmente perdendo tempo, pois o que

---

[35] Ibidem, p. 254.

[36] Ibidem, p. 244.

[37] Idem.

[38] Idem.

[39] O Iseb é marcado por duas fases bem distintas. Na primeira, destaca-se um projeto nacional--desenvolvimentista. Na segunda, a ênfase é sobre um projeto de revolução brasileira. Aprofundamentos sobre o Iseb (1955-1964) e sua atuação – tanto na fase juscelinista quanto na fase que acompanhou o governo João Goulart – podem ser buscados em Angélica Lovatto, *A utopia nacionalista de Hélio Jaguaribe: os tempos do Iseb* (São Paulo, Xamã/Arte Escrita, 2010), *Os cadernos do povo brasileiro e o debate nacionalista nos anos 1960: um projeto de revolução brasileira*, tese de doutorado, PUC-SP, 2010. O livro de Caio Navarro de Toledo, *Iseb, fábrica de ideologias* (São Paulo, Ática, 1977), tem sido uma referência sobre o assunto desde os anos 1970.

ensinavam era totalmente contrário aos meus pontos de vista. Por exemplo, não tomavam conhecimento da reforma agrária, problema que para eles, para o Iseb, não existia.[40]

Também foi conflituosa, para o pernambucano Basbaum, a posição dos isebianos sobre o Nordeste:

> Adotavam, ainda, em relação ao Nordeste, uma estranha filosofia: desenvolver o desenvolvido, o que significava lançar todas as forças e todos os investimentos no Sul, onde já havia um processo de desenvolvimento intensivo – o que era moda na época –, e abandonar o Nordeste à sua própria sorte. De lá apenas se aproveitava o elemento humano, que fornecia boa e barata mão de obra para as indústrias do Sul.[41]

Como Basbaum desenvolve esse raciocínio crítico em relação ao Iseb em seu livro de *Memórias* (que terminou de escrever entre dezembro de 1968 e fevereiro de 1969), ele não deixa de fazer um acerto de contas com as concepções que tinha em 1960 sobre aquele instituto: "Sei que, mais tarde, mudaram essa filosofia, a ponto de apoiar a Sudene que Juscelino, depois de muitas críticas ao seu programa de metas, acabara por adotar. Mas eu já não estava mais lá"[42].

Vou aqui expor em breves traços a leitura que Basbaum faz em sua aventura no campo da economia, com *Caminhos brasileiros do desenvolvimento* (1960)[43], cujo estímulo – além do curso no Iseb – foi também oferecido pelo diretor da Editora Fulgor, Pedro Fanelli, que "me havia pedido que escrevesse um trabalho justamente sobre o assunto: a presente conjuntura econômica e política"[44].

Na conclusão desse livro, Basbaum entende que "Os caminhos brasileiros do desenvolvimento são, assim, *o caminho do socialismo pela via do desenvolvimento capitalista*"[45]. Ou seja, o autor aposta explicitamente numa revolução de caráter democrático-burguês para chegar ao eventual desenvolvimento de uma proposta de socialismo no país. Diga-se de passagem, essa visão – além de coincidir com a leitura feita pelo próprio PCB, como já apontamos – era também a visão predominante no Iseb, onde se desejava mais o desenvolvimento capitalista e menos o caminho

---

[40] Ibidem, p. 245.

[41] Idem.

[42] Idem.

[43] Quero destacar que a edição do livro teve o cuidado de trazer, nas últimas páginas, um quadro com dados estatísticos de vários ramos da indústria brasileira, referidos por Basbaum ao longo de seus capítulos. Até hoje esse quadro é um importante referencial para a análise da economia naquele momento.

[44] Ibidem, p. 252.

[45] Idem, *Caminhos brasileiros do desenvolvimento* (São Paulo, Fulgor, 1960), p. 286.

para o socialismo[46]. Ele chegou a essa proposta após vários capítulos em que faz um balanço sobre o desenvolvimento da economia política clássica, entendendo que ela não contemplou a existência de países subdesenvolvidos[47]. Para justificar essa posição assumida do ponto de vista estratégico, Basbaum afirma que "a revolução burguesa passa a ser *democrático-burguesa*" porque ela resolveria as contradições que "impedem o desenvolvimento do capitalismo". Do ponto de vista tático, ele entende que "dessa revolução – pacífica – participam as amplas massas do povo, particularmente o proletariado"[48].

Percebe-se, assim, que as eventuais divergências que Basbaum nutria em relação às estratégias do PCB eram muito mais no campo da não aceitação de modelos impostos a partir de Moscou – que evidentemente negligenciavam a particularidade brasileira – do que no campo da estratégia a ser implementada para a revolução brasileira, rumo ao socialismo. Havia, para Basbaum, um problema de tempo, isto é, se no desfecho desse processo de desenvolvimento da revolução democrático-burguesa a classe que estivesse à frente fosse o proletariado (e não a própria burguesia), "as possibilidades são de que o processo se transforme mais rapidamente, e que o caminho para o socialismo seja mais curto"[49]. Após essa etapa inicial – alcançadas as condições para a transição ao socialismo –, seriam necessárias mais duas etapas: na primeira, a posse do poder pelas forças revolucionárias socializantes; na segunda, "a construção de um socialismo brasileiro, adaptado às circunstâncias e características particulares de nosso país"[50]. Ele avança sua reflexão, chegando a ponto de assinalar que, nesse processo de transição, durante algum tempo coexistiriam, no Brasil, "três formas diferentes de propriedade dos bens de produção: a individual, capitalista; a estatal, socialista; e a coletiva ou cooperativa, de autogestão"[51].

Como outras tantas visões da época, Basbaum também padece de uma visão determinista da história, que entendia o socialismo como um destino natural, após a etapa capitalista: "O socialismo é um processo natural que surge do desenvolvimento das forças produtivas" e que "as contradições que esse desenvolvimento engendra só podem ser resolvidas pelo socialismo, ou pelo aniquilamento da sociedade"[52].

---

[46] No entanto, é bem verdade que, mesmo para o autor mais conservador entre os intelectuais do Iseb, Hélio Jaguaribe, o Brasil poderia buscar uma terceira via para seu desenvolvimento – como alternativa à dicotomia imposta pela Guerra Fria – que se resumia no conceito de "socialização do capitalismo" (cf. Angélica Lovatto, *A utopia nacionalista de Hélio Jaguaribe*, cit., especialmente o capítulo 4).

[47] Leôncio Basbaum, *Caminhos brasileiros do desenvolvimento*, cit., p. 14.

[48] Ibidem, p. 264.

[49] Idem.

[50] Ibidem, p. 285.

[51] Ibidem, p. 290.

[52] Ibidem, p. 290-1.

A finalização dos estudos sobre o período republicano

Após o breve hiato relatado, Basbaum volta suas baterias para a conclusão do projeto de *História sincera*, com a dedicação ao efervescente período de 1930 a agosto de 1961, ou seja, seu volume três. O original ficou pronto "no fim desse ano de 1961 e saiu nos primeiros meses do ano seguinte"[53].

O volume é organizado em três partes bem delimitadas: 1) "O Brasil-Novo", que trata do período de 1930 a 1937; 2) "O Estado Novo"; e 3) "A nova Constituição", do pós-1945 até a renúncia de Jânio Quadros, em 25 de agosto de 1961.

Nos volumes anteriores, Basbaum não havia privilegiado a adoção de uma exposição cronológica dos fatos, o que ele modifica nesse terceiro, esclarecendo que, "quanto ao método expositivo", preferia agora, "por força de determinadas circunstâncias", realizar uma narração "dos fatos em ordem cronológica"[54]. Justifica que era ainda muito cedo para que se pudesse historiar o período, "tão próximo de nós, quando muitos dos principais personagens ainda se acham presentes e os documentos, ocultos"[55]. Daí sua opção por basear-se "apenas em depoimentos de algumas testemunhas, prestados em livros ou pessoalmente obtidos, no noticiário da imprensa da época, e na experiência pessoal do autor que viveu e sentiu esse período participando de alguns dos episódios narrados"[56]. Essa mesma advertência, Basbaum fez – anos mais tarde – em seu livro de memórias: "Os fatos mais importantes que aconteceram a seguir [pós-1945], e relacionados com a história do PCB, estão narrados no terceiro volume de minha *História sincera da república* e não vou repeti-los, senão na medida do indispensável"[57].

Ele alerta o leitor desse volume que continuava tentando perseguir o "verdadeiro sentido da história", com a preocupação de "compreender os fatos expostos, identificar suas origens, correlações e consequências", mas que não se esperassem "grandes revelações", embora muitos dos fatos narrados fossem "no todo ou em parte desconhecidos do grande público". Ressalva, no entanto, que o livro também trazia outros fatos que "são pela primeira vez divulgados"[58].

O longo período do primeiro governo Vargas, de 1930 a 1945, foi de atividade de Basbaum no PCB, de forma mais intensa até 1933 e a distância até 1945. Por isso, a narração mistura-se com as próprias posições assumidas pelo autor naqueles embates e as críticas, que, desde aquele momento, ele fazia a algumas das principais orienta-

---

[53] Idem, *Uma vida em seis tempos*, cit., p. 265.

[54] Idem, *História sincera da república*, cit., v. 3, p. 9.

[55] Idem, *Uma vida em seis tempos*, cit., p. 9.

[56] Idem, *História sincera da república*, cit., v. 3, p. 9.

[57] Idem, *Uma vida em seis tempos*, cit., p. 199.

[58] Idem, *História sincera da república*, cit., v. 3, p. 9.

ções do partido. Ele analisa que, em 1945, "com a queda de Getúlio Vargas, termina o ciclo revolucionário iniciado por volta de 1922", no sentido de que se encerrava definitivamente a geração dos chamados "heróis de 30", que, segundo Basbaum, "não souberam resistir aos encantos do poder, desgastados que foram pelas acomodações, pelo uso e abuso das vantagens que o mesmo lhe conferira"[59]. E arremata:

> Ao descer o pano sobre os dois últimos atos, intitulados respectivamente "Brasil Novo" e "Estado Novo", temos todo o direito de examinar a peça e os atores que dela participaram. E chegaremos certamente à conclusão de que o espetáculo não valeu o preço da entrada e que teria sido melhor termos ficado em casa.[60]

Os últimos dezesseis anos tratados no livro – de 1945 a 1961 – foram, ao contrário dos primeiros, uma sequência de vários governos. O primeiro nascido de um golpe, o segundo interrompido por um golpe, um interregno atribulado e um terceiro governo que precisou de um golpe para poder tomar posse. Ao quarto e último governo interrompido, o autor dedica um Apêndice inteiro: a renúncia de Quadros. Apesar de ser chamado comumente de período da democratização do Brasil, a grande verdade é que a democracia foi o aspecto mais frágil a ser destacado. A exposição de Basbaum nos remete a essa percepção, porque narrada e perpassada por sua própria atividade e inserção na realidade: "Quinze anos são como quinze segundos na história de uma nação, quando nos referimos ao seu passado". Porém, "quando falamos do presente, quando sentimos esses anos na própria carne, parecem quinze séculos"[61].

Fazendo uma síntese sobre a política e os partidos, mas principalmente sobre a economia do período, Basbaum – embora reconheça que, a partir da constitucionalização, houve um sensível progresso material – não deixa de apontar as consequências de uma expansão industrial desenfreada e prejudicial ao desenvolvimento autônomo do país, em função da Instrução, n. 113 da Superintendência da Moeda e do Crédito (Sumoc)*, "que permitiu a entrada de equipamentos industriais estrangeiros com câmbio favorecido, em prejuízo do capitalismo nacional"[62]. Essa medida deu uma aparente, mas falsa, impressão de rapidez no desenvolvimento – com o famoso discurso que depois será conhecido como "50 anos em 5" – e sem resolver o problema estrutural, que estava localizado no campo: "Para 1948 igual a 100, a produção industrial atingiu 262, enquanto a produção agrícola apenas 149"[63]. Aponta também a perda crucial desse período:

---

[59] Ibidem, p. 148.

[60] Idem.

[61] Ibidem, p. 226.

* Autoridade monetária anterior ao Banco Central, criada em 1945 e extinta em 1965. (N. E.)

[62] Ibidem, p. 227.

[63] Idem.

Esses investimentos obrigaram todavia o país a uma enorme descapitalização, pois a remessa de lucros, *royalties* e dividendos aos capitalistas estrangeiros, absorvia a maior parte dos dólares que nos vinham dos saldos da exportação.[64]

Ele analisa os partidos políticos do período, da direita à esquerda, fazendo referências especiais ao Partido Trabalhista Brasileiro (PTB) e ao PCB. Sobre o primeiro, analisa que permanecia em "sua política getulista de aproximação das massas populares sindicalizadas" e que, por isso, não perdia força. E sobre seu partido, após analisar o breve período de legalidade pós-1945 e as intercorrências entre os anunciados ataques a Vargas – e posterior mudança radical de posição, passando pelo período da chamada desestalinização –, conclui:

> Quanto ao PCB, estes últimos anos marcaram o seu desaparecimento, quer como força política organizada quer como elemento polarizador dos grupos progressistas. Para isso contribuíram: os erros contínuos cometidos pelo mesmo na condução e na aplicação da linha política frente aos problemas brasileiros; seu alheamento desses problemas, fazendo sua política girar em torno dos problemas da política externa soviética.[65]

Ainda com relação ao PCB, aponta também que a luta interna entre grupos estalinistas, "desalojados da direção e sua substituição por grupos hesitantes preocupados unicamente em manter-se nos postos conquistados", foi fatal para o fortalecimento de sua ação junto às massas. Mais do que isso, ele considera que essa atitude teria levado o partido a uma "desmoralização perante as massas principalmente em virtude de sua política de 'venda de votos' a quem mais pagar, nas vésperas das eleições", cuja manifestação mais concreta era sua "associação com os mais conhecidos e desmoralizados 'pelegos', na disputa das diretorias dos sindicatos operários"[66].

Mas, de todas as críticas feitas por Basbaum à atuação do PCB, com certeza a mais importante e que o levou, no limite, a afastar-se definitivamente do partido está relacionada aos desdobramentos do IV Congresso do partido, ocorrido em 1954. Ele descreve, sem volteios, que esse congresso "não representava o pensamento da base do partido de vez que os delegados não foram eleitos pelas bases mas escolhidos a dedo pelos dirigentes do Comitê Nacional, entre seus amigos de mais confiança"[67]. Tudo girava em torno de um *programa*, "muito estranhamente elaborado em Moscou", portanto afastado de uma real análise sobre a realidade brasileira. Ele afirma que, entre outras curiosidades, "havia um capítulo inteiro sobre Getúlio Vargas,

---

[64] Idem.

[65] Ibidem, p. 230.

[66] Idem.

[67] Idem.

acusando-o de 'instrumento do imperialismo americano' e convocando o povo para derrubá-lo"[68]. No entanto, por paradoxal que pudesse parecer, "no mesmo dia em que se processava a discussão desse famoso documento, Getúlio se suicidava, justamente por resistir a pressões do imperialismo"[69]. Basbaum acusa, com ironia, a guinada de posição do PCB, dizendo que o partido, "em 24 horas, passara de inimigo a amigo do presidente morto", já que, ainda em 23 de agosto, o PCB havia aderido "à onda de calúnias da União Democrática Nacional (UDN) para a derrubada de Getúlio" e, no entanto, "no dia 25, buscava um jeito de colocar-se à frente do povo que, indignado e revoltado com o desfecho do drama político, desejava vingar-se nos udenistas"[70]. A experiência vivida no partido permitia-lhe apontar que esse tipo de política – que ele denominava de oportunista – havia provocado um desgaste incomensurável em suas fileiras e que o "golpe de morte" teria sido dado pelo XX Congresso do PCUS:

> O PCB não resistiu ao impacto provocado pelas resoluções que tentavam eliminar o *culto da personalidade* e o mito de Stalin. Para o Brasil isso significava a eliminação do culto de Prestes e dos pequenos prestes que o cercavam e dominavam com mão de ferro o PCB.[71]

O autor fecha a análise do terceiro volume fazendo um balanço de que "quinze anos de democracia e constituição" não tinham conseguido resolver a almejada emancipação econômica e política do país. Porém, com todas as idiossincrasias do processo, ele afirmava que havia restado algo de positivo, "muito mais importante do que as numerosas fábricas de dólares para os americanos": a formação de uma consciência popular que – no entender de Basbaum – "já se desenhava timidamente desde pouco antes de 1930" e, em 1961, "tomava mais consistência e objetividade"[72].

O quarto e último volume de *História sincera* só veio a ser escrito após o golpe de 1964. A interrupção abrupta de tudo o que vinha acontecendo nas lutas sociais no Brasil do pré-1964 foi um corte visceral em todas as energias e, pior que isso, um momento de difícil – e literal – luta pela sobrevivência. Em *Memórias*, Basbaum faz uma descrição dos últimos momentos do governo Jango, referindo-se à visita de um amigo – "o meu amigo G., de Brasília" – exatamente em 31 de março de 1964, confidenciando-lhe algumas questões do presidente, pois gozava de uma relativa intimidade com ele: "Disse-me que o presidente se sentia abandonado pelos seus melhores amigos e partidários políticos, e estava sendo afastado do povo" e que

---

[68] Ibidem, p. 231.

[69] Idem.

[70] Idem.

[71] Idem.

[72] Ibidem, p. 232.

"gostaria ele que esse povo, pelo qual estava lutando, pudesse sustentá-lo para deter seus inimigos na área civil, parlamentar e militar, a fim de que pudesse realizar o seu programa"[73]. Nesse mesmo texto, Basbaum se limita a afirmar que "não me vou referir às consequências do golpe de 31 de março para o Brasil. Já os estudei, nos limites de minha capacidade, no 4º volume de minha *História sincera*, que foi publicado no começo de 1968"[74]. Mais adiante, em outro momento do relato de suas *Memórias*, Basbaum faz uma nova referência à data de publicação do quarto volume: "Mas foi somente em princípios de 1969 (sic!) [o ano é de 1968][75] que consegui reunir ânimo e forças para reagir contra o abatimento que se havia apossado de mim"[76]. Explica: "Comecei a trabalhar no 4º volume da *História sincera*, que terminei em menos de três meses. O livro saiu em fins de *maio*"[77] (grifo meu).

Nosso autor contava já com 61 anos. Certamente – dos quatro volumes – foi o que escreveu em menos tempo. O período retratado – embora mais curto (de 1961 a março de 1967) – tomou praticamente o mesmo número de páginas dos anteriores. Dividido em quatro partes, duas tratam exclusivamente do período Goulart e de sua queda. E as partes finais falam do governo do primeiro presidente militar, Castelo Branco. Se desde os volumes anteriores Basbaum sempre se preocupou em declarar sua não neutralidade, nesse último volume isso é abordado quase como uma obrigação: "Tratando-se de acontecimentos, a bem dizer de hoje", isso faz do estudo "antes uma crônica viva, não [o] de um frio espectador que tenta captar e anotar os fatos para utilização futura"[78]. Ele não percebe o resultado de seu trabalho como um simples elenco de notas que possam ficar como registro "para um futuro historiador", mas "a de alguém que *sentiu* os acontecimentos e que, como tantos brasileiros na época – e ainda hoje –, procura entender o que foi que aconteceu"[79].

O autor explica também que não pretendia, inicialmente, que o tema tão recente da história vivida fosse se tornar o quarto volume de sua coleção sobre a história da república. Ao contrário, ele havia pensado o texto como "um livro independente,

---

[73] Idem, *Uma vida em seis tempos*, cit., p. 269.

[74] Ibidem, p. 271.

[75] Embora esteja grafado 1969, com certeza é um erro dos originais ou da edição, pois ele fala da publicação do livro em fins do mês de *maio* daquele ano (1968). Não seria possível que o livro tivesse sido publicado em maio de 1969, já que o autor faleceu em março desse ano.

[76] Basbaum refere-se à notícia do falecimento de sua netinha mais velha, Ana Silvia, ocorrido em fins de 1968. Ibidem, p. 295.

[77] Idem.

[78] Idem, *História sincera da república*, cit., v. 4, p. 9.

[79] Idem.

que seria publicado sob o título de *A fisiologia do golpe*"[80]. Esclarece que sua inclusão na série "foi uma sugestão do editor, e se deve ao fato de que ele começa exatamente onde termina o terceiro volume, com a renúncia do presidente Jânio Quadros, a 25 de agosto de 1961"[81]. E faz uma bem-humorada referência na abertura:

> Os leitores talvez notem uma mudança de estilo entre este e os volumes anteriores. Isso se deve ao longo tempo decorrido, cerca de seis anos. Nesse intervalo o autor certamente mudou, pelo menos ficou mais velho – e mudou também o seu estilo. Mas os sentimentos são os mesmos. E o raciocínio também.[82]

E, de fato, o que mais se sente no relato feito nesse quarto volume são os tons de indagação do autor, na verdade uma dada expressão de estar inconformado com a supressão da liberdade de agir, de se organizar, ante a violência crescente que o golpe foi implementando. Afinal, a reflexão cobre um período inicial recheado de manifestações de toda ordem: no campo, na cidade, das Ligas Camponesas, do Comando Geral dos Trabalhadores (CGT), dos estudantes por meio dos Centros Populares de Cultura da União Nacional dos Estudantes (UNE), de novos partidos de esquerda – enfim, um momento peculiar das lutas sociais no Brasil. E depois o estudo de Basbaum tinha de explicar a supressão de tudo isso. Como fazer?

No capítulo "As razões da queda" de Goulart, essas indagações de Basbaum aparecem sob variados aspectos. Exemplos: "Onde estavam aqueles milhões de eleitores que o haviam eleito vice-presidente em 1955?", "E os milhões de eleitores que o reelegeram para o mesmo cargo em 1960, mesmo fora da chapa vitoriosa de Jânio Quadros?", "Onde estavam o CGT, o Pacto de Unidade e Ação, a UNE, que apoiavam sua política nacionalista e as reformas de base planejadas?", "Onde estava o PCB, que nele votara, e com cuja volta à legalidade estava de acordo?", "Onde estavam os milhares de sargentos, da marinha e da aeronáutica, do exército, que por ele se sublevaram em 1961 e em 1963 e que o homenagearam ainda na véspera naquela noite fatídica de 30 de março de 1964, no Automóvel Clube?"[83].

Aqui cabe um parêntese: atualmente, cinquenta anos após 1964, os estudos já realizados – principalmente após a anistia em 1979 – revelaram aspectos sobre as articulações nacionais e internacionais que culminaram no golpe, bem como as instituições políticas que o planejaram e os financiamentos que possibilitaram sua efetivação. Mas, quando analisamos uma obra produzida no calor daquele momento, é necessário ter em mente que aquelas informações ainda não eram tão públicas e muito menos podiam circular livremente, sem que Basbaum – de

---

[80] Idem.

[81] Idem.

[82] Ibidem, p. 10.

[83] Ibidem, p. 65-6.

alguma forma – fosse molestado por isso. Daí que a disposição dele em registrar essa "crônica viva" deve ser analisada com esse cuidado e valorizada dentro de seus limites históricos, isto é, dentro do escopo e das circunstâncias em que a obra foi concebida e publicada. É assim que Basbaum traz informações sobre a atuação do Instituto Brasileiro de Ação Democrática (Ibad) na preparação do golpe – ou informações acerca das movimentações do embaixador americano Lincoln Gordon etc. Hoje vários livros sobre a ditadura detalham, com algum requinte, essas articulações. Mas naquele momento isso ainda era pouco usual, ou seja, Basbaum trabalhou numa condição totalmente adversa àquela que os historiadores atuais podem trabalhar, neste último caso algumas vezes com acesso, inclusive, às bibliotecas pessoais dos próprios artífices e algozes da ditadura.

Basbaum esclarece o foco que dá ao seu estudo, lembrando que "golpes militares nas repúblicas da América Latina não são raridade"; ao contrário, "só excepcionalmente a transmissão do poder de um governante para outro se realiza por via legal"[84]. Para explicar as causas estruturais nas quais o Brasil[85] – e a América Latina – está inserido para que esse tipo de solução ditatorial seja tão comum, ele vai deter-se sobre as "circunstâncias imediatas que particularizam o caso brasileiro e, mais particularmente ainda, o caso Jango", isto é, "por que foi tão facilmente derrubado, quando os mais otimistas dos conspiradores se estavam preparando para uma luta que deveria levar pelo menos alguns meses?"[86].

O julgamento que Basbaum dá à renúncia de Jango – que teria retirado dos brasileiros qualquer possibilidade de resistir – é mordaz: "E foi assim que Jango sem querer salvou a burguesia, os latifundiários, o domínio imperialista no Brasil. A UDN deve-lhe uma estátua"[87].

Não obstante essa espécie de desencanto revelada por Basbaum, o livro termina com um chamamento à luta, próprio de quem não se põe como um historiador neutro. Ele descreve, no período Castelo Branco, o que chama de terror político, terror econômico e terror cultural[88], que teriam provocado, respectivamente, uma devastação econômica e política. Fazendo um paralelo com a medicina – e referindo-se à atuação de Castelo Branco como um "agonizantezinho" –, Basbaum dignostica: "parece claro que não basta mudar de médicos", pois "os que temos à vista são todos parecidos, todos fardados, com o mesmo avental, todos armados, com o mesmo

---

[84] Ibidem, p. 67.

[85] "Já sabemos que a principal causa dessa instabilidade política provém de sua estrutura arcaica, feudal ou pré-capitalista, colonial, do seu *hinterland*, da intervenção ostensiva ou sub-reptícia do imperialismo, cujos interesses estão em jogo em todos esses países, inclusive o Brasil", idem.

[86] Idem.

[87] Ibidem, p. 129.

[88] Ibidem, p. 141-53.

LEÔNCIO BASBAUM

estetoscópio, e não querem ouvir palpites de estranhos"[89]. E conclama: "Mas é preciso fazer alguma coisa: mudar os médicos, mesmo que sejam mais caros, e também a terapêutica: o país não suporta mais óleo de rícino e sanguessugas. Não importa o preço. Custe o que custar, é preciso mudar"[90].

Os dilemas da atuação e vivência no PCB

Um grande dilema perpassou a existência do pernambucano Leôncio Basbaum: as relações com o PCB, ao qual se dedicou desde muito jovem. Ele se filia ao partido em 1926 e se afasta em 1958, segundo os relatos de suas *Memórias*[91], momento de sua mais profunda decepção com a agremiação. No livro de seu filho, Hersch Basbaum, *Cartas ao Comitê Central: história sincera de um sonhador* (1999) – espécie de continuidade da biografia do pai –, sua saída definitiva é apontada no ano de 1962. Na verdade, nunca houve documento do partido que decretasse seu desligamento. E o próprio autor viveu, por diversas vezes, a sensação de afastamento e de reaproximação[92]. Pelos limites impostos ao escopo do presente texto, não será possível aqui privilegiar esse aspecto da biografia de Basbaum que, com certeza, demandaria material para mais um importante capítulo dessa história.

De todo modo, convém assinalar o seu último parágrafo, registrado em *Memórias*. Como sempre acontecia com os encerramentos de textos de Basbaum, há um misto de balanço histórico e de esperança para os que, de alguma forma, pudessem inspirar-se com a sua experiência vivida: "A tranquilidade da minha vida presente, não foi a procurada por mim, mas a que a vida me impôs". E ainda: "Não foi isso que desejei. Sonhei ser um militante de vanguarda que, pela sua ação, fosse capaz

---

[89] Ibidem, p. 216.

[90] Idem.

[91] Além da própria autobiografia de Basbaum e do livro que completa sua biografia, *Cartas ao Comitê Central*, já referido, não identificamos estudos que tenham tomado – como objeto exclusivo – o entendimento e a análise da totalidade da obra do autor pernambucano. No entanto, merece destaque o artigo escrito por Ângelo José Silva, na revista *Novos Rumos* (publicada em 2005) com o título "Epístolas e parábolas ou de como os militantes comunistas procuraram sintetizar fé e razão", como um interessante esforço em fazer uma aproximação entre os dilemas vividos por Mário Pedrosa e Leôncio Basbaum, em suas respectivas atuações políticas e em suas vivências como intelectuais de esquerda, apesar das distintas trajetórias. Idem, *Uma vida em seis tempos*, cit., p. 249.

[92] A Coleção Leôncio Basbaum, que reúne cópias de cartas e documentos redigidos para o Comitê Central e/ou amigos ou membros da direção do PCB, está alocada no Arquivo de Memória Operária do Rio de Janeiro (Amorj), que faz parte do Programa de Preservação da Memória do PCB. Cf. E. Pessanha e R. Nascimento (orgs.), *Partido Comunista Brasileiro: caminhos da revolução (1929-1935)* (Rio de Janeiro, Programa de Preservação da Memória do PCB, Arquivo de Memória Operária do Rio de Janeiro, 1995).

78 INTÉRPRETES DO BRASIL

de contribuir para a transformação deste país, trazendo a felicidade, a liberdade, o bem-estar, para milhões de brasileiros. Não consegui". E, mais adiante, afirma:

> Como um rio que se desvia de seu curso, porque encontrou obstáculos pela frente, mas acaba desembocando no mar por outras vias, também eu desviei--me sem querer, do meu curso, mas com a certeza de que acabarei chegando ao destino traçado, ainda que por outros caminhos. E se não o fizer, pelo menos, e disso tenho certeza, abri um caminho que as águas que vêm atrás de mim, certamente seguirão.[93]

Essa é a herança deixada por Basbaum, que nossa geração tem o privilégio de usufruir. Apesar de escrever uma coleção inteira sobre a história do Brasil, não foi brindado com um título de doutor. Não precisou.

---

[93] Leôncio Basbaum, *Uma vida em seis tempos*, cit., p. 297.

NELSON WERNECK SODRÉ[1]

Paulo Ribeiro da Cunha

> O marxismo ortodoxo não significa, pois, uma adesão sem crítica aos resultados da pesquisa de Marx, não significa uma "fé" numa ou noutra tese, nem exegese de um livro "sagrado". A ortodoxia em matéria de marxismo refere-se, pelo contrário, e exclusivamente, ao método. Implica a convicção científica de que, com o marxismo dialético, se encontrou o método de investigação justo, de que este método só pode ser desenvolvido, aperfeiçoado, aprofundado no sentido de seus fundadores; mas que todas as tentativas para superar ou "melhorar" levaram apenas a sua vulgarização, a fazer dele um ecletismo – e tinham necessidade de levar aí.
>
> *György Lukács*[2]

Na apresentação de *Tudo é política*, Nelson Werneck Sodré registrou numa passagem conclusiva aquilo que bem sintetizou o compromisso de uma vida intelectual associada a uma intervenção militante; e nela, sem maiores desenvolvimentos teóricos, chamou a atenção que, *em todos os tempos, combatera o bom combate*; ressaltando ao final: *já disse alguém e disse bem: quem não tem posição política não tem alma*[3]. É uma resposta isenta de lamentos a seus críticos à posteridade, os quais, muitos deles, o adjetivaram pejorativamente de *ortodoxo*, conceito este que tem muitas apreensões, como essa de Lukács em epígrafe, que norteiam tanto sua leitura quanto sua trajetória. Como intelectual, Sodré publicou 56 livros e milha-

---

[1] O ensaio que ora apresento reflete, em grande medida, as anotações e os diálogos recolhidos após minha exposição realizada em Marília na VIII Jornada de Estudos Nelson Werneck Sodré em 2002 na Universidade Estadual Paulista (Unesp), sendo este um trabalho revisto e atualizado. Publiquei uma versão reduzida deste texto para a revista de história *Topoi*, v. 11, n. 20, jan.-jun. 2010.

[2] György Lukács, *História e consciência de classe* (Rio de Janeiro, Elfos, 1989), p. 15-6.

[3] Ivan Alves Filho (org.), *Tudo é política: 50 anos do pensamento de Nelson Werneck Sodré* (Rio de Janeiro, Mauad, 1988), p. 8.

res de artigos; como oficial de artilharia, teve uma longa carreira no exército, em que conquistou a patente de general de Brigada. Talvez, o diálogo maior que ora iniciamos tenha o desafio de uma reavaliação de Sodré e de sua obra nas várias mediações de sua longa trajetória política e intelectual, objeto de vivas polêmicas e inauditas reflexões.

A presente abordagem segue inconclusiva sob vários aspectos, pois há muito por resgatar e reelaborar nesse diálogo sobre Nelson Werneck Sodré, e se somam a essa reflexão alguns apontamentos e manifestações recentes que corroboram como esse debate se apresenta em sua obra na virada do milênio e na apreensão de suas teses nas universidades e nas Forças Armadas, particularmente no exército, sua arma de origem. As manifestações, nesses últimos anos na universidade e os eventos realizados sobre Nelson Werneck contribuíram para fomentar esse diálogo e, consequentemente, resgatar sua obra. Isso, inclusive, refletiu na oxigenação e no debate sobre suas teses, o que possibilitou a emergência de mais de uma dezena de publicações, a elaboração de dissertações de mestrados e teses de doutorados, sem deixar de mencionar a constante reedição de seus livros seminais, como os clássicos *Formação histórica do Brasil*, 15ª ed., a última em 2004; e, em 2010, a reedição de *História militar do Brasil*.

Quanto a uma possível apreensão de seus trabalhos no exército, é um diálogo ainda distante dos currículos de formação dos cadetes, aspirantes e oficiais. Se há alguma receptividade de seus livros entre os militares, ao que tudo indica, ainda decorre mais de uma opção individual de seus membros do que de uma política da arma. Inclusive um deles, o general Octávio Costa, militar de prestígio, intelectual de renome com vários livros publicados e com singular trânsito nas universidades, alertou em um ensaio sobre a necessidade de um diálogo maior da instituição com Sodré a fim de superar as idiossincrasias de uma histórica exclusão. Em suas palavras: "Agora, é finda a era militar, como expressão de poder político, quisera que o exército também o descobrisse e o acolhesse como um de seus maiores pensadores, o grande pensador de História Militar do Brasil e Memórias de um Soldado"[4].

O coronel Geraldo Cavagnari, fundador do Núcleo de Estudos Estratégicos (NEE) da Unicamp, corrobora essa tese, e chamou a atenção em um depoimento que a leitura e o estudo da obra de Sodré não eram objeto de qualquer atenção das instituições de militares de ensino[5].

---

[4] Octávio Costa, "Vida e obra de Nelson Werneck Sodré", em Paulo Cunha e Fátima Cabral (orgs.), *Sodré entre o sabre e a pena: Nelson Werneck Sodré* (São Paulo, Unesp/Fapesp, 2006), p. 17-30.

[5] Geraldo Lesbat Cavagnari, "Depoimento sobre Nelson Werneck Sodré", em Paulo Cunha e Fátima Cabral (orgs.), *Sodré entre o sabre e a pena*, cit., p. 47-53.

Contemporaneamente, essas assertivas se confirmam, pois, mesmo passado pouco tempo da morte de Nelson Werneck, em 1999, e com o centenário de seu nascimento, em 2011, não houve na caserna nenhum trabalho de divulgação da obra do autor. Aliás, numa consulta preliminar ao acervo da biblioteca da Academia Militar de Agulhas Negras (Aman), percebe-se como são limitadas as possibilidades de os cadetes estudarem sua obra; e, salvo acréscimos recentes ainda não contabilizados, não consta na instituição nenhum de seus trabalhos mais significativos sobre sua interpretação da história do Brasil, nem mesmo aqueles referentes ao exército e à história militar. Em outra pesquisa, realizada no acervo da Escola de Comando e Estado Maior do Exército (Eceme), verificou-se uma situação um pouco melhor, já que, entre os trabalhos disponibilizados aos oficiais, constam ao menos dois de seus livros clássicos: *História militar do Brasil* e *Memórias de um soldado*. Livros importantes, sem dúvida, mas os demais igualmente significativos e referenciais de sua considerável produção teórica estão ausentes na instituição, embora presentes há muito tempo nas livrarias.

Todavia, este ensaio tem por objetivo enfocar uma questão polêmica – a democracia e os militares – e recuperar na obra de Nelson Werneck Sodré alguns pressupostos para refletir sobre essa problemática; até porque não são poucos os movimentos de oficiais e praças do exército que emergem no debate político contemporâneo. Ao mesmo tempo, o ensaio procura valorizar um estudo da instituição Forças Armadas e sugerir pistas naquilo que é bem pouco conhecido ou estudado na academia: a *Esquerda Militar no Brasil*. Então, para compreendermos esses aspectos conjugados em uma leitura particular dos diferentes ângulos – o militar e a questão da democracia; o nacionalista, patriota, e o comunista –, teremos de buscar outras mediações para o entendimento dessa problemática[6].

Uma trajetória singular

A origem pequeno-burguesa de Sodré representa uma primeira mediação, pois é um aspecto importante de sua trajetória política e de sua vocação militar. No entanto, não é uma característica necessariamente singular, e sim de toda uma geração de militares no século XX, uma vez que o Colégio Militar e a Escola Militar eram as únicas possibilidades de muitos jovens estudarem e ascenderem socialmente. Há uma segunda questão correlata: o historiador desde jovem foi um leitor voraz;

---

6   Alguns pontos dessa exposição foram desenvolvidos em minha tese de doutorado defendida na Unicamp, sob orientação de Elide Rugai Bastos e publicada como Paulo Ribeiro da Cunha, *Um olhar à esquerda: a utopia tenentista na construção do pensamento marxista de Nelson Werneck Sodré* (Rio de Janeiro, Revan/Fapesp, 2002), e em um ensaio com o título "Nelson Werneck Sodré, os militares e a questão democrática: alguns apontamentos e uma problemática", publicado em Paulo Cunha e Fátima Cabral (orgs.), *Sodré entre o sabre e a pena*, cit., p. 85-103.

a rigor, era um intelectual em formação que ensaiava o exercício de sua vocação como escritor em periódicos da época. A essa segunda medição soma-se um dado suplementar que refletiu enormemente naqueles jovens cadetes: o papel do exército enquanto instituição no período de sua formação.

De certa forma, aquela geração de militares teve uma influência política anterior, originada ainda na própria Guerra do Paraguai, quando o exército teve de reunir um contingente muito grande de soldados e incorporar um número expressivo de novos oficiais, fato que, seguramente, veio a alterar ao longo dos anos subsequentes o quadro social da instituição. Esse aspecto determinante trouxe na reflexão de Sodré (entre outros analistas) a leitura de uma intervenção à esquerda, progressista, e até democrática do exército na vida política brasileira[7].

Por isso, as tensões históricas advindas desse período refletiriam de maneira diferenciada nas várias instituições militares ao longo do século XX, sendo impossível dissociar a formação de Sodré desse contexto e, sobretudo, dessa influência naquela geração de jovens militares, os *tenentes*, que queriam reformar e transformar a nação; como das tensões contestatórias sobre a jovem oficialidade que também acabaram refletindo entre a opção da doutrina militar alemã e a missão militar francesa no exército. A última, como sabido, prevaleceu. Assim sugere Quartim o conceito de esquerda militar em sua expressão:

> Com efeito, apesar das evidentes diferenças de formação intelectual, de formulação doutrinária, de forma de atuação e de perspectiva programática, parece-nos clara a continuidade da inspiração ético-política dos jovens oficiais abolicionistas e republicanos, dos "tenentes" dos anos 1920, dos militares anti-imperialistas dos anos 1950, dos antigolpistas dos anos 1960. Essa continuidade rompeu-se com os amplos expurgos que os golpistas vitoriosos em 1964 promoveram nos quadros das Forças Armadas.[8]

Naquele cenário de transformação do Brasil, que possibilitou a origem do tenentismo, é que teve início a politização de uma geração de jovens militares. A Escola Militar nas décadas de 1920 e 1930 era um palco de debates, onde se discutiam tendências múltiplas em meio a um corpo de professores de variadas tendências, de monarquistas a marxistas, bem como se apresentavam em seu interior a influência do modernismo e até mesmo ideias e reflexões sobre a Revolução Russa. Ali Lima Barreto não era um desconhecido, tampouco toda a literatura nova que chegava ao Brasil: Balzac, Zola, Dickens, entre outros.

Por essa razão, e ao lado de outros tantos estudos sobre o tenentismo, procuramos neste ensaio desenvolver uma vertente de interpretação que apreende o

---

[7] João Quartim de Moraes, *A esquerda militar no Brasil: da conspiração republicana à guerrilha dos tenentes* (São Paulo, Expressão Popular, 2005), p. 7.

[8] Idem.

movimento tenentista como *uma visão social de mundo*, uma visão generosa e, de certa forma, utópica, pois esses jovens militares acreditavam que, pela esfera da mediação da política (ou seja, a transformação das instituições), poderiam mudar o país. E qual é o significado dessa equação? Como sugere Löwy:

> Visões sociais de mundo seriam, portanto, todos aqueles conjuntos estruturados de valores, representações, ideias e orientações cognitivas. Conjunto esses unificados por uma perspectiva determinada, por um ponto de vista social, de classes sociais determinadas. As visões sociais de mundo poderiam ser de dois tipos: visões ideológicas, quando servissem para legitimar, justificar, defender ou manter a ordem social do mundo; visões sociais utópicas, quando tivessem uma função crítica, subversiva, quando apontassem para uma realidade ainda inexistente.[9]

O tenentismo, sob qualquer ângulo analisado, foi uma resposta de uma geração de inconformados militares. Essa, evidentemente, não atingiu, em um primeiro momento, Sodré, mas influiu diretamente na formação dos cadetes pós-1930, sua geração; e explica até mesmo as frequentes rebeliões daqueles jovens que queriam, efetivamente, reformar a nação. Consequentemente, ele nos auxilia a entender como seus reflexos políticos e uma presença militante dos antigos tenentes e de muito dos seus membros se apresentaram fundamentalmente em duas correntes políticas: o PCB e o integralismo.

Vale abrir um parêntese ainda para pensarmos essa problemática sobre o tenentismo em um viés analítico à esquerda, que envolvia não somente os tenentes que participaram da Coluna Prestes, mas também aqueles militares das gerações posteriores a 1930. Nesse caso, partilho de uma leitura, de certa forma ainda inconclusiva, que considera Nelson Werneck Sodré e toda a geração de militares posterior aos eventos das revoltas de 1922-1924 muito influenciados pelo tenentismo e por intelectuais marxistas que pensavam, fundamentalmente, a questão nacional. Talvez, por isso, seja uma leitura que reflete uma embrionária terceira via.

De volta ao eixo condutor dessas observações, nota-se aí uma diferença seminal porque o pensamento marxista predominante naquele contexto no Brasil era chancelado pela III Internacional e pelo pressuposto do internacionalismo. Mas, em Sodré, remeto em sua formação à particular influência de Plekanov e de intelectuais conservadores, como Azevedo Amaral e Oliveira Viana. Então, nessa terceira via, encontramos Sodré e uma geração de jovens tenentes. Portanto, não se pode falar nele como sendo um marxista nesse período; materialista, sim, à esquerda, mas não necessariamente marxista. Também não se pode deixar de pontuar uma característica do historiador: por motivos pessoais, não gostava de se expor publi-

---

[9] Michael Löwy, *Ideologias e ciência social: elementos para uma análise marxista* (São Paulo, Cortez, 1996), p. 13.

camente, mas era um jovem que tinha um forte desejo de intervir no país desde sua época de aspirante.

É importante ressaltar que ele não era organicamente vinculado ao PCB à época (isso aconteceria mais tarde), mesmo havendo células atuantes do partido na Escola Militar, mas era, inegavelmente, um intelectual vocacionado, e vários analistas – entre eles Apolônio de Carvalho e Umberto Peregrino – concordam que o período em que dirigiu a *Revista da Escola Militar* foi a fase áurea do periódico. Contudo, uma indagação maior se apresenta: como podemos entender as razões de ele, como intelectual e militar, operar uma rotação à esquerda?

Rotação à esquerda

Após sinalizar – mesmo que embrionariamente – para sua origem pequeno--burguesa na primeira mediação; temos a segunda mediação, e nessa linha de análise vale dialogar mais uma vez com um pensador que tentou enfrentar a questão sobre a "rotação à esquerda" dos intelectuais revolucionários: Michael Löwy. Em um livro intitulado *Para uma sociologia dos intelectuais revolucionários*[10], Löwy procura demonstrar as razões que induzem um intelectual pequeno-burguês a assumir uma posição revolucionária. Acrescentemos outra questão: como se estabelece essa problemática em uma instituição como o exército, com uma tradição inicial positivista e extremamente refratária a qualquer ideia de crítica ou de contestação à ordem vigente; tencionada até a medula pelo tenentismo e com uma cultura anticomunista já nascida forte (sobretudo depois do levante de 1935), a qual, seguramente, provocaria entre esses militares de esquerda não só problemas na carreira oficial, mas, em muitos casos, dificuldades na vida pessoal. Somente um registro: quase todos os militares de esquerda tiveram suas carreiras abortadas; poucos escaparam da cassação em 1964, e as promoções ocorreram, na maioria dos casos, por longevidade, inclusive esse foi o caso de Sodré.

Retomemos então a indagação: o que leva um intelectual que é, concomitantemente, militar a assumir um posicionamento político e ideológico à esquerda? Nessa segunda mediação, há duas categorias interessantes e explicativas dadas por Löwy, razões de natureza *ético-culturais e político-morais*[11]. Essas categorias permearam a trajetória não somente de Sodré, como também de vários tenentes, representando um elemento intrínseco da formação daquela geração de jovens indignados com a República Velha. Jovens que, em sua grande maioria, tinham uma origem social pequeno-burguesa com possibilidade de transformar a sociedade por

---

[10] Idem, *Para uma sociologia dos intelectuais revolucionários: a evolução política de Lukács (1909-1929)* (São Paulo, Lech, 1979).

[11] Paulo Ribeiro da Cunha, *Um olhar à esquerda: a utopia tenentista na construção do pensamento marxista de Nelson Werneck Sodré* (Rio de Janeiro, Revan/Fapesp, 2002), p. 16s.

NELSON WERNECK SODRÉ

meio da filiação ao exército – instituição que, nesse caso, diferenciava-se política e socialmente como arma da Marinha. A Aeronáutica surge posteriormente como instituição militar autônoma.

Temos aqui um ponto de inflexão central para entender o caráter democrático das Forças Armadas, tese da qual Sodré nunca abdicou e a qual será objeto de fundamentação posterior em suas memórias, artigos e trabalhos[12]. Porém, quando a proposta e o debate sobre as Forças Armadas e a democracia se apresentam em sua obra, Sodré desenvolve sua tese objetivando claramente o exército. E se pesquisarmos na história militar, naquilo que se considera o ponto de partida para o entendimento da esquerda militar e mesmo o pensamento nacionalista, o historiador refere-se essencialmente a essa arma, já que em outras instituições, como a Marinha, a presença dos comunistas entre os oficiais foi reduzidíssima, bem diferente do radicalismo que se apresentou historicamente entre os suboficiais e marinheiros. Por essa razão é que se entende que o ideário democrático das Forças Armadas – leia-se exército – seguramente passa pelas mediações eticoculturais e político-morais apontadas por Löwy, associadas à origem social de seus membros, apresentadas na trajetória de Sodré. Aliás, já estavam presentes de várias formas em sua trajetória militar desde sua ida a Mato Grosso, quando a práxis e a realidade histórica o ensinaram sobre os impasses etico morais como oficial do exército; mas também refletiram em sua interpretação teórica. Todavia, em quais teses e de que forma se operou essa influência? Vamos a alguns breves apontamentos.

Costumamos dizer – discordando de alguns intérpretes – que o feudalismo não se expressou em sua obra pela linha do PCB ou da interpretação da III Internacional Comunista. Sodré já escrevia e refletia sobre essa questão, conjuntamente com outras polêmicas teses como a burguesia nacional, o exército democrático, e mesmo sobre o imperialismo à época de sua juventude, e elaborou essa tese primeira como uma particularidade histórica brasileira configurada na presença de relações feudais, que inclusive sugeria sua existência contemporaneamente, tendo ainda formulado o conceito inovador de *Regressão Feudal*. Em sua visão, esse modelo de interpretação de forma alguma indicava uma transposição conceitual da forma clássica como ocorre nas obras de outros autores marxistas brasileiros; muito pelo contrário, apontava o modo de produção feudal como uma característica presente desde o descobrimento do Brasil, paralela ou secundada economicamente pelo escravismo.

Porém, nessa reflexão, a práxis se apresentou concretamente – em vários lugares que serviu como oficial – como subsídio à sua leitura de Brasil, para depois refletir em sua formulação teórica; e esta última, em um esforço teórico singular, em que pôde amadurecer e ganhar consistência. Noutras palavras, Sodré percebeu e amadureceu muitos de seus instrumentos teóricos mediante uma práxis que

---

[12] Nelson Werneck Sodré, *História militar do Brasil* (Rio de Janeiro, Civilização Brasileira, 1965).

refletiria em suas teses pela experiência de ter servido em vários locais isolados do país, como foi sua experiência no então distante estado de Mato Grosso. Posteriormente, o instrumental marxista contribuiu para pavimentar o objeto empírico ao longo de sua trajetória. Nessa linha de interpretação, igualmente se percebe a tese da burguesia nacional que, como formulação, ganhou significado empírico quando conheceu Roberto Simonsen. Pode-se até discutir se existiu burguesia nacional ou se esta foi hegemônica, mas concretamente esse industrial era a expressão à época de um burguês progressista. Simonsen não foi apenas o fundador da Federação das Indústrias do Estado de São Paulo (Fiesp) e da Escola Livre de Sociologia e Política; mas escreveu um monumental livro sobre a formação econômica do Brasil.

O imperialismo, a história nova, entre outras teses centrais em sua obra, foram teses cujos pressupostos analíticos operaram dialeticamente da mesma forma. Por isso, insistimos em que vincular as teses de Sodré às que se vinculam ao PCB é um equívoco. Essas, entre outras, eram teses de um *tenente* que depois foram sustentadas pelo referencial marxista, tendo Sodré se antecipado às leituras em voga no Partido Comunista. Mas não somente. Coube a ele o pioneirismo na incorporação das ideias de intelectuais como Lukács, norteador de sua 3ª edição de *História da literatura brasileira*, e Mariátegui, na fundamentação de uma leitura mais amadurecida sobre a presença de relações feudais no clássico *Formação histórica do Brasil*.

Esse é só um aspecto da trajetória intelectual e militar de Sodré, trajetória esta que tem nuanças outras muito curiosas. No Estado Novo, foi um colunista extremamente crítico do regime vigente, até porque todos os intelectuais com os quais ele convivia estavam na cadeia ou no exílio; ao mesmo tempo, apoiava determinadas políticas de governo de Getúlio Vargas. Entendia como militar que era uma necessidade a integração do Brasil como fator de segurança nacional, não se abstendo, por exemplo, de escrever vários artigos nessa linha para *Cultura Política*, a revista do Estado Novo. O historiador não foi o único; outros intelectuais de esquerda o acompanharam, e talvez essa conduta fosse o meio possível de crítica na ocasião. Posteriormente, em suas memórias, se arrependeria dessa contribuição[13].

Há, no entanto, um aspecto que merece um segundo parêntese para entender sua autocrítica do período, algo constante em sua reflexão: sua concepção de *política*. Nos livros nodais para a compreensão do pensador e de leitura fascinante – *Memórias de um soldado* e *Memórias de um escritor*, particularmente este último –, ele afirma de modo categórico não ter posicionamentos políticos. Na verdade, isso é um equívoco. Ele tinha posicionamentos políticos, mas resultantes da leitura e da visão generosa e ética de um tenente. Quando Sodré apontou essa rotação à esquerda em sua memorialística entre 1943-1944, verificou-se mais uma demarcação histórica importante

---

[13] Idem, *Memórias de um escritor* (Rio de Janeiro, Civilização Brasileira, 1970).

em sua caminhada, já que, além de pertencer a uma instituição, o exército, assumiu outra, o Partido Comunista Brasileiro.

Daí se apresenta outra particularidade dessa equação, ou seja, como militar de origem pequeno-burguesa e também em sua nova condição de militante (ou de um intelectual engajado), Sodré sugere a apreensão da política como *compromisso moral*, e, nesse caso, podemos perceber nesse período que ele estabelece uma concepção de política como ruptura que é, na verdade, ruptura com continuidade. Observamos igualmente que a questão moral se apresenta como elemento nuclear na sua percepção intelectual e será uma determinação em sua atividade como militante comunista, já que, nesse momento, ele passa a operar sua reflexão teórica com referenciais marxistas. Por isso, apreendemos que a *"moralidade do compromisso"*[14] é um componente fundamental para entender a concepção de Sodré, antes e depois de sua entrada no PCB; e, no caso, devemos considerar que essa mediação nos possibilita apreender a singular autocrítica que ele estabelece em relação tanto à sua própria obra como à sua trajetória militante, quando esta passa a ser mediada pela opção partidária.

De qualquer forma, para entender as razões eticomorais e político-culturais em sua "rotação à esquerda", não podemos simplificá-las, já que elas também traduziam e o confrontavam naquilo que ele denominou "fascistização" do exército. Não é o único exemplo à época, mas, enfim, Sodré emprega esse conceito para caracterizar as reformas de Góis Monteiro que, efetivamente, feriam os direitos adquiridos ou estabeleciam critérios extremamente rígidos, em alguns casos racistas, para incorporação de novos membros no exército a partir da década de 1940. Por essa doutrina, não podiam entrar no exército negros, pessoas de origem operária, filhos de pais separados; enfim, preconceitos que começaram a mutilar o entendimento que ele tinha de militar, e uma das bases da concepção democrática do exército, algo que conheceu em sua juventude e lhe possibilitou a ascensão social. Esses aspectos, seguramente, possibilitaram a Sodré subsídios e uma nova reflexão sobre o significado da política. Mas não somente.

No período em que serviu em uma unidade de artilharia de costa na Bahia, ocorreu a (re)aproximação mais consistente de Sodré com o pensamento marxista. Ele não só encontrou um forte movimento de massas, mas núcleos atuantes do

---

[14] Essa expressão, de Elide Bastos e Walquiria Leão Rego, indica uma interlocução da linha de argumentação que valoriza a perspectiva do intelectual em sua ligação com a política, na crença de que há uma relação entre a atividade de pensar de Sodré e um empenho moral no sentido de elevar a condição humana. As autoras ressaltam que a validade desse pressuposto está associada à sua atividade como um elo decisivo e possível para a transformação do mundo, como também para a emancipação da humanidade, impondo aos intelectuais uma condição: jamais renunciar à sua condição de *críticos*. Elide Rugai Bastos e Walquiria Leão Rego (orgs.), *Intelectuais e política: a moralidade do compromisso* (São Paulo, Olho d'Água, 1999), p. 5.

PCB, conhecendo então vários comunistas. Anteriormente, no Rio de Janeiro, ele já tivera contato com Astrojildo Pereira e Graciliano Ramos. Na Bahia, porém, havia outro ambiente político, mais oxigenado, diferenciado do restante do país, e ali estabeleceu, efetivamente, sua "rotação à esquerda".

Paralelamente, é necessário ponderar sobre mais outra questão relacionada à esquerda militar. O PCB teve uma característica diferente da dos demais partidos na história do movimento comunista mundial; talvez tenha sido o partido comunista que mais teve militares em suas fileiras. Basta verificar que na década de 1930 o Comitê Central, em sua maioria, era composto de militares. Para muitos deles, o Partido Comunista foi o desaguadouro do ideário tenentista com a possibilidade de continuar ou retomar o projeto de mudança da nação, evidentemente com outros pressupostos. Há um segundo aspecto relacionado: não é possível a compreensão dessa problemática sem outra variável, ou seja, a presença de Luiz Carlos Prestes e seu prestígio entre os militares. Esse é um aspecto até hoje muito pouco estudado, e mesmo no exército Prestes parece ser meio ambíguo. Ambos os aspectos elencados confluem nessa equação para uma segunda variável quando nos referimos à esquerda militar no Brasil, e nela ponderamos sobre a particularidade de uma esfera de organização historicamente conhecida como Antimil ou Setor Mil[15]. Para todos os efeitos, era um grupo pequeno, atuante e formulador. Evidentemente, Sodré pertenceu a ele, talvez até na fase inicial entre 1943 e 1944 na Bahia, quando entrou no Partido Comunista, ou mesmo antes. A despeito de algumas controvérsias, essa hipótese encontra fundamentação em fontes recentes, a destacar, depoimentos de militares comunistas à Comissão Nacional da Verdade, sugerindo inclusive que sua presença e intervenção no PCB seriam bem maiores que as conhecidas.

Porém, não é possível imaginar que Sodré tenha entrado no PCB sozinho naquela época. Vários militares ingressaram após a prestigiosa vitória da União Soviética sobre a Alemanha, em particular depois da batalha de Stalingrado, em 1943, fato que trouxe o socialismo à tona. Outro polo de adesão adveio de toda uma geração de combatentes da Força Expedicionária Brasileira (FEB), que iria aderir ao comunismo no retorno dos campos de batalha da Itália. Alguns são mais conhecidos, como Salomão Malina, mas outros também entraram no partido nesse período, ou seja, bem antes do desenrolar da Guerra Fria. E, claro, vale lembrar os

---

[15] Também conhecido por Antimil, foi fundado em outubro de 1929 e era formado por militares vinculados ao PCB, tendo características singulares. Em sua primeira fase, até pela própria influência teórica e política do obreirismo, incorporava em sua intervenção soldados, oficiais e suboficiais. Depois da década de 1940, foi segmentado por arma e por hierarquia. Vale ainda um registro importante: os militares comunistas só podiam exercer politicamente tarefas em uma situação de absoluta clandestinidade; por essa razão, o setor respondia diretamente a Prestes e ao assistente político no Comitê Central, cuja direção variou muito pouco ao longo de sua história.

vários militares de 1935 que voltaram da guerra civil ou do exílio como heróis e se reincorporaram ao Partido Comunista, como Apolônio de Carvalho e Dinarco Reis. Não se sabe ao certo a quem Sodré respondia no grupo, mas ele já gozava de grande influência no Antimil. Curiosamente, o setor militar existiu até bem recentemente na transição do PCB para o Partido Popular Socialista (PPS), quando foi oficialmente dissolvido.

Militares e militantes

Pouco tempo depois do final da Segunda Guerra Mundial, teve início a Guerra Fria, e em 1947 ocorre a cassação do registro legal do PCB, o que fez com que os comunistas assumissem uma linha política bem mais à esquerda. Mas há um ponto para reflexão: mesmo considerando que o Manifesto de Agosto propugnava que a revolução estava na ordem do dia e que a guerra revolucionária poderia acontecer a qualquer momento, a maioria dos militares do Antimil tinha uma visão extremamente crítica. Não era um caso isolado, já que houve discordância, ou mesmo inquietação, em outros setores da militância, particularmente entre os operários e intelectuais. Mas, entre os militares comunistas, quais foram os reflexos dessa nova política?

Na década de 1950, no bojo da campanha "O Petróleo é Nosso", um setor nacionalista vence a eleição para o Clube Militar. Nele podemos perceber vários aspectos interessantes:

> O candidato a presidente do Clube Militar expressava, naquele presente, a história e a tradição de luta de um passado da esquerda tenentista (alguns inclusive o pontuam com um ideário socialista), associado a um componente ético que forjara idealisticamente toda uma geração que teve o intuito de reformar a nação. Ao longo do Estado Novo, o General Estillac Leal pautaria sua conduta por vários posicionamentos políticos corajosos. Era, sem dúvida, um tenente. O candidato à vice, o General Horta Barbosa, que vinha se destacando na campanha "O Petróleo é Nosso", era o que melhor representava um projeto de nacionalismo como ideário de uma nação. Ambos os personagens, a meu ver, representam, em grande medida, a continuidade do projeto tenentista. Um, representando a história; e o outro, a viabilidade modernizante e programática que até então faltava àquele ideário.[16]

Na chapa nacionalista, além de vários militares ligados ao Partido Comunista, estava entre seus membros o major Nelson Werneck Sodré como diretor cultural. É o momento em que as atuações políticas de Sodré e do Antimil se apresentam de forma confluente, em particular por meio de uma vigorosa intervenção na *Revista do Clube Militar*. Com a polêmica em curso sobre a Guerra da Coreia e o possível

---

[16] Paulo Ribeiro da Cunha, *Um olhar à esquerda*, cit., p. 245.

envio de soldados brasileiros aos campos de batalhas, a diretoria do Clube Militar se manifestou por meio de vários artigos e editoriais contra qualquer intervenção do Brasil naquele conflito. Um dos artigos, "Considerações sobre a Guerra da Coreia", fez elevar as tensões entre os militares de forma inusitada.

Em suas memórias, Sodré salientou que não sabia do conteúdo do artigo; mas, na verdade, há grande possibilidade de ele ter sido um de seus redatores, e, com certeza, ali havia uma articulação do Setor Militar[17]. Particularmente, nunca acreditamos que o historiador não tivesse conhecimento daquele bombástico texto contrário à Guerra da Coreia e à visão imperialista que a norteava, em que eram pontuadas também as razões de o Brasil não precisar enviar soldados para lutar no conflito.

Para efeito de análise, já havia a tendência de setores do exército isolarem a diretoria eleita, e, por hipótese, se não fosse esse artigo, provavelmente teria sido arranjado outro motivo para gerar uma polêmica e, quiçá, razões para uma intervenção na entidade. Algo similar à provocação dirigida a Prestes no Parlamento que resultou em uma interpretação semântica da constituição que qualificou o PCB como uma agremiação estrangeira. A reação ao artigo foi imediata, e, como consequência, toda a diretoria do Clube Militar foi transferida, quase exilada em guarnições distantes do país. Eram, seguramente, tempos difíceis. Por quê?

Inicialmente, o fato de serem comunistas dificultava o diálogo com seus pares, mesmo que suas condutas fossem pautadas por uma referência de dignidade humana singular, e até patriota, uma vez que assumiram – na contracorrente – a luta e o projeto socialista. Sodré não foi o único a assumir um compromisso político e ideológico, muitos militares se aliaram à esquerda e sabiam das consequências negativas que poderiam advir para suas carreiras. Mais uma vez, uma nova campanha ideológica decorrente da Guerra Fria procurou atribuir o vínculo do PC a uma umbilical associação a Moscou; acusação que já existia desde 1935, mas ganhou fôlego novo. Para um militar, servir à pátria é um atributo moral, introjetado desde a formação de cadete, e, evidentemente, esse aspecto é uma possível explicação, mas que talvez nunca se tenha encontrado em Sodré – algo correlato a outros militares de esquerda –, para a admissão ao Partido Comunista.

Por fim, ambos os aspectos conjuminaram à época em um visceral anticomunismo que se traduziu em uma política em voga no período subsequente. E qual a razão? Uma delas antecede aqueles fatos, o Levante de 1935. Do ponto de vista militar, foi um desastre deflagrar uma rebelião na Urca, local que só tem uma saída e é cercado por mar e montanhas; mas a razão é outra: 1935 criou uma cultura anticomunista nas Forças Armadas e, a partir daquela data e ao longo dos anos, até o final da ditadura militar, seria comemorada nos quartéis quase como um feriado nacional, sempre com a mesma versão, a que os companheiros de farda foram

---

[17] Ibidem, p. 258s.

mortos dormindo. Somente para registro: houve lutas e mortes naquela ocasião, mas a versão construída oficialmente de que os companheiros foram atraiçoados na calada da noite veio a ser escrupulosamente cultivada ao longo dos anos seguintes; algo que a historiografia consagrada já desmentiu e, curiosamente, é corroborada por fontes oficiais insuspeitas[18]; porém, seus desdobramentos pautariam a linha política da esquerda militar, bem como a reflexão de Sodré.

Nesse sentido, uma tradição democrática teve início pela esquerda militar e pavimentou sua intervenção nos anos subsequentes pela legalidade democrática e pelo aprofundamento da democracia no Brasil[19]. E, por paradoxal que possa parecer, temos a convicção de que a maioria dos militares comunistas e de esquerda no pós-1945 pautou sua militância numa linha diametralmente oposta à linha política do PCB; e o Setor Militar, consequentemente, também intervinha pela legalidade democrática. São muitos os exemplos até 1964: intervieram de forma decisiva na quartelada do general Lott para garantir a posse de Juscelino Kubitschek; atuaram para debelar as revoltas de Jacareacanga e Aragarças; ou se posicionaram na linha de frente para assegurar a posse constitucional de João Goulart em 1962[20].

É nessa linha que podemos perceber em Sodré uma firme intervenção em defesa da democracia. Nos vários momentos de crise política nas décadas de 1950 e 1960, escreveu dezenas de artigos sob o pseudônimo de *Observador Militar* no jornal *Última Hora*, com o firme propósito de influenciar as Forças Armadas na conjuntura política nacional; e, em uma ocasião posterior, escreveu contra o golpismo no jornal *Semanário* sob o pseudônimo *Coronel X*. Seguramente, sua identidade não passou despercebida para muitos leitores, embora em sua condição militante procurasse vincular uma posição política democrática e a favor da democracia sem assumir explicitamente a posição de comunista, até para não antagonizar o que ele considerava pontes necessárias para estabelecer o diálogo. E com quem? Com a grande maioria dos oficiais das Forças Armadas, em particular o exército[21].

---

[18] Marly de Almeida Gomes Vianna, *Revolucionários de 35: sonho e realidade* (São Paulo, Companhia das Letras/Expressão Popular, [1992] 2007). Na linha oficial, há vários livros editados pela Biblioteca do Exército.

[19] A respeito dessa reflexão e à dicotomia comunistas e democratas legalistas, quem nos auxilia a compreensão é o marxista inglês Ralph Miliband. Ele demonstra que ser revolucionário é ter também uma concepção reformista, já que, contradizendo aquela tradicional dicotomia reforma e revolução advogada por setores marxistas, Miliband apreende o reformismo como expressão revolucionária; e, nos militares, tal dicotomia pode ser entendida como uma política de confrontos, de conflitos, de forçar as instituições e o debate para o aprofundamento da democracia. Paulo Ribeiro da Cunha, *Um olhar à esquerda*, cit., p. 244s.

[20] Ibidem, p. 258s.

[21] Ideologicamente, o exército sempre teve, por tradição, 5% de militares à esquerda, 5% à direita e 90% flutuantes, dependendo da política ou do debate político do momento. Este último era o grupo a ser influenciado.

92 INTÉRPRETES DO BRASIL

Polêmicas à parte, o historiador já era um militante comunista e um militar que se destacava como intelectual no Instituto Superior de Estudos Brasileiros (Iseb). Nessa instituição, sobretudo na última fase de sua história antes do golpe de 1964, o historiador articulou teoricamente em cursos, pesquisas e livros o conceito de povo (que difere de população) – como sujeito da história – como um componente axial de um projeto de nação. No Iseb fundamentou – com referenciais teóricos mais elaborados – e publicou as primeiras edições de seus livros seminais: *Introdução à revolução brasileira*, de 1958; *Formação histórica do Brasil*, de 1962; *História da burguesia brasileira*, de 1964, obras que foram reeditadas várias vezes ao longo dos anos seguintes. Por fim, sem maiores ilusões quanto à continuidade de sua carreira militar, o então coronel passaria para a reserva em 1962, com a patente de general--de-brigada, ainda no governo Goulart, procurando a partir de então intervir no movimento de massas no sentido de assegurar a democracia como expressão de um projeto nacional.

Por isso, sempre observamos que, antes de ser um comunista, ele era, sem dúvida, um *tenente*. Sodré encontra no PCB e no marxismo a continuidade de um ideário tenentista, mas o Partido Comunista seria o desaguadouro de toda uma geração de inconformados militares de esquerda, bem como de setores nacionalistas. Esse aspecto foi marcante em sua trajetória. Com o golpe de 1964, ele teve de fugir, sendo preso logo depois no interior de São Paulo; e quase toda aquela geração de militares de esquerda foi cassada:

> Tratou-se, por assim dizer, de executar uma intervenção cirúrgica que não deixasse intacto qualquer núcleo capaz de reanimar o espírito rebelde que se espraiara nas armas durante as lutas nacionalistas e em defesa das ditas Reformas de Base. A pequena incidência de processos atingindo militares nos anos posteriores parece significar que, nesse campo, a cirurgia foi encetada com êxito.[22]

Praticamente deixou de existir o Setor Militar como possibilidade de intervenção orgânica do PCB no interior das Forças Armadas, embora pequenos núcleos continuassem atuando e procurando influir no debate político nacional. Do ponto de vista intelectual, teve início para Sodré a fase mais rica de sua produção teórica.

Há, no entanto, outro aspecto que merece consideração nesse período. É bem provável que tenha sido no debate sobre as reformas de base, entre sua ida à reserva, suas atividades de ensino no Iseb e o amplo movimento de massas que se verificou no país até o golpe de 1964, que Sodré tenha amadurecido e aprofundado sua leitura sobre o caráter da democracia no Brasil. Com a publicação de *Formação histórica do Brasil* (1962), sua interpretação sobre a questão democrática se clarificou em

---

[22] Nelson Werneck Sodré, "Perfil dos atingidos", em Paulo Evaristo Arns et al. (orgs.), *Brasil: nunca mais* (Petrópolis, Vozes, 1987), p. 120.

NELSON WERNECK SODRÉ

uma perspectiva revolucionária, ou seja, em uma linha dentro do arco teórico do debate marxista exposto[23]. Em suas palavras:

> A defesa do regime democrático, no processo da Revolução Brasileira, não se prende, assim, ao supersticioso respeito a uma legalidade formal, mas na compreensão de que a democracia é o caminho apropriado ao seu desenvolvimento. Não interessa ao nosso povo, evidentemente, uma legalidade qualquer, e uma democracia qualquer, mas o regime democrático efetivo cujo conteúdo esteja intimamente ligado ao desenvolvimento de alterações econômicas, políticas e sociais capazes de afetar profundamente o país e corresponder ao avanço das forças produtivas que impõem modificações radicais no modelo de produção.[24]

Pós-1964 – Um outro tempo

Sua intervenção política e teórica continuou se apresentando de várias formas na fase subsequente ao golpe militar, mas foi particularmente intensa e aguda após o advento do AI-5, em 1968, quando o historiador continuou escrevendo artigos (muitas vezes sob pseudônimo), livros, a fim de influenciar de várias maneiras a luta pelo restabelecimento da democracia. Ao longo daqueles anos, Sodré veio a ser uma referência ao radicalismo e ao aventureirismo pequeno-burguês, que caracterizaram as iniciativas armadas de parcelas da esquerda brasileira na luta contra a ditadura militar. Mais uma vez pagou um preço alto. Esse foi um período de quase ostracismo em alguns importantes círculos acadêmicos, embora como autor tivesse uma singular e profícua produção teórica. Dessa época podemos contabilizar, para o entendimento da problemática de sua vocação como militar, a publicação de alguns de seus mais importantes livros, dos quais se destacam a muito amadurecida e várias vezes postergada edição do já clássico *História militar do Brasil*, de 1965, a fundamentação maior da tese sobre o caráter democrático das Forças Armadas; e o monumental *Memórias de um soldado*, publicado em 1967.

Nesse meio-tempo, pistas curiosas sobre sua intervenção política e militante começam a emergir em textos e ensaios recentes, embora inconclusas. Num resgate memorialístico recente, os historiadores Ivan Alves Filho e Marly Vianna recuperaram algumas interessantes passagens da trajetória de Sodré e chamam a atenção particularmente sobre as atividades dele no PCB na clandestinidade após o golpe de 1964. O primeiro inclusive recupera a história de um livro perdido escrito pelo historiador Ivan Alves, jornalista e dirigente comunista pai de Ivan Alves Filho. Para Alves Filho, as relações de amizade entre Sodré e seu pai eram antigas e da-

---

[23] Sobre esse debate, ver Paulo Ribeiro da Cunha, *Um olhar à esquerda*, cit., p. 244s.

[24] Utilizamos a referência de uma reedição de 1976 de Nelson Werneck Sodré, *Formação histórica do Brasil* (9. ed., Rio de Janeiro, Civilização Brasileira, 1976), p. 402.

tavam desde a campanha "O Petróleo é Nosso". Com o golpe de 1964, atuaram, provavelmente, com um mesmo posicionamento político em defesa da democracia e da soberania nacional.

Já um militante maduro, Alves Filho pôde acompanhar a proposta de ele, Sodré e seu pai escreverem um livro sobre o movimento político-militar de 1964. O livro se dividiria em duas partes, cerca de oitenta ou cem laudas. Na primeira Sodré analisava o início do regime militar, o seu caráter, numa visão mais estrutural. A segunda parte do manuscrito, redigida por seu pai, era uma análise de conjuntura e refletia sobre a oposição, que naquela ocasião reunia crescentes setores da sociedade civil. Embora sejam desconhecidas as razões para sua não publicação em 1966, pouco tempo depois um argumento político convincente, o AI-5, suspenderia o projeto de edição. Ao final, o historiador Alves Filho lamenta nunca mais ter tido notícias do livro, chegando a levantar a hipótese de o manuscrito ter sido queimado ou estar em algum porão do regime militar. Teve esperanças de encontrá-lo quando escrevia em coautoria com Sodré *Tudo é política* e pesquisava no arquivo deste último doado à Biblioteca Nacional[25], em vão.

Marly Vianna chamou a atenção em um ensaio para o estreitamento das posições políticas de Sodré à linha programática do PCB, bem perceptível na edição de *Introdução à revolução brasileira*, de 1967. Numa passagem intitulada "Perspectivas", ao que tudo indica elaborada pouco antes da promulgação do AI-5, sinalizou que a posição de Sodré era a mesma dos documentos do partido. Pondera a autora:

> Ele começa a discutir as reformas de base, ele começa criticando o maniqueísmo; ou as reformas eram tudo – o que seria o pensamento da chamada direita, dentro da esquerda – ou não tinham nenhum sentido revolucionário, o que seria o pensamento da esquerda. Mas no combate a este maniqueísmo, mesmo frisando sempre que não havia uma muralha chinesa entre as etapas da revolução, na realidade o partido trabalhava com essas etapas. E, a meu ver, se analisarmos os documentos desde 1945, vamos verificar que o PCB sempre teve uma tendência para o pensamento considerado de direita e uma profunda irritação com as posições chamadas de esquerda. Neste trabalho, Werneck Sodré frisa sempre que as reformas não são tudo e critica acerbamente as pessoas que dizem que as reformas não resolverão os problemas brasileiros. [...] A crença de que, vitoriosas as reformas de base, o imperialismo estaria derrotado foi, a meu ver, um dos grandes problemas teóricos do PCB, e de Nelson Werneck Sodré em relação a revolução brasileira.[26]

Pouco tempo depois, já sob o AI-5 e numa situação de rigorosa clandestinidade, Alves Filho recuperou, numa segunda passagem do ensaio sobre Sodré, outra pouca

---

[25] Sobre o acervo de Sodré ver o ensaio de Regina Hippolito, "Enfoques de uma vida militante", em Paulo Cunha e Fátima Cabral (orgs.), *Sodré entre o sabre e a pena*, cit., p. 197-215.

[26] Marly Vianna, "Repensando o Brasil", em Paulo Cunha e Fátima Cabral (orgs.), *Sodré entre o sabre e a pena*, cit., p. 267-8.

e conhecida dimensão política e militante do autor. Os contatos de seu pai com Sodré eram frequentes naquela época, e, evidente, por motivos de segurança, não se sabia muito da militância conjunta. Um fragmento de uma conversa reservada traduziu um pouco da trajetória de Sodré. Nas palavras de Alves Filho:

> Bem, eu sabia do engajamento partidário do Nelson, porém não tinha o menor conhecimento das funções que ele exercia dentro do PCB. [...] Mas eu ouvi, certa vez, sem querer, um comentário de meu pai que me deu a verdadeira dimensão da importância do Nelson Werneck dentro do PCB naqueles anos de chumbo. Lembro-me até hoje do seu comentário, na sala do nosso apartamento no Rio de Janeiro: "O Nelson foi indicado para a suplência da Direção", disse ele. Não sei se o Nelson aceitou ou não a indicação, mas a partir daquele dia uma coisa ficara certa para mim: Nelson Werneck Sodré era uma das figuras de proa do PCB e, por conseguinte, da própria resistência democrática.[27]

O fato, segundo Ivan Alves Filho, teria ocorrido entre 1970 e 1971. Como seu pai desempenhava outras tarefas importantes na direção partidária, ele pôde acompanhar esses preparativos de alguma forma; em que pese, por motivos de segurança, fossem contatos cautelosos e reservados, mas não deixou de perceber em face da constante presença de dirigentes comunistas em sua casa. Lamentavelmente, o resgate disponibilizado sobre a militância de Sodré é bem pontual, e a lacuna permanece, para não dizer que está ausente em suas memórias, salvo algumas pistas muito discretas em algumas passagens[28].

Por fim, vale indagar para outro aspecto de sua longa trajetória: qual seria ou mesmo qual foi a possibilidade subsequente de atuação política na fase final da transição democrática, bem como o papel dos militares de esquerda remanescentes? Melhor dizendo, onde ficava Sodré militar e militante comunista? Acredito que essa seja uma tese nova e inconclusiva como expressão de sua trajetória, portanto também uma fascinante hipótese de trabalho. Há várias pistas em que podemos apreender sua militância bem como as dificuldades em intervir politicamente. De fato, Sodré preocupava o regime militar e foi um oficial perseguido como muitos militares cassados de sua geração, todos constantemente vigiados, tendo seus passos

---

[27] Ivan Alves Filho, "Meu amigo Nelson Werneck Sodré", em Paulo Cunha e Fátima Cabral (orgs.), *Sodré entre o sabre e a pena*, cit., p. 35-6.

[28] Algumas fontes orais mencionam que poderia haver um terceiro livro de Sodré não publicado, *Memórias de um revolucionário*, e nele o autor resgataria a trajetória de sua militância comunista; porém, não há indícios concretos de sua existência ou mesmo sinais maiores de que o trabalho tenha sido realmente escrito; e, se foi, talvez tenha se perdido em algum momento no pós-1964. Em seu vasto acervo doado à Biblioteca Nacional do Rio de Janeiro, não há registro algum dessa terceira memorialística, e na possibilidade de ela emergir em algum momento para uma futura publicação este livro se articulará ao conjunto das demais como um legado do historiador à posteridade.

detidamente acompanhados. Suas observações, quaisquer que fossem, não escapavam à atenção do regime, e um exemplo que veio à tona recentemente refere-se à novela *Roque Santeiro*, da Rede Globo. Consta que ela foi censurada após alguns comentários de Sodré a Dias Gomes, cujos telefones estavam ilegalmente grampeados, embora estivesse em curso a lenta distensão propugnada pelo governo Geisel.

Esse foi um aspecto, mas há outros sobre sua militância. Sodré sinalizou sua aproximação com o PCB discretamente em esparsas entrevistas pouco antes de seu falecimento e também sugeriu, implicitamente, em suas memórias, a existência dessa ligação nos vários momentos em que teve de fugir ou esteve preso. Essa (in)visibilidade militante virá à tona gradualmente apenas nos anos seguintes e na fase final da ditadura militar de 1964, em que o encontramos colaborando nos vários jornais do partido, como a *Voz da Unidade*, *Novos Rumos*, ou em revistas organizadas por intelectuais comunistas, como *Temas de Ciências Humanas*. Esteve presente com milhares de militantes na recepção a Luiz Carlos Prestes na sua volta do exílio em 1979, além de contribuir em 1985 com um depoimento em caráter nacional no 1º filme do PCB e, na mesma linha, no documentário *O velho*, de 1999. Salvo engano, sua única obra publicada sobre o partido é de 1985, *Contribuição à história do PCB*, livro que fazia parte de um projeto maior que ficou inacabado, já que permaneceu limitado a três ensaios que foram originariamente publicados na revista *Temas de Ciências Humanas*.

Tudo indica, segundo o historiador Gildo Marçal Brandão, que foi uma tarefa partidária, em que pese o fato de ter sido desenvolvida com inegável autonomia crítica, especialmente em comparação com os demais trabalhos elaborados por outros intelectuais comunistas. Além de esse livro ser o mais objetivo sobre a história do PCB, o analista complementa com um dado novo: *é o único que tem que ver com uma iniciativa oficial do Comitê Central do PC, resultante de uma comissão de história cujos trabalhos foram interrompidos quando da repressão de 1975*[29]. Mas não somente. Sodré também esteve na linha de frente com alguns dirigentes, intelectuais e figuras de prestígio no sentido de dissuadirem Prestes a deixar o PCB nos anos 1980, sem sucesso. Posteriormente, quando houve a cisão do PCB em 1989, não acompanharia nenhum dos grupos comunistas que se cindiram no PPS e no PC (posteriormente PCB), embora continuasse colaborando com artigos e entrevistas em vários periódicos de esquerda, como *Inverta*, *Princípios*, *Hora do Povo*.

De qualquer forma, mesmo antes desse último processo, acreditamos que a luta pela anistia, democracia e nacionalismo (que igualmente teria sido a última tarefa do Setor Militar) é a arena em que encontramos Sodré, cuja tarefa se desenvolveu, em grande medida, nas várias associações de militares formadas no pós-1964, em

---

[29] Gildo Marçal Brandão, *A esquerda positiva: as duas almas do Partido Comunista – 1920/1964* (São Paulo, Hucitec, 1997), p. 34.

particular na Associação Democrática e Nacionalista dos Militares (Adnam). Esses militares/militantes até obtiveram algum sucesso nessa luta – como reintegração, promoções –, mas não alcançaram o objetivo maior de muitos deles: a reincorporação dos cassados às Forças Armadas. Na Constituinte, percebem-se, por suas anotações pessoais e pela atuação política da entidade, as muitas tentativas deles de influenciarem sobre o papel das Forças Armadas na nova carta[30]. São os indicativos que temos para sugerir que a presença de Sodré nessa discussão e nos debates da década de 1990 entre os militares foi significativa, mesmo estando ele já na reserva bem antes do golpe de 1964.

Por essa razão, tudo indica que assumiria, nos últimos tempos, mais um desafio ou, quem sabe, mais uma missão ou mesmo uma última tarefa, que, talvez pela idade, tenha sido a maior de sua vida. Etimologicamente, "tarefa" e "missão" são sinônimos, em que pese sua apreensão seja diferenciada quanto às instituições às quais Sodré tenha pertencido: o PCB e o exército. A maior tarefa que um militar pode receber é uma *missão*, algo que não se contesta e se realiza com disciplina e dedicação. No caso do militante comunista, a missão se traduz nesse desprendimento que, antes de tudo, é uma *tarefa* realizada com os mesmos pressupostos. Inegavelmente *missão* e *tarefa* se confluem e, nessas instituições, têm um caráter de nobreza.

Em seus últimos escritos, paralelos às análises de conjuntura, percebe-se um esforço último do historiador, que foi, ao mesmo tempo, a recuperação e o objetivo de uma rica trajetória intelectual e militar, o de reaproximar as Forças Armadas da sociedade civil. Afinal, elas fazem parte do povo brasileiro, e isso, em última instância, significava recuperar a concepção democrática do exército. Como foi brevemente sinalizado no início deste ensaio, essa leitura e mesmo essa militância já encontravam subsídios na condição de compromisso do jovem *tenente Sodré* – apresentado no sentido amplo do compromisso ético do tenentismo –, que as amadureceu em sua obra e trajetória ao longo das décadas subsequentes, articuladas a outras mediações, refletindo contemporaneamente em suas teses. É importante reiterar, teses que eram originalmente suas, portanto bem anteriores à sua adesão ao PCB[31]. Mas não somente. A reavaliação e o resgate dessas teses também se apresentavam como um imperativo, até porque, em sua leitura, as diferenças entre os militares do pré-64 na virada do século estavam completamente superadas. Nesse

---

[30] Esses apontamentos preliminares merecem um estudo específico, mas podem ser confrontados pelas várias anotações pessoais de Sodré que estão à disposição do público na Biblioteca Nacional. Quanto à Adnam, essa tese é bem perceptível pelos editoriais da entidade desde sua fundação até o período da Constituinte, como também na composição de sua diretoria, que até há bem pouco tempo tinha na presidência o brigadeiro Francisco Teixeira, além de outros militares que eram reconhecidamente membros do PCB.

[31] Na verdade, este ensaio recoloca algumas questões já desenvolvidas em meu doutorado, publicado em Paulo Ribeiro da Cunha, *Um olhar à esquerda*, cit.

sentido, um esforço de (re)aproximação da instituição com a sociedade civil era mais que necessário, uma vez que o desafio de repensar a nação era recolocado na ordem do dia pelo avanço do neoliberalismo no Brasil.

Daí novamente a perspectiva de uma *revolução brasileira* – naquela concepção de uma processualidade histórica que possibilitaria a superação de nossas debilidades nacionais –, tese que igualmente se apresentava em sua atualidade. O imperialismo, em sua versão neoliberal, era o inimigo maior que se fazia presente e o desafio estratégico a ser superado. Isso tudo, sem dúvida, tinha por desígnio a reafirmação de princípios ideológicos que nortearam as teses de Sodré, mas também significava sua revalidação sob outros pressupostos. Fica então a indagação: qual seria o espírito desse último desafio – *missão* ou *tarefa* – que norteou o general-de-brigada e historiador Nelson Werneck Sodré nessa fase final de sua longa trajetória militante? Talvez não seja possível apreender, e nem seja o caso, mas seguramente foi o seu último combate. O *bom* combate de um dos últimos *tenentes*.

Ignácio Rangel[1]

Ricardo Bielschowsky

Ignácio de Moura Rangel nasceu em São Luís, Maranhão, em 1914. Formou-se em direito em sua cidade natal, mas, desde jovem e por toda a vida, foi um autodidata com inclinação para história e economia. Na década de 1930, participou da Aliança Nacional Libertadora (ANL). Esse fato o levou a ser preso várias vezes e causou dissabores nos melhores anos de juventude. No entanto, ao mesmo tempo, levou-o ao ceticismo e a uma forma de pensar mais independente, sem se prender a esquemas de pensamento supostamente universais.

Na primeira metade dos anos 1950, trabalhou na Assessoria Econômica de Vargas, no Rio de Janeiro, onde participou da criação da Petrobras, da Eletrobrás e, a partir daí, do Banco Nacional de Desenvolvimento Econômico e Social (BNDES), onde permaneceria até a aposentadoria. Para além das tarefas de desenho e execução de programas, políticas e projetos de investimento, sua posição profissional lhe proporcionou o privilégio de observar a realidade brasileira de perto.

No cenário dos debates sobre o desenvolvimento brasileiro durante a transição do modelo agroexportador à economia urbana e industrial, é possível distinguir cinco correntes de pensamento[2]. Três delas são desenvolvimentistas, guiadas pela ideologia da superação da pobreza por meio da industrialização conduzida pelo

---

[1] Este artigo é uma versão resumida e modificada de um capítulo do livro *Pensamento econômico brasileiro: o ciclo ideológico do desenvolvimentismo* (Rio de Janeiro, Contraponto, 1995). O autor valeu-se, para esta versão, de outros textos sobre a obra de Ignácio Rangel, como Márcio Henrique Monteiro de Castro e Ricardo Bielschowsky, "Contribuições de Ignácio Rangel ao pensamento econômico brasileiro", em Ignácio Rangel, *Economia brasileira contemporânea* (São Paulo, Bienal, 1987), e Maria Mello de Malta, "Ignácio Rangel e a categoria dualidade básica: uma interpretação do Brasil", Rio de Janeiro, mimeo, 2011.

[2] Ricardo Bielschowsky, *Pensamento econômico brasileiro: o ciclo ideológico do desenvolvimentismo*, cit.

Estado: o desenvolvimentismo do setor privado (cujo principal representante foi Roberto Simonsen), e duas correntes no setor público – a "não nacionalista" (liderada por Roberto Campos) e a nacionalista (liderada, primeiro, por Rômulo Almeida e, depois, por Celso Furtado). À "direita" dos desenvolvimentistas encontrava-se a corrente liberal (defensora da "vocação agrária") liderada por Eugenio Gudin e, à "esquerda", a corrente socialista, formada por intelectuais ligados ao Partido Comunista Brasileiro (PCB) e por dissidentes desse partido, e centrada na ideia da etapa "democrático-burguesa" de transição ao socialismo, "antifeudal" e "anti-imperialista", formulada na III Internacional Comunista, em 1919, em Moscou.

Ignácio Rangel era um socialista cujo pensamento em alguns pontos se aproximava do dos desenvolvimentistas da corrente nacionalista. Entretanto, no tocante à análise da sociedade brasileira e das proposições concretas de política econômica do país, manteve grande independência de ambas as correntes. Formulou uma construção analítica própria – a tese da dualidade básica da economia brasileira – que fez dele um dos pensadores econômicos brasileiros mais criativos e originais nas décadas do pós-guerra.

A teoria da dualidade básica

A obra de Rangel corresponde a um original ensaio de adaptação do materialismo histórico e da teoria econômica à análise do caso brasileiro, que ele empreendeu com o sentido de sistematizar o entendimento da especificidade das leis de formação histórica e de funcionamento da economia brasileira. A marca de sua própria teoria está presente em suas análises, especialmente nas suas discussões sobre planejamento, reforma agrária, inflação e crise do início dos anos 1960.

Divergiu, nesses trabalhos, de todas as correntes de pensamento então existentes. Essa independência lhe custou considerável solidão intelectual. Defensor do planejamento econômico, apoiava os trabalhos do Banco Nacional de Desenvolvimento Econômico (BNDE) e do Conselho de Desenvolvimento, mas discordava das concepções correntes sobre o tema. Nacionalista e socialista, era um participante entusiasmado da vida intelectual de núcleos como o Instituto Superior de Estudos Brasileiros (Iseb) e o Clube dos Economistas, mas não compartilhava nem das análises e sugestões da política econômica da Comissão Econômica para a América Latina e o Caribe (Cepal) nem das interpretações de intelectuais ligados ao Partido Comunista Brasileiro (PCB) sobre a etapa histórica que se vivia. Teve a coragem de enfrentar, sozinho, as correntes de pensamento preponderantes, inclusive na questão da reforma agrária e da etapa da revolução brasileira.

Rangel não discordava do materialismo histórico marxista. Entendia a história como uma sequência mais ou menos definida de etapas, em que cada uma correspondia a um modo de produção. Admitia, ademais, que um modo de produção começa a transformar-se em outro, mais avançado, no momento que as relações de produção deixam de estimular o desenvolvimento das forças produtivas e passam a entravá-lo. Considerava, porém, que a forma de inserção do Brasil na economia mundial, isto é, o fato de ter se constituído como economia complementar ou periférica, exigia uma assimilação crítica dessas teses. No caso brasileiro, a sequência da história universal – comunismo primitivo, escravismo, feudalismo, capitalismo e socialismo – se reproduziria de forma distinta dos países desenvolvidos. Afirmava, por exemplo, que a história do país "não retrata fielmente a história universal, especialmente a europeia, porque nossa evolução não é autônoma, não é produto exclusivo de suas forças internas"[3].

Sua adaptação da visão marxista da história universal ao caso brasileiro é feita por meio do conceito de dualidade, que tem na obra um significado singular, inteiramente distinto das definições mais comuns atribuídas ao termo. A novidade analítica da conceituação de Rangel reside na subdivisão do conceito marxista de "relações de produção" em "relações internas" e "relações externas".

A dinâmica histórica brasileira distingue-se dos casos clássicos porque os processos sociais, econômicos e políticos decorrem não só da interação do desenvolvimento das forças produtivas e das relações de produção internas ao país, mas também da evolução das relações que ele mantém com as economias centrais. As "relações externas" são determinantes do desenvolvimento das forças produtivas internas e, consequentemente, das relações de produção internas. Essa dupla determinação, causada pela evolução das relações internas e externas, teria como consequência fundamental não só a dualidade de todas as instituições econômicas brasileiras – o latifúndio, as empresas industriais e comerciais etc. –, mas também a dualidade da economia brasileira como um todo.

Nas palavras de Rangel, a explicação para tal dualidade é que, "desenvolvendo-se como uma economia complementar ou periférica, o Brasil deve ajustar-se a uma economia externa diferente da sua, de tal sorte que é, ele próprio, uma dualidade"[4]. Por exemplo, o predomínio das relações internas do latifúndio brasileiro com contornos feudais ou semifeudais não impedia que ele se comportasse, em suas relações com o resto da economia nacional e mundial, como uma unidade capitalista, dedicando-se predominantemente à produção de bens de exportação. Em torno de tais relações, agenciadas pelo capital mercantil nacional e internacional, havia se constituído toda uma "formação econômica" ou "modo de produção" capitalista, e toda uma engrenagem capitalista de atividades de comércio externo – finanças, transportes, comunicações etc.

---

[3] Ignácio Rangel, *Dualidade básica na economia brasileira* (Rio de Janeiro, Iseb, 1957), p. 29.

[4] Ibidem, p. 36.

102

INTÉRPRETES DO BRASIL

A teoria da dualidade básica permitiu a Rangel uma singular argumentação sobre o movimento da história brasileira, ou seja, a explicação sobre a maneira como os modos de produção vão se sucedendo. Rangel descreveu a história brasileira a partir do início do século XIX como uma sucessão de três etapas de dualidade. Em cada uma delas, a dualidade era composta por duas formações dominantes, uma no "polo interno" da economia (agricultura) e a outra em seu polo externo (comércio, serviços, governo, indústrias etc.). Cada uma delas decorreu de crises, ora na esfera das relações de produção "internas", ora na de relações "externas", que teriam afetado de maneira decisiva o desenvolvimento das forças produtivas:

1) A primeira dualidade iniciou-se no primeiro quartel do século XIX, quando a crise da colonização portuguesa resultou na Abertura dos Portos (1808) e na Independência (1822). Essa crise teria tido a função histórica de livrar o sistema econômico da intermediação parasitária da metrópole portuguesa, desobstruindo o caminho para a atuação do capital mercantil internacional e para a formação de capital, que seriam alavancas do desenvolvimento das forças produtivas no século XIX. A primeira dualidade era composta pelo escravismo no "polo interno" da economia (fazenda escrava) e pelo capitalismo mercantil no "polo externo".

2) A segunda dualidade começou, segundo Rangel, com a abolição do comércio de escravos, na segunda metade do século XIX, que teria determinado a crise nas relações de produção da fazenda escravagista e forçado sua passagem ao "latifúndio feudal", sob a pressão do desenvolvimento das forças produtivas no ciclo expansivo do café. Na nova etapa, a dualidade teria a seguinte composição: no "polo externo", o capital mercantil preexistente mantinha-se como formação dominante (e nele apareceria, de forma embrionária, o futuro capital industrial); no "polo interno", esta passava a ser o latifúndio "internamente feudal" (mas funcionalmente voltado a atividades de produção para exportação), constituído após a desagregação da fazenda escravocrata.

3) A terceira dualidade iniciou-se com a crise nas relações externas de produção resultante, essencialmente da crise de 1929 e subsequente depressão dos anos 1930. Nesse momento, o desenvolvimento das forças produtivas nacionais estava obstruído pela retração do mercado internacional, determinando novas e profundas transformações na economia brasileira. A crise no comércio externo induziria ao declínio do capital mercantil e sua substituição, no "polo externo", pela nova "formação", o capitalismo industrial. A indústria passaria a implantar-se, a partir daí, ao lado da formação preexistente, dominante no "polo interno", isto é, o latifúndio "feudal". Este não seria afetado em sua essência pela crise externa, e sim o capital mercantil, cujas funções básicas estariam sendo gradualmente assumidas pelo Estado na esfera do comércio internacional – passando-se do liberalismo econômico ao controle estatal do comércio externo.

A tese da dualidade, como os elementos acima descritos, foi formulada em 1953. Em 1962, estimulado pelo clima político e intelectual do momento e pelo próprio amadurecimento da sua interpretação, Rangel foi levado a pensar na contrapartida política da dinâmica da dualidade. A tese central é de que a superestrutura política acompanha as mudanças na infraestrutura "dual", num movimento que, como o da própria infraestrutura, passa por rupturas súbitas e violentas.

Em cada etapa da dualidade houve duas classes dirigentes, advindas uma do "polo interno" da dualidade e a outra do seu "polo externo". A dualidade dos três primeiros quartéis do século XIX seria expressa pelo pacto de poder entre a classe proprietária escravista e a dos comerciantes. A transformação da agricultura "escravista" em "feudal" teria trazido, como novo sócio do pacto, a classe dos latifundiários feudais, que seriam os elementos progressistas da classe proprietária extinta.

Na segunda metade do século XIX e início do século XX, como subproduto da expansão do comércio exterior, iniciava-se a formação da base de produção doméstica para o mercado interno, e a própria classe dos comerciantes se diferenciava. Parte dela aproveitava as oportunidades de inversão na indústria, formando um crescente conjunto de pequenos industriais. Suas unidades produtivas, embora de pequena escala e quase sempre semiartesanais, seriam uma espécie de embrião da futura indústria nacional, e eles mesmos seriam o embrião do futuro sócio dirigente do "polo externo".

Nas primeiras décadas do século XX, a estagnação do comércio exterior relativa ao potencial das forças produtivas nacionais teria criado condições para fortalecer esse "grupo especial de comerciantes". A Revolução de 30 teria sido um "ato homologatório" do novo pacto de poder, que expulsava a classe comerciante da direção política nacional e se estabelecia pela aliança da classe latifundiária como a nova classe industrial.

Chegava-se, assim, a uma etapa decisiva da dualidade brasileira. Como vimos, esta surgiu, segundo Rangel, da circunstância de que o desenvolvimento brasileiro se deu como complemento das economias desenvolvidas. No momento em que esse desenvolvimento passa a ser regido por uma dinâmica interna, baseada na produção industrial para o mercado doméstico, a base para a existência da dualidade começa a desmoronar, e a "lei da dualidade" passa a perder a validade.

A etapa em curso corresponderia ao final de "um modo de ser próprio do Brasil, que não se pode resolver senão pela progressiva aproximação dos polos da dualidade"[5]. À medida que se homogeneizavam as relações de produção, com a transformação do latifúndio feudal em unidade capitalista, aproximava-se a última fase da dualidade na economia brasileira, representada pela "paralela conversão do capitalismo privado em capitalismo de Estado, que é o germe da

---

[5] Idem, "A dinâmica da dualidade brasileira", *Revista Brasileira de Ciências Sociais*, Belo Horizonte, v. 2, n. 2, jul. 1962, p. 233.

futura dualidade – estatal nas relações econômicas externas e capitalista privada nas internas"[6]. O novo pacto do poder se faria entre capitalistas e trabalhadores. Estes contariam, para uma transição para o socialismo, com a circunstância de que o processo de desenvolvimento econômico exigia a formação de um capitalismo de Estado. A transição para o socialismo representaria então o final da dualidade básica da economia brasileira[7].

Rangel acoplava a história da sucessão de dualidades ao marco histórico dos ciclos econômicos de longo prazo – sua referência principal era Kondratieff. As fases ascendentes do ciclo de Kondratieff (1787-1815, 1843-1873 e 1897-1913) corresponderiam aproximadamente a períodos de alocação de recursos em atividades de monocultura de exportação, enquanto as fases descendentes seriam períodos de realocação no sentido de substituição de importações. As fases ascendentes seriam períodos de elevação da produtividade do trabalho por meio da especialização nas atividades de exportação, enquanto as fases descendentes teriam tido efeitos distintos sobre a produtividade, em função do tipo de realocação de recursos específicos a cada uma delas.

Na primeira fase descendente (1815-1843), uma parcela da força de trabalho escrava, antes ocupada na lavoura de exportação, teria passado a produzir, na casa-grande da fazenda, artigos antes importados, representando uma redução na divisão social do trabalho e, consequentemente, uma queda na produtividade média do sistema. Corresponderia, assim, a uma involução, a uma ampliação do que Rangel denominava de "economia natural", de baixa produtividade porque era totalmente não especializada. Na fase descendente do segundo ciclo de Kondratieff (1873-1897), o impacto da depressão internacional sobre a produtividade do sistema teria sido aproximadamente neutro porque os recursos liberados da produção para exportação teriam sido transferidos à produção mercantil de artigos substituidores de importação. Ter-se-ia mantido, desse modo, a intensidade da divisão social do trabalho via movimento de recursos entre atividades especializadas. A terceira fase descendente, iniciada por volta dos anos 1920, resultaria em elevação do grau de divisão social do trabalho e da produtividade do sistema. A industrialização por substituição de importações, como processo contínuo e irreversível, estaria não só absorvendo recursos liberados pela agricultura de exportação em crise, mas também contingentes da força de trabalho ocupada na "economia natural".

A tese da dualidade, além de ter constituído a base analítica do singular posicionamento político de Rangel relativamente à questão agrária e à revolução brasileira, permeou suas interpretações sobre o papel do Estado no processo de desenvolvimento e sobre a inflação e a crise econômica do início dos anos 1960.

---

[6] Idem.

[7] Ibidem, p. 235.

Capacidade ociosa e planejamento

O segundo elemento analítico que singularizou Rangel entre os economistas que examinaram a economia brasileira nas décadas do pós-guerra foi a convicção da existência de uma permanente capacidade produtiva ociosa, pronta para ser utilizada, desde que estimulada pelos mecanismos adequados de política econômica. Essa visão foi muito importante em seus escritos dos anos 1950 e 1960.

É possível perceber, no conjunto da obra de Rangel, que sua atenção para o problema da capacidade ociosa e o tratamento analítico dado a ele têm duas origens: uma é sua interpretação do funcionamento das economias capitalistas, que Rangel entendia enfrentar recorrentemente problemas de demanda efetiva; a outra é sua análise do desenvolvimento brasileiro aos moldes capitalistas, não obstante o contexto subdesenvolvido.

Rangel procurava examinar a economia brasileira como capitalista, que necessitava do estímulo da expansão do mercado para se desenvolver. Essa postura não se traduz, porém, numa transposição mecânica de teses subconsumistas para a análise do caso brasileiro. No entender de Rangel, a economia brasileira dos anos 1950 não padecia do problema de insuficiência de demanda típico de economias maduras. Isso porque a expansão do mercado estaria sendo garantida pela própria dinâmica do processo de substituição de importações, que seria, na época, o "motor primário de desenvolvimento", ou seja, a forma específica como o "capitalista privado tem sido induzido a aumentar suas inversões"[8]. O processo de substituição de importações estaria gerando, cumulativamente, a expansão da produção e do consumo.

Essa conclusão de Rangel não significa, porém, que ele tenha deixado de atentar para a capacidade de expansão da produção nacional relativamente à demanda existente. Deve-se notar, de início, que, para ele, a própria industrialização correspondia à solução histórica para o problema da existência de recursos ociosos – na agricultura de exportação e na "economia natural", ou seja, na agricultura de subsistência – gerados pela insuficiência de demanda internacional: "Se a procura estrangeira de produtos agrícolas fosse infinita, não haveria nenhuma razão por que não nos desenvolvêssemos sem industrialização"[9].

Vale lembrar que, como vimos, a atenção ao tema dos recursos ociosos oriundos da crise no comércio exterior é a base da interpretação que Rangel faz, a partir da tese da dualidade, do significado da industrialização posterior a 1930. Esta corresponderia, de acordo com ele, ao resultado da transformação nas "relações de pro-

---

[8]   Idem, "O motor primário do desenvolvimento", em *Introdução ao estudo do desenvolvimento econômico brasileiro* (Salvador, Livraria Progresso Editora, 1957), p. 35.

[9]   Ibidem, p. 74.

dução externas", que estaria permitindo a utilização dos recursos ociosos liberados pela agricultura em crise, isto é, estaria viabilizando o desenvolvimento das forças produtivas nacionais. A industrialização não estaria apenas correspondendo a uma absorção gradativa de recursos ociosos do setor de exportação e de economia agrícola de mercado interno. Ela estaria gerando, continuamente, a capacidade ociosa no interior do novo setor. Como o processo se desenvolvia de acordo com as leis de produção capitalista, não haveria, segundo Rangel, nenhuma razão para que os ramos industriais que iam se instalando estivessem dimensionados de acordo com a demanda preexistente. Sua proposta de planejamento repousa exatamente sobre essa concepção, presente, por exemplo, na afirmação que fez numa das conferências de 1955, no contexto de uma discussão acerca do planejamento no Brasil:

> O desenvolvimento se obtém quando o produto das indústrias ou atividades que constituem os elos fortes do sistema é usado para criar o capital necessário às indústrias ou atividades que constituem os elos débeis... Mas isso só ocorre quando a procura específica de bens e serviços consubstanciada na inversão é orientada para aquelas indústrias ou atividades que dispõem de capacidade não utilizada.[10]

A capacidade ociosa existente no Brasil resultaria do fato de que o desenvolvimento econômico pressupõe desequilíbrios, de que o progresso econômico é um movimento entre situações de desequilíbrio[11]. No entanto, como nas economias maduras, a capacidade ociosa na economia brasileira consistia numa má utilização do potencial de desenvolvimento das forças produtivas; diferentemente daquelas economias, na etapa histórica então vivida no Brasil essa insuficiência poderia ser atenuada mediante um planejamento adequado do processo de crescimento por industrialização.

Foi somente nos anos 1960 que Rangel passou a perceber a capacidade ociosa brasileira com novo significado, isto é, como resultante de uma crise de realização com características semelhantes às crises das economias avançadas. Dessa maneira, abriu espaço em suas análises para utilizar elementos da teoria keynesiana e da versão subconsumista da interpretação sobre a dinâmica da acumulação de capital.

Mas mesmo em meio a uma crise de realização a existência de capacidade ociosa representaria, como nos anos 1950, uma prova da capacidade de expansão das forças produtivas brasileiras. As oportunidades de investimento ainda seriam imensas, de modo que a capacidade ociosa não significaria, necessariamente, como nas economias avançadas, uma barreira à expansão econômica, e sim possibilidades reais de crescimento, desde que se fizesse uma política econômica adequada. Rangel estava, portanto, longe de ser estagnacionista. Era, ao contrário, o mais convicto e otimista dos desenvolvimentistas brasileiros.

---

[10] Ibidem, p. 111-2.

[11] Ibidem, p. 109-10.

Com base nessa ideia, seu princípio fundamental de planejamento econômico é expresso, então, como se segue:

Em linguagem corrente, a descoberta de elo débil na economia, qualquer que seja sua origem, implica a descoberta de oportunidade de inversão. O objetivo do planejamento consiste em orientar a maior parcela possível da procura de bens e serviços de inversão correspondente ao aproveitamento dessa oportunidade de inversão, para as atividades ou indústrias que são sua antítese, isto é, que constituem os elos fortes do sistema, aqueles suscetíveis de baixar seu custo unitário diretamente em função da procura.[12]

Segundo Rangel, o caso brasileiro facilitava enormemente a tarefa de planejamento.

Diferentemente, por exemplo, do planejador soviético,

que tinha que fazer duro e meticuloso trabalho de balanço para descobrir os elos débeis do sistema, em tarefa que jamais teria sido cumprida sem a propriedade pública dos meios de produção, o planejador brasileiro tem todos os elos débeis do sistema já devidamente catalogados e classificados por ordem de magnitude e importância, sob a forma de longa lista de importações.[13]

Cabe observar, neste ponto, que essa modalidade de planejamento é muito distinta do "planejamento seccional" de Roberto Campos, que inspirou o Plano de Metas, e do planejamento integral preconizado pela Cepal. Rangel divergia explicitamente de ambos. Considerava o Plano de Metas um progresso em relação à prática administrativa brasileira anterior porque a mera justaposição de programas setoriais "suscita por si mesma problemas de natureza global e, ao fazê-lo, prepara o caminho para uma programação realmente global"[14]. Ainda assim, quanto às propostas de planejamento da Cepal, o Plano de Metas teria sido "um recuo, porque os trabalhos do Grupo Misto BNDE-Cepal, de nível muito mais elevado, são anteriores"[15].

Mas a programação cepalina, não obstante a virtude de atacar globalmente o problema da alocação de recursos em nível nacional, também seria, no entender de Rangel, equivocada. O primeiro erro residia na ilusão de se pretender planificar integralmente sem cuidar do controle das alavancas essenciais de comando do organismo econômico que, na Rússia, fora a socialização dos meios de produção e, no Brasil, como vimos, seria a "estatização do comércio exterior". Com clara alusão à Cepal, afirma:

---

[12] Ibidem, p. 113.

[13] Ibidem, p. 114.

[14] Idem, *Recursos ociosos na economia brasileira* (Rio de Janeiro, Presidência da República/ Conselho de Desenvolvimento Econômico, 1963), p. 42-3.

[15] Ibidem, p. 42.

No Brasil e na América Latina há uma ilustre escola de planejadores que pretende planificar – ou, para usar sua expressão favorita: programar – o desenvolvimento, sem o controle de tais alavancas. Ao invés de decidir quanto se vai inverter na indústria de cimento, procura, pela construção de complicado edifício matemático, dizer quanto se deveria inverter, admitidos certos supostos demasiado numerosos por sinal.[16]

O segundo erro seria o de supor certa taxa de crescimento da renda nacional, para então programar a forma eficiente de atingir tal objetivo. Inversamente, o planejamento deveria iniciar-se relacionando

os recursos disponíveis, em função do efetivo comando que tenhamos sobre eles, para depois, como coroamento do nosso trabalho, chegarmos à previsão de certo aumento da renda nacional.[17]

Rangel fez à Cepal, em 1955, o mesmo tipo de crítica que, posteriormente, Hirschman faria à teoria do desenvolvimento equilibrado de Rosenstein-Rodan e Nurkse, bem como à própria concepção cepalina de programação. Disse que um dos erros da Cepal era supor a economia partindo de um estado de equilíbrio a outro estado de equilíbrio, quando

o verdadeiro promotor do desenvolvimento é aquele que utiliza o desequilíbrio existente para resolvê-lo mediante o desenvolvimento, mas tendo o cuidado de criar outro desequilíbrio, que substitua o primeiro; ou então aquele que introduz numa economia em repouso elementos de desequilíbrio, único modo de fazê-la marchar.[18]

Para Rangel, uma programação assentada no propósito de utilizar os recursos ociosos da economia brasileira representava, nos anos 1950, a reforma básica que permitiria um desenvolvimento nacional integral. Quebrar-se-ia a supérflua dependência do capital mercantil e financeiro internacional, libertando a nação do imperialismo e permitindo um crescimento com contínua elevação salarial.

De resto, sua fé ilimitada na prática do planejamento, que considerava "o fato mais universal e importante da nossa época", contribuiu para que, durante os anos 1950, Rangel se convencesse de que a transformação institucional básica da etapa histórica em curso seria a preparação do aparelho estatal de planejamento. Nos anos 1960, sua ênfase deslocou-se para a ideia da criação do sistema financeiro nacional, que, como se verá mais adiante, percebia como solução básica para a crise. Em ambos os períodos, a questão prioritária para Rangel era acionar alavancas para o desenvolvimento das forças produtivas nacionais. Para esse propósito, a estrutura

---

[16] Idem, "O motor primário do desenvolvimento", cit., p. 108.

[17] Ibidem, p. 109.

[18] Ibidem, p. 109-10.

IGNÁCIO RANGEL

agrária nacional não representava, segundo ele, uma barreira importante. É o que passaremos a examinar em seguida.

A questão agrária

Rangel pensava a questão agrária apoiado em sua teoria do desenvolvimento, em particular a tese da dualidade e a análise da história econômica e política que ela orientou. Como vimos, a tese da dualidade básica da economia brasileira é uma teoria da existência simultânea de dois modos de produção ao longo de toda a história do país e uma teoria de transformação "não cirúrgica" desses modos de produção, por força do jogo de contradições entre o desenvolvimento das forças produtivas e as relações de produção "internas" e "externas".

Segundo Rangel, a nova etapa de desenvolvimento brasileiro correspondia à simultânea formação da moderna economia industrial e à dissolução da arcaica estrutura produtiva rural. A crise agrária foi definida de acordo com essa visão. Tratava-se da crise de ajustamento das condições de produção no campo à dupla contingência de estagnação da demanda internacional por seus produtos de exportação e de desenvolvimento do capitalismo industrial.

Em Rangel, portanto, a crise agrária correspondia tanto à dissolução gradual do "complexo rural" brasileiro quanto à destruição do modo de produção predominante no campo feudal. Era uma crise deslanchada por transformações das "relações externas de produção" do setor agrícola: resultava da estagnação do comércio exterior, relativamente à capacidade de produção nacional para exportação, e do processo de industrialização, que também era, ele mesmo, assim como a própria crise agrária, um desdobramento dessa estagnação. Em resumo, o desenvolvimento capitalista transformava a crise agrária original, que se manifestava pela superprodução de café e outros produtos de exportação e da existência de uma "superpopulação" rural, numa crise agrária de transição para o capitalismo. Por meio dessa crise, o "complexo rural" preexistente ia sendo dissolvido, dando lugar à homogeneização crescente da produtividade do trabalho na economia nacional. Simultaneamente, transformavam-se as relações de produção no campo, generalizando-se as relações capitalistas na economia como um todo.

A transição poderia ser lenta e gradual porque a estrutura agrária preexistente não oferecia obstáculos graves ao desenvolvimento das forças produtivas capitalistas.

A crise agrária correspondia também a uma fase em que gradualmente se abria espaço, no universo agrícola, para os produtos industriais. Essa inserção se processava apenas paralelamente à dissolução mais ou menos lenta da "economia natural", ou de autoconsumo, e à gradual transformação das relações predominantes, de "parceria", em salariato. Mas sequer por aí a estrutura agrária representava, segundo Rangel, um entrave ao desenvolvimento industrial. Nas condições específicas brasileiras, a industrialização prescindia do mercado consumidor potencial representado pela maioria da população rural porque se processava como resposta à insuficiência da capacidade para importar. A própria dinâmica do processo de substituição de importações criava, segundo Rangel, contínua expansão do mercado nacional para produção doméstica, dispensando transformações na estrutura agrária.

Na análise da crise econômica dos anos 1960, Rangel identificou pela primeira vez na crise agrária um obstáculo à dinâmica do desenvolvimento capitalista brasileiro. Por causa da crise agrária, "o capitalismo brasileiro se desenvolve nas condições de um exército industrial de reserva exorbitante, cujo efeito é elevar a taxa de exploração do sistema"[19]. Em consequência disso, caía a propensão a consumir do sistema, do que resultava uma crise de realização.

Rangel considerava que a reforma agrária seria "um dos modos e o mais natural e óbvio" de obter uma redistribuição de renda capaz de elevar o consumo e reativar a economia. Mas acreditava também que "nada é mais ilusório do que esperar que a burguesia – ligada ao latifúndio, inclusive por laços de sangue – rompa seu pacto de poder com o latifúndio"[20]. Além disso, considerava que nem os trabalhadores rurais nem os urbanos estariam mobilizados para tal luta. A população rural estaria "constantemente perdendo seus elementos mais descontentes e ativos, que migram para a cidade"[21]. Quanto às massas trabalhadoras urbanas, essas "são levadas, pela lógica implacável da vida, a lutar pela solução de seus problemas urbanos de proletários ou de quase proletários"[22].

Para Rangel, portanto, o balanço de forças políticas do país não permitiria uma luta vitoriosa pela reforma agrária. A questão agrária, ao contrário, dividia aliados na luta política primordial do momento contra o imperialismo. Em relação a essa luta, mesmo o latifúndio teria, nos anos 1960, interesses divergentes. A solução para a crise econômica não seria, então, a reforma agrária, mas sim a criação de um sistema financeiro nacional, o qual representaria, como veremos mais adiante, a nova alavanca institucional essencial ao desenvolvimento das forças produtivas nacionais. Essa seria também a saída para a própria crise agrária. Rangel mantinha, mesmo nos anos 1960, a interpretação de que a solução para a crise agrária viria de fora da agricultura, isto é, resultaria do desenvolvimento do capitalismo industrial, que estaria permanentemente minando os alicerces do latifúndio feudal e sobredeterminando novas relações de produção capitalistas.

---

[19] Idem, *A inflação brasileira* (São Paulo, Brasiliense, 1978), p. 39.

[20] Ibidem, p. 46-7.

[21] Idem, *Introdução ao estudo do desenvolvimento econômico brasileiro*, cit., p. 108-9.

[22] Idem, *A inflação brasileira*, cit., p. 47.

Inflação e crise

A questão inflacionária não teve espaço nas análises de Rangel até 1962. Quando finalmente se manifestou a esse respeito, em conjunto com sua interpretação da crise econômica, fê-lo, como nos outros assuntos, de forma independente e divergente das correntes de pensamento que debatiam a questão.

Com certeza, foi observando os indicadores de comportamento do sistema econômico e preocupando-se continuamente com a geração de capacidade ociosa que Rangel chegou à conclusão, por volta do início de 1962, de que a economia encontrava-se numa conjuntura recessiva, mergulhada numa crise de realização. Simultaneamente, e de forma integrada com essa interpretação, foi levado a formular uma análise absolutamente original, na época, do fenômeno inflacionário brasileiro.

Vejamos, primeiro, qual foi sua interpretação da crise. No parágrafo introdutório de seu escopo de um programa para o próximo lustro, Rangel afirma:

> No Brasil de 1962 o problema da capacidade ociosa emerge como a questão capital a resolver. Esta ocorre nas principais atividades exportadoras, na indústria de bens de consumo e, já agora, também no setor industrial de bens de produção. Noutros termos, o sistema tende a gerar insuficiente demanda global para a oferta total de bens e serviços que já pode comandar.[23]

A capacidade ociosa estaria refletindo, segundo Rangel, uma crise de realização, resultante do subconsumo oriundo da taxa crescentemente elevada de exploração da economia brasileira. Para ele, a "superpopulação", isto é, a força de trabalho marginalizada da economia de mercado pela crise agrária, pressionava negativamente os salários e viabilizava uma taxa de exploração extremamente elevada. Resultava daí uma insuficiência generalizada da demanda de bens de consumo relativamente à capacidade de produção, isto é, uma crise de subconsumo. A existência de legislação trabalhista (salários mínimos, estabilidade por tempo de serviço, aviso prévio) e o empreguismo estatal ajudavam a preservar certa massa salarial mínima e a atenuar o problema. Mas, "mesmo assim, a parte da mais-valia que permanece em poder dos capitalistas e proprietários é não apenas excessiva, mas tendente a tornar-se mais excessiva ainda, à medida que aumenta a produtividade do trabalho, sem paralela elevação do salário"[24]. A contrapartida real desse excesso é a geração de capacidade ociosa, a qual, nesse contexto, "corresponde basicamente à mais--valia não realizada, o que denuncia descompasso entre as forças produtivas e as relações de produção"[25].

---

[23] Idem, *Recursos ociosos na economia brasileira*, cit., p. 109.

[24] Idem, *A inflação brasileira*, cit., p. 55.

[25] Idem, "A inflação brasileira", *Revista Econômica Brasileira*, Rio de Janeiro, jan.-jul. 1962, p. 125.

Equivocavam-se, portanto, segundo Rangel, aqueles que interpretavam a inflação e a crise como uma evidência de insuficiência de poupança e excesso de demanda por consumo:

O Brasil é, com efeito, um país de estrutura agrária arcaica e de distribuição altamente desigual da renda. Seria, assim, espantoso que sua propensão média a consumir fosse elevada, e isso não é verdade. Se a poupança – mera rubrica sob a qual contabilizamos o valor das inversões em determinado período – declina, por vezes, é porque desaparecem as oportunidades de inversão, declina a taxa de formação de capital e, em consequência, a renda diminui, deixando que se acumule abundante capacidade ociosa no sistema.[26]

Rangel considerava que tanto a interpretação monetária como a estruturalista sobre o fenômeno da inflação partiam do equívoco básico de não perceber a natureza da situação recessiva por que passava a economia do país. Tanto uma como a outra corrente acabavam por enfatizar insuficiência de poupança ou escassez de capital, precisamente numa situação em que o que havia era o inverso. A interpretação estruturalista teria, sobre a monetarista, a virtude de buscar na estrutura produtiva as causas da inflação. Mas, ao considerar que o crescimento econômico é incompatível com a estabilização, em função da existência de um estrangulamento externo e de estrangulamentos setoriais, acabava por incidir no erro fundamental dos monetaristas, ou seja, presumir inelasticidade de oferta na economia do país.

As divergências não se esgotavam aí. Rangel considerava correta, em princípio, a visão consensual de que certa dose de estabilidade é benéfica ao funcionamento do sistema econômico, mas alegava que a etapa recessiva por que passava a economia tornava necessário aguardar um momento mais adequado para colocar em prática um programa de estabilização – mesmo que este fosse formulado de acordo com a compreensão correta das causas do fenômeno inflacionário. Segundo Rangel, a inflação estaria, nessa etapa recessiva, desempenhando um papel benéfico para a economia. Antes de examinarmos essa singular interpretação, convém rever brevemente a explicação que Rangel dá à ocorrência do fenômeno.

Para ele, o foco principal de irradiação da alta de preços na economia brasileira eram as operações do aparelho de comercialização de produtos agrícolas para o mercado interno. O aparelho encontrava-se em posição privilegiada para manipular a oferta e os preços agrícolas. Compunha-se de um conjunto de agentes oligopsonistas--oligopolistas que, com a ajuda involuntária de órgãos oficiais de abastecimento, acabavam por organizar-se como se fossem monopsonistas-monopolistas. Valiam--se, de um lado, da baixa elasticidade-preço e renda da demanda pelos produtos agrícolas e, de outro, da elevada elasticidade-preço da oferta desses produtos:

---

[26] Ibidem, p. 124-5.

Noutros termos, manipulando os preços ao produtor e submetendo este último a condições erráticas de comercialização, o oligopsônio-oligopólio deprime e desorganiza continuamente a produção, tornando-a escassa; apoiado nessa escassez, por ele mesmo induzida, aproveita-se da inelasticidade da demanda, a qual deixa indefeso o público consumidor, para impor a este preços extorsivos, perenemente em alta, arrastando em sua esteira todo o sistema nacional de preços.[27]

Conforme Rangel, seria essa a anomalia no mecanismo de formação de preços que desencadeava o processo do qual resultava, finalmente, a inflação generalizada. Para compensar a elevação no preço dos alimentos (item incompressível) da cesta do consumo das classes trabalhadoras, estas eram obrigadas a reduzir o consumo de outros bens. Isso significava que

certos ramos da produção serão surpreendidos por uma diminuição da procura de seus bens, rompendo-se o equilíbrio econômico-financeiro das empresas interessadas [...] que passam a exercer pressão sobre o sistema bancário, obrigando-o a transmitir o impulso ao sistema emissor, isto é, ao próprio Estado.[28]

Três outras "anomalias" contribuíram também para a inflação, segundo Rangel[29]: a estrutura oligopólica da grande indústria brasileira, a inexistência de controle estatal dos serviços de utilidade pública e a instabilidade cambial, devido à formação errática dos preços no setor exportador. Era o conjunto de fatores reais próprios da estrutura produtiva brasileira e de suas relações de propriedade, e não a emissão, que estaria causando inflação no país. A emissão não é, para ele, o ponto de partida da inflação, mas seu ponto de chegada, sua "culminação". Rangel fazia, como se vê, um diagnóstico de inflação do tipo *cost-push*, na linha das esquerdas trabalhistas dos países avançados – no que, uma vez mais, se distinguiu da grande maioria dos seus colegas economistas.

Essa original interpretação resultou do esforço que Rangel empreendeu no sentido de entender a interação dos processos monetários e reais numa conjuntura que considerava recessiva, em que estaria predominando a capacidade ociosa nos principais setores de atividade do país. Desse mesmo esforço resultou também a não menos original conclusão de que a inflação deveria ser debelada apenas quando se passasse a uma nova fase expansiva. Na conjuntura de então, ela estaria exercendo a função de amortecedor da crise cíclica.

A inflação é necessária porque provoca uma "corrida aos bens materiais" [...], ou, para usarmos a terminologia keynesiana, porque deprime a "preferência pela liquidez do sistema". Noutros termos, uma parcela ponderável da mais-valia retida

---

[27] Idem, *A inflação brasileira*, cit., p. 90.

[28] Ibidem, p. 85.

[29] Ibidem, p. 93-9.

em poder das classes de mais altas rendas, ao invés de ser conservada em forma monetária, como recurso líquido, como seria natural e lógico que acontecesse, é, apesar de tudo, aplicada na aquisição de ativos imobilizados, embora estes não correspondam a nenhuma necessidade real, visto como correspondem, em grande parte, à criação de instalações novas em atividades já no comando de capacidade ociosa.[30]

A solução definitiva da crise residia, para Rangel, na aplicação de capitais nos setores "retardatários" da economia, ou seja, nos serviços básicos de utilidade pública, como eletricidade, rede de água e esgotos, transporte ferroviário e marítimo, infraestrutura portuária e de armazenagem, comunicações urbanas e interurbanas etc., bem como na grande siderurgia e nas atividades de suprimento de combustíveis líquidos, sólidos e gasosos.

Existia no país, segundo Rangel, a capacidade básica para a implantação desses setores. Do lado dos recursos reais, os investimentos representariam emprego de mão de obra excedente e aquisição de bens produzidos por indústrias em que abundava capacidade ociosa. Representavam, assim, a saída para a crise em que a indústria e a economia em geral estavam mergulhadas. Do lado dos recursos financeiros, os investimentos consistiriam na grande oportunidade de aplicação para os excedentes reais e potenciais que se geravam nas atividades em crise.

A estruturação do sistema financeiro seria "apenas uma das condições necessárias à solução do problema. A segunda consiste na reestruturação das atividades embrionárias para dotá-las de nova equação econômico-financeira"[31]. Caberia, para tanto, uma reforma tarifária dos serviços públicos que tornasse rentáveis as atividades correspondentes aos novos campos de aplicação de capitais.

A formação do sistema financeiro nacional

A estruturação do sistema financeiro nacional tinha para Rangel um significado histórico muito especial. Consagrava a formação do capital financeiro nacional, o que, de acordo com sua tese da dualidade, correspondia à entrada do país num estágio avançado na derradeira etapa dual, iniciada em 1930. A economia passaria a crescer mediante uma dinâmica endógena, amadurecendo-se as condições para a crescente homogeneização do sistema produtivo, isto é, superando-se rapidamente o seu caráter dual.

Nessas condições, a organização do mercado de capitais e de um capital financeiro vigoroso, que associa o capital industrial, emerge como problema decisivo. Trata-se, essencialmente, de assegurar pleno emprego ao parque industrial já criado,

---

[30] Ibidem, p. 78.

[31] Ibidem, p. 77.

IGNÁCIO RANGEL

o que só pode ser feito através da reconstrução e expansão dos grandes serviços de utilidade pública, o último setor retardatário da economia. Com isso – tarefa para o período imediato – esgotar-se-á a problemática do pacto de poder homologado em 1930. Feito isso, o Brasil passará a contar, no seu interior, com todos os elementos constitutivos de uma economia capitalista moderna, a saber, uma vigorosa agricultura já em pleno processo de transição para o modo capitalista de produção, uma vigorosa indústria leve e uma indústria pesada capaz de assegurar o crescimento com os meios nacionais a toda a economia, e modernos serviços de utilidade pública.[32]

Como vimos, a plataforma reformista de Rangel excluía a reestruturação da propriedade fundiária, por acreditá-la historicamente desnecessária e politicamente inviável. A reforma agrária seria um produto inevitável do desenvolvimento capitalista, e não sua precondição.

E, na etapa histórica em curso, o latifúndio era ainda um aliado potencial na luta política principal de todo o povo brasileiro contra o imperialismo do capital mercantil e financeiro internacional e contra seu aliado interno, a velha classe comerciante nacional.

Os latifundiários teriam interesse em que o Estado assumisse o controle do comércio exterior tradicional, no qual a intermediação mercantil e financeira, nacional e internacional, funcionava de acordo com os interesses de países desenvolvidos. Teriam também interesse em governos que assumissem a tarefa de buscar mercados para seus produtos em países socialistas, contrariamente à ideologia do capital mercantil. E teriam ainda interesse em pressionar o país a essa busca, que só não se consumava porque o capital financeiro internacional jorrava crédito externo no país, sobretudo na forma de *suppliers' credits*.

Rangel considerava esse crédito, sob todos os pontos de vista, supérfluo para a economia nacional, além de prejudicial à indústria doméstica de bens de capital.

Não seria aquele o momento adequado, portanto, para uma mobilização das classes trabalhadoras em torno da reforma agrária, e muito menos em torno de uma revolução socialista.

> Ora, é Marx quem nos adverte de que não devemos brincar com a ideia de mudança de regime, pois isso não ocorre arbitrariamente, e sim quando o velho regime não pode mais comportar em seu seio as forças produtivas que ele próprio suscitou e suscita. É bom que meditem nisso os nossos impacientes de esquerda.[33]

O surgimento do capitalismo financeiro nacional, cujo ponto de partida teria sido a criação do setor interno de bens de produção, marcava, por um lado, "a crise final das velhas relações econômicas com o exterior" e, por outro, representava a

---

[32] Idem, "A dinâmica da dualidade brasileira", cit., p. 223.

[33] Idem, *A inflação brasileira*, cit., p. 113.

alavanca propulsora de uma contundente expansão capitalista interna, que tornava próximo "o fim da era pré-capitalista do polo interno da economia"[34]. Com a homogeneização das relações de produção, chegar-se-ia a um estágio maduro da dualidade brasileira, representado pelo capitalismo de Estado. O fato de o processo de desenvolvimento exigir a formação do capitalismo de Estado representa, na luta pela transição para o socialismo, um trunfo para os trabalhadores – que, na última fase da dualidade, participam do novo pacto de poder com os capitalistas.

Para levar o desenvolvimento às últimas consequências, a grande reforma deveria ser efetuada na estrutura financeira e nos serviços de utilidade pública.

Por último, observe que, a propósito, em fase mais avançada de sua produção intelectual, já durante a crise nos anos 1980, Rangel introduziria mais uma "heresia" em suas recomendações de política, ou seja, a privatização de atividades de serviços públicos. Considerava que, por um lado, a crise financeira do setor público e, por outro, a disponibilidade no setor privado de recursos produtivos ociosos e de abundante riqueza financeira recomendavam a privatização. Esta deveria ser concebida e conduzida pelo Estado visando à ampliação dos investimentos com uso de recursos ociosos, como fórmula de superar a crise econômica por que então passava o país e recuperar o processo de desenvolvimento.

---

[34] Idem, "A dinâmica da dualidade brasileira", cit., p. 234.

Rui Facó

Milton Pinheiro

> Eu estou em paz com a minha guerra.
> *Camões*

O processo contemporâneo de aprofundamento sobre a realidade brasileira nos remete a estudos sobre intelectuais e militantes que, em suas ações, pensaram o Brasil. Compreendo que Rui Facó é uma síntese bem construída desse tipo de intelectual que interpreta o momento histórico do povo brasileiro com base nas premissas que envolvem as transformações sociais. Mesmo sabendo que

> estas características delineiam o caminho específico do Brasil como nação: suas classes dominantes procuram evitar por todos os meios o aguçamento das contradições e das lutas, impedir que destas participe o povo, que ganhem preponderância as forças radicais.[1]

Por que então estudar Rui Facó, já que, apesar do seu cabedal explicativo sobre o Brasil, analisar a realidade com a perspectiva no cenário da sua transformação não encontra ressonância no ambiente acadêmico brasileiro? E uma vez que a historiografia e a sociologia, compromissadas com cânones oficiais e olhares superficiais, até mesmo vulgares, e pautadas pela influência pós-moderna, que decretou o fim do rigor historiográfico e o aprofundamento da análise sociológica, consideram esse temário de pesquisa não relevante. Para além das falsas premissas, encontramos em Rui Facó uma compreensão/interpretação da realidade construída por homens e mulheres nos seus processos de luta e na procura deles por uma nova sociabilidade na história de seu tempo. Ele transformou-se em um desses intérpretes do Brasil, "desaparecido" pela lógica oficial da irracionalidade acadêmica[2].

---

[1] Rui Facó, *Brasil século XX* (Rio de Janeiro, Editorial Vitória, 1960), p. 32.

[2] Lenilde de Servolo Medeiros considera que, "[...] do ponto de vista teórico, a interpretação de Facó está superada [...]", na apresentação a Rui Facó, *Cangaceiros e fanáticos: gênese e lutas* (Rio de Janeiro, Editora UFRJ, 2009), p. 17.

118   INTÉRPRETES DO BRASIL

Assim, resgatar o pensamento de Rui Facó é trazer para os estudos contemporâneos, dos pontos de vista histórico, sociológico e metodológico, uma vertente analítica sobre o Brasil no século XX.

O estudioso da questão agrária se insere no campo de pesquisa que procura conhecer o país não apenas para fins diletantes e acadêmicos, mas essencialmente com a vertente analítica orientada para as possibilidades de transformação. Tentando aliar sua sólida formação intelectual a uma robusta pesquisa de campo para entender os problemas dos brasileiros, no sentido de apresentar, minimamente, uma perspectiva de saída para a realidade analisada em sua época. Distante, portanto, do diletantismo acadêmico e oficial.

Pois bem, Rui Facó é um dos primeiros intérpretes do Brasil, e podemos dizer que do século XX, com estudos que se concentram de 1930 até o início dos anos 1960. Utilizando-se da interpretação histórica, estudou o contexto da formação social e política para explicar as manifestações do povo no Brasil[3].

Rui Facó nasceu em Beberibe, no Ceará, no dia 4 de outubro de 1913. Muito de sua formação contestadora e intelectual se desenvolveu no contexto social da região Nordeste do Brasil, que o levou a buscar explicações sobre a realidade do país como um todo. A partir disso, passou a considerar a força do povo como processo de autoconstituição. É desse arcabouço de pesquisa que ele vai analisar: o povo contra a opressão e contra a escravidão, o conjunto das lutas sociais, as manifestações e ações dos índios e dos escravos, o conflito em Canudos, as manifestações e os atos dos cangaceiros, os movimentos dos beatos, as ações e os movimentos republicanos, as lutas de libertação do imperialismo e o latifúndio. O princípio dialético do binômio dominação e resistência, base da formação do povo brasileiro, criou a possibilidade, a partir das suas próprias lutas, para uma perspectiva de construção de um processo de emancipação naquele momento social e político.

O debate sobre a formação do povo brasileiro permitiu a Rui Facó elaborar em suas teses um discurso que apreendia e combatia a questão do racismo e a sua presença na vida política, social e econômica do país. Para ele, a presença do racismo no Brasil era, em especial, a manifestação do racismo norte-americano que havia se apoderado de nossa sociabilidade. Aliás, essa questão encontrou nele um contumaz combatente, pois era uma das preocupações do pensador quando, já no primeiro momento, supera a interpretação de Euclides da Cunha sobre a relação do homem com a terra e o meio.

---

[3] "As lutas camponesas a partir da estrutura do campo: Canudos, cangaceiros, 'fanáticos', Contestado, Caldeirão, capangas, jagunços e práticas que se assemelhavam aos resquícios típicos do feudalismo. Perspectiva esta vista e analisada a partir de uma abordagem marxista, que entende feudalismo como 'uma forma de sociedade na qual a agricultura é a base da economia e o poder político constitui o monopólio de uma classe de proprietários de terras'", Cristopher Hill, *A revolução inglesa de 1640* (Lisboa, Editorial Presença, s.d.), p. 8.

Rui Facó analisava as particularidades da realidade histórica do Brasil pautado em duas questões: naquilo que ele qualifica como estrutura com características "semifeudais" no campo e no monopólio da terra.

Ele identifica como pontos centrais da realidade brasileira que precisavam ser afrontados: o latifúndio, o monopólio da terra, a ação do colonialismo e as tradições seculares que eram emanadas pela permanência da terra nas mãos de poucos. Essa dominação tinha um peso cultural sobre a realidade nacional, em especial pelo papel que as classes dominantes davam aos segregados dessas situações.

> Para a nossa história têm sido encarados como fenômenos extra-históricos. "Banditismo", "fanatismo" são expressões que os resumem, eliminando-os dos acontecimentos que fazem parte de nossa evolução nacional, de nossa integração como nação, de nosso lento e deformado desenvolvimento econômico.[4]

O papel das massas no desenvolvimento da nação é compreendido por ele como um aspecto importante para entendermos tanto o Brasil como o episódio da independência. O conjunto das lutas históricas e da marcha da humanidade para o encontro com o progresso entre o povo brasileiro tem, nas preocupações analíticas do pensador cearense, uma representação objetiva sobre o contexto da realidade do Brasil. É nesse sentido que podemos compreender Rui Facó como um historiador do desenvolvimento do país, do desenvolvimento desigual do Nordeste, do papel dos movimentos sociais, levando em conta a questão nacional, sindical, estudantil, camponesa e o papel da Igreja, da imprensa e da "burguesia nacional". Para ele, assim como para o Partido Comunista Brasileiro (PCB), a articulação dessa burguesia de caráter nacional-democrática, para construir uma mudança, era algo questionável, mas muito comum nas interpretações da época em que ele viveu, em especial dentro da intelectualidade de esquerda.

Nos seus estudos e pesquisas para escrever *Brasil século XX*[5], um importante e pouco conhecido trabalho sobre o país, publicado pelo Editorial Vitória, a partir do livro que foi lançado na Argentina, Rui Facó vai trazer também uma discussão sobre o surgimento da indústria e um debate sobre o papel da "burguesia nacional" no desenvolvimento da indústria e na movimentação política. Para ele, havia um antagonismo entre a burguesia nacional e o imperialismo e o latifúndio. Mais uma vez, é possível comprovarmos o diálogo do autor com as formulações do PCB em sua interpretação do Brasil. No trabalho "A guerra camponesa de Canudos"[6], de fins de 1958, encontramos os argumentos que iriam se tornar a estrutura-base da abordagem que construiu o seu livro clássico *Can-*

---

[4] Rui Facó, *Cangaceiros e fanáticos*, cit., p. 25.

[5] Idem, *Brasil século XX*, cit.

[6] Publicado no jornal *Novos Rumos*, 1958.

gaceiros e fanáticos: gênese e lutas[7], publicado após a sua morte, em 1963. Essa obra, que trouxe notoriedade a Rui Facó, tem um valor histórico extraordinário e traz uma nova leitura das contradições nordestinas, pautada nas questões da terra e do poder político em curso no Brasil daquela época. Tudo isso analisado com o rigor da dialética marxista.

O debate sobre a história de Canudos e Antônio Conselheiro, Juazeiro e Padre Cícero, jagunços e cangaceiros, além de uma análise que leva em consideração a totalidade dos fenômenos, passa a entender o conflito como uma guerra de extermínio, realizada pelas classes dominantes contra os brasileiros[8]. Rui Facó argumenta que as ações das classes dominantes sobre os levantes por ele estudados tinham como eixo central o extermínio de amplos segmentos de camponeses.

O livro apresenta, a partir de uma grande pesquisa de campo, com farta documentação utilizando fontes primárias, uma análise sobre os trabalhadores sem-terra, explorados e perseguidos em todo o Brasil, em particular no Nordeste.

Numa pesquisa aprofundada a respeito do que era e o que fez o cangaço, Rui Facó nos permite avaliar esse fenômeno como um passo à frente na organização do campo. Ao lado dessa análise, ele encontra no papel político das classes dominantes sempre uma reação no sentido de impedir o ajuntamento de comunidades, entendido aí como ajuntamento de pessoas pobres em várias áreas do Nordeste. Na lógica do poder político em vigor, essa situação era um perigo à continuidade da dominação de classe que perenizava o latifúndio. E, ao mesmo tempo, uma preocupação da burguesia do campo, atrasada e reacionária, com o princípio de solidariedade que se estabelecia entre homens e mulheres das diversas comunidades aqui citadas, onde ocorreram lutas pela terra.

Outro debate apresentado no universo da leitura oficial e questionado por Rui Facó era o papel do misticismo como elemento dotado de passividade no processo de resistência. Para ele, podem ser encontradas características de uma resistência passiva inclusive a partir do papel desempenhado por figuras como Antônio Conselheiro, beato Lourenço e Padre Cícero. No entanto, essa passividade como forma de luta não era real e concreta no conjunto das manifestações de resistências que foram encontradas no campo do início do século XX até o começo dos anos 1960.

Não obstante, podemos encontrar na construção analítica e interpretativa de Rui Facó uma compreensão sobre o desenvolvimento econômico do país, sobre a situação das forças produtivas, das possibilidades de alianças políticas para superar esse atraso e uma forte influência dos documentos elaborados pelo PCB (que sofria uma duradoura influência dos postulados canônicos da III Internacional, naquele

---

[7] Idem, *Cangaceiros e fanáticos*, cit.

[8] Ibidem, p. 119.

momento ossificados pelo nacionalismo russo da corte stalinista[9]). Podemos afirmar, ainda, que existia em Rui Facó a construção de uma interpretação que era avessa ao dogmatismo e de uma análise muito particular sobre o campo, que se tornou clássica dentro do cenário da realidade brasileira. Essa formulação nos deixa compreender as possibilidades de os trabalhadores marcharem para uma ruptura com o passado opressor, tendo como eixo da análise a célebre frase de Karl Marx: "À humanidade só se colocam as tarefas que ela pode realizar".

Ao se contrapor às formulações racistas de Euclides da Cunha, Rui Facó constrói uma crítica original a respeito do papel do campo na formação social brasileira. A partir de sua compreensão do grau de desenvolvimento das forças produtivas, da leitura sobre as classes sociais e suas frações e das lutas sociais como princípio pedagógico para a emancipação humana, percebem-se a qualidade metodológica, o rigor na pesquisa e o compromisso social e político do pesquisador. Constata-se, então, o refinamento conceitual para entender o seu tempo.

Examinando Rui Facó, encontramos curiosidades do homem preocupado com o sentido da brasilidade. Essa questão em particular tem consonância com a leitura que ele fez do poeta dos escravos, Castro Alves[10], quando realça o papel desses homens e mulheres segregados pela opressão das classes dominantes e as estratégias de resistência criadas por eles.

Para além das questões que realçaram a totalidade de pesquisa no projeto do intelectual que pensou uma explicação para o Brasil, o sentido de entender o país é consorciado às perspectivas que passam pela libertação da opressão estrangeira na análise da reforma agrária como instrumento radical de posse da terra e da relação das lutas de classe entre o povo. Existe sempre em Rui Facó uma preocupação com o conjunto das ações de luta. A dinâmica das lutas dos movimentos populares e o papel da repressão como polo antagônico. Portanto, seus estudos sempre foram aprimorados pela análise dos movimentos sociais, denunciando constantemente a conduta da repressão como instrumento da classe dominante para conter as lutas do povo.

Seus estudos sobre as contradições sociais, o papel desenvolvido pelas classes em disputa, a intervenção das frações de classe no processo político são rigorosamente submetidos ao crivo do aprofundamento da Revolução de 1930. "O principal golpe contra o poder político dos grandes latifundiários, sobretudo nordestinos, em cujos domínios mais solidamente subsistiam os restos feudais, foi desferido pelo movimento revolucionário de 1930."[11]

---

[9] Podemos encontrar essas formulações nas decisões do VI Congresso da III Internacional Comunista (Comintern), em 1928.

[10] Observado no pronunciamento de Moisés Vinhas, realizado em junho de 1963, na reunião da União Brasileira de Escritores, seção de São Paulo.

[11] Ibidem, p. 209.

Além do mais, percebe-se o uso desse cabedal analítico a partir da intervenção do PCB nas lutas da nação. São perceptíveis a compreensão de Rui Facó sobre a importância do partido como operador político e o papel da sua orientação no caminho para as transformações, principalmente em duas perspectivas: a luta democrática e os levantes armados. Sempre na formulação de uma análise que passa pela necessidade de participação das massas nesses processos de transformação social.

Rui Facó desenvolveu um intenso trabalho intelectual, um profundo estudo cultural, e demonstrou um compromisso com a história, sempre ao lado do operador político que escolheu para combater desde os seus primeiros momentos como contestador da ordem. A sua interpretação da realidade brasileira visava contribuir com uma explicação do Brasil, que estava em disputa por meio de contendas políticas, e ele sabia qual era o seu lado.

As lutas e a formação do intelectual orgânico

Rui Facó ficou na sua cidade natal até terminar o ensino básico, quando foi premido pela necessidade de trabalhar, por tratar-se de um jovem de família pobre. Mudou-se para Fortaleza, onde procurou emprego na função em que já demonstrava alguma habilidade, o jornalismo. Para alguns estudiosos de sua obra, o cenário da realidade cearense deixou marcas indeléveis nos textos[12] perenes do rapaz de Beberibe, que cedo despertou para enfrentar as mazelas daquela sociedade.

No início dos anos 1930, já em Fortaleza, começou o curso de direito e passou a frequentar o ambiente cultural e político que contestava a ordem social em vigor. Foi nesse momento que ele conheceu intelectuais como Rachel de Queiroz e entrou para o PCB[13].

Em 1935, o país passou por profundas agitações políticas, como a criação da Aliança Nacional Libertadora (ANL)[14], que contestava o governo Getúlio Vargas, e os levantes armados de novembro desse mesmo ano[15]. Rui Facó participou das manifestações de massas que abalaram 1935, em especial o conjunto de ações e lutas, organizadas pela ANL e pelo PCB[16].

---

[12] Moisés Vinhas, em um texto em que realça a vida e a obra de Rui Facó, afirma que ele era um homem marcado pelo cenário de miséria que o cercou. Isso é analisado no artigo "Aspectos da vida e da obra de Rui Facó", *Estudos Sociais*, Rio de Janeiro, 1963, n. 18, p. 137.

[13] Não existem dados precisos sobre o período em que Rui Facó entrou para o Partido Comunista. Podemos considerar, por indução das lutas, que isso tenha ocorrido entre 1934 e 1935.

[14] Instrumento criado por comunistas e demais opositores ao governo Vargas.

[15] Sobre os comunistas e os levantes armados de 1935, ver o livro de Marly Vianna, *Revolucionários de 1935: sonho e realidade* (São Paulo, Expressão Popular, 2007).

[16] Reuniões profissionais, debates públicos, comícios, agitações de rua, grandes reuniões públicas que envolviam milhares de pessoas.

Logo se transferiu para Salvador, onde se formou em direito e teve uma grande atuação jornalística. Trabalhou em *Diários Associados* e participou da fundação da revista *Seiva*[17], em 1938, que foi a primeira revista nacional do PCB e tinha entre os seus membros João Falcão[18], Armênio Guedes e Jacob Gorender.

Ainda na Bahia, durante a segunda metade dos anos 1930, Rui Facó foi encarcerado pela polícia getulista, que o fez sofrer vários maus-tratos. Mas foi lá, desse mirante político e intelectual, que ele aprofundou seus estudos sobre a formação social brasileira, desenvolveu intensa atividade política, lutou contra o nazifascismo e escreveu na revista *Flama* (que ele ajudou a fundar). Nesse período, casou-se com a jovem estudante de direito Júlia Guedes, sua companheira por toda a vida, com quem teve um filho.

Quando a Segunda Guerra Mundial acabou, trazendo os ventos da liberdade e da democracia, Rui Facó se mudou, com sua família, para o Rio de Janeiro, onde começou a trabalhar na redação do jornal *A Classe Operária*[19]. A partir desse momento, quando ele passou a colaborar com diversos jornais e revistas de todo o país, pode-se perceber, pelos seus textos na imprensa, que já estava construindo o alicerce das suas formulações sobre a formação social brasileira, assim como mantinha uma estreita relação com o operador político dos comunistas, que havia se tornado legal e tinha disputado a eleição para presidente da república.

> [...] Registrado pelo Tribunal Eleitoral e podendo pela primeira vez participar diretamente de eleições, apresentar seus próprios candidatos, o Partido Comunista obteve uma votação excepcional para a época: mais de 500 mil votos, isto é, mais de 8% dos votantes [...]. As classes dominantes ficaram alarmadas com esta colocação do Partido Comunista, no quarto lugar entre 12 partidos em 1945 [...].[20]

Naquele período de interlúdio democrático, a conjuntura era de ascenso das massas. A imprensa comunista estava em crescimento em virtude da legalidade conquistada pelo PCB e da grande presença desse operador político no cenário das lutas sociais.

---

[17] A revista *Seiva* foi um instrumento de debate político e cultural que conseguiu ter como colaboradores intelectuais e políticos para além do campo da esquerda e dos comunistas. Foi fundada em 1938 e fechada pelo governo Vargas em 1943, após a publicação de uma entrevista do general Manoel Rabelo, que era contrário à ala direitista do exército, comandada pelo general Eurico Gaspar Dutra, então ministro da Guerra de Getúlio Vargas.

[18] João Falcão foi um importante dirigente comunista na Bahia, fundador e organizador da revista *Seiva*. Durante anos, foi um militante próximo da estrutura diretiva nacional do PCB. Morreu em 2011, deixando vários livros sobre o partido e personalidades comunistas, a exemplo de Giocondo Dias.

[19] Órgão central, com idas e vindas, do PCB de 1925 a 1956, quando foi substituído pelo jornal *Novos Rumos*.

[20] Rui Facó, *Brasil século XX*, cit., p. 146.

Ao sair das catacumbas, depois de uma enorme ilegalidade[21], o PCB se transformou no primeiro e grande partido de massa. Era visível a presença dos comunistas no Parlamento – nos meios cultural e intelectual –, organizado entre os trabalhadores do campo e da cidade. Todavia, as suas formulações, pautadas pelo fogo da conjuntura, contavam com dubiedades[22] que poderiam desarmar o partido para as próximas batalhas: particularmente, na análise sobre a burguesia no Brasil e na compreensão sobre quem seriam os aliados estratégicos para construir o bloco que fomentaria a ruptura.

A conjuntura brasileira sempre foi tensionada pela ação do bonapartismo[23] como instrumento de coesão da classe dominante, utilizado como recurso político para evitar qualquer risco à manutenção do poder em suas mãos. E a classe dominante agiu. Mesmo o PCB sendo um grande partido de massas (contava com 200 mil filiados), com mais de uma centena de vereadores e deputados estaduais, catorze deputados federais e um senador (o "legendário cavaleiro da esperança", Luiz Carlos Prestes), de grande influência cultural, artística e intelectual, o partido foi posto na ilegalidade[24] pelo general Dutra, o Le Petit de plantão. Os parlamentares comunistas foram cassados[25], e começou uma feroz perseguição aos partidários, com prisões, torturas e assassinatos[26].

O PCB voltou para a mais cerrada clandestinidade e elaborou uma nova linha política, agora marcada por uma diferente dubiedade contida no documento de n. 1949[27] e no Manifesto de Agosto de 1950: era a radicalização completa a partir da criação da Frente Democrática de Libertação Nacional (FDLN)[28], tendo em vista o horizonte da luta armada e a criação de organismos paralelos nos movimentos sindical e social. Essa nova linha política não encontrava bases reais e concretas para se efetivar. Novamente,

---

[21] O PCB, fundado em 1922, vinha de mais de vinte anos de vida clandestina.

[22] Formulações da linha política que ficou conhecida como "União Nacional".

[23] Entendido aqui como uma articulação política feita pelo "alto" por frações da classe dominante para manter o poder.

[24] Pressionado pelo governo Dutra, o TSE cassa o registro do PCB no dia 7 de maio de 1947.

[25] No dia 7 de janeiro de 1948, a Câmara dos Deputados votou o projeto de lei que considerava extintos os mandatos dos parlamentares comunistas, em todas as esferas legislativas.

[26] Um comício que ocorreu no dia 28 de fevereiro de 1948, na Praça da Sé, em Salvador, realizado pelos militantes do PCB para protestar contra a ilegalidade e a cassação dos mandatos, foi dissolvido a tiros, sendo vários militantes baleados, outros feridos por agressões e um assassinado pelos tiros da polícia, tratava-se de jovem militante bancário, Luiz Garcia. Podemos encontrar a repetição desse fato em várias partes do Brasil, eram as trevas da repressão se abatendo sobre o PCB.

[27] Documento elaborado por Prestes, com o título "Forjar a mais ampla frente nacional em defesa da paz, da liberdade e contra o imperialismo", publicado no n. 19 da revista *Problemas*, desse mesmo ano. Trata-se, em minha opinião, de um importante documento que constituiu as bases para o Manifesto de Agosto e orientou o partido até o IV Congresso.

[28] Organismo criado pelo PCB para unir os revolucionários e colocar em ação o programa do Manifesto de Agosto.

o fogo da conjuntura precipitava o PCB para formulações que não respondiam às demandas postas pela realidade. É nesse contexto que Rui Facó, em 1952, vai morar na União Soviética, quando cumpre uma intensa agenda de trabalho intelectual, pesquisando sobre as questões centrais da história do Brasil. Ao mesmo tempo, trabalha na Rádio Moscou, onde teve uma intensa "atividade literária e jornalística"[29].

Na estada de Rui Facó em Moscou, um tema chama a atenção e torna-se relevante para comprovar a tese apresentada neste texto, isto é, apesar da concordância com a linha política externada nos documentos do PCB (sobre a realidade brasileira) e do viés que esses textos apresentavam como repercussão de diretrizes da III Internacional, Rui Facó, um intelectual que aguçava as suas pesquisas com o material da realidade observada, percebeu a profunda distorção que o culto à personalidade de Stalin disseminava sobre as atividades cultural e intelectual, impedindo, assim, o livre desenvolvimento das potencialidades ensejadas pelo socialismo[30]. Todavia, é importante registrar que ele conseguiu avançar muito em seus estudos com as oportunidades que encontrou na União Soviética do socialismo vigente.

De volta ao Brasil em 1958, Rui Facó iniciou uma nova fase como intelectual orgânico da classe e afirmou-se como intérprete do Brasil, escrevendo sobre o povo dentro da formação social e construindo uma rica análise acerca da nação e uma teoria sobre o povo.

Bases teóricas para uma explicação do Brasil

A partir de 1958, Rui Facó lançou as bases para as suas formulações mais sistemáticas, contidas nos livros *Brasil século XX* e *Cangaceiros e fanáticos: gênese e lutas*. A primeira questão levantada nesse processo de criação é o profundo conhecimento da realidade brasileira, manifestada nas análises sobre a formação social do Brasil, no exercício de compreensão dos principais momentos históricos, tendo como elemento central os acontecimentos sociais.

Rui Facó utiliza-se de um recurso metodológico empreendido pelos grandes historiadores marxistas, em particular Christopher Hill em seu livro *A revolução inglesa de 1640*. Rui Facó apreendeu a história de uma perspectiva[31] ou, para ser mais explícito, do ponto de vista de classe, para examinar o ascenso das massas, a repressão que se abateu sobre ela e o seu consequente papel.

Temos em Rui Facó a recepção dos problemas da história com o rigor da análise sociológica, e isso fica claro nos seus estudos sobre as relações da Igreja com o Estado e sobre a Revolução de 1930, na necessidade de entender o que representou para

---

[29] Moisés Vinhas, "Aspectos da vida e da obra de Rui Facó", cit., p. 138.

[30] Idem.

[31] Ver esse debate em Christopher Hill, *A revolução inglesa de 1640*, cit., p. 10.

o processo societal brasileiro esse movimento. Qualificou de forma objetiva, com vasta documentação, o papel da imprensa na vida política do país. Todavia, retorno ao tema que tem uma particularidade em seus estudos e o torna um historiador com grande capacidade de inovação. Trata-se da pesquisa sobre a interpretação do desenvolvimento brasileiro, relacionada ao processo dos acontecimentos sociais e políticos. Nesse prosseguimento, é construída por ele uma análise sobre o surgimento da indústria, em articulação com o papel da chamada "burguesia nacional".

No seu papel de historiador do desenvolvimento, Rui Facó exercita uma preocupação de pesquisa sobre as particularidades da realidade histórica do Brasil, além de estudar as estruturas do campo. Localizava práticas e resquícios que, em tese, caracterizam o feudalismo, e investiga a questão do monopólio da terra.

O componente povo ganhou um relevo extraordinário na obra dele, tornando-se uma categoria explicativa do contexto empírico. Essa categoria é usada para explicar a construção da nação. No entanto, ele também aborda os sentidos pejorativos que são construídos pela sociologia e pela história oficiais. Pois existe em sua obra um combate ao racismo contido no biologismo de Euclides da Cunha e tantos outros, aos insultos sobre a mistura das "raças", ao ajuntamento do povo pobre como promiscuidade que deveria ser exterminada.

Rui Facó defende, nesses estudos, uma posição sobre o povo brasileiro que passa sempre pela perspectiva de suas lutas e interesses, da força do povo ao se autoconstituir, da convicção no papel do povo no futuro do Brasil e de suas possibilidades no sentido da construção de uma sociedade sem classes e culturalmente emancipada. Tudo isso em consonância com as lutas históricas da humanidade em sua marcha, não linear, para o progresso.

Últimas batalhas

Rui Facó desenvolveu uma intensa e qualificada intervenção no debate jornalístico em curso de 1958 a 1963. Todavia, encontramos a sua forte presença, para além desse período, como militante da pena, em muitos periódicos e jornais – *Seiva*, *Flama*, *Continental*, *Problemas*, *Estudos Sociais*, *A Classe Operária*, *Tribuna Popular*, *Hoje*, *O Momento*, *O Democrata*, *Voz Operária*, *Novos Rumos* – e na agência de notícias Interpress. É bom registrar a grande influência do PCB nesses organismos, que se tornaram instrumentos de contra-hegemonia.

Como escritor comunista, Rui Facó nos brindou com alguns textos de imenso valor histórico, como o opúsculo *A classe operária: 20 anos de luta*[32], publicada pelas Edições Horizonte, em 1945, que constrói a história do jornal central do PCB, da sua fundação até aquele ano, assim como a cartilha "Prestes: cavaleiro

---

[32] Rui Facó, *A classe operária: 20 anos de luta* (Rio de Janeiro, Edições Horizonte, 1945).

RUI FACÓ

da esperança"[33], com ilustrações de Percy Deane, que teve grande divulgação, em virtude do prestígio político do líder comunista.

Encontramos, da lavra desse escritor, uma grande quantidade de artigos e trabalhos sobre acontecimentos relevantes da história política do Brasil, como a cobertura da eleição de Miguel Arraes, direto de Pernambuco em 1962[34], para o jornal *Novos Rumos*; o artigo sobre a fundação do Movimento Unificador dos Trabalhadores, "O MUT, instrumento de unidade da classe operária"[35], publicado no jornal *Tribuna Popular*, em 1945; o alentado ensaio sobre um personagem do movimento comunista internacional, "O bolchevique Zhdánov, um exemplo a seguir"[36], na revista *Problemas*, em 1948, que trata da morte desse importante dirigente do Estado soviético. Temos, ainda, não só um denso estudo sobre as lutas dos camponeses naquele período[37], mas também uma incursão pela crítica teatral, por ocasião da estreia da peça de Dias Gomes[38].

O intelectual orgânico e militante da pena Rui Facó dedicou os últimos cinco anos da sua vida ao exercício da contra-hegemonia ideológica, por meio da sua intensa produção jornalística na redação do jornal *Novos Rumos*. Foi como jornalista, encarregado por esse veículo, que ele fez a sua última viagem e lutou a sua derradeira batalha.

Homem de imensa modéstia, que não fazia jus à sua enorme capacidade intelectual, sempre dialeticamente envolvido na luta, pois pensava e agia na sociedade, estava o tempo todo a serviço da transformação social. Rui Facó morreu em 15 de março de 1963 em um desastre aéreo na Bolívia, numa viagem pela América Latina como correspondente do jornal *Novos Rumos*. Não obstante o prematuro desaparecimento, ele nos legou uma explicação sobre a realidade brasileira e sobre a história das lutas sociais desse breve século XX. Afinal, novos atores, trabalhadores do campo e da cidade, tiveram em Rui Facó o pesquisador participante, o cientista social que não foi leviano com a verdade.

Quando os tempos atuais encontrarem o seu caminho para uma nova sociabilidade, e a verdade sobre os acontecimentos sociais for escrita, lá teremos Rui Facó como historiador das lutas que construíram a nação no seu processo de emancipação.

---

[33] Idem, "Prestes: cavaleiro da esperança", Asmob/Cedem 02.235,4.

[34] Idem, "Fragorosa derrota eleitoral dos usineiros pernambucanos", *Novos Rumos*, Rio de Janeiro, 3 a 9 nov. 1962.

[35] Idem, "O MUT, instrumento de unidade da classe operária", *Tribuna Popular*, Rio de Janeiro, 7 out. 1945.

[36] Idem, "O bolchevique Zhdánov, um exemplo a seguir", *Problemas*, Rio de Janeiro, 1948, n. 13.

[37] Idem, "Movimento camponês 62: fortalecimento e consolidação", *Novos Rumos*, Rio de Janeiro, 11 a 17 jan. 1963.

[38] Idem, "A nova peça de Dias Gomes", *Novos Rumos*, Rio de Janeiro, 30 nov. a 6 jan. 1962.

EVERARDO DIAS

Marcelo Ridenti

No conhecido livro de Leandro Konder *A derrota da dialética*, há uma tese que tem sido muito difundida: em que pesem os esforços de gerações de intelectuais e militantes, a dialética e o pensamento de Marx foram apenas parcialmente compreendidos no Brasil, para não dizer mal compreendidos, pelo menos até o início dos anos 1930. As interpretações inspiradas nas poucas obras divulgadas de Marx (raríssimas delas traduzidas) amalgamavam seu legado com o evolucionismo, o positivismo, o anarquismo e outras correntes analíticas. Do anarquismo ao marxismo-leninismo sistematizado por Stalin e incorporado pelo Partido Comunista, passando por pensadores autônomos ou vinculados aos mais diversos círculos intelectuais, teria havido um ecletismo que redundou na derrota da dialética.

Para explicar essa derrota, Konder considerou aspectos como as dificuldades para ter acesso às obras de Marx, a pouca familiaridade com seu pensamento, a experiência limitada de ativistas de esquerda, as fragilidades do movimento operário, a influência do positivismo e de outras correntes de pensamento, além da difusão maciça do stalinismo no começo da década de 1930. Enfatizou a tradição de desprezo pela elaboração teórica em uma sociedade oligárquica, cuja estrutura não contemplava o acesso ao conhecimento para além de um punhado de letrados.

As polêmicas que essa tese tem gerado são muitas. Os críticos levantaram aspectos como a subestimação do movimento anarquista e a dureza excessiva com os pioneiros. Seria o caso de Octávio Brandão, autor comunista de *Agrarismo e industrialismo*, editado em 1926 sob pseudônimo, ficticiamente publicado em Buenos Aires a fim de burlar os órgãos de repressão política do governo de Artur Bernardes. Konder louvou os esforços do autor, mas não poupou a obra:

> Ao que tudo indica, nenhum outro marxista brasileiro, naquele momento, dispunha de uma bagagem de conhecimento comparável à de Brandão. Os múltiplos conhecimentos rapidamente adquiridos, entretanto, não fluíam para um uso

130

INTÉRPRETES DO BRASIL

consequente, não eram bem aproveitados pelo pensamento trêfego do autor. [...] Brandão reduz a "dialética marxista" à tríade hegeliana "tese-antítese-síntese" [...] a perspectiva da síntese promovida pela revolução proletária, socialista. [...] Pouco afeitos à reflexão filosófica, seus leitores eram levados a crer que ele *sabia* das coisas; eram levados a sentir vergonha de terem dúvidas e aceitar aquilo que era afirmado com tanta ênfase.[1]

João Quartim de Moraes, em vários escritos[2], contestou a interpretação de Leandro Konder, pois "insistir na artificialidade dessa 'dialética' seria arrombar porta aberta, mas, diferentemente do que sugeriram críticas preconceituosas, quando não francamente debochadas, estas e outras fantasias intelectuais do livro são muito menos importantes do que suas qualidades".

Estas envolveriam, por exemplo, a proposta de aliança da classe operária com a pequena-burguesia democrática em luta contra as oligarquias, além de Brandão ter detectado a submissão dos interesses agrários à alta finança inglesa, e feito críticas ao imperialismo e à dependência da exportação de café[3].

Também há os que apontam a subestimação de Konder em relação ao pensamento de intelectuais militantes que viriam a se tornar trotskistas, como Mário Pedrosa e Lívio Xavier, autores de dois documentos importantes de 1930 que alicerçaram as teses da oposição de esquerda no Brasil: "Esboço de uma análise da situação econômica e social do Brasil" e "Esboço de análise da situação social brasileira"[4], que apontariam o desenvolvimento desigual e combinado do capitalismo no país[5]

---

[1]   Leandro Konder, *A derrota da dialética: a recepção das ideias de Marx no Brasil até o começo dos anos 30* (2. ed., São Paulo, Expressão Popular, 2009), p. 182-3.

[2]   João Quartim de Moraes, "A influência do leninismo de Stalin no comunismo brasileiro", em Daniel Aarão Reis e João Quartim de Moraes (orgs.), *História do marxismo no Brasil, v.1: o impacto das revoluções* (Campinas, Editora da Unicamp, 2007 [1991]), p. 109-60; "A evolução da consciência política dos marxistas brasileiros", em João Quartim de Moraes (org.), *História do marxismo no Brasil, v. II: os influxos teóricos* (Campinas, Editora da Unicamp, 2007 [1995]), p. 43-102; e "Um livro fundador", em Octávio Brandão, *Agrarismo e industrialismo* (2. ed., São Paulo, Anita Garibaldi, 2006), p. 11-8.

[3]   Ibidem, p. 12-6.

[4]   Dainis Karepovs, Michael Löwy e José Castilho Marques Neto, "Trotsky e o Brasil", em João Quartim de Moraes (org.), *História do marxismo no Brasil, v. II*, cit., p. 129-254.

[5]   Como se vê, *A derrota da dialética*, de Leandro Konder, tornou-se referência para pesquisas posteriores, que passaram a polemizar com ela, explicitamente ou não. Ver, por exemplo, além das já citadas, as obras de Paulo Sérgio Pinheiro, *Estratégias da ilusão: a revolução mundial e o Brasil, 1922-1935* (São Paulo, Companhia das Letras, 1991); José Castilho Marques Neto, *Solidão revolucionária: Mário Pedrosa e as origens do trotskismo no Brasil* (Rio de Janeiro, Paz e Terra, 1993); Claudio Batalha, "A difusão do marxismo e os socialistas brasileiros na virada do século XIX", em *História do marxismo no Brasil, v. II*, cit.; Pedro Roberto Ferreira, *O conceito de revolução da esquerda brasileira: 1920-1946* (Londrina, Editora Universidade Estadual de Londrina, 1999); Christina Lopreato, *O espírito da revolta: a greve geral anarquista*

Não se trata aqui propriamente de avaliar alcances e limites da interpretação de Leandro Konder, mas de propor certa mirada alternativa. Mais do que as contribuições teóricas, foi a experiência de luta que marcou a esquerda brasileira no começo do século XX. A "dialética" talvez estivesse mais na ação política do que no pensamento social. Assim sendo, merecem ser valorizadas as obras de protagonistas dos acontecimentos, cujo objetivo foi mais narrar a experiência do que decifrar teoricamente os enigmas da revolução brasileira, como foi o caso da extensa produção de Everardo Dias. Ele amalgamou a seu modo influências do pensamento anticlerical, anarquista, positivista e comunista para contar a história das lutas sociais de que tomou parte, em obras escritas sobretudo durante seu período de militância[6], mas também posteriores, refletindo sobre sua experiência passada de luta no primeiro terço do século XX[7]. Um agente do Departamento de Ordem Política e Social de São Paulo (Dops-SP) escreveu em seu prontuário:

> Anarquista. Comunista. Tem tido contínuo contato com a polícia, por efeito de suas ideias avançadas a cuja propaganda tem se dedicado com muito carinho. Tem prestado sua atividade intelectual a uma intensa propaganda comunista. [...] Seus discursos sempre foram contra os poderes constituídos. [...] É um propagandista ativo e perigoso.[8]

Nascido em Pontevedra, na Espanha, em 1883, Everardo Dias chegou ao Brasil ainda criança, em 1886. Seu pai, um tipógrafo republicano, maçom e revolucionário, foi obrigado a fugir da Espanha e encontrou abrigo em São Paulo. Everardo seguiu o ofício paterno, foi tipógrafo-caixista no jornal *O Estado de S. Paulo* enquanto cursava a Escola Normal da Praça da República, que era então a única escola pública paulistana de segundo grau. Em 1904, foi nomeado professor em Aparecida do Monte Alto, no interior do estado, mas logo desistiu e

---

de 1917 (São Paulo, Annablume, 2000); Dainis Karepovs, *A classe operária vai ao Parlamento: o Bloco Operário e Camponês (1924-1930)* (São Paulo, Alameda, 2006); e Marcos Del Roio, "A gênese do Partido Comunista (1919-1929)", em Jorge Ferreira e Daniel Aarão Reis (orgs.), *As esquerdas no Brasil. 1. A formação das tradições* (Rio de Janeiro, Civilização Brasileira, 2007), p. 223-48, entre outros.

[6] Everardo Dias, "Jesus Cristo era anarquista", São Paulo, *A Plebe*, 1920; *Memórias de um exilado (episódios de uma deportação)* (São Paulo, s.ed., 1920. [Reedição facsimilar, São Paulo, Imprensa Oficial do Estado de São Paulo, no prelo]), *Delenda Roma! Conferencias anti-clericaes* (Rio de Janeiro, Off. Graph. da E. P. Maçônica José Bonifácio, 1921), *Bastilhas modernas* (São Paulo, Empresa editora de obras sociais e literárias, s/d [1927] [Reedição facsimilar, São Paulo, Imprensa Oficial do Estado de São Paulo, no prelo]).

[7] Idem, *História das lutas sociais no Brasil* (São Paulo, Edaglit, 1962 [2. ed., São Paulo, Alfa-Omega, 1977]).

[8] Prontuário n. 136 do Dops-SP, referente a Everardo Dias.

voltou à capital, onde trabalharia sobretudo como jornalista e tipógrafo, atuando também na maçonaria[9].

Por mais de dez anos, a partir de 1903, Dias esteve à frente do jornal *O Livre Pensador*, adepto da liberdade religiosa e de imprensa, em defesa da razão contra o conservadorismo católico. Os lemas do jornal eram "moral-progresso-verdade, liberdade-igualdade-fraternidade e ciência-justiça-trabalho"[10]. Paralelamente, Dias e seu jornal acompanharam a ascensão do movimento operário. O autor publicou textos como "Jesus Cristo era anarquista", editado em 1920 pelo grupo do jornal *A Plebe*, com o qual colaborava. Durante a greve geral de 1917 em São Paulo, redigiu o conhecido "Manifesto aos soldados" da Força Pública, convocando-os a aderir ao movimento[11].

Como relatou seu amigo e líder anarquista Edgard Leuenroth[12], a atuação de Everardo Dias teria sido ainda mais expressiva na greve de 1919, que o levou à prisão e a ser castigado com 25 chibatadas. Em seguida, foi deportado com outros grevistas nascidos no exterior. Dias narrou a história dessa prisão no livro *Memó-*

---

[9] Para saber mais sobre a trajetória de Everardo Dias com ênfase na sua condição de maçom, ver José Castellani, "A loja Ordem e Progresso e Everardo Dias, maçom e líder operário e libertário" (s.n.t.).

[10] O livre-pensamento era entendido como "o direito e o dever que todo homem tem de pensar livremente sobre qualquer assunto, sem peias nem restrições de espécie alguma. É a emancipação de todos os antigos prejuízos e preconceitos, de todos os métodos autoritários, de todas as tutelas de ordem moral e intelectual, de ordem filosófica e de ordem econômica. É a libertação na sua integralidade. É a luta do homem contra as fatalidades na natureza e contra os dogmas no espírito. O Livre-Pensamento é o direito ao livre exame. No Livre-Pensamento há liberdade e há pensamento. O fim do Livre-Pensamento é a investigação da Verdade pela Ciência, do Bem pela Moral, do Belo pela Arte. Noutros termos: o Livre-Pensamento dirige-se à conquista da Verdade pela Ciência, da Liberdade pelo Direito, da Igualdade pela Justiça e da Harmonia Social pela Fraternidade. O Livre-Pensamento quer, ou antes, tem o direito e o dever de arrancar ao espírito clerical, retrógrado, jesuítico e ultramontano, a direção oficial dos Estados, a direção obrigatória das consciências, da educação popular e das obras de solidariedade social, pela formação integral da pessoa humana, isto é, pela formação da consciência, porque, segundo a opinião valiosa de Magalhães Lima, há de ser das consciências individuais emancipadas que há de derivar a consciência coletiva ou a consciência social solidária", nos termos de Everardo Dias, "A propósito de greves", *Clarté: Revista de Ciências Sociais*, Rio de Janeiro, n. 6, dez. 1921, p. 26-7.

[11] O panfleto encerrava-se assim: "Não vos presteis, soldados, a servir de instrumento da opressão dos Crespi, Matarazzo, Gamba, Hoffmann etc., os capitalistas que levam a fome ao lar dos pobres! Soldados! Cumpri vosso dever de homens! Os grevistas são vossos irmãos na miséria e no sofrimento. Os grevistas morrem de fome, ao passo que os patrões morrem de indigestão! Soldados! Recusai-vos ao papel de carrascos!". Cópias do boletim aos soldados eram afixadas em paredes e postes da capital paulista. Ele pode ser lido na íntegra em Everardo Dias, *História das lutas sociais no Brasil*, cit., p. 295.

[12] Edgard Leuenroth, "Dados biográficos do autor", em E. Dias, *História das lutas sociais no Brasil*, cit.

rias de um exilado, de 1920. Ele foi o único entre os expulsos do país a conseguir o perdão presidencial, graças às relações com ilustres maçons republicanos, a começar pelo deputado federal Maurício de Lacerda. Foi o deputado, aliás, quem liderou a campanha contra a deportação, apoiada nacionalmente pela maçonaria, alguns parlamentares e integrantes do movimento operário.

As *Memórias de um exilado* testemunhavam as lutas e a agitação social no final da década de 1910, especialmente em São Paulo e no Recife, onde Dias foi recebido com festas ao desembarcar do navio que o levara para o exílio e o trazia de volta após o perdão do presidente Epitácio Pessoa. A obra também abordava as condições carcerárias terríveis, as arbitrariedades do governo brasileiro na repressão aos grevistas de 1919, a vida nos portos nacionais e internacionais por onde Everardo passou a bordo do navio. Atestava a mobilização de certa intelectualidade em formação, ao mesmo tempo contestadora da ordem estabelecida e em busca de mecanismos de afirmação social e política, fosse por intermédio da imprensa, da militância política ou da maçonaria.

Ademais, o livro evidenciava o impacto no Brasil de acontecimentos como o fim da Primeira Guerra Mundial e a Revolução Russa, esta decisiva para aglutinar descontentes – de diversas origens sociais – em luta contra aquela que viria a ser conhecida como República Velha. Foram personagens do livro, anterior à fundação do Partido Comunista do Brasil (PCB), intelectuais decisivos na história do comunismo nacional a partir de 1922, como Christiano Cordeiro, João Pimenta, Antônio Canellas e Astrojildo Pereira, muitos deles maçons à época. Astrojildo, tempos depois, viria a casar-se com Ignês, a filha mais velha de Everardo Dias.

Antes de obter autorização do presidente Epitácio Pessoa para retornar ao Brasil, Dias teve seu pedido de *habeas corpus* negado pelo Supremo Tribunal Federal (STF). Sua deportação parecia absolutamente ilegal, pois ele era casado com uma brasileira e pai de cinco meninas nascidas no país, entre outros fatores alegados por seus advogados, mas desconsiderados pela corte. Por julgar pertinentes os argumentos do solicitante, o ministro Edmundo Lins insurgiu-se em plenário contra a decisão da maioria do STF, liderada pelo ministro Viveiros de Castro. Lins teria afirmado que seria compreensível até o recurso a bombas por parte dos que não viam seus direitos legais reconhecidos pela justiça: "Está no seu direito, porque uma voz que se lhe não quer reconhecer um direito, recorre à dinamite, para fazer valer esse mesmo direito! (Sensação. Protestos dos srs. Pires de Albuquerque e Muniz Barreto)"[13].

Após voltar da breve viagem de exílio, Dias estabeleceu-se numa chácara no bairro do Meyer, no Rio de Janeiro. Lá montou uma gráfica, onde imprimiu *Delenda*

---

[13] *O Estado de S. Paulo*, 10 nov. 1919, p. 2. Sobre essa lide no STF e mais detalhes acerca de outros aspectos aqui brevemente abordados, ver Marcelo Ridenti, "Um livre pensador no movimento operário: Everardo Dias contra a República Velha", *Brasilidade revolucionária: um século de cultura e política* (São Paulo, Editora Unesp, 2010), p. 17-56.

Roma![14], com suas conferências anticlericais. Na dedicatória de um exemplar – hoje depositado no Arquivo Edgard Leuenroth, da Universidade Estadual de Campinas –, escreveu: "A Edgard Leuenroth, bom amigo e incansável paladino do Bem". Os dizeres talvez ajudem a explicar sua aproximação com os libertários, apesar de ser na época sobretudo um livre-pensador maçom: todos estariam do lado do bem contra o mal, isto é, na oposição à ordem do Estado oligárquico.

Desfrutando de prestígio nacional, graças à ampla luta contra sua deportação, Dias colaborou com publicações de oposição em vários estados. Atuou na revista *Clarté*, que ajudou a fundar em janeiro de 1921, ao lado de Nicanor Nascimento, Evaristo de Moraes, Maurício de Lacerda, Luiz Palmeira e outros bacharéis. Inspiraram-se no grupo parisiense Clarté, liderado por Henri Barbusse, simpático à revolução soviética[15]. Everardo Dias[16] foi um dos raros integrantes da revista que se tornou comunista. Outros membros ocupariam altos cargos no Ministério do Trabalho de Getúlio Vargas; a tendência predominante no grupo era favorável a reformas graduais, segundo Michael Hall e Paulo Sérgio Pinheiro[17].

Em 1922, Everardo Dias participou da campanha à presidência da república de Nilo Peçanha, republicano, maçom e liberal, que congregava os adversários de Artur Bernardes, o candidato das oligarquias dominantes à sucessão de Epitácio Pessoa. Após a derrota de Peçanha, participou de várias conspirações e chegou a ser preso por um breve período em abril de 1923. Envolveu-se com o levante militar de São Paulo em julho de 1924. Participou, a seguir, da conspiração liderada pelo almirante Protógenes Guimarães, no Rio de Janeiro, o que redundou em sua prisão em agosto de 1924.

Bastilhas modernas talvez tenha sido a obra mais expressiva de Everardo Dias, na qual narrou sua experiência nas cadeias do governo de Artur Bernardes. Apesar de pouco lembrado, o livro foi uma espécie de precursor das *Memórias do cárcere*, de Graciliano Ramos, mesmo que não seja comparável do ponto de vista literário. *Bastilhas modernas* é um documento histórico ímpar por relatar as condições dos

---

[14] Everardo Dias, *Delenda Roma!*, cit.

[15] O grupo brasileiro teve ramificações em São Paulo e no Recife. Muitos de seus membros eram maçons. Publicou sete números da *Clarté: Revista de Ciências Sociais*, com tiragem de 2 mil exemplares, que defendiam posições socializantes. A revista tinha contatos internacionais – especialmente em Buenos Aires e Montevidéu –, o que facilitou o acesso a certa literatura que buscava esclarecer o que ocorria na Rússia, contribuindo assim para divulgar a revolução no Brasil. Mais tarde, Everardo Dias chegou até a afirmar que a revista tinha o objetivo de defender e divulgar a Revolução Russa. Ver Everardo Dias, *História das lutas sociais no Brasil*, cit., p. 105-9.

[16] Idem, "A propósito de greves", *Clarté: Revista de Ciências Sociais*, Rio de Janeiro, n. 6, dez. 1921, p. 73.

[17] Michael Hall e Paulo S. Pinheiro, "O grupo *Clarté* no Brasil: da revolução nos espíritos ao Ministério do Trabalho", em A. A. Prado (org.), *Libertários no Brasil: memória, lutas, cultura* (São Paulo, Brasiliense, 1983), p. 251-87.

presídios por onde seu autor passou: Polícia Central, Detenção, Ilha Rasa, Ilha das Flores, Presídio do Bom Jesus e Casa de Correção. Ele colheu ainda testemunhos para registrar as tragédias das prisões nas quais não esteve, como Ilha das Cobras, Ilha da Trindade e Campos (navio de prisioneiros). Baseou-se no depoimento de Lauro Nicácio – jovem oficial sobrevivente do campo de prisioneiros de Clevelândia, localizado no Oiapoque, no extremo norte do Brasil – para fazer uma narrativa concisa e contundente daquela que foi a prisão mais terrível da época, o "inferno verde". Lá pereceram centenas de prisioneiros, dizimados pelas doenças, má alimentação e falta de cuidados médicos[18].

Em *Bastilhas modernas*, o autor revelava detalhadamente em 33 capítulos o cotidiano nos presídios: as tensões entre os presos; os regulamentos arbitrários; os castigos e desmandos de todo tipo; as relações com as autoridades da cadeia, do carcereiro ao diretor; as condições de alojamento, alimentação e higiene; o estado físico e psicológico dos prisioneiros; a espionagem entre eles; as doenças; a assistência médica precária; e as desconfortáveis e frequentes mudanças de presídio. Atestava a perseguição aos deserdados, ao relatar as diferenças de tratamento no cárcere conforme a origem social e também ao evidenciar a prisão de bandidos, mendigos e trabalhadores honestos junto com os detidos políticos. Em síntese, a obra registrava o aparelho de repressão aos inimigos sociais e políticos da ordem oligárquica, compondo um quadro significativo do sistema penal e da sociedade brasileira de seu tempo[19].

O governo Bernardes e as oligarquias foram duramente criticados no livro, assim como a sociedade burguesa, que seria responsável pela geração de marginais, "tristes e nefastos produtos do regime capitalista"[20]. O autor ironizava o "que se convencionou chamar justiça, no regime burguês"[21]. A indignação moral com a situação nos presídios prevalecia na obra, portadora ainda de certo desapontamento com a condição humana, num texto marcado pelo ceticismo.

Após o fim do governo de Artur Bernardes e do estado de sítio, Everardo Dias foi libertado e concluiu *Bastilhas modernas*. Ele retornou a São Paulo para viver com a família[22].

---

[18] Alexandre Samis, *Clevelândia: anarquismo, sindicalismo e repressão política no Brasil* (São Paulo, Imaginário, 2002).

[19] A obra tem servido como fonte fundamental para várias teses e livros, como o de Paulo Sérgio Pinheiro, *Estratégias da ilusão*, cit., p. 85-131.

[20] Everardo Dias, *Bastilhas modernas*, cit., p. 32.

[21] Ibidem, p. 256.

[22] A essa altura, Everardo Dias já tinha suas seis filhas com Maria Ribeiro Dias, dona de uma pensão em São Paulo, cujos clientes eram sobretudo estudantes da Faculdade de Direito do Largo São Francisco. Teve com ela mais quatro filhos homens, falecidos ainda bebês. Ficou viúvo em 1932. A partir de então, as filhas ainda menores foram viver no Rio de Janeiro com a irmã

136

Raros pontos do livro permitiriam adivinhar que Everardo era comunista na época, sua adesão ao partido se deu pouco antes de ele ser preso. Suas cartas ao secretário-geral, Astrojildo Pereira, datadas de 1927, expressavam sua dedicação ao partido e ao jornal comunista *A Nação* no breve período de legalidade do partido, de 3 de janeiro a 11 de agosto de 1927. Elas testemunhavam a inserção quase nula dos comunistas na classe operária paulista, além das dificuldades materiais dos militantes. Mas nem por isso deixavam de revelar ânimo para mobilizar o operariado[23]. Como comunista, Everardo afastou-se da maçonaria. Porém, cultivava antigas amizades nos meios anticlericais, com os quais buscava fundos para ajudar a manter *A Nação*[24].

Nas eleições municipais de outubro de 1928, Everardo Dias foi candidato derrotado em São Paulo, com votação ínfima. Mas o Bloco Operário e Camponês (BOC) elegeu Octávio Brandão e Minervino de Oliveira para o Conselho Municipal do Rio de Janeiro[25]. Dias apoiou criticamente a Aliança Liberal e o movimento de 1930. Chegou a elaborar, com Maurício de Lacerda, um programa de ação em nome de uma Frente Unida das Esquerdas, em março de 1929. No ano seguinte, conspirou com o líder militar Siqueira Campos, cujos planos para iniciar a revolução foram abortados após sua morte num desastre aéreo em maio de 1930. Everardo Dias foi expulso do PCB no começo da década de 1930 e formalmente desligado em 1932, numa onda de obreirismo que levou ao expurgo de intelectuais e não poupou sequer o secretário-geral, Astrojildo Pereira.

---

mais velha, Ignês, já casada com Astrojildo Pereira. Everardo passou a morar com Tereza, sua companheira até a morte. Viveram seus últimos anos numa chácara na zona leste paulistana. Ele deixou seis netos, entre eles, Beatriz Alcofarado, que me deu essas informações (entrevista por telefone, Joinville, 11 abr. 2012).

[23] Everardo Dias, *Cartas a Astrojildo Pereira*, 1927. Originais disponíveis no Archivio Storico del Movimento Operaio Brasiliano (Asmob), que está depositado no Centro de Documentação e Memória da Universidade Estadual Paulista (Cedem-Unesp).

[24] O jornal fechou, assim como outros órgãos da imprensa operária, após a entrada em vigor de legislação repressiva aprovada pelo Congresso em agosto de 1927, particularmente o Decreto n. 5.221, a principal "lei celerada". Everardo escreveu a respeito do periódico: "sobre 'A Nação', acho-a cada vez melhor. É uma pena, uma angustiosa pena, ver tão bons artigos lidos por tão poucos trabalhadores! Eu faço sempre a distribuição dos encalhes por fábricas e oficinas. O jornal não é *ignorado*. Aos poucos, dará fruto. Mas o caso é que no momento precisamos viver – e esse é o problema gravíssimo que se nos apresenta. [...] Saúde e persistência leonina! Vocês infundem coragem, vocês animam!". Carta de Everardo Dias a Astrojildo Pereira, 19 jul. 1927, grafado pelo autor.

[25] Apesar de todos os entraves – como a clandestinidade forçada, as notórias fraudes eleitorais, a coerção policial, as restrições eleitorais para os pobres e o voto de cabresto nas áreas de influência do coronelismo –, o PCB participava das eleições por meio do BOC, uma organização política de "frente única" para fazer propaganda, denúncia e agitação política. Ver Dainis Karepovs, *A classe operária vai ao Parlamento*, cit.

EVERARDO DIAS

Com a política no sangue, Everardo Dias seguiu atuante. Expressou seu descontentamento com os rumos do governo ao envolver-se com a rebelião paulista de 1932 na redação do *Diário Nacional*, jornal do Partido Democrático, com o qual tinha relações desde o final dos anos 1920. As conturbações da época levaram-no a nova prisão, de 1935 a 1937, acusado de cumplicidade com o levante comunista – do qual efetivamente não participou. Ao deixar a cadeia, estreitou laços com a maçonaria, à qual se dedicou até a morte, em 1966, embora não tivesse abandonado as convicções socialistas.

Nos anos 1950, Dias foi um dos colaboradores mais frequentes da *Revista Brasiliense*, de Caio Prado Júnior, Elias Chaves Neto e outros comunistas, cujas propostas eram marginais no PCB. Ele escreveu 22 artigos para a *Brasiliense*. Foi o quinto autor mais assíduo nas páginas da revista, conforme levantamento de Fernando Limongi[26]. Esses artigos deram base para sua obra mais conhecida, intitulada *História das lutas sociais no Brasil*, publicada em 1962 e reeditada em 1977. Não se tratava de uma reflexão teórica aprofundada sobre a sociedade e a revolução brasileira, mas de uma narrativa baseada nas memórias de sua experiência de vida em meio às agitações sociais do primeiro terço do século XX. O próprio autor afirmou que, embora fosse adepto do marxismo e de sua explicação complexa das lutas de classes, não pretendeu com o livro usar esse método, mas apenas relatar os acontecimentos[27].

A natureza da obra de Everardo Dias – notadamente seus livros principais, *Memórias de um exilado, Bastilhas modernas* e *História das lutas sociais no Brasil* – não permite falar em "derrota da dialética" do ponto de vista teórico, já que nunca se propôs a fazer uma análise dialética da sociedade brasileira. Não obstante, ajuda a compreender o período, marcado menos pelo esforço de teorização e mais pela ênfase na experiência prática de vida nos meios sociais de esquerda, em que atuavam as mais diversas correntes de livres-pensadores, anarquistas, positivistas, nacionalistas (tenentistas) e comunistas, enraizados socialmente em diferentes grupos e classes, entre operários, pequeno-burgueses, militares e intelectuais oriundos de setores oligárquicos dissidentes. Então, é o caso mais de constatar e compreender do que de criticar o ecletismo de Everardo Dias e de seus companheiros de geração à esquerda, que lutaram nas circunstâncias mais adversas e pagaram um preço alto por isso.

Uma compreensão mais adequada da dialética poderia ter levado a escolhas políticas mais pertinentes? Em *A derrota da dialética*, Leandro Konder sugere que não; afinal, o conceito não serviria para suprimir incertezas, e os marxistas brasileiros estavam limitados pela configuração da sociedade oligárquica em que viviam.

---

[26] Fernando Limongi, "Caio Prado Jr. e a *Revista Brasiliense*", *Revista Brasileira de Ciências Sociais*, v. 2, n. 5, p. 47-66, out. 1987.

[27] Everardo Dias, *História das lutas sociais no Brasil*, cit., p. 126.

Contudo, o próprio título da obra deixa subjacente a hipótese de que uma percepção dialética da realidade social como totalidade contraditória em movimento – fazendo uso do método e das categorias analíticas de Marx – poderia levar a transformações socializantes. Então, cabe indagar se, no pensamento de Leandro Konder, haveria certo resquício do cientificismo que ele tanto critica, a supor que a política pode ser formulada cientificamente, com a História entrando nos eixos quando a dialética triunfar na análise da formação social brasileira.

A partir de 1960, em especial, houve avanço teórico inegável do marxismo no Brasil. Foi o caso de alguns intelectuais do Partido Comunista, como Carlos Nelson Coutinho, que escreveu o prefácio de *A derrota da dialética*. Para ele, os livros de Leandro Konder *Marxismo e alienação*, de 1965, e *Os marxistas e a arte*, de 1967, somados à publicação em 1966 de *Origens da dialética do trabalho*, de José Arthur Giannotti – um dos expoentes do seminário Marx na Universidade de São Paulo (USP)[28] –, significaram saltos de qualidade, dando início à revanche da dialética na batalha das ideias.

Contudo, as análises dialéticas sobre a sociedade brasileira nunca foram consensuais e deram origem a ações políticas distintas. Para tomar os mesmos exemplos de Coutinho, sabe-se que Konder e Giannotti seguiram caminhos políticos diferentes, apesar de sua apreensão aprofundada do método. Assim, cabe perguntar se a questão política central estaria na maior ou menor compreensão da dialética, o que pode lançar nova luz sobre a geração de Everardo Dias.

---

[28] A respeito do seminário Marx, ver Lidiane Soares Rodrigues, *A produção social do marxismo universitário em São Paulo: mestres, discípulos e um "seminário" (1958-1978)*, tese de doutorado em História Social, São Paulo, USP, 2012.

Sérgio Buarque de Holanda

Thiago Lima Nicodemo

O ano de 1936 foi dos mais importantes para Sérgio Buarque de Holanda, pois, além de ter publicado seu primeiro livro, *Raízes do Brasil*, como volume de abertura da Coleção Documentos Brasileiros, da Editora José Olympio, casou-se, no Rio de Janeiro, com Maria Amélia Buarque Alvin, com quem teve uma relação que durou toda a sua vida e sete filhos. No mesmo ano, ele vivenciou outra experiência definitiva em seu percurso intelectual ao receber do seu padrinho de casamento religioso, Prudente de Moraes, neto, o convite para trabalhar na recém-fundada Universidade do Distrito Federal.

A universidade era um projeto pioneiro da Prefeitura Municipal do Rio de Janeiro, iniciado no ano anterior. Foi idealizada por Anísio Teixeira, numa colaboração entre professores estrangeiros, majoritariamente franceses, como Pierre Deffontaines, Henri Hauser e Henri Tronchon, e nomes emergentes no cenário nacional, como Gilberto Freyre, Afonso Arinos de Mello Franco, Mário de Andrade e Manuel Bandeira, entre outros.

Sérgio Buarque de Holanda foi assistente na cadeira de História Moderna do professor Henri Hauser, talvez o intelectual mais influente do grupo de professores estrangeiros no Brasil. Hauser se aposentara como o primeiro professor da cátedra de história econômica da Sorbonne, sucedido por Marc Bloch. Hauser havia cumprido um papel de destaque no quadro de profissionalização e especialização da história como disciplina, desde sua participação nas *Revue Historique* e *Revue d'Histoire Moderne et Contemporaine* e, mais tarde, em 1929, ao apoiar a criação da famosa *Annales d'Histoire Économique et Sociale*. Ele também foi o responsável pelas indicações de Fernand Braudel e Pierre Monbeig como professores da recém-fundada Universidade de São Paulo (USP)[1].

---

[1] Marieta de Moraes Ferreira, "Os professores franceses e o ensino da história no Rio de Janeiro nos anos 30", em Marco Chor Maio e Glaucia Villas Bôas (orgs.), *Ideias de modernidade e sociologia no Brasil: ensaios sobre Luiz de Aguiar Costa Pinto* (Porto Alegre, Editora UFRGS, 1999), p. 11-2.

140

INTÉRPRETES DO BRASIL

Não foram poucas as vezes que Sérgio Buarque de Holanda demonstrou otimismo com a institucionalização da universidade e a especialização do conhecimento no Brasil[2]. Reconheceu que a experiência como professor universitário e o "estreito convívio" com Hauser impulsionaram um processo salutar de especialização. Em texto de maturidade, ao se referir às experiências com Hauser e na universidade, diz: "me haviam forçado a melhor arrumar, ampliando-os consideravelmente, meus conhecimentos nesse setor, e tentar aplicar os critérios aprendidos ao campo dos estudos brasileiros, a que sempre me havia devotado, ainda que com uma curiosidade dispersiva e mal-educada"[3].

Mesmo em *Raízes do Brasil* a especialização das letras cumpre um papel estratégico como um dos aspectos necessários para a modernização da sociedade brasileira. A intelectualidade do Brasil ainda era ligada a uma cultura personalista, que constitui uma tradição intelectual solene e rebuscada fundamentada no preceito romântico de que o homem de letras é uma figura de exceção, e sua atividade, estando acima das outras profissões, reveste-se de uma espécie de "poder mágico" ou "dom de nascença". O intelectual, nesse contexto, tende a certa generalidade e dispersão, já que a matéria intelectual opera na esfera de seus interesses particulares e de seu círculo de amizades. O resultado para Sérgio Buarque de Holanda é que as ideias circulam e são "assimiladas" como modismos, mas dificilmente se enraízam, representando genuinamente pulsões sociais[4].

Pouco após a experiência na Universidade do Distrito Federal, Sérgio Buarque de Holanda militou em movimentos de profissionalização do campo intelectual. Em 1942, participou da fundação da Associação Brasileira dos Escritores e, em 1945, organizou o I Congresso Brasileiro de Escritores, que tinha como principal objetivo a regulamentação das atividades intelectuais, como pagamento de direitos autorais e

---

[2]   Como, por exemplo, no trecho: "No que se refere à história, inclusive à história do Brasil, em seus diferentes setores, foi certamente decisiva e continua a sê-lo, sobre as novas gerações, a ação de alguns daqueles mestres: de um Jean Gagé, por exemplo, e de um Fernand Braudel em São Paulo; de um Henri Hauser e de um Eugène Albertini, na hoje extinta Universidade do Distrito Federal. O que puseram a realizar até aqui, no sentido de sugerir novos tipos de pesquisa e suscitar problemas novos, é apenas sensível, por hora, em certo tipo de trabalhos – cursos especiais, seminários, teses de concurso – que pela sua mesma natureza hão de fugir ao alcance de um público numeroso. Não parece excessivo acreditar, entretanto, que neles já se encontre o germe de um desenvolvimento novo e promissor dos estudos históricos no Brasil", Sérgio Buarque de Holanda, "O pensamento histórico no Brasil durante os últimos cinquenta anos", *Correio da Manhã*, Rio de Janeiro, 15 jul. 1951.

[3]   Idem, *Tentativas de mitologia* (São Paulo, Perspectiva, 1979), p. 14. Sobre a experiência de Sérgio Buarque de Holanda na Universidade do Distrito Federal, ver Marcus Vinicius Corrêa Carvalho, *Outros lados: Sérgio Buarque de Holanda, crítica literária, história e política*, tese de doutorado, Campinas, IFCH-Unicamp, 2003, p. 181-2.

[4]   Sérgio Buarque de Holanda, *Raízes do Brasil* (26. ed., São Paulo, Companhia das Letras, 1995), p. 155. Sobre o tema, ver Pedro Meira Monteiro, *A queda do aventureiro. Aventura, cordialidade e os novos tempos em* Raízes do Brasil (Campinas, Editora da Unicamp, 1999), p. 191.

SÉRGIO BUARQUE DE HOLANDA

liberdade de imprensa. Isso possibilitaria maior autonomia, dando condições para que o intelectual pudesse viver dos recursos gerados pela sua profissão. Com os colegas Mário de Andrade e Antonio Candido, Sérgio Buarque de Holanda contribuiu para imprimir um caráter político ao movimento, protestando contra o Estado Novo. Foi nesse contexto que contribuiu com a criação do movimento "Esquerda Democrática" e, pouco depois, do Partido Socialista Brasileiro, em 1947.

Nas páginas a seguir, analisarei as mutações do pensamento de Sérgio Buarque de Holanda no período posterior à publicação de *Raízes do Brasil*. Minha intenção é demonstrar como as linhas mestras de sua interpretação do Brasil são revistas ou reiteradas na medida em que sua produção intelectual como historiador se torna mais especializada e profissional.

O historiador profissional: *Monções* e *Caminhos e fronteiras*

Com menos de um ano após o término do Estado Novo, Sérgio Buarque de Holanda mudou-se do Rio de Janeiro, onde residia desde 1920, para São Paulo, sua cidade natal, para assumir a direção do Museu Paulista. Esse período foi muito produtivo para ele, já que em 1945 havia publicado *Monções* e, no ano seguinte, *Cobra de vidro*, coletânea de artigos de jornal do início da década de 1940. Além disso, Sérgio Buarque de Holanda começava a pesquisar e a publicar os textos que foram unidos, alguns anos depois, em 1957, como *Caminhos e fronteiras*.

Monções e *Caminhos e fronteiras* tratam da formação de uma dinâmica social interna impulsionada pela expansão do território na América portuguesa a partir do São Paulo colonial, processo que culminou com a fundação e a colonização de povoados como o de Cuiabá. Enquanto *Monções* enfoca a expansão ocorrida principalmente no século XVIII para fins comerciais a partir de redes fluviais, *Caminhos e fronteiras* se concentra nas entradas e bandeiras dos séculos XVI e XVII. São estudos muito menos abrangentes do que seu primeiro ensaio e concebidos em diálogo com a vanguarda da ciência histórica do período, uma vez que enfatizam o cotidiano dos agentes históricos, analisando aspectos da cultura material, hábitos, alimentação e indumentária, bem como a dimensão da produção agrícola e manufatureira, costumes e universo de crenças. Foi, aliás, graças a esses trabalhos que Sérgio Buarque de Holanda chamou a atenção de Fernand Braudel e Lucien Febvre[5] e foi convidado

---

[5]   Seria equivocado afirmar que Sérgio Buarque de Holanda foi "influenciado" pelo grupo francês. Trata-se de desenvolvimentos historiográficos paralelos, definidos nas palavras de Laura de Mello e Souza por "uma surpreendente afinidade e coincidência temática e metodológica entre Sérgio e os fundadores da moderna historiografia francesa". Laura de Mello e Souza, "Aspectos da historiografia da cultura sobre o Brasil colonial", em Marcos Cezar de Freitas (org.), *Historiografia brasileira em perspectiva* (São Paulo, Contexto, 2001), p. 23-4.

por eles a dar um curso na Universidade de Paris, além da publicação dos textos na revista dos *Annales*[6].

De modo geral, pode-se dizer que os modelos interpretativos duais de seu primeiro livro, como o do "homem cordial" ou o do "ladrilhador" e do "semeador", são substituídos, desde *Monções*, por um método fluido, preocupado em escapar de generalizações e em captar as diversas temporalidades dos eventos. Além disso, a abrangência tipicamente ensaísta de seu primeiro livro – a pretensão de abarcar como tema do livro a história de adaptação do europeu a um novo mundo – é substituída por recortes consideravelmente mais circunscritos, em grande consonância com a vanguarda da historiografia internacional do período[7].

A ideia-base de *Raízes do Brasil* de que a formação nacional resulta na adaptação de formas europeias no território americano é testada e aprimorada no estudo específico dos bandeirantes e dos monçoeiros. Por meio da história capitaneada por essas figuras, é possível acompanhar como o ímpeto aventureiro típico do colonizador vai aos poucos se assentando em formas sociais características. Como diz o historiador na introdução de *Monções*, para formar-se, a civilização adventícia é "colocada perante contingências do meio, pode aceitar, assimilar e produzir novas formas de vida, revelando-se até certo ponto criadora e não só conservadora de um legado tradicional nascido em clima estranho"[8]. Essa população inicialmente originada dos colonizadores se mesclou com a população nativa e teve de adaptar seus modos de vida em seus mais diversos aspectos, como os hábitos alimentares, o aproveitamento dos caminhos e trilhas, as técnicas de navegação fluvial, entre outros. A interiorização ou expansão das fronteiras da América portuguesa representa uma espécie de "brecha" no sistema colonial na visão de Sérgio Buarque de Holanda, de acordo com o que sugere Robert Wegner[9]. A sociedade resultante dessas interações no planalto paulista nasce como que por descuido dos desígnios metropolitanos, cujo interesse era o enriquecimento rápido por meio da venda de gêneros agrícolas no mercado europeu.

As linhas de força da interpretação do Brasil desenvolvidas em seu ensaio de estreia permanecem vivas, mas são recodificadas pelo aparato técnico do historiador profissional. A melhor forma de compreender esse processo é estudando a revisão

---

[6]   Sérgio Buarque de Holanda, "Au Brésil colonial: les civilisations du miel", *Annales*, ano 5, n. 1, jan.-mar. 1950, p. 78-81. Artigo que aparece reescrito como o capítulo 3: "A cera e o mel", de *Caminhos e fronteiras*.

[7]   Maria Odila Leite da Silva Dias, "Sérgio Buarque de Holanda, historiador", em Sérgio Buarque de Holanda, *Sérgio Buarque de Holanda* (São Paulo, Ática, 1985), p. 25-6; Pedro Meira Monteiro, *A queda do aventureiro*, cit., p. 47.

[8]   Sérgio Buarque de Holanda, *Monções* (3. ed., São Paulo, Brasiliense, 1990), p. 13. Trecho também destacado por Robert Wegner, *A conquista do oeste: a fronteira na obra de Sérgio Buarque de Holanda* (Belo Horizonte, Editora UFMG, 2000), p. 219.

[9]   Ibidem, p. 218.

SÉRGIO BUARQUE DE HOLANDA

direta que realizou em suas ideias ao publicar a segunda e a terceira edições de *Raízes do Brasil*, em 1948 e 1956, respectivamente.

A revisão de *Raízes do Brasil*

As revisões feitas para a segunda e terceira edições de *Raízes do Brasil* ocorrem em compasso com o desenvolvimento de sua obra como historiador profissional e ajudam a compreender esse processo. A revisão para a segunda edição é ampla e radical – conforme cálculo realizado por João Kennedy Eugenio em estudo recente, foram inseridos 116 novos parágrafos, um acréscimo da ordem de um terço.

Fundamentalmente, a revisão se pautou em abrandar a matriz sociológica da obra por meio do adensamento do aparato de erudição histórica[10]; ao mesmo tempo, eclipsou a influência original freyriana, segundo hipótese de João Cezar de Castro Rocha[11]. Correndo o risco de algum esquematismo, pode-se afirmar que Sérgio Buarque de Holanda atenua ou extingue julgamentos que atribuem positividade ao resultado do processo de colonização[12].

As modificações na terceira edição, basicamente a que estabeleceu o texto definitivo, são pontuais, muito menos numerosas, e reforçam em alguns pontos muito significativos o sentido determinado na segunda revisão. Um exemplo, já notado por Castro Rocha[13], é a modificação na abertura da primeira edição:

> Todo estudo compreensivo da sociedade brasileira há de destacar o fato verdadeiramente fundamental de constituirmos o único esforço bem-sucedido em larga escala, de transplantação da cultura europeia para uma zona de clima tropical e subtropical. Sobre território que, povoado com a mesma densidade da Bélgica, chegaria a comportar um número de habitantes igual ao da população atual do globo, vivemos uma experiência sem símile. Trazendo de países distantes nossas formas de convívio, nossas instituições, nossas ideias, e timbrando em manter tudo isso em ambiente muitas vezes desfavorável e hostil, somos ainda hoje desterrados em nossa terra. Podemos construir obras excelentes, enriquecer nossa humanidade de aspectos novos e imprevistos, elevar à perfeição o tipo de civilização que representamos: o certo é que todo o fruto de nosso trabalho ou de nossa preguiça parece participar de um sistema de evolução próprio de outro clima e de outra paisagem.

---

[10] João Kennedy Eugênio, *Ritmo espontâneo: o organicismo em* Raízes do Brasil *de Sérgio Buarque de Holanda* (Teresina, Editora UFPI, 2011), p. 400- 8.

[11] João Cezar de Castro Rocha, "O exílio como eixo: bem-sucedidos e desterrados", em Pedro Meira Monteiro e João Kennedy Eugênio (orgs.), *Sérgio Buarque de Holanda: perspectivas* (Campinas/Rio de Janeiro, Editora da Unicamp/Uerj, 2008), p. 248-9. Questão também observada por João Kennedy Eugênio em *Ritmo espontâneo*, cit., p. 380-1.

[12] Ibidem, p. 375-8 e p. 386.

[13] João Cezar de Castro Rocha, "O exílio como eixo", cit., p. 247.

144 INTÉRPRETES DO BRASIL

Dá lugar na terceira edição, de 1956, à passagem:

A tentativa de implantação da cultura europeia em extenso território, dotado de condições naturais, se não adversas, largamente estranhas à sua tradição milenar, é, nas origens da sociedade brasileira, o fato dominante e mais rico em consequências. Trazendo de países distantes nossas formas de convívio, nossas instituições, nossas ideias, e timbrando em manter tudo isso em ambiente muitas vezes desfavorável e hostil, somos ainda hoje desterrados em nossa terra. Podemos construir obras excelentes, enriquecer nossa humanidade de aspectos novos e imprevistos, elevar à perfeição o tipo de civilização que representamos: o certo é que todo o fruto de nosso trabalho ou de nossa preguiça parece participar de um sistema de evolução próprio de outro clima e de outra paisagem.

Há um descompasso entre "forma" e "conteúdo" – a ação que orienta a formação do Brasil é caracterizada por um tipo de agir que não se define por um fim, mas pelas circunstâncias de um processo de adaptabilidade ainda incompleto[14]. Nas palavras de João Kennedy Eugênio, "a meta a ser atingida pela cultura não é isto ou aquilo, mas o desenvolvimento das próprias potencialidades: chegar a ser o que é; atualizar a forma" por meio da adaptação[15]. A forma nacional se dá, portanto, pelo negativo, por uma busca dada pela ausência de procura. Esse descompasso nada mais é do que um mecanismo temporal teórico de articulação entre passado e presente. De um lado, com a inserção de um "hoje" ou "agora" que reforça a estrutura retrospectiva de toda "formação", e assim se investiga como algo tomou a forma com que conhecemos em nosso presente.

Há uma forte relação entre o delineamento de um mecanismo fundamental de configuração temporal e as implicações políticas em *Raízes do Brasil*. A obliteração da influência freyriana, assim como o apagamento de trechos que sugerem sentido otimista à empreitada colonial, dá lugar a um tom progressista e democrático. Nesse sentido, a análise da modificação no parágrafo inicial da obra, apesar de ocorrida apenas na terceira edição, ajuda muito a compreender o sentido das modificações nos marcadores temporais introduzidas pelo autor em 1948. A compilação de modificações na segunda edição realizada por João Kennedy Eugênio, que pode ser vista abaixo, mostra algumas inserções que reforçam a dinâmica da análise da formação nacional como um processo ainda incompleto.

Tendo dito que "uma superação da doutrina democrática só será possível entre nós quando tenha sido vencida a antítese liberalismo-caudilhismo" (2. ed., p. 101) Sérgio adianta, de forma enfática, que "essa vitória nunca se consumará enquanto não se liquidem, por sua vez, os fundamentos personalistas e, por menos que o pareçam

---

[14] André Goldfeder e Leopoldo Waizbort, "Sobre os tipos em *Raízes do Brasil*", *Revista do IEB*, n. 49, set. 2009, p. 29.

[15] João Kennedy Eugênio, *Ritmo espontâneo*, cit., p. 351-2.

aristocráticos, onde ainda assenta nossa vida social (2. ed., p. 269). Ele acrescenta que, "se o *processo revolucionário* a que vamos assistindo [...] tem um significado claro, será *a dissolução lenta*, posto que irrevogável, das *sobrevivências arcaicas*, que o nosso estatuto de país independente *até hoje não conseguiu extirpar*" (2. ed., p. 269-70). De fato, "somente através de um processo semelhante teremos finalmente *revogada a velha ordem colonial e patriarcal*, com todas as *suas consequências morais, sociais e políticas que ela acarretou e continua a acarretar*".[16] (Grifos meus.)

Raízes do Brasil é composto por uma sobreposição de planos interpretativos rivais ou contraditórios de uma "metodologia dos contrários", como ressaltou Antonio Candido em seu conhecido prefácio à obra. No entanto, fica patente que nas revisões para as edições seguintes, especialmente na segunda, Sérgio Buarque de Holanda atenua essa dialética, imprimindo uma coerência ao texto ausente no original. Se na primeira edição éramos paradoxalmente ao mesmo tempo "bem-sucedidos" e "desterrados"[17], seremos, com essa mudança, governados apenas pela última metáfora, a do desterro. O apagamento da referência a Freyre segue a reboque desse movimento de anulação da visão otimista da empreitada colonial.

Com isso, é reforçada também uma estrutura temporal protendida entre presente e passado, de um "horizonte de expectativa"[18] marcado pela força expressiva do advérbio "ainda", ou melhor, "ainda não", como se pode ver claramente nos trechos grifados na citação anterior. Nessa perspectiva, a formação do Brasil moderno só se efetiva com a "dissolução irrevogável das nossas sobrevivências arcaicas".

Dialogando com a tese de João Kennedy Eugênio, de fato a matriz organicista do livro, talvez o seu fundamento mais importante, é seriamente atenuada entre as edições da obra. Originalmente, Sérgio Buarque de Holanda acreditava que as formas sociais e culturais deveriam se desenvolver de modo espontâneo até tomarem formas nacionais próprias[19]. Não basta apenas reconhecer a autenticidade dessa

---

[16] Ibidem, p. 388.

[17] "[...] os brasileiros tiveram uma experiência única porque bem-sucedida, mas, ao mesmo tempo, como resultado, eles vivem desenraizados em seu próprio país. Esse paradoxo não tem sido devidamente avaliado. Como ser ao mesmo tempo bem-sucedido *e* desterrado?", João Cezar de Castro Rocha, "O exílio como eixo", cit., p. 249.

[18] Faço referência à categoria desenvolvida por Reinhart Koselleck, ao longo dos ensaios que compõem sua obra *Futuro passado: contribuição à semântica dos tempos históricos* (Rio de Janeiro, Contraponto/PUC-Rio, 2006).

[19] "Sérgio Buarque compreende a vida como constituída de oposições e deseja que a cultura brasileira realize o acordo entre raízes e inovações, tradição e experimentação. A sua visão organicista supõe duas dimensões: uma totalidade dotada de forma (princípio interno de crescimento) – é o polo do organismo – e a ambiência que envolve o organismo – o polo da realidade. Isto implica que *não há autonomia sem limites* e que *a realidade é a condição de vida e crescimento*. Crescimento orgânico verdadeiro só ocorre quando o organismo se adapta às condições concretas, o que confere papel decisivo à plasticidade. Como os organismos vivos, que crescem segundo uma lei interna, mas

"experiência sem símile" e da forte perspectiva de continuidade desse processo segundo uma análise organicista – o horizonte reforçado no livro na segunda edição é diametralmente oposto a este, pois preconiza uma ruptura com nossas formas históricas, projetada como expectativa em relação ao futuro.

O último capítulo da obra, "Nossa revolução", é o que sofre de forma mais aguda as consequências dessas modificações variantes do "ainda". A modificação no segundo parágrafo do capítulo é sintomática e pode resumir essa questão. Nas palavras de Sérgio, na primeira edição: "A grande revolução brasileira não *foi* um fato que se pudesse assinalar em um instante preciso; foi antes um processo demorado e que *durou* pelo menos três quartos de século"; transforma-se a partir da segunda edição em "A grande revolução brasileira não *é* um fato que se pudesse assinalar em um instante preciso; foi antes um processo demorado e que *vem durando* pelo menos três quartos de século" (grifos meus). "Nossa revolução" representa a ruptura com o passado arcaico presente desde a primeira edição da obra, mas a partir das modificações publicadas em 1948 a obra ganha uma pretensão temporal complexa e, como veremos a seguir, eminentemente moderna.

Não se pode tratar, portanto, de *Raízes do Brasil* sem levar em consideração as profundas modificações realizadas entre as edições de 1936, 1948 e 1956, pois altera muito de nossa percepção atual sobre a obra. Mesmo o famoso prefácio de Antonio Candido a *Raízes* do final da década de 1960 é enredado numa visão política de Sérgio Buarque de Holanda democrático e progressista que só fica claramente evidenciada com as modificações de 1948[20]. O que se deve acrescentar para além do que já se sabe sobre essas modificações é o fato de que o desenvolvimento do historiador profissional ocorrido ao longo da década de 1940 ordena o sentido da modificação da obra – o reforço de uma estrutura temporal protendida entre experiências do passado e expectativas do futuro – e de que, além disso, a adoção dessa estrutura tem a implicação de uma alteração no horizonte político da obra.

Os sentidos da formação

Em poucas palavras, o mecanismo teórico reforçado por Sérgio Buarque de Holanda nada mais é do que uma forma de se tratar do problema da formação da nacionalidade brasileira sem tê-la como pressuposto da escrita da história, sem incorrer em um anacronismo. Sua intenção é anular uma interpretação da história nacionalista, que projeta um sentido inequívoco à interpretação de

---

adaptando-se à realidade envolvente, a cultura precisa se realizar segundo um padrão intrínseco, mas adaptando-se à realidade, às vezes adversa: há que se entrelaçar tradição cultural e modernidade, *Volkgeist* e *Zeitgeist*, *physis* (caráter) e *nomos* (norma), *espírito e vida*, num acordo de antagonismos que seria, afinal, a lei da vida", João Kennedy Eugênio, *Ritmo espontâneo*, cit., p. 359.

[20] Ibidem, p. 395-6.

todos os eventos históricos da América portuguesa como se fossem indícios da nacionalidade brasileira.

Isso não significa que desejasse se livrar ou se distanciar totalmente de um paradigma nacional. Trata-se de um deslocamento do prisma de análise que transforma justamente o pressuposto da historiografia nacionalista em problema-chave a ser pesquisado: em que condições podemos falar de uma cultura nacional ao estudarmos o processo pelo qual a cultura europeia e suas instituições tomam cores próprias e cria condições de autonomia. E, mais do que isso, em que medida podemos considerar a produção de uma ideologia nacional em um plano de historicidade que se projeta ainda ao futuro, como uma missão inacabada em jogo no presente.

O crítico Roberto Vecchi assinalou que na estrutura temporal desenvolvida por Sérgio Buarque de Holanda o tempo presente opera como um resto que determina a condição contemporânea do Brasil. No plano do presente, chocam-se ou se sobrepõem reminiscências do passado arcaico e os arroubos progressistas condicionados pela expectativa de um futuro moderno[21]. Em suas palavras: "o presente é forjado por essa dobra que é simultaneamente inscrita nas duas temporalidades formando a temporalidade nacional"[22]. Como observa o mesmo crítico, o termo "revolução" não deve ser compreendido no seu sentido contemporâneo de ruptura radical. A revolução brasileira, além de lenta e gradual, só ganha sentido pleno se aproximada de seu significado etimológico de *revolvere*, "rolar para trás ou enrolar", nos fluxos e refluxos de passado e futuro experienciados no presente.

A modificação operada pelo horizonte do "ainda" imprime um inequívoco sentido teleológico na análise histórica de modo que o passado arcaico passa a ser considerado sob o ponto de vista da sua superação rumo à redenção moderna. O leitor de hoje, formado em nossa tradição de pensamento social, tende provavelmente a encarar esse procedimento com naturalidade, ou ao menos com familiaridade; mas cumpre observar que se trata de uma notável operação de imputação de elementos imaginários, de uma "ficcionalização" da análise histórica[23].

Pode parecer contraditório sustentar que as modificações em *Raízes do Brasil* possuam um sentido "estetizante" ao mesmo tempo que se defende que o rigor historiográfico da obra aumenta – mas o argumento que estou defendendo é exa-

---

[21] "[...] o presente, de fato, é o tempo residuário, intersticial, um resto que resta do choque entre o tempo regressivo do coriáceo passado cordial em duas ruínas resistentes (como explica a bela imagem do homem cordial fadado a desaparecer, mas que ainda age no presente, dirigida a Cassiano Ricardo) e outra diretriz temporal antagonista e progressiva da modernidade", Roberto Vecchi, "Atlas intersticial do tempo do fim: Nossa revolução", em Sandra J. Pesavento, *Um historiador nas fronteiras: o Brasil de Sérgio Buarque de Holanda* (Belo Horizonte, Editora UFMG, 2005), p. 169.

[22] Ibidem, p. 168.

[23] Giorgio Agamben define esse fenômeno como "estetização do messianismo", Giorgio Agamben, *Il tempo che resta: un commento alla lettera ai romani* (Turim, Bollati Boringhieri, 2000), p. 38-9.

148

tamente esse. As modificações "estetizantes" ou "ficcionalizantes", que configuram os eventos e os processos históricos no passado baseados em um anseio projetado no futuro, são instrumentalizadas para um aumento de rigor histórico na obra, de modo que Sérgio Buarque de Holanda se emparelha com a vanguarda da historiografia profissional do período. O primeiro e mais importante indício disso é que, ao tratar do processo de formação do Brasil como um *ainda*, ou melhor, um *ainda não*, ele procura justamente anular a nação como pressuposto teleológico da narrativa histórica, típico da tradição historiográfica novecentista. Afinal, é apenas com a superação do passado arcaico de origem ibérica que o Brasil tem condições de se constituir como uma cultura e sociedade próprias.

Outro aspecto importante nesse sentido é o da subjetivação do autor/narrador no texto. Ao deslocar o *telos* do discurso histórico, da nação pressuposta como dado para o horizonte futuro de um processo em curso, o narrador passa a participar ativamente do processo narrado. O *ainda não* indica o anseio de que a cultura se emancipe e a nação moderna se forme. Essa postura rompe com o objetivismo científico, estabelecido no século XIX, que tem como pressuposto a imparcialidade da análise e a consequente obliteração da presença do narrador na obra.

Nesse ponto, é necessário retomar o paralelo entre o paradigma temporal do *ainda não* e a estrutura do tempo messiânico. A protensão temporal implicada pelo *ainda não* provoca um efeito de "inefetividade teleológica", ou seja, o evento aguardado não deve se cumprir, ainda mais se se levar em conta a evolução dos processos históricos que vêm do passado do Brasil[24]. Reside justamente aí a força dessa construção narrativa, pois a esperança de superação das raízes no futuro é sustentada por uma desnaturalização contingencial do passado – o que aconteceu poderia não ter acontecido, a história poderia ter sido outra se tivéssemos tomado decisões diferentes; e é isso que legitima a ação no plano do hoje, do agora. Sob esse prisma, a análise empreendida no texto corrobora o próprio processo narrado, pois a identificação das raízes arcaicas brasileiras é o passo fundamental para superá-las. Assim também a obra é reforçada em sua dimensão intertextual, como mecanismo aberto que pressupõe a completude de um ciclo no ato da leitura – recurso, aliás, típico da literatura de vanguarda.

Em comentários feitos por conta da edição de *Apologia da história*, de Marc Bloch, em 1950, Sérgio Buarque de Holanda demonstra forte afinidade com a concepção de história do autor francês, advogando em prol de uma concepção de história enraizada no presente e, por isso, engajada. A ideia principal defendida por Sérgio Buarque de Holanda é que a história modernizada e universitária que se desenvolvia àquela altura no Brasil deveria ser combativa em relação aos seus

---

[24] Ibidem, p. 41.

próprios usos autoritários e nacionalistas[25]. É inevitável considerar que entre as duas edições de *Raízes do Brasil*, entre 1936 e 1948, ele vivenciou a derrocada dos totalitarismos, incluindo a ditadura estado-novista, e a Segunda Guerra Mundial. O horizonte político configurado na obra em 1948 se confunde com a reforma na articulação dos planos de historicidade, ligando-se ambos umbilicalmente ao aguçamento de uma consciência histórica antifascista.

Em Sérgio Buarque de Holanda, o conluio entre historicidade e política na análise da formação do Brasil é particularmente evidente devido ao desejo de dar coerência e inteligibilidade ao seu próprio legado, tanto no domínio técnico da temporalidade quanto no de consciência histórica como agente. Nesse sentido, a revisão de *Raízes do Brasil* também pode ser considerada uma espécie de acerto de contas com a experiência histórica do seu próprio tempo, na tensão entre escrita da história e o horizonte político estabelecido com o final da Segunda Guerra Mundial.

Também é necessário ressaltar que Sérgio Buarque de Holanda não é o único a compartilhar essa visão de mundo e a desenvolver ferramentas conceituais adaptadas àquela realidade. Uma análise histórica enredada nos dilemas do presente e ela própria comprometida com os processos que são seus objetos privilegiados de análise são a marca característica do desenvolvimento de uma ciência social brasileira desde o ensaísmo dos anos 1930 e ao longo do século XX. O esforço de anulação do *telos* nacional e sua substituição por uma articulação protendida do tempo entre passado e futuro, a subjetivação do autor/narrador e o uso de arcabouço conceitual em favor da aceleração do próprio processo narrado estão presentes em obras aparentemente díspares como *Formação do Brasil contemporâneo*, de Caio Prado Júnior; *Formação da literatura brasileira*, de Antonio Candido; *Formação econômica do Brasil*, de Celso Furtado, entre outras. Podemos falar, portanto, de uma inflexão paradigmática do pensamento brasileiro, de uma imaginação historiográfica do século XX ou de uma concepção brasileira de história.

A interpretação do Brasil e a concepção de história

Por ocasião da publicação da segunda edição da obra *Sobrados e mocambos*, de Gilberto Freyre, Sérgio Buarque de Holanda realizou a crítica "Sociedade patriarcal", nos rodapés do jornal *Diário Carioca*, em 1951. Além de afirmar na crítica que via a interpretação de Freyre como "nostálgica" e ainda apegada "por certos valores e estilos tradicionais", Sérgio Buarque de Holanda julgou um excesso considerar o regime "da economia patriarcal" como denominador comum da formação do Brasil[26]. Esse

---

[25] Questão que tive oportunidade de desenvolver na introdução do livro *Urdidura do vivido: visão do paraíso e a obra de Sérgio Buarque de Holanda nos anos 1950* (São Paulo, Edusp, 2008).

[26] Sérgio Buarque de Holanda, *Tentativas de mitologia*, cit., p. 102.

150

excesso se dava por uma confusão de ordem metodológica entre "forma" e "conteúdo" social, questão que remetia diretamente à sociologia de Georg Simmel. Enquanto o sociólogo alemão tendia à depuração de conceitos e princípios de natureza sociológica a partir do estudo de fenômenos históricos concretos, Freyre tendia a embaralhar ou inverter o processo, de maneira que "instrumentos de exposição, distinção, confronto, análise, convertem-se em realidades mais ou menos empíricas, servindo de base para julgamentos de valor que mal se disfarçam"[27]. Em outras palavras, o patriarcalismo não era uma forma nascida na América, como era a cultura do bandeirante e do monçoeiro. O patriarcalismo representava, na verdade, uma forma, matriz ibérica, e não explicava por si o processo que levava ao desenvolvimento de formas autóctones.

Essa crítica realizada pouco tempo depois da primeira revisão de *Raízes do Brasil* ajuda a compreender um elemento importante e não muito evidente da relação entre a concepção de história e a interpretação do Brasil na obra madura de Sérgio Buarque de Holanda. O mecanismo temporal que resumi pela introdução de um *ainda*, ou *ainda não*, reforçado justamente nessa oportunidade não pode ser resumido por uma simples tensão entre passado e futuro que enreda o presente. O elemento-chave da concepção de história buarqueana é a interação de dois planos temporais distintos. Um deles é o da dialética entre elementos ibéricos e elementos autóctones no processo de colonização, que inclui a ideia da família patriarcal (entre outros traços da mentalidade europeia distinguidos na crítica pelo termo geral "barroco"). O outro plano é o da análise de como esses elementos, já característicos de uma lógica própria, foram reaproveitados ou rearranjados na formação do Estado e da nação brasileira, processo que ocorreu ao longo do século XIX e se desdobra até o momento presente em que vivem os intelectuais. O olhar do leitor contemporâneo, treinado e formado na própria tradição do pensamento social brasileiro, naturaliza essa relação entre planos temporais lendo os dois como se fossem um. A própria fortuna crítica sobre Sérgio Buarque de Holanda não considera essa especificidade e acaba com frequência por embaralhar as temporalidades.

Já foram adequadamente apontadas pela crítica as continuidades estruturais entre duas das figuras fundamentais de *Raízes do Brasil*: a aventura e a cordialidade. Enquanto a metáfora do aventureiro remete esquematicamente ao colonizador lusitano, em seu afã por riqueza fácil e lucro imediato, em seu desinteresse em deitar raízes na terra explorada[28], o homem cordial corresponde à herança de práticas patriarcais, ligadas ao meio rural, no desenvolvimento do Estado nacional no século XIX[29]. Falando em

---

[27] Ibidem, p. 106.

[28] Pedro Meira Monteiro, *A queda do aventureiro*, cit., p. 102-10.

[29] Pedro Meira Monteiro chega a sugerir essa transição como uma "segunda voz", em suas palavras, "vistas as coisas deste ângulo, 'aventura' e 'cordialidade' parecem excluir-se, à primeira vista apontando uma relação com o meio físico e com a riqueza, e a segunda, como averiguare-

termos que só ganham total clareza com a segunda edição de *Raízes*, a cordialidade é a *herança*, o produto da ação do espírito de aventura. O leitor já pode intuir que as implicações de uma *herança colonial* estão em estreita conformidade com o corte das duas temporalidades operado pelo *ainda não*. Tanto isso é verdade que com a segunda edição da obra emerge um novo título para um capítulo bastante modificado que discute os impasses da ordem escravocrata no século XIX: "Herança rural".

Ultrapassaria os limites deste texto refletir com profundidade sobre a evolução da ideia de *herança* na obra de Sérgio Buarque de Holanda, mas é interessante observar que o resultado do mecanismo é justamente propor de modo claro um descompasso entre processo de independência política e desenvolvimento de laços em comum, ou seja, de uma nação que é construída historicamente, e não pressuposta teleologicamente, como podemos observar em célebre texto de 1961.

> Não parece fácil determinar a época em que os habitantes da América lusitana, dispersos pela distância, pela dificuldade de comunicação, pela mútua ignorância, pela diversidade, não raro, de interesses locais, começam a sentir-se unidos por vínculos mais fortes do que todos os contrastes ou indiferenças que os separam e a querer associar esse sentimento ao desejo de emancipação política. No Brasil, as duas aspirações – a da independência e a da unidade – não nascem juntas e, por longo tempo ainda, não caminham de mãos dadas. As sublevações e as conjuras nativistas são invariavelmente manifestações desconexas da antipatia que, desde o século XVI, opõe muitas vezes o português da Europa e o do Novo Mundo. E mesmo onde se aguça a antipatia, chegando a tomar colorido sedicioso, com a influência dos princípios franceses ou do exemplo da América inglesa, nada prova que tenda a superar os simples âmbitos regionais.[30]

Essa percepção pode levar a um enquadramento excessivamente esquemático das obras de Sérgio Buarque de Holanda, já que *Monções* e *Caminhos e fronteiras* (assim como *Visão do paraíso*) tendem a tratar de processos históricos ocorridos no primeiro plano temporal, aquele que contempla o nascimento de uma cultura com traços próprios na tensão entre elementos ibéricos e elementos autóctones no processo de colonização; enquanto *Raízes do Brasil* e outros textos do autor que abordam o século XIX, como *Da monarquia à república*, de 1972, dedicam-se à pertinência da herança colonial e seus impasses na formação do Estado e da nação brasileira.

---

mos, marcando uma relação dos indivíduos com a política, com seus superiores e com a própria hierarquia. Haveria, portanto, se déssemos crédito a essa primeira impressão de leitura, uma mudança na tonalidade do ensaio, com a alteração brusca no tema", ibidem, p. 172. Também é importante ressaltar que Waizbort e Goldfeder identificam que a tipificação da cordialidade, mais próxima dos tipos de Simmel, destoa da arquitetura de "semeador e ladrilhador" e "aventureiro e trabalhador", dualidades mais próximas de Sombart, em André Goldfeder e Leopoldo Waizbort, "Sobre os tipos em *Raízes do Brasil*", cit., p. 29.

[30] Sérgio Buarque de Holanda, "A herança colonial: sua desagregação", em *História geral da civilização brasileira* (São Paulo, Difel, 1961), t. II, v. 1, p. 9.

Na verdade, esses dois planos de historicidade estão sempre em interação na obra de Sérgio Buarque de Holanda, de modo que a análise de um deles implica analogamente o outro. Quando ele constrói a figura do bandeirante como um homem pobre e mestiço em luta pela sobrevivência, está intencionalmente desconstruindo, por meio da pesquisa histórica erudita, uma figura heroica, cuja construção se baseia numa mobilização apologética do passado para fins políticos[31]. Nessa medida, pode-se afirmar que uma história, heterogênea e movediça[32], de "figurantes mudos"[33], se faz ao mesmo tempo que uma de caráter oficial ou apologético se desfaz.

O conluio entre a escrita da história e o horizonte político não só permeia o percurso biográfico de Sérgio Buarque de Holanda, mas também é o fundamento de sua concepção madura de história. Ele próprio reconhece isso no prefácio à segunda edição de *Visão do paraíso*, em que disse que não era função do historiador a "taumaturgia", o culto de um passado "posto no singular", mas que a história deveria ser "exorcista", capaz, portanto, de "afugentar do presente os demônios da história"[34].

A interpretação do Brasil de Sérgio Buarque de Holanda não se perde ou se abranda na medida em que ele se torna um historiador profissional. Pelo contrário, apesar de menos explícito no texto, seu diagnóstico dos dilemas brasileiros se torna mais coeso e enfático. Do ponto de vista técnico – da escrita da história –, o intelectual reforça uma complexa interpretação do Brasil orientada por planos temporais articulados. Ao mesmo tempo, seus textos tornam-se também cada vez mais orientados por um horizonte político de mudança social de natureza inclusiva e democrática.

---

[31] Ver sobre isso Danilo Zioni Ferretti, "O uso político do passado bandeirante: o debate entre Oliveira Viana e Alfredo Ellis Jr. (1920-1926)", *Estudos históricos*, Rio de Janeiro, jan.-jun. 2008, v. 21, n. 41, p. 59-78.

[32] Ilana Blaj e Marina Maluf, "Caminhos e fronteiras: o movimento na obra de Sérgio Buarque de Holanda", *Revista de História*, São Paulo, jan.-jun. 1990, n. 122, p. 17-46.

[33] "Para Sérgio Buarque de Holanda a principal tarefa do historiador consistia em estudar possibilidades de mudança social. Entretanto, conceitos herdados e intelectualismos abstratos impediam a sensibilidade para com o processo do devir. Raramente o que se afigurava como predominante na historiografia brasileira apontava um caminho profícuo para o historiador preocupado em estudar mudanças. Os caminhos institucionalizados escondiam os figurantes mudos e sua fala. Tanto as fontes quanto a própria historiografia falavam a linguagem do poder, e sempre imbuídas da ideologia dos interesses estabelecidos. Desvendar ideologias implica para o historiador um cuidadoso percurso interpretativo voltado para indícios tênues e nuanças sutis. Pormenores significativos apontavam caminhos imperceptíveis, o fragmentário, o não determinante, o secundário. Destes proviriam as pistas que indicariam o caminho da interpretação da mudança, do processo do vir a ser dos figurantes mudos em processo de forjar estratégias de sobrevivência", Maria Odila L. S. Dias, *Sérgio Buarque de Holanda e o Brasil* (São Paulo, Fundação Perseu Abramo, 1998), p. 15.

[34] Sérgio Buarque de Holanda, "Prefácio à segunda edição", em *Visão do paraíso: os motivos edênicos no descobrimento e colonização do Brasil* (6. ed., São Paulo, Brasiliense, 1996), p. XVI.

GILBERTO FREYRE

Mario Helio Gomes de Lima

A antropologia e a sociologia aplicadas foram, por assim dizer, o interesse nortea-dor de toda a vida intelectual de Gilberto de Mello Freyre (1900-1987). Ele nasceu e morreu no Recife, capital do estado de Pernambuco, na região Nordeste, a mais desigual do Brasil.

Quando Freyre nasceu, a exuberância econômica de Pernambuco era coisa do passado. Um passado em parte glorioso, mas de uma glória apoiada no trabalho dos escravos nas plantações de cana-de-açúcar, a principal forma de cultivo ali desde o início da colonização. Com a perda do protagonismo do Brasil no mercado internacional de açúcar, a decadência econômica dos estados dependentes desse produto contagiará certa nostalgia, que parece emanar de parte da literatura escrita no Nordeste até pelo menos a década de 1940 no século XX. Os principais livros de Gilberto Freyre – *Casa-grande & senzala*, *Sobrados e mucambos* e *Nordeste* – são os melhores estudos sobre a formação, o apogeu e a desintegração dessa elite. As três obras foram lançadas na década de 1930, período de grande transição no Brasil – de um país de feição essencialmente rural à urbanização e à industrialização.

Filho e neto de gente de classe média, Freyre terá um ponto de vista ora crítico, ora complacente sobre os parentes e ancestrais. O seu gosto pela cultura popular nunca excluiu o fascínio pela aristocracia, expresso muitas vezes numa empatia nostálgica.

Como os novos-ricos ávidos por títulos de nobreza, ele não hesitará em buscar para si associações com simbolismos que o aproximem de fidalguias reais ou ima-ginadas. A própria insistência em grafar o Freire do seu nome com "y" é um traço pitoresco disso (embora secundário), pois servia não só ao propósito de ligar-se a remotos e imprecisos antepassados espanhóis, mas de metafórica ou metonimica-mente distinguir-se.

Há, no entanto, uma razão um pouco menos pueril para isso. Trata-se não de uma simples busca nostálgica de referências nobres, como no romance *Tess of the d'Urbervilles* [Tess de D'Ubervilles], de Thomas Hardy (1840-1928), mas de uma inserção deliberada no arcaísmo, expresso tanto na sobrevivência quanto na interpenetração dos tempos, como se não fossem cronológicos, mas psicológicos e até cíclicos.

Freyre desenvolveu ao longo de toda a sua obra o conceito de tempo tríbio. Essa vida tripla do tempo como nas três pessoas da Trindade promoveria a integração dos três em uma comunhão indissociável no cerne das coisas. Ao escrever com "y", Freyre mais que se reportar ao passado busca entendê-lo, como se o reintegrasse à vida. Tudo isso expressado nestas suas palavras de *Problemas brasileiros de antropologia*[1]:

> Entre alguns dos burgueses mais progressistas quanto a ideias encontra-se, como contraste desconcertante, o uso de punhos ou o de bengala, que já não corresponde à necessidade social nenhuma do burguês de hoje. Muitos de nós ainda escrevemos nomes com *hh* e *yy* nem sempre necessários; e há poemas modernistas escritos com canetas que se molham no tinteiro, em lugar de canetas automáticas.

É necessário sublinhar, no entanto, que os fidalgos no Brasil com ou sem "hh" e "yy" somente começaram a querer dissociar-se da escravidão – a exemplo de Joaquim Nabuco, ídolo intelectual de Freyre – já na segunda metade do século XIX, quando, por influência inglesa e como resultado das tensões internas de um país em transição, se multiplicaram as iniciativas para pôr fim ao regime escravocrata.

Os restos e os rastros daquela sociedade patriarcal estavam ainda muito vivos nos anos da infância de Freyre. Em 1918, quando Freyre completou a maioridade, o fim do trabalho escravo contava apenas 30 anos.

Por essas e outras razões, é fácil entender que a mentalidade que predominava no Brasil nos primeiros anos do século XX nada tinha da visão cordial e de democracia étnica associada ao Brasil de hoje, sendo em grande parte resultado de elaborações teóricas de autoria de Freyre. Vestígios da monarquia derrubada em 1889 e de velhos hábitos arraigados durante séculos fizeram parte da formação do menino e do jovem Freyre no Recife, de 1900 a 1918 (quando experimentou a primeira viagem de estudos ao exterior).

Um dos aspectos mais correntes na mentalidade da época – a consciência de raça – vai ser a preocupação intelectual por princípio na sua obra. Para boa parte dos seus contemporâneos, era indiscutível a superioridade racial de brancos sobre negros e índios e da cultura europeia sobre a nativa. Freyre tratou de destruir esse mito.

---

[1] Gilberto Freyre, *Problemas brasileiros de antropologia* (Rio de Janeiro, José Olympio, 1973), p. 17.

GILBERTO FREYRE

Nessa época, autores como Oliveira Viana e Nina Rodrigues colocaram em prática uma sociologia e uma antropologia com forte influência do biologismo e de uma concepção racial que levava a *intelligentsia* do Brasil a defender uma teoria do branqueamento.

Depois de haver cursado o segundo ciclo dos seus estudos numa escola de protestantes batistas, no Recife, aos 18 anos de idade, Freyre vai viver nos Estados Unidos para realizar os seus estudos superiores, incluindo os de pós-graduação. As inquietações de sua juventude ele registrou em um diário cujos fragmentos revistos e refundidos em parte foram publicados na velhice do autor[2].

Ao justificar o título que afinal deu a esse conjunto de notas – *Tempo morto e outros tempos* –, Freyre reitera um exercício particular de se autointerpretar ao interpretar o seu tempo e espaço:

> Foi esse um tempo cheio de contratempos. Se hoje são mais pungentes esses contratempos, naqueles dias foram mais surpreendentes, mais imprevistos, mais inesperados: vinha-se de um mundo relativamente estável. Vinha-se de "Pax Britannica" com todas as suas implicações. Inclusive as de uma imperial cultura anglo-saxônia, ao impacto da qual o autor, em grande parte educado por anglo--saxões, de tal modo se tornara sensível que, ainda adolescente, seria talvez o único brasileiro a estudar, em universidade – substituição da língua alemã, então proibida –, o anglo-saxão, juntando esse estudo ao lastro latino e um pouco grego da sua cultura e do seu verbo.

Como ocorria nas famílias de melhores posses no Brasil do tempo de Freyre, os filhos eram educados pelos pais, por preceptores – muitos deles estrangeiros – e por professores particulares. O ensino religioso tinha um peso considerável. Principalmente o católico. Mas no caso de Freyre a influência foi a protestante. Ele teve uma formação em que o inglês esteve muito presente (fosse pelas aulas particulares que teve com certo *Mr.* Williams, fosse pelos estudos no Colégio Americano Gilreath). Logo no início de sua maioridade, a família manda-o aos Estados Unidos para ampliar os estudos, assim como fizera com o seu irmão Ulysses.

Primeiramente, ele estudou na Universidade de Baylor, onde tomou contato com as diferenças entre os comportamentos norte-americano e brasileiro ante as raças, que definirão sua mentalidade sobre o assunto. Mas é na Universidade Columbia que de fato amadurece o pensador brasileiro. Em Nova York, por exemplo, ele desperta para a importância da antropologia, como anota no seu diário de juventude:

> Vejo que preciso de estudar antropologia e muito. Em antropologia física, como em biologia humana, já está feita minha iniciação graças a Bradbury e aos médicos seus amigos da Faculdade de Medicina de Baylor, em Dallas: uma das melhores

---

[2] Idem, *Tempo morto e outros tempos* (Rio de Janeiro, José Olympio, 1975).

dos Estados Unidos. Do que agora preciso é de antropologia social e cultural. A simples história não basta aos meus estudos, dado o critério que ambiciono seguir: se a tanto me ajudar o engenho para que a ciência complete a arte. Caminhamos para uma fase que não será nem ciência em detrimento da arte nem de arte desacompanhada da ciência, mas das duas: essenciais à compreensão do Homem pelo Homem. A simples jurisprudência histórica, por exemplo, não basta para se adquirir domínio sociológico e filosófico sobre a jurisprudência (o único que me interessa, pois a figura do advogado deformador da realidade no interesse dessa ou daquela causa de momento me repugna), precisa ser completada pela jurisprudência antropológica. De modo que ouvirei lições sobre o assunto de Boas, ao lado das de Dunning – juntamente com as de John Bassett Moore e de Munro, de Direito Público, e as de Seligman, de Economia Política, também em suas relações com Direito Público.

Data dessa mesma época e cidade a sua descoberta dos livros de Angel Ganivet, que o influenciarão. Alguns anos depois, Gilberto Freyre desenvolverá de modo sistemático o aprendizado desses tempos em sua coluna no *Diario de Pernambuco*.

Com Ganivet e Santayana, na verdade, ele tenta compor afinidades eletivas e desenvolver no espírito a ideia de que o Brasil e o mundo hispânico formam como um corpo só em sua diversidade. Ideia de totalidade que decerto não deve ter animado nem esses intelectuais nem outros, como os espanhóis e portugueses:

> Nem venho deixando de ter contato com o Instituto das Espanhas, no convívio do qual vem se apurando em mim a consciência de pertencer, como brasileiro, ao mundo hispânico, tanto quanto pertencem a esse mundo os meus amigos da Andaluzia ou de Navarra, da Catalunha ou do Peru.

O esboço da futura ciência que ele chamou de tropicologia aparece datado de 1921, em Nova York:

> Converso com o professor De Onis sobre assuntos hispânicos. Ele se espanta do fato de eu não só aceitar como desenvolver uma concepção de civilização que põe o Brasil do mesmo modo que Portugal no conjunto hispânico de nações. De ordinário, ele me explica, os portugueses reagem com excessivo furor emocional contra a concepção hispânica de civilização, julgando-se vítima de um imperialismo espanhol, perigoso e absorvente. Tal imperialismo existe, mas não é ele, penso eu, que nos deve impedir, aos brasileiros e portugueses, de nos sentirmos parte de um conjunto de cultura que nos fortalece enquanto, separados inteiramente deles, nos amesquinhamos numa espécie de dissidência caprichosa e sectária, como a daqueles católicos (dos quais existem ainda sobreviventes) que se separaram da Igreja por não aceitarem a supremacia de Roma. Os grandes valores hispânicos são evidentemente os espanhóis. Por que deixamos de ser hispânicos para nos julgarmos completos e suficientes como um Gil Vicente, um Frei Luis de Sousa, e mesmo um Fernão Lopes e um Fernão Mendes que a um moderno Eça, que não bastam de modo algum para darem, sozinhos, a uma cultura, a grandeza que a

GILBERTO FREYRE

hispânica possui, quando a esses valores junta os supremos pela sua universalidade: Lulio, Cervantes, El Greco, Vives, Velásquez, Gracián, Frei Luis de León?[3]

Mas Freyre lamenta que o catedrático de literatura espanhola em Columbia, Federico de Onis, não conheça nem a língua nem a literatura de Portugal e do Brasil.

Muitos anos depois dessa reflexão, Gilberto Freyre volta ao assunto em vários dos seus trabalhos, como no artigo "O Brasil, nação hispânica no trópico", publicado na revista *O Cruzeiro*, no dia 8 de julho de 1961. Ele diz:

> São áreas – admita-se – as tropicais, marcadas pela presença hispânica, nas quais a integração ou a simbiose eurotropical vem-se realizando sem a eficiência de técnica norte-europeia característica de outros desenvolvimentos europeus em espaços tropicais. Mas desde que tal espécie de eficiência quase sempre vem significando repúdio a quanto seja sabedoria folclórica de nativos com relação a terras, vegetais, animais e lavouras – sabedoria que por vezes vem sendo vantajosamente aproveitada por brasileiros, em particular, e lusotropicais, em geral, em suas instalações ou estabelecimento definitivo nos trópicos – não se deve considerar essa fraqueza de técnica europeia pura desvantagem.
>
> É o sentido simbiótico de relações adventício menos europeu que cristão – sociologicamente cristão – com as populações, terras e culturas ou civilizações tropicais que têm tornado possível a integração hispânica, em geral, e portuguesa, em particular, nos trópicos, da qual a civilização brasileira é exemplo. Diz-se e com razão que para essa civilização tem sido tão considerável a contribuição de europeus não portugueses, assim como de grupos de não portugueses de outras procedências – como ultimamente os japoneses – que já não se pode pretender que ela seja lusotropical. [...]
>
> Atente-se, porém, ao que, nessa civilização, é conjunto de formas favorável à expressão de substâncias diversas sem a diversidade ou a pluralidade dessas substâncias vir impedindo um sentido dinâmico de unidade de harmonizar contrários étnicos e culturais dentro daquelas formas flexíveis, porém básicas, de existências e de coexistência, de vivência e de convivência.

As ideias de "harmonizar contrários étnicos e culturais", "formas flexíveis de existências e de coexistência, de vivência e de convivência" serão os eixos norteadores da visão antropológica de Freyre. O marco de partida e de chegada é a sua mais famosa teoria de hispano-lusotropicologia, que tentava, ousadamente, como poucos portugueses e espanhóis fizeram, construir um mundo comum para ambos, tendo o Brasil, a África e outros lugares como os campos mais férteis para reelaboração disso.

Não é de maneira alguma simples o modo como a empatia e a alteridade aparecem na obra de Freyre. Se de um lado o olhar não é distanciado, como na célebre expressão de Lévi-Strauss, tampouco são tristes os trópicos, como no conhecido

---

[3] Ibidem, p. 55.

livro[4] do belga, nota-se sem muito esforço que o olhar compartilhado e integrado não exclui a dominação. O que aparece em sua lusotropicologia é ainda uma empatia consequente do mundo de escravos e da convivência de contrários, e não o da utopia de um mundo sem fronteiras. Se as próprias regiões no Brasil fazem pouco para se integrar e se os próprios estados do Nordeste, mormente tenham culturas e costumes idênticos, façam pouco para se articular, o que poderá ser dito de um projeto internacionalizante como um que envolva Brasil, Espanha e África? Além do mais, mesmo que o Brasil seja um país tão agregador de contrários e de estrangeiros, continua a ser um dos mais desiguais para a sua própria população.

Nada dessa realidade, porém, diminui o brilho e a força do projeto antropológico e político de Freyre. Pois se trata de um projeto. Um projeto de paz ancorado em diversos eixos: no das relações raciais e étnicas, no exercício pleno da mestiçagem; na visão da temporalidade, concebendo a união de passado, presente e futuro num só tempo, o tríbio; e até na metodologia essa matriz integradora se afirma, pois sempre foi multidisciplinar e interdisciplinar a visão de ciência de Freyre.

O fato de haver nascido em Pernambuco, no Nordeste brasileiro, foi decisivo para o tipo de obra que ele realizou. O Recife é uma espécie de capital cultural de toda uma região de características mais ou menos homogêneas em que se destaca o dado econômico fundamental de sua formação: a monocultura da cana-de-açúcar por meio de mão de obra escrava. Escravos que primeiro foram os índios e depois quase que só os negros trazidos da África comprados por portugueses, os senhores de engenho, com quem mantinham uma relação de mando feroz e ao mesmo tempo de familiaridade, até a mescla sexual.

Está assim resumida a essência da primeira e mais conhecida obra de Freyre, cujo título *Casa-grande & senzala* reúne todo um complexo de relações não só arquitetônicas, mas também sociais. A casa-grande, a residência dos donos dos escravos; e a senzala, o lugar onde viviam os cativos.

O Nordeste brasileiro centralizou grande parte das especulações teóricas e práticas de Freyre. Um dos exemplos mais diretos disso é o livro publicado em 1937: *Nordeste*[5], em que aparece de modo pioneiro toda uma interpretação dos problemas regionais formulados em uma perspectiva de antropologia do meio ambiente. Mas não se restringiu, de maneira alguma, ao Nordeste a sua investigação de antropólogo. Há estudos de fôlego sobre o Rio Grande do Sul, a Bahia, São Paulo e também sobre o problema da Amazônia.

---

[4] Claude Lévi-Strauss, *Tristes tropiques* (Paris, Plon, 1955) [ed. bras.: *Tristes trópicos*, São Paulo, Companhia das Letras, 1996].

[5] Na verdade, o segundo livro que dedicou completamente ao Nordeste. Do primeiro, foi organizador e editor. Intitulado *Livro do Nordeste*, reuniu, em 1925, contribuições multidisciplinares sobre a região e serviu como edição comemorativa do primeiro centenário do *Diario de Pernambuco*, o mais antigo jornal em circulação da América Latina.

Freyre viveu em um mundo em transição. Nasceu entre dois séculos. E isso tem um significado muito especial no seu caso. Ao menos na primeira etapa de sua formação, pois definiu a história social das décadas imediatamente anteriores à sua como ponto de partida dos seus estudos. A história, sim, mas tendo como fonte os documentos de sua família, as suas vivências e reminiscências. Como se já ensaiasse a aplicação de métodos típicos da antropologia para entender o passado.

Contava Freyre pouco mais de vinte anos de idade quando, nos Estados Unidos, escolheu como tema de pós-graduação o Brasil do tempo dos seus avós. Isso resultou na dissertação escrita originalmente em inglês e intitulada *Vida social no Brasil nos meados do século XIX*.

Foi em busca do seu passado mais íntimo que Gilberto Freyre tratou de escrever a história íntima do Brasil. *Vida social no Brasil nos meados do século XIX* é o primeiro esforço sistemático dele para ressuscitar todo um tempo. Diferentemente de Flaubert, que usou a melancolia como motivação fundamental para ressuscitar Cartago[6], Freyre poderia invocar a alegria e a curiosidade (os seus críticos acrescentariam também a nostalgia) para essa aproximação microscópica e macroscópica dos fatores que definiram o Brasil como foi ou como ele o imaginou.

É a *vida* que aparece no título do seu pequeno livro que define toda a sua obra. Nenhuma palavra mais adequada em sua polissemia, complexidade e ao mesmo tempo notável precisão para definir as ocupações intelectuais de Freyre. A vida. Não qualquer vida. A vida social. Sim, é o elemento social, o das pessoas e suas múltiplas relações, o seu fio condutor. Mas Freyre, como antropólogo, não estava entre aqueles que põem o social e o cultural como sinônimos. Para esclarecer isso melhor, vale a pena ler o que escreveu a esse respeito:

> Diz-se às vezes antropologia social ou antropologia cultural indistintamente. Entretanto, há distinção a fazer-se entre *social* e *cultural*. O processo cultural é mais limitado que o processo social. Aquele é contemporâneo da natureza humana, com a qual se iniciou e dentro da qual se desenvolveu. Este é anterior à natureza humana, incluindo outras formas de vida ou, antes, de natureza. Assim há processos sociais com relação às atividades de animais e até de plantas, incapazes – segundo as melhores evidências – de criar e acumular cultura. Pode-se dizer que o *orgânico* condiciona o *social* e o *social* condiciona o *cultural*. O *cultural* é, porém, especificamente humano. Pelo menos segundo as melhores evidências reunidas até hoje.

Gilberto Freyre não foi um antropólogo comum. Reunia à sistematização científica (no que havia também muito de aparente excesso de ecletismo metodológico)

---

6   "Peu de gens devineront combien il a fallu être triste pour ressusciter Carthage" [Poucas pessoas entenderão quão triste foi preciso estar para ressuscitar Cartago].

160

INTÉRPRETES DO BRASIL

o gosto pela literatura e pelas artes. Daí que para interpretar a sociedade brasileira se serviu também da novela[7], do desenho, da pintura e da caricatura.

Em termos mais estritos, a antropologia aplicada na perspectiva de Freyre se exerceu no campo da medicina, do meio ambiente, da engenharia, da arquitetura e da alimentação. Pode-se dizer que a cada um deles deu contribuições originais e em muitos casos pioneiras.

Do seu projeto antropológico, no entanto, nunca se pode separar o político. É como se nele convivessem de maneira notável o cientista e o político naquela acepção tão bem empregada por Max Weber. Nisso, a ideia depois ampliada em teoria e em seguida ambicionada em ciência da hispano-lusotropicologia foi a sua expressão mais abrangente. Mas isso foi muito mais especulativo que propriamente prático, pelo menos na amplitude desejada. Com exceção de suas circunstanciadas e polêmicas viagens pelos domínios portugueses nos anos 1950, que resultaram em vários trabalhos, em que se destaca o livro *Aventura e rotina*, não houve talvez grande desdobramento político da tropicologia. Tratava-se de uma ciência a ser renegada quase com um complexo de culpa entre os intelectuais de esquerda no Brasil e em Portugal porque nunca conseguiram vê-la dissociada do colonialismo de Salazar.

Mas a tropicologia sobreviveu, e o seu percurso prático pode ser verificado no âmbito da atuação regional da Fundação Joaquim Nabuco e, mais recentemente, da Fundação Gilberto Freyre. O seu edifício teórico tem de ser recuperado lendo--se a obra de Freyre, em que serão encontradas tantas sugestões e tantos campos virgens a explorar por novos antropólogos que não seria exagero dizer que nenhum antropólogo brasileiro concebeu projeto de antropologia aplicada tão ambicioso e complexo quanto o que propôs e em parte realizou Gilberto Freyre com as suas obras, pesquisas, viagens e, por que não dizer, intervenções políticas.

Claro que não é possível separar todo o projeto da hispano-lusotropicologia da visão ideológica nem de aculturação que elaborou Freyre ao longo do tempo e, muito menos, de sua concepção de colonialismo. Sobre esse aspecto da aculturação discorreu bem Roger Bastide no capítulo que dedicou à tropicologia no seu livro *Antropologia aplicada*:

> Vemos assim que as próprias concepções que os antropólogos elaboram da acultu-ração, de suas finalidades e de seu andamento dependem não dos estudos empíricos que eles possam conduzir, mas das situações aculturativas nas quais trabalham – e que tais situações aculturativas, por sua vez, são a herança das concepções étnicas de seus predecessores. Prosseguindo neste caminho, poderíamos considerar a elabo-ração de toda uma "Etnologia do Conhecimento", que poderia mesmo constituir um capítulo dela, visto que se trata sempre da influência dos grupos sobre a pes-quisa científica (sendo o grupo, aqui, a sociedade global, e não um dos seus setores,

---

[7] Gilberto Freyre, *Dona sinhá e o seu filho padre* (Rio de Janeiro, José Olympio, 1964) e *O outro amor do dr. Paulo* (Rio de Janeiro, José Olympio, 1977).

GILBERTO FREYRE

como esta ou aquela classe social), mas que no entanto se distinguiria dela, porque a sociologia do conhecimento busca os efeitos da posição do estudioso numa certa estrutura das relações humanas e dos interesses ligados a esta posição, enquanto que uma etnologia do conhecimento só se interessaria pelos efeitos dos valores, dos ideais, dos hábitos ou das atitudes culturais, impondo-se de fora ao pesquisador pertencente a esta etnia. Porém não nesta direção que queremos conduzir o leitor. Pretendemos apenas demonstrar a existência, ao lado destas duas aculturações planejadas que, não obstante sua oposição, concordam ambas em não admitir a mudança senão em culturas exóticas, consideradas implícita ou explicitamente, como "atrasadas" ou "subdesenvolvidas", de uma ou outra forma de aculturação aquela à qual G. Freyre deu o nome de "lusotropicalismo" e que termina por uma apologia da dupla integração ou amalgamação, em suma, das culturas consideradas "marginais" em relação, simultaneamente, à cultura ocidental e às culturas indígenas. Ora, esta defesa e esta ilustração do "marginalismo", não, certamente, sob suas formas de culturas mistas coletivas, mas pelo menos sob a forma do papel preponderante dos indivíduos marginais no desenvolvimento comunitário, eis o que a antropologia aplicada norte-americana as redescobre hoje.

Esse "hoje" referido por Bastide é o de 1960 e 1970. Resta encontrar um novo "hoje" e um novo lugar para a hispano-lusotropicologia não como teoria exótica, mas como contribuição efetiva de um antropólogo brasileiro, também prática e realista, como ele mesmo faz questão de destacar em *Problemas brasileiros de antropologia*: "Não que a antropologia social ou cultural tenha receitas como que mágicas a oferecer a tão diversa gente para a solução imediata de problemas regionais, nacionais e internacionais. O que ela pode é esclarecer e orientar".

Reler a obra de Gilberto Freyre é encontrar esses esclarecimentos e essas orientações que, a despeito de todo debate e de toda polêmica que ele foi o primeiro a estimular, são as fontes definitivas para compreender o homem brasileiro e, ainda mais, a sua relação com o mundo ibérico, de que ele foi um intérprete deliberadamente pessoal e personificado. Coerentemente isso está presente desde o seu mais remoto opúsculo de juventude ao último artigo da velhice. Na obra madura que ele constrói ao longo das décadas de 1930 e 1950, a consciência de ser um intérprete especial do Brasil ele é o primeiro a apontar.

Não era um pensador das verdades estabelecidas, bem-acabadas e aceitas. Ao contrário, na juventude, proclamava-se um incompleto, e o reflexo disso na obra intelectual é de uma catedral sempre por terminar. Portanto, o Brasil que ele interpreta não é o Brasil, mas o *seu* Brasil, passando em muitos aspectos a ser também o dos brasileiros e o de tantos estrangeiros a quem tratou de ensinar sobre o país. Um exemplo é *Brazil: An Interpretation*[8]. O livro é uma reunião de conferências de

---

[8] Dois anos depois dessa edição de Alfred Knopf, foi publicado o livro no Brasil, pela José Olympio Editora, sob o título de *Interpretação do Brasil*, com tradução de Olivio Montenegro.

1944-1945 lidas na Universidade de Indiana (EUA). Se o opúsculo *Social Life in Brazil in the Middle of the 19th Century* [Vida social no Brasil em meados do século XIX][9] pode ser considerado, como dizia o próprio autor, o livro embrião de *Casa-grande & senzala*, sua interpretação do país para os estrangeiros simplesmente é sua síntese.

Em *Interpretação do Brasil*, como em outros livros do autor, o subtítulo contém a chave do seu conteúdo: "Aspectos da formação social brasileira como processo de amalgamento de raças e culturas".

Bildung, "formação", em alemão, é uma das palavras que definem o ethos e a cosmovisão de Freyre. Por mais impreciso que possa parecer o uso do termo, não há palavra melhor para designar o que ele tenta fazer. Mas, em vez de um *Bildungsroman*, ele faz uma espécie de romance da história do Brasil, como se fosse uma saga.

Na sua formação nos Estados Unidos, transcorrida de 1918 a 1923, a influência de certa literatura e filosofia é poderosa no seu espírito. Os irmãos Goncourt, com sua ideia de *roman vrai*, estão entre os mais evidentes. Ao lado deles, Huysmans, que escreveu "uma espécie de sociologia da intimidade humana", para arrematar: "Paris poderia ter dito dos seus romances, e das suas crônicas da vida parisiense: 'la sociologie intime... ce roman vrai[10] [a sociologia íntima... esse romance verdadeiro]'".

Aqui, como em toda a obra de Gilberto Freyre, o adjetivo "íntimo" e o substantivo "intimidade" dizem muito. Na construção dos seus grandes panoramas, ele se interessava pelo nímio, pelo pormenor, pelo pitoresco. Nesse ponto, é como se repetisse para sua história, tão carregada de antropologia e sociologia, o que disseram os Goncourt no prefácio do livro *Germinie Lacerteux*:

> Temos de nos desculpar com o público por oferecer-lhe este livro e avisá-lo o que nele encontrará. O público adora romances falsos: este é um romance verdadeiro. Gosta dos livros que fingem ir ao mundo: este livro vem da rua. O público ama as pequenas obras indecorosas, as memórias de mocinhas, as confissões de alcovas, as aletas eróticas, o escândalo que se mostra em uma imagem nas vitrines das livrarias: o que se lê aqui é severo e puro.

Mas convive com o seu pendor para o mínimo, o próximo, o particular, o gosto pelos amplos horizontes e com desdobramentos de saga. Ao tempo, esse tipo de saga não segue necessariamente uma ordem contínua, crescente. Talvez por uma razão muito simples, o da abordagem que elegeu para seus estudos. O que termina por revelar que, nos muitos métodos que ele invocava para si, há uma predominância do sincrônico sobre o diacrônico. Sem a compreensão disso não é possível entender a importância que atribuía ao tempo tríbio. Com essa expressão ele quis realizar uma síntese.

---

[9] Edição original em Baltimore, 1922.

[10] Gilberto Freyre, *Tempo morto e outros tempos*, cit., p. 121.

GILBERTO FREYRE

Seu olhar de perscrutação não é simplesmente de *voyeur*, pois não se trata de opor o olhar de aproximação ou de afastamento, mas de compartilhamento. Assim, ele desvenda e dispõe a história e os costumes do Brasil, deslindando também os seus significados.

Como interpreta Gilberto Freyre o Brasil? Antes de tudo, deve-se compreender o seu modo peculiar de tratar do regional, do nacional e do estrangeiro. É quase sempre de inclusão. Daí que o seu projeto de interpretação não esteve completo antes de bem definidas as duas teorias que, a despeito das críticas que vêm sofrendo, são os pilares do pensamento: a mestiçagem, o tropicalismo e o tempo tríbio.

O Brasil de Gilberto Freyre é ibérico ou ibero-americano ou hispano-luso--americano. Já pela justaposição de palavras se percebe quantos elementos ele necessita fundir para considerar resolvido o identitário no nacional e no regional. O modo inclusivo se explica assim: do mesmo jeito que o Brasil não seria uma mera extensão de Portugal, Portugal – nem Espanha – seria meramente europeu. É na África que ele vai buscar não tanto a origem do Brasil – não parece que o diacrônico suplante o diacrônico –, mas elementos que fundidos a diversos outros conformarão a unidade na heterogeneidade, bem como o original assimila, digere e transforma. Há pelo menos um aspecto desse pensamento que tem pontos convergentes com a antropofagia.

Sua ideia de mestiçagem – que é central para a abrangência de tudo o que escreveu como cientista social – não se limita à célebre união de brancos + negros + indígenas, pois tanto o primeiro elemento português como os demais seriam já não só heterogêneos, mas predispostos a mesclar-se.

Mesmo no caso do catolicismo, diretamente associado à identidade nacional, tem-se algo dinâmico, móvel, impuro.

Logo no início de *Interpretação do Brasil*, ele esclarece o seu propósito de tentar "sugerir uma filosofia do 'fusionismo' étnico e social brasileiro; e não o ponto de vista dos historiadores ou sociólogos rigidamente imparciais, se tais historiadores e sociólogos realmente existem".

Aqui, o recado aos cientistas sociais é mais que petição de princípios. Freyre advoga para a ciência que fazia algo de subjetivo e parcial, na contracorrente do que foi ao longo do tempo o desenrolar da sociologia no Brasil. Certamente, o que ele chama de ciência e filosofia[11] se encontra com a arte, e elas se fundem. Por isso ele essencialmente se definia como escritor e antropólogo. A história do Brasil que ele escreve é sempre um híbrido de interpretação antropológica e narrativa.

Há, porém, outro aspecto do literário que não deve faltar num exercício de referência ao seu modo de interpretar: o biográfico. Daí o peso tão cheio de senti-

---

[11] Há uma obra coletiva a seu respeito intitulada *Gilberto Freyre: sua ciência, sua filosofia, sua arte* (Rio de Janeiro, José Olympio, 1962).

do que têm para o seu trabalho as confissões, os diários, as cartas. Nesse ponto, a memória é tão (ou mais) importante quanto (ou que) a história.

Quando anotamos a intimidade e a confissão, logo é fácil de ver o grande papel que desempenham os sentimentos e a forma de expressá-los. Ele não teme ser o primeiro campo de prova disso. *Casa-grande & senzala* é produto de um projeto de interpretação do Brasil cuja consecução mais ambicionada era a síntese. Partindo da história da infância, ele a ampliou para a história da família – e classificou-a como do tipo patriarcal, e nisso também ancorou o exame do sistema que ao mesmo tempo a sustenta e é sustentado: a economia baseada no trabalho escravo. Mas as relações de escravidão, especialmente dentro da casa, não eram somente de conflito, eram também de acomodação, de amalgamento, de fusão.

Se a própria história se encontra com a biografia, deveria começar por uma busca: a de si. Ele, o indivíduo, o cotidiano, suas falas, seus modos, suas vogas, pai, mãe, irmãos, avós. Interpretar o país é também interpretar-se. É tão em primeira pessoa quanto um trabalho de campo, sem descuidar do ético e do êmico. Porém, o intérprete nele não prescinde do narrador, e a narrativa que ele constrói da história e da cultura do país não se envergonha de fazer-se em primeira pessoa. Determinados autores são influências poderosas na conformação de sua cosmovisão. Carlyle é um deles, como confessa no seu diário de juventude:

> É um ensaio que deve ser relido muitas vezes, o de Carlyle sobre "Biografia" e a importância do conhecimento do homem pelo homem: "a scientific interest and a poetic on alike inspire us in this matter". Isto porque o problema da existência sendo diferente para cada homem é, também, em muitos pontos, o mesmo para todos os homens e, portanto, susceptível de estudo científico (sociológico, biológico, psicológico, etc.). Ao mesmo tempo, um interesse poético inspira ou informa esse estudo, porque não há problema de existência que não seja para o homem problema de conflito da sua vontade ou de sua pessoa com a natureza e com a sociedade. Daí poder dizer-se que, em essência, a história, a antropologia e, paradoxalmente, a própria sociologia, não é senão a reunião de inúmeras biografias. Pelo menos não deveria a história ser senão isto: a essência de inúmeras biografias.[12]

O primeiro ponto a ser observado nessa sua aproximação da literatura não é a busca da ficção, mas da realidade, e dentro desta uma possível poesia, que se recupera não tanto pela exagerada elaboração da linguagem, mas do ritmo de sua gestualidade. Em um breve cotejo dos seus diários e tudo o mais de biográfico material com sua obra científica se notará uma correspondência entre o que ele observa e o que ele pensa, interpreta. Exemplificando, na página 6 da primeira edição de *Tempo morto e outros tempos*, ele narra um encontro sexual que teve aos quinze anos de idade

---

[12]   Gilberto Freyre, *Tempo morto e outros tempos*, cit., p. 27.

GILBERTO FREYRE

com uma mulata: "Cama de lona de um ranger traiçoeiro que me parecia chegar aos ouvidos de toda a gente de casa, anunciando meu pecado".

E agora, *Casa-grande & senzala*[13]: "Da mulata que nos tirou o primeiro bicho--de-pé de uma coceira tão boa. Da que nos iniciou no amor físico e nos transmitiu, ao ranger da cama-de-vento, a primeira sensação completa de homem".

De novo, aqui, *Tempo morto e outros tempos*, mesma edição, na página 68, em anotação de Nova York, em 1921:

> Vi um desses dias marinheiros de guerra do Brasil caminhando pela neve do Brooklin. Pareceram-me pequenotes, franzinos, sem o vigor físico dos autênticos marinheiros. Mal de mestiçagem? Entretanto, no artigo que, a meu pedido, escreveu para *El Estudiante*[14] – a revista para estudantes da América Latina que dirijo juntamente com Oscar Gacitua, chileno – o sábio John Casper Branner[15] faz o elogio do mestiço brasileiro, mesmo quando de aspecto assim pouco ou nada atlético.

E neste trecho, tantas vezes citado, do prefácio de *Casa-grande & senzala* (mesma edição citada, p. XXV):

> Vi uma vez, depois de mais de três anos maciços de ausência do Brasil, um bando de marinheiros nacionais – mulatos e cafuzos – descendo não me lembro se do São Paulo ou do Minas[16] pela neve mole do Brooklin. Deram-me a impressão de

---

[13] Idem, *Casa-grande & senzala* (Pernambuco, Imprensa Oficial, 1966), 1. t., 14. ed. brasileira, 55. ed. em língua portuguesa, p. 309.

[14] O título completo é *El Estudiante Latinoamericano*, uma publicação da Federación de Estudiantes Latino-Americanos, Committee on Friendly Relations among Foreign Students. Começou a ser publicada em 1918. Além dos diretores, a revista publicou textos de autores como Amado Nervo, Manuel Acuña, José Ingenieros, Leopoldo Lugones, Tancredo Pinochet Le-Brun, entre outros. Oscar Agustín Gacitúa Basulto tornou-se um nome importante da educação no Chile. Bacharelou-se em Filosofia e Matemática, no Chile, em 1912, onde também cursou a Escola de Engenharia. Continuou seus estudos nos Estados Unidos, para onde se mudou em 1916 (dois anos, portanto, antes de Gilberto Freyre, que o conheceu em Columbia). Em 1920, radicado em Nova York, foi chefe do Departamento Latino-Americano do comitê de relações de amizade da Associação Cristã de Jovens (YMCA, na sigla, em inglês). No tempo em que editava *El Estudiante Latinoamericano*, era aluno de filosofia e pedagogia na Universidade Columbia. Retornou ao Chile em 1922.

[15] John Casper Branner (1850-1922) foi um geólogo, homem de letras e acadêmico estadunidense, a quem Ramiz Galvão (do Instituto Histórico e Geográfico Brasileiro) chamou de "extremoso amigo e benemérito do Brasil", tanto por suas pesquisas geológicas quanto por sua compreensão da cultura brasileira. Algo de sua produção de interesse para o Brasil pode ser encontrado no site: <http://biblio.etnolinguistica.org/autor:john-casper-branner>; acesso em 14 nov. 2013.

[16] Provavelmente seria São Paulo. Gilberto Freyre refere-se a três anos antes de sua anotação, no caso o ano em que teria visto o navio e os marinheiros; seria então 1918, e, justamente de 1918 a 1920, São Paulo iniciou reparos e modernização no Brooklyn Naval Shipyard (a partir de julho de 1918). Foi esse mesmo encouraçado que, entre 1920 e 1921, levou os reis da Bélgica – ida e

166

caricaturas de homens. E veio-me à lembrança a frase de um livro de um viajante americano que acabara de ler sobre o Brasil: "the fearfully mongrel aspect of most of the population"[17]. A miscigenação resultava naquilo. Faltou-me quem me dissesse então, como em 1929, Roquette-Pinto aos arianistas do Congresso Brasileiro de Eugenia: que não eram simplesmente mulatos ou cafuzos os indivíduos que eu julgava representarem o Brasil, mas cafuzos e mulatos doentes.

Como se vê, o testemunhado ou o vivido ressurge dez anos depois na memória, quando Gilberto Freyre elabora *Casa-grande & senzala*, a partir do qual constrói sua interpretação do Brasil. Algo, no entanto, se perdeu entre a anotação inicial e a interpretação futura da mesma cena. Note-se que, em ambos os casos, há a defesa explícita da mestiçagem, mas na passagem do diário não há referência nem à eugenia nem à doença. A menção que faz a John Casper Branner é a seguinte[18]:

> Conta que certa vez viajava de trem pelo interior do Brasil, quando a locomotiva se desarranjou. Foi uma consternação entre os passageiros: não iria sair tão cedo do ermo em que a máquina enguiçara. O maquinista não inspirava nenhuma confiança: era um desses mestiçozinhos franzinos e desajeitados que no Brasil são chamados indistintamente caboclos. Os amarelinhos, em português, ainda mais brasileiro. Era, porém, uma maravilha de mecânico ou de técnico. Em pouco tempo, consertou a máquina. Foi como se a ingresia não tivesse segredo para ele. Para Branner, não era caso isolado. O mestiço, o caboclo, o amarelinho – talvez fosse a

---

volta a Zeebruge – e, no seu retorno ao Rio de Janeiro, trouxe ao Brasil os restos mortais do ex- -imperador d. Pedro II e de sua mulher, a imperatriz Teresa Cristina.

[17] O autor citará esse trecho em vários outros escritos. Provém do livro de Charles Samuel Stuart, *Brazil and la Plata: the Personal Record of a Cruise* (Nova York, G. P. Putnam & Co., 1856), p. 73. A passagem completa é esta: "Uma impressão que segue a primeira, rapidamente, seria derivada do aspecto mestiço temerário da maioria da população, que diz ser branca. Mulatos, quadrarões e quase quadrarões, e todos os outros tipos de pele misturada e cabelo crespo, que se encontram aí, em todo lugar, indicam uma extensão quase ilimitada de sangue misturado. Isso não pode deixar de ser revoltante, pelo menos para um visitante dos estados do norte de nosso país, especialmente quando ocorre entre a porção feminina dos segmentos de baixa ordem de nossa comunidade, uma vez que ficam à frente das portas, olhando de um lado para outro da rua, ou espreitam, na mistura de suas cores, preta, branca e até cinza, numa sequência justaposta de janelas". Freyre recorre a esse livro como uma das fontes para *Sobrados e mucambos*, que é a continuação da obra iniciada com *Casa-grande & senzala*. Stewart publicou outros relatos de viagem. Em um deles, que antecede esse e é mencionado por Freyre, a questão racial também aparece em *A visit to the south seas, in the U.S. ship Vincennes, during the years 1829 and 1830; with scenes in Brazil, Peru, Manilla, the Cape of Good Hope, and St. Helena*. Diz o viajante norte-americano: "Nada contribui mais para a importância de uma primeira impressão do que o tratamento da grande proporção de negros e mestiços quase nus, de todo tipo e grau de sangue, tem em relação às pessoas nas ruas. Diz-se dos escravos no geral, embora muitas vezes puxando cargas em carros, com suor e poeira, até que cada músculo seja esticado ao máximo, que são melhor tratados do que em outros países escravocratas".

[18] Ibidem, p. 68.

melhor caracterização – o que muitos brasileiros chamam hoje o brasileiro jeca, era um tipo inteligente e capaz, a despeito do seu aspecto, por vezes, desfavorável.

Não foi Stewart o único entre os visitantes estrangeiros a enxergar de modo tão desfavorável a mestiçagem brasileira. O suíço Agassiz exprime ainda com maior crueza e rudeza o seu preconceito nesta passagem no diário de viagem que fez ao Brasil:

O resultado natural do contato ininterrupto de mestiços entre eles é uma classe de homens em que tipos puros desaparecem quase totalmente, assim como as boas qualidades, físicas e morais, das raças primitivas, engendrando uma multidão sem raça tão repulsiva quanto os cães vira-latas, que estão aptos para serem companheiros e entre os quais é impossível escolher um único espécime que tenha a inteligência, a nobreza ou a afetividade natural que faz do cachorro de raça pura o companheiro favorito do homem civilizado.[19]

E, se dúvida ainda restar, mais este trecho:

Que qualquer um que duvide do mal da mistura de raças e está inclinado, por uma falsa filantropia, a quebrar com as barreiras entre elas, vá ao Brasil. Não pode aí negar a deterioração resultante de uma amálgama de raças, mais difundida aqui do que em qualquer outro país do mundo, que apaga rapidamente as melhores qualidades do branco, do negro e do índio, deixando um tipo sem descrição nem raça, débil em termos físicos e mentais.

Como dissemos, Freyre volta mais de uma vez ao assunto da imagem dos marinheiros em Nova York não porque lhe seja um logo no seu espírito, mas porque exemplos assim servem ao propósito e ao discurso de transformar a imagem geral do Brasil, cuidando de não estimular os estereótipos e os preconceitos dos estrangeiros e dos próprios brasileiros. Nisso ele se empenhou não apenas como teórico, mas como homem de ação.

Se acompanharmos a trajetória de Freyre – do seu retorno dos Estados Unidos (e logo após uma viagem pela Europa) ao Recife, em 1923 –, veremos que a própria decisão de radicar-se de vez na cidade onde nasceu revela uma atitude política. De 1920 a 1940, ele projeta o seu trabalho intelectual, que se dá simultaneamente à ação política (seja como assessor do governador Estácio Coimbra, seja como diretor do jornal *A Província* e o *Diario de Pernambuco*, seja como deputado federal, quando elabora o projeto que dá origem à Fundação Joaquim Nabuco, seja como participante de diversos fóruns, conselhos, organismos de vários tipos). O intérprete não se distancia muito do interpretado. E o faz de modo proposital, por vezes irônico. Assim é que aparece na lista de preconceitos que atribui a si (usando para isso a primeira pessoa do plural), na introdução de *Sociologia*, livro da maturidade em

---

[19] Louis Agassiz, *A Journey in Brazil* (Boston, Tucknor e Fields, 1868), p. 298.

168

que mais explicita sua teoria a respeito da disciplina em que se formou e o projetou. Aliás, cada uma das introduções dos seus livros serve ao propósito de falar de si e debater. Cumpre ainda a função de dialogar com outras de suas obras. Em *Sociologia*, há também a mesma referência à passagem em que Branner elogia a mestiçagem, citada pela primeira vez em *Tempo morto e outros tempos*.

Freyre não tem receio de ser pessoal e subjetivo, por isso a exaltação que faz dos preconceitos positivos que teria acerca de diversos temas – como a mestiçagem – vistos com desdém por muitos que tomaram contato com o Brasil. Em *Sociologia*, ele é bastante enfático a esse respeito:

> Ainda uma palavra sobre a questão da objetividade. Há quem pense que todo livro com pretensões a científico precisa de ser absolutamente objetivo e impessoal, de modo a não se refletirem nele ideias, sentimentos e preconceitos do autor. O autor do livro com pretensões a científico deveria ir ao extremo de começar por não ter estilo, desde que "o estilo é o homem" ou "expressão de personalidade". Deveria ir além: deveria fazer-se esquecer de todo pelo leitor, através de páginas anônimas como as de uma "enciclopédia" ou de um "dicionário" – pregado por paretianos mais paretianos do que Pareto. Entretanto, tão difícil de ser alcançado é esse ideal que os próprios dicionários e enciclopédias não o realizam de modo absoluto. No dicionário de Morais, por exemplo, encontram-se preconceitos antirreinóis do senhor de engenho de Muribeca cuja obra, mesmo assim, é para a língua portuguesa do Brasil, como a de Webster para a língua inglesa na América, verdadeiro clássico: uma obra científica de história quase natural do idioma transplantado de Portugal para o Brasil.[20]

---

[20] Gilberto Freyre, *Sociologia* (Rio de Janeiro, José Olympio, 1947), p. 81.

Câmara Cascudo

Marcos Silva

> Fiquei desolado com a notícia de sua saúde.
> Se fosse possível viria V. descansar aqui.
> Enfim, o futuro esconde uma porção de sonhos.
> *Câmara Cascudo para Mário de Andrade, 9 dez. 1925*

> Vou passando bem melhor e a vontade de trabalhar
> principia outra vez. Começo por cartas aos amigos.
> *Mário de Andrade para Câmara Cascudo, Ano-Bom, 1926*

A produção intelectual de Câmara Cascudo se deu em múltiplos gêneros de escrita (crônica, ensaio, monografia, romance, poesia, memória e livros de viagem) e em diferentes campos de conhecimento (história, estudos literários e etnografia, para ficar restrito aos mais marcantes). Essa diversidade costuma ser identificada apenas como trabalho de polígrafo, característica da produção cultural menos especializada, ensaística e anterior às classificações universitárias correntes a partir dos anos 1930, no Brasil, principalmente após a criação da Faculdade de Filosofia, Ciências e Letras (FFCL) da Universidade de São Paulo (USP). Agindo assim, corre-se o risco de pensar que seus vários textos existiram apenas paralelamente uns aos outros, configurando uma história sem cultura popular (os livros de história) e uma cultura popular sem história (os livros de etnografia), mais as reflexões impressionistas sobre literatura, como se não se esclarecessem e se constituíssem de forma recíproca e simultânea.

No entanto, como numa audição musical, esses gêneros e campos foram alegremente executados, pelo escritor, *ad libitum*, acelerando e atrasando andamentos, "roubando" resquícios de acordes anteriores e tendo fragmentos de outros acordes "roubados" pelos que viriam depois. A terminologia própria à música, aqui evocada, é adequada para um prosador que também tocava piano "de ouvido" (sabia ler e escrever música, estudou regularmente piano) e escreveu livros que citaram e assumiram melodias, harmonias e ritmos[1]. Esse *Allegro rubato* é uma prática de autopirataria que não deixa os escritos de Câmara Cascudo em estado de pureza, no plano de gêneros ou especializações, mas, antes, opera permanente mistura de conquistas, rendendo alguns de seus melhores momentos.

Discutirei crítica e iluminação recíproca em dois exemplos desses gêneros e campos cultivados pelo autor em diferentes momentos, numa peculiar autointertextualidade em sua obra. Explorarei dimensões autorais no percurso de Câmara Cascudo, sujeitas a transformações na historicidade de sua produção. Concentrarei a análise nos livros *Alma patrícia* (1921) e *Vaqueiros e cantadores* (1937)[2]. A seleção desses títulos se concentrou na etapa inicial de produção do autor até a primeira obra maior (junto com *Vaqueiros e cantadores*, o autor lançou, em 1938, *O Marquês de Olinda e seu tempo*[3]), sem desmerecer outras de suas grandes criações posteriores a esta.

A publicação, em 1991, das cartas de Mário de Andrade (1893-1945) para Luís da Câmara Cascudo (1898-1986), editadas por Veríssimo de Melo[4], deu início a uma correção sem retorno na história literária brasileira: ficava clara a presença de Câmara Cascudo no primeiro panorama nacional do modernismo, que a bibliografia sobre o tema (dentre outros: o manual *O modernismo*, de Wilson Martins; a coletânea *O modernismo*, organizada por Afonso Ávila) e também a historiografia literária brasileira mais geral (por exemplo, o compêndio *História concisa da literatura brasileira*, de Alfredo Bosi) costumavam ignorar[5]. Certamente, Câmara Cascudo já era bem reconhecido, em escala nacional, como importante etnógrafo, autor de obras-primas nesse campo ao menos desde os anos 1930 do século XX[6]. A partir daquela pioneira edição da correspondência que Mário de Andrade lhe endereçara, percebia-se que era mais que isso e vinha de antes: o autor de *Pauliceia desvairada* não gastaria seu tempo, em mais de cinquenta cartas que abordavam tantas facetas literárias e culturais, dirigindo-se a alguém que não valesse a pena nesse universo.

---

[1]   Cláudio Augusto Pinto Galvão aborda minuciosamente as relações entre Câmara Cascudo e o universo musical em *Alguns compassos: Câmara Cascudo e a música (1920-1960)*, tese de doutorado em história social, FFLCH-USP, São Paulo, 2011.

[2]   Luís da Câmara Cascudo, *Alma patrícia: crítica literária* (2. ed., Natal, Fundação José Augusto, 1998 [1. ed., Biblioteca Potiguar, 1923]) e *Vaqueiros e cantadores* (Rio de Janeiro, José Olympio, 1939).

[3]   Idem, *O Marquês de Olinda e seu tempo* (col. Brasiliana, n. 107, São Paulo, Companhia Editora Nacional, 1938).

[4]   Mário de Andrade, *Cartas de Mário de Andrade a Luís da Câmara Cascudo* (Belo Horizonte/ Rio de Janeiro, Villa Rica, 1991).

[5]   Wilson Martins, *O modernismo* (São Paulo, Cultrix, 1965); Afonso Ávila (org.), *O modernismo* (São Paulo, Perspectiva, 1975); e Alfredo Bosi, *História concisa da literatura brasileira* (São Paulo, Cultrix, 2001).

[6]   Luís da Câmara Cascudo, *Vaqueiros e cantadores*, cit. Entre essas obras-primas, vale destacar *História da literatura oral* (Rio de Janeiro, José Olympio, 1952) e *Dicionário do folclore brasileiro* (Rio de Janeiro, INL, 1954).

A edição de Veríssimo de Melo, seguindo indicação do próprio Câmara Cascudo, ficou restrita às cartas de Mário de Andrade[7]. Involuntariamente, isso contribuiu para uma imagem equivocada de que estávamos diante de um monólogo: Mário de Andrade aconselhando e apoiando Luís da Câmara Cascudo, que acatava a voz do outro. O próprio Veríssimo reforçou essa impressão, por enfatizar o peso de Mário de Andrade para a maior dedicação de Câmara Cascudo ao universo cultural de sua região, especialmente na mensagem de dura crítica ao livro *Conde d'Eu*[8]. É certo que muitas das cartas do escritor paulista revelavam mais que essa imagem errada. Mas o risco daquela interpretação enganosa persistiu.

A nova edição da correspondência entre os dois, organizada por Marcos Antonio de Moraes, incluindo as mensagens de Câmara Cascudo, supera tais leituras erradas[9]. As declarações explícitas nas cartas de Mário de Andrade sobre a importância intelectual de seu correspondente são potencializadas pelo acompanhamento das próprias cartas de Câmara Cascudo, os dois conjuntos escritos em cativantes prosas literárias e cheios de propostas reveladoras de um diálogo entre mestres. O zelo metodológico de Moraes (indicações técnicas, referência a projeto geral de pesquisa, aparato erudito) desdobra-se na inclusão, no volume, de esclarecedores textos dos missivistas sobre produções recíprocas, mais materiais de apresentação do livro por Anna Maria Barreto, Diógenes da Cunha Lima, Fábio Lucas, Yves Gandra Martins e o organizador da edição.

Câmara Cascudo publicou seu primeiro livro, *Alma patrícia*, aos 23 anos. Ele já escrevia em jornais ao menos desde 1914[10].

---

[7] Desde então, os estudos de Edna Maria Rangel de Sá Gomes, Sylvia Ilg Byington e Claudio Augusto Pinto Galvão abordaram a correspondência ainda inédita de Câmara Cascudo para Mário de Andrade. Edna Maria Rangel de Sá Gomes, *Correspondências: leituras das cartas trocadas entre Luís da Câmara Cascudo e Mário de Andrade*, dissertação de mestrado em Literatura Comparada, defendida no Programa de Estudos de Linguagem da UFRN (Natal, digitado, 1999); "Arquivo confidencial", em Humberto Hermenegildo de Araújo (org.), *Histórias de letras: pesquisas sobre a literatura no Rio Grande do Norte* (Natal, Scriptorin Candinha Bezerra/Fundação Hélio Galvão, 2001), p. 95-118; Sylvia Ilg Byington, *Pentimentos modernistas: as cores do Brasil na correspondência entre Luís da Câmara Cascudo e Mário de Andrade*, dissertação de mestrado em História Social da Cultura, defendida na PUC-RJ (Rio de Janeiro, digitado, 2000); "No balanço da rede: a correspondência entre Luís da Câmara Cascudo e Mário de Andrade, um território de amizade intelectual", em Humberto Hermenegildo de Araújo (org.), *Histórias de letras*, cit., p. 119-44; Claudio Augusto Pinto Galvão, *Alguns compassos: Câmara Cascudo e a música (1920/1960)*, cit.

[8] Luís da Câmara Cascudo, *Conde d'Eu* (col. Brasiliana, n. 9, São Paulo, Companhia Editora Nacional, 1933).

[9] Luís da Câmara Cascudo e Mário de Andrade, *Cartas 1924-1944* (São Paulo, Global, 2010).

[10] O artigo mais antigo de Câmara Cascudo, de acordo com Zila Mamede, data desse ano, quando seu pai, o rico comerciante Francisco Justino Cascudo, criou para ele o jornal *A Imprensa*. Zila Mamede, *Luís da Câmara Cascudo: 50 anos de vida intelectual – 1918-1968* (Natal, Fundação José Augusto, 1970).

Alma patrícia recebeu o subtítulo "Crítica literária", misto de identidade de gênero e programa de trabalho. É dedicado exclusivamente a autores norte-rio-grandenses, com predomínio de poetas e destaque secundário para jornalistas, registrando uns poucos dramaturgos, sem maior entusiasmo.

O título dessa obra permite pensar sobre o projeto de definir um "nós" – os potiguares, os patrícios –, dotados de uma alma, por meio de sua literatura. O adjetivo "patrícia" também evoca condição aristocrática, algo que se destaca do comum: nós, potiguares, já temos uma alma, e essa alma não se nivela por baixo; a literatura erudita do Rio Grande do Norte, mesmo que falha, nobilita o estado.

Temos uma alma, também temos um passado (os escritores potiguares, desde o século XIX) e poderemos ter um futuro ainda melhor a partir de agora, pois existem novas bases eruditas para as produções artística e intelectual no Rio Grande do Norte, incluindo a crítica, autolegitimada no ato inaugural que esse livro representou, mesmo com a declaração de sua impossibilidade em Natal[11], desmentida pelo próprio volume.

Temos uma alma, o que significa uma identidade: num dos maiores elogios ao poeta Ferreira Itajubá, Câmara Cascudo declara: "Só Itajubá é nosso"[12]. A questão não foi registrada pelo crítico apenas em relação a seu estado natal: ele mencionou uma carência de alma em escala brasileira, expressa no escasso entusiasmo do povo pelo passado do país[13]. O projeto, portanto, ia além daquela província.

O livro *Alma patrícia* foi caracterizado pelo escritor, sob o signo da retórica da humildade, como "crítica impressionista e admirativa", imagem destacada por Moacy Cirne, em seu verbete sobre aquela obra[14]. Junto com a retórica da humildade tal juízo também envolveu uma política de boa vizinhança em relação aos escritores comentados, tendo em vista as duras restrições a alguns deles.

Afinal, nem só Segundo Wanderley – tardio poeta condoreiro, então muito prestigiado no estado e visto com extrema reserva no livro de Câmara Cascudo, numa linha de crítica iniciada antes por Antônio Marinho[15] – mereceu reparos do jovem autor. Palmira Wanderley teve muitos versos cotejados como similares de antecessores numa elegante acusação de plágio. O excesso regional de Virgílio Trindade apareceu como obstáculo para sua compreensão noutras terras (não bastava, portanto, o regionalismo, era preciso ser entendido mais além, demonstrando

---

[11] Luís da Câmara Cascudo, *Alma patrícia*, cit., p. 61, 160.

[12] Ibidem, p. 123.

[13] Ibidem, p. 26.

[14] Moacy Cirne, "Alma patrícia", em Marcos Silva (org.), *Dicionário crítico Câmara Cascudo* (São Paulo/Natal, Perspectiva/Fapesp/FFLCH-USP/Editora UFRN/Fundação José Augusto, 2003), p. 1-3.

[15] Sobre Antônio Marinho, consultar Floriano Cavalcanti, *Antônio Marinho esboço biográfico e crítico* (col. Talento & Polêmica, Natal, Editora UFRN, 2008), e Tarcísio Gurgel, *Informação da literatura potiguar* (Natal, Argus, 2001).

uma vontade de que a literatura potiguar atingisse diferentes estados e superasse o "miopismo convencional do Sul[16]. Uldarico Cavalcanti foi avaliado como repetitivo. Francisco Palma só não foi considerado "imensamente monótono e sobejamente tolo", como o espanhol Eschich, porque "escrevia pouco e quando o fazia era inspirado"[17], e teve evocados os limites próprios à cidade de Natal:

> É lógico que numa cidade como Natal de 1899, sem livrarias, sem correntes de ideias, sem críticas, sem um vínculo ligando-a aos centros pensadores do país, as produções literárias sejam feitas num ritmo igual de parco vocabulário, deslizes de gramática e de vigor.

Francisco Ivo Cavalcanti (que foi professor de Câmara Cascudo) mereceu elogios pessoais, junto com indicação de limitações – "encantadora pieguice dos começantes. [...] erros, lacunas, pontos falsos de lógica e de observação", além de exemplificar o risco de a popularidade ser vulgarização, tema retomado em relação a Segundo Wanderley[18]. Ezequiel Wanderley foi caracterizado pela ausência de método e esforço, como autor de versos – "muitos deles horribilíssimos" – marcados por um condorismo ultrapassado.

E sobre o Impressionismo vale a pena estar atento às dimensões de método naquela crítica, englobando desde traços naturalistas (alusões a Hippolyte Taine e Silvio Romero – referências aos vínculos entre literatura e os meios social e natural; relações entre Ponciano Barbosa e o sertão ou o mundo operário; entre Ferreira Itajubá, as três raças formadoras do Brasil e a natureza potiguar; e entre a triste rua onde morava Gothardo Neto e seu estilo poético[19]) até menções canônicas a parnasianos (Leconte de Lisle, José Maria de Heredia, Olavo Bilac, Raimundo Correia e Emílio de Menezes), evocações menos modelares de simbolistas (Charles Baudelaire, Arthur Rimbaud, Paul Verlaine, Stéphane Mallarmé, Cruz e Souza, Gonzaga Duque) e grande vontade do novo, tudo isso envolto em cenas de erudição explícita, citando nomes e ideias em profusão...

Ecletismo, com certeza; Impressionismo, talvez sim, mas apenas em alguns tópicos específicos, como na crônica sobre Auta de Souza, marcada por uma forte dose de psicologismo sentimental.

As relações de Câmara Cascudo com o moderno nesse livro surgiram sob o signo de alguma ambiguidade, o que não era tão diferente de outros brasileiros contemporâneos. Por um lado, a modernidade era convocada contra os condoreiros[20], além de aparecer transfigurada como elogio a ser original (quanto a Ponciano Barbosa,

---

[16] Luís da Câmara Cascudo, *Alma patrícia*, cit., p. 49 e 160.

[17] Ibidem, p. 57.

[18] Ibidem, p. 64 e 66.

[19] Ibidem, p. 103, 105, 111, 113 e 135.

[20] Ibidem, p. 78.

174

e cobrada de Edinor Avelino[21]). Por outro, um cânon literário foi celebrado, e o moderno chegou a ser oposto à pureza[22] (a poesia de Francisco Palma como uma "braçada de lírios" em contraposição às "flores estranhas e venenosas" de Verlaine, Mallarmé e outros).

Essa hesitação conviveu, todavia, com um olhar atento à nacionalização da literatura potiguar e à identidade do Norte, aludindo a Ferreira Itajubá, autor que mereceu de Câmara Cascudo paralelos monumentais com os portugueses Camões e Bocage, mais os gregos Demóstenes e Diógenes[23]...

A preocupação do crítico potiguar com o estabelecimento de vínculos entre literatura e meio social ou natural não o impediu de indicar diferenças entre a voz física ou social e a voz lírica. Ele submeteu aquelas relações a necessárias mediações que a análise deveria esclarecer[24].

Câmara Cascudo encerrou esse livro com dois tópicos: um intitulado "Alma patrícia", balanço geral do livro e programa para a ação cultural no Rio Grande do Norte; e uma "Parte histórica e bibliográfica do *Alma patrícia*", apresentando os autores comentados, em termos biobibliográficos.

O primeiro desses itens arrolou novos talentos ("Os Novos compreendem bem o seu lugar na literatura"[25]), propondo maior contenção a um deles (Jayme dos Guimarães Wanderley[26]) e identificando nas trovas "única expansão poética do Povo" – quer dizer, já admitindo uma poesia popular, questão esboçada quando comentou e valorizou Ferreira Itajubá, mas ainda não abordada mais detidamente nesse livro.

Na outra parte, Câmara Cascudo evidenciou a faceta de história e referenciação que seu livro explorou, com uma sequência de autores e obras e definindo parâmetros para sua compreensão e avaliação. A literatura potiguar surgiu como dimensão da história do estado e de sua capital, em termos de limites, mas também potencialidades.

Essa história teve ainda dimensões de memórias pessoal e coletiva, manifestadas nas passagens em que o escritor lamentou a morte de alguns daqueles escritores quando jovens, muitos deles seus amigos, bem como aspectos de sua fortuna poética.

O livro de crítica desdobrou-se, portanto, em um trabalho com ressonâncias programáticas (o que a literatura potiguar poderia ser dali por diante), historiográficas (apresentação e comentário de percursos da produção literária pretérita no estado), memorialísticas (depoimentos sobre pessoas, instituições e cenários)

---

[21] Ibidem, p. 107, 159.

[22] Ibidem, p. 59.

[23] Ibidem, p. 60, 112-3.

[24] Ibidem, p. 146.

[25] Ibidem, p. 157.

[26] Ibidem, p. 160.

CÂMARA CASCUDO

e até protoetnográficas (a identificação de vozes populares na poesia de Ferreira Itajubá e nas trovas).

Embora se expressasse, naquela juventude, com argumentos políticos monarquistas (que não se fazem presentes, de forma direta, nesse livro)[27], Câmara Cascudo, ao debater o passado literário potiguar e lançar projetos para seu futuro, findava participando de um universo cultural e político próprio à república: remetia para as identidades de cada estado da federação, e no início da década de 1920 realizava balanços sobre seus alcances e limites[28]. Além disso, ele começava a demonstrar atenção pelo popular, argumento central na autojustificativa republicana – regime que se definia exatamente como "coisa do povo". Essa atenção se ampliaria significativamente na futura produção do autor.

Em 1937, aos 39 anos, Câmara Cascudo publicou sua primeira grande obra-prima, *Vaqueiros e cantadores*[29]. Entre *Alma patrícia* e este último livro, ele lançou dez títulos, em diferentes campos de especialização e gêneros de escrita, incluindo estudos de ótimo nível, como a biografia *Em memória de Stradelli*, seguida, dois anos depois, por *O Marquês de Olinda e o seu tempo*[30].

Vaqueiros e cantadores, todavia, atingiu um patamar ainda mais especial de escrita e reflexão, que o olhar de Mário de Andrade – amigo e correspondente de Câmara Cascudo, duro crítico de seu livro anterior *Conde d'Eu* – soube identificar[31].

Embora o livro assuma o caráter de reflexão ensaística sobre um gênero literário, o autor salienta, em diferentes passagens, bases memorialísticas do escritor que remetem à sua experiência pessoal de infância no sertão nordestino, tematizada também, muitos anos depois, no livro de memórias *O tempo e eu*[32].

---

[27] Zila Mamede arrolou alguns artigos de jornal nessa orientação política: Zila Mamede, *Luís da Câmara Cascudo: 50 anos de vida intelectual*, cit.

[28] Um exemplo clássico desses debates é Vicente Licínio Cardoso (org.), *Margem da história da república* (1. ed., Brasília, EdUnB, 1981).

[29] Luís da Câmara Cascudo, *Vaqueiros e cantadores*, cit.

[30] Idem, *Histórias que o tempo leva... (Da história do Rio Grande do Norte)* (São Paulo, Monteiro Lobato & Co., 1924); *Joio: páginas de literatura e crítica* (Natal, Officina Graphica d'A Imprensa, 1924); *López do Paraguay* (Natal, Typographia de A República, 1927); *Conde d'Eu*, cit.; *O homem americano e seus temas: tentativa de síntese* (Mossoró, Fundação Vingt-Un Rosado, 1992 [1. ed., Mossoroense, 1933]); *A intencionalidade do descobrimento do Brasil* (Natal, Imprensa Oficial, 1933); *O mais antigo marco colonial do Brasil* (Natal, Centro de Imprensa, 1934); *Viajando o sertão* (Natal, Gráfica Manimbu, [1934] 1975); *O brasão holandês do Rio Grande do Norte* (Natal, Imprensa Oficial, 1936); *Em memória de Stradelli: biographia, jornadas geographicas, tradições, depoimentos, bibliographia* (Manaus, Livraria Clássica, 1936); e *O Marquês de Olinda e o seu tempo*, cit.

[31] Mário de Andrade, *Cartas de Mário de Andrade a Luís da Câmara Cascudo*, cit.; *O empalhador de passarinho* (São Paulo, Martins, 1972); Luís da Câmara Cascudo, *Conde d'Eu*, cit.

[32] Idem, *O tempo e eu: confidências e proposições* (Natal, Imprensa Universitária, 1968).

Esse sertão, caracterizado por Câmara Cascudo como "clássico" ou "típico", estaria em franca desaparição. Os cantadores representariam o registro de um mundo que se perdia. A memória pessoal do autor se desdobrava no esforço de apreender a memória coletiva dos sertanejos nordestinos, que os cantadores teriam registrado no plano poético com especial felicidade.

O título do livro remete a uma espécie de articulação entre campo temático, personagem e agente do fazer poético. Se os vaqueiros são um tema tão frequente dos cantadores, eles também são um público fiel desses materiais. Tema e ouvintes, os vaqueiros se veem no dizer dos cantadores: vaqueiros e cantadores, vaqueiros em cantadores, vaqueiros encantadores. Não é excessivo identificar, nesse universo, tradição e cultura como sinônimos de memória[33].

Na apresentação do volume, o estudioso anuncia um projeto de documentar o sertão típico numa série de trabalhos, sendo *Vaqueiros e cantadores* o volume dedicado à *"parte poética"*, a ser sucedida por outra destinada à *"religiosa, sobrenatural"*, concluindo com mais uma dedicada aos *"autos populares"*. Essa fala indica um projeto de pesquisa para a vida toda, que volumes como *Superstição no Brasil* e *Folclore do Brasil* (para não falar no monumental *Dicionário do folclore brasileiro*) cumpriram com grande riqueza.

Câmara Cascudo tinha importantes referências no pensamento brasileiro que se dedicou ao universo dos cantadores, com ênfase para o pioneiro trabalho de Silvio Romero, Leonardo Motta e Juvenal Galeno.

Longe de uma visão romântica da cultura popular como fruto de um povo anônimo – nesse aspecto, irmanado com Mário de Andrade –, Câmara Cascudo apresenta autores expressivos do gênero que escolheu, falando de suas vidas e também de traços distintivos de estilo. Valorizar a oralidade não significou isolá-la de fontes literárias tradicionais e inspiradoras.

Ele menciona ciclos heroicos nessa literatura, fábulas clássicas, menor presença de sátiras e entrechos amorosos, *"ausência do verso obsceno"*. Apresenta diferentes modelos de versos e gêneros textuais mais comuns: romances, pé-quebrado (mais satírico), ABCs (narrativos), "pelos-sinais e orações". E dedica especial atenção ao ciclo do gado, comentando vaquejadas e apartações e gestas de animais.

Outro ciclo destacado é o social, que abrange personagens como Padre Cícero, damas (louvor e deslouvor), negros (também cantadores de grande importância), cangaceiros. No caso específico do desafio, o livro salienta multiplicidade de métrica, convenções de cordialidade entre parceiro e arrola exemplos mais relevantes e memoráveis do gênero.

---

[33] Ivone Cordeiro Barbosa, "Vaqueiros e cantadores", em Marcos Silva (org.), *Dicionário crítico Câmara Cascudo*, cit.

O escritor caracteriza o cantador como herdeiro de modelos europeus e asiáticos – aedos, metris, velálica, bardos, menestréis, trovadores. Nesse aspecto, a importante presença negra entre cantadores não foi associada a eventuais laços africanos com esse gênero poético.

Mesmo pobre (embora a condição social seja bastante diversificada), segundo Câmara Cascudo, o cantador se valoriza e é valorizado como portador de uma inteligência superior. O livro ainda contém, no final, um "Resumo biográfico dos cantadores", evidenciando sua importância como autores memoráveis.

Sobre a parte musical da cantoria, destacam-se a limitação melódica, o predomínio dos ritmos, o uso do agudo. Entre os instrumentos de acompanhamento, evocam-se a viola, a rabeca, a gaita e o pandeiro (menos usado).

Ao identificar a poesia dos cantadores como apólogos, Câmara Cascudo lhes atribui um papel que é também de formador daquela sociedade, preservando e fortalecendo determinados valores para pessoas comuns. Nesse mundo, figuras sociais humildes e oprimidas – mulheres, negros, romeiros, cangaceiros – se tornam "lugares" de padrões superiores de ser humanidade.

Revalorizando esses sujeitos "diminuídos" pela dinâmica social do mercado, Câmara Cascudo afirma horizontes necessários de justiça presentes naquela poesia e noutras manifestações de cultura popular. Ele comenta versos que desqualificavam a condição negra como manifestações quase pessoais, sem significarem racismo, destacando que grandes cantadores eram negros (alguns até escravos autorizados por seus senhores a produzir e divulgar seus versos), e não se registravam recusas de cantadores brancos em relação a seus pares de epiderme escura.

Câmara Cascudo teceu esses comentários na mesma década em que Gilberto Freyre escreveu o clássico *Casa-grande & senzala* e políticas culturais de governo enfatizavam a harmonia racial brasileira, dando continuidade a discussões esboçadas ao menos desde o modernismo dos anos 1920[34]. Mais que conservadorismo, o autor potiguar evidencia que estava conectado intelectualmente (para não falar nas dimensões políticas e sociais da questão) com um patamar de debate sobre raças que priorizava articulações sociais e culturais, sem apelo a argumentos hierárquicos e biológicos. Tendencialmente, essa pluralidade passava a ser apresentada como grande trunfo da sociabilidade brasileira.

Traçando paralelos com tradições medievais europeias, Câmara Cascudo desenhou um campo de erudição popular apoiado na oralidade, capaz de preservar complexas conquistas textuais. Tratava-se de um mundo marcado por extrema continuidade de hábitos, que sofria impactos de transformação e perda de si ao

---

[34] Gilberto Freyre, *Casa-grande & senzala* (19. ed., Rio de Janeiro, José Olympio, [1933] 1978); Lilia Schwarcz (org.), "Nem preto nem branco, muito pelo contrário", em *Contrastes da intimidade contemporânea* (col. História da vida privada, n. 4, São Paulo, Companhia das Letras, 1998), p. 173-244.

178

menos desde a segunda metade do século XIX, com a expansão da agricultura algodoeira. O escritor falava, portanto, de um mundo em desaparição, um mundo cuja sobrevivência na memória dependia da escrita dos cantadores e de sua recuperação pelos estudiosos da cultura popular, como ele.

A oralidade é muito valorizada pelo autor, e não apenas no plano da memória, uma vez que ele tomou o cuidado de registrar em partitura as dimensões melódica, harmônica e rítmica das apresentações de cantadores. Nesse sentido, Câmara Cascudo tanto remonta à face clássica de oralidade em poesia quanto aponta o grande peso da apresentação dos cantadores (presença física, gesto, timbre vocal) no conhecimento de seus materiais. A erudição popular se fazia, portanto, campo de interlocução entre diferentes linguagens. E, mesmo que o argumento da virtual desaparição das culturas tradicionais sugira um trabalho com "vestígios", as indicações desse pensador sobre o registro que desenvolveu dos materiais pesquisados nesse livro indicam, pelo contrário, a extrema vitalidade dessas práticas sociais e culturais, atestando seu convívio com uma modernidade que não era tudo.

Os momentos diferentes do pensamento de Câmara Cascudo que *Alma patrícia* e *Vaqueiros e cantadores* representam evidenciam alguns pontos em comum, temperados pelo adensamento de problemáticas que um percurso de produção intelectual e suas interlocuções sociais e políticas propiciaram. São eles:

1) Importância social da poética. *Alma patrícia* considera a produção literária potiguar a base para a definição de uma identidade estadual, mesclando referências tardo--naturalistas (em especial no que se refere à natureza, sem negligenciar dimensões mais propriamente sociais – pobreza de alguns escritores, experiências rurais ou urbanas) ao realce sobre o trabalho com o possível (no sentido aristotélico[35]), que marca narrativa e poesia. Falar sobre aquela alma é mais que apenas historiar o acontecido, é apostar num devir que se anuncia crescentemente superior. *Vaqueiros e cantadores* também traz o fazer poético, agora mais diretamente situado na cultura popular que se caracteriza como categoria de todos, de pessoas ligadas a diferentes condições sociais – do dono da fazenda ao trabalhador mais humilde. O voo da poética se revela, portanto, ainda mais abrangente em termos sociais, falando de e para pessoas humildes e poderosas, enlaçando-as num todo social harmônico. A apresentação de cantadores em terraços de fazendas ou em salões do Palácio do Governo, em Natal, atesta a permeabilidade social do gênero poético e sua capacidade de atingir e representar públicos tão diferenciados.

2) Importância cognitiva da memória. *Alma patrícia* aponta o convívio direto de Câmara Cascudo com muitos dos escritores comentados em suas páginas,

---

[35] Aristóteles, *Poética* (col. Os Pensadores, trad. José Américo Motta Pessanha, São Paulo, Abril, 1984).

CÂMARA CASCUDO

evidenciando uma faceta memorialística nas considerações ali desenvolvidas sobre as respectivas obras. *Vaqueiros e cantadores* remete reiteradamente à memória pessoal, aos laços de família (tios fazendeiros, vaqueiros e apreciadores de cantadores que patrocinavam suas apresentações), à experiência de pesquisa que é um rememorar da própria vida de quem escreve. O trabalho do etnógrafo se mistura com o ofício do memorialista (escritor) e com a tarefa do crítico literário (analista da escrita alheia). Sem memória, não há saber – nem racional nem sensível. Tanto o possível quanto o que existiu ou existe apenas descritos são dependentes da memória, mesmo que num sentido projetivo. O estudioso da sociedade é escritor e memorialista; a poesia, com rimas e ritmos, ajuda na preservação da memória, apoiada na transmissão oral. Escrever sobre poesia e cultura popular é valorizar arquivos desses mundos.

3) Importância crítica da língua escrita (e oral). *Alma patrícia* e *Vaqueiros e cantadores* são estudos cautelosos (informação e interpretação) expressos em escrita meticulosa e mesmo ousada, que até sobrepuja o conceito por meio de imagens sedutoras, jamais destituídas de cunho interpretativo[36]. No primeiro livro, predomina o tom de crítica literária impressionista, com toques naturalistas (breve evocação de Silvio Romero, menções ao peso de natureza e relações sociais nas obras dos autores comentados). O outro volume trata do estudo etnográfico da literatura popular, associando campos temáticos e procedimentos de escrita a práticas sociais. Câmara Cascudo rouba de si (*Allegro rubato*) por meio da literatura que ele mesmo produz; esboços de memórias, metamorfoseados em suportes de interpretação, são entrevistos desde *Histórias que o tempo leva...*, reforçados na reportagem etnográfica de *Viajando o sertão*, transmutando opções políticas (Monarquismo e Integralismo) em passagens para a explicação, como se observa nos comentários sobre o cotidiano do Conde d'Eu (elegância corporal, destreza na montaria e na dança), numa época em que esses vieses de compreensão de história ainda eram pouco usuais[37]. Agindo assim, Câmara Cascudo faz com que a ideologia seja ludibriada pela escrita e pelo pensamento[38], de onde a insuficiência de ser tratado como mero ideólogo-monarquista, integralista, apoiador da ditadura de 1964-1984 etc.

4) Autorreflexão, autossuperação. O *Allegro rubato* transforma Câmara Cascudo em comentarista e crítico de Câmara Cascudo, de talentoso polígrafo em inovador

---

[36] Sobre a dimensão literária em Câmara Cascudo: Constância Lima Duarte e Diva Cunha (orgs.), "Câmara Cascudo", em *Literatura do Rio Grande do Norte: antologia* (Natal, Editora UFRN, 2001).

[37] Luís da Câmara Cascudo, *Histórias que o tempo leva...*, cit.; *Conde d'Eu*, cit.; *Viajando o sertão* (Natal, Gráfica Manimbu, [1934] 1975).

[38] Roland Barthes, *Aula* (trad. Leyla Perrone-Moysés, São Paulo, Cultrix, 1987).

180

etnógrafo, pioneiro brasileiro na valorização da literatura oral e da cultura popular. O diálogo com Mário de Andrade, nesse campo, vai além do aprendizado com um grande mestre e evidencia a colaboração entre mestres que ensinam um ao outro os difíceis percursos por meio de modernidade e tradição. E as críticas de Mário de Andrade a *Vaqueiros e cantadores*, a que Luís não chegou a responder[39], entre elogios e divergências, deixam clara essa admiração recíproca.

O percurso intelectual de Câmara Cascudo, consolidado ao longo de quase duas décadas de publicações em livros como *Alma patrícia*, atinge, a partir de *Vaqueiros e cantadores*, seu patamar maduro, crescentemente adensado nas décadas seguintes, que viram nascer novas obras-primas, como *Literatura oral no Brasil* e *Dicionário do folclore brasileiro*. As instituições literárias urbanas, que tanto marcaram *Alma patrícia*, são francamente ampliadas em *Vaqueiros e cantadores*, abrigando fazeres de produção e recepção que não se restringem à escrita e à cidade.

Nesse trajeto, fica evidente que se designava a tradição – mesmo que em estado de invenção, caso da literatura potiguar em *Alma patrícia* – como essência de ser Brasil[40]. À Modernidade coube o intenso papel de olhar que valorizava a tradição: ser moderno era garantir o embasamento no tradicional sem perder de vista o atual, como se observa no apoio de Câmara Cascudo à ousada modernidade poética de Jorge Fernandes[41]. A escrita é suporte incontornável dessa valorização.

Graduado em Direito, professor na UFRN (que ajudou a fundar, inclusive com sua ação antecipada a esse nascimento, em diferentes frentes culturais do RN – docência no Atheneu, publicações, incentivo à produção literária e musical)[42], Câmara Cascudo se definiu como incurável provinciano. Até era. Mas sua vida e sua obra demonstram que província e mundo não se constituem em instâncias isoladas. É por essa razão que o fino analista dos poetas orais nordestinos também se manifestou com igual fineza em diálogo com Dante, Cervantes, Descartes, Montaigne e tantos mais[43].

Longe, perto: "Va pensiero" (Verdi, *Nabuco*).

---

[39] Cláudio Augusto Pinto Galvão, em sua tese de doutoramento, registra a vontade de resposta de Câmara Cascudo que, embora anunciada, não se concretizou: Cláudio Augusto Pinto Galvão, *Alguns compassos*, cit.

[40] Não é ocasional que uma obra de maturidade avançada de Câmara Cascudo tenha por título *Tradição, ciência do povo: pesquisas na cultura popular do Brasil* (São Paulo, Perspectiva, 1971).

[41] Jorge Fernandes, *Livro de poemas e outras poesias* (Natal, Fundação José Augusto, [1927] 1970).

[42] Marcos Silva, *Câmara Cascudo, Dona Nazaré de Souza & cia* (Natal/São Paulo, Editora UFRN/ Terceira margem, 2007).

[43] Luís da Câmara Cascudo, *Dante Alighieri e a tradição popular no Brasil* (Porto Alegre, PUC-RS, 1963); "Com Dom Quixote no folclore brasileiro (Prefácio)", em Miguel de Cervantes Saavedra, *Dom Quixote de la Mancha* (Rio de Janeiro, José Olympio, 1952); *Prelúdio e fuga do real* (Natal, Fundação José Augusto, 1974); e *Montaigne e o índio brasileiro* (São Paulo, Cadernos da hora presente, 1940), tradução e notas do capítulo "Des cannibales", dos *Essais*.

JOSÉ HONÓRIO RODRIGUES

Paulo Alves Junior

A tentativa de tematizar o que seria um intérprete do Brasil é complexa e propicia, no mais das vezes, um grande fórum de debates e polêmicas. No arcabouço dessa discussão, vários estudiosos já emitiram opinião a respeito do tema, e, embora nem todos encontrassem respostas satisfatórias, alguns conseguiram formular teorias que seriam consideradas clássicas. Antonio Candido, no "Prefácio" em comemoração aos trinta anos de *Raízes do Brasil*, escreve:

> Os homens que estão hoje um pouco para cá um pouco para lá dos cinquenta anos aprenderam a refletir e a se interessar pelo Brasil, sobretudo em termos do passado e em função de três livros: *Casa-grande e senzala*, de Gilberto Freyre, publicado quando estávamos no ginásio; *Raízes do Brasil*, de Sérgio Buarque de Holanda, publicado quando estávamos no curso complementar; *Formação do Brasil contemporâneo*, de Caio Prado Junior, publicado quando estávamos na escola superior. São estes os livros que podemos considerar chaves, os que parecem exprimir a mentalidade ligada ao sopro de radicalismo intelectual e análise que eclodiu depois da Revolução de 30 e não foi, apesar de tudo, abafado pelo Estado Novo.[1]

Este trabalho visa "dar luz" a um intérprete que nunca foi considerado *chave* para o entendimento da formação da sociedade brasileira, por mais que expressasse *um sopro de radicalismo intelectual*; um pensador que ficou, ao longo dos anos, restrito aos departamentos de história de algumas poucas e boas universidades.

José Honório Rodrigues é autor de fundamental importância nas áreas de pesquisa, teoria e metodologia da história. Todavia, acreditamos que a sua contribuição não se restrinja somente às lides históricas. O núcleo de nossa proposta é que existe na produção honoriana uma linha de interpretação da sociedade brasileira que destaca

---

[1] Antonio Candido, "Prefácio", em Sérgio Buarque de Holanda, *Raízes do Brasil* (26. ed., São Paulo, Companhia das Letras, 1995).

182

INTÉRPRETES DO BRASIL

a existência, ao longo do processo histórico, de uma "conciliação pelo alto" entre os representantes da elite, tendo sido o povo sempre "capado e sangrado"[2] por ela e nunca contemplado em suas legítimas aspirações. Dessa forma, a resultante da história do Brasil, na tentativa de vislumbrar os setores oprimidos da sociedade, seria uma "história cruenta", sem possibilidade de atendimento às reivindicações e às aspirações do povo.

Trajetória intelectual

José Honório Rodrigues nasceu no Rio de Janeiro, em 20 de setembro de 1913, na rua do Catete. Fez os estudos primários no Colégio Santo Antonio Maria Zacarias, também situado na rua do Catete, e o secundário no tradicional colégio de São Bento. No início da década de 1930, ingressa na Faculdade de Direito do Rio de Janeiro, depois Faculdade de Direito da Universidade do Brasil. Durante o curso, teve maior interesse por ciências sociais e história. Entre seus professores, aquele que mais o cativou foi Edgardo de Castro Rebello, marxista – autor de importante estudo sobre o Barão de Mauá –, porém, sem influência suficiente para tornar o historiador carioca um simpatizante ao marxismo.

Formou-se em 1937, ano em que ganhou o prêmio de Erudição da Academia Brasileira de Letras pelo ensaio *Civilização holandesa no Brasil*, escrito em parceria com Joaquim Ribeiro e publicado pela Companhia Editora Nacional compondo a Coleção Brasiliana. A primeira edição do livro é de 1940.

O livro destaca principalmente o Nordeste, que, para José Honório Rodrigues, significava não apenas o cenário das invasões flamengas, mas o berço do "nacionalismo radical mameluco"[3]. Por outro lado, ressalta a doutrina da liberdade dos mares defendida por Hugo Grotius em oposição ao *mare clausum* dos ibéricos; fixa-se no contratualismo de Grotius e desloca os episódios do Brasil, da segunda metade do século XVII, para o plano internacional, onde o mercantilismo holandês irrompia com força.

Em 1943-1944, foi bolsista na Fundação Rockfeller, nos EUA, onde participou de cursos de história. Durante sua passagem pelo país teve como orientador o professor Frank Tannembaum, que ministrava História da América Latina na Universidade Columbia, em Nova York. Ainda nesse período, em Detroit visitou o Museu da Cidade para conhecer as obras de Frans Post – pintor holandês que veio para o Brasil integrando a comitiva de Mauricio de Nassau em 1637 e retratou a paisagem brasileira.

---

[2]   A ideia de "povo capado e sangrado" a que José Honório Rodrigues faz menção em suas obras é de Capistrano de Abreu que, em correspondência com João Lúcio Coutinho, em 16 jul. 1920, afirma: "o povo foi durante três séculos capado e recapado, sangrado e ressangrado", Capistrano de Abreu, *Capítulos de história colonial* (6. ed., Rio de Janeiro, Civilização Brasileira, 1976).

[3]   Lêda Boechat Rodrigues e José Octávio de Arruda Mello, *José Honório Rodrigues: um historiador na trincheira* (Rio de Janeiro, Civilização Brasileira, 1994).

Além disso, foi bolsista no Conselho Britânico em março de 1950. Sua principal atividade durante o mês foram as visitas constantes ao arquivo do Museu Britânico[4].

Antes de sua estadia em Londres, José Honório Rodrigues é convidado pelo então diretor do Instituto Rio Branco Hildebrando Accioly para lecionar História do Brasil no curso de aperfeiçoamento. Como resultado das aulas ministradas, elabora *Teoria da história do Brasil: introdução metodológica*. Foi professor do Instituto de 1946 a 1956, experiência que possibilitou ao autor planejar um curso em que, preliminarmente, seriam estudadas a metodologia da história e sua historiografia. Visava dar aos alunos uma ideia mais exata do que é a história, os seus métodos e a sua crítica, a bibliografia e a historiografia brasileira, de modo a prepará-los para um conhecimento crítico da história do Brasil.

Com um grande compêndio sobre Teoria da História, José Honório procurou mostrar como se manejam as fontes, como se aplicam os métodos e a crítica, como se doutrina e interpreta o material recolhido e criticado, na tentativa de "recriar o passado numa composição ou síntese histórica"[5]. Além disso, foi professor da Pontifícia Universidade Católica do Rio de Janeiro (PUC-RJ) por vários anos; professor visitante em inúmeras universidades norte-americanas; professor de pós-graduação na Universidade Federal Fluminense e de doutorado na Universidade Federal do Rio de Janeiro.

Em 1955, foi integrado, primeiro como estagiário e depois como conferencista, ao quadro da Escola Superior de Guerra (ESG). Essa passagem, que se tornou uma colaboração constante até 1964, quando o golpe civil militar o afasta da instituição, teve grande impacto em sua trajetória intelectual. Todos os estagiários da ESG eram obrigados a apresentar trabalhos de peso. Coube a José Honório Rodrigues o tema "Caráter Nacional", o que resultou no livro *Aspirações nacionais: interpretação histórico-política* (1963). Nessa obra, ele inicia uma nova fase de historiador interpretativo preocupado com a "história e o tempo presente".

Foi o terceiro ocupante da cadeira 35 da Academia Brasileira de Letras, eleito em 4 de setembro de 1969, na sucessão de Rodrigo Octavio Filho. É recebido pelo acadêmico Barbosa Lima Sobrinho em 5 de dezembro de 1969. Era membro do Instituto Histórico e Geográfico Brasileiro, de Institutos Históricos estaduais, da Sociedade Capistrano de Abreu, da Academia Portuguesa da História, da Associação Histórica Norte-Americana, da Academia Real de História (Inglaterra) e da Sociedade Histórica de Utrecht (Holanda).

Depois do curso na Escola Superior de Guerra, torna-se um intelectual em sintonia com o seu tempo, visando principalmente interpretá-lo, compreendê-lo e

---

[4]   Maiores informações a respeito da trajetória pessoal de José Honório, ver o site da Academia Brasileira de Letras, ocupante da cadeira 35.

[5]   José Honório Rodrigues, *A pesquisa histórica no Brasil* (São Paulo, Companhia Editora Nacional, 1978).

184

nele atuar. Um novo livro dessa fase, ainda mais valioso, foi *Conciliação e reforma no Brasil: interpretação histórico-política* (1965). Em sua análise, era preciso compreender a história do Brasil na *longue durée*, porque o exame restrito das problemáticas sociais não pode ser feito em espaços pequenos de tempo.

Os dois livros têm como tese central discorrer a respeito do que o autor define como os fatores do retardamento do Brasil. As conclusões denotam que estes se devem ao colonialismo e ao imperialismo, ou seja, ao longo e demorado regime de submissão a interesses metropolitanos e à sobrevivência da estrutura colonial, econômica e política pós-Independência. A argumentação de José Honório parte da inexistência de ruptura do regime colonial, que sobreviveu com o absolutismo do período monárquico (1822-1889), com a legislação tradicionalista e arcaica, com a relativa imobilidade administrativa, com a alienação das elites, com a fragilidade da conjuntura e com a estabilidade da estrutura, imutável e incapaz de atender às necessidades nacionais. "O período colonial e sua sobrevivência determinam todo o subdesenvolvimento posterior."[6]

Nessa articulação entre os entraves resultantes do colonialismo e sua manutenção, mesmo após a emancipação política do país, José Honório destaca que o *colonialismo interno*, característica determinante dos problemas sociais, explica-se pela sujeição do povo aos interesses dos grupos dominantes, na comparação, na longa duração, entre o comportamento da liderança e do povo.

Em *Aspirações nacionais*, José Honório Rodrigues apresenta sua primeira análise interpretativa do Brasil apontando de forma contundente os limites históricos sociais da elite do país, sua incapacidade de observar as "legítimas aspirações do povo" e seus interesses em sempre falsear a "fabricação da História"; segundo ele, "a verdadeira história nacional ainda precisa ser feita"[7].

A minoria educada – educada por uma visão histórica falseada – e a maioria deseducada, insuficiente e deprimida, ainda não se uniram em nossa história, e só neste dia será possível a aceleração do processo nacional. A grande distância existente entre aqueles que são os responsáveis pela condução do país e a massa de desvalidos é que o poder defendido pelos primeiros não visa à integração e, muito menos, ao atendimento aos interesses do povo.[8]

Já *Conciliação e reforma* é a tentativa de elaborar uma grande leitura das contradições que explicam a sociedade. Se em *Aspirações nacionais* procurou no processo histórico quais foram as legítimas, e nunca atendidas, aspirações do povo – compreendendo-as como possibilidades de avanço para a sociedade –, agora o intuito é

---

[6] José Honório Rodrigues, *Aspirações nacionais: interpretação histórico-política* (Rio de Janeiro, Civilização Brasileira, 1963).

[7] Idem.

[8] Idem.

JOSÉ HONÓRIO RODRIGUES

mostrar como a prática de conciliação pelo alto explica o processo histórico brasileiro. O traço de uma marcante e constante prática antirreformista da elite é singular no entendimento da história do Brasil, a "conciliação formal e partidária" visava romper o círculo do poder para que as facções divergentes e dissidentes pudessem dele fazer parte. O autor expõe que os acordos políticos, prática recorrente na história do país, são realizados sempre sem nenhum benefício nacional e popular, e quando as "elites fratricidas" não são contempladas em seus interesses indignam-se e conspiram.

Esse seria o papel dos liberais na história brasileira. Derrotados nas urnas e afastados do poder, eles tornaram-se intolerantes e acabaram sendo os grandes responsáveis em construir uma concepção conspiratória da história, "que considerava indispensável à intervenção do ódio, da intriga, da intolerância, da intransigência, da indignação para o sucesso inesperado e imprevisto, tal como sucedeu em várias partes, de suas forças minoritárias"[9].

Outra conceituação de importância significativa em *Conciliação e reforma* é a que diz respeito à noção de "história cruenta". A discussão retoma um tema que o autor se empenha em problematizar desde seus escritos sobre teoria da história, ou seja, demonstrar como determinada interpretação da sociedade brasileira procurava ocultar os momentos "liberticidas do povo". O objetivo era destacar "as grandes obras, as capitanias hereditárias, os feitos da Colônia"[10]. Dessa forma, os momentos de "vacilação da elite, que se recusa a atender às reivindicações do povo", são deliberadamente ocultados, sua ação hesitante, que acaba permitindo movimentos sociais de grande importância nacional, não se destaca e, com raríssimas exceções, a possibilidade de uma "história incruenta" não se completa. Um bom exemplo desses raros momentos, na interpretação de José Honório, ocorre durante o período regencial com a eclosão de vários movimentos de contestação social.

Na sociedade brasileira, com todas as suas deformidades sociais e crimes contra os interesses sociais, o autor assevera que "nunca uma revolução foi vitoriosa". Mesmo com a existência de rebeliões populares e sociais, como a Balaiada, a Cabanagem, a Praieira, com a prática do "banditismo social", rebeliões de escravos, o que foi constante foi a repressão, não permitindo que as reivindicações fossem radicalizadas ou mesmo contempladas. Da mesma forma, José Honório recorda que as rebeliões, que representavam as forças e aspirações das classes dominantes, tiveram resultados diferentes:

> As rebeliões das classes dominantes, como a liberal de 1841, os Farrapos de 1835-1845, levaram o poder a fazer concessões de caráter político. O poder, como um círculo de ferro, estendia-se para permitir que outro líder revelado pelo outro lado,

---

[9] Idem, *Conciliação e reforma no Brasil: um desafio histórico-político* (Rio de Janeiro, Civilização Brasileira, 1965).

[10] Idem, *História viva* (São Paulo, Global, 1980).

186

no mesmo nível social, entrasse para o grupo dominante. Foram essas liberdades de trânsito político, foram as tolerâncias, foram as pequenas doações aos grupos sociais maiores e mais cheios de reivindicações que permitiram uma relativa paz durante alguns períodos da história brasileira, mais no Império que na República.[11]

O próprio cenário histórico ganhou ares cruentos a partir do processo que desembocou na abdicação do imperador. Assim, cabe ressaltar que, no dia 7 de abril de 1831, d. Pedro I resolve abdicar do trono brasileiro, medida vista como contraditória, pois tal iniciativa colocou o país nos difíceis anos da Regência (1831--1840). O modelo político adotado era uma forma constitucional de solucionar o problema instituído com a abdicação, pois na época o príncipe herdeiro não tinha idade legal para assumir o trono. A solução estava, portanto, em nomear três regentes, segundo a Constituição vigente. Todavia, como o Congresso estava em recesso, o Partido Moderado assumiu o poder com o intuito de frear as agitações políticas da época. Inicialmente o governo de Nicolau Pereira de Campos Vergueiro, José Joaquim Carneiro de Campos e Francisco de Lima e Silva reintegrou o chamado "ministério dos brasileiros" e anistiou os presos políticos[12].

As opiniões a respeito do período Regencial são as mais variadas. Para José Honório Rodrigues, esse período representou um momento de "história cruentíssima", pois não só os movimentos que apresentavam o povo como base sucumbiram, como também não foram atendidas as reivindicações legítimas das massas. Somente os movimentos com caráter liberal e pequena participação popular não foram eliminados violentamente por parte das lideranças oficiais. Os que discutiam entre outros pontos o fim da escravidão observavam o povo ser massacrado; porém, há aqueles intelectuais que assinalam uma visão edulcorada do período, pensadores que representam a tradição conservadora apontada por Honório.

O historiador carioca destaca como representante de um pensamento conservador a leitura que Oliveira Lima realiza em *O império brasileiro (1822-1889)*. Na obra, o período regencial foi realização estratégica de d. Pedro I. A abdicação em nome de seu filho foi vista como uma forma de mostrar sua tristeza com o juízo que os brasileiros apresentavam dele; afinal, trata-se de um incompreendido. Com o crescimento das hostilizações contrárias à sua liderança, d. Pedro I viu-se na

---

[11] Idem, *História combatente* (Rio de Janeiro, Nova Fronteira, 1982).

[12] A respeito da abdicação de d. Pedro I, Caio Prado Júnior explica: "Com a abdicação de d. Pedro chega a revolução da Independência ao termo natural de sua evolução: a consolidação do *Estado Nacional*. O primeiro reinado não passara de um período de transição em que a reação portuguesa, apoiada no absolutismo precário do soberano, conservara no poder. Situação absolutamente instável que se tinha de resolver ou pela vitória da reação ou pela consolidação definitiva da autonomia brasileira, noutras palavras, do Estado Nacional. É este o resultado que chegamos com a revolta de 7 de abril", Caio Prado Júnior, *Evolução política do Brasil* (21. ed., São Paulo, Brasiliense, 2006).

obrigação de romper com a condição de imperador e retornar a Portugal. Porém, visando eliminar qualquer crise política, supostamente mais severa, passa a agir com destreza e, seguindo esse raciocínio, decide pela abdicação.

A iniciativa do imperador de se afastar do Rio de Janeiro faz sentido por tratar-se do local em que a população, composta em sua grande maioria de pessoas nascidas no Brasil e, portanto, com fortes vínculos com o país, opunha-se à continuidade de um governo atrelado a Portugal.

As assertivas de Oliveira Lima reforçam o argumento honoriano. Trata-se de um representante do pensamento conservador que vislumbra a abdicação como fato progressista, realização de coragem e coerência política por parte de d. Pedro I. A grandeza do "incompreendido" aponta para uma realização "amplamente democrática"[13].

José Honório interpreta de forma distinta os desdobramentos políticos e sociais daquele período. Quando analisa os acontecimentos da Regência, duas questões merecem maior atenção do intelectual carioca: a ação política das lideranças do período e a violência das denominadas "revoltas regenciais". Definindo o período como de uma "história cruentíssima", o intelectual carioca avalia como as lideranças políticas, pautadas pela estrutura do império, poderiam oferecer uma mudança substantiva ao país. Permitiu-se somente pequenas reformas, a ideia fixa era evitar revoluções.

É inquestionável que entre as lideranças políticas – e por isso José Honório Rodrigues sempre destaca o caráter antirreformador dessas lideranças – não havia o mínimo interesse de que o Brasil passasse pela mudança necessária para fazer do país uma nação mais consequente quanto às condições sociais vigentes. Ao contrário, todos aqueles que se lançavam a essa tarefa foram repudiados pelo poder constituído e refutados na sua ação política. As lideranças políticas são refratárias, débeis e, portanto, incapazes de assumir o compromisso de rompimento com a tradição.

A obra honoriana encontra-se nas antípodas da análise de Oliveira Lima, pois este não sinaliza os limites políticos das ações durante a Regência, ao contrário do historiador carioca que critica o continuísmo existente sem as necessárias reformas e sem a integração dos setores populares.

Durante os anos de Regência o povo encontrava-se em estado de inconformismo generalizado, motivado por fatores sociais e econômicos, pois continuava como "besta de carga". Os nove anos foram de muito sangue, maior ainda pela reação extremada contra os movimentos de caráter popular e sertanejo, exemplificados por revoltas sociais como os Cabanos, no Pará, e a Balaiada, no Maranhão e no Piauí, ambas alistando as camadas "mais miseráveis do povo"[14]. Por isso mesmo foram

---

[13] Oliveira Lima, *O império brasileiro (1822-1889)* (Brasília, EdUnB, 1986).

[14] José Honório Rodrigues, *Conciliação e reforma no Brasil*, cit.

188

chefiadas por liberais e "rigorosamente exterminadas a ferro e fogo e punidas sem contemplação os seus cabeças".

O rigor que encharcou de sangue o solo brasileiro não pertenceu ao Partido liberal ou conservador, mas ao Poder das oligarquias, especialmente latifundiárias, e mais ainda ao divórcio entre o Poder e a Sociedade, que sempre existiu e ainda existe, porque é um fenômeno da estrutura socioeconômica brasileira. Com ou sem partido conservador, a reação conservadora se inicia logo em 1831, embora só venha ao Poder em 1836, pois o Poder pertencia aos latifundiários, para os quais o político liberal moderado ou conservador monarquista pouco importava; o que importava era a conservação da ordem e a destruição dos exaltados. Não temos sido um povo de latifundiários. Os interesses vitais do país estavam na agricultura e esta era dominada pela grande propriedade territorial, que pedia vassalos obedientes.[15]

A história cruenta sistematiza a condição desumana das lideranças liberais no Brasil. Assim, em nenhum momento tivemos uma liderança que se interessasse em conciliar-se com o povo e realizar reformas sociais de grande porte. Por mais que ganhasse a feição de um governo republicano, na prática, os regentes nunca se propuseram a uma "conciliação nacional e popular"[16]. A estabilidade granítica das instituições corresponde a uma mera instabilidade governamental, logo as alternâncias constantes nos anos da Regência foram decisivas para um período extremamente cruento. A história cruenta mostra os limites de um liberalismo que não funcionou na vacância do imperador, haja vista que desde a abdicação os embates políticos visavam estancar as instituições maiores e amplas. Para tanto, a solução "legal" da Regência serviu para a manutenção do mesmo estamento no poder, quando da eclosão das revoltas, e alguma possibilidade de esfacelamento político, de modo que os responsáveis pela política apelaram à instalação de formas autoritárias de poder.

Intérprete do Brasil

Destacando-se aqueles que podem ser considerados a base de argumentação interpretativa de José Honório – a defesa das "legítimas aspirações nacionais", o processo histórico de "conciliação pelo alto" e a construção de um processo de contínua "história cruenta" –, o argumento que segue a compreensão dessa tríade remete à formação da ordem liberal no Brasil e suas particularidades.

O liberalismo que se institui na sociedade brasileira está longe de representar o sistema de integração à sociedade de classes similar aos que foram incorporados

---

[15] Idem.

[16] Idem.

em sociedades, nas quais sua efetivação foi por meio de um expressivo processo revolucionário. Os casos históricos de maior significado apontam para uma democracia liberal, fruto da superação de entraves historicamente constituídos, principalmente em estruturas agrárias controladas por uma elite, e só foram superados com movimentos revolucionários que "libertaram" o setor social em ascensão para criação de uma nova ordem.

Trata-se do surgimento das "democracias modernas", em que as aspirações legítimas são instituídas e, com o passar dos anos, consolidadas. Esses momentos históricos são identificados com a Revolução Puritana Inglesa, de 1640-1660, a Revolução Francesa, de 1789-1799, e a Guerra Civil da América, de 1861-1865. Todos foram movimentos, dentro de um longo processo de alteração política, que constituíram o que reconhecemos como a *moderna democracia ocidental.*

Esses processos têm causas econômicas, políticas e sociais peculiares, porém os resultados tornaram-se paradigmáticos, principalmente na tradição ocidental para a superação de uma ordem que se apresentava como historicamente ultrapassada – na transição da ordem feudal para a ordem capitalista. As liberdades criadas por esse processo mostram uma clara relação entre si. São movimentos que, obtidos em ligação com o aparecimento do moderno capitalismo, apresentam traços de uma época histórica específica em que a criação da ordem liberal moderna instituiu a necessidade de direitos primários para uma nova sociedade civil em formação no mundo ocidental. Os elementos mais expressivos dessa "nova ordem" liberal e burguesa são o direito de votar, a representação numa legislatura que elabora as leis e, portanto, pelo menos em teoria, não concede privilégios especiais em virtude do nascimento ou de uma situação herdada, a segurança para os direitos de propriedade e a eliminação das barreiras herdadas do passado no seu uso, a tolerância religiosa, a liberdade de palavra, entre outros.

Esses marcos, historicamente instituídos, passaram a ser referência de análise para aqueles intelectuais que procuravam apontar qual seria a base de formação para uma sociedade em que as instituições liberais, como representantes da ordem moderna, pudessem funcionar e criar uma sociedade civil em que as aspirações, os interesses e as necessidades básicas do povo fossem contemplados.

Como intelectual ligado às questões do presente, José Honório Rodrigues teve sua produção, como já salientado, modificada após sua passagem pela ESG, e visava a uma defesa constante do atendimento, por parte da elite dirigente, das aspirações do povo. É necessário destacar que essas são balizadas como típicas de sociedades democráticas liberais, em que a sociedade civil deva atender às reivindicações mais prementes do povo. O Brasil, ao longo de um processo histórico maciçamente cruento, não contempla tais condições da ordem democrática liberal. Os entraves instituídos na sociedade brasileira remetem à incapacidade de superar o poder do setor agrário. Em estudo clássico, Barrington Moore Jr. afirma que:

A domesticação do setor agrário foi uma característica decisiva de todo o processo histórico que produziu a sociedade democrática moderna. Era tão importante como o mais conhecido sistema de disciplinar a classe trabalhadora e, evidentemente, estava estritamente ligado a ele. Na verdade, a experiência inglesa tenta-nos a dizer que a destruição da agricultura como atividade social importante constitui um pré-requisito para uma democracia bem-sucedida. A principal hegemonia da classe superior proprietária tem de ser quebrada ou transformada. O camponês tinha de passar a ser um agricultor que produzisse para o mercado, em vez de produzir para o seu próprio consumo e para o senhor rural. Nesse processo, ou as classes superiores proprietárias se tornavam parte importante da maré capitalista e democrática, como na Inglaterra, ou se lhe fossem opostas, eram varridas pelas convulsões da revolução ou da guerra civil. Numa palavra: ou as classes superiores proprietárias ajudavam a fazer a revolução burguesa, ou eram por ela destruídas.[17]

Fica evidente na análise da passagem do Brasil para a ordem moderna que não foi rompida, ou mesma modernizada, a antiga ordem agrária. Ao contrário, nosso entendimento de sociedade faz com que a ordem agrária, representada pelos setores mais conservadores, fosse responsável pelos movimentos de mudança. Dessa forma, a emancipação política, o fim da escravidão, a instituição do regime republicano, a Constituição Republicana (1891) foram momentos em que o presente se tornou dependente e caudatário do passado, em vez de um rompimento revolucionário, ou mesmo radical, para superar o velho. Tal dinâmica do processo social brasileiro criou uma deformidade na sociedade. Deve-se a esta a impossibilidade de termos "as legítimas aspirações" sendo atendidas, pois sua necessidade colidia com os interesses da oligarquia proprietária de terras. A conciliação pelo alto foi a meta sempre a ser perseguida pela elite, para que não houvesse transformações que colocariam para trás a estrutura agrária e retrógrada da sociedade. Para que essa prática fosse mantida, era necessário o uso da violência sistemática por parte da elite dirigente. Sendo assim, a história no Brasil se fez cruenta pela necessidade de um poder "fratricida" se perpetuar e, cada vez mais, se afastar do povo.

José Honório Rodrigues, como intérprete do Brasil, brinda-nos com uma leitura da sociedade escorada na mais pura tradição do liberalismo radical, a tradição que nos ofereceram Manoel Bonfim, Joaquim Nabuco, Sérgio Buarque de Holanda, entre outros – para ficarmos nas principais referências de Antonio Candido – que compunham o contrapeso ao pensamento conservador que sempre imperou. O radicalismo liberal de José Honório representa, a nosso ver, umas das mais expressivas contribuições heurísticas para o entendimento dos fenômenos que construíram a sociedade brasileira.

---

[17] Barrington Moore Jr., *As origens sociais da ditadura e da democracia: senhores e camponeses na construção do mundo moderno* (Lisboa, Cosmos, 1967).

Inserido num momento de transformações importantes no Brasil, os anos 1950, o historiador interpretativo, que ganha fôlego a partir daquela década, procura elucidar quais os limites do Brasil moderno que ali se construía. Sua análise percorre os anos de formação da nação – cabe destacar que o autor sempre afirmou que o momento de maior importância para a construção do Brasil foram os anos do Império e não do período colonial – e identifica, a partir da base já mencionada, que estávamos ainda encastelados num tradicionalismo agrário que impedia as resoluções dos grandes problemas nacionais, como parte da intelectualidade do período – por exemplo, aqueles que estavam institucionalmente ligados ao Instituto Superior de Estudos Brasileiros (Iseb).

Sua interpretação radical pensa os problemas em escala nacional como um todo, procura soluções para a nação. O líder que se aproximasse das massas é que realizaria a defesa inconteste às aspirações, seria o líder ideal, o conciliador a levar o país à verdadeira ordem democrática liberal. Destaca-se o papel que o pensamento radical tem em sociedades como a brasileira:

> [...] em países como o Brasil o radical pode ter papel transformador de relevo, porque é capaz de avançar realmente, embora até certo ponto. Deste modo pode atenuar o imenso arbítrio das classes dominantes e, mais ainda, abrir caminho para soluções que além de abalar a rija cidadela conservadora contribuem para uma eventual ação revolucionária. Isso porque nos países subdesenvolvidos, marcados pela extrema desigualdade econômica e social, o nível de consciência política do povo não corresponde à sua potencialidade revolucionária. Nessas condições o radical pode assumir o papel relevante para suscitar e desenvolver consciências e para definir as medidas progressistas as mais avançadas possíveis. Digamos que ele pode tornar-se um agente do possível mais avançado.[18]

O avanço que se identifica no historiador carioca repercute em sua formidável capacidade de reflexão acerca do papel de tradicionais pensadores do liberalismo americanista. Em *Aspirações nacionais, Conciliação e reforma* ou mesmo em seu discurso de posse na Academia Brasileira de Letras, sua verve enfatiza o americanismo como traço decisivo para a ruptura do atraso sistematizado no Brasil em suas contribuições a respeito das "aspirações legítimas", "conciliação pelo alto" e "história cruenta".

O liberalismo em consonância com o legado de Alexis de Tocqueville e Tavares Bastos é o espírito progressista que vislumbra uma dinâmica à sociedade brasileira, similar aos melhores exemplos do liberalismo que contagiou aqueles que acreditam em sua amplitude política. Vale ressaltar que o entusiasmo com os Estados Unidos e sua proposta de democracia – tal como formulada por Tocqueville em *Democracia na América* – tem como mediação a proposta de Tavares Bastos, que acredita

---

[18] Antonio Candido, *Vários escritos* (Rio de Janeiro, Ouro sobre azul, 2004).

na experiência tanto de produzir uma federação organizada quanto de instituir o espírito público nos membros da sociedade.

Intelectual comprometido com a construção e a consolidação de uma estrutura política que integrasse e superasse os históricos limites da sociedade brasileira, ofertando ao povo possibilidades de ver suas aspirações serem atendidas, José Honório Rodrigues foi também defensor de uma proposta de "pensar o Brasil" que segue a tradição de Tavares Bastos, Joaquim Nabuco, Rui Barbosa; seu radicalismo liberal comunga com o americanismo, sendo defensor acalorado de teses a respeito da sociedade civil e do desenvolvimento da autonomia nacional. Suas teses são referências fundamentais para a formação de uma vertente do pensamento brasileiro que ganharia novos contornos em ensaios de historiadores como Francisco Iglésias, José Octávio Arruda Mello e Carlos Guilherme Mota.

Na tradição instituída por José Honório Rodrigues, encontramos a base de uma interpretação eficaz. Prova disso é que até hoje nos remetemos à sua colaboração para entender "por que a conciliação não se faz com o povo?", questionamento honoriano cruelmente presente na realidade brasileira.

CAIO PRADO JÚNIOR

Luiz Bernardo Pericás • Maria Célia Wider

Desde jovem, Caio Prado Júnior manifestou o desejo de conhecer e compreender mais profundamente o Brasil. Tendo o marxismo como método analítico, foi pioneiro em desvendar o sentido da colonização, ao mostrar que no território brasileiro se produzia para atender ao mercado externo. Ele apontaria, em seus trabalhos, o fator de *instabilidade*, de *falta de continuidade* no decurso histórico do país (resultado de uma vasta empresa "comercial" que teve, como intuito principal, a exploração de seus recursos naturais). Em outras palavras, uma evolução por ciclos, com fases sucessivas de progresso, seguido pela decadência, resultando num sistema e processo econômico em que a produção e o crescimento se subordinavam a contingências extrínsecas. O desenvolvimento, portanto, significaria a superação do passado colonial e a eliminação do que ainda restaria dele[1]. Outros temas importantes seriam tratados por Caio Prado em sua obra, como a questão agrária, a revolução brasileira, a filosofia, o socialismo. O historiador paulista se debruçou sobre esses assuntos em seus livros, nos artigos para a *Revista Brasiliense*, em entrevistas e conferências, na militância política, na curta vida parlamentar. Membro do Partido Comunista Brasileiro (PCB), foi, por décadas, um intelectual atuante e homem de ação.

Caio Prado Júnior nasceu em 11 de fevereiro de 1907, o terceiro de quatro filhos de duas famílias da elite paulistana: seu pai era Caio da Silva Prado, e sua mãe, Antonieta Penteado da Silva Prado. Esse aspecto familiar é importante não apenas como curiosidade biográfica, mas para acentuar a tradição política, econômica e social que ele herdou.

Data do início do século XVIII a chegada do primeiro Prado ao Brasil, vindo de Portugal. Representantes dos Silva Prado aparecem na história brasileira desde

---

[1] "Reforma agrária para a eliminação do monopólio", *Diário do Povo*, 24 set. 1977, em acervo de Caio Prado Júnior no IEB-USP, código de referência CPJ-CP-ABRA006.

a Proclamação da Independência, participando ativamente da vida política e econômica nacional. Mais tarde, a família se tornaria símbolo do desenvolvimento econômico e industrial de São Paulo, notadamente a partir do deslocamento da atividade cafeeira para o estado e sua considerável expansão, de 1850 em diante.

Em seus anos de formação, Caio Prado Júnior conviveria com escritores, políticos e artistas conhecidos, que frequentavam as reuniões na casa de seus pais. Não custa recordar aqui que a linhagem intelectual da família tinha nomes emblemáticos, como seu tio-avô Eduardo Prado (dono de uma biblioteca famosa e autor de *A ilusão americana),* e, na geração seguinte, Paulo Prado, primo de seu genitor e um dos organizadores da Semana de Arte Moderna de 1922, que escreveria *Paulística, história de São Paulo* (1925) e *Retrato do Brasil: ensaio sobre a tristeza brasileira* (1928).

Foi nesse ambiente que o jovem Caio consolidou seus conhecimentos em áreas diversas, como matemática, biologia, história, geografia e filosofia. Leitor voraz, manteve o hábito, no decorrer da vida, de encomendar livros da França e dos Estados Unidos e de assinar jornais e revistas nacionais e estrangeiras, como *Cahiers Rationalistes, Annales d'Histoire Économique et Sociale, The National Geographic Society, Geographical Review, The Economist Newspaper, Foreign Affairs, Academy of Political Science* e *Le Monde.* A hemeroteca caiopradiana também contaria, ao longo dos anos, com uma grande diversidade de publicações de esquerda editadas por partidos e sindicatos, muitos dos quais de tendência marxista.

Depois de ter estudado o secundário no Colégio São Luís, Caio Prado Júnior se formou em Ciências Jurídicas e Sociais na Faculdade de Direito do Largo São Francisco, aos 21 anos de idade, em 1928. No mesmo ano, irá trabalhar no escritório de advocacia de Abrahão Ribeiro e iniciará sua atividade política no Partido Democrático (PD), fundado por membros da elite paulista insatisfeitos com a hegemonia do Partido Republicano Paulista (PRP), entre os quais, seu tio-avô, Antônio Prado.

O PD apoiaria Getúlio Vargas e a Revolução de 1930 (decretando, a partir daí, o fim da República Velha). Data da época da campanha eleitoral a primeira prisão de Caio, ao demonstrar, numa recepção pública, excessivo entusiasmo pelo futuro presidente.

O jovem intelectual participaria por pouco tempo de um comitê revolucionário em Ribeirão Preto; ao perceber, contudo, que as coisas não mudariam segundo suas expectativas, partiu para uma opção mais radical e segundo sua visão de mundo, abandonando o Partido Democrático no final de 1931 e, logo em seguida, filiando-se ao PCB.

O ano de 1933 marcaria a publicação de seu primeiro livro, *Evolução política do Brasil*, obra que, segundo Francisco Iglésias, "o tempo não envelheceu"[2] (seriam

---

[2] Ver Francisco Iglésias, "Um historiador revolucionário", em Francisco Iglésias (org.), *Caio Prado Júnior* (São Paulo, Ática, 1982), p. 7.

CAIO PRADO JÚNIOR

lançados naquele decênio *Casa-grande & senzala,* de Gilberto Freyre, e *Raízes do Brasil,* de Sérgio Buarque de Holanda, considerados marcos do pensamento social brasileiro). Mesmo que a bibliografia utilizada em *Evolução* fosse essencialmente relativa à historiografia sobre o Brasil (autores como Joaquim Nabuco, John Armitage, Pereira da Silva, Capistrano de Abreu, Rocha Pombo e Felisbelo Freire, por exemplo), não se podem deixar de notar os ecos de um nome como Max Beer, na ênfase social de sua obra (um trecho do prefácio de *História geral do socialismo,* escrito por Marcel Ollivier, é lembrado na introdução, ainda que o nome do prologuista não seja citado). É significativo que o livro tenha recebido o subtítulo "ensaio de interpretação materialista da história do Brasil"[3]. Com ele, Caio Prado produzirá um marco nos estudos marxistas brasileiros, dando centralidade às massas populares e a importância de sua integração à realidade do país. Ele insere, portanto, os estratos sociais menos privilegiados dentro do processo de construção nacional, da Colônia ao fim do Império, como agentes ativos que se expressam por meio de lutas populares, fossem reivindicatórias, fossem pela tomada efetiva de poder, apresentando o "povo" (desde escravos até trabalhadores pobres), como um elemento constantemente "excluído" do processo, ressaltando seu papel protagônico nos momentos de agitações sociais, como a "Cabanada" (Cabanagem)[4], no Pará, a Balaiada no Maranhão e a Revolta Praieira, em Pernambuco (chamadas de principais "revoluções populares da época"). Dava a entender, assim, que o fracasso desses intentos só reforçava a necessidade de construção de alicerces políticos e culturais sólidos, sem os quais aqueles que vinham de baixo não conseguiriam tomar e manter o poder. Subjacente, a mensagem de organicidade política e necessidade de preparo intelectual e ideológico. E também da capacidade de *organização.* Afinal, os escravos (com um papel político insignificante) e as camadas inferiores e médias se constituindo essencialmente num aglomerado de indivíduos sem projeto definido ou qualquer coesão teriam dificuldade em imprimir sua marca no destino da nação. A "unidade" na atuação direta e a habilidade de construir alianças, nesse sentido, seriam fundamentais e teriam faltado em diferentes momentos de nossa história[5]. A atuação e a resistência dos "rebeldes" tinham limitações claras e eram insuficientes no painel de mudanças estruturais, acabando por fracassar. Em outras palavras, poderiam ser consideradas, para todos os efeitos, movimentos desconexos e mal orientados[6].

---

[3]   A segunda edição, de 1947, traria um novo subtítulo, "Ensaio de interpretação dialética da história brasileira", e a terceira, de 1953, teria o nome modificado para *Evolução política do Brasil e outros estudos.*

[4]   "Um dos mais, se não o mais notável movimento popular do Brasil", Caio Prado Júnior, *Evolução política do Brasil* (São Paulo, Brasiliense, 1947), p. 145.

[5]   Por exemplo, no caso dos balaios. Ibidem, p. 154.

[6]   Ibidem, p. 151.

196

Além disso, seria em *Evolução* que Prado Júnior discutiria o papel do latifúndio em livro pela primeira vez, um tema recorrente ao longo dos anos. A importância da "questão agrária" já estava colocada como elemento de estudo e de *combate político* desde aquela época. Definidores do caráter do painel colonial, por sua vez, seriam a grande propriedade agrícola voltada para a monocultura de exportação e a utilização de mão de obra escrava. O historiador marxista também colocará ênfase no elemento de "descontinuidade" e constantes quebras de ritmo no processo histórico.

Ficava igualmente clara, no quadro apresentado por Prado Júnior, a distância entre a necessidade efetiva da maior parte da população por mudanças estruturais e o encaminhamento político dado pelas elites locais. As divergências de interesses entre a Coroa e a Colônia se agudizariam no século XVIII, com as descobertas de ouro, o que resultaria em maior exigência de controle por parte da Metrópole, que iria tolher a autonomia ou qualquer margem de manobra político-econômica dos senhores locais. As contradições entre os interesses endógenos e os dos portugueses daí em diante tenderiam a se intensificar e desembocariam, em última instância, na emancipação. Se de um lado os proprietários territoriais propugnavam um afastamento do jugo metropolitano, por outro defendiam a manutenção do sistema escravista e seu domínio econômico interno. Além disso, é possível perceber a herança institucional colonial e a permanência da escravidão como forças históricas e culturais unificadoras dentro do território brasileiro.

Por sua vez, a independência seria apresentada como uma "revolução" (que ocorreria num período estendido de 1808 a meados daquele século), liderada e absorvida pelas classes dominantes, por falta de movimentos populares e participação direta das massas que, ulteriormente, seriam alijadas do processo. O novo Estado construído no país, por sua vez (que, como fica claro, havia sido forjado a partir de acordos intraclassistas), iria reproduzir em boa medida a monarquia portuguesa instalada anteriormente aqui. O Império terminaria em "completa decomposição" e a abolição da escravatura em nada contribuiria "para reforçar as instituições vacilantes". Uma "simples passeata militar" seria o suficiente para efetivar a mudança de regime[7]. Como comentaria Nelson Werneck Sodré, *Evolução política do Brasil* "seria o primeiro ensaio de aplicação do materialismo histórico ao caso brasileiro, com as deficiências naturais da iniciativa pioneira e o caráter demasiado sumário que apresenta"[8]. Décadas depois, Leandro Konder ressaltaria que Caio Prado Júnior conseguiu superar as insuficiências dos teóricos brasileiros

---

[7] Ibidem, p. 195.

[8] Nelson Werneck Sodré, *O que se deve ler para conhecer o Brasil* (Rio de Janeiro, Civilização Brasileira, 1976), p. 216.

CAIO PRADO JÚNIOR

no campo da interpretação materialista, sem cair na tentação da "codificação oficial do marxismo-leninismo" da época[9].

Em fevereiro de 1933, Prado Júnior resolve ir à Rússia[10]. Uma decisão lógica. Membro do PCB e admirador de Lenin (do qual tinha as obras escolhidas em vários volumes), queria ver de perto a realidade soviética, assim como haviam feito tantos outros jornalistas, intelectuais e dirigentes políticos do continente. Na verdade, desde que ingressara no partido até sua viagem à URSS, Caio já possuía um razoável conhecimento do marxismo. Sua biblioteca pessoal, na primeira metade da década de 1930, contava com obras de autores como Marx, Engels, Plekhanov, Bukharin, Kaganovich, Stalin, Trotski, Vassiliev, entre outros. Conhecer a experiência da primeira revolução socialista, portanto, era quase uma obrigação para ele. A data da visita ao país dos sovietes seria escolhida pouco tempo depois.

Entre maio e junho de 1933, finalmente realiza sua primeira viagem à "pátria do socialismo", acompanhado de sua esposa, Hermínia Ferreira Cerquinho, chamada pelos íntimos de Baby. O casal entrou no país por Leningrado e, com um guia, visitou aquela cidade; a capital, Moscou; e também Kiev, Karkov, Rostov sobre o Don e outras cidades da Rússia, Ucrânia e Cáucaso do Norte, num périplo que duraria um mês e meio[11]. Suas observações foram relatadas em conferências realizadas no Clube dos Artistas Modernos e no livro *URSS, um novo mundo,* de 1934.

Mantendo a intensa atividade intelectual que o caracterizava, participou também dos primeiros cursos de história, geografia e filosofia da recém-fundada Universidade de São Paulo (USP), e começou a escrever artigos para a revista *Geografia,* publicada pela Associação dos Geógrafos Brasileiros, da qual foi um dos fundadores.

A atividade política de Caio Prado Júnior, contudo, iria exigir trabalho redobrado naquele período. E o preço que pagaria por ele seria alto. Em 1935, tornou-se presidente regional da Aliança Nacional Libertadora (ANL) em São Paulo, que agrupava opositores ao governo Getúlio Vargas. Após o lançamento de um manifesto conclamando "Todo poder à ANL", entretanto, esta foi enquadrada na Lei de Segurança Nacional e fechada, o que motivaria uma tentativa frustrada de insurreição armada – o Levante Comunista (também chamado, pejorativamente na historiografia brasileira, de "intentona") –, com ações em Natal, no Recife e no Rio

---

[9] Leandro Konder, "A façanha de uma estreia", em Maria Ângela D'Incao (org.), *História e ideal* (São Paulo, Brasiliense, 1989), p. 139.

[10] Ver Carta de Caio Prado Júnior a Carlos Prado, de São Paulo, 15 fev. 1933, em acervo de Caio Prado Júnior no IEB-USP, código de referência CPJ-CA014.

[11] Carta de Caio Prado Júnior a Antonieta Penteado da Silva Prado e Caio da Silva Prado, Paris, França, 23 jun. 1933, em acervo do IEB-USP, código de referência CPJ-AAP207.

198

de Janeiro. A repressão política foi imediata: Caio Prado seria preso durante uma viagem ao Rio Grande do Sul e trazido para São Paulo, ficando detido primeiro num centro de repressão improvisado, conhecido como Maria Zélia (que fora uma fábrica de tecidos de juta), e depois no Presídio do Paraíso, ambos subordinados à Superintendência de Ordem Política e Social (Sops), onde permaneceu, sem julgamento, por dois anos. Não custa lembrar que, naquele momento, seu tio, Fábio Prado, era o prefeito de São Paulo...

Vale recordar também que Caio, na época, estava casado e era pai de dois filhos, Yolanda (Danda) e Caio Graco. A prisão foi um choque para todos da família, que se submeteu a uma rotina de visitas à cadeia e de confronto social. A mulher e os filhos do intelectual passaram a ser ostensivamente hostilizados: eram atacados com pedras nas ruas, chamados de comunistas, encontravam cruzes em chamas no jardim de casa...

Ainda que as condições na cadeia fossem péssimas, Caio Prado Júnior procurava estudar, ler e escrever, sempre em estreita convivência com os demais presos. Na medida do possível, acompanhava o que ocorria no país, apesar do acesso restrito a jornais, e, nos cadernos que a esposa levava para ele, escreveu seus *Diários políticos*.

No período em que esteve encarcerado, manteve com sua companheira uma troca constante de correspondência. Embora as missivas fossem censuradas pela direção do presídio, era por meio delas que o jovem historiador comentava seu dia a dia, participava da vida prática da família, externava suas preocupações e angústias. Em carta de 1936, ele escreve:

> Minha Baby querida, completam-se hoje cinco meses dessa minha estação de repouso forçado. Já é algum tempo; mas apesar disso continuo como no primeiro dia, na incerteza da minha situação exata. Até hoje não sei de outra coisa senão que estou preso; mas o que pretendem com isso, ignoro completamente. Talvez seja com o intuito de amedrontar. Mas, se assim é, o engano é muito grande, porque o resultado de tudo isso só poderá ser um redobramento de energias [...].[12]

Caio Prado Júnior foi solto em 1937, na época em que Getúlio suspendeu o estado de sítio e anistiou os prisioneiros políticos que ainda não haviam sido condenados pela justiça. Com isso, o autor deixou o Brasil em um navio de carga rumo ao exílio na França. Desembarcou em Casablanca e de avião seguiu a Paris. Lá frequentou a Biblioteca Nacional, manteve contato com intelectuais do Velho Continente e matriculou-se em cursos na Sorbonne.

Mas nunca abandonou a militância. O clima político na Europa estava tenso com a ascensão do nazismo na Alemanha e a eclosão da Guerra Civil Espanhola, em 1936. O autor de *URSS, um novo mundo* aderiu à causa dos republicanos espanhóis,

---

[12] Arquivo pessoal de Danda Prado.

CAIO PRADO JÚNIOR

que se opunham às hostes nacionalistas encabeçadas por Francisco Franco, e junto ao Partido Comunista Francês (PCF) atuou em apoio e solidariedade aos primeiros.

No mesmo período, viajou à Escandinávia e Holanda, e escreveu "Cultura nórdica e cultura moderna", "Decadência do pacto colonial", e "Gênese e evolução do socialismo", entre outros textos.

Em março de 1939, alguns meses antes do início da Segunda Guerra Mundial, retornou ao Brasil.

Formação do Brasil contemporâneo

Caio Prado Júnior dizia que seu interesse pelos problemas nacionais surgiu de uma longa jornada que fizera pelo país, aos dezoito anos de idade, na qual pôde observar nossa diversidade regional e os problemas decorrentes da miséria e do subdesenvolvimento.

Desde então, não apenas estudou o Brasil do ponto de vista histórico, econômico, político e geográfico e refletiu sobre seus problemas em busca de soluções, como também empreendeu diversas viagens de reconhecimento, pois queria ver as realidades específicas *in loco*. Ele se orgulhava de conhecer nosso território, de norte a sul.

Em 1942, lançou *Formação do Brasil contemporâneo*, pela Editora Martins. Seu objetivo era escrever uma história do Brasil em vários volumes. *Formação* seria o primeiro abordando o período colonial. Para Nelson Werneck Sodré, por exemplo, ainda que a obra fosse produzida a partir da aplicação de critérios "ecléticos", representava o melhor trabalho histórico já escrito sobre a fase colonial brasileira[13].

Ao mostrar que o Brasil historicamente havia sido estruturado para atender às necessidades externas (e não para alimentar seu mercado interno), ele definiu o sentido da colonização. Mesmo em 1942, o país não tinha passado de uma economia colonial para uma economia nacional. Do ponto de vista econômico, éramos ainda colônia[14]. Em suas palavras:

> Se vamos à essência da nossa formação veremos que na realidade nos constituímos para fornecer açúcar, tabaco, alguns outros gêneros; mais tarde ouro e diamantes; depois, algodão, e, em seguida, café, para o comércio europeu. Nada mais do que isto. É com tal objetivo, objetivo exterior, voltado para fora do país e sem atenção a considerações que não fossem o interesse daquele comércio, que se organizarão a sociedade e a economia brasileiras. Tudo se disporá naquele sentido: a estrutura, bem como as atividades do país.[15]

---

[13] Nelson Werneck Sodré, *O que se deve ler para conhecer o Brasil*, cit., p. 198.

[14] Lincoln Secco, *Caio Prado Júnior, o sentido da revolução* (São Paulo, Boitempo, 2008), p. 171.

[15] Caio Prado Júnior, *Formação do Brasil contemporâneo* (São Paulo, Brasiliense, 1996), p. 31.

No livro, o autor revela as relações, os processos e as estruturas sociais, econômicas e políticas que operavam na composição e transformações da nossa sociedade, sem deixar escapar aspectos sociais, humanos e culturais[16]. Ele entende a lógica de funcionamento da economia colonial submetida à lógica da acumulação mundial, sendo suas formas de produção dominadas pela esfera do capital comercial europeu[17].

Em 1945, lançou *História econômica do Brasil*, em que retomou a análise feita no *Formação*, trazendo-a à contemporaneidade. Para ele, o capitalismo mercantil, a estrutura agrária e o imperialismo continuavam sendo obstáculos ao desenvolvimento nacional.

Caio Prado Júnior insistia na necessidade de uma correta interpretação da realidade, e na análise historiográfica e conjuntural como suporte para a intervenção social. Assim, dever-se-ia se afastar de esquemas predeterminados e calcificados, e construir um processo revolucionário baseado no entendimento preciso do contexto nacional, tendo sempre como princípio, na campo da prática política, uma postura militante. Em 1946, em carta a Evaldo da Silva Garcia, um correligionário comunista, ele diria:

> Pode-se em sã consciência afirmar que já exista entre nós uma correta interpretação marxista do nosso país e da nossa revolução? Qualquer coisa, já não digo que se aproxime, mas lembre vagamente o que Marx fez para o Século XIX, e Lenin para a Europa e sobretudo a Rússia dos primeiros vinte anos deste século? A revolução não é uma brincadeira. Transformar a ordem estabelecida é uma tarefa imensa que não se resolve com um passe de mágica nem com as melhores intenções do mundo. Sinceridade, dedicação, sacrifício próprio são todos fatores necessários; indispensáveis. Mas faltará ainda alguma coisa, e de importância fundamental: uma consciência clara, nítida e segura do caminho a seguir. Temos isto no Brasil? Penso que ainda não. Porque não considero tal meia dúzia de esquemas abstratos que se vão ajeitando conforme as circunstâncias e que servem para todas as oportunidades.[18]

Ele insistiria nessas premissas pelo resto de sua vida. E também diria, na mesma época, que se deveriam preparar os elementos necessários "para a futura construção do socialismo brasileiro"[19]. Seus livros, artigos e entrevistas continuariam a expressar, em grande medida, a mesma opinião, ao longo dos anos.

---

[16] Octavio Ianni, "A dialética da história", em Maria Ângela D'Incao (org.), *História e ideal*, cit., p. 66.

[17] Lincoln Secco, *Caio Prado Júnior, o sentido da revolução*, cit., p. 178.

[18] Ver carta de Caio Prado Júnior a Evaldo da Silva Garcia, São Paulo, 11 maio 1946, em acervo de Caio Prado Júnior no IEB-USP, código de referência CPJ-CA002.

[19] Ver Caio Prado Júnior, "Os fundamentos econômicos da revolução brasileira", em Raimundo Santos (org.), *Caio Prado Jr.: dissertações sobre a revolução brasileira* (São Paulo, Brasiliense/ Fundação Astrojildo Pereira, 2007), p. 142.

A editora e o Parlamento

De volta ao Brasil desde 1939, e já separado de Baby, Caio Prado Júnior voltou a se casar, dessa vez com Helena Maria Nioac, a Nena. O filho deles, Roberto, nasceu em 1945.

Em 1943, fundou a Editora Brasiliense. Logo em seguida, inaugurou a Livraria Brasiliense e, vários anos mais tarde, a Gráfica Urupês. Os primeiros livros publicados por sua casa editorial foram de médicos, sanitaristas e especialistas de diversas áreas científicas. Lançou coleções como "Problemas brasileiros" (dirigida por ele), "A Conquista da Terra" (com relatos de viajantes, exploradores e cientistas europeus) e "Ontem e Hoje", coordenada por Jorge Amado, que traduzia ao português e prefaciava omasos de "realismo proletário", de autores como Alexander Nevierof, Boris Lavrenev, Nicolai Ognev, Nicolai Virta, Konstantin Fedin e Isaac Babel.

A Brasiliense também publicou as obras completas de Lima Barreto, Maria José Dupré, Monteiro Lobato (que em 1946 se tornou sócio da Brasiliense e amigo de Caio Prado Júnior) e Eça de Queiroz.

Com a renúncia de Getúlio, em 1945, chegava ao fim o Estado Novo. Após dezoito anos de clandestinidade, o PCB[20] (na época ainda denominado de Partido Comunista do Brasil) teve seu registro aceito pelo Tribunal Superior Eleitoral (TSE) e voltou à legalidade. Caio Prado Júnior se candidatou pelo partido a deputado federal constituinte em 1945, sem êxito (foi eleito terceiro suplente, sem que tivesse ocupado a vaga no Parlamento). Em 1947, no entanto, elegeu-se deputado estadual constituinte. Seu partido fez a terceira bancada da Assembleia Legislativa, com onze parlamentares.

Caio Prado Júnior foi, segundo Florestan Fernandes, "um deputado criativo, produtivo, invejável"[21]. No curto mandato de dez meses, apresentou ou subscreveu 31 emendas, das quais nove foram aprovadas e quatro parcialmente aprovadas. Foi líder da bancada comunista, vice-presidente da Comissão Permanente de Constituição e Justiça, membro da Comissão do Regimento Interno e relator nas Comissões Permanentes de Finanças e Orçamento e de Redação.

Em sua incansável luta pela modernização do país, três temas lhe foram particularmente caros na atuação como parlamentar: a fiscalização do poder público, o regime tributário e o incentivo à pesquisa científica.

---

[20] O PCB, fundado em 1922, era chamado originalmente de Partido Comunista do Brasil, Seção Brasileira da Internacional Comunista. Com o fim do Comintern, manteve o nome Partido Comunista do Brasil. Em 1961, o partido mantém a sigla, mas muda de nome para Partido Comunista Brasileiro. No ano seguinte, um grupo dissidente funda o PCdoB, utilizando o nome original de Partido Comunista do Brasil.

[21] Florestan Fernandes, "A visão do amigo", em Maria Ângela D'Incao (org.), *História e ideal*, cit., p. 31.

202

INTÉRPRETES DO BRASIL

Mas o registro do PCB foi novamente cassado, e ele voltou à prisão, dessa vez por três meses, num Batalhão da Força Pública.

Em 1949, logo após participar do Congresso da Paz, em Paris, viajou para a Tchecoslováquia e Polônia, experiência que resultaria, mais tarde, em um artigo em duas partes publicado na revista *Fundamentos*[22]. Ao retornar à França, escreveria uma carta para a mãe, em 14 de junho daquele ano, expressando todo seu entusiasmo pelos dois países:

> De volta a Paris, escrevo a prometida carta que não foi possível na agitação em que vivi até agora. Para aproveitar bem a viagem a Tchecoslováquia e Polônia, não parei um instante, senão para ler e completar as observações diretas. E não foi tempo perdido, aprendi muito e gostei ainda mais. Não falta aliás o que aprender nesses países; como se constrói um novo mundo. E é o que estão fazendo lá. Não se trata apenas de melhorar materialmente a sorte de cada um e de todos, mas também, moralmente, de criar uma sociedade melhor, em que os homens não sejam inimigos uns dos outros, mas vivam em harmonia e trabalhando em conjunto para a felicidade de todos.[23]

Na década seguinte, Caio Prado Júnior se lançou em outra empreitada editorial e intelectual que marcaria época: a criação da *Revista Brasiliense*, em 1955, juntamente com seu grande amigo e primo, o jornalista Elias Chaves Neto, valendo-se da estrutura de sua editora e da Gráfica Urupês. Vale lembrar que nesse período ele começava a se dedicar cada vez mais à filosofia (recordemos seus livros *Dialética do conhecimento*, de 1952, e *Notas introdutórias à lógica dialética*, de 1959), à economia (por exemplo, *Esboço dos fundamentos da teoria econômica*), aos textos de intervenção conjuntural e à questão agrária. Já a tese *Diretrizes para uma política econômica brasileira* seria apresentada por Caíto no concurso para a cátedra de economia política da Faculdade de Direito, em 1956 (que virou um acontecimento e atraiu a atenção de estudantes e intelectuais, curiosos em ouvir o historiador revolucionário numa instituição tão tradicional). Na ocasião, não venceria a disputa pela cadeira, ainda que obtivesse a livre-docência[24].

---

[22] Ver Caio Prado Júnior, "Através das democracias populares: Checoslováquia e Polônia", *Fundamentos*, São Paulo, n. 11, jan. 1950, p. 4-13, e n. 12, fev. 1950, p. 31-6.

[23] Carta de Caio Prado Júnior a Antonieta Álvares Penteado, Paris, França, 14 jun. 1949, em acervo de Caio Prado Júnior no IEB-USP, código de referência CPJ-AAP260.

[24] O concurso começou em 11 de junho de 1956 e contou com sete candidatos. O resultado final foi anunciado duas semanas depois. Ver "Concurso para provimento da cadeira de Economia Política: despertou grande interesse nos círculos jurídicos a arguição, ontem, do candidato Caio Prado Júnior – os trabalhos hoje", *O Estado de S. Paulo*, 14 jun. 1956, p. 11; "Concurso na Faculdade de Direito: iniciadas as provas públicas para provimento da cadeira de Economia Política", *O Estado de S. Paulo*, 12 jun. 1956, p. 12; "O resultado do concurso na Faculdade de Direito", *O Estado de S. Paulo*, 26 jun. 1956, p. 12.

CAIO PRADO JÚNIOR

A fundação da revista se deu no final da campanha presidencial de 1955, da qual saiu vitorioso Juscelino Kubitschek. O ano anterior fora marcado pelo suicídio de Vargas.

Juscelino lançou um Plano de Metas desenvolvimentista, com o lema de fazer cinquenta anos em cinco. Mas o suposto "desenvolvimento" não livraria o país da dependência externa. O governo seria duramente atacado por Caio Prado Júnior na *Revista Brasiliense*.

Explicitado no Manifesto de Fundação, o objetivo da revista era congregar "escritores e estudiosos de assuntos brasileiros interessados em examinar e debater os nossos problemas econômicos, sociais e políticos", e em suas páginas contou com a participação de diversos intelectuais progressistas, que iam do jovem "luxemburguista" Michael Löwy até nacionalistas de esquerda (ainda que boa parte dos colaboradores fosse de pecebistas conhecidos que não tinham voz ativa no partido naquele momento).

Passaram pelo conselho diretor nomes como Catullo Branco, Fernando Pedreira, Sérgio Buarque de Holanda, Edgar Cavalheiro, João Cruz Costa, Eudoro Berlink, Sérgio Milliet, Nabor Caíres de Brito, Fernando Henrique Cardoso, Heitor Ferreira Lima e Paulo Dantas. Quem de fato tocava o periódico, contudo, era o grupo composto pelo próprio Caio, Elias Chaves Neto (nominalmente o editor--chefe), Paulo Alves Pinto (genro do historiador) e Álvaro de Faria.

Caio Prado Júnior escreveu em boa parte dos 52 números da revista. Em seus textos, analisava a conjuntura política nacional e internacional, a presença de capital estrangeiro no Brasil, a política econômica, o nacionalismo, a questão agrária. Além de fazer uma oposição cerrada aos governos de Juscelino Kubitschek, Jânio Quadros e João Goulart, o intelectual também criticava o apoio do PCB a JK e Jango.

Fonte de pesquisas sobre o período histórico brasileiro entre 1955 e 1964, a *Revista Brasiliense* também abria espaço para discussão do movimento estudantil, da crise universitária, do socialismo e do comunismo. E ainda trazia artigos sobre literatura, pintura, arquitetura, teatro e cinema.

Com o golpe militar de 1964, a última edição da RB foi apreendida pela polícia e destruída na Gráfica Urupês. E Caio Prado Júnior voltou a ser detido.

O intelectual e o partido

Desde que ingressou no partido, Caio Prado Júnior foi sistematicamente vigiado pelo Departamento Estadual de Ordem Política e Social (Deops-SP). E sua vida, marcada por várias temporadas em prisões no decorrer de diversos governos aos quais se opunha. A primeira vez em que foi para o xadrez tinha 23 anos de idade e ainda não estava filiado ao PCB. Na última, contava com 63 anos e uma longa história de militância política.

Embora em épocas diferentes membros da família Prado tivessem tido atitudes de oposição às tendências dominantes da sociedade brasileira, Caio Prado Júnior, ao se filiar ao PCB, foi além e, na análise de Florestan Fernandes, "espatifou todas as concepções, os valores e suas próprias raízes"[25].

Mas o relacionamento do intelectual com a agremiação foi marcado por conflitos. Embora fosse um militante dedicado, que não se furtava às tarefas básicas, era considerado um pensador independente demais. Vale lembrar que, desde o início, Caio Prado investiu em publicações partidárias; organizou festas para levantar fundos para o PCB; manteve, com seu capital, uma gráfica clandestina; chegou a pedir dinheiro emprestado a conhecidos seus (como a própria família Matarazzo), assim como a parentes, com o intuito de prover os caixas do partido com recursos suficientes para dar continuidade às suas atividades; foi um dos fundadores e mentores intelectuais do Clube dos Artistas Modernos; apoiou, ao lado de outros militantes pecebistas, o Socorro Vermelho Internacional (SVI, ou, como era mais conhecido, por sua sigla russa, MOPR), de São Paulo; participou de palestras e reuniões com operários; colaborou com a imprensa local (como sua polêmica com Plínio Barreto nas páginas do *Correio da Tarde*); e traduziu o livro de Nicolai Bukharin, *Teoria do materialismo histórico*[26], publicado entre 1933 e 1934 pelas Edições Caramuru, em quatro volumes. Mesmo assim, já em 1932 seria acusado pelo Comitê Regional do PCB de seu estado (em pleno momento "obreirista") de querer fundar um jornal "pequeno-burguês", de ter vínculos com o "trotskismo", de organizar cursos marxistas e de estar se preparando para dar um "golpe de Estado" dentro do partido! A ameaça de expulsão era séria, e ele seria obrigado a se defender com veemência de todas as acusações[27].

Quando atuou como parlamentar, na segunda metade dos anos 1940, também foi atacado, tanto pela direita como pela esquerda, e por vezes foi tachado por seus críticos de "reformista". Na verdade, para ele, as "reformas" poderiam fazer parte de etapas a longo prazo para a construção do socialismo. Ou seja, um processo que, *dependendo das circunstâncias e do contexto histórico*, não precisaria ser *necessariamente* insurrecional. Em outras palavras, um processo de transformações longo, "gradualista", no qual as reformas poderiam exercer também um papel importante. Quanto a essa questão, o depoimento de Elias Chaves Neto é esclarecedor. Comentando a contribuição dos comunistas na Constituição Estadual de São Paulo, ele afirma:

---

[25] Florestan Fernandes, "A visão do amigo", cit., p. 27.

[26] Nicolai Bukharin, *Teoria do materialismo histórico, manual popular de sociologia marxista* (São Paulo, Caramuru, 1933 e 1934, em quatro tomos). O livro também é conhecido como *Tratado de materialismo histórico*.

[27] Luiz Bernardo Pericás, "Caio Prado Júnior: 'Carta a correligionários do PCB' (1932) e 'Telegrama para a Embaixada da União Soviética' (1968)", *Margem Esquerda*, n. 20, São Paulo, mar. 2013, p. 111.

Caio Prado Júnior defendeu a supressão, por disposição constitucional, do imposto de vendas e consignações, a ser substituído pelo imposto territorial com objetivo não somente de forçar uma reforma técnica de nossas agriculturas, de maneira que pudesse comportá-lo, como obrigasse a venda das terras não aproveitadas, baixando-se consequentemente o seu preço, puramente especulativo. Criaram-se, assim, as condições para uma reforma agrária, visando à melhoria das condições de vida da população do interior. Inútil dizer que o projeto foi ferozmente guerreado pelos demais partidos representados na Assembleia, inclusive o Trabalhista, os quais nele viam uma perigosa ameaça ao direito de propriedade.

O projeto também foi alvo de discussão entre os comunistas, muitos dos quais o consideravam reformista. Alegava Caio Prado que não existe medida que em si mesma possa ser taxada de reformista. Ela tem que ser analisada em vista do resultado almejado. Se se trata de atenuar o sentimento revolucionário (por exemplo, se tivesse por fim sofrear a luta das massas pela tomada da terra), ela seria reformista; se se trata, pelo contrário, de avivar uma reivindicação tornando-a exequível, ela atua em sentido revolucionário. É o que mais tarde Togliatti respondia aos que o acusavam de reformista, a saber, que se uma reforma levantada por um partido comunista ativo é seguida por outra, tal fato não importa em frear a revolução, mas pelo contrário, implica em marcha para o socialismo.[28]

Ainda assim, para ele tanto os movimentos grevistas como as lutas de libertação nacional seriam elementos importantes no combate contra o capitalismo e o neocolonialismo. É bom recordar que, na primeira metade da década de 1930, ele havia afirmado, em relação à violência, que "ela é a lei das transformações sociais; nenhuma se operou sem o seu concurso. Uma sociedade de classes, fundada em conflitos permanentes, só pelo aguçamento destes conflitos, levados ao extremo da violência, é capaz de se transformar, de evoluir"[29].

Nesse sentido, muitos anos depois, ele continuaria incisivo:

Imaginar um capitalismo bucólico, a tocar sua flauta inocente de pastor num cenário de belezas e perfeições, onde somente o lobo mau deve ser castigado, é muito bonito como história de crianças para ser contada nos cursos de economia política das Universidades burguesas. Mas os pastores concretos e verdadeiros deste mundo sublunar em que vivemos sabem muito bem no seu realismo terra-a-terra que aquele capitalismo nunca existiu, e cada vez existirá menos: a luta é dura, e os "golpes" são indispensáveis.[30]

A *luta social*, portanto, sempre teve um papel fundamental no ideário caiopradiano. "Os pregadores da paz social pregam, pelo que se vê, no deserto"[31], diria ele.

---

[28] Elias Chaves Neto, *Minha vida e as lutas de meu tempo* (São Paulo, Alfa-Omega, 1978), p. 89-90.

[29] Caio Prado Júnior, *URSS, um novo mundo*, cit., p. 24.

[30] Idem, "Através das democracias populares: Checoslováquia e Polônia", cit., p. 12.

[31] Idem, *O mundo do socialismo*, cit., p. 6.

Por outro lado, para Caio Prado Júnior, o socialismo é:

[...] antes um processo, um sistema em transformação. Consiste numa substituição da economia capitalista, fundada na propriedade privada dos meios de produção – solo, subsolo, fábricas etc. – e caracterizada por formas privadas de atividade econômica, por uma economia que tenha por base a propriedade coletiva e por norma uma atividade econômica também coletiva. Nisso se resume o socialismo. As suas fases são múltiplas. A substituição de um sistema por outro atravessa etapas sucessivas em que vamos encontrar, lado a lado, em proporções variáveis, caracteres de um e outro: os do primitivo, em vias de desaparecimento, os do novo, desenvolvendo-se continuamente. O desaparecimento total das formas capitalistas coincidirá com o comunismo.[32]

Mas, como ele mesmo comentava, "a questão mais importante não é a do socialismo em si. É a do caminho que para lá conduz"[33]. Não custa lembrar que Caíto apoiava a política de "coexistência pacífica" da União Soviética (assim como o próprio PCB e o grupo principal do Conselho de Redação da *Revista Brasiliense*), o que não é algo paradoxal nesse caso. De um lado, demonstrava que ficava do lado das diretrizes oficiais da URSS, país que admirava e que *quase* sempre deu seu suporte irrestrito[34]; por outro, sabia que essa linha política, ainda assim, não excluía (pelo menos na retórica) as lutas sociais internas nos países que tinham movimentos que se mobilizavam pelo socialismo[35].

---

[32] Idem, *URSS, um novo mundo*, cit., p. 62.

[33] Ibidem, p. 229.

[34] Em 1968, Caio Prado Júnior enviaria um telegrama ao embaixador soviético no Brasil, Sergei Mikhailov, expressando repúdio e indignação à invasão das tropas do Pacto de Varsóvia na Tchecoslováquia. Ver telegrama de Caio Prado Júnior a Sergei Mikhailov, em acervo de Caio Prado Júnior no IEB-USP, código de referência CPJ-CA172.

[35] Em texto que indicava o ponto de vista de Moscou sobre a questão, A. Rumiántsev e seus colaboradores diriam que "uma nova situação histórica apareceu depois da Segunda Guerra Mundial. A formação de um *sistema socialista mundial*, a *desagregação do sistema colonial*, a evolução geral para a esquerda das massas nos países capitalistas avançados, a ampliação da base social do movimento revolucionário são as premissas fundamentais que permitem colocar o tema da possibilidade de passar ao socialismo em uma série de países sem *insurreição armada* nem guerra civil. A luta para realizar a possibilidade da transição pacífica ao socialismo está relacionada, em particular, com a intensificação da *atividade parlamentar dos comunistas*. Certamente que a via pacífica ao socialismo não é idêntica à parlamentar: a revolução pode se desenvolver pacificamente eludindo as instituições parlamentares existentes. Não obstante, em uma série de casos pode ser possível a via pacífica como via de utilização ampla das instituições parlamentares, democráticas". Os mesmos autores, mais uma vez exprimindo as posições soviéticas, afirmariam: "Os critérios dos fundadores do marxismo sobre este tema estão claros: a via pacífica enquanto seja possível; a via não pacífica, quando seja necessária. A escolha entre a possibilidade e a necessidade indicadas se efetua segundo as circunstâncias e a correlação de forças reais, sobretudo em dependência do estado em que se encontre o aparato burocrático-militar, da resistência das classes dominantes,

CAIO PRADO JÚNIOR

Certamente houve ressentimento, por vezes latente, por vezes explícito, de Caio Prado Júnior pelo PCB. Ele diria numa entrevista:

Nunca pertenci à direção do partido, nem tive nele grande prestígio ou influência. Sempre fui um elemento secundário e mal considerado, não em termos pessoais, mas por causa de minha maneira de interpretar o Brasil. Sempre fui muito marginalizado, no partido, pela oposição aos seus esquemas políticos e econômicos que eu achava falhos no que diziam respeito ao Brasil.[36]

Como se percebe, foram várias as divergências. Um dos momentos mais agudos de embate se deu a partir de 1943. Na II Conferência Nacional do PCB, conhecida como o "Encontro da Mantiqueira", foi definido o apoio a Getúlio Vargas, como uma estratégia de "união nacional" no contexto de combate ao eixo na Segunda Guerra Mundial. Mas correligionários como Caio Prado Júnior, Heitor Ferreira Lima, Astrojildo Pereira, Mario Schenberg, entre outros quadros pecebistas, defendiam uma luta aberta contra o Estado Novo. Eram militantes do Rio de Janeiro e de São Paulo, reunidos nos "Comitês de Ação" (o grupo favorável à tese do apoio a Vargas estava estruturado na Comissão Nacional de Organização Provisória – Cnop).

Quando Luiz Carlos Prestes, que fora eleito secretário-geral do Partido *in absentia*, foi libertado em 1945, deu apoio à Cnop, gerando grande descontentamento. Muitos militantes se desligaram do partido. Caio Prado Júnior, contudo, permaneceu fiel à agremiação.

O intelectual também polemizou com o partido em relação à política no meio rural brasileiro. A questão agrária era um tema caro ao historiador e a avaliação do PCB acerca do assunto foi motivo de profunda divergência teórica.

Adotando como tese uma resolução do VI Congresso da Internacional Comunista, realizado em Moscou em 1928, o partido assumiu que o Brasil (assim como outros países caracterizados como coloniais, semicoloniais e dependentes) tinha o passado marcado pelo modo de produção feudal. Com base nessa conclusão, a solução nacional seria a revolução democrático-burguesa, o que, segundo Caio Prado Júnior, era um erro crasso de análise da história brasileira (o caráter "antifeudal" da etapa da revolução brasileira naquele momento seria reafirmado na *Resolução política* aprovada no V Congresso do PCB em setembro de 1960, que confirmava

---

do caráter dos institutos políticos, das tradições, do papel e lugar do Parlamento na vida social". Ainda assim, "o reconhecimento da possibilidade real da via pacífica não pressupõe que as classes exploradoras renunciem voluntariamente ao poder, à propriedade e aos privilégios. Nenhuma revolução social profunda é concebível sem ações políticas de massas, sem aplicar medidas coercitivas contra os exploradores, sem estabelecer a ditadura das classes revolucionárias, ou seja, sem determinadas formas de violência social". Ver A. Rumiántsev, *Comunismo científico: diccionario* (Moscou, Editorial Progreso, 1985), p. 177-8 e 403.

[36] Caio Prado Júnior, "É preciso deixar o povo falar (entrevista)", em Lourenço Dantas Mota, "História vivida", São Paulo, *O Estado de S. Paulo*, 1981.

as linhas gerais da *Declaração de março de 1958*). Em entrevista ao jornal *O Estado de S. Paulo*, em 1978, ele explicaria:

O Partido partia do princípio de que o Brasil era um país semifeudal, o que me parece absurdo. Não se trata de uma questão acadêmica, mas de um fato concreto muito importante para se traçar uma orientação política. Para o partido, estávamos vivendo num país semifeudal que precisava, portanto, de uma revolução democrático-burguesa para acabar com essa situação. A meu ver tudo isso é fantasia, até mesmo porque há particularidades chocantes para demonstrar esse fato.[37]

O golpe militar de 1964 surpreendeu boa parte da esquerda brasileira[38]. O próprio PCB, nesse caso, não conseguiria fazer uma correta avaliação da conjuntura política que levara à ditadura[39]. E foi incapaz de organizar a resistência logo em seguida. Começariam as perseguições, prisões e exílios. Ao mesmo tempo, vários intelectuais tentariam analisar e entender, a partir de então, os mecanismos que haviam conduzido àquela situação e à nova dinâmica política do país (em julho de 1966, por exemplo, Marco Antônio Tavares Coelho, usando o pseudônimo de Assis Tavares, publicaria o artigo "Causas da derrocada de Primeiro de Abril" na *Revista Civilização Brasileira*, n. 8).

Em 1966, Caio Prado Júnior lançou *A revolução brasileira*, no qual criticou o adesismo do PCB (tanto ao governo Kubitschek quanto ao de João Goulart), assim como apontou os erros teóricos e os equívocos sobre a realidade brasileira pelos setores hegemônicos de seu partido.

No Brasil, talvez mais que em qualquer outro lugar (porque o mesmo mal existiu e ainda existe em outras partes), a teoria marxista da revolução, na qual direta ou indiretamente, deliberada ou inadvertidamente se inspira todo o pensamento bra-

---

[37] Idem.

[38] Houve quem, de certa forma, conseguisse antever a possibilidade iminente de golpe, como Luiz Alberto Moniz Bandeira e seu *O caminho da revolução brasileira* (Rio de Janeiro, Melso, 1962). Ver também depoimento de Moniz Bandeira a Luiz Bernardo Pericás e Paulo Barsotti, set. 2013.

[39] De acordo com José Antonio Segatto, "logo após o golpe de 1º de abril, desencadeou-se no interior do PCB uma grande e dramática luta política. A luta interna polarizar-se-ia, principalmente, em torno da avaliação das causas da derrocada de abril. Num extremo, colocar-se-iam vários grupos de dirigentes e militantes, cuja avaliação da derrota se baseava na constatação de que ela foi fruto de erros de 'direita', isto é, do 'reboquismo' em relação à burguesia, do 'pacifismo', da não preparação da resistência militar ao golpe, do reformismo da linha política etc. No outro extremo, ficaria a maioria dos dirigentes e militantes, que constataria que os equívocos cometidos e que levaram à derrota se deveram à má apreciação da correlação de forças e à subestimação da capacidade de reação da burguesia, ao golpismo, à pressa pequeno-burguesa que via a vitória como fácil e imediata, ao desprezo pela legalidade democrática, ao baluartismo e ao subjetivismo – fenômenos que, no conjunto, levaram ao abandono da linha política e contribuíram para a derrocada de abril". Ver José Antonio Segatto, *Breve história do PCB* (Belo Horizonte, Oficina de Livros, 1989), p. 114-5.

sileiro de esquerda, e que forneceu mesmo os lineamentos gerais de todas as reformas econômicas fundamentais propostas no Brasil, a teoria marxista da revolução se elaborou sob o signo de abstrações, isto é, de conceitos formados *a priori* e sem consideração adequada dos fatos; procurando-se posteriormente, e somente assim – o que é mais grave –, encaixar nesses conceitos a realidade concreta.[40]

A obra causaria grande impacto nas esquerdas do país. Seria, de acordo com Jacob Gorender, um dos livros que "fizeram a cabeça" dos militantes da época[41]. Nele, era possível encontrar críticas duras à ideia de existência de uma "burguesia nacional anti-imperialista", ao "reboquismo" pecebista nos governos JK e Jango, às teses sobre o "feudalismo" na história brasileira e as "sobrevivências feudais" no campo. Para ele, a agricultura no país era "capitalista", e as relações de trabalho na área rural, de regime assalariado. Nenhuma indicação sobre a possibilidade de luta armada no Brasil era colocada na obra (ainda que a experiência cubana fosse mencionada favoravelmente). Para alguns críticos, Caio Prado Júnior estaria, nesse caso, propugnando uma estratégia defensiva e reformista na ação política dos trabalhadores (tendo como foco central objetivos imediatistas e concretos), ao se preocupar, essencialmente, com a melhoria das condições laborais e de subsistência da massa popular. Para Lincoln Secco, contudo, certas conclusões do livro o aproximariam de uma abordagem gramsciana (ainda que não intencional), enfatizando uma natureza "processual" da revolução[42]. Naquela época, Caio Prado diria:

> Nunca me passou pela cabeça, propor uma "política apenas ou essencialmente salarial" para o proletariado rural, e sim, mostrar que não é possível mobilizar esse proletariado (o que no momento constitui uma tarefa essencial do movimento revolucionário), senão através da luta por reivindicações ligadas à relação e situação de emprego, ou seja, condições de trabalho, segurança e estabilidade. [...] Toda luta revolucionária tem seu ponto de partida, qualquer que seja seu desenvolvimento posterior, na luta por reivindicações imediatas. Afinal de contas, não é a luta de classes o motor da história? E o que é a "luta de classes" senão aquela que opõe categorias sociais que se distinguem entre si na base da situação particular e respectiva que ocupam os contendores no sistema de relações de produção e trabalho de que participam? Na maior e principal parte do campo brasileiro, a posição respectiva de proprietários e trabalhadores, dentro das relações de produção e trabalho em que figuram, é de empregadores e empregados. A luta de classes será, portanto, de empregados contra empregadores, e vice-versa. E terá pois por conteúdo as questões que dizem respeito a relações de emprego, salário etc. Isso não quer dizer que a luta se esgota com isso e nisso

---

[40] Caio Prado Júnior, *A Revolução Brasileira* (São Paulo, Brasiliense, 1966), p. 29.

[41] Ver Jacob Gorender, *Combate nas trevas, a esquerda brasileira: das ilusões perdidas à luta armada* (São Paulo, Ática, 1987), p. 73.

[42] Lincoln Secco, *Caio Prado Júnior, o sentido da revolução*, cit., p. 115.

termina; da mesma forma que as lutas do proletariado urbano não têm por horizonte as suas lutas por reivindicações imediatas. Não quer dizer tampouco que tais lutas, por não constituírem fim último, devam ser desprezadas e, aqueles que as propõem, serem taxados de revisionistas, reformistas e contrarrevolucionários. [...] O que nos falta é, sobretudo, ligação, congregação, organização e substituição de indivíduos queixosos por coletividades revolucionárias. Para desencadear o processo da luta revolucionária e fazer com que ele avance, precisamos de esforços *coletivos* levados a cabo por forças realmente revolucionárias, que não podem ser, senão, as massas populares organizadas.

Esta é a grande tarefa do momento, que exige trabalho militante ativo, nela inteiramente concentrado. [...] O primeiro e necessário passo – que é a etapa em que nos encontramos – é romper o falso, mas nem por isso menos sólido, embora artificial, equilíbrio político e social em que o país se encontra. Dado esse primeiro passo, e, agitado o cenário político e social brasileiro com manifestações e movimentos coletivos e de massa, espoucando por toda parte e a todo momento, ter-se-á aberto o caminho para a proposição e realização das medidas revolucionárias convenientes, que consistem essencialmente em minar e destruir progressivamente as bases em que se assenta o regime capitalista; em primeiro e principal lugar a livre iniciativa privada, que não somente se encontra solidamente implantada nas instituições brasileiras, como constitui, ainda, artigo de fé da maioria do nosso povo, com exceção apenas de reduzidos círculos de intelectuais. Somente quando a massa, pela sua ação e luta, começar a influir seriamente na vida política e administrativa brasileira, verificando que é precisamente aquela liberdade econômica que se encontra na base de sua exploração e espoliação, é que será possível encaminhar a transformação de nossas instituições.[43]

A abordagem do historiador provocou polêmica e gerou debates entre os militantes do seu partido e de outras organizações da esquerda, fazendo com que ele recebesse ressalvas contundentes dos mais variados setores do campo progressista. De André Gunder Frank e Marco Antônio Tavares Coelho a Osny Pereira Duarte e Paulo Cavalcanti (por sinal, todos amigos ou conhecidos de Caio Prado Júnior), foram vários os que discordaram das opiniões emitidas naquela obra. Mesmo assim, recebeu por ela o Prêmio Juca Pato de intelectual do ano de 1966, concedido pela União Brasileira de Escritores.

União Soviética, China, Cuba

Mesmo em épocas turbulentas, o historiador nunca deixou de viajar pelo mundo: entre julho e agosto de 1960, Caio Prado Júnior, junto com sua segunda esposa, Helena Maria Nioac, voltaria à URSS e, entre agosto e setembro do mesmo

---

[43] Carta de Caio Prado Júnior a André Gunder Frank, 30 nov. 1967, em acervo de Caio Prado Júnior no IEB-USP, código de referência CPJ-CA134.

ano, à China popular, experiência que resultou no livro *O mundo do socialismo*[44], publicado em 1962.

Na União Soviética, o casal visitará kolkhozes, creches, jardins de infância, um estádio de futebol. Em um cartão-postal datado de 30 de julho de 1960, ao filho Roberto, ele diria: "Quanto mais se vive mais se aprende, sobretudo viajando. Estou aprendendo muita coisa, e sobretudo que *realmente o regime político e social deste país é o futuro de toda a humanidade*"[45].

Já seu *tour* pela China incluirá, além da capital, Wuhan, Xangai e outras localidades no sul do país. Com a mulher, visitará a ópera de Pequim, verá um show de acrobatas, conhecerá de perto uma represa e uma fundição de ferro e aço "maior do que Volta Redonda", se encontrará com monges num templo budista de Hang Tcheu, irá a fábricas, fazendas coletivas e monumentos.

Prado Júnior afirmaria que ele e a esposa estavam "aproveitando muito, vendo e compreendendo este mundo enorme de 650 milhões de pessoas, dominadas e exploradas até há poucos anos pelos imperialistas europeus, e um punhado de grandes proprietários, e que constroem hoje um país rico e poderoso que assegurará o bem-estar de todos os seus habitantes (mais de um a quinta parte da humanidade). Há muito ainda por fazer, mas que obra está sendo levada a cabo, não pode ter dúvidas: em dez anos, no máximo, a China é o primeiro país do mundo"[46].

Cuba seria o próximo país socialista a ser visitado. Em 30 de dezembro de 1961, foi a Havana, num avião fretado pelo governo daquele país, como parte de uma delegação de mais de noventa pessoas, a convite do governo da ilha, chegando a tempo para assistir às comemorações de 1º de janeiro de 1962, aniversário da revolução. Faziam parte dessa grande comitiva sindicalistas, parlamentares, políticos, intelectuais, membros do PCB e militantes de outros partidos[47]. Eles ficariam em Cuba por aproximadamente cinco semanas. Durante esse tempo, Caio Prado Júnior, juntamente com o resto do grupo, viajou de ônibus para Camaguey, Santiago, Santa Clara e Holguín.

A revolução cubana também causou enorme interesse no autor de *História econômica do Brasil*. Logo depois de chegar a Cuba, Prado Júnior escreveria para seu filho mais novo, Roberto, sobre suas impressões da ilha. Em carta redigida em 3 de janeiro de 1962, ele diria:

> É pena você não estar aqui, para ver o que é a transformação de um país revolucionário, e a felicidade de um povo libertado. Cuba é em muitas coisas parecida

---

[44] Caio Prado Júnior, *O mundo do socialismo* (São Paulo, Brasiliense, 1962).

[45] Cartão de Caio Prado Júnior a Roberto Nioac Prado, Moscou, União Soviética, 27 jul. 1960, em acervo de Caio Prado Júnior no IEB-USP, código de referência CPJ-RNP120. Grifo nosso.

[46] Carta de Caio Prado Júnior a Roberto Nioac Prado, de Pequim, 1º set. 1960, em acervo de Caio Prado Júnior no IEB-USP, código de referência CPJ-RNP133.

[47] Anita Leocádia Prestes, correspondência com Luiz Bernardo Pericás, set. 2011.

com o Brasil, de modo que me parece muitas vezes estar assistindo ao que irá certamente passar mais dia menos dia em nosso país.

Neste último ano, 1961, acabaram com o analfabetismo no país, que compreendia 65% da população com mais de 7 anos. E como acabaram? Mobilizando 300.000 voluntários, não estou exagerando, são trezentos mil, isto é, 5% da população do país, que é de 6 milhões. Esses voluntários saíram pelo país, de casa em casa, morando com camponeses, sujeitando-se a tudo para ensinar seus compatriotas. Conversei com muitos e muitos desses voluntários – "brigadistas" são chamados aqui – da sua idade, e menos até com 13 anos. E que força têm esses meninos, a que altura eles subiram, sente-se no seu olhar que são homens, que sentiram e compreenderam a vida, aprenderam em um ano mais que outros não aprenderam numa vida inteira. Olham para o futuro com confiança, e sabem o que querem, e têm perspectivas. É *realmente extraordinário*[48].

Se você conversasse com alguns deles, você também ficaria impressionado, mais ainda do que eu, porque seriam como seus colegas e amigos, iguais a você.[49]

De acordo com sua nora Susana (que fazia parte da delegação), num daqueles dias, Caio Prado Júnior ainda teria um encontro inusitado com o próprio Fidel Castro, que apareceu no Hotel Havana Riviera (onde Caio Prado estava hospedado) e viu o autor de *Formação do Brasil contemporâneo* no saguão do hotel. O intelectual paulista saiu do prédio e cumprimentou o líder revolucionário, que estava sentado no capô de um carro. Conversaram por longo tempo sobre assuntos diversos[50].

A última viagem do historiador para um país socialista ocorreu em agosto de 1963, para a Alemanha Oriental. Naquele ano, Caio, sua esposa, Nena, e seu filho, Roberto, cruzariam boa parte da Europa: passaram pela Inglaterra, França, Itália, Suíça, Alemanha Ocidental, Alemanha Oriental, Dinamarca, Suécia e Noruega. Em Londres, Caíto faria questão de visitar e prestar homenagens diante do túmulo de Marx, no cemitério Highgate.

No álbum de fotos de família preparado e guardado por Caio Prado, ele daria destaque a várias cidades da Alemanha Ocidental e da República Democrática Alemã. Lá estão imagens de Berlim Ocidental e Oriental: a Friedrichstrasse, a Karl Marx Alea, o Monumento aos Soviéticos, o zoológico e casas pré-fabricadas. E

---

[48] Grifo de Caio Prado Júnior.

[49] Carta de Caio Prado Júnior a Roberto Nioac Prado, de Havana, Cuba, 3 jan. 1962, em acervo de Caio Prado Júnior no IEB-USP, código de referência CPJ-RNP138.

[50] Susana Prado, depoimento a Luiz Bernardo Pericás, nov. 2009. Isso era algo muito comum. Anita Leocádia Prestes afirma que "o Fidel realmente costumava chegar de surpresa ao hotel onde estávamos, o Havana Riviera, altas horas da noite, para conversar com delegados estrangeiros. Uma madrugada, quando eu já dormia em meu quarto, fui acordada por um secretário do Fidel, dizendo que ele queria falar comigo. Tive que descer rapidamente para encontrá-lo. Queria mandar um recado para meu pai... Nesses momentos havia grande rebuliço, pois todo mundo queria ver o Fidel". Anita Leocádia Prestes, correspondência com Luiz Bernardo Pericás, jan. 2010.

CAIO PRADO JÚNIOR

também fotos de Dresden; de ruas vazias em Eisenhüttenstadt, "a primeira cidade socialista da Alemanha" (detalhe que fez questão de anotar ao lado da fotografia); de Leipzig, onde daria destaque a cooperativas, casas de trabalhadores, gado, tratores e ao monumento comemorativo da Batalha de Leipzig; assim como instantâneos de Maissen, Frankfurt, Hamburgo, Speyer, Worms, Baden Baden, Heidelberg, Schwetzingen, Colônia, Hanover, Dusseldorf e Dortmund[51].

Em 1967, ainda iria participar de um Congresso de Filosofia em Quebec, no Canadá, e viajar por Argentina e Chile, visitando amigos e exilados brasileiros.

A história se repete

Mas Caio Prado Júnior continuou sendo vítima da repressão política e, nos anos seguintes, sua história vai se repetir: separação, exílio, prisão.

Em 1968, o historiador estava inscrito no concurso para a cátedra de História do Brasil, da Faculdade de Filosofia, Letras e Ciências Humanas da USP. Ele aceitara o convite do amigo Sérgio Buarque de Holanda, que iria se aposentar, para sucedê-lo como professor e preparou a tese *História e desenvolvimento* (que seria publicada anos mais tarde pela Brasiliense).

Em dezembro, o governo militar fechou o Congresso Nacional e decretou o Ato Institucional n. 5 (AI-5). O concurso foi anulado e Caio teve o título de livre--docente cassado. Depois de alguns meses exilado no Chile, em 1969, ele retornaria ao Brasil e, em março de 1970, seria julgado por um Tribunal Militar e condenado a quatro anos e seis meses de prisão, acusado de supostamente incitar estudantes à subversão da ordem política e social vigente em uma entrevista concedida à revista estudantil *Revisão*, do Grêmio da Faculdade de Filosofia da USP. Nela, ele diria que não sabia se os trabalhadores brasileiros poderiam chegar ao poder pela via pacífica ou armada: "acredito que pode ser através de uma forma ou outra. Mesmo a luta armada, tem uma porção de graus: vai desde choque de rua, até a guerra civil". E acrescentava que "não adianta programar a luta armada, se não existem os elementos capazes de concretizá-la. A forma de ação é determinada pelas circunstâncias e condições do momento"[52]. Ainda assim, insistiria que "não devemos discutir a forma de lutar, e sim começar a lutar"[53].

Foi recolhido à Casa de Detenção Tiradentes e depois transferido para o 16º Batalhão da Polícia Militar de São Paulo. Na prisão, recebeu a notícia do suicídio

---

[51] Álbum de fotos de família de Caio Prado Júnior, em acervo pessoal de Danda Prado.

[52] Caio Prado Júnior, entrevista para a revista *Revisão*, citada em "Supremo Tribunal Federal, Recurso Ordinário Criminal n. 1.116, São Paulo, Seção de Jurisprudência, Primeira Turma, 20 ago. 1971".

[53] Ver "Prisão, a sentença para Caio Prado Jr.", *Correio da Manhã*, Rio de Janeiro, 26 mar. 1970, p. 7.

de seu filho Roberto. Liberado para comparecer ao enterro, a pedido da família, foi escoltado por policiais à paisana e em seguida conduzido de volta à cadeia. Em agosto de 1971, foi finalmente absolvido e libertado.

Iria publicar, naquele período, *O estruturalismo de Lévi-Strauss/O marxismo de Louis Althusser*, em 1971, e *História e desenvolvimento: a contribuição da historiografia para a teoria e prática do desenvolvimento econômico*, em 1972. Ainda a partir de textos extraídos de livros anteriores (ou da *Revista Brasiliense*), lançou *A questão agrária no Brasil*, em 1979, *O que é liberdade*, em 1980, *O que é filosofia*, em 1981, e *A cidade de São Paulo, geografia, história*, em 1983.

Em 1988, seria agraciado com o Prêmio Álvaro Alberto para Ciência e Tecnologia, conferido pelo Ministério de Ciência e Tecnologia e pelo CNPq, mas, sofrendo havia alguns anos do mal de Alzheimer, já não tinha condições de recebê-lo pessoalmente e foi representado pela filha Danda.

Caio Prado Júnior morreu em São Paulo em 1990, aos 83 anos de idade, depois de uma longa vida de lutas políticas e intelectuais pelo socialismo e pelo desenvolvimento econômico e cultural pleno de nosso país.

EDGARD CARONE

Marisa Midori Deaecto • Lincoln Secco

Entre os historiadores marxistas, talvez o mais citado e menos reconhecido seja Edgard Carone. A origem de Carone não lhe denunciava a adesão ao comunismo. Ele nasceu em 14 de setembro de 1923, na rua Florêncio de Abreu, no centro de São Paulo. Passou a juventude no bairro de Vila Mariana. Filho de imigrantes libaneses, perdeu muito cedo a mãe, sendo criado pelo pai, Shakir Carone, antigo mascate que viajara por todo o mundo vendendo tecidos ingleses, entre outras mercadorias, até se fixar na capital paulista como comerciante e proprietário de uma casa bancária.

Na década de 1940, Edgard Carone – como vários de sua geração – recebeu influência da vitória da União Soviética contra a vertente militarista do fascismo, assistiu ao ressurgimento do Partido Comunista do Brasil (PCB), à organização dos intelectuais no Congresso Brasileiro de Escritores e ao desenvolvimento da Faculdade de Filosofia, Letras e Ciências Humanas da Universidade de São Paulo (FFLCH-USP), onde estudou história e geografia.

Os anos de formação foram marcados pela confluência dessas várias vertentes ideológicas, tendo Carone se alinhado ao marxismo por influência do irmão, Maxim Tolstoi Carone, que foi organizador da Juventude do Partido Comunista nos anos 1930. A adesão ao marxismo possibilitou a Carone fazer amizade com Antonio Candido, Paulo Emílio Sales Gomes, Costa Correa, Azis Simão e Pasquale Petrone.

Edgard Carone se notabilizou por suas contribuições à historiografia brasileira e pela fortuna bibliográfica que reuniu ao longo da vida. De modo especial, a biblioteca socialista, ou do movimento operário, como gostava de se referir à coleção.

Os bibliófilos brasileiros interessaram-se muito pouco pelos livros socialistas. Por formação espiritual ou mero preconceito, uma vasta e rica bibliografia per-

216

maneceu ignorada, salvo o caso de alguns estudiosos ou militantes[1]. Raros são os exemplos daqueles que conservaram a memória de uma parte significativa da nossa história. Afinal, não é possível contá-la sem falar das classes trabalhadoras e de seus expoentes políticos e ideológicos.

A biblioteca de Astrojildo Pereira foi um caso exemplar que merece ser citado, sobretudo quando nos damos conta de que já se passaram oitenta anos desde a criação do Partido Comunista (PC) no Brasil. Afinal, a história de vida do bibliófilo se confunde, em parte, com a história do partido e, em grande medida, com a história dos livros, que constituíram a primeira biblioteca de fôlego de cunho socialista, com obras representativas das teorias e da história de Astrojildo Pereira.

Grande parte da fortuna deixada por Astrojildo Pereira se encontra disponível no Centro de Memória da Universidade Estadual de São Paulo (Unesp), localizado na Praça da Sé, em São Paulo. Outra porção infelizmente se perdeu nos sebos da cidade. Mas existe ainda uma parte muito significativa que se encontra depositada no acervo particular de outro não menos importante bibliófilo e historiador marxista: Edgard Carone.

A Biblioteca Socialista de Edgard Carone foi constituída ao longo de toda uma vida voltada para a leitura. O repertório de livros de Carone sempre foi amplo. Am-

---

[1] Aqui uma lista dos livros que publicou: *A II Internacional pelos seus congressos (1889-1914)* (São Paulo, Edusp/Anita Garibaldi, 1993); *O PCB. 1922 a 1943, O PCB. 1943 a 1964 e O PCB. 1964 a 1982*, os três pela Difel, São Paulo, em 1982; *Da esquerda à direita* (Belo Horizonte, Oficina de Livros, 1991); *Socialismo e anarquismo no início do século* (Petrópolis, Vozes, 1996); *O movimento operário no Brasil (1877-1944), O movimento operário no Brasil (1945-1964) e O movimento operário no Brasil (1964-1984)*, pela Difel, São Paulo, o primeiro volume em 1979 (2. ed., 1984) e os outros em 1984; *Classes sociais e movimento operário* (São Paulo, Ática, 1989); *O marxismo no Brasil (das origens a 1964)* (Rio de Janeiro, Dois Pontos, 1986); *Memória da Fazenda Bela Aliança* (Belo Horizonte, Oficina de Livros, 1991); *Brasil: anos de crise. 1930-1945* (São Paulo, Ática, 1991); *O pensamento industrial no Brasil (1880-1945)* (São Paulo, Difel, 1977); *Centro industrial do Rio de Janeiro e sua importante participação na economia nacional (1827-1977)* (Rio de Janeiro, Cátedra, 1978); *A evolução industrial de São Paulo (1889-1930)* (São Paulo, Senac, 2000); *Revoluções do Brasil contemporâneo (1922-1938)* (col. Buriti, São Paulo, Desa editora, 1965 [2. ed. rev. e 3. ed., São Paulo, Difel, 1975, 1977]), *A República Velha. Instituições e classes sociais (1889--1930)* (col. Corpo e Alma do Brasil, São Paulo, Difel, 1970 [2. ed. rev., 3. ed. com apêndice e 4. ed., 1972, 1975 e 1978]); *A Primeira República (1889-1930). Texto e contexto* (col. Corpo e Alma do Brasil, São Paulo, Difel, 1969 [2. ed. rev., 3. ed. com apêndice e 4. ed., 1973, 1976 e 1988]); *A República Velha II. Evolução política (1889-1930)* (col. Corpo e Alma do Brasil, São Paulo, Difel, 1971 [2. ed., 3. ed. rev. com índice onomástico e 4. ed., 1974, 1977 e 1983]); *A Segunda República (1930-1937)* (col. Corpo e Alma do Brasil, São Paulo, Difel, 1973 [2. ed. e 3. ed., 1974 e 1978]); *A República Nova (1930-1937)* (col. Corpo e Alma do Brasil, São Paulo, Difel, 1974 [2. ed. e 3. ed., s.d.p. [1976] e 1982]); *O Estado Novo* (col. Corpo e Alma do Brasil, São Paulo, Difel, 1976 [5. ed., 1988]); *A Terceira República (1937-1945)* (col. Corpo e Alma do Brasil, São Paulo, Difel, 1976); *A república liberal I. Instituições e classes sociais (1945-1964)* e *A república liberal II. Evolução política (1945-1964)*, ambos pela Difel, São Paulo, em 1985; *A Quarta República* (São Paulo, Difel, 1980); e *O tenentismo* (São Paulo, Difel, 1975).

EDGARD CARONE

plidão que se revela nas leituras primevas de narrativas policiais, contos, romances etc., até, mais tarde, nos livros de temáticas sociais, revelando desde cedo grande interesse por Victor Hugo e Émile Zola. Como ele mesmo afirmou:

> Por uma razão ou por outra, que não sei determinar, eu gostava muito de ler. Lia muito romance policial, romance de aventuras... tinha uma coleção de que gosto muito, chamada Coleção Terramarear, idealizada por Monteiro Lobato; tinha a Coleção Paratodos... estes livros ainda existem em sebos; tenho um monte deles, gosto muito... então, lia livros de aventuras e, a partir de 1937, 1938, comecei a ler romances. Assisti a uma fita linda sobre o Zola, fiquei entusiasmado, comecei a comprar seus livros. Tinha umas edições portuguesas e brasileiras – algumas ainda tenho em casa. Lia Daudet, Maupassant, Victor Hugo, enfim, uma série de autores franceses, espanhóis, alguns americanos, ingleses... ou seja, a ideia é que investi em livros, adorava encontrá-los e, para isso, eu tinha uma curiosidade muito grande![2]

Mais tarde, viriam os livros de história, geografia, sociologia, de modo que se evidenciava certa orientação para as leituras de crítica da realidade social. O repertório de livros que versavam sobre o socialismo viria por força de várias circunstâncias que se passaram em sua vida. Sua aproximação com militantes de esquerda, além de ampliar o círculo de amizades, implicou a descoberta de novos livros.

> Com a variedade temática que comprava, fui alargando não só o interesse que tinha sobre os assuntos, bem como a visão que pudesse ter sobre o que é o processo humano. Repare bem: literatura e literatura histórica permitiram que eu pudesse ter uma visão mais ampla. Muitas vezes chegava na casa do Paulo Emílio, na do Azis – se bem que o Azis tinha poucos livros porque não podia enxergar – ou na do Costa Correa e, vendo alguma revista, pensava: "Vou comprar". Então, ia e comprava. Assim, abria meu horizonte.[3]

A aquisição de livros socialistas, anarquistas, de literatura operária, mas especialmente das obras marxistas, consolidou fontes documentais e bibliográficas que, por si mesmas, já seriam a obra de uma vida. Entretanto, Edgard Carone não se ateve à leitura e à aplicação mecânica das ideias marxistas à nossa realidade, como ele próprio o demonstrou nos seus escritos sobre a história brasileira. Ao concluir o primeiro livro, *Revoluções do Brasil contemporâneo*[4], escreve:

> Ao acabar a primeira pesquisa falei: o que caracteriza esse momento do seguinte? Bem, no marxismo é uma mudança da estrutura. No Brasil, não houve nenhuma

---

[2] Entrevista concedida a Marisa Midori Deaecto e Andréa Paula dos Santos, no dossiê "Intelectualidade e militância", *Revista Temporaes*, número especial, 1995, p. 7.

[3] Ibidem, p. 8.

[4] Edgard Carone, *Revoluções do Brasil contemporâneo*, cit.

mudança estrutural. As classes dominantes que existiram se renovaram não no sentido de classe, mas de grupo dentro do poder...[5]

Ao amor que tinha pelos livros e aos estudos da sociedade brasileira, juntou--se certa disciplina intelectual adquirida no curso de história e geografia da USP, entre 1945 e 1948. Curiosamente, ele não prosseguiu imediatamente uma carreira acadêmica. Entre 1948 e 1960, foi administrador da Fazenda Bela Aliança, no município de Bofete. Nessa cidade, ele ainda viveria entre 1960 e 1965. Portanto, foram dezessete anos no interior paulista. Experiência que lhe valeu um livro de memórias no qual traça um estudo da geografia e da história daquela região[6].

De volta à cidade de São Paulo, em 1965, após a publicação do primeiro livro, iniciou sua vida acadêmica: Fundação Getúlio Vargas, Unesp-Araraquara e, finalmente, USP, onde se aposentou, em 1993, como professor titular.

Foi nos anos 1970 que Edgard Carone viria a descobrir a sua maior fortuna bibliográfica. Trata-se da aquisição de parte dos livros que pertenceram à biblioteca de Astrojildo Pereira, o fundador e militante histórico do PCB, cujo nome sempre o acompanhara, mas com quem jamais estabelecera contato pessoal.

Há outro nome que não posso deixar de citar: é Astrojildo Pereira. Não o conheci, porém, ele viajou comigo pelo tempo. Explico: quando falava-se de comunismo no Brasil, do PCB etc., imediatamente surgia seu nome; quando escrevi sobre o movimento operário, boa parte da bibliografia pertencera à sua biblioteca.[7]

Leituras marxistas

Os livros de Astrojildo Pereira encontravam-se em um sebo localizado na rua Celso Garcia, no centro de São Paulo. Por temer algum tipo de repressão policial, o livreiro pretendia se livrar rapidamente dos livros e os ofereceu ao cliente Edgard Carone. O momento, conforme ele o descreve, é de grande emoção. Estava ali, em perfeito estado de conservação, a obra de uma vida dedicada aos livros. Com efeito, era a descoberta de uma vasta história do pensamento socialista, das Internacionais, enfim, de livros, coleções, entre algumas edições raríssimas que motivaram novas pesquisas – não somente sobre o Brasil, embora tenha sido esse o seu maior interesse – e abriram horizontes para os escritos sobre o anarquismo, o socialismo e as Internacionais.

Pode-se dizer que a reunião desses volumes e outros, que já descansavam em suas estantes e mais tarde viriam seguramente compor o maior acervo de livros socialistas no Brasil, inicia uma nova etapa de sua produção intelectual. Referimo-

---

[5] Ibidem, p. 9.

[6] Idem, *Memória da Fazenda Bela Aliança*, cit.

[7] Introdução ao *Catálogo da Biblioteca Edgard Carone*, mimeo.

EDGARD CARONE

-nos a uma série de trabalhos voltados à problemática do livro – sua história, seus meios de produção, difusão e as formas de recepção – publicados nos anos 1980.

O marxismo no Brasil: das origens a 1964[8] foi publicado em 1986, mas corresponde a um longo período de pesquisas, no Brasil e no exterior, em busca de informações sobre a produção de esquerda após a Revolução de 1917. Porém, como ele próprio o declara em nota introdutória à edição, "a maior parte dos livros recenseados... pertencem ao autor". O livro apresenta um esforço exaustivo no sentido de mapear toda a produção de livros de conteúdo marxista e, de forma mais abrangente, de caráter socialista editados no Brasil desde os primórdios do movimento operário. Em ordem cronológica, tem-se que a primeira edição assinalada é a de Astrojildo Pereira, *A Revolução Russa e a imprensa*, um opúsculo de dezesseis páginas editado no Rio de Janeiro (s.ed.).

A avaliação que Edgard Carone fez da difusão do marxismo revela não só sua erudição, mas certo pioneirismo. Muito antes de frutificar entre nós toda uma gama de autores e pesquisadores em torno da história do livro, das práticas de leitura, da difusão e da recepção de obras, Edgard Carone estudou os processos e os limites materiais e culturais da circulação dos livros socialistas. Com exceção de alguns exemplos isolados, como Astrojildo Pereira, ninguém antes dele analisou a literatura operária e socialista. Mesmo no exterior, até os anos 1970, ainda eram raros os levantamentos sistemáticos nesse sentido. As obras que Edgard Carone conheceu, como a de Bert Andreas[9], Pedro Ribas[10] ou Maximilien Rubel[11], não estiveram isentas de lacunas nessa difícil tarefa de deslocar o eixo habitual da análise da produção para a difusão (circulação) de livros. Mais recentemente, desenvolveram-se trabalhos semelhantes sobre Trotski[12] e, especialmente, sobre Gramsci[13].

O *Manifesto Comunista*[14], que foi comentado extensamente a partir de seu sesquicentenário, recebeu três introduções de grande erudição histórica[15]. Ao con-

---

[8]   O capítulo introdutório a este estudo que ora reproduzimos será apresentado com o título da obra.

[9]   Bert Andreas, *Le* Manifeste Communiste *de Marx e Engels: histoire et bibliographie (1848-1948)* (Milão, Feltrinelli, 1963 [edição com apêndice que abrange os anos 1918 a 1959]).

[10]   Pedro Ribas, *La introducción del marxismo en España (1869-1939)* (Madri, Ediciones de La Torre, 1981).

[11]   Maximilen Rubel, *Bibliographie des oeuvres de Karl Marx avec un appendice en répertoire des oeuvres de Friedrich Engels* (Paris, Librairie Marcel Rivière, 1956).

[12]   Wolfgang Lubitz, *Trotski, Bibliography* (Munique, K. G. Saur, 1982).

[13]   John Cammett, *Bibliografia gramsciana (1922-1988)* (Roma, Riuniti, 1991).

[14]   Edgard Carone, "A trajetória do *Manifesto do Partido Comunista* no Brasil", em *Da direita à esquerda*, cit. Publicado em *Edgard Carone: leituras marxistas e outros estudos* (org. Marisa Midori Deaecto e Lincoln Secco, São Paulo, Xamã, 2004).

[15]   Eric Hobsbawm, "Introdução ao *Manifesto Comunista*", em *Sobre história* (São Paulo, Companhia das Letras, 1998), p. 293-308; Gareth Stedman Jones, "Introduction", em Karl Marx e

220

INTÉRPRETES DO BRASIL

trário daquela introdução clássica feita por Harold Laski, no centenário da obra, em 1948, estas tangenciaram o problema da difusão e da recepção, mas sem um levantamento próprio. No Brasil, o prefácio que Edgard Carone preparou para o *Manifesto Comunista* difere radicalmente dos estudos comemorativos que seriam mais tarde realizados por ocasião das comemorações dos 150 anos do *Manifesto*[16].

Em "Literatura e público"[17], o autor realça questões ainda pouco estudadas pelos intelectuais de esquerda e por esse veio mais particular de pesquisadores do livro e das práticas de leitura no Brasil: o que liam os trabalhadores brasileiros e qual o papel do PCB na direção de leituras de caráter social na época de sua fundação e de formação de seus quadros, no curso dos anos 1920[18]? Embora se tenha conhecimento da publicação de periódicos responsáveis pela difusão da ideologia partidária, a exemplo da revista *Movimento Comunista*, ou mesmo do jornal *A Nação*, que após 1927 funciona como publicação diária ligada ao PCB, além de muitos outros títulos vinculados à imprensa jornalística que reconstituem, em certa medida, os vários momentos históricos do PC no Brasil, no conjunto, as informações sobre esse tema eram e são uma raridade.

Segundo Carone, coube a Astrojildo Pereira e a um mundo de auxiliares o esforço de divulgar o pensamento marxista (= comunista) no Brasil e, num empenho inovador, passá-lo para o plano da ação, pois até aquele momento o marxismo era difundido nos meios de esquerda como doutrina e não como projeto de ação revolucionária. Dada a sua experiência anterior na difusão do pensamento anarquista,

---

Friedrich Engels, *The Communist Manifesto* (Londres, Penguin Books, 2002), p. 3-187; Claude Mazauric, "Lire le *Manifeste*", em Karl Marx e Friedrich Engels, *Manifeste du Parti Communiste* (Paris, Librio, 1998), p. 7-21.

[16] Daniel Aarão Reis (org.), *Karl Marx e Friedrich Engels:* Manifesto Comunista, *150 anos depois* (Rio de Janeiro, Contraponto; São Paulo, Perseu Abramo, 1998), p. 43-207; Caio Navarro de Toledo (org.), *Ensaios sobre o* Manifesto Comunista (São Paulo, Xamã, 1998); Osvaldo Coggiola (org.), Manifesto Comunista *ontem e hoje* (São Paulo, Xamã/FFLCH, 1999).

[17] Edgard Carone, "Literatura e público", em *Da direita à esquerda*, cit., p. 37-92. Publicado em *Edgard Carone: leituras marxistas e outros estudos*, cit.

[18] Entre 1890 e 1914, os livros em língua estrangeira são dominantes. Durante o conflito mundial, as importações se tornam muito restritas, o que estimula a produção nacional de bens materiais, mas também de bens culturais. É o que observamos no anúncio do Centro Socialista, publicado em *A questão social*, em 1906, em cuja biblioteca constam livros das mais variadas tendências, inclusive a edição resumida de *O capital*, feita por Gabriel Deville, que aparece ao lado de Engels, *Socialisme utopique et socialisme scientifique*; Kropotkine, *La conquête du pain*; César de Paepe, *Le collectivisme*; Durkheim, *De la division du travail social*, entre outros. A grande maioria dos títulos é em língua francesa, seguidos por alguns poucos em italiano e outra minoria em português. Estes, por sinal, compreendem uma literatura panfletária feita por organizações operárias. De modo geral, as traduções de ideólogos do socialismo e do anarquismo apareciam na imprensa periódica. Edgard Carone, *Movimento operário no Brasil (1877-1944)*, cit.; cf. Maria Nazareth Ferreira, *A imprensa operária no Brasil (1880-1920)* (Petrópolis, Vozes, 1978).

além da militância em seu favor, Astrojildo Pereira estava apto a apresentar um novo elo cultural que dominava a nova corrente de esquerda. O partido se torna, então, responsável pela circulação de livros de caráter comunista por todo o país ou, pelo menos, pelas cidades que tinham contato com a sede do partido, no Rio de Janeiro[19]. Trata-se, enfim, de pesquisa minuciosa e reveladora de todo um universo de leituras e leitores até então anônimos e perdidos na sua própria dinâmica histórica.

A "Coleção azul" e "Notícias sobre 'Brasilianas'" são artigos que se combinam e até mesmo se completam, por duas razões basicamente: em primeiro lugar, porque Carone se volta para formas de organização editorial que surgem no calor da Revolução de 1930; além disso, os livros em análise expressam a ideologia das classes médias nesse momento de mudanças dos grupos políticos no poder.

Questões que ainda estão na ordem do dia, como os debates sobre a formação do Estado e da identidade nacional, eram amplamente discutidas por esses ideólogos de direita, em muitos casos com coloração fortemente reacionária e portadores de iniludível poder de persuasão das massas. Esse parece ser o exemplo de Plínio Salgado e Virgínio de Santa Rosa, autores da "Coleção azul". Mas também Afonso Arinos de Melo Franco e Martins de Almeida, autores que, embora críticos da situação dominante, não abrem mão de uma postura elitista, ou da defesa de uma elite política no poder em oposição às classes subalternas.

Por sua vez, a "Coleção Brasiliana", particularmente a série V da Biblioteca Pedagógica organizada por Fernando de Azevedo, em fins de 1931, propõe a edição de antigos clássicos, em especial relatos de viajantes estrangeiros sobre o Brasil ou escritores consagrados no Império e, além disso, autores e temáticas em voga na época, que buscavam a sistematização da história brasileira, mas também a crítica à realidade. Sobre os autores observados por Edgard Carone:

> [...] apesar do seu caráter indagatório, obedece a uma tendência essencialmente conservadora. [...] Podemos dizer que as ideias de Alberto Torres, ou Tavares Bastos, ou Rui Barbosa, não contestam em nada os fundamentos da sociedade oligárquica do passado (baseada na terra e no poder político da elite agrária), nem na do presente – mesmo que ainda fossem prementes e atuais os problemas destas estruturas.[20]

Se é possível encontrar um denominador comum entre os vários escritos que ora apresentamos de forma sucinta, este reside justamente na análise que Carone

---

[19] Os cadernos de trabalho de Astrojildo Pereira consistem em notas e balanços do movimento da livraria do PCB no período em questão, sendo possível vislumbrar, por meio de suas anotações, séries de livros nacionais, editados pelo partido, ao lado de alguns exemplares em língua espanhola, em geral argentinos, e outros em língua francesa, editados em sua maioria pela Librairie de l'Humanité, órgão de divulgação do Partido Comunista Francês (PCF).

[20] Cf. Edgard Carone, "Coleção azul", em *Da direita à esquerda*, cit., p. 185-227; "Notícias sobre 'Brasilianas'", mimeo, publicado em *Edgard Carone: leituras marxistas e outros estudos*, cit.

propõe do livro e de suas formas de difusão como um fenômeno social e sujeito às determinações de classe. De um lado, temos o esforço concentrado das lideranças comunistas em difundir livros que expressem a ideologia marxista, ou comunista, que passam a circular com grande vigor em âmbito internacional após 1917. De outro, edições planejadas, que nascem em uma conjuntura bastante favorável do mercado livreiro no Brasil, com o propósito de pôr em relevo questões prementes entre os intelectuais representativos das classes médias, oscilando de uma tendência puramente conservadora e passadista a uma visão reacionária, em defesa de um governo autoritário[21].

Uma ideia de Brasil

Historiador dedicado ao período republicano, ao movimento operário e à história do marxismo no Brasil, pode-se dizer que a trajetória de Edgard Carone se pautou pela recusa de participação em falsos debates acadêmicos. Expunha seu trabalho pelos livros e não comentava os ataques velados que começaram a surgir depois de 1980, quando nova vertente historiográfica procurou outras abordagens do movimento operário e da história brasileira contemporânea.

A obra de Carone é essencialmente narrativa. Ele coletava e publicava os documentos, narrava a evolução política e analisava as classes sociais, sua posição econômica e ideologias. O estilo era seco, direto, sem rodeios até surpreender o leitor com uma frase dura que sintetizava a condição trágica da história brasileira. Esse método foi apreendido em obras anteriores ao marxismo ocidental e na convivência com amigos. Não teve uma convivência próxima com Caio Prado Júnior, mas admirava o historiador e militante. Assim, o método só se desvenda dentro da própria narrativa. Carone era avesso a introduções teóricas.

Gostava de narrar os desafios da escrita do primeiro livro. Aspecto pouco conhecido, mas determinante de seu estilo, foi a leitura dos clássicos. Raros intelectuais hoje possuem uma formação tão sólida no campo das humanidades e uma convivência tão íntima com grandes romances, que vão das *Mil e uma noites*, passando pelos *romans fleuves*, de Balzac, Zola e Proust, à literatura soviética contemporânea. Amante do cinema, ele mesmo inaugurou uma cinemateca em Botucatu (SP), projeto malogrado por uma elite retrógrada que não suportou a exibição de *Encouraçado Potemkin*, de Serguei Eisenstein, logo na seção de estreia. O fato lhe custou uma noite na cadeia da cidade, nos tempos sombrios da ditadura militar.

---

[21] Oliveira Viana, Alberto Torres e Azevedo Amaral, figuras emergentes no mercado editorial da época, confirmam a tendência conservadora e muitas vezes reacionária – chegando até mesmo ao extremo da defesa de um governo autoritário como forma de controle das massas populares – do discurso radical brasileiro. Cf. Antonio Candido, "Radicalismos", em *Vários escritos* (3. ed. rev. e ampliada, São Paulo, Duas Cidades, 1995), p. 265-92.

EDGARD CARONE

Voltando à escrita do primeiro livro, temos nesse precioso volume de bolso da Coleção Buriti algumas passagens marcantes que dizem muito da personalidade de Carone. As descrições dos fatos são minuciosas, como parece incansável a tentativa de fixar as várias facetas do tenentismo – a composição das lideranças até as questões ideológicas – desde o movimento que projetou o grupo, em 1922, até sua derrocada no início do Estado Novo. É essa a linha de força da análise e será essa a temática que Edgard Carone irá desenvolver nos volumes ulteriores que se voltam para a história do Brasil no século XX. O próprio tenentismo constituiria um volume à parte em sua história republicana, toda ela construída sob a forma dos *romans fleuves* que Carone bem conhecia. Como ele mesmo o anuncia no Prefácio à primeira edição de *Revoluções do Brasil contemporâneo*:

> Este livro foi concebido como fundo histórico para a compreensão do pensamento conservador e antirrevolucionário dos anos 1920-1930, desde a escola católica de Jackson de Figueiredo até a historicista de Oliveira Viana, a fascista de Otávio Faria e a integralista de Plinio Salgado. Ampliando a primeira parte, deixo a outra para mais tarde. Resultado de pesquisas e leituras, dificultado pela pobreza de literatura sobre o tema e sobre a história republicana após a Primeira Grande Guerra, foi necessário, para obter melhor visão, aliar à análise ideológica o detalhe dos fatos. A limitação do espaço, exigida pela Coleção, obrigou a uma restrição ainda maior.[22]

Edgard Carone faleceu em São Paulo, em 31 de janeiro de 2003. O corpo foi velado no Cemitério do Araçá e sepultado no da Consolação, onde recebeu homenagem do Núcleo de Estudos de *O Capital* – Partido dos Trabalhadores (PT/SP), do Partido Comunista do Brasil (PC do B), de seus familiares e de amigos. A FFLCH deu a uma de suas salas de aula o nome de Edgard Carone.

Ele nunca se filiou ao Partido Comunista, mas aceitava as missões "intelectuais" que os comunistas solicitavam. Numa ocasião, participou de um debate sobre o Primeiro de Maio com Paula Beiguelman. Ambos deram verdadeiras aulas de história aos "alunos" apinhados no Sindicato dos Condutores, à rua Pirapitingui. Terminada a conversa, Carone foi embora com suas sacolas na direção dos sebos da Praça da Sé, em São Paulo.

Edgard Carone iniciou suas pesquisas para dar uma resposta intelectual ao golpe de 1964. Queria entender como havia começado o processo político que desaguaria na ditadura militar. Sua história republicana apresentava sempre um volume de

---

[22] Edgard Carone, *Revoluções do Brasil contemporâneo*, cit., p. 15. Vale notar que para compor esse livro Carone adquiriu todos os livros que encontrava sobre a história da república brasileira, tanto obras gerais quanto análises regionais. Esse esforço resultou nos treze volumes da história da república, além de estudos separados. A coleção seria, mais tarde, vendida à Universidade Federal de Pernambuco (UFPE), pois Carone, no início dos anos 1980, intencionava constituir um novo acervo sobre o movimento operário no Brasil e no mundo. Essa última coleção se encontra, hoje, depositada no Museu Republicano Convenção de Itu, da Universidade de São Paulo.

análise estatística e ideológica das classes sociais. Seguiam-se um volume sobre a evolução política dos acontecimentos e outro de documentos selecionados que ilustravam o período estudado. Embora sua cronologia fosse política e acusada de tradicional, até hoje ela se mantém nos estudos do período republicano. Os volumes tinham abas escritas por Fernando Henrique Cardoso.

Carone também foi historiador do movimento operário e do comunismo. Seus três volumes sobre o PCB e seu livro *O marxismo no Brasil* são pioneiros. A produção oscilou entre dois temas: a revolução brasileira e a economia (especialmente a indústria). Carone empregava o termo "revolução" quase como destituído de significado elevado ou radical. Compreendia-o segundo a documentação de época que qualificava todo levante "ilegal" contra autoridades constituídas como uma revolução. Decerto, havia por trás disso a ideia-chave de que o Brasil não teve uma grande revolução, já que mesmo a Revolução de 1930, que assinala novo período no país, baseou-se em muitos compromissos com a velha ordem.

A persistência coronelística obrigou Getúlio Vargas a se compor com os estados. Em 1930-1931, cada um dos ministérios do governo provisório é dado a um estado, sendo o Ministério da Fazenda, por exemplo, concedido a Francisco Whitaker, um paulista. Francisco Campos era mineiro, Oswaldo Aranha, um gaúcho etc. Quando Armando Salles de Oliveira se lança candidato a presidente com apoio do Rio Grande do Sul, Bahia, Pernambuco e outros estados, Vargas se vê dependente de Minas Gerais[23]. O exército, dividido em tendências, tende a se unificar depois de 1935 a pretexto do perigo comunista anunciado oficialmente no preâmbulo da Constituição de 1937. Ele se torna o garante dos grupos agrários no poder e, agora, também de certa representação de interesses industriais (a aproximação de Simonsen com o governo é característica disso). Muitos militares ocupam postos administrativos, mas pode-se repetir uma afirmação dialética e quase irônica do historiador Edgard Carone: "apesar das diferenças, a similitude com o passado é grande. É que a história não se repete exatamente como no passado"[24].

No tema da indústria, Carone arrostou o problema de por que o Estado de São Paulo tornou-se esse centro de assombrosa hegemonia econômica na América do Sul. A cidade de São Paulo não passava de uma vila humilde e isolada no período colonial, ultrapassada de longe pelas atividades econômicas que interessavam a Bahia e, mais tarde, a Minas Gerais, naquilo que Roberto Simonsen chamou de ciclos do açúcar e do ouro. Só depois de 1870 a cidade conheceu um progresso significativo. Como explica o professor Carone, se o isolamento foi fator negativo no período colonial, tornou-se positivo no Oitocentismo, quando novas perspectivas se abrem

---

[23] Idem, *A República Nova (1930-1937)*, cit., p. 187, abas de Fernando Henrique Cardoso.

[24] Idem, p. 394.

para São Paulo, que nessa época deslanchava na produção de café, basicamente na estreita faixa entre as serras do Mar e da Mantiqueira, ao longo do rio Paraíba.

Os fatores positivos da industrialização brasileira foram muito variados. As potencialidades excepcionais da terra roxa, usada no oeste paulista depois do esgotamento dos terrenos do Vale do Paraíba, articularam-se à construção de ferrovias que possibilitaram a exportação do café por meio do porto de Santos, o qual, por seu turno, começava a se modernizar já em fins do século XIX. A política de imigração sustentada pelas classes dominantes permitiu o crescimento da população e do mercado interno consumidor, bem como a formação de uma força de trabalho sem preconceitos contra o trabalho manual e com uma mentalidade de poupança mais desenvolvida. Esses elementos se associaram a uma adequada proteção alfandegária e a uma quase espontânea baixa histórica do câmbio que, desde a independência, encarecia as importações e abria amplo espaço para a indústria abastecer o mercado interno. O auge desse processo se dá durante a chamada República Velha. Nesse período, os paulistas gozam de hegemonia no controle do governo federal, o que se materializa na indicação de sete presidentes entre 1889 e 1930.

A conjuntura política também facilitou a industrialização: depois da Constituição de 1891, os estados tiveram maior autonomia e se responsabilizaram pela arrecadação do imposto sobre as exportações e mercadorias de sua própria produção, o que decuplicou as receitas paulistas. Esse dinheiro, entretanto, serviu para constituir uma infraestrutura pública de qualidade para tornar o crescimento econômico brasileiro sustentado. As elites políticas da época investiram em saúde, transporte e educação, o que pareceria absurdo hoje para alguns economistas liberais. Um relatório da época reconhecia que as doenças endêmicas prejudicavam "gravemente o mecanismo econômico do Estado" e a sua "comunicação comercial": pertencem à República Velha as obras de saneamento básico, retificação de rios, estatização do serviço de limpeza, criação de institutos de pesquisa e análise química, de hospitais de isolamento, de vacinações etc.

Ora, nenhum processo de desenvolvimento pode prescindir de uma adequada política industrial e do comprometimento de suas classes dominantes com essa política. Ou seja, os fatores espontâneos auxiliam, mas as atitudes práticas e mentais deliberadas das elites econômicas são condicionantes indispensáveis. São Paulo permanece como um exemplo bem-sucedido de arrancada industrial sem par na história do Brasil e, se preferirmos, de toda a América Latina – embora a ausência de um equilíbrio geográfico no desenvolvimento nacional revele que o Estado deva dirigir aquelas classes, pois elas se retraem no subdesenvolvimento ante os limites da sua condição periférica.

FLORESTAN FERNANDES

Haroldo Ceravolo Sereza

Florestan Fernandes (1920-1995) cumpre um papel fundador: é correntemente atribuído a ele o estabelecimento da sociologia como uma ciência no Brasil, fazendo avançar a reflexão e a sistematização do conhecimento sobre a sociedade brasileira. Sua atuação na Universidade de São Paulo (USP) foi central para a institucionalização da pesquisa sociológica e para a maturação da ideia de produção coletiva nas ciências sociais. Florestan não era, claro, o único pesquisador a produzir esse tipo de ciência no Brasil ou na USP, mas sua atuação marcou a vida intelectual de São Paulo e do país. Antonio Candido sintetiza da seguinte forma o papel por ele representado:

[Florestan] mostrou pelo exemplo que o trabalho do cientista se desdobra pelo trabalho de outros cientistas; e que para tanto é preciso ter um plano, sistematização, esforço organizado de grupo, senso dos problemas – culminando, em seu caso, pelo senso imperioso do dever social e político.[1]

Dessa forma, a ciência social tornou-se um trabalho, e o cientista, um trabalhador que passa a responder às exigências típicas do mundo do trabalho, como atuação em equipe, divisão racional de tarefas e produtividade.

Bernardo Ricupero destaca a origem social de Florestan entre os autores que analisa em *Sete lições sobre as interpretações do Brasil*. Filho de "mãe solteira", imigrante portuguesa que realizava trabalhos domésticos na cidade de São Paulo,

não vem de família patrícia, como Oliveira Viana, Gilberto Freyre e Caio Prado Júnior, tampouco de camadas médias, casos de Sérgio Buarque de Holanda e

---

[1] Antonio Candido, "Prefácio", em Florestan Fernandes, *A condição de sociólogo* (São Paulo, Hucitec, 1978), p. xi.

Raymundo Faoro, oriundos de seus dois ramos principais, famílias tradicionais decadentes e imigrantes em processo de ascensão social.[2]

Embora nem sempre seja útil tomar a origem social como elemento para a compreensão de uma obra, no caso de Florestan essa formação da "ralé" ou "lumpemproletária", como ele próprio a chamava, parece ter exercido um papel importante tanto nos temas quanto nas abordagens da sociologia de Florestan desde a época de sua graduação. Sylvia Gemignani Garcia, em *Destino ímpar*, narra os episódios em que o estudioso garçom Florestan enfrenta as resistências da mãe e dos colegas ao decidir tornar-se um intelectual e seguir seus estudos para entrar na universidade, e completa:

> Florestan rompeu com o passado e ao mesmo tempo comprometeu-se profundamente com ele, e entre as poderosas forças psicológicas envolvidas nesse processo não parece estar de todo ausente, na conformação de um austero senso de dever, um sentimento de culpa pelo abandono dos iguais que, para além de toda lealdade, são objetivamente deixados para trás à medida que Florestan conquista um outro lugar na sociedade.[3]

Depois de superar uma formação deficiente, Florestan ingressa na Faculdade de Filosofia, Ciências e Letras da Universidade de São Paulo (FFCL-USP) em 1941 e torna-se, rapidamente, um dos alunos mais admirados pelos professores. Desde os primeiros anos na faculdade, produziu trabalhos que se destacavam pela coleta minuciosa de dados e pela abordagem criativa. Um desses trabalhos, que recebeu o título de "As trocinhas do Bom Retiro", publicado no início dos anos 1940 na revista da Biblioteca Mário de Andrade, revela todo o esforço que o aluno, que completara o ensino médio num curso de madureza (equivalente ao que hoje se denomina Educação de Jovens e Adultos [EJA]; antes de ingressar no curso, Florestan relata ter estudado apenas até o terceiro ano do ensino fundamental, além de uma história de trabalho infantil iniciado por volta dos seis anos de idade, como auxiliar de barbearia e engraxate nas ruas de São Paulo), fazia para responder ao alto grau de exigência da universidade. Florestan coletou informações sobre as brincadeiras infantis em toda a cidade, mas especialmente no bairro que dá nome ao artigo, em que conviviam inúmeras famílias de imigrantes, das mais variadas origens – judeus, japoneses, italianos etc. –, e discute

---

[2]   Bernardo Ricupero, *Sete lições sobre as interpretações do Brasil* (2. ed., São Paulo, Alameda, 2008), p. 183.

[3]   Sylvia Gemignani Garcia, *Destino ímpar* (São Paulo, Editora 34, 2002), p. 42. A ascensão social e acadêmica de Florestan Fernandes é analisada por Maria Arminda do Nascimento Arruda no texto "Sociologia no Brasil: Florestan Fernandes e a Escola Paulista de Sociologia", capítulo do livro *História das ciências sociais no Brasil* (v. 2, Sérgio Miceli [org.], São Paulo, Sumaré, 1995). Ela permite entender o que há de especial no recorte que ele fará ao buscar sua própria interpretação do Brasil.

a socialização infantil por meio de cantigas folclóricas e jogos coletivos. O resultado é um trabalho detalhado e informativo, que permite ainda ao jovem autor, que também passava por uma "provação" para ser aceito entre seus pares, em geral de origem social mais próspera, propor algumas teses prospectivas, como a de que havia um processo de fortalecimento da identidade brasileira, uma vez que, quando juntas, as crianças deixavam de lado os idiomas falados em casa para se comunicar, em suas trocas simbólicas, essencialmente em português[4].

A dedicação de Florestan é observada e reconhecida pelos melhores professores da universidade. Quando está se formando em Ciências Sociais, Florestan é convidado por pelo menos três professores para tornar-se assistente na instituição, acabando por assumir a posição de segundo assistente da cadeira de Sociologia 2, dirigida por Fernando Azevedo e que tinha como primeiro assistente Antonio Candido. Nos anos 1950, ele substituiria o francês Roger Bastide na direção da cadeira de Sociologia 1. Sob sua coordenação, um expressivo grupo de colaboradores, entre os quais Fernando Henrique Cardoso, Octavio Ianni, Marialice Foracchi, Luiz Pereira, Maria Sylvia Carvalho Franco, Leôncio Martins Rodrigues, José de Souza Martins e Gabriel Cohn, foi responsável pela gestação de novos métodos de pesquisa e de atuação, de formulação de problemas e de abordagens, e pela adaptação criativa de modelos europeus e norte-americanos de pesquisar e produzir conhecimento sobre a sociedade.

Como ocorre com a obra de outros intérpretes do Brasil, o trabalho de Florestan terá profundo impacto no debate nacional. Mas, no seu caso, especificamente, esse papel não se limitará a alimentar esse debate de fora para dentro: suas interrogações, suas pesquisas e suas abordagens nascerão de uma perspectiva política clara para dar corpo àquilo que Florestan chamará de "sociologia crítica e militante", que permitiu a importantes setores marginalizados da sociedade encontrar no processo de produção e divulgação de sua obra um ferramental de questionamento e intervenção na sociedade de classes brasileira. A experiência foi fundamental para que se estabelecessem "novos padrões de feitura" da sociologia no Brasil que foram transmitidos e adotados com paixão por seus discípulos[5].

Esse "modo de fazer" sociologia viveu seu primeiro grande momento quando, junto com Bastide, Florestan coordenou a pesquisa sobre as relações raciais em São Paulo, patrocinada pela Organização das Nações Unidas para a Educação, Ciência e Cultura (Unesco) na virada dos anos 1940 e 1950. Na Introdução de *Brancos e negros em São Paulo*, Bastide descreveu como foi organizada a pesquisa. Após uma

---

[4] O texto integra o livro *Folclore e mudança social na cidade de São Paulo* (3. ed., São Paulo, Martins Fontes, 2004).

[5] Maria Arminda do Nascimento Arruda, "A sociologia no Brasil: Florestan Fernandes e a Escola Paulista de Sociologia", cit., p. 107-231.

primeira reunião com representantes da comunidade negra da cidade, foram criadas três comissões que passaram a se reunir regularmente: uma formada por "pesquisadores escolhidos" e "representantes negros", que se encontravam a cada quinze dias na Faculdade de Filosofia, Ciências e Letras da USP; uma segunda composta por "intelectuais de cor" para preparar as reuniões da primeira comissão e para tratar dos problemas mais delicados; e outra, feminina, "encarregada de examinar os característicos do preconceito de cor relativamente à mulher e à criança". Essa organização, de acordo com Bastide, criou um clima de camaradagem entre a comunidade negra e os pesquisadores. Além disso, permitiu que a equipe de sociólogos, dos quais apenas dois eram remunerados (Renato Jardim Moreira e Lucila Herrmann), se engajasse em diferentes formas de realizar a investigação – de estudos sistemáticos de bairros com grande presença da comunidade negra a entrevistas curtas e informais com a população da cidade, passando por aplicação de questionários sobre temas específicos[6].

Na redação do relatório, Florestan ficou responsável pelo capítulo histórico que trata da história da escravidão do país desde o século XVI e do texto que discute "Cor e estrutura social em mudança", em que defende que as transformações econômicas e políticas ocorridas após o fim da escravidão não "foram suficientemente profundas para desorganizar o sistema de relações raciais, que se elabora como conexão da escravidão e da dominação senhorial". Apesar disso, ele afirma que a sociedade em construção tende a criar mecanismos de controle social mais fundados nos sistemas de classe do que em preconceito racial, embora não seja possível inferir que "as medidas de discriminação baseadas na cor" seriam completamente eliminadas no futuro[7]. A pesquisa, assim, contradizia a premissa original da Unesco, apoiada nas avaliações do norte-americano Donald Pierson, professor da Escola Livre de Sociologia e Política de São Paulo[8], que imaginava encontrar no Brasil um modelo de convivência racial mais democrática, especialmente quando comparado com o norte-americano, de forte segregação entre brancos e negros. E, mais importante para este texto, estabelecia os pontos de partida que, nas décadas de 1960 e 1970, resultariam em dois livros centrais para a reflexão de Florestan Fernandes sobre o Brasil: *A integração do negro na sociedade de classes* e *A revolução burguesa no Brasil*. Essa leitura conjunta permite identificar o "ecletismo bem temperado" de Florestan[9]: *A integração do negro*, em especial em seu primeiro volume, é uma obra ainda

---

[6]   Roger Bastide, *Brancos e negros em São Paulo* (São Paulo, Companhia Editora Nacional, 1971), p. 13-4, em colaboração com Florestan Fernandes.

[7]   Ibidem, p. 103.

[8]   Florestan fez seu mestrado, "A organização social dos Tupinambá", na Escola Livre de Sociologia e Política. O doutorado "A função social da guerra na sociedade Tupinambá" é defendido na USP, onde Florestan se graduou e era professor.

[9]   Gabriel Cohn, "O ecletismo bem temperado", em Maria Angela D'Incao (org.), *O saber militante: ensaios sobre Florestan Fernandes* (São Paulo, Paz e Terra/Editora Unesp, 1987).

FLORESTAN FERNANDES

profundamente marcada pelo funcionalismo, em que conceitos como "anomia" e "função" têm papel preponderante. *A revolução burguesa no Brasil*, porém, terá como alicerce autores como Max Weber, Karl Mannheim e Karl Marx. Há, assim, uma sorte de continuidade entre esses livros, em que os autores vão se combinando para completar um perfil dinâmico do país analisado – no caso, o Brasil. Essas leituras não se anulam; pelo contrário, alimentam-se umas às outras, e vão dando suporte ao conjunto da interpretação, fazendo com que as estruturas possam ser compreendidas dentro da dinâmica social, e esta explique as mudanças estruturais.

A integração do negro na sociedade de classes revela uma profunda identificação pessoal de Florestan Fernandes com as dores e os sofrimentos dos trabalhadores e marginalizados. Uma identificação que se mostra em detalhes, como o extremo cuidado de Florestan na definição do "objeto de estudo" do livro. O autor, por exemplo, mostra seu desconforto com as denominações "preto" e "população de cor", sempre colocadas entre aspas, porque sabidamente passíveis de manipulação política e ideológica por brancos e negros, dominadores e dominados, na batalha cotidiana e muitas vezes mesquinha do dia a dia. Não apenas isso, em vários momentos do livro, há uma aproximação entre casos narrados e relatos autobiográficos que Florestan fará nas décadas de 1970 e 1980. A expressão "círculo de ferro" e seu sentido, por exemplo, usados para explicar a resistência de parte dos negros à ascensão social de seus pares, devido ao temor de que essa ascensão levasse à separação ou ao distanciamento em relação à família e aos amigos mais próximos, reaparecerão em relatos autobiográficos de Florestan[10]. Baseado na própria experiência pessoal de marginalizado, de criança que não conheceu o pai e começou a trabalhar muito cedo, morador de bairros pobres em que conviviam negros e italianos, como o Bexiga, Florestan parece ter compreendido de forma profundamente empática as privações que a "população de cor" de São Paulo sofria. O caso extremo dessa identificação fica por conta do relato do caso do menino Clayton: "Certa matrona, de família com belo renome, tinha por hábito chamar por Clemente os moleques de recado (em regra, pretos). Uma ocasião, um desses rapazes foi à sua casa, para prestar-lhe um serviço. Ela indagou: 'Como é que você se chama?', 'Clayton...', 'Isso não é nome de negro! Você se chama é Clemente!' E designou-o, sempre, por esse nome", escreve Florestan[11]. O relato é praticamente o mesmo que Florestan contaria como sendo a sua própria história, que teria ganho o nome de "Vicente" para substituir o nome "alemão" Florestan pela madrinha

---

[10] Cf. especialmente "Em busca de uma sociologia crítica e militante", em *A sociologia no Brasil* (Petrópolis, Vozes, 1977), p. 140-212; *A condição de sociólogo* (São Paulo, Hucitec, 1978); e "Florestan Fernandes, história e histórias", *Novos Estudos*, n. 42, p. 3-31, São Paulo, Cebrap, 1995.

[11] Idem, *A integração do negro na sociedade de classes* (São Paulo, Ática, 1978), v. 1, p. 289.

Hermínia Bresser[12]. Cabe aqui especular o que teria levado Florestan a emular na obra uma experiência pessoal – ou, por outra, imaginar o quanto o estudioso, que não era negro, mas também não tinha nenhuma informação sobre quem era seu pai (apenas no final da vida a mãe lhe disse que o pai chamava-se Giuliano Solia[13]), se sentia igualmente marginalizado na sociedade de classes ou mesmo um descendente, ainda que distante, por parte de pai, negro, a ponto de incorporar à sua narrativa de vida um episódio ocorrido com outra criança. Mas também é possível imaginar que uma história semelhante à sua tenha sido narrada a um dos pesquisadores envolvidos no projeto, e na hora de dar nomes fictícios à narrativa, por respeito aos envolvidos, ele tenha optado por estes – Clayton e Clemente – que lembravam a própria experiência, a de um Florestan que vira Vicente.

Essas digressões, ao mesmo tempo biográficas e acadêmicas, buscam mostrar como sua obra não se limita, portanto, àquilo que escreveu: o "modo de fazer", o trabalho coletivo e o rigor científico se expressam também na capacidade de conceber pesquisas e interpretações que tenham impacto social e político, características que deixarão marcas no pensamento sociológico do país. Há, combinado a isso, um componente que o sociólogo Wright Mills chamou de "imaginação sociológica", e está enraizado nos trabalhos não apenas de Florestan, mas daquilo que se convencionou chamar de "escola paulista de sociologia": a compreensão de que os destinos individuais estão condicionados pelas estruturas sociais, de que a narrativa particular não pode ser entendida fora de sua relação com a sociedade. Para Mills, "ter consciência da ideia da estrutura social e utilizá-la com sensibilidade é ser capaz de identificar as ligações entre uma grande variedade de ambientes de pequena escala. Ser capaz de usar isso é possuir a imaginação sociológica"[14].

A capacidade de combinar a análise de estruturas com os ambientes de pequena escala está presente em várias obras de Florestan, mas é em *A revolução burguesa no Brasil* em que ela mais se destaca. É esse ensaio de interpretação sociológica, como o define Florestan no subtítulo, que permite incluir o sociólogo no rol dos intérpretes do país mais comumente celebrados: Oliveira Viana, Gilberto Freyre, Sérgio Buarque de Holanda, Caio Prado Júnior e Raymundo Faoro.

---

[12] Cf. "Florestan Fernandes, história e histórias", cit., p. 7. Há alguns outros trechos do livro em que pode ser traçado um paralelo entre a vida de Florestan e o destino de "negros" e "mulatos" no Brasil. Nas páginas 162 e 163, por exemplo, ele narra como o paternalismo de famílias brancas poderia permitir a um menor "ser incluído na periferia daquelas famílias e ficar exposto" a "influxos socializadores de seu estilo de vida". Para Florestan, nesses casos, a criança "propendia a avaliar a importância da instrução de modo realista e associá-la, definitivamente, a formas compensadoras de profissionalização".

[13] Cf. relato da esposa Myrian Fernandes, registrado pelo autor em *Florestan: a inteligência militante* (São Paulo, Boitempo, 2005), p. 27.

[14] C. Wright Mills, *A imaginação sociológica* (Rio de Janeiro, Zahar, [1959] 1969), p. 17.

FLORESTAN FERNANDES

Nessa obra, Florestan expõe como o processo de modernização capitalista do país, especialmente a partir do final do século XIX, foi, ao mesmo tempo, progressista e perverso. A questão de fundo, que motiva a obra, é: como o Brasil patriarcal e escravocrata deu lugar a um país capitalista, relativamente industrializado, associado de forma dependente ao capital externo, mas, ao mesmo tempo, capaz de absorver e dar novo sentido às ideologias e projetos elaborados nos países centrais? A ascensão burguesa e da lógica capitalista nas relações sociais, de trabalho e de produção, que politicamente resultou na abolição da escravatura e na Proclamação da República, não foi acompanhada, mostra Florestan, por uma ruptura com os meios de dominação patriarcal.

O modo de trabalhar e de produzir mudou, mas o controle das massas trabalhadoras continuou seguindo, em boa medida, alguns dos padrões de dominação estabelecidos durante o "antigo regime". Florestan dá ao produto final desse processo o nome de "regime autocrático-burguês", em que a revolução brasileira, sob o comando de uma burguesia que soube fundir o velho e o novo, moldaria a sociedade em muitos aspectos, mas manteria um distanciamento estrutural em relação à democracia. Como escreve Gabriel Cohn ao analisar a obra para Florestan, "deixada a burguesia, numa sociedade como a brasileira, solta e à sua sorte, aquela que a leva a conformar a sociedade brasileira à sua imagem e semelhança, não tem como ser democrática, mas sempre estará sob o encanto da solução autocrática"[15].

Originalmente concebido na forma de anotações para cursos que deu durante sua vida universitária, após provocação da filha socióloga de Florestan, Heloísa Fernandes, *A revolução burguesa no Brasil* ganhou sua forma final – um livro de síntese, escrito quando Florestan já tinha três décadas de atuação como professor e após a defesa de quatro teses – mestrado ("A organização social dos Tupinambá"), doutorado ("A função social da guerra na sociedade Tupinambá"), livre-docência ("O método de interpretação funcionalista") e de cátedra ("A integração do negro na sociedade de classes"). *A revolução burguesa no Brasil*, entregue para edição em agosto de 1974 e publicado em 1975, é a primeira grande obra de Florestan depois da defesa da tese "A integração do negro na sociedade de classes" e de sua aposentadoria compulsória da USP, por meio do Ato Institucional n. 5 (AI-5), perpetrado pela ditadura civil-militar em 13 de dezembro de 1968.

Embora mais de dez anos separem o 10 de abril de 1964, data de finalização da tese, e a publicação do ensaio, proponho uma leitura sequencial e complementar de *A integração do negro* e de *A revolução burguesa*. Isso porque o sentido que a revolução burguesa à brasileira toma, para Florestan, está intimamente ligado ao processo que aprofundou a marginalização dos negros na sociedade do país. E a

---

[15] Gabriel Cohn, "Florestan Fernandes: a revolução burguesa no Brasil", em Lourenço Dantas Mota (org.), *Introdução ao Brasil: um banquete no trópico* (São Paulo, Senac, 1999).

influência da pesquisa sobre as relações sociais parece ter sido determinante para que o sociólogo se sentisse confortável para publicar *A revolução burguesa no Brasil* depois de dar o título de "O negro na emergência da sociedade de classes" ao primeiro capítulo de *A integração do negro* – na segunda parte desse capítulo, é ainda mais clara a associação: ele se chama "O negro e a revolução burguesa". Estava aí, embrionária, mas já plenamente reconhecível, a possibilidade de execução de *A revolução burguesa no Brasil.*

Como, então, o estudo da marginalização da população negra permitiu a Florestan elaborar uma nova interpretação do Brasil e, em especial, sugerir uma leitura para a consolidação da burguesia como classe dominante num país tão marcado pelo patriarcado e pela escravidão? A resposta a essa pergunta se inicia com a compreensão do que foi, para Florestan, a revolução burguesa no Brasil. Para ele, podemos falar em revolução burguesa no Brasil ainda que ela não possa ser comparada diretamente com as revoluções europeias – como a inglesa e a francesa –, que levaram à dominação burguesa. "Não tivemos todo o passado da Europa, mas reproduzimos de forma peculiar o seu passado recente, pois este era parte do próprio processo de implantação e desenvolvimento da civilização ocidental moderna no Brasil", escreve Florestan. "Falar em revolução burguesa, nesse sentido, consiste em procurar os agentes humanos das grandes transformações histórico-sociais que estão por trás da desagregação do regime escravocrata-senhorial e da formação de uma sociedade de classes no Brasil."[16] A revolução burguesa no país não constituiria um episódio histórico, mas um fenômeno estrutural, em uma sociedade que desenvolveu as condições necessárias para absorver o padrão de civilização capitalista.

A burguesia surge no Brasil como uma entidade especializada, seja na figura do "agente artesanal inserido na rede de mercantilização da produção interna, seja como negociante". "Pela própria dinâmica da economia colonial, as duas florações do 'burguês' permaneceriam sufocadas, enquanto o escravismo, a grande lavoura exportadora e o estatuto colonial estiveram conjugados."[17] O principal agente econômico, o senhor de engenho, fica fora da categoria "burguês". Isso porque opera mais na lógica militar e administrativa do que na de alguém que busca ganho por meio do "risco calculado". Seu papel era ampliar e reproduzir o sistema colonial, em que sua remuneração era antes a parte não absorvida pela Coroa portuguesa e pelas agências comerciais do que propriamente "lucro". É aí que se conforma a dominação patrimonialista, uma ordem social que não é feudal[18] nem capitalista.

---

[16] Florestan Fernandes, *A revolução burguesa no Brasil* (Rio de Janeiro, Zahar, 1975), p. 20.

[17] Ibidem, p. 18.

[18] Na época da publicação do livro, a discussão sobre se podia comparar o passado colonial brasileiro com o feudalismo europeu não havia sido completamente superada.

E é apenas nas franjas desse ambiente que vai se formando, lentamente, um "espírito burguês", ligado sobretudo ao comércio e ao desenvolvimento urbano.

Os representantes mais típicos desse grupo seriam, de acordo com Florestan, os negociantes a varejo e por atacado, os funcionários públicos e os profissionais "de fraque e de cartola", os banqueiros, os vacilantes e oscilantes empresários das indústrias nascentes de bens de consumo, os artesãos que trabalhavam por conta própria e toda uma massa amorfa de pessoas em busca de ocupações assalariadas ou de alguma oportunidade "para enriquecer". Nesses estratos sociais, "a identificação com o mundo moral da 'aristocracia agrária' era superficial ou se baseava em lealdades pessoais e em situações de interesse que não tolhiam uma crescente liberdade de opiniões e comportamentos"[19].

Parte da própria aristocracia rural vai ser atraída por essa nova mentalidade e se libertar da lógica do sistema colonial, acelerando o processo de desenvolvimento do capitalismo e apoiando mudanças no espaço político, que, por sua vez, no modelo dinâmico imaginado por Florestan, influencia de forma decisiva uma série de mudanças estruturais. É, por exemplo, com a Independência, em 1822, que ocorre a "primeira grande revolução social que se operou no Brasil"[20]. O poder político deixa de se manifestar como uma imposição de fora para dentro e passa a se organizar a partir de dentro. Essa mudança profunda, no entanto, não corresponde a uma ruptura explícita entre a mentalidade burguesa e a aristocrática, mesmo com o correr do século XIX. Nem o florescimento da ideologia liberal e do republicanismo na segunda metade do século será suficiente para separar esses grupos, uma vez que o elemento conservador dessa "revolução dentro da ordem" está ligado, justamente, à manutenção da estrutura social. "Velho" e "novo" se fundem, e, de certo modo, o aristocrata rural amplia seu poder político, passando a ser "cidadão" nacional e também agente de expansão burguesa. Aqui, a burguesia não se distinguiu e se colocou em "conflito de vida e morte com a aristocracia agrária", defende Florestan. Aristocracia e burguesia se fundiram no novo modo de dominação por meio de laços políticos, econômicos e, não menos importantes, de mentalidades – ou seja, culturais.

Entre os elementos da ordem social estamental que são manipulados, mas se mantêm vivos no século XX, está, justamente, a marginalização do negro do projeto nacional. Mediante mecanismos ideológicos que atuam fortemente sobre brancos e negros, defende Florestan, ocorre um processo de pauperização da população negra, que cai numa situação de "anomia social": famílias desajustadas, sustentadas pelo trabalho feminino; exploração permanente da companheira pelo homem negro; obtenção de trabalhos ocasionais; e preferência pela comercialização do crime. Essa

---

[19] Ibidem, p. 28.

[20] Ibidem, p. 31.

vida marginal afastava os homens negros da lógica de uma "vida profissional". "Em vez de preparar o negro e o mulato para competirem com os brancos na civilização industrial, elas concorriam para convertê-los num agente econômico deformado."[21] A abolição e a república significam, assim, para negros e mulatos, uma nova forma de perversão social, que marginaliza as populações responsáveis pela produção da riqueza na ordem social estamental.

A própria resistência negra, que é analisada no início do segundo volume de *A integração do negro na sociedade de classes*, muitas vezes vai incorporar essa visão negativa do negro sobre o próprio negro, tentando, no entanto, revertê-la por meio daquilo que Florestan chama de "uma ideologia de desmascaramento racial". Estudando a imprensa do movimento negro dos anos 1920 e 1930, o autor mostra como,

> para "ser classe", ou seja, para diluir-se nos diferentes estratos da sociedade global, o "negro" precisava, primeiro, firmar-se na cena histórica como "raça". Havia um elemento específico que impedia, no seu caso, que a transição se desse de forma imediata – e esse elemento foi identificado como "a barreira de cor". O "branco" da plebe, mesmo do setor dependente, podia efetuar essa transição amparando-se na "ideologia oficial", que era a ideologia das classes dominantes. O "negro" não, pois era preciso destruir essa barreira, através de comportamentos coletivos especificamente raciais, que colidiam, de modo irremediável, com aquela ideologia.[22]

A resistência negra, dessa forma, na luta cotidiana, forjou modos de luta e de combate "dentro da ordem" para tentar reverter a exclusão que o capitalismo à brasileira promoveu.

A exclusão do negro da nova ordem social competitiva não é um processo que "acidentalmente" decorre da ascensão burguesa. Ela é parte da lógica em que se deu a formação da ordem social competitiva na América Latina, Brasil incluído. Na periferia do capitalismo, a nova ordem não chegou a impor nem a ruptura com a associação dependente com os "centros hegemônicos" de dominação capitalista nem a "desagregação completa" do "antigo regime e suas sequelas ou, falando-se alternadamente, das formas pré-capitalistas de produção, troca e circulação", tampouco a "superação de estados relativos de subdesenvolvimento, inerentes à satelização imperialista da economia interna e à extrema concentração social e regional resultante da riqueza"[23]. Essa contradição, de uma revolução que não se completa, porque não pode cumprir a promessa de democratização da sociedade, acaba conduzindo os países periféricos a uma situação especial, em que dois processos concorrem para determinar o futuro dessas nações.

---

[21] Idem, *A integração do negro na sociedade de classes*, cit., v. 1, p. 157-8.

[22] Ibidem, v. 2, p. 103-4.

[23] Idem, *A revolução burguesa no Brasil*, cit., p. 223.

Na ordem social competitiva brasileira e de outros países da periferia do capitalismo mundial, em que a sociedade civil se confunde com a burguesia, a revolução burguesa incompleta concorre com a possibilidade de revolução socialista. São "revoluções antagônicas" que coexistem. "Uma [a burguesa] que vem do passado e chega a termo sem maiores expectativas. Outra que lança raízes diretamente sobre a 'construção do futuro no presente'." No "capitalismo selvagem e difícil", a solução das burguesias internacionais e nacionais é fortalecer os traços antidemocráticos e, no terreno político, apresentar soluções para os impasses sociais e econômicos[24]. Foi esse o impasse que levou à ditadura civil-militar no Brasil e em outros países da América Latina, a necessidade das burguesias internacionais e nacionais de impor regimes fortes que atuassem como "fronteiras internas" e "vanguardas políticas" do mundo capitalista. As ditaduras de classe disfarçadas, como a que existiria antes de 1964, são substituídas, então, por ditaduras de classe explícitas, para impedir avanços do capitalismo nacionalista – cujo projeto de rompimento com os centros dominantes é considerado potencialmente perigoso – e de projetos socialistas, capazes de buscar exemplos em casos concretos e bastante próximos, como Vietnã e Cuba[25].

Ao estabelecer uma relação direta entre a exclusão do negro e, portanto, o racismo e a ascensão burguesa no país, Florestan explicita a violência que significou a implantação da modernização da sociedade brasileira, que excluiu escravos e seus descendentes justamente do processo que prometia eliminar os mais cruéis instrumentos de dominação patriarcal. Uma violência que atingiria seu ápice durante a ditadura civil-militar (1964-1985).

A quem possa parecer um exagero a ligação entre uma coisa e outra, vale lembrar a experiência dos compositores João Bosco e Aldir Blanc, que tiveram uma enorme dificuldade para conseguir que a censura aprovasse a música "O mestre-sala dos mares", em homenagem a João Candido, líder da Revolta da Chibata, ocorrida em 1910, durante o período que chamamos hoje de República Velha. Depois de tentar uma série de alternativas, em 1975, mesmo ano da publicação de *A revolução burguesa*, eles conseguem finalmente gravar a composição. Aldir Blanc, num depoimento ao Museu da Imagem e do Som (MIS), lembra-se da última reunião com os censores:

> Um sujeito, bancando o durão, [...] mãos na cintura, eu sentado numa cadeira e ele de pé, com a coronha da arma no coldre a uns três centímetros do meu nariz. Aí,

---

[24] Ibidem, p. 295-6.

[25] Numa carta ao militante e pesquisador negro Edilson Amaral Nabarro (arquivo pessoal de Nabarro), datada de 28 de dezembro de 1983, Florestan diz que a pesquisa que fez com Bastide era apenas "uma picada e um ponto de partida". Para ele, "o negro se manifestará através de sua presença e da alteração que provocará, mais cedo ou mais tarde, na organização da sociedade brasileira". Na mesma correspondência, ele conclui: "Sem o negro e sua participação revolucionária, a luta de classes jamais atingirá o seu zênite. O negro é o diamante que cortará a linha da democracia social e racial no Brasil".

238

um outro, bancando o "bonzinho", disse mais ou menos o seguinte: – Vocês não estão entendendo... Estão trocando as palavras como revolta, sangue etc. e não é aí que a coisa tá pegando...

Com todo o cuidado, Blanc perguntou então se o censor podia esclarecer a questão. E ouviu, "estarrecido", a resposta, "em voz mais baixa, gutural, cheia de mistério, como quem dá uma dica perigosa: 'O problema é essa história de negro, negro, negro...'"[26].

Apesar das contribuições de Florestan para a compreensão do racismo brasileiro e de seu papel na consolidação do capitalismo no país, não se podem ignorar algumas críticas pertinentes a seu trabalho. Após os estudos do historiador Robert Slenes, professor da Unicamp e autor de *Na senzala, uma flor*[27], uma série de pesquisas questionaram uma das premissas de Florestan, que via as famílias negras como, quase que necessariamente, "desfuncionais" e "anômicas". O funcionalismo de Durkheim e o tradicional discurso sobre a escravidão e os negros, nos Estados Unidos ou no Brasil, teriam levado Florestan, segundo Slenes, a reproduzir em suas pesquisas alguns preconceitos sobre o tema. Petrônio Domingues, em *Uma história não contada: negro, racismo e branqueamento em São Paulo no pós-abolição*, vai além e defende que Florestan erra ao atribuir a dificuldade de integração do negro, ainda que em parte, a uma suposta "incapacidade relativa" do negro de "sentir, pensar e agir socialmente como homem livre"[28]. Para ele, a exclusão é mais bem explicada como resultado do racismo já na sociedade de classes do que como herança ideológica escravocrata. Para Domingues, Florestan teria idealizado o imigrante, que, em sua maioria, vinha de regiões agrícolas na Europa. "'Ganhar a vida' conforme a 'civilização urbana e industrial' não foi algo inato ao imigrante, mas resultado de um processo de adaptação às novas oportunidades de emprego que foram negadas aos negros."[29] Quando convinha aos capitalistas, ou seja, durante as greves lideradas por anarquistas e comunistas de origem europeia, a capacidade dos negros de atuar em diversas profissões, de motorneiro de bonde a operários de fábricas, ou mesmo em áreas que exigiam ainda menos qualificação, era lembrada. A crítica de Domingues, no entanto, sob certo aspecto, reforça a ideia de Florestan: se, como mostra o historiador, o exército de reserva negro era então mobilizado nessas condições especiais, o racismo era "funcional" para o capitalismo brasileiro, pois, a um só tempo, ele alimentava duas necessidades da burguesia: a manutenção da produção e a divisão dos trabalhadores.

---

[26] Aldir Blanc, "O mestre-sala dos mares", em MIS, 1999, p. 22.

[27] Robert Slenes, *Na senzala, uma flor: esperanças e recordações da família escrava (Brasil, Sudeste, século XIX)* (Rio de Janeiro, Nova Fronteira, 1999).

[28] Florestan Fernandes, *A integração do negro na sociedade de classes*, cit., p. 95.

[29] Petrônio Domingues, *Uma história não contada: negro, racismo e branqueamento em São Paulo* (São Paulo, Senac, 2004), p. 129.

Ruy Mauro Marini[*]

Guillermo Almeyra

Ruy Mauro Marini, destacado intelectual e militante da esquerda marxista brasileira, morreu jovem, com apenas 65 anos[1], mas deixou não apenas uma vasta obra teórica[2] como também criou, no México, revistas[3], institutos de investigação e centros de estudo – como o Centro de Informação, Documentação e Análise do Movimento Operário na América Latina (Cidamo), que dirigiu desde sua fundação, em 1977, até 1982 e, no Chile, foi membro do Comitê Central do Movimento de Esquerda Revolucionário (MIR) e diretor da revista teórica *Marxismo y Revolución*.

Foi um dos criadores da Teoria da Dependência, na qual se inspirou, como Marx, numa visão do capitalismo como sistema mundial. Combateu a visão dependentista pró-capitalista e conservadora de Raúl Prebisch e da Comissão Econômica das Nações Unidas da América Latina (Cepal). Como muitos integrantes dessa comissão, trabalhou na Universidade de Brasília (até o golpe militar de 1964), depois no exílio no México, posteriormente na Universidade de Concepción e na Universidade do Chile (até o golpe pinochetista de 11 de setembro de 1973) e novamente na Universidade Nacional Autônoma do México (Unam). Em 1984, retornou ao Brasil, primeiro para a Universidade Estadual do Rio de Janeiro (Uerj), onde tentou sem êxito criar um centro de estudo nacional com

---

[*] Tradução de Deni Ireneu Alfaro Rubbo; revisão técnica de Waldo Lao. (N. E.)

[1] Nasceu em Barbacena (MG), em 1932, e morreu no Rio de Janeiro em 1997.

[2] Para uma bibliografia exaustiva, ver a antologia publicada por Clasco em 2008, na Coleção Pensamento Crítico Latino-Americano, Ruy Mauro Marini, *América Latina, dependencia y globalización*.

[3] Como *Cuadernos Políticos*, fundado em 1974, juntamente com alguns intelectuais brasileiros e latino-americanos, como Theotonio dos Santos, Vânia Bambirra, Orlando Caputo, Jaime Osório, Bolívar Echeverría, entre outros.

240 INTÉRPRETES DO BRASIL

o apoio do então vice-governador Darcy Ribeiro, e depois passou por Brasília, para voltar à Unam, onde dirigiu o Centro de Estudos Latino-Americanos (Cela) a partir de 1993. Morreu em 1997.

Conheci pessoalmente Ruy Mauro Marini entre 1979 e 1982 quando fui designado coordenador dos Estudos Latino-Americanos da Divisão de Pós-Graduação na Faculdade de Ciências Políticas da Unam, na qual trabalhavam professores de esquerda – como os haitianos Gérard Pierre-Charles e Suzy Castor, o grande historiador argentino Sergio Bagú, Theotonio dos Santos, Vânia Bambirra, Ruy Mauro Marini, Severo Salles de Albuquerque e Adolfo Gilly, entre outros –, a maioria dos quais retornou aos seus respectivos países no começo de 1980 (eu mesmo tive de voltar a trabalhar na FAO, na Itália).

Minhas relações com o jovem economista que havia sido líder da organização brasileira Polop (Organização Revolucionária Marxista Operária) e da chilena MIR, ambas influenciadas pelo pensamento de Leon Trotski, eram cordiais, mas não muito intensas. Ele tinha alguns anos a mais do que eu (quatro, para ser exato), e, sobretudo, eu estava absorvido pela revista *Coyoacán* – fundada com Gilly no final dos anos 1970 –, a qual se definia como veículo marxista latino--americano e tinha como eixo as transformações tecnológicas e sociológicas no processo de trabalho e os efeitos dessas mudanças sobre as relações entre os trabalhadores e o capital, assim como os problemas decorrentes da revolução na América Central[4].

Nossa revista abordava especificamente os problemas teóricos enfrentados pelos trabalhadores e se colocava do ponto de vista deles, ao passo que *Cuadernos Políticos*, inversamente, não tinha um objetivo e, embora publicasse artigos interessantes, sobretudo acadêmicos, era uma revista eclética e nela coexistiam tanto aqueles que expressavam um pensamento nacionalista burguês como os que compartiam das ideias sobre o socialismo que chegavam de Havana e da Europa oriental e com outros revolucionários, influenciados por Rosa Luxemburgo (como Bolívar Echeverría ou mesmo Ruy Mauro Marini, que havia tomado de Trotski a teoria da Revolução Permanente e a de Desenvolvimento Desigual e Combinado, embora não se definisse politicamente ante o tipo de marxismo revolucionário que defendiam alguns trotskistas).

---

[4] A Frente Sandinista de Liberação Nacional (FSLN) triunfou no dia 19 de julho de 1979. Alguns de seus dirigentes foram colaboradores assíduos de *Coyoacán*. A revista estudou as relações existentes entre a rebelião indígena, democrática e descolonizadora, as reivindicações democráticas das classes médias urbanas que dirigiam a luta e as diversas visões verticalistas e centralistas do partido revolucionário, assim como a relação entre revoluções agrárias e anti-imperialistas e as visões socialistas burocráticas de origem stalinista de muitos de seus líderes e de seus apoios cubanos e internacionais.

RUY MAURO MARINI

Portanto, mantínhamos uma atitude de simpatia com Marini e Echeverría, mas considerávamos o primeiro principalmente um economista de esquerda com posições interessantes e o segundo um jovem filósofo marxista (era treze anos mais jovem do que nós), enquanto enxergávamos *Cuadernos Políticos* como sintoma do que se sucedia no mundo intelectual mexicano, pois mostrava uma tendência (em alguns de seus artigos) de escapar da estéril ortodoxia de outras revistas "socialistas" da época – exceto a interessante *Crítica de la Economía Política*, cuja alma era Alejandro Gálvez –, que ou eram maoistas ou assumiam as posições do Kremlin ou, inclusive, o despotismo stalinista do coreano Kim Il Sung.

Para mim, em particular, até os mais lúcidos integrantes dessa revista – como Ruy Mauro Marini ou Bolívar Echeverría – eram "ornitorrincos" (como defini ao subcomandante Marcos anos mais tarde, em 1995, numa polêmica com Rossana Rossanda, então diretora do *Il Manifesto*, que negava toda capacidade teórica do líder chiapaneco); ou seja, ovíparos peludos habitantes dos pântanos do "socialismo" daquele tempo, mas também e sobretudo mamíferos evoluídos capazes de passear pela terra firme da realidade e de produzir pensamentos novos e libertários.

O que afirmava nossos receios sobre intelectuais dessa importância era a facilidade com que eles conviviam com stalinistas e reformistas de todo o tipo – mesmo não sendo nem uma coisa nem outra –, no primordial caldo do enfoque acadêmico *passe-partout* de sua revista, ao passo que nós tratávamos de dar origem no México e nos países vizinhos – já que a América do Sul vivia sob ditaduras – a uma corrente de ideias que partisse das mudanças do capitalismo em nosso continente para os trabalhadores, dos processos de trabalhos novos, da intensidade da luta entre as classes decisivas e, por conseguinte, das possíveis transformações na subjetividade dos trabalhadores[5].

Efetivamente, os responsáveis por *Coyoacán* trabalhavam na Unam como professores, mas nem por nossa formação nem por nossa inquietude nos considerávamos acadêmicos, e as alianças políticas universitárias não nos preocupava excessivamente. Não obstante, tratávamos de utilizar os espaços que deixava a academia para uma investigação favorável aos interesses dos trabalhadores.

Portanto, criamos um Observatório Permanente sobre os Processos de Trabalho, pelo qual passaram Benjamin Coriat, John Holloway, Helena Hirata, Pierre Salama entre outros, e colaboramos com Ruy Mauro Marini e com outros companheiros acadêmicos de diversas tendências de análise, como a intensificação do trabalho com

---

[5] A ideia de autogestão desenvolvida pelos polacos de Solidarność cresceu e tomou forma nesses anos e encontrou a expressão teórica em nossa revista e no livro *Polonia: obreros, burócratas, socialismo*, que publiquei na editora mexicana Juan Pablos, em 1981, e provocou uma dura polêmica com membros do Partido Comunista Mexicano (PCM) – alguns dos quais escreviam em *Cuadernos Políticos* – que chegaram a pedir minha expulsão do país "pôr colocar em perigo as relações mexicano-polonesas".

as ditaduras chilena, argentina e brasileira, as transformações tecnológicas resultantes do novo tipo de industrialização, o aumento de produtividade e a supressão dos salários diferidos e indiretos e a redução dos salários diretos.

Outros fatores bloquearam um contato mais fluido. Naquele momento, por exemplo, os exilados tendiam a agrupar-se em seu país de origem, conduta que entre nós não seguíamos, a não ser muito esporadicamente (Adolfo Gilly, muito mais mexicano do que eu, nunca; e eu de vez em quando, participando dos debates argentinos entre peronistas e não peronistas – sobretudo em 1982, a propósito da Guerra das Malvinas e nas diversas publicações de grupos revolucionários). Logicamente, os brasileiros, por serem numerosos e por razões idiomáticas, tendiam a discutir entre eles.

Existia, além disso, o problema das paternidades. Ruy Mauro Marini, como escreveu em 1994 em um trabalho publicado depois de sua morte sobre a sociologia na América Latina[6], apoiava-se também naquele momento em "autores como Florestan Fernandes, Gino Germani, Alberto Guerreiro Ramos, Pablo González Casanova, entre outros, que marcam a maturidade de nossa teoria social". Com Florestan Fernandes, marxista revolucionário, eu não tinha problemas: inclusive havia militado com ele no Brasil. Mas, em compensação, toda nossa visão do peronismo divergia da de Marini, pois se opunha às interpretações de Germani (um dos comunistas argentinos), e, sem que isso diminuísse nosso respeito pelo nacionalismo varguista de Guerreiro Ramos ou por González Casanova, naquele momento tentávamos (com pouco êxito) preencher do ponto de vista marxista e de classe o espaço teórico que ocupava parte do nacionalismo "terceiro-mundista" que deixava um lugar muito amplo a um suposto papel progressista das debilitadas burguesias nacionais e de seus aparatos estatais.

Outro suporte teórico de Ruy Mauro Marini – André Gunder Frank – não os convencia (para dizer pouco), porque era considerado mecanicista e porque confundia o capitalismo comercial dos séculos XVII e XVIII com o capitalismo industrial-financeiro moderno quando destacava que as plantações brasileiras ou antilhanas, as produções de gado argentino e as minas bolivianas e peruanas trabalhavam para o mercado mundial, e sustentava, portanto, que o continente conhecido como América Latina era capitalista e dependente desde a conquista.

Por último, ainda que em um momento Ruy Mauro Marini tenha negado a mim caracterizar a ditadura de Pinochet (e da Argentina) como fascista[7], polemizando

---

[6] Ruy Mauro Marini, "Origen y trayectoria de la sociología latinoamericana", em *América Latina, dependencia y globalización* (Buenos Aires, Clasco, 2008), p. 244. [Ed. bras.: "Origem e trajetória da sociologia latino-americana", em *Dialética da dependência* (Rio de Janeiro, Vozes, 2000), p. 255-67.]

[7] Parece-me mais preciso "ditadura militar-oligárquica pró-imperialista que utilizava métodos fascistas".

principalmente com os comunistas chilenos, isso nos colocou do mesmo lado da trincheira. Eu combatia ao mesmo tempo a caracterização que Marini fazia do Brasil como "subimperialismo"[8], pois, em minha opinião, ela atribuía peso excessivo a uma suposta integração estrutural brasileira na política e na economia dos Estados Unidos e, em compensação, subestimava as transformações que estavam sendo realizadas, como a greve de 41 dias em São Paulo, em 1980, que obrigou a ditadura a retirar-se e deixar o governo.

À relação instável com Ruy Mauro Marini uniam-se dois elementos: por um lado, nossa escassa flexibilidade para ver e entender o que se passava fora de nossas muralhas políticas e teóricas, assim como a subestimação da necessidade de discussão cultural com outras tendências importantes mais ou menos afins – e por isso que em *Coyoacán* não há nenhuma análise sobre as diversas posições de *Cuadernos Políticos*, tampouco uma discussão explícita com algum artigo dessa revista ou com as variantes da Teoria da Dependência –; e, por outro, as diferenças teórico-políticas e os problemas mencionados anteriormente.

Ruy Mauro Marini, um dos teóricos da Teoria da Dependência, foi bem mais do que isso. Diferentemente de outros participantes dessa corrente, que eram social-democratas ou teóricos do nacionalismo burguês que tinham muitos laços inclusive com o desenvolvimentismo da Cepal – que não obstante criticavam –, Marini sempre foi anticapitalista e revolucionário, e em Marx não encontrou apenas a explicação da acumulação do capital e do mecanismo da exploração capitalista, mas também ideias-força que faziam necessárias a luta política, a organização anticapitalista e a mudança revolucionária do sistema.

Ademais, diferenciando-se do marxismo dogmático que imperava nos meios acadêmicos nos anos 1980-1990 (antes de os mesmos setores abandonarem o marxismo *tout court* considerando-o um cachorro morto), Ruy Mauro Marini recorreu sempre diretamente a Marx contra seus epígonos e exegetas.

Por exemplo, do ponto de vista metodológico, rebateu as ideias que reduziam a classe operária ao proletariado industrial e o trabalho produtivo à criação material e de valor e, portanto, de mais-valor[9]. Para nosso autor, tal erro se deve em parte:

---

[8] Por exemplo, Marini afirmava: "o que se colocou assim foi a expansão imperialista do Brasil, na América Latina, que corresponde na verdade a um subimperialismo ou a uma extensão indireta do imperialismo norte-americano (não nos esqueçamos que o centro de um imperialismo desse tipo seria uma economia brasileira integrada à norte-americana)". Ver "Dialética do desenvolvimento no Brasil", cit., p. 70.

[9] Ver a esse respeito "El concepto de trabajo productivo. Nota metodológica", publicado originalmente em Theotonio dos Santos, *Los retos de la globalización: ensayos* (Caracas, Unesco, 1998), p. 153-63, e reproduzido em Ruy Mauro Marini, *América Latina, dependencia y globalización,*

[...] à equiparação a nível teórico do capítulo VI (inédito) de *O capital* ao próprio *Capital*. Trata-se, sem dúvida, de um erro, dado que foi o próprio Marx que descartou sua inclusão na obra, para retomar ali somente parte do que ele havia procurado estabelecer nesse capítulo, com o que este reveste o status de simples rascunho.

Citando a definição feita por Marx no livro I, capítulo XIV[10], destaca que "dentro do capitalismo só é produtivo o operário que produz mais-valor *ou que trabalha para tornar rentável o capital*"[11]. E mais adiante acrescenta:

Como vemos, o operário coletivo compreende distintos tipos de trabalhadores e se organiza em estratos diferenciados, em alguns dos quais seus membros se movem "à margem" dos produtos diretos de valor. No entanto, envolvidos como os demais na esfera produtiva, estes são *parte* integrante *do operário coletivo*.[12]

Marini não abria concessão às modas teóricas e criticava "o enfoque sociologista do já mencionado trabalho de Cardoso e Faletto, que tem ganhado novos brios na América Latina com a difusão das teses da escola althusseriana e das manifestações do maoismo".[13]

Mas o que caracterizou particularmente o pensamento de Ruy Mauro Marini entre os teóricos da dependência foi a sua teoria sobre o subimperialismo brasileiro, que chegou a ter seu momento de influência. O desenvolvimento de sua argumentação em prol da ideia de que a acumulação capitalista se realizava na América Latina sobre a base da superexploração dos trabalhadores, ou seja, do salário pago situado abaixo do valor de reprodução da força de trabalho e não, como nos países industrializados, no aumento da produtividade do trabalho.

Por exemplo, ele começa o capítulo 4, "O ciclo do capital na economia dependente", de sua obra *Dialética da dependência*[14], com as seguintes palavras, muito claras a esse respeito:

Desenvolvendo sua economia mercantil, em função do mercado mundial, a América Latina é levada a reproduzir em seu seio as relações de produção que se encontravam na origem da formação desse mercado e que determinavam seu caráter

---

cit., p. 273-7. [Ed. bras.: "O conceito de trabalho produtivo. Nota metodológica", em *Dialética da dependência*, cit., p. 243-53.]

[10] Karl Marx, *El capital* (Cidade do México, Fondo de Cultura Económica, 1946-1947), t. I, p. 426. [Ed. bras.: *O capital* (São Paulo, Abril Cultural, 1984), v. 1, t. 1-2, p. 105.]

[11] Ruy Mauro Marini, "Dialética do desenvolvimento no Brasil", cit., p. 275. Grifos no original.

[12] Ibidem, p. 276. Grifos de RMM.

[13] Trata-se de *Dependencia y desarrollo en América Latina* (Cidade do México, Siglo XXI, 1969), de Fernando Henrique Cardoso e Enzo Domenico Faletto, com os quais polemizou. [Ed. bras.: *Dependência e desenvolvimento na América Latina*, Rio de Janeiro, Zahar, 1970.]

[14] Ruy Mauro Marini, *América Latina, dependencia y globalización*, cit., p. 180.

e sua expansão. Mas esse processo estava marcado por uma profunda contradição. Chamada a coadjuvar a acumulação de capital com base na capacidade produtiva do trabalho, nos países centrais, *a América Latina teve que fazê-lo mediante uma acumulação fundada na superexploração do trabalhador. Nesta contradição, radica-se a essência da dependência latino-americana.* (Grifos meus)

A base real sobre a qual esta se desenvolve são os laços que ligam a economia latino-americana com a economia capitalista mundial. Nascida para atender às exigências da circulação capitalista, cujo eixo de articulação está constituído pelos países industriais e centrado então sobre o mercado mundial, a produção latino-americana não depende, para sua realização, da capacidade interna do produto. Opera-se assim, do ponto de vista do país dependente, a separação dos dois momentos fundamentais do ciclo do capital – produção e circulação da mercadoria – cujo efeito é fazer que apareça de maneira específica na economia latino-americana a contradição inerente à produção capitalista em geral, isto é, a que opõe o capital e o trabalhador enquanto vendedor e comprador de mercadorias.[15]

Nos países industrializados, sustenta Marini, o capital considera improdutivo, durante a produção, o tempo que o operário emprega para repor sua força de trabalho, mas, para realização das mercadorias, depende do consumo dos operários (bem como dos capitalistas e dos setores improdutivos) para multiplicar o dinheiro necessário para a reprodução ampliada. Daí que, antes das lutas dos trabalhadores por melhores salários, buscou reduzir o valor da força de trabalho empregada. Ou seja, intentou extrair mais-valor relativo. Nas economias exportadoras, que não dependem da capacidade de consumo dos trabalhadores nacionais, mas do mercado mundial (ou seja, do consumo em nível mundial), a tendência, ao contrário, é a sobre-exploração do trabalhador, disse Marini, rebaixando ao máximo os salários reais e reduzindo no limite os salários indiretos ou diferidos, como indenizações por demissão, leis sociais, aposentadoria, contribuição para educação e saúde, entre outros.

Marini agrega que:

[...] o dramático para a população trabalhadora da América Latina é que esta suposição se cumpriu amplamente: a existência de reservas da mão de obra indígena (como no México) ou os fluxos migratórios derivados do deslocamento de mão de obra europeia, provocado pelo progresso tecnológico (como na América do Sul) permitiram aumentar constantemente a massa trabalhadora até princípios deste século [século XX]. Seu resultado tem sido em abrir livre curso a compreensão do consumo individual do operário e, portanto, a superexploração do trabalho.

Embora a hipótese tenha muitos elementos válidos, não é idêntica para todos os países latino-americanos, e não leva em conta suficientemente o que se passa em outros continentes nem o que se sucedeu na Europa.

---

[15] Idem, *Dialética da dependência*, cit., p. 131-2.

Por exemplo, na Argentina e no Uruguai houve um crescimento do número de imigrantes não tanto pelos progressos tecnológicos que expulsavam camponeses na Europa meridional, mas pela crise da filoxera* e do bicho-da-seda (que foram de origem biológica), e pelo ingresso, sobretudo, do trigo russo. Por outro lado, as aventuras coloniais italianas e espanholas na África também contribuíram (como impulso da emigração do antissemitismo czarista na Ucrânia e na Polônia, e, para os Estados Unidos, a repressão bismarckiana aos socialistas alemães).

Ademais, a imigração massiva sobretudo de italianos, espanhóis e portugueses no Brasil e no Rio da Prata nos anos 1940-1950, depois da Segunda Guerra Mundial, desenvolveu o mercado interno, elevou os salários e os consumos, ao invés de reduzi-los, e alimentou uma industrialização importante e difusa. Os altos salários urbanos estimularam a migração interior (caboclos no Brasil, *"cabecitas negras"*, na Argentina), e essa afluência de mão de obra barata não rebaixou os salários dos trabalhadores, mas sim, em certa medida, ao reforçar em poucos anos a pressão sindical, o manteve alto. Portanto, outros elementos, e não somente a abundância de mão de obra barata, intervêm no problema da dependência.

Além disso, na Europa, a Itália do pós-Segunda Guerra Mundial e a Espanha do pós-franquismo ou a Alemanha na busca pela reconstrução depois do conflito conhecem a vontade de trabalhar por baixíssimos salários de uma mão de obra desesperada. Além disso, a colonização interior dos camponeses que emigraram aos centros industriais explicam o *boom* do pós-guerra. Nesse crescimento econômico também deve-se levar em conta o papel que tiveram os consumos de massa promovidos pela reconstrução.

É verdade que o conceito de superexploração não abarca apenas a extensão da jornada de trabalho e o pagamento de salários inferiores aos necessários para repor as capacidades do produtor (não somente sua ingestão de alimentos, mas também o cuidado da saúde dos sujos, a educação, uma moradia digna), ou seja, a extorsão de mais-valor absoluto...

Efetivamente, em cada período de derrota dos trabalhadores não somente eles tiveram de trabalhar mais horas para responder às suas necessidades, mas também tiveram de suportar uma intensidade de trabalho maior (ou seja, a extorsão de mais-valor relativo), seja pela imposição de novas formas e tempos de trabalho e da eliminação de direitos dos trabalhadores na fábrica, pela introdução de maquinarias mais produtivas, pela combinação de ambos os fatores.

Esse problema ocorrido nos países com maior desenvolvimento industrial na América Latina a partir do final da década de 1950 e mais perceptível com as ditaduras nos anos 1970 efetivamente ampliou a superexploração dos países latino-

---

* Trata-se do gênero de insetos homópteros semelhantes à praga de videiras, que produz cecídios em folhas, gavinhas e brotos e prejudica as raízes. (N. T.)

-americanos em comparação aos países europeus. No Velho Continente, com efeito, foram as resistências política e sindical que obrigaram o capital a apostar todas as suas fichas na diferença entre a alta dos salários reais e a produtividade, inclusive quando teve de aceitar a semana de 35 horas, como na França, e a redução do trabalho para seis e quatro horas em alguns setores industriais italianos[16].

Por outro lado, durante todo um período, caracterizado pela importação de indústrias inteiras já obsoletas nos grandes países industrializados[17], que buscavam mão de obra mais barata e menores obstáculos fiscais e ambientais de todo tipo[18], o aumento do capital constante fez cair a taxa de lucro, e isso foi compensado nos países dependentes pela superexploração do trabalho, como sustenta Marini. Mas a atual crise mundial nos apresenta problemas novos.

Por exemplo, a China quer reduzir sua dependência de exportações. Estas funcionavam, como se sabe, sobre a base da combinação de baixíssimos salários com as péssimas condições de trabalho, além da falta de moradias e da contaminação ambiental máxima com tecnologia importada.

Entretanto, quando essas exportações se reduzem em 17%, como consequência da diminuição do consumo nos países europeus e dos Estados Unidos (que participavam da tecnologia e de boa parte dos investimentos) – e quando a crise ambiental, a falta de moradia, os baixos salários e as ameaças de emprego reproduzem greves e mobilizações dos cidadãos –, a China se vê obrigada a modificar sua política de desenvolvimento econômico.

Por um lado, para frear os conflitos, o governo chinês se vê obrigado a conceder aumentos de salários, ampliando a mão de obra local em relação aos países de sua região (como Vietnã e Tailândia) e favorecendo a mudança de muitas empresas que antes procuravam trabalhadores na China. Por outro lado, deve investir enormes somas em infraestrutura para evitar a deterioração ambiental e de condições de vida e, ao mesmo tempo, sob pena de um colapso, transformar as indústrias altamente poluidoras e desenvolver novas fontes de energia, bem como criar uma indústria para descontaminação ambiental.

---

[16] Essa diferença, com a atual crise, tem desaparecido e, em toda a Europa, se fez trabalhar vários anos, mas antes de outorgar a aposentadoria se intensificam os ritmos de trabalho, se estendem as jornadas laborais (o governo de Portugal quer impor uma hora a mais de trabalho não pago) e eliminam-se os salários indiretos (saúde, educação, subsídios de alimentos e transportes, planos de vivência popular).

[17] Assim começou na Argentina o polo de automóvel, em Córdoba, com a instalação da fábrica Kaiser, cujos modelos não se vendiam nos Estados Unidos.

[18] A ditadura brasileira, por exemplo, publicou nos anos 1970 em todos os diários europeus umas páginas em preto com um espaço irregular em branco onde se lia, em letras garrafais: "Venha contaminar-nos!", oferecendo assim plena liberdade para a depredação ambiental com o objetivo de conseguir investimentos industriais.

Simultaneamente, e fazendo da necessidade uma virtude, deve-se elevar o nível de consumo de seus habitantes e, portanto, seu nível de vida e de ingressos para manter um crescimento anual do Produto Interno Bruto (PIB) para poder absorver a massa de desocupados proveniente das zonas rurais e a redução das indústrias para exportação.

A China encontra os alimentos e as matérias-primas necessárias para essa política (e sobretudo para uma extensão rápida de consumo interno sem grandes problemas) na África e na América Latina. Toda essa situação reduz as margens de lucro na superexploração da China e nos países provedores, dando lugar a resistências social e sindical e à ampliação da democracia social (leis de proteção social e ambiental).

Outros países, como Brasil ou Argentina, também buscam aumentar seu mercado interno e favorecer um tipo de industrialização que, sobretudo, garanta trabalho. Ao mesmo tempo, com o objetivo de obter divisas, permitem uma política extrativa depredadora, como o minério ou a soja, que não requer muita mão de obra, exporta todos os lucros e, além disso, destrói os bens comuns (água, solo, território) e as comunidades camponesas. E, em certas indústrias muito dependentes de mão de obra, admitem até o trabalho escravo.

Esse desenvolvimento desigual e combinado, essa coexistência do despejo, como nos primeiros tempos da acumulação primitiva capitalista e do trabalho escravo para o mercado mundial com a obtenção de mais-valor relativo aumentando a produtividade e a intensidade do trabalho, caracteriza a industrialização nos países dependentes no processo de industrialização e diversificação de suas exportações para livrar-se do papel de simples exportações de matérias-primas.

Diante do fato de que todo aparato financeiro e a maior parte da grande indústria estão nas mãos de países estrangeiros e de que a débil burguesia nacional juntou-se com o capital financeiro mundial, o Estado procura desempenhar em parte o papel que esta última abandonou, e isso o obriga a instaurar um tipo particular de capitalismo de Estado[19]. De todo modo, estabelece uma relação entre, por um lado, os dirigentes provenientes das classes médias, mas com orientação burguesa, e, por outro, a expressão hegemônica burguesa no movimento operário, ou seja, a burocracia sindical, que se integra ao Estado e às vezes ao aparato governamental deste ou ao partido governante. Dado que essa burocracia sindical, embora freie e traia a sua base, em parte dependa dela, as margens para manter as condições de superexploração do trabalho não são muito amplas.

---

[19] Como recordaremos, essa mesma necessidade levou ao *junker* marechal Bismarck a procurar uma aliança com um movimento operário subordinado (chocando a social-democracia).

Em um trabalho escrito há três lustros[20], que é melhor reproduzir em sua redação original, o economista escrevia como político que

estamos, pois, chegando a um ponto em que, do mesmo modo que no século XIX, a questão central passa a ser a luta dos trabalhadores para impor limites à orgia a que se entrega o capital (para empregar uma expressão de Marx) e submeter a seu controle as novas condições sociais e técnicas em que podem desenvolver sua atividade de produção. Não se trata, naturalmente, de deter o aumento da produtividade do trabalho e nem sequer de seu corolário natural, o aumento da intensidade, mas de distribuir de maneira equitativa o esforço de produção, o que implica em reduzir a jornada de trabalho em uma proporção compatível com o avanço da capacidade produtiva geral. Mas, ainda que seja assim tão simples, isso implica colocar sobre bases radicalmente distintas o conteúdo e as formas do desenvolvimento econômico mundial.

Esta é a razão principal para que a solução aos problemas que enfrentam atualmente os povos de todo o mundo passe necessariamente pela luta de classes e, em particular, pela disposição que tenham para tomar em suas mãos as rédeas da política econômica, o que significa dizer: assumir a direção do Estado. A única resposta que comporta hoje a problemática da globalização é a posta em marcha de uma revolução democrática radical[21].

A globalização corresponde a uma nova fase do capitalismo, em que, pelo desenvolvimento redobrado das forças produtivas e sua difusão gradual em escala planetária mundial, o mercado mundial chega a sua maturidade, expressa na vigência cada vez mais acentuada da lei do valor. Neste contexto a ascensão do neoliberalismo não é um acidente, mas a alavanca por excelência de que se valem os grandes centros capitalistas para solapar as fronteiras nacionais a fim de liberar o caminho para a circulação de suas mercadorias e capitais. A experiência está mostrando, no entanto, que suas políticas, ainda que derivem de uma base ideológica comum, engendram resultados distintos em diversas regiões do planeta. Para se dar conta disso basta comparar o modelo adotado pelos países latino-americanos para assegurar sua inserção na economia globalizada – que imita a da ditadura pinochetista nos anos 1970, já então batizada, Deus sabe por quê, de "economia social de mercado" – como vêm adotando os países asiáticos.

Com efeito, e ainda deixando de lado a China – que não abandonou sua base econômica socialista, conta com grandes vantagens em termos de mercados, po-

---

[20] Ruy Mauro Marini e Márgara Millán (orgs.), "La teoría social latinoamericana", em *Cuestiones contemporáneas* (Cidade do México, Unam, FCPyS, Cela, 1996), p. 49-68, reeditado sob o nome de "Proceso y tendencias de la globalización capitalista" como um capítulo da obra antológica de Ruy Mauro Marini, *América Latina: dependencia y globalización*, cit., p. 247-71. [Ed. bras.: "Processo e tendência da globalização capitalista", em *Dialética da dependência*, cit., p. 269-95.]

[21] O vocabulário impôs-se a partir de 1989 pela derrubada do "socialismo real" (que nunca foi socialista e Marini combateu, pois sua existência desprestigiou a mesma palavra "socialismo" e, portanto, o conceito de revolução socialista), mas o conteúdo da expressão "revolução democrática radical" é, obviamente, o da mudança de sistema social.

pulação e recursos naturais e conserva sob a direção do Estado seu processo de inserção na economia globalizada –, os países capitalistas da Ásia se diferenciam dos nossos quanto ao papel que desempenha lá o Estado, a maneira como subordinam sua abertura ao exterior à proteção de sua economia e sua capacidade para formular políticas industriais de longo prazo, que os habilitam para ocupar de maneira ordenada novos espaços no mercado mundial. Este é, particularmente, o caso da Coreia do Sul, onde o Estado controla o sistema financeiro, intervém nas atividades produtivas diretas, promove de maneira racional a abertura externa, fixa metas para ramos e setores econômicos, cria incentivos ao desenvolvimento tecnológico e assegura a elevação dos salários reais.

A incompetência que estão demonstrando as classes dominantes latino-americanas e seus Estados para promover a defesa de nossas economias transfere para os trabalhadores a exigência de tomar a iniciativa.

Nessas linhas, escritas um ano antes de sua morte, percebem-se algumas características fundamentais do pensamento revolucionário de Ruy Mauro Marini.

Em primeiro lugar, ele mesmo compartilha a visão de Trotski sobre a revolução permanente, isto é, sobre a necessidade de os trabalhadores realizarem o poder das tarefas democráticas e correspondentes à liberação nacional, misturadas com suas próprias tarefas anticapitalistas, devido a quem as burguesias nacionais dos países dependentes são excessivamente débeis e temerosas para enfrentar o imperialismo e superar a situação de dependência. Para Marini, que era marxista e revolucionário, estava claro que a economia deve-se subordinar à política, é uma relação política entre os seres humanos, e a dependência não pode ser eliminada apenas mediante um processo revolucionário que leve a construção de outro Estado.

No entanto, nesse último texto, Marini atribui inexplicavelmente às classes dominantes locais asiáticas (japonesa e sul-coreana, por exemplo) uma capacidade que nega às latino-americanas e outorga ao Estado capitalista desses países dependentes um papel fundamental, como substituição e, por sua vez, criador de uma burguesia nacional.

É verdade que na história há exemplos de países que saem de seu atraso e de sua economia fundamentalmente camponesa graças ao papel do Estado, como ocorreu no Japão da era Meiji e da modernização posterior com a Alemanha de Bismarck. No desenvolvimento da União Soviética nos anos 1930 e a sua reconstrução no segundo pós-guerra também não foram os elementos socialistas, e sim de capitalismo de Estado, que permitiram uma rápida transformação industrial, mesmo com um tremendo custo humano. Mas, em todos os casos mencionados, esse papel do Estado se caracteriza ao mesmo tempo pela violenta repressão dos trabalhadores em áreas de desenvolvimento do capitalismo nacional, situação que sem dúvida Marini não aceitava.

Ademais, na atual crise capitalista mundial, quando apesar dos laços rígidos que obriga a globalização ressurgem também esperanças no protecionismo e até veleidades de autarquia[22], essas linhas outorgam a atualidade do pensamento de Ruy Mauro Marini. Ironicamente, ainda existem interlocutores insuspeitos em alguns setores intelectuais ligados ao neodesenvolvimento e ao neoliberalismo que governam, em países como Argentina e Brasil, setores que, para poder enfrentar a crise capitalista, atribuem ao Estado e ao desenvolvimento do mercado interno um papel muito maior do que se dava ao neoliberalismo clássico, com o qual não acabam de romper.

Sem dúvida, por último, Marini sempre atentou para o desenvolvimento da realidade, discutindo em função da reorganização política dos trabalhadores. Seguramente também não diria hoje que a China "não tem desatado sua base econômica socialista" e muito provavelmente se preocuparia, em compensação, para ver qual curso levaria a uma organização e politização anticapitalista aos milhões de seres humanos que, desde os anos 1980, na China, Vietnã e Europa oriental, com a derrubada do "socialismo real" e a desmoralização da política dos habitantes dos países que se diziam "socialistas", deram a base ao capital financeiro mundial para lograr um novo ânimo e desenvolver a superexploração em meio planeta.

---

[22] "*Vivir con lo nuestro*" propõe o economista desenvolvimentista Aldo Ferrer, embaixador de Paris do governo neodesenvolvimentista de Cristina Fernández e que exige "não importar nenhum prego que não se possa produzir aqui".

JACOB GORENDER[1]

Mário Maestri

Jacob Gorender faleceu em 11 de julho de 2013, em São Paulo, aos noventa anos, após ficar internado por algumas semanas no hospital São Camilo. Sua morte foi registrada por praticamente todos os grandes meios nacionais de divulgação, em geral como o falecimento de um ex-dirigente do Partido Comunista Brasileiro (PCB), fundador do Partido Comunista Brasileiro Revolucionário (PCBR), já extinto, e destacado historiador.

Jacob Gorender nasceu em 20 de janeiro de 1923. Viveu sua infância nos cortiços da sua cidade natal, Salvador. Seu pai, Nathan Gorender, judeu ucraniano socialista e antissionista, emigrara após as jornadas de 1905 para a Argentina, onde viveu por cinco anos. Mudou-se a seguir para Salvador, onde trabalhou como vendedor à prestação.

Jacob Gorender concluiu os estudos primários na Escola Israelita Brasileira Jacob Dinenzon, em 1933-1940, e seguiu os estudos no Ginásio da Bahia, prestigiada escola pública de Salvador. De 1941 a 1943, frequentou a Faculdade de Direito e, no início de 1942, militante da União de Estudantes da Bahia, ingressou na pequena célula universitária comunista fundada por Mário Alves, também estudante de direito, parte da rearticulação do PCB na Bahia empreendida por Giocondo Dias. Os estudantes comunistas mobilizavam-se pela entrada do Brasil na Segunda Guerra Mundial, facilitada pelos torpedeamentos de navios brasileiros. Nesses anos, trabalhou como repórter nos jornais *O Imparcial* e *O Estado da Bahia*[2].

---

[1] Agradeço a leitura da linguista Florence Carboni, do jornalista Duarte Pereira, do historiador Théo L. Piñeiro e o apoio documental de Antônio Ozaí da Silva.

[2] Caio Navarro de Toledo, "Notas sobre Jacob Gorender: o engajamento intelectual", *Seminários*, São Paulo, Arquivo do Estado/Imprensa Oficial do Estado, n. 2, maio 2003; Mário Maestri, "Da Europa, o olhar crítico sobre o Brasil" [entrevista com Gorender], *Diário do Sul*, Porto Alegre, 9 out. 1987; entrevista concedida em 7 dez. 2003, na residência de J. Gorender, em São Paulo.

Em 1943, Jacob Gorender, Ariston Andrade e Mário Alves arrolaram-se na Força Expedicionária Brasileira (FEB), respondendo ao desafio-provocação do general Demerval Peixoto, comandante da VI Região Militar, aos estudantes que exigiam a declaração de guerra. De compleição franzina, Gorender recordava sempre, com orgulho, que passara no exame médico que rejeitara Mário Alves por pouca envergadura física! Na viagem ao Sul, viveu a bordo de pequeno navio-transporte os maus-tratos dos praças, alimentados com carne crua, motivo de quase revolta, que contornou ao obter melhoria na alimentação.

Após treinar como membro do Corpo Militar de Comunicações, em São Paulo e no Rio de Janeiro, Gorender viajou para Nápoles em setembro de 1944. Participou dos ataques a Monte Castelo e a Montese, no outono-inverno do mesmo ano, acompanhando a ofensiva aliada até o fim da guerra. Durante a campanha, ele e seus companheiros eram acordados frequentemente à noite, sob o frio invernal, para se ocupar dos cabos de comunicação em *terra de ninguém*. Em Pistoia, na Toscana, frequentou a sede do Partido Comunista Italiano (PCI).

Na Bahia, desmobilizado, abandonou o curso universitário e tornou-se militante permanente no PCB, legalizado em 1945. Em fins de 1946, no Rio de Janeiro, ingressou na redação do diário comunista *A Classe Operária* e no secretariado metropolitano do PCB. Com a Guerra Fria e a ilegalização, o PCB abandonou a colaboração-subordinação com as classes dominantes nacionais, por linha semi-insurrecional de confronto com o Estado e o governo conservador de Eurico Gaspar Dutra (1946-1950) – Manifesto de Prestes de agosto de 1950. Ao menos retoricamente, a orientação esquerdista prosseguiu após a vitória de Vargas, em fins de 1950. Em 1951-1953, em São Paulo, entrou para o Comitê Estadual do PCB, na ilegalidade desde maio de 1947[3].

Em 1953, no Rio de Janeiro, participou da organização dos chamados "cursos Stalin", destinados a militantes e dirigentes comunistas[4]. Trabalhou no diário comunista *Imprensa Popular* e conviveu com a *geração de ferro* stalinista brasileira, que se entregava sem reservas e inquietações teórico-intelectuais à revolução, como lembraria Gorender anos mais tarde – Carlos Marighella, João Amazonas, Diógenes de Arruda Câmara e Pedro Pomar[5].

Em novembro de 1954, foi eleito membro suplente do Comitê Central, no IV Congresso do PCB, realizado em São Paulo, que reafirmou o caráter "semicolonial e semifeudal" do Brasil e a "luta por um governo democrático e popular" dirigido pela "Frente Democrática de Liberação Nacional". Apesar da *dureza* retórica, o

---

[3]   Mário Maestri, entrevistas com Gorender.

[4]   Caio Navarro de Toledo, "Notas sobre Jacob Gorender: o engajamento intelectual", *Seminários*, cit.

[5]   Mário Maestri, entrevistas com Gorender.

PCB apoiou em outubro de 1955 a aliança PSD-PTB que apresentou Kubitschek e Goulart à presidência e vice-presidência (1956-1961).

Em 1955, integrou a segunda turma brasileira enviada à Escola Superior de Quadros do PCUS, na antiga sede da Internacional Comunista, próxima de Moscou. De escasso nível teórico-cultural, o curso permitiu-lhe dominar o russo, traduzindo ao português mais tarde clássicos do marxismo stalinista. Na escola, conheceu a companheira de sua vida, Idealina Fernandes, filha de operário eletricista, fundador do PCB em 1922.

Em Moscou, os brasileiros foram notificados parcialmente do relatório de Kruschev sobre Stalin, que Gorender leu, na totalidade, em edição reservada aos funcionários do PCUS. As revelações de Kruschev lançaram o movimento comunista na confusão e apressaram o retorno dos brasileiros de Moscou, em meados de 1957[6].

No Rio de Janeiro, dirigiu a *Imprensa Popular* e, a seguir, o semanário *Voz Operária*, que abriram inusitadas colunas de debates sobre a situação do PCB. Em 1958, Giocondo Dias, Alberto P. Guimarães, Mário Alves, Armênio Guedes e Jacob Gorender, sob a inspiração de Prestes, redigiram documento substitutivo à orientação oficial, à margem do Comitê Central, onde eram fortes stalinistas como Amazonas, Pomar e Grabois.

Publicado na *Imprensa Popular* como um livreto, a Declaração de Março materializou a substituição da política *esquerdista*, impulsionada após a ilegalização, por proposta de *direita* de aliança com a *burguesia nacional e progressista*, segundo a nova orientação de *coexistência pacífica* da burocracia soviética. O documento defendia caráter anti-imperialista e antifeudal, nacional e democrático para a revolução brasileira e a possibilidade de conquista pacífica do poder.

Tal política já era aplicada desde o apoio à candidatura de JK, que, segundo Gorender, vencera devido ao voto comunista, visto o caráter estreito da vitória. Com a nova orientação, Grabois e Amazonas foram substituídos na Comissão Executiva por Giocondo Dias e Mário Alves. Em setembro de 1960, no V Congresso, na Cinelândia, no Rio de Janeiro, em semilegalidade, Gorender, com 37 anos, ingressou como membro pleno do Comitê Central, e Mário Alves e Marighella, na Comissão Executiva. Na ocasião, radicalizou-se a proposta de apoio à "burguesia nacional", destacando-se a luta pela "conquista da emancipação do país do domínio imperialista e a eliminação da estrutura agrária atrasada [...]"[7].

A renúncia de Jânio e a posse de Goulart (1961-1964) radicalizaram o atrelamento da direção prestista à política populista e à proposta de mudança da Constituição, para a reeleição de Jango, enquanto se acirrava a crise político-social.

---

[6] Giocondo Dias, *A vida de um revolucionário: meio século de história política no Brasil* (2. ed., Rio de Janeiro, Agir, 1993), p. 190.

[7] Ibidem, p. 210.

Por isso, o contato de Prestes e da direção política do PCB com Goulart e seu governo era direto.

Marighella, Mário Alves e Jover Telles, da Comissão Executiva, fortalecidos na direção do PCB, defendem a radicalização da luta social e a autonomia em relação ao governo, em 1962, na IV Conferência, criticando os "desvios de direita" da direção prestista. Exigiram a "substituição do [...] governo por outro nacionalista e democrático, do qual estivessem excluídos os elementos conciliadores", sem defender programa socialista[8].

Em 1959-1961, a revolução cubana galvanizou a esquerda latino-americana com sua proposta de conquista imediata do poder por meio do *foco guerrilheiro*[9]. No mesmo ano, a modificação da designação de Partido Comunista do Brasil para Partido Comunista Brasileiro, para facilitar sua legalização, ensejou fracionamento e fundação do PC do B, por Amazonas, Pomar, Grabois etc.

Então, o PCB era a única organização de esquerda com raízes no movimento social. Em sentido sociológico geral, no contexto e limites da cultura política stalinista e reformista, sua *facção* de esquerda sofria a influência do forte avanço da revolução mundial e dos segmentos trabalhadores em contradição com a política colaboracionista do PCB.

Entre 1958 e 1963, Gorender publicou diversos ensaios em revistas do PCB[10]. Em 1961, com Mário Alves, traduziu o *Manual de economia política*, da Academia de Ciências da URSS, e, em 1962, *Fundamentos do marxismo-leninismo*, obra coletiva de stalinistas soviéticos, ambos pela Editora Vitória, do PCB.

A vitória do golpe em 1964, sem resistência, desmoralizou a direção prestista e colaboracionista, fortalecendo a oposição *de esquerda*, exacerbada pelo avanço mundial da revolução – Apolônio de Carvalho, Marighella, Jacob Gorender, Joaquim Câmara Ferreira, Manuel Jover Telles, Mário Alves, Miguel Batista dos Santos etc. Em 1965-1966, o prestismo venceu a disputa pelo controle da direção do partido, sem permitir que os opositores participassem do VI Congresso, em dezembro de 1967[11].

A política recessiva do governo Castelo Branco facilitou a rearticulação do movimento popular, sobretudo a partir de 1967, radicalizando a crise e o fraciona-

---

[8] Ibidem, p. 221.

[9] Régis Debray, *Révolution dans la révolution? Lutte armée et lutte politique en Amérique Latine* (Paris, François Maspero, 1967).

[10] Jacob Gorender, "Correntes sociológicas no Brasil", *Estudos Sociais*, Rio de Janeiro, n. 3-4, 1958; "A questão Hegel", *Estudos Sociais*, Rio de Janeiro, n. 8, 1960; "Contradições do desenvolvimento econômico no Brasil", *Problemas da Paz e do Socialismo*, Rio de Janeiro, n. 2, 1963.

[11] Cf. "Mário Alves de Souza Vieira, secretário-geral do Partido Comunista Brasileiro Revolucionário (PCBR)", disponível em: <www.desaparecidospoliticos.org.br>; acesso em 26 nov. 2013. Giocondo Dias, *A vida de um revolucionário: meio século de história política no Brasil*, cit., p. 268.

mento do PCB em organizações, em geral influenciadas pelas revoluções cubana, vietnamita e chinesa.

Em abril de 1968, no Rio de Janeiro, Mário Alves, Apolônio, Gorender etc. fundaram o Partido Comunista Brasileiro Revolucionário, propondo a "renovação" *revolucionária* do PCB[12]. Marighella e Câmara Ferreira criaram a Ação Libertadora Nacional (ALN), grupo guerrilheiro que rompera com a orientação político--partidária leninista e marxista. Comunistas ingressaram no PC do B e fundaram grupos militares – VPR, Var Palmares, MR8 etc.

Com bases militantes no Rio de Janeiro, Paraná e Espírito Santo e Nordeste, o PCBR rejeitava a aliança com a burguesia, mas negava o programa socialista. Defendia as lutas social e sindical, desprestigiadas pela derrota da esquerda em 1964, e a luta armada no campo, prestigiada pelas revoluções cubana e vietnamita em curso.

Propondo a luta sindical e armada, o PCBR organizou-se para a intervenção no movimento de massas, sem assumir a organização estanque militarista. Em 12 de janeiro de 1970, iniciaram-se as quedas da direção do PCBR. Mário Alves, secretário-geral do PCBR, *caiu* no Rio de Janeiro, sendo executado após torturas inomináveis. Em 20 de janeiro, em São Paulo, depois de seis anos na clandestinidade, Gorender foi preso.

Foram igualmente detidos Apolônio e outros dirigentes da "velha guarda". A nova e jovem direção aprofundou a ação militarista, que fora iniciada em abril de 1969, por meio de "propaganda armada urbana", sob a pressão de militantes que deixavam o PCBR por grupos militarmente mais *ativos*.

Gorender divergira da orientação guerrilheira, apoiada por Mário Alves, mantendo-se à margem das ações armadas. Apontava o ciclo perverso das ações armadas-quedas que esvaía as organizações. Descontente com a superação sumária e pragmática do reformismo pecebista, dedicava-se à investigação do caráter da formação social e da revolução brasileira[13].

Na prisão, apresentou como curso pioneiramente sua defesa da transição da sociedade brasileira, do escravismo ao capitalismo, sem passagem pelo feudalismo. O que supunha a luta pelo socialismo e descartava a fase antifeudal, apoiada na *burguesia progressista*, defendida pela Declaração de Março, de 1958, que ajudara a produzir.

Em outubro de 1971, Gorender cumpria sua condenação a dois anos de prisão. Em liberdade, sustentou-se como tradutor e dedicou-se à investigação da formação social brasileira, sem militar organicamente. Apenas em meados de 1990, inscreveu--se no Partido dos Trabalhadores (PT), sem qualquer militância ativa[14].

---

[12] Apolônio de Carvalho, *Vale a pena sonhar* (2. ed., Rio de Janeiro, Rocco, 1997), p. 200.

[13] Ibidem, 203.

[14] Jacob Gorender, *Combate nas trevas* (5. ed., São Paulo, Ática, 1998), p. 201s.

Uma revolução copernicana – *O escravismo colonial*

Em 1974, aos 51 anos, com o apoio econômico de companheiros, Gorender dedicou-se totalmente à redação de *O escravismo colonial*, completada em 1976 em plena ditadura militar[15]. Em 1978, o livro foi lançado pela Editora Ática. Para surpresa do autor e editores, a primeira e volumosa obra esgotou-se meses após o lançamento.

A conclusão do trabalho e sua legitimação científica foram certamente facilitadas pelo renascimento das lutas sociais no Brasil, na segunda metade da década de 1970, com destaque para as jornadas dos metalúrgicos paulistas, que, por alguns anos, pela primeira vez no país, levantaram o mundo do trabalho como alternativa autonômica. Lutas que resultaram na fundação do PT e da Central Única dos Trabalhadores (CUT), então de sentido claramente anticapitalistas.

Com mais de quinhentas páginas, a tese efetuava revolução copernicana nas ciências sociais brasileiras. Ao defender exaustivamente o caráter escravista colonial da antiga formação social do Brasil, superava a falsa polêmica *passado feudal--capitalista* que dividira por décadas as ciências sociais e a esquerda brasileira.

Aquele impasse tinha raízes complexas. A hegemonia stalinista sobre o marxismo e o movimento operário ensejara que as sociedades extraeuropeias fossem *necessariamente* enquadradas em um dos *estágios* da linha interpretativa marxiana do desenvolvimento europeu – comunismo primitivo-escravismo clássico-feudalismo--capitalismo-socialismo.

Em 1928, por ocasião do VI Congresso da Internacional Comunista, esse procedimento teórico dogmático transformou-se em política oficial para os mundos colonial e semicolonial, aplicada no Brasil e na América Latina pelo Bureau Sul--Americano da IC, sediado em Montevidéu[16].

Aquela leitura não era erro analítico marxista. Com ela, a burocracia soviética impulsionava a pacificação do movimento social dos países do *Terceiro Mundo*, submetendo-o às *burguesias nacionais* e às necessidades conjunturais da sua diplomacia. Essa *pacificação* interessava também às facções proprietárias, às classes médias, à burocracia sindical e à aristocracia operária.

A definição do caráter colonial, semicolonial, feudal e semifeudal das nações de capitalismo atrasado justificava a aliança-submissão dos trabalhadores às *burguesias nacionais*, em frente anti-imperialista e antilatifundiária que excluía a luta anticapitalista. Apenas vencida a *etapa democrática* da revolução, sob a direção *burguesa progressista*, passar-se-ia, algum dia, à luta anticapitalista, sob a direção proletária.

---

[15] Idem, *O escravismo colonial* (São Paulo, Ática, 1978).

[16] José Roberto do Amaral Lapa (org.), *Modos de produção e realidade brasileira* (Petrópolis, Vozes, 1980), p. 11.

Corroborando essa proposta, intelectuais comunistas leram o passado do Brasil a partir do confronto do camponês pobre sem terra contra o latifundiário semifeudal. Alberto P. Guimarães criou arbitrariamente a sociedade camponesa desde o início da colonização, *formatando* o passado do Brasil às necessidades daquela interpretação.

Em *Quatro séculos de latifúndio*, propôs: "Jamais, ao longo de toda a história da sociedade brasileira, esteve ausente, por um instante sequer, o inconciliável antagonismo entre a classe dos latifundiários e a classe camponesa, tal como igualmente sucedeu em qualquer tempo e em qualquer parte do mundo"[17].

Em 1º de abril de 1964, a política de aliança anti-imperialista e antilatifundiária com a burguesia dita *nacional* e *progressista* mostrou sua improcedência quando ela constituiu a vanguarda do movimento militar que impôs superexploração aos trabalhadores, em associação ao imperialismo, ao capital financeiro, ao latifúndio, ao alto mando militar e religioso.

Grupos marxistas revolucionários frágeis – Organização Revolucionária Marxista-Política Operária, pequenos grupos trotskistas etc. – opunham-se ao projeto *nacional-desenvolvimentista*, propondo programa socialista para a revolução brasileira. Porém, deduziam a correta caracterização capitalista do Brasil da constatação de determinações gerais da ordem mundial e da sociedade brasileira. Evacuava-se a necessária definição do caráter da antiga formação social com proposta sumária do domínio de relações capitalistas desde a Colônia[18].

Em seu "Programa Socialista para o Brasil", de 1967, a OMR-Polop deduziu o caráter socialista da revolução no país da situação mundial da luta de classes, pautada pela contradição entre capital imperialista e revolução socialista, que definia em fase conclusiva: "Vivemos na época do confronto final entre o velho regime capitalista e as forças que lutam pelo socialismo [...]"[19].

Mesmo nos "países subdesenvolvidos", "parte do mercado capitalista mundial", "onde não" estava "suficientemente amadurecida a contradição" capital-trabalho, impunha-se a luta socialista, devido à contradição maior de estarem essas regiões impossibilitadas "de repetir o processo de desenvolvimento trilhado pelas nações capitalistas avançadas". Não haveria possibilidade de desenvolvimento capitalista nessas regiões.

Pouca importância tinham as "diferenciações sensíveis" existentes entre as nações americanas que "passaram por fases de industrialização, possuindo proletariado desenvolvido", e os "países que" viviam "praticamente da monocultura de produtos tropicais".

---

[17] Alberto Passos Guimarães, *Quatro séculos de latifúndio* (3. ed., Rio de Janeiro, Paz e Terra, s.d.), p. 110.

[18] Caio Prado Jr., *A revolução brasileira* (São Paulo, Brasiliense, 1966); André Gunder Frank, "Capitalismo e o mito do feudalismo no Brasil", *Revista Brasiliense*, São Paulo, n. 51, 1964.

[19] Daniel Aarão Reis Filho e Jair Ferreira de Sá (orgs.), *Imagens da revolução: documentos políticos das organizações clandestinas de esquerda dos anos 1961-1971* (Rio de Janeiro, Marco Zero, 1985), p. 89-117.

260

A dominação imperialista determinava para todos a luta anticapitalista. Liquidava-se a necessidade de compreensão dos ritmos e processos do passado americano.

O Brasil era definido como "país capitalista industrial", de "desenvolvimento, bloqueado", em "processo de integração com o sistema imperialista", com contradições como a "exploração latifundiária do campo". Contradições que se haviam "acomodado", já que o latifúndio "nada" tinha de "feudal", uma vez que "desde o período colonial" fornecia basicamente "artigos para o mercado", a fim de obter "lucro".

O corte integracionista da análise da OMR-PO evacuava a necessidade da discussão da antiga formação social brasileira e, portanto, de suas tendências dominantes no presente. No documento, há referências à "herança colonial" e registro de que, "pelo menos a partir de 1930", a burguesia não era mais "classe marginalizada do poder". Era sumária a abordagem do golpe de 1964, "decorrência necessária da crise do regime burguês-latifundiário", pois a luta socialista e armada independia deste e de outros sucessos contingentes.

Nesses anos, para a maioria dos militantes revolucionários, a história do Brasil iniciava-se praticamente na *Revolução de 1930*, quando se constatava a intervenção *nacional*, ainda que frágil, da classe operária. Evacuavam-se os períodos coloniais, imperiais e a República Velha como questões teóricas, resolvendo-se assim a inconsequência da análise daqueles séculos com categorias próprias ao capitalismo.

Em contexto de grande pragmatismo, empirismo e propagandismo, os jovens militantes das organizações de *programa socialista* e de *libertação nacional* estudavam as experiências soviética, cubana, chinesa, vietnamita etc. despreocupados com a história e a realidade brasileiras. A maior parte dessa militância manteve-se à margem da discussão estabelecida, em 1978, por *O escravismo colonial*, inconsciente de seu real sentido.

Em *O escravismo colonial*, Gorender superava a tradicional apresentação cronológico-historicista do passado, definindo em forma categorial-sistemática a estrutura escravista colonial do Brasil. Empreendia estudo "estrutural" daquela realidade para penetrar nas "aparências fenomenais e revelar" sua "estrutura essencial", seus elementos e conexões internos e o movimento de suas contradições[20].

Aplicando criativamente o método marxista ao passado do Brasil, demarcava a necessidade de investigação exaustiva que realizasse a exegese de seu caráter singular e, portanto, dos ritmos objetivos de seu desenvolvimento, a partir de suas contradições objetivas internas. Propunha superação epistemológica radical da interpretação da formação social brasileira.

Empreendia-se pioneiramente em forma sistemática a leitura do passado pré--abolição desde suas contradições essenciais, ou seja, a oposição entre o trabalhador escravizado e seu escravizador. Até então, as mais elaboradas análises apontavam

---

[20] Jacob Gorender, "O conceito de modo de produção e a pesquisa histórica", em José Roberto do Amaral Lapa (org.), *Modos de produção e realidade brasileira*, cit., p. 45.

JACOB GORENDER

como demiurgos sociais o *senhor de engenho* (Gilberto Freyre, 1933[21]) e o *empresário capitalista* do café, do oeste paulista (Escola Paulista de Sociologia, 1950-1960). Esta última defendia o despotismo da escravidão; forma de "capitalismo incompleto"; a impotência histórica do trabalhador escravizado[22].

Fernando Henrique Cardoso sintetiza a visão da impotência servil:

A liberdade desejada e impossível apresentava-se, pois, como mera necessidade subjetiva de afirmação, que não encontrava condições para realizar-se concretamente. [...] houve fugas, manumissões e reações. [...] A liberdade assim conseguida ou outorgada não implicava em nenhum momento, porém, modificações na estrutura básica que definia as relações entre senhores e escravos [...].[23]

Gorender apresentava o trabalhador escravizado como "*agente subjetivo* do processo de trabalho", e não como "máquinas" ou "outro bem de capital", como formulado por Caio Prado Jr., Werneck Sodré, Fernando Henrique Cardoso e Ciro Flamarión. Este último, porém, propôs, precoce e explicitamente, a dominância no Brasil de modo de produção escravista colonial (MPEC) e o caráter subjetivo do agir do escravizado[24].

O caminho para a interpretação radical de Gorender fora aberto por nacionais e internacionais, anteriores e contemporâneos. No Brasil, interpretações historicistas ou sistemáticas sumárias defendiam a existência de um *sistema escravista* e a oposição escravizador-escravizado como contradição fundamental na pré-abolição[25] – Benjamin Péret (1956)[26]; Clóvis Moura (1959)[27]; Stanley J. Stein (1961)[28]; Emilia Viotti da Costa (1966)[29]; Décio Freitas (1973)[30] etc.

---

[21] Gilberto Freyre, *Casa-grande & senzala: formação da família brasileira sob o regime de economia patriarcal* (14. ed., Rio de Janeiro, José Olympio, 1969).

[22] Florestan Fernandes, *Mudanças sociais no Brasil* (São Paulo, Difel, 1960); Octavio Ianni, *As metamorfoses do escravo* (São Paulo, Difel, 1962); Fernando Henrique Cardoso, *Capitalismo e escravidão no Brasil meridional: o negro na sociedade escravocrata do Rio Grande do Sul* (São Paulo, Difel, 1962).

[23] Ibidem, p. 140-2.

[24] Jacob Gorender, "Questionamentos sobre a teoria econômica do escravismo colonial", em *Estudos Econômicos*, Instituto de Pesquisas Econômicas, São Paulo, jan.-abr. 1983, p. 16.

[25] Mário Maestri, "Filhos de Cam, filhos de cão: o trabalhador escravizado na historiografia brasileira", em Luiz Sávio de Almeida, *O negro no Brasil: estudos em homenagem a Clóvis Moura* (Maceió, Edufal, 2003), p. 23-112.

[26] Benjamin Péret, *O quilombo de Palmares* (Porto Alegre, EdUFRGS, 2002), ensaios e comentários de Mário Maestri e Robert Ponge.

[27] Clóvis Moura, *Rebeliões na senzala: quilombos, insurreições, guerrilhas* (São Paulo, Zumbi, 1959).

[28] Stanley J. Stein, *Grandeza e decadência do café no Vale do Paraíba* (São Paulo, Brasiliense, 1961). [Em inglês, 1957.]

[29] Emilia V. da Costa, *Da senzala à colônia* (2. ed., São Paulo, Ciências Humanas, 1982).

[30] Décio Freitas, *Palmares: a guerra dos escravos* (Porto Alegre, Movimento, 1973). [Em espanhol, 1971.]

No cenário mundial, foi essencial o renascimento da discussão sobre a pluralidade de modos de produção das formações sociais não europeias, permitido pelo enfraquecimento do stalinismo e novo dinamismo da teoria marxista. Discussão que se centrou inicialmente na proposta de Marx-Engels de "modo de produção asiático", com exploração classista e sem apropriação privada dos meios de produção[31]. Por ocasião do lançamento de *O escravismo colonial*, estava consolidada no Brasil a proposta da diversidade de modos de produção no mundo e nas Américas[32].

Eugene D. Genovese apresentara estudo *marxizante* sobre o escravismo no Sul e a Guerra de Secessão que analisava aquela formação social desde suas dinâmicas, estruturas e contradições internas[33]. Nesse trabalho germinal, apontou a existência de sistema social escravista subordinado a outras formas de trabalho no Sul dos Estados Unidos, de caráter *necessariamente* colonial. Ressaltou a incorreção da definição como capitalista de sociedades mercantis, anteriores à gênese da produção capitalista.

Genovese jamais propôs a existência de modo de produção escravista colonial e vacilou entre interpretação materialista e idealista da realidade. No momento em que defendia que o mundo escravista possuía lógica, moral e ideologia próprias, deduzia sua dinâmica essencial de visão *aristocrática* dos escravizadores. "Tenho consciência que, no fim de contas, os verdadeiros problemas são de ordem ideológica e psicológica. Não se morre por nenhum interesse material, supondo-se que algum o mereça, o que não é evidente."[34]

A seguir, Genovese abandonaria grande parte de suas propostas revolucionárias. Porém, elas foram retomadas ou estavam sendo desenvolvidas por outros estudiosos, com destaque para Flamarión Cardoso, que publicou em 1973 dois artigos germinais sobre as formações sociais escravistas americanas, escritos por ocasião do desenvolvimento de sua tese de doutoramento sobre a Guiana Francesa, redigida na França, em 1967-1971[35].

Em última instância, a revolução empreendida por Gorender nas ciências sociais constituiu expressão, no mundo das representações referentes à formação social brasileira, do enorme esforço empreendido e importantes conquistas alcançadas

---

[31] Karl Marx e Friedrich Engels, *Sobre el modo de producción asiático* (Barcelona, Martínez Roca, 1977).

[32] Carlos Sempat Assadourian et al., *Modos de producción en América Latina* (Buenos Aires, Siglo XXI, 1973); Ph. Gebran (org.), *Conceito de modo de produção* (Rio de Janeiro, Paz e Terra, 1978); Claude Meillassoux, *L'esclavage en Afrique précoloniale* (Paris, François Maspero, 1975).

[33] Eugene D. Genovese, *Économie politique de l'esclavage* (Paris, François Maspero, 1968).

[34] Ibidem, p. 20. Tradução livre.

[35] Ciro F. Cardoso, "El modo de producción esclavista colonial en América", em Carlos Sempat Assadourian et al., *Modos de producción en América Latina*, cit.; Ciro F. Cardoso, *Escravo ou camponês? O protocampesinato negro nas Américas* (São Paulo, Brasiliense, 1987), p. 31.

pelas classes revolucionárias ao redor do mundo a partir sobretudo de fins dos anos 1950 e 1960 – revoluções argelina, cubana e vietnamita, jornadas francesas, italianas etc. Nessa época, a revolução mundial estava na ordem do dia.

Intelectual marxista genial, com amplos e sólidos conhecimentos na área da economia política, filosofia, sociologia, história etc., Jacob Gorender expressou as necessidades teóricas das classes exploradas do Brasil, dissolvendo impasses que havia décadas emperravam o pensamento revolucionário no país.

Nesse processo, rompeu amplamente com as concepções reformistas e stalinistas que abraçara, rejeitando em bloco sua produção teórica anterior. Um singular e doloroso processo de autorreconstrução político-ideológico, que foi determinado por suas antigas visões de mundo, rejeitadas e superadas tendencialmente.

Ao negar o stalinismo, a burocracia e o reformismo, a partir sobretudo de sua crítica da formação social brasileira, Gorender jamais se serviu sistematicamente da leitura sobre aqueles fenômenos de Leon Trotski e dos principais pensadores trotskistas, em parte devido à pobreza da produção marxista-revolucionária latino--americana, com algumas importantes exceções.

Desde início dos anos 1980, Gorender participou de atividades promovidas por marxista-revolucionários e reconheceu a produção sobretudo econômica de alguns de seus teóricos contemporâneos, com destaque para Ernest Mandel. Nesses anos, mantinha ainda parte de seus prejuízos antitrotskistas, que reconhecia nascidos do terrível monolitismo stalinista em que sua geração fora educada[36].

Gorender possivelmente se debruçou de forma mais sistemática sobre a literatura trotskista apenas em fins da segunda metade dos anos de 1980, ao analisar a crise da URSS e dos países do Leste Europeu. Talvez surpreso, reconheceu então plenamente a excelência daquela produção, mantendo-se infenso essencialmente a ela, já sob a influência deletéria da maré contrarrevolucionária neoliberal vitoriosa.

Leis tendenciais da produção escravista colonial

Em *O escravismo colonial*, Gorender empreendeu crítica categorial-sistemática da produção escravista americana considerada modo de produção historicamente novo, devido ao seu caráter dominantemente mercantil, que extremou qualitativa-

---

[36] No início dos anos 1980, quando mantínhamos contato *acadêmico* estreito, Gorender inquiriu-me séria e protocolarmente se podia responder à afirmação que faziam sobre mim. Surpreso pela risada que antecedeu minha afirmação de que era, sim, trotskista, desculpou-se lembrando longamente o ambiente stalinista em que fora educado no PCB! Ano mais tarde, bem-humorado, propôs que limitaria a participação nas inúmeras iniciativas promovidas pelo historiador Osvaldo Coggiola, a quem estimava, para não ser irremediavelmente definido como trotskista!

mente determinações secundárias ou pouco desenvolvidas da produção patriarcal e pequeno-mercantil do escravismo greco-romano[37].

A fundamentação de sua investigação no caso brasileiro devia-se ao fato de ter sido ali que a produção escravista colonial alcançara o mais acabado desenvolvimento, subordinando as outras formas de produção – longevidade, espaço, variedade de produtos, número de cativos importados, influência política etc.

Ao empreender a análise crítica da literatura teórica e historiográfica sobre o Brasil escravista, por meio de rigorosa aplicação do método marxista, associou criativamente os níveis histórico, lógico e metodológico de análise. Utilizou como paradigma a apresentação das leis tendenciais da produção capitalista desenvolvida em *O capital*. Entretanto, refutou referências marxianas ao escravismo moderno consideradas incorretas ou pouco desenvolvidas, em clara definição da autonomia do método marxista à própria produção marxiana.

Em capítulo dedicado a "reflexões metodológicas", iniciou sua tese dissociando-se da leitura althusseriana da história e do marxismo então em voga[38]. Dedicou a "Primeira Parte" à definição do escravismo colonial como categoria historicamente nova, no contexto da impulsão do mercado mundial e dos avanços materiais – transporte, moendas etc. Apresentou as "categorias fundamentais" desse modo de produção, destacando a "categoria escravidão" e a "forma plantagem de organização da produção escravista"[39].

Na "Segunda Parte", abordou a gênese histórica da formação escravista luso-brasileira por meio da crítica do espaço sociogeográfico português, *nativo* e colonial. Portanto, tratou-se de processo de exposição que violentou a ordem de investigação para empreender apresentação que partia do geral para o particular, do concreto para o abstrato.

Dedicou a longa "Terceira Parte" à discussão das leis "monomodais", exclusivas do modo de produção escravista colonial em oposição às leis "plurimodais", comum a diversos modos. As leis específicas do escravismo colonial seriam: *lei da renda monetária; da inversão inicial da aquisição do trabalhador escravizado; da rigidez da mão de obra escravizada; da correlação entre economia mercantil e economia natural na plantagem escravista e da população escravizada*[40].

Nas quarta, quinta e sexta partes e no adendo final, discutiu o "regime territorial e renda da terra", as "formas particulares de escravidão", a "circulação e reprodução" no escravismo moderno e "as fazendas escravistas do oeste de São Paulo". A definição da essência escravista nessa região refutava a proposta do caráter empresarial

---

[37] Mário Maestri, *Breve história da escravidão* (Porto Alegre, Mercado Aberto, 1988).

[38] Jacob Gorender, *O escravismo colonial*, cit., p. 1-30.

[39] Ibidem, p. 37-98.

[40] Ibidem, p. 45-370.

capitalista dos seus cafeicultores, apresentados como demiurgos da revolução burguesa no Brasil.

Para Gorender, apesar de seu caráter multifacetado, o polo dominante da produção escravista era a grande plantação escravista (*plantagem*), da qual descreveu em detalhes suas características, particularidades e forças produtivas. Destacou a coexistência estrutural e a correlação dialética entre uma esfera de produção natural e subordinada, e outra mercantil e dominante, na plantagem.

Era antiga a discussão historiográfica sobre o caráter benigno ou despótico do escravismo americano. Por decênios, a leitura *patriarcal* de Gilberto Freyre, que retomava visões dos escravizadores sobre a instituição, fora semioficial, sendo o sociólogo agraciado pelo Estado com fundação para melhor desenvolver sua visão pacificadora do passado e do presente do país.

Gorender solucionou teoricamente a questão, propondo que as características patriarcais, tidas por Freyre como a essência do escravismo brasileiro, eram, ao contrário, secundárias, originadas na esfera natural de produção, subordinada esta última aos ritmos e sentidos da esfera mercantil, comandada pelas inexoráveis determinações da produção para o mercado mundial.

Essa compreensão ressaltava a necessidade da análise dos fenômenos sociais e históricos no contexto da totalidade das estruturas e formações sociais em que se apresentam, para que se desvelem corretamente os nexos e as determinações gerais e essenciais, não generalizando o particular nem particularizando o geral, como tão em voga na atual historiografia sobre a escravidão no Brasil.

O escravismo colonial não constituía monografia acadêmica isolada, parte de divisão-especialização erudita do saber que se frustra e se realiza, para responder, mais ou menos plenamente, em forma atomizada, às exigências de plano semianárquico de desenvolvimento do conhecimento determinado pelos interesses sociais hegemônicos. Plano em geral *exterior* ao processo de produção do investigador e, não raro, à sua própria consciência.

Em sentido mais amplo, ao empreender economia política do modo de produção escravista colonial, Gorender contribuía para a construção de economia política dos modos de produção pré-capitalistas, capitalistas e pós-capitalistas, ao lado de obras como a *Nova economia*, do economista soviético trotskista E. Preobrazhensy, e *Mulheres, celeiros e capitais*, do antropólogo marxista francês Claude Meillassoux etc.[41].

A inquirição de *O escravismo colonial* desenvolvia-se "na perspectiva do marxismo crítico e dialético", que considera, no contexto de sua "autonomia relativa", "o trabalho intelectual" como "dimensão das lutas políticas e ideológicas

---

[41]   E. Preobrazhensy, *La nuova economía* (Cidade do México, Era, [1926] 1971); Claude Meillassoux, *Mulheres, celeiros e capitais* (Porto, Afrontamento, 1977).

que perpassam a sociedade capitalista"[42]. Uma reflexão desenvolvida segundo a XI Tese de Marx, sobre Feuerbach, de 1845, ou seja, que se propunha a "interpretar" o mundo social para "transformá-lo".

A tese *O escravismo colonial* tratava-se de investigação organizada para estabelecer bases metodológicas sólidas para a interpretação crítica da moderna formação social brasileira, para revolucioná-la em um sentido socialista. A poderosa reflexão empreendida em *O escravismo colonial* teve seguimento sobretudo em dois ensaios, indiscutivelmente de menor fôlego – *Gênese e desenvolvimento do capitalismo no campo brasileiro* e *Burguesia brasileira*.

Esses dois ensaios publicados nos três anos posteriores ao lançamento de *O escravismo colonial* constituíam certamente leitura já consolidada no geral quando da edição daquela tese. Alguns anos após a publicação dos dois trabalhos, Gorender disse que os apresentara como ensaios, e não em forma sistemática, por lhe faltarem as condições materiais para tal – reunião e sistematização de material estatístico etc.[43].

Grosso modo, em *Gênese e desenvolvimento do capitalismo no campo brasileiro*, originalmente uma conferência realizada em 1979, Jacob Gorender define a categoria marxista "capitalismo" como própria também ao campo, quando este último se organiza singularmente como ramo daquela produção. No trabalho, defende a precedência do capital ao capitalismo e a acumulação originária no Brasil a partir da escravidão, superada por meio da *revolução abolicionista*, em 1888[44].

Destaca duas grandes vias no desenvolvimento do capitalismo no campo no Brasil. A primeira, por meio da transformação em produção capitalista do "modo de produção latifundiário, apoiado em formas camponesas dependentes", dominante sobretudo na cafeicultura, após a Abolição. Superação das relações camponesas dependentes permitidas pela gênese de exército rural de reserva, em parte produto da imigração. A segunda, por meio do desenvolvimento-superação da produção camponesa familiar independente.

Esses dois caminhos teriam determinado contradições não essenciais entre a burguesia e o latifúndio e, portanto, o desinteresse da primeira na reforma agrária. Sobre esta última, propõe o respeito à expectativa do trabalhador rural pela propriedade do lote e defende a necessidade da luta pela "transformação das grandes empresas agrárias, plantacionistas e pecuárias, já tecnicamente unificadas em grandes explorações coletivizadas: cooperativistas ou estatais".

Em *A burguesia brasileira*, de 1981, Gorender apresentou a gênese e o desenvolvimento da industrialização e da formação da burguesia no Brasil, a partir de

---

[42] Caio N. de Toledo, "Notas sobre Jacob Gorender: o engajamento intelectual", cit.

[43] Declaração ao autor deste trabalho, em meados dos anos 1980.

[44] Jacob Gorender, *Gênese e desenvolvimento do capitalismo no campo brasileiro* (Porto Alegre, Mercado Aberto, 1987).

JACOB GORENDER

acumulação originária ensejada sobretudo pela escravidão colonial, acelerada pela Abertura dos Portos (1808) e pela Independência (1822)[45]; processo que se realizou sob a ação necessária da *burguesia industrial* e jamais da *burguesia mercantil*. Destacou o escravismo colonial como o grande empecilho ao desenvolvimento da produção capitalista, superado pela revolução abolicionista, em 1888, que poupou o latifúndio, na falta de luta camponesa reivindicando a terra e devido à mobilização dos trabalhadores escravizados sobretudo pela liberdade civil, e não pela propriedade fundiária.

Referindo-se à República Velha, propôs que a produção, as relações capitalistas e, consequentemente, a burguesia industrial subordinavam-se à produção agropastoril latifundiária e às classes agropastoris exportadoras e hegemônicas. A industrialização, por meio da produção de bens de consumo não duráveis, de alcance inicialmente regional, fracassara no Nordeste por falta de mercado; assentara-se no Sul, a partir da economia colonial-camponesa familiar; dominara no Rio de Janeiro e em São Paulo devido ao maior mercado, à acumulação de capitais etc.

Defendeu que, nos anos 1920, a cafeicultura entravava o processo de industrialização e propôs não ter havido "revolução burguesa" em 1930, categoria para ele "inaplicável à história do Brasil", onde teria ocorrido "dominação burguesa". Questão basilar para a análise não apenas da formação social brasileira que, salvo engano, jamais desenvolveu em forma exaustiva. Dominação burguesa facilitada pelo Estado Novo (1937-1945) e getulismo, expressões políticas da burguesia industrial, desde a crise recessiva de 1929-1933, que acelerara o processo de substituição de importações.

Gorender propôs que a industrialização, forte nos anos 1950, nascera de capitais internos, e que o capital produtivo externo geraria descapitalização tendencial e poderia ensejar igualmente dinamização do mercado e da produção. Lembra que, nos anos 1960, a produção capitalista e a burguesia já dominavam no país e que o golpe, em 1964, dirigido por esta última, visava aprofundar sua forma de acumulação.

Sugeriu que, na época em que escrevia, a economia brasileira se apoiasse no tripé capital estatal, capital privado nacional, capital privado estrangeiro, com os departamentos de produção de bens intermediários e de produção comandando a expansão industrial, dominante. O capital bancário já se consolidara, mas não haveria ainda capital financeiro nacional propriamente dito, proposta que o dissociava das visões de subimperialismo brasileiro. Nesse período, cresceram a capitalização do campo e a média burguesia não anti-imperialista.

Nesse trabalho sintético, criticou teses tradicionais da historiografia – cafeicultores promotores da Abolição e da industrialização; enriquecimento industrial pelo trabalho; contradições essenciais entre burguesia industrial e latifúndio; capitalismo de Estado no Brasil etc.

---

[45] Idem, *A burguesia brasileira* (São Paulo, Brasiliense, 1981).

A partir de 1978, sem qualquer apoio acadêmico ou científico, trabalhando pela subsistência, Gorender respondeu igualmente à crítica das ciências sociais acadêmicas conservadoras sobre as propostas apresentadas em *O escravismo colonial*, produzindo alguns ensaios magistrais referentes à economia política e à historiografia[46]. Em 1985, publicou a quarta edição revista e ampliada de *O escravismo colonial*. Em 1987, abandonando a leitura geral da formação social brasileira, produziu história crítica da esquerda nos anos pós-1964.

Paradoxalmente, para muitos, Gorender é lembrado não pela autoria da densa tese *O escravismo colonial*, mas pela produção de *Combate nas trevas: a esquerda brasileira: das ilusões perdidas à luta armada*, reconhecido como clássico da historiografia do Brasil. No livro, aponta o caráter inconsequente da ruptura armada com o pacifismo e o colaboracionismo do PCB.

Em 1990, após o I Centenário da Abolição da Escravatura no Brasil, publicou *A escravidão reabilitada*, duríssima resposta às críticas contra a interpretação escravista colonial que alcançavam verdadeiro paroxismo, caracterizadas como "reabilitação" histórica da escravidão e refinamento das teses de escravismo patriarcal, benigno e consensual defendidas por Freyre, desde 1933.

Defendendo que não há inocência no "trabalho historiográfico", apontou as raízes ideológico-sociais das obras analisadas, caracterizando o forte viés social-democrata do revisionismo historiográfico sobre a escravidão: "[...] se foi possível e viável a conciliação de classes entre senhores e escravos [...] muito mais possível e viável vem a ser a conciliação entre capitalista e assalariados"[47].

Essa dura resposta ao ataque geral da historiografia acadêmica contra o marxismo e o materialismo dava-se em contexto da vitória plena da contrarrevolução capitalista, que potenciava exponencialmente a força daqueles que, no mundo das representações, se punham ao seu serviço, consciente, semiconsciente, inconscientemente.

Sob o signo da contrarrevolução: retorno ao passado

No decorrer dos anos 1980, a maré liberal fez recuar globalmente o mundo do trabalho, dissolvendo partidos operários, sindicatos, desmoralizando milhares de políticos, intelectuais e lutadores sociais. O processo contrarrevolucionário alcançaria o ápice com a restauração capitalista nos países de economia nacionalizada e planejada, dissolvendo as conquistas obtidas pelos trabalhadores nos últimos setenta anos, drama histórico epocal.

---

[46] Idem, "O conceito de modo de produção e a pesquisa histórica", em José R. do Amaral Lapa (org.), *Modos de produção e realidade brasileira* (Petrópolis, Vozes, 1980), p. 43-63; e *A escravidão reabilitada* (São Paulo, Ática, 1990).

[47] Ibidem, p. 43.

JACOB GORENDER

Enquanto parte da geração de comunistas que haviam acreditado na promessa de Kruschev, de 1961, de construção do socialismo e ingresso no comunismo em vinte anos, Gorender sofreu duramente aquele processo, com destaque para a destruição da URSS. Nesse contexto, estabeleceu-se crescente dissintonia essencial entre o caráter de sua produção anterior sobre a formação social brasileira e seus posteriores ensaios de interpretação da crise do mundo do trabalho, do socialismo, da URSS.

Sobre aqueles sucessos, Gorender publicou dois ensaios, em um espaço de dois anos. *Perestroika: origens, projetos e impasses*, de 1991, e *Marcino e Liberatore: diálogos sobre marxismo, social-democracia e liberalismo*, de 1992[48]. Comungando no principal com a mesma visão geral sobre aqueles sucessos, os ensaios apresentam divergências de análise inevitáveis devido à dissolução da URSS, em 1991, anterior à redação do primeiro livro sobre a *perestroika*.

Em agosto de 1991, enquanto Jacob Gorender se encontrava em Moscou, fora lançado no Brasil seu ensaio *Perestroika: origens, projetos, impasses*. O fracasso do *putch* de 19 daquele mês, com a consequente dissolução da URSS, interdição do PCUS e aceleração da restauração capitalista, levou à incorporação de um capítulo final ao livrinho e à modificação do título para *O fim da URSS: origens e fracasso da perestroika*.

Com 99 páginas, o ensaio divide-se em sete breves capítulos: "Antecedentes das mudanças na União Soviética", "O modelo stalinista do socialismo soviético", "Divisão do mundo em dois campos e suas consequências", "Decadência do modelo stalinista-soviético", "*Perestroika*: projetos para o socialismo renovado", "Choque da liberdade, as reivindicações represadas e os impasses da *perestroika*" e, o capítulo conclusivo, escrito pós-facto, "Do golpe de agosto à dissolução do Estado soviético".

O ensaio teve diversas reedições, sem alcançar maior repercussão teórica devido aos limites de sua leitura dos sucessos, realidade apenas em parte determinada pelo caráter da coleção dedicada ao grande público. É superficial a apresentação da construção da URSS, após a vitória de 1917, condicionada pelo atraso do império czarista, pela guerra civil e pelo isolamento mundial, não retirando o autor as conclusões profundas daqueles *handicaps* negativos, apesar de citá-los.

Pouca ênfase é dada igualmente à desestruturação do proletariado russo nos primeiros anos da ordem soviética, principal pressuposto da conquista burocrática e stalinista do poder político. A instauração da *Nova Política Econômica* (NEP), em 1921, como abertura conjuntural à acumulação mercantil, é defendida como

---

[48] Idem, *O fim da URSS: origens e fracasso da* perestroika (São Paulo, Atual, 1991); *Marcino e Liberatore: diálogos sobre marxismo, social-democracia e liberalismo* (São Paulo, Ática, 1992).

"precursora da *perestroika*" e eventual caminho para a construção do socialismo "em um país de predominância camponesa como a União Soviética"[49].

Gorender sugere o abandono da NEP como razão do fracasso econômico da URSS e acusa Trotski de enfatizar o inevitável questionamento do poder político socialista caso se mantivesse a então fragilidade do proletariado diante de campesinato rico e da burguesia, em reconstrução[50]. Não vislumbra a necessidade da industrialização acelerada, proposta por Trotski, para a consolidação da URSS, empreendida em forma autoritária e burocrática, desde os anos 1930, por Stalin. Não retém o caráter contraditório da ditadura burocrático-stalinista, dependente da expansão da economia soviética e da expropriação política dos trabalhadores.

Está igualmente ausente de sua interpretação a luta à morte intermodal, entre a produção mercantil capitalista e a economia planejada e nacionalizada, fenômeno que contribuiu para a consolidação da ordem burocrática, por ocasião do refluxo da revolução mundial, nos anos 1920. Praticamente não se refere a esta última, vendo a crise da URSS como problema essencialmente interno, de gestão social incorreta, impulsionada pela burocracia e pelo stalinismo.

É quase inexistente no ensaio a discussão sobre a gênese e o devir da camada burocrática soviética, no geral avaliada como um só bloco, e jamais compreendida como segmento exposto às pressões *privatistas* e *socializantes*, devido ao ritmo *mundial* e *nacional* da luta de classes. Não integra praticamente à discussão o incessante ataque externo-interno do imperialismo à ordem soviética. Empreende a análise da URSS como ordem construída, sustentada e fracassada em um só país, isolada da revolução mundial.

Na análise da estagnação da economia soviética, durante o *reino* Brejnev, fixa-se na crítica do gigantismo do planejamento econômico e da produção industrial e rural, secundarizando a ausência da intervenção democrática dos produtores, em todos os níveis.

Excluída a dimensão da luta de classe internacional e nacional, Gorender propunha a regeneração da URSS sobretudo como correção da gestão econômica. Reorientação que via necessariamente comandada por facção burocrática! É lapidar em seu trabalho a afirmação de que, "nas condições do regime soviético, uma proposição como a da *perestroika* só podia vir de cima", "lançada" precisamente pelo "secretário-geral do PCUS", e não exigida e comandada pelos trabalhadores, principais interessados[51]!

Em verdade, os trabalhadores ocupam espaço mais do que secundário em sua interpretação, e ele jamais discute realmente a proposta de *revolução política* avan-

---

[49] Idem, *O fim da URSS: origens e fracasso da* perestroika, cit., p. 13.

[50] Idem, *Marcino e Liberatore: diálogos sobre marxismo, social-democracia e liberalismo*, cit., p. 39.

[51] Idem, *O fim da URSS: origens e fracasso da* perestroika, cit., p. 45.

JACOB GORENDER

çada por Leon Trotski, líder soviético ao qual se refere múltiplas vezes, não raro em forma muito elogiosa. Não define o caráter social da facção burocrática representada por Gorbachev, incorporando a linguagem do liberalismo internacional, ao definir, em bloco, aqueles que resistiam à *perestroika*-restauração como *conservadores* e os que lutavam por elas, como *renovadores, progressistas* etc.

O ensaio *Perestroika: origens, projetos, impasses* registra a adesão de Gorender ao projeto político-econômico de desestruturação do planejamento econômico central e da propriedade nacionalizada dos meios de produção, em favor do mercado e da propriedade privada, sob diversas formas. Nesse processo, abraçava a utopia de restauração mercantil controlada que permitisse algumas instâncias sociais na nova ordem. No frigir dos ovos, propunha a substituição da lei da economia nacionalizada e planejada pela lei do valor, apenas possível por meio da restauração capitalista.

Em agosto de 1991, quando se encontrava em Moscou, a rápida vitória da contrarrevolução capitalista na URSS, sem o apoio ou a oposição das grandes massas trabalhadoras, comprovou o sentido real do processo encetado sob o comando de Gorbachev e concluído por Ieltsin e pelo capital internacional, processo que levou à vitória plena da contrarrevolução, dissolvendo as esperanças utópicas de Gorender na *perestroika*.

Publicado em 1992, *Marcino e Liberatore: diálogos sobre marxismo, social--democracia e liberalismo*, com 166 páginas, é livro igualmente sumário, de maior ambição. Dividido em dez partes, pretende ser um balanço geral da experiência do socialismo no século XX e da dissolução da URSS. Gorender conclui a obra com capítulo dedicado à apresentação de um "Novo projeto socialista como alternativa à barbárie do capitalismo".

Jacob Gorender explicou o fracasso editorial do livro pelo gênero que escolheu para sua redação[52]. Cremos que teve razão parcial. Ao modo da literatura clássica e renascentista, a obra apresenta-se como o diálogo imaginário, em Moscou, entre Liberatore, brasileiro "liberal declarado, mas estudioso da doutrina de Marx", e Marcino, "marxista", com quem o autor teria "afinidades".

O narrador limita o choque dialógico ao conteúdo das propostas, não conseguindo construir dissociação textual entre os dois protagonistas, que não raro se aproximam e se confundem, sugerindo afinidades não exclusivas do autor. A apresentação de tese e, a seguir, de sua negação alonga desnecessariamente a narrativa possível de ser solucionada com a crítica direta das afirmações questionadas. Limites da narrativa de *Marcino e Liberatore* que talvez expliquem a opção por um gênero que permite ao narrador elidir definição peremptória sobre as questões abordadas, em um momento em que vivia indiscutível confusão e dilaceração teórico-ideológica.

---

[52] Comentário de Jacob Gorender ao autor deste trabalho em 15 de abril de 1993.

O livro é aberto por um longo debate acerca das origens marxistas do stalinismo e sua conversão em antimarxismo, assim como seu fracasso no Leste Europeu – que não comprometeria tantas outras variantes do marxismo, numa proposta que o aborda como uma filosofia da história e não como representação teórica das necessidades objetivas de superação das contradições da sociedade classista. Representação teórica influenciada diretamente, *para o bem ou para o mal*, pela solução da luta de classes.

O Terceiro Diálogo concentra-se na paradoxal sugestão de que, devido ao atraso no império czarista e à derrota da revolução na Europa adiantada, não haveria materialmente possibilidade de construção do socialismo na URSS. Sugere-se, como visto, como único caminho o retorno controlado ao mercado e à produção mercantil, ensaiado na NEP. Ou seja, a impossível convivência pacífica entre um mundo socialista fragilíssimo e um capitalista crescentemente forte!

Em sua proposta de impossibilidade de construção do socialismo em um só país, Gorender procurou apoiar-se na visão descaracterizada da compreensão de Trotski sobre essa realidade, apesar de registrar que este último via o "poder operário na União Soviética" como "o foco propulsor da revolução mundial". Revolução mundial que, para Trotski, superaria a contradição inexorável entre a lei do valor e da economia planificada e nacionalizada pela vitória mundial da ordem socialista. Único caminho para a superação da impossibilidade de construção do socialismo em um só país[53]. Convivência pacífica que se transforma em posição sugerida por Gorender nos dois trabalhos.

Na permanente defesa da *perestroika*, Gorender refere-se à *Revolução traída*, de Leon Trotski, definindo-a como "obra extraordinária de ciência econômica e política", que teria se antecipado, "em meio século, aos argumentos principais que fundamentaram o lançamento da *perestroika* por Gorbachev"! Gorender se associa à proposta do fundador do Exército Vermelho da burocracia como "estrato privilegiado, mas ainda não como classe social", sem ver entretanto na *perestroika* o caminho *controlado* para a transformação de parte da burocracia soviética em classe social capitalista[54].

Escrito após a dissolução da URSS, nas vestes de Marcino, Gorender é obrigado a reconhecer, pós-facto, que a *perestroika* não fora um projeto para "fortalecer o socialismo, porém para eliminá-lo". Entretanto, segue discutindo as eventuais razões dos percalços do reformismo gorbacheviano e o seu necessário impulso desde a cúpula da burocracia para concluir sugerindo que era "inevitável" seu "fracasso"[55]! Ou seja, propõe a inevitabilidade da restauração capitalista na URSS e no Leste Europeu.

---

[53] Idem, *Marcino e Liberatore: diálogos sobre marxismo, social-democracia e liberalismo*, cit., p. 39.

[54] Ibidem, p. 47.

[55] Ibidem, p. 94 e 99.

No capítulo final, apresenta confusa proposta de recuperação do marxismo depurado de visões utópicas de seus fundadores. Propõe sociedade regida pelo mercado, em que a propriedade estatal se limitaria apenas a "empresas de influência elevada sobre o conjunto da economia", sem planejamento central e com democracia operária. Proposta social-democrata utópica que apresenta, outra vez, como avançada por ninguém mais do que Leon Trotski[56]!

Em 1998, seis anos mais tarde, já com 75 anos, Jacob Gorender produziu o artigo "O proletariado e sua missão histórica", em livro celebrando o sesquicentenário do Manifesto Comunista, registrando o seu rompimento indiscutível com o marxismo revolucionário, já ensaiado nas duas obras anteriores. No artigo, propunha o caráter ontologicamente reformista do proletariado, ideia que tenta fundamentar em trabalho de maior ambição, *Marxismo sem utopia*, publicado no ano seguinte[57].

Ainda que tardio em relação à debandada de intelectuais de esquerda na década anterior, na esteira da vitória da contrarrevolução de fins dos anos 1980, o *pentimento* de Jacob Gorender alcançou alguma repercussão, devido à sua autoridade como pensador marxista e sua produção pregressa. *Marxismo sem utopia* foi objeto de críticas que apontaram em geral em forma sistemática seus muitos hiatos lógico--históricos, nesse seu retorno às posições social-democratas, defendidas por ele em março de 1958[58].

Um marxista revolucionário não pode viver à margem da utopia, compreendida como compromisso férreo com ideal racional e objetivamente fundado, mas em geral de materialização distante, difícil e penosa. Fortemente influenciada pela luta social, essa instância psicológica individual é posta sob tensão crescente sobretudo nos momentos de triunfo dos opressores.

Triunfo que certamente jamais alcançou a dimensão conhecida nos nossos dias de crescente domínio da barbárie capitalista. Dessa contradição surge o permanente conflito entre a perseverança, a acomodação e a rendição que se materializa comumente sob a forma de *crença* ou *descrença* na necessidade-possibilidade da superação da exploração social.

Dilaceramento que indiscutivelmente engoliu em sua idade tardia este que foi sem dúvida o mais criativo marxista revolucionário brasileiro.

---

[56] Ibidem, p. 158.

[57] Idem, "O proletariado e sua missão histórica", em J. Almeida e V. Cancelli (orgs.), *150 anos de Manifesto Comunista* (São Paulo, Xamã, 1998), p. 19-28; *Marxismo sem utopia* (São Paulo, Ática, 1999).

[58] Cf. entre outros: Duarte Pereira, "Marxismo sem classe operária: é possível?", *Princípios*, Centro de Documentação e Memória – Fundação Maurício Grabois, n. 56, 1º fev. 2000, p. 12-21.

ANTONIO CANDIDO

Flávio Aguiar

> Dizer a verdade é uma coisa boa,
> tanto por causa do prazer que nos dá
> ao desafogar o coração
> como por causa da raridade do fato.
> *D'Artagnan*

Atribui-se a Goethe a consideração de que as novas gerações devem herdar das antigas raízes e asas. É o que se pode dizer do legado de Antonio Candido em todos os sentidos e áreas do conhecimento, da militância, da vida em que esteve presente. Também, é claro, de sua reflexão sobre o Brasil, visto nela, sobretudo, através das lentes da sua literatura e da crítica literária.

Tomo por base, para este pequeno escorço de tal legado, dois textos do livro *Antonio Candido: pensamento e militância*[1] publicado em 1999, ano em que o autor recebeu uma homenagem em comemoração aos seus oitenta anos de idade.

São eles o texto do professor Décio de Almeida Prado, "O *Clima* de uma época", e o do professor Octavio Ianni, "Nação e narração"[2]. Sem prejuízo da qualidade dos demais ensaios do livro, considero estes dois emblemáticos e seminais por abordarem a relação entre o pensamento de Antonio Candido e seu contexto brasileiro, respectivamente, durante os anos de sua iniciação à crítica literária, na revista *Clima*, e na sua obra de plena maturidade.

Antes de entrar na consideração de fundo de cada um dos ensaios, lapidares que são entre o muito (e ainda tão pouco!) que se escreveu sobre o professor Candido e sua obra, gostaria de trazer à baila alguns aspectos que podem parecer apenas anedóticos, mas não o são, porque revelam detalhes estruturadores da sua vida e da sua trajetória intelectual.

---

[1] Flávio Aguiar (org.), *Antonio Candido: pensamento e militância* (São Paulo, Humanitas/Fundação Perseu Abramo, 1999).

[2] Décio de Almeida Prado, "O *Clima* de uma época", em *Antonio Candido: pensamento e militância*, cit., p. 25-43; e Octavio Ianni, "Nação e narração", em *Antonio Candido: pensamento e militância*, cit., p. 71-81.

O ensaio de Décio de Almeida Prado é, na verdade, a reprodução do texto que ele leu – com adendos e comentários – na primeira sessão da homenagem aos oitenta anos de Antonio Candido. Logo no começo, ao rememorar as amizades de juventude que o acompanharam ao longo da(s) vida(s), o professor Décio evoca uma frase dita por D'Artagnan ao morrer no romance de Alexandre Dumas, pai: "Athos, Porthos, até já; Aramis, até sempre". Antecede ela outra frase de D'Artagnan, também citada pelo professor Décio, e que está na epígrafe deste ensaio.

A menção às frases tem algo de enigmática. O professor Décio justifica ambas (a da epígrafe é uma citação de uma citação, feita pelo professor Candido em seu primeiro artigo para a *Clima*) dizendo que o "gascão ficcional" era um dos heróis da meninice do amigo e também da dele. Mas a elucidação completa de seu significado não está no ensaio escrito, mas sim num comentário lateral que o professor Décio deixou escapar, ao lado da confissão de que, naquele momento, estava quebrando um juramento antigo feito por quatro amigos: ele, o professor Antonio Candido, mais os professores Paulo Emílio Salles Gomes e Lourival Gomes Machado, que eram, por assim dizer, parte do "núcleo duro" da *Clima*, motivo da sua exposição. O juramento era o de que eles, os quatro, jamais falariam uns sobre os outros. Mas, diz o professor Décio, o tempo decorrido e a evocação da famosa revista justificariam a quebra daquele pacto.

O comentário lateral era o de que aqueles quatro amigos se apelidaram uns aos outros com os nomes dos célebres mosqueteiros de Dumas. O professor Candido era o D'Artagnan do grupo. Não tenho lembrança firme, mas o professor Paulo Emílio de Salles Gomes, o mais imediatamente político dos quatro, seria Aramis. De modo menos seguro, afirmaria que o professor Gomes Machado seria Athos e ele, professor Décio, Porthos.

Fico em dúvida sobre a raiz do apelido e da identificação. Entre os mosqueteiros, D'Artagnan é o único que não o é, pelo menos logo de início. Mas ao mesmo tempo, dos quatro, ele é o mais desbravador, além de misturar sutileza com ousadia. Como lembrou, aliás, Carlos Drummond de Andrade no poema que lhe dedicou em *Esboço de figura*, livro em homenagem aos sessenta anos do professor e crítico:

Arguto, sutil Antonio,
A captar nos livros
A inteligência e o sentimento das aventuras do espírito,
Ao mesmo tempo em que, no dia brasileiro,
Desdenha provar os frutos da árvore da opressão,
E, fugindo do séquito dos poderosos do mundo,
Acusa a transfiguração do homem em servil objeto do homem.

Na verdade, todos os colaboradores de *Clima* eram desbravadores.

No ensaio do professor Décio, que, pelo menos no mundo acadêmico, era o "companheiro de caminho" mais antigo de Antonio Candido, encontramos esta

ANTONIO CANDIDO

frase definidora: "A meu ver, nada compreenderemos sobre *Clima* sem levar em consideração que o Brasil era ainda muito amadorístico, se comparado ao Brasil atual [de 1998, quando da apresentação do texto], profissionalizado ou em via de profissionalização"[3].

A frase tem um referencial imediato, que é o "clima" de improvisação que reinava na revista. Os membros da equipe eram factótuns: escreviam os textos, revisavam-nos, levavam os originais à gráfica, corrigiam as provas, colhiam os exemplares para levá-los ao correio, às livrarias e às bancas de jornal. Como diz o autor, eles eram ao mesmo tempo "patrões e empregados de si mesmos"[4], além de "abnegados". Ou seja, tudo muito diferente e menos especializado do que na mais amadorística publicação de hoje em dia, impressa ou virtual.

Mas o texto do professor Décio permite uma leitura mais abrangente, relativa ao contexto intelectual como um todo. Porque, diz ele, "nosso traço mais distintivo, no entanto, estava na ideia, bem universitária, de especialização, de divisão do conhecimento em várias áreas, para aprofundá-lo tanto quanto possível. Tendíamos a ser monógrafos, em substituição aos polígrafos que nos antecederam"[5].

Essa visão de conjunto é confirmada e ampliada por uma afirmação da professora Walnice Nogueira Galvão em seu ensaio "Vida, obra e militância" na mesma obra citada:

> Tendo estreado como crítico literário na legendária revista *Clima*, em 1941, aos 23 anos, tornou-se parte de uma esplêndida constelação que marcaria duradouramente o panorama cultural do país. Foi lá que se definiram quanto à vocação não só ele como vários companheiros de toda a vida, como Paulo Emílio Salles Gomes no cinema, Décio de Almeida Prado no teatro, Lourival Gomes Machado nas artes plásticas, Ruy Coelho na antropologia, Gilda de Moraes Rocha – com quem viria a se casar – na estética.[6]

Retomando a visão do professor Décio, pode-se ir mais adiante na leitura ampliada da frase do professor e colega, vendo aí o impacto da formação universitária propriamente dita no pensamento de Antonio Candido e de sua geração, em contraste não apenas com o modo impressionista que vicejara até ali na crítica de jornal, mas também com a geração dos grandes ensaístas precedentes, muitos deles de formação autodidata nos seus campos de abordagem, como Euclides da Cunha, Manuel Bonfim, Silvio Romero, José Veríssimo e tantos outros de grande qualidade.

---

[3] Décio de Almeida Prado, "O *Clima* de uma época", cit., p. 27-8.

[4] Ibidem, p. 28.

[5] Ibidem, p. 29.

[6] Walnice Nogueira Galvão, "Vida, obra e militância", em *Antonio Candido: pensamento e militância*, cit., p. 46.

Isso implicava certo rigor de comportamento, pois, como diz o professor Décio, eles haviam herdado da então jovem Faculdade da também jovem Universidade de São Paulo (USP) "menos um saber acabado – e este nunca o é – do que uma técnica de pensar e produzir"[7]. As balizas dessa técnica eram a busca de fontes primárias e o que ele chamou de "raciocínio cerrado", sem "excessos" nas fantasias ou interpretações mera ou prematuramente pessoais.

O modo de pensar o Brasil, sua literatura, suas artes, os livros que nossa intelectualidade lia, bem como as imagens do Brasil daí decorrentes, é inseparável, portanto, dessas "técnicas universitárias", apanágio de uma geração. Munida de tais réguas e compassos, segundo o professor Décio, essa geração se dedicou a criar ou estabelecer um apoio no campo da crítica, ao que a antecedente Semana de Arte Moderna de 1922 deflagrara no Brasil. A Semana de 22 tivera seu epicentro na literatura, com repercussões imediatas nas artes plásticas e na música. A geração *Clima*, entre outras coisas, dedicou-se a ampliar, por meio do pensamento crítico, a repercussão dos princípios da Semana para outras áreas, como o cinema ou o teatro, ou a consolidá-la naqueles campos seminais de tradição mais avantajada ou, pelo menos, menos rarefeita.

Em tais campos de tradição mais sólida, assinala o professor Décio, o desafio era maior, porque havia neles críticos de peso, como os já citados – no caso da literatura – Silvio Romero, José Veríssimo (até Machado de Assis, é bom lembrar), Tristão de Ataíde, Álvaro Lins, Augusto Meyer, entre outros.

No seu ensaio, vê-se que, além das qualidades de crítico de Antonio Candido, a chave para o "sucesso" de *Clima* nessa área também se deveu ao fato de a "seção especializada" ter colocado no centro de seu foco as conquistas do modernismo, ou dos modernismos brasileiros, para ser mais exato. Décio situa dois "modernismos" naquela época: o primeiro, com epicentro em São Paulo e na Semana de 22; o segundo, o do "romance social", com epicentro no Nordeste (então ainda chamado de Norte), tendo "como protagonista o povo"[8], "personagem ausente no ciclo paulista, a não ser em concepções míticas, a exemplo de *Cobra Norato*".

Candido deu mais um passo decisivo. Ainda segundo o professor Décio, ele

aceitava a produção nacional como um fato que se coloca entre nós, merecendo ser examinado como tal, sem esconder de todo o anseio por uma literatura mais forte e empenhada, que subisse às alturas, ou então que descesse sem medo ao grotesco, ao ilógico, categorias que, segundo ele, possuíam também velhas tradições. A mediania de propósitos é que não o entusiasmava.[9]

---

[7]   Décio de Almeida Prado, "O *Clima* de uma época", cit., p. 29.

[8]   Ibidem, p. 34.

[9]   Ibidem, p. 35.

ANTONIO CANDIDO

Segundo Décio, pode-se ler aí o entusiasmo que Candido terá em relação ao romantismo alemão; pode-se acrescentar também, entre outras coisas, o entusiasmo crítico com que lerá, por exemplo, *O conde de Monte Cristo*.

Uma das características decorrentes dessa combinação entre especialização e comparação como métodos de leitura e exercício crítico será a tendência a valorizar a especificidade estética das obras em apreço. "Nacional" e "visão do contexto" deixam de ser valores para ajuizar uma obra literária, sem que desapareçam de vista como referências, declinando diante, por exemplo, de "coerência interna" e "transformação de fatores externos em internos" da obra literária. Outra consequência dessa visão foi a valorização do trabalho crítico com as obras, ao lado da formação e do exercício teóricos.

À parte isso, nessa combinação de leituras observam-se já dois pilares de seu pensamento posterior: ver o Brasil por meio de sua literatura como um projeto ou processo em transformação e vê-lo também como o epicentro de um diálogo intercultural – não despido de confrontos ou tensões –, seja com as fontes originais de suas raízes europeias e outras, seja com a sua contemporaneidade.

Nascido em 1918, o futuro professor Antonio Candido teve de início uma formação desenvolvida em casa, coisa comum na época em famílias abastadas ou remediadas, como se costumava dizer, e esse era o seu caso. Essa formação foi solidamente amparada por uma excelente biblioteca doméstica em Poços de Caldas (MG), onde residiu durante a infância e a primeira juventude. Graças aos trabalhos e pesquisas de seu pai médico, foi ainda bastante jovem passar uma temporada na França. Mudando-se para São Paulo, ingressou no curso de direito, que não concluiu, e na recém-criada Faculdade de Filosofia, Ciências e Letras da também recém-criada USP, no curso de ciências sociais, que concluiria e seria seu portal de entrada na vida acadêmica, como professor. Foi professor de sociologia até 1958, quando "bandeou-se" de vez para os estudos literários, ingressando na Faculdade Estadual de Filosofia de Assis, hoje pertencente à Unesp. Na sociologia, foi assistente do professor Fernando de Azevedo. No anedotário particular, o mestre Fernando o teria aconselhado a não deixar a Sociologia, alegando que o então jovem Antonio Candido estava casado com essa disciplina, mas "tinha uma bela amante", a literatura, e que a troca poderia não dar certo.

A verdade é que, embora sociólogo, o futuro professor de teoria literária da USP dedicou-se à crítica literária desde sempre, a começar pela seção pertinente na mencionada revista *Clima*. Foi crítico de rodapé do jornal *Folha da Manhã*, cuja atividade lhe valeu o livro *Brigada ligeira*, publicado em 1945 e no qual faz um balanço da produção literária nacional de 1943 e arredores. Ainda no campo jornalístico, foi o idealizador do "Suplemento Literário" do jornal *O Estado de S. Paulo*, uma das publicações mais famosas no gênero, em todo o Brasil, cuja direção coube, por indicação sua, ao amigo e companheiro Décio de Almeida Prado, até 1968. Depois ainda participou da criação de outras publicações, como a revista *Argumento*, fechada pela ditadura militar. A vida jornalística certamente lhe marcou por meio de um ideal de clareza na escrita, sempre limpa de jargões demasiadamente especializados ou códigos de confrarias metodológicas, embora o rigor do método fosse sempre uma das balizas de seus estudos – tanto os acadêmicos quanto os jornalísticos.

Outra fonte da clareza em seus textos se encontra certamente na leitura das obras da geração antecedente de ensaístas, alguns dos quais viriam a ser colegas de percurso, como foi o caso de Sérgio Buarque de Holanda, autor de *Raízes do Brasil*, publicado em 1936. Outra obra de fôlego – mas que também pertence ao campo do ensaio – a lhe marcar a formação foi *Casa-grande e senzala*, de Gilberto Freyre, de 1933. Nesse mesmo ano, Caio Prado Júnior publicava *Evolução política do Brasil* e, nove anos depois, o primeiro volume de uma série que não continuou, *Formação do Brasil contemporâneo: Colônia*, em que brilhava a palavra mágica que estaria no título da obra mais famosa de Antonio Candido: *Formação da literatura brasileira: momentos decisivos*, publicada em 1959, embora concluída alguns anos antes.

Se o livro *Formação...* consagrou a passagem do ex-professor de sociologia para o campo dos estudos literários, o fato é que, mesmo na carreira acadêmica, ele já bordejara esse campo em que desenvolveria seus principais estudos. Sua tese de livre-docência foi *Introdução ao método crítico de Silvio Romero*, publicada em 1945, em que ressalta a atividade do crítico literário. E a tese de doutorado, *Os parceiros do Rio Bonito: estudo sobre o caipira paulista e a transformação dos seus meios de vida*, publicada em 1964, mas defendida em 1954, partiu, conforme depoimento do próprio autor, "de uma pesquisa sobre poesia popular, como se manifesta no Cururu – dança cantada do caipira paulista".

Em 1943, enquanto Candido militava na crítica literária na *Folha da Manhã*, seu mestre Fernando de Azevedo publicava o monumental estudo *A cultura brasileira*, obra também fundada, como outras acima citadas, no desejo de "interpretar" esse "fenômeno" chamado Brasil. Esse impulso interpretativo animou a perspectiva crítica e mesmo toda a trajetória intelectual de Antonio Candido, tanto nos escritos quanto na sua atividade como professor e orientador de pesquisas e teses. Tão importante foi essa sua última faceta que, é bom lembrar, um sem-número de discípulos e colegas mais jovens se referem a ele ou mesmo o chamam nos contatos pessoais simplesmente de "o professor".

Se tal marca está presente em toda a sua obra, ela é evidentemente a "cicatriz de nascença" da sua também monumental *Formação da literatura brasileira*. Olhando para o passado antecedente da formação, o crítico (e discípulo de Antonio Candido) Roberto Schwarz aponta que:

> Em seu momento inicial, digamos que a concepção rigorosa do objeto, com lógica interna e delimitação bem argumentada, opunha a *Formação...* aos repertórios e panoramas algo informes que são tradicionais na historiografia li-

ANTONIO CANDIDO

terária. A novidade tinha a ver com o clima intelectual da Universidade de São Paulo dos anos 1940 e 1950, quando houve em algumas áreas da Faculdade de Filosofia um esforço coletivo e memorável de exigência científica e reflexão. Sem prejuízo da pesquisa, os trabalhos deviam ser comandados por *problemas*, a que deviam a relevância.[10]

Invertendo o sentido do olhar, visando ao futuro (em relação a 1959), diz Schwarz:

Como estou querendo sugerir a fecundidade desta linha de trabalho, vamos tomar para contraste o procedimento universitário comum. Neste, os fatos da literatura local são apanhados sem maior disciplina histórica e revistos ou enquadrados pelos pontos de vista prestigiosos do momento, tomados à teoria crítica internacional e a seus pacotes conceituais. O chão social cotidiano e extrauniversitário da elaboração intelectual, pautado por suas contradições específicas, é substituído pelo sistema de categorias elaborado nos programas de pós-graduação, na maior parte norte--americanos, com brechas para franceses, alemães e ingleses. O universalismo infuso da teoria literária, que em parte nem decorre dela, mas da sua adoção acrítica noutras plagas, cancela a construção intelectual da experiência histórica em curso. Desaparecem, ou ficam em plano irrelevante, o juízo *crítico* propriamente dito e o processo efetivo de acumulação literária e social a que as obras responderam.[11]

Retomando as palavras-chave desse parágrafo de Roberto Schwarz, em sentido inverso, encontramos: "juízo crítico", "experiência histórica", "elaboração intelectual", "chão social cotidiano", "disciplina histórica", "linha de trabalho". São traços delineadores de uma perspectiva que acompanhou a trajetória intelectual de Antonio Candido *desde sempre*, segundo podemos inferir do depoimento do colega e amigo Décio de Almeida Prado. A junção desses elementos numa perspectiva metodicamente construída é que definiu, desde logo, a ousadia da crítica de Antonio Candido. Em outras palavras, ele teve a coragem de buscar, baseando-se nas suas leituras dentro dos estudos literários e fora deles, a construção de uma metodologia própria de trabalho, que fosse adequada ao seu objeto de estudo, em vez de copiar alguma já pronta e procurar adaptar a leitura daquele a esta. No cenário brasileiro de então, essa foi a sua proeza – uma pirueta digna, de fato, das esgrimas de D'Artagnan no plano ficcional.

O aspecto fundante dessa atividade – apontado por Roberto no seu ensaio – é o juízo. Há portanto uma operação do gosto, da valoração, mas com fundamento do processo analítico da especificidade do literário. E dentro dessa especificidade examina-se, para começar, a de cada texto em si considerado. Por isso, embora tenha

---

[10]   Roberto Schwarz, "Os sete fôlegos de um livro", em *Antonio Candido: pensamento e militância*, cit., p. 85.

[11]   Ibidem, p. 84.

o peso de um tratado, a *Formação*... nunca abandonou a marca do ensaio. Ela pode ser vista, mesmo em seus aspectos teóricos, como uma coleção de ensaios com valor próprio, mas emoldurados por uma metodologia de trabalho e um objetivo único, a saber, o de analisar como cada um deles se relaciona com o propósito maior e comum do conjunto e dos períodos em tela, do albor – ainda que um tanto vago e diluído – das letras iluministas, ao fragor, às vezes desequilibrado, do romantismo e de sua passagem ao momento seguinte, o dos "reformadores", das letras e da pátria, ao final do século. Aquele propósito maior e comum era o desejo de construir uma literatura para, no e do Brasil.

A forma do desejo e suas implicações estéticas variaram com o tempo e os momentos literários. Os literatos do século XVIII tinham a intenção comum – embora alguns deles jamais se conhecessem – de mostrar à Ilustração europeia, que bruxuleava em um Portugal às voltas com as reformas pombalinas e depois a reação a elas, que motivos brasileiros eram passíveis de ser considerados literariamente, e assim eles ambientaram, por exemplo, índios e florestas aos prados, rebanhos, pastores e pastoras com seus cajados e seu bucolismo idealizado num continente em que a urbanização se acelerava. Já os românticos transformaram esse impulso numa luta de caráter nacionalista, desejando incrustar no panteão literário do gosto do público a coroa de joias da brasilidade literária. Mas, se as formas do desejo se alteravam, a essência deste permanecia idêntica, dando aos escribas devotados o que a *Formação*... desenha como um *senso de missão*.

Na precariedade das instituições literárias brasileiras de então e na fragilidade do próprio sentimento de brasilidade numa pátria que por vezes parecia muito mais uma colcha de retalhos mal costurada, esse sentido missionário se desdobrava em várias facetas. Destas a principal era a de primeiro plano, isto é, a construção de uma brasilidade literária, fosse ela ao encontro da universalidade literária ou da especificidade local. Mas havia outra, que subjazia no segundo plano, ainda que não menos importante, servindo duplamente de pano de fundo e de moldura ao primeiro, e era o sentimento de que, *ao se fazer a literatura nacional estava também se fundamentando a criação da própria nação no plano da cultura e das atividades do espírito*. Sublinhava essa função segunda a precariedade da vida intelectual como um todo no novo país, onde, durante muito tempo, *pensar a nação foi pensá-la literariamente ou pensá-la a partir da sua prática literária*, como testemunha o caso do próprio Silvio Romero, objeto de estudo de uma das teses do professor do século XX.

Esse jogo de quadros, motivos centrais, panos de fundo e molduras ressoava no próprio momento em que o professor Antonio Candido fundava e fundamentava seus procedimentos críticos. Esse momento – não menos decisivo na vida brasileira – era o do repensar o Brasil, que desde o fim dos anos 1920 até a primeira década depois da Segunda Guerra Mundial deixara de ser um país predominantemente

ANTONIO CANDIDO

agroexportador e passara a ser um país industrializado; de país com uma população predominantemente rural a outro em processo rápido e vertiginoso de urbanização; de país organizado em torno das elites agrárias da política do café com leite a um país com uma elite governante centralizadora e mais ou menos planejadora de *outro futuro* para ele.

É a percepção desse *Brasil em movimento* que será o tema central do ensaio de Octavio Ianni, "Nação e narração", no mesmo livro. "A nação, em seus múltiplos aspectos, pode ser vista como uma longa narrativa"[12], é a abertura do professor Ianni. Depois ele dirá que essa narrativa pode ser visualizada também como uma cartografia, caracterizada pela multiplicidade e dissonância das vozes que compõem o seu espaço, mas igualmente o seu passado, o seu presente e sua projeção de futuros possíveis, como projetos que se chocam ao mesmo tempo em que se complementam. Esse choque de projetos e destinos diferentes e por vezes conflitantes, segundo o professor Ianni, é o movimento profundo que Antonio Candido *lê* na literatura e, *com ela e através dela*, lê no Brasil. Não que aquela literatura seja "reflexo" desse Brasil; ambos os polos são como os polos multipolares e multifacetados desse diálogo "em diferentes entonações". "Sob vários aspectos, uma parte importante dos escritos de Antonio Candido situa-se neste clima: taquigrafar, compreender, explicar e imaginar a formação e a transformação da sociedade brasileira."[13]

Quais são os "vários aspectos"? A lista é longa: "as formas do trabalho e da produção, de dominação e expropriação, luta e expiação, revolta e revolução, de par em par com a reforma e a conciliação, a revolução branca e a democracia racial, a sombra do poder e o homem cordial, a malandragem e a tropicália".

A literatura, assim, é "sistema" e "emblema", ambos conformados por "formação e transformação, polifonia e cacofonia", em que "ressoam algum tipo de diálogo com outros escritos de outras literaturas, contemporâneas ou não"[14]. É desse modelo ou, melhor ainda, dessa forma de pensar que parte a fixação de dois momentos decisivos na formação literária brasileira, o Romantismo, cuja visão ampliada abrange o período de 1836 a 1870, e o modernismo, de 1922 a 1945. São períodos de um autêntico *aggiornamento* na cultura brasileira, marcados, de modos diferenciados, por um "ardor de conhecer o país"[15].

Da leitura de Antonio Candido emerge assim, segundo o professor Ianni,

[...] um Brasil não só original e surpreendente, mas também problemático, contraditório, errático. Aí convivem o local, o regional, o nacional e o cosmopolita, de

---

[12] Octavio Ianni, "Nação e narração", em *Antonio Candido: pensamento e militância*, cit., p. 71.

[13] Ibidem, p. 72.

[14] Ibidem, p. 73.

[15] Essa expressão, citada por Ianni, é de Antonio Candido, no ensaio "Literatura e cultura de 1900 a 1945", de *Literatura e sociedade*.

par com o romântico e o moderno, o eclético e o exótico, o escritor engajado e o brasilianista nativo. Há sempre uma luta pela democracia, de permeio à vigência da oligarquia; sempre uma luta contra a tirania, em busca da cidadania.[16]

Na sua atividade como leitor desse "Brasil literário", Antonio Candido sempre enfatizou, ou pelo menos nunca perdeu de vista, os limites circunscritos de nossa literatura erudita. Como observou em seu livro *A educação pela noite e outros ensaios*[17], durante muito tempo – provavelmente graças à precariedade do alcance de nosso sistema educacional – a maior parte de nossa população viveu à margem dela. Mais recentemente, quando incorporada a formas da cultura velozmente urbanizada do Brasil do pós-guerra e mais ainda a partir do golpe militar de 1964, essa população simplesmente "saltava" por cima dessa literatura, incorporando-se à cultura de massa do rádio, da fonográfica, do cinema e da televisão (saltando também sobre o teatro). Pode ser que realidades novas no campo midiático, como a internet, estejam mudando esse panorama, pelo menos no que se refere à prática estética com a palavra escrita, mas isso é ainda um passo a descortinar, como bem demonstra a atual conjuntura brasileira no ano em que este ensaio foi escrito.

Diz ainda o professor Ianni:

> Aos poucos, no vaivém das narrativas constituídas pelos escritos, desenha-se uma ampla narrativa articulada, uma visão clara e matizada de aspectos marcantes da formação sociocultural do Brasil, atravessando a Colônia, a Monarquia e a República. São épocas e rupturas, compreendendo controvérsias e perspectivas, que se abrem quando a literatura é vista como forma de expressar, exorcizar, decantar ou fabular o que são ou o que parecem ser as formas de sociabilidade e as tramas das forças sociais; ou os modos de ser, agir, sentir, pensar, imaginar, encantar e desencantar, com os quais se tecem as diferentes versões do que pode ser a realidade e o imaginário, a utopia e a nostalgia.[18]

Àqueles momentos identificados pelo professor Ianni seria necessário acrescentar a especificidade do momento de ruptura vivido a partir do golpe militar de 1964, a longa ditadura que se seguiu e o esvaziamento (mais do que a queda) desta, dando lugar a essa agitada Nova República em que ora vivemos.

Curiosamente, ao lado de evidentes ligações com os tempos ditatoriais num título como *A educação pela noite e outros ensaios*, de 1987, podemos ver essa ligação num ensaio de 1982, publicado na revista *Novos Estudos* do Cebrap, sobre a passagem de Sérgio Buarque de Holanda por Berlim e a gestação, na capital alemã, do *Raízes do Brasil*, livro que Candido considera fundamental para conhecer o país.

---

[16]   Octavio Ianni, "Nação e narração", em *Antonio Candido: pensamento e militância*, cit., p. 80.

[17]   Antonio Candido, *A educação pela noite e outros ensaios* (São Paulo, Ática, 1987).

[18]   Octavio Ianni, "Nação e narração", em *Antonio Candido: pensamento e militância*, cit., p. 82.

Nesse ensaio, Candido identifica a postura progressista e aberta de Sérgio, e como ela literalmente *atravessa* a maré então montante e avassaladora do nazifascismo europeu, mas também em escala mundial, inclusive em nossa terra. Mostra também como Sérgio se abeberou da práxis intelectual alemã, até a das suas generalizações tipificadoras, que poderiam tanto confundir como esclarecer a observação. Em duas passagens, cristalizou a sua "visão da visão" de Sérgio, com palavras que poderiam, *mutatis mutandis*, espelhar a sua própria condição e de sua obra nesse duplo decênio ditatorial da vida brasileira:

> Sérgio respirou neste ambiente e conheceu alguns dos seus aspectos negativos, inclusive a duvidosa caracteriologia de Ludwig Klages. Mas a retidão do seu espírito, a jovem cultura já sólida e os instintos políticos corretamente orientados levaram-no a algo surpreendente: desse caldo cultural que podia ir de conservador a reacionário, de místico a apocalíptico, tirou elementos para uma fórmula pessoal de interpretação progressista do seu país, combinando de maneira exemplar a interpretação desmistificadora do passado com o senso democrático do presente. A "empatia", o entendimento global que descarta o pormenor vivo, a "visão orgânica", a confiança em certa mística dos "tipos", tudo isso foi despojado por ele de qualquer traço de irracionalidade, moído pela sua maneira peculiar, e desaguou numa interpretação aberta, extremamente crítica e radical.

Depois:

> Fascinados pela brilhante análise tipológica dos capítulos precedentes, os leitores nem sempre perceberam direito uma singularidade do livro [*Raízes do Brasil*]: era o único "retrato do Brasil" que terminava de maneira premeditada por uma posição política radical em face do presente. De fato, o livro é ao mesmo tempo uma análise do passado (que pegou mais) e uma proposta revolucionária de transformação do presente (que pegou menos).
> Ora a articulação de ambos os momentos é essencial e constitui a motivação de toda a obra [...].[19]

É claro que observações como "jovem cultura", ou a moldura intelectual da Alemanha pós-crise de 29 (embora esta fosse também importante para a formação do jovem intelectual, o Antonio Candido dos anos 1930), não caberiam para a descrição da circunstância do já calejado crítico literário dos tempos ditatoriais no Brasil entre 1964 e 1985. Mas o restante da vivência dentro de um caldo de cultura reacionário, inclusive dentro das universidades expurgadas de "elementos subversivos" à "posição política radical em face do presente", cabe de fato e de direito.

---

[19] Antonio Candido, "Sérgio em Berlim e depois", *Novos Estudos do Cebrap*, n. 3, p. 7-8.

Nas últimas décadas, Antonio Candido ajudou decisivamente a consolidar uma visão de nossa literatura – e, portanto, com ela, do próprio Brasil, como parte da América Latina. Ele já assinalara, desde sempre, nossa pertença *latina* como herdeiros que somos desse legado europeu. Porém, a partir de seu encontro com o crítico uruguaio Angel Rama, em 1960, ambos passaram a visualizar uma visão unitária para os processos literários da América Latina, baseada nos grandes projetos e processos de "modernização" social e cultural do continente: mais ou menos o que se define a partir de 1870, depois a partir dos anos 1920 e da crise de 1929, e no período posterior à Segunda Guerra Mundial. À ideia dos influxos de culturas originais – a matriz europeia miscigenada às raízes africanas e indígenas – ajuntou-se a de uma autêntica fratria literária, numa América Latina vista não como um passado comum a manter e a recuperar, mas como um projeto cultural a construir, vislumbrado na(s) sua(s) literatura(s).

Dessa forma, ao lado do descortinar e do escrutinar suas raízes e seus espaços presentes por meio da leitura literária, Antonio Candido ajudou a aprestar a nossa literatura e a nossa crítica para novos voos além-fronteiras.

CELSO FURTADO[*]

Carlos Mallorquín

Na América Latina se produziram ideias sobre o desenvolvimento econômico que ganharam o mundo. O próprio Raúl Prebisch, um dos primeiros a dirigir a Comissão Econômica para a América Latina e o Caribe (Cepal), dedicou seus últimos anos a pensar e a produzir sobre a inevitável necessidade de "renovar o pensamento latino-americano". Tarefa incomensurável e, talvez, interminável que supõe, entre outros elementos e estratégias, uma reconstrução histórica da vida de um dos mais importantes baluartes e impulsionadores dessa ideia: Celso Furtado. A pertinência e a importância desse projeto em relação àquele que se denomina "economia do desenvolvimento" são cada vez mais urgentes ante os problemas econômicos e sociais que herdamos das políticas neoliberais. O discurso neoliberal, a partir de sua perspectiva muito específica, realiza incessantemente uma tarefa de reconstrução histórica e conceitual da "economia do desenvolvimento" e seu respectivo "regime de verdade"[1].

É preciso considerar ainda que um grupo de teóricos importantes das ciências sociais das universidades europeias e estadunidenses tem iniciado uma reconceitualização das ciências sociais, em particular na economia e na sociologia, fazendo tábula rasa do seu divórcio irreconciliável para aterrissar em algo tipificado como a socioeconomia ou economia institucional[2], estratégia teórica furtadiana por exce-

---

[*] Tradução de Sofia Manzano. (N. E.)

[1] Por exemplo, com exceção talvez de Hla Myint – e do próprio Furtado –, pode-se claramente perceber essa perspectiva nos ensaios incluídos em Gerard M. Meier (org.), *Pioneers in Development* (segunda série, Nova York, Oxford University Press, 1987); ver também: Deepak Lal, *The Poverty of Development Economics* (Londres, The Institute of Economics Affairs, 1983).

[2] Amitai Etizioni e Paulo R. Lawrence (orgs.), *Socio-economics: Towards a New Synthesis* (Armonk, M. E. Sharpe, 1989); Richard Swedberg, *Economics and Sociology, Redefining their Boundaries: Conversation with Economists and Sociologists* (New Jersey, Princeton University Press,

288 INTÉRPRETES DO BRASIL

lência que pode ser encontrada já nos seus primeiros trabalhos. É no interior desse esquema conceitual que se localiza a intransigência do pensamento estruturalista de Furtado ao longo de muitas décadas e, portanto, sua atualidade. Sem converter suas ideias em doutrinas, uma tarefa de reflexão e reconstrução teórica poderia reivindicar a superação das categorias em questão – no sentido hegeliano, ou seja, sua incorporação-transformação em novos esquemas conceituais para a análise social. As notas a seguir têm o objetivo de iniciar uma discussão dessa natureza e oferecer um guia para o debate ante o inexplicável desconhecimento de suas ideias. Tentamos localizar historicamente as diversas atividades e textos de Furtado e ressaltamos as épocas que consideramos as mais importantes na vida intelectual dele[3].

Com Furtado, é impossível deixar de sublinhar a imagem de um intelectual latino-americano comprometido com a ideia de transformar as relações sociais dos países da periferia.

Atahualpa Rodríguez[4] diferencia três classes de intelectuais no pós-guerra: os denominados latino-americanos e críticos, os apendiculares e os tecnocratas. Podemos dizer que Furtado pertence ao primeiro tipo, que problematiza o objeto do conhecimento direcionado à América Latina. No que se refere à atuação e à perspectiva política de Furtado, ele também se desvincula de suas origens de "classe média". Segundo Rodríguez, o intelectual crítico rompe simultaneamente com esquemas ou paradigmas de investigação e com a defesa de seus interesses de classe.

De fato, Furtado relatou que na década de 1940 ele se considerava parte de uma *intelligentsia* à maneira de Mannheim:

> Das minhas leituras de Mannheim, retive a ideia do papel social da *intelligentsia* particularmente nas épocas de crise. Imaginava-me acima das condições criadas pela minha inserção social e estava convencido de que o desafio consistia em instilar um propósito social no uso dessa liberdade.[5]

A premissa principal da tese de Rodríguez cabe perfeitamente a Furtado: um intelectual latino-americano que utiliza um "marco conceitual histórico de dimensão regional"[6]. Ainda segundo Rodríguez, é dessa forma que se configura um pensa-

---

1990); *Economics and Institutions: A Manifesto for a Modern Institutional Economics* (Nova York, Polity Press/Basil Blackwell, 1988).

[3] Para uma análise detalhada da obra intelectual de Celso Furtado, ver Carlos Mallorquín, *La idea del subdesarrollo: el pensamiento de Celso Furtado*, tese de doutorado, Cidade do México, Unam, 1993.

[4] Atahualpa Rodríguez, "Los científicos sociales latinoamericanos como nuevo grupo de intelectuales", *El Trimestre Económico*, Cidade do México, FCE, n. 198, 1983.

[5] Celso Furtado, *La fantasía organizada* (Buenos Aires, Eudeba, 1988, 1. ed. port. em 1985), p. 17. Citada a seguir como *La fantasía... 1985*.

[6] Atahualpa Rodríguez, "Los científicos sociales latinoamericanos como nuevo grupo de intelectuales", cit., p. 954.

CELSO FURTADO

mento latino-americano e de orientação progressista, referindo-se, em particular, à Cepal. Os outros tipos de intelectuais só atuam na aplicação do saber que vem do exterior, considerado de validade universal.

Passemos, então, a uma rápida exposição e exploração biográfica de Furtado, tanto "curricular" como de suas publicações mais conhecidas[7].

Celso Furtado nasceu em 26 de julho de 1920, em Pombal (PB). Filho de uma família "bem acomodada" – seu pai tinha uma ampla trajetória de serviços na administração pública brasileira –, ele pertenceu à "classe média", no sentido político e social do termo. Licenciou-se em direito[8] na Universidade do Brasil, no Rio de Janeiro (1944). Em *Adventures of a... 1973* menciona que, quando iniciou seus estudos na Universidade do Brasil, "apenas começavam a ensinar as ciências sociais. [...] Não se ministrava economia e no terceiro ano mudei do Direito para Administração, onde me interessei gradualmente pelos problemas de organização"[9]. Em seu livro *La fantasía... 1985*, descreve sua formação da seguinte maneira: "segundo as regras da época, minha formação em economia era de um autodidata, [...] e apoiado em minha formação jurídica e em estudos especializados de organização e finanças públicas"[10].

Durante a Segunda Guerra Mundial, como integrante reservista das Forças Expedicionárias Brasileiras (FEB), Furtado passou pela Itália e Paris. Em 1946, quando estava na Cidade Luz e desejoso de percorrer a Europa "devastada", foi convencido por Maurice Byé a realizar um estudo sobre a economia do Brasil. Assim, inscreveu-se no mesmo ano para fazer o doutorado em Economia na Universidade de Paris.

A tese de doutorado *L'économie coloniale brésilienne (XVIe et XVIIe siècles): eléments d'histoire économique appliqués*, de 1948, traz como pressuposto analítico

---

[7]   Para uma lista bibliográfica exaustiva de Furtado, ver Carlos Mallorquín, *La idea del subdesarrollo: el pensamiento de Celso Furtado*, cit.; e/ou José Besa, *Escritos de Celso Furtado, 1948-1987* (Santiago, Biblioteca de la Cepal, n. de documento LC/R.667, maio 1988); e *Cahiers du Brésil Contemporain*, Paris, n. 33-34, ago. 1998.

[8]   Segundo as fontes anglo-saxãs, Furtado estudou economia. Ver M. Blaug (org.), *Who is Who in Economics* (Cambridge, Cambridge University, 1986), p. 295-6; A. Gaster (org.) *The International Authors and Writers Who's Who* (Cambridge, International Biographical Center, 1977), p. 346; E. Kay (org.), *Dictionary of International Biography* (Londres, Melrose Press Limited, 1971); de acordo com James M. Ethridge e Barbara Kapala (org.), *Contemporary Authors* (Michigan, Gale Research Company, 1967), v. 17-18, p. 168, termina com o grau de mestre em 1944. De fato, a grande maioria das universidades latino-americanas não tinha economia em seus currículos. Consulte também o Prólogo de José Consuegra, em Celso Furtado, *Obras escogidas* (Plaza & James, 1982). Sobre a descrição das universidades latino-americanas e o surgimento e a estrutura da carreira de economia, ver O. Sunkel, "Institucionalistas y Estruturalistas", *Revista de la Cepal*, Santiago do Chile, n. 38, 1989.

[9]   Celso Furtado, *Adventures of a... 1973*, cit., p. 32.

[10]   Idem, *La fantasía... 1985*, cit., p. 15.

a inserção do Brasil no comércio internacional. O tema privilegiado na tese – a economia colonial brasileira – foi o período dominado pela produção de açúcar; Maurice Byé sugeriu um estudo comparativo com a economia antilhana, em que o açúcar e a mão de obra escrava haviam destruído a pequena propriedade.

Em 1946, antes de ter realizado seus estudos de doutorado, Furtado recebeu o prêmio Franklin D. Roosevelt do Instituto Brasil-Estados Unidos por um ensaio sobre a democracia[11]. Podemos dizer que, até o golpe militar de 1964, sua carreira militar e profissional não sofreu nenhum contratempo, e as tentativas de impedi-lo de ocupar cargos ou demonstrar seu desempenho nunca frutificaram[12]. No entanto, vale a pena assinalar que aos trinta anos Furtado ainda pensava que sua vocação era "escrever obras de ficção"[13].

Fazer uma síntese de sua carreira burocrática/profissional e política é bastante complicado, pois ela é muito vasta. Por isso, procuraremos detalhar, com a maior fidelidade possível, os momentos históricos e os textos mais importantes a partir de 1950.

Com 23 anos, Furtado ingressou na carreira pública brasileira e deu continuidade à tradição familiar[14]. Três anos mais tarde, em 1946, foi publicado seu primeiro livro, *De Nápoles a Paris: contos da vida expedicionária*[15], um texto de ensaios jornalísticos sobre sua experiência na guerra. Essa obra tem pouca relação com suas futuras publicações; a dedicatória, "As Italianas", diz assim:

> Em toda solidão humana que foi o torvelinho da guerra, o brasileiro não esteve só. Acompanhou-o sempre, gentil e ternamente, a mulher italiana. Nos corações marcados pela solidão antiga, na surpresa de um encontro, viu surgir para a vida uma esposa, uma irmã, uma filha e até uma mãe.
> Distante dessa terra encantada que Mariucha amou sem conhecer, no regresso vazio de um agradecimento póstumo, eu lhes envio, às italianas ternas e gentis, minhas recordações e minhas saudações.[16]

---

[11] Ibidem, p. 15-6.

[12] Ver as anedotas em *La fantasía... 1985*, cit., p. 44-7; e *A fantasia desfeita* (Rio de Janeiro, Paz e Terra, 1989, terceira parte). Citada, a seguir, como *A fantasia desfeita... 1989*.

[13] Idem, *Adventures of a... 1973*, cit., p. 30.

[14] Dessa época, datam os artigos de Furtado sobre a administração pública sobre os Estados Unidos. Em um deles, descreve o funcionamento e a estrutura da Comissão encarregada de implementar um sistema de méritos para os cargos na administração pública ("A estrutura da Comissão do Serviço Civil dos Estados Unidos", *Revista do Serviço Público*, Brasil, ano 8, v. 1, n. 2, fev. 1944); em outro, expõe o organograma da carreira do pessoal do governo federal; "Notas sobre a administração de pessoal do Governo Federal Americano", *Revista do Serviço Público*, ano VII, v. III, n. 1, jul. 1944.

[15] Idem, *De Nápoles a Paris: contos da vida expedicionária* (Rio de Janeiro, Zelio Valdeverde, 1946).

[16] Idem.

CELSO FURTADO

A partir de 1950, quando publicou seu primeiro artigo sobre economia do Brasil, "Características gerais da economia brasileira"[17], nunca mais surgiu a escrita imaginativa fora do âmbito da economia. Esse artigo ainda continha grande parte das noções da economia convencional ortodoxa[18], mas já incluía alguns novos conceitos de Prebisch sobre a deterioração dos termos de troca entre os países subdesenvolvidos e os industriais. Logo a seguir, em seu primeiro livro, *A economia... 1954*[19], elabora a tese sobre a socialização das perdas, cujo conteúdo se torna acessível e explica a transformação estrutural e industrializante da economia brasileira, sem prejuízo algum para os setores produtivos em questão.

A Cepal foi fundada em 1947 por um período experimental de três anos. Apenas um ano depois, Furtado conseguiu um posto nos escritórios do Chile; sua carreira de funcionário internacional durou quase oito anos (1948-1957) e foi um de seus períodos mais produtivos em termos de publicações. E, por isso, os funcionários da Cepal puderam contar com grande ajuda dele. Diante das responsabilidades assumidas por Furtado e sua crescente importância na Cepal, induziram Raúl Prebisch a tentar promovê-lo para as funções executivas, mas teve grandes dificuldades para obter sua reclassificação devido à sua idade. Furtado estava, então, com trinta anos. Finalmente Prebisch alcançou seu objetivo de criar a Divisão de Desenvolvimento Econômico e nomeou Furtado como diretor.

Além das tarefas internas, como sua participação na elaboração do *Economic Survey of Latin America*[20], em que foi o redator da seção sobre a indústria latino-americana[21], Furtado traduziu para o português o famoso "manifesto" latino-ame-

---

[17] Idem, "Características gerais da economia brasileira", *Revista Brasileira de Economia*, Rio de Janeiro, mar. 1950.

[18] Por exemplo, em "Características gerais da economia brasileira", Furtado assumia que um dos limites do desenvolvimento do núcleo industrial podia ser explicado pela "ausência de um vigoroso espírito empresarial" (ibidem, p. 23), para depois passar a argumentar que a cartelização dos produtores com o apoio estatal dificultava solucionar a estagnação econômica, porque criava uma situação "antieconômica", isso porque "o desenvolvimento normal" da "economia de livre empresa" utilizava "as crises como instrumento de saneamento" (idem); todo esse arcabouço será sistematicamente subvertido tanto em *A economia... 1954* como em *Formación económica... 1959*.

[19] Idem. No entanto, cabe mencionar que o *lapsus* sofrido por Furtado na nota 2 da p. 207 de "Underdevelopment to Conform or Reform", *Pioneers in Development*, cit., pode confundir o leitor desatento, porque ali se diz: "[...] este artigo, mais tarde, foi discutido em *Formação econômica do Brasil*", e, como veremos a seguir, quando analisarmos os antecedentes e conteúdos desse livro, percebemos que este, em sua maior parte, aparecia em *A economia... 1954*.

[20] Celso Furtado, *Economic Survey of Latin America* (Nova York, United Nation Lake Surces, 1949).

[21] Ver idem, *La fantasía... 1985*, cit., p. 49-50; e *Pioneers in Development*, cit., p. 208. Aqui, Furtado escreve um resumo de sua vida como economista: "Underdevelopment: to Conform or Reform". Por outro lado, Antonio José Avelas Nunes sustenta que Furtado foi o redator do "capítulo referente ao Brasil", consulte p. 127, em nota número 26 em *Industrialización y desarrollo* (Cidade do México, FCE, 1990).

ricano *El desarrollo económico de América Latina y sus principales problemas*, escrito por Prebisch. Mais tarde, em 1953, dirigiu e elaborou partes do *Estúdio preliminar sobre la técnica de programación del desarrollo económico*[22]. Furtado também inicia a publicação de uma série de artigos na *Revista Brasileira de Economia*[23], que serão incluídos mais tarde em *A economia...1954*. Nesse mesmo ano, ele foi o primeiro presidente da sociedade civil (Clube de Economistas) e formulou a nova *Revista Brasileira de Economia*. Por meio dessa revista, Furtado tentava promover ideias independentes da linha que predominava nas publicações da Fundação Getúlio Vargas, que nesse momento estava sobre o controle da ortodoxia econômica de Eugênio Gudin e Octavio Bulhões.

O mais reconhecido desses ensaios publicados na *Revista Brasileira de Economia*, "A formação de capital e o desenvolvimento econômico", de 1952, faz parte da polêmica com Ragnar Nurkse sobre o desenvolvimento que se deu no Brasil.

Fazia quase quatro anos que Furtado tinha iniciado seu trabalho como economista da Cepal, e grande parte da teorização e as primeiras reflexões sobre crescimento e industrialização brasileira que se encontram em *A economia... 1954* são produto desse período. Ele mesmo descreve esse período como algo singular:

> Minha larga experiência de atividade universitária me convenceu de que o que conseguimos na Cepal dos anos 1950 como forma de cooperação intelectual foi fruto de circunstância que raramente ocorre. Por um lado, havia se cristalizado em nós a consciência de que havia uma tarefa apaixonante a realizar, que era libertar a América Latina da dependência intelectual. Por outro lado, o clima de entusiasmo que prevalecia impediu que o espírito de competição inibisse a comunicação dentro do grupo. Como nas épocas em que o ato de criar era assumido como forma superior de convivência humana, identificávamo-nos pessoalmente com a obra que era de todos.[24]

Para explicar o contexto em que se desenvolvem os discursos sobre o desenvolvimento, é fundamental levar em conta a conjuntura brasileira da época. Devemos lembrar que, sem o apoio decidido de Getúlio Vargas à Cepal, ela não poderia ter se constituído, devido à oposição veemente[25] do governo estadunidense. O Brasil

---

[22] Idem, *Estúdio preliminar sobre la técnica de programación del desarrollo económico*, Rio de Janeiro, Naciones Unidas, Comisión Económica para América Latina, 1953, documento E/CN. 12/292.

[23] "La formación del capital y el desarrollo económico", artigo originalmente publicado na *Revista Brasileira de Economia* em 1952, foi consagrado e reconhecido internacionalmente com sua publicação em *International Economic Papers*, n. 4, em 1954, e em *El Trimestre Económico*, em 1953, México. Pode-se encontrar uma versão reelaborada em *La economía del subdesarrollo*, sel. e ed. A. N. Argawala e S. P. Singh (Madri, Tecnos, [1963] 1973).

[24] Em "Introducción" a *El subdesarrollo latinoamericano* (Cidade do México, FCE, 1982), p. 9.

[25] Carlos Mallorquín, *Ideas e historias del pensamiento económico latinoamericano*, cit.

talvez representasse, entre as nações latino-americanas, o país onde se deu de forma mais pura aquilo que se denominou projeto nacional de desenvolvimento. A industrialização sempre foi o principal anseio de Getúlio Vargas. Fica patente, então, a contundente participação do Estado na configuração do processo de desenvolvimento brasileiro.

No Brasil, o discurso em torno do progresso por meio da industrialização foi bastante precoce em relação às demais nações. Com o fim da Segunda Guerra Mundial e o aparecimento da Cepal, engendrou-se uma série de condições para repensar o desenvolvimento nacional. Por outro lado, como já havia sido mencionado em *A economia... 1954*, o Brasil já assumira, no passado, políticas relativamente heterodoxas de defesa da renda nacional. Os anos 1950 personificaram a era da ideologia desenvolvimentista. Essa ideologia corria o mundo e ganhava *impulso* por toda parte, tendo no Brasil um de seus formuladores mais importantes, o Instituto Superior de Estudos Brasileiros (Iseb), uma instância do Ministério da Educação e Cultura, em 1955.

Foi sob essa "ecologia cultural" brasileira que, nos primeiros anos da década de 1950, foram recebidos os renomados teóricos da economia Gunnar Myrdal e Ragnar Nurkse – com os quais, como dissemos, Furtado entabulava uma polêmica na *Revista Brasileira de Economia* – e J. Viner, o terror dos estruturalistas.

Apesar das discussões em torno da obra, *A economia... 1954*[26] não foi bem recebida na Cepal. Esse livro criou problemas para Furtado e, como consequência, a Cepal elaborou regras de publicação para os autores que ali trabalhavam ("espírito restritivo", disse Furtado em *La fantasía... 1985*)[27], o que revelou uma mudança no ambiente intelectual na sede em 1955. A causa do desconforto originado pelo texto de Furtado foi porque nele se plasmaram ideias que iam além das teses de Prebisch a favor da industrialização como forma de enfrentar a deterioração que sofrem os termos de troca dos países periféricos em relação aos países industrializados. Em outras palavras, certos conceitos expressados ali subverteram alguns dos princípios da economia convencional e do discurso elaborado por Prebisch.

Entre os anos 1954-1956, os escritos de Furtado, e também de Juan Noyola, iniciaram o desenvolvimento de conceitos que posteriormente irão se configurar em noções que fazem parte do enfoque estruturalista; ou seja, os conceitos que emergiram dali foram além das noções "cíclicas" que até então ainda predominavam nas obras de Prebisch.

Furtado, ainda ancorado nas ideias originais de *A economia... 1954*, publicou, em 1956, extratos desse texto sob o título que, muitos anos depois, se converteu

---

[26] O livro foi dedicado a R. Prebisch.

[27] Celso Furtado, *La fantasía... 1985*, cit., p. 160.

294

em moeda corrente na América Latina: *Uma economia dependente*[28]. Seu conteúdo corresponde às seções dos capítulos 2, 3, 4 e 5 de *A economia... 1954*, que tratam precisamente da industrialização do Brasil a partir de 1930[29].

Outro artigo que foi lançado nesse ano foi uma crítica à perspectiva convencional baseada na concepção marginalista – "A análise marginal e a teoria do subdesenvolvimento"[30]. Esse ensaio completava a análise e a crítica que Furtado vinha elaborando contra as concepções clássicas e neoclássicas em torno da problemática do desenvolvimento, apresentada no primeiro e no sexto capítulos de *A economia... 1954*[31].

Mais tarde, esse livro seria incorporado quase completamente em *Formación económica... 1959* e em *Desarrollo y... 1961*. No que se refere à *Formación económica... 1959*, essa recuperação foi feita com uma série de retoques conceituais. Isso demonstra uma mutação teórica entre um e outro livro: noções como "economia colonial" foram desprezadas e substituídas por "economias subdesenvolvidas" ou "exportadoras". As seções correspondentes à história econômica brasileira – do período colonial até 1950 – foram subsumidas em *Formación económica... 1959*. Sendo assim, podemos dizer que as seções referentes ao período colonial do Brasil integraram sua tese de doutorado:

> Em minha tese, abordei unicamente o período da economia colonial brasileira, cuja característica principal era a plantação de cana-de-açúcar. Um ano depois, publiquei minha primeira análise sobre as mudanças da economia brasileira durante o século XX; este ensaio continha o embrião das ideias que iria desenvolver dez anos mais tarde no meu livro sobre o crescimento econômico do Brasil (*Formação econômica do Brasil*). Foi quando tentava explicar o atraso do Brasil que me deparei com a ideia da especificidade do subdesenvolvimento. [...] A verdade é que, tendo escrito minha tese sobre a economia colonial do Brasil, meu desejo de compreender meu país absorveria muitas das minhas energias intelectuais dos próximos vinte e cinco anos.[32]

Formación económica... 1959 também é um produto teórico posterior a 1950- -1954 e reflete as inquietações de Furtado que seriam desenvolvidas durante sua

---

[28] Idem, *Uma economia dependente* (Rio de Janeiro, Ministério da Educação e Cultura, 1956), citado, a seguir, como *Uma economia... 1956*.

[29] No *Dicionário histórico biográfico brasileiro:1930-1983* (orgs. Israel Beloch e Alzira Alves de Abreu, Rio de Janeiro, Fundação Getúlio Vargas, 1984), é feito um esboço biográfico sobre Furtado nesse sentido e, sobre essa obra, apresenta erros; não existe análise alguma do "período colonial", p. 1415, cit.

[30] Em *El Trimestre Económico* (Cidade do México, FCE, 1956), v. XXIII.

[31] Ver Carlos Mallorquín: "El joven Furtado y el pensamiento económico de su época", *European Review of Latin American and Caribean Studies*, n. 64, jun., 1998.

[32] Celso Furtado, *Adventures of a... 1973*, cit., p. 35.

estadia em Cambridge em 1957 – período no qual ele já tem clareza sobre a ideia de que a especificidade latino-americana requer uma teorização *sui generis* e de que o discurso econômico convencional é impotente para construir um enfoque que compreenda o subdesenvolvimento. Em grandes traços, deve-se compreender não só o que representa a relação entre *A economia... 1954* e *Formación económica... 1959*, mas também que os escritos de Furtado a partir de 1958 se tornaram cada vez mais intransigentes quanto ao discurso econômico e sociológico convencional, o qual ajuda a explicar certos aspectos incompatíveis entre os textos antes mencionados. Além disso, em *Formación económica... 1959*, os dados do texto foram atualizados em relação aos de 1954, ao mesmo tempo que agregava alguns capítulos.

Trata-se de escritos com teorias muito diversas, porque, se em *A economia... 1954* já se encontravam presentes, como dissemos previamente, certas noções nada ortodoxas, em especial quando se refere à interpretação da história econômica moderna, seus capítulos "metodológicos", sobre a teoria do desenvolvimento ou a economia como disciplina que deve analisar o tema do desenvolvimento, aproximam-se do discurso econômico convencional keynesiano e aceitam sem grande problematização a pertinência de tal ciência geral, propondo somente maior envolvimento com a história e redução de generalidades abstratas; mas, por outro lado, esse tipo de crítica revela suas limitações. Essa tensão em *A economia... 1954* se resolve ou se supera em *Desarrollo y... 1961*, que também contém escritos que compreendem quase toda a segunda metade da década de 1950, e os trabalhos realizados nos anos 1957-1958 demonstram claramente um maior distanciamento dos escritos do período anterior.

Mais uma vez as transformações entre um e outro texto se apresentam com novas reconceitualizações quando se trata dos países subdesenvolvidos, mas a maior ruptura que se observa entre os trechos que aparecem em *A economia... 1954*, e são repetidos em *Desarrollo y... 1961*, refere-se à possibilidade de existir uma ciência econômica universal. Assim, no último livro já não se encontra ambiguidade alguma: grande parte do acervo teórico da economia convencional é irrelevante e inoperante para compreender as realidades específicas dos países subdesenvolvidos; inclusive desaparecem do texto alguns parágrafos que mencionavam a existência de uma ciência econômica. De fato, o texto já se compromete como parte de uma teorização estruturalista. No entanto, *Desarrollo y... 1961* representa certa sobrevivência do passado, que para ser desprezada em sua totalidade seria necessário proceder uma reconceitualização global, e não somente cortes em parágrafos e novos conceitos entre as categorias anteriores.

Finalmente devemos tecer algumas palavras a respeito da relação entre *Teoria y... 1967* e *Desarrollo y... 1961*. Possivelmente *Teoría y... 1967* seja um dos textos mais conhecidos de Furtado que traz internamente todos os paradoxos e ambiguidades teóricas de *Desarrollo y... 1961*. Esse trabalho foi realizado deslocando, recortando e reconceitualizando, onde se podia, sem romper com o contexto narrativo, e, portanto, pode ser mencionado como o livro mais "estruturalista". Mas também podemos perceber que algumas seções desse texto parecem estar fora de lugar, além de ter agregado capítulos que só podem ser compreendidos à luz de novas perspectivas, como a da "dependência". Em resumo, *Teoría y... 1967* é um livro muito desigual no que diz respeito às problemáticas discutidas, já que contém, em si mesmo, muita história e fases teóricas de Furtado.

Agora retornaremos ao ano de 1956, quando Furtado iniciou seu lento desligamento da Cepal por considerar o clima na comissão "restritivo". As funções na Cepal como integrante da Comissão Mista Brasil-Estados Unidos e do BNDE, e os convênios entre eles, permitiram-lhe ministrar uma série de palestras e assessorias sobre a economia brasileira em 1957. Daí emergiu *Perspectiva da economia brasileira*[33]. Furtado, assim como Noyola, postergou sua saída da Cepal para atender à solicitação de Prebisch para que ambos realizassem uma análise do setor externo da economia mexicana, e a equipe foi conformada da seguinte maneira: Furtado ficou como diretor, com o apoio de Noyola, O. Sunkel e Oscar Soberón, enquanto Victor Urquidi realizou as tarefas de assessor e supervisor. O documento resultante desse trabalho, "El desequilíbrio externo em el desarrollo económico latinoamericano. El caso de México", não foi publicado, mas apenas discutido por uma elite de economistas.

Durante sua estadia no México, Furtado conferenciou com Nicholas Kaldor – o maior "discípulo" de Keynes em Cambridge –, que o convidou a passar ali um período estudando, entre 1957-1958. E, entre outras coisas, elaborou os manuscritos de *Formación económica... 1959*. Devido a suas constantes queixas com Prebisch e a seu interesse em voltar a repensar teoricamente a economia, essa ocasião foi, para Furtado, ideal para se desligar da Cepal. Nesse período, ele realizou seu pós-doutorado na Universidade Cambridge.

Após sua passagem por Cambridge, Furtado relata que, em seu retorno ao Brasil, foi relativamente fácil ocupar um posto na administração pública, e pôde inclusive escolher a área de seu interesse: no caso, o Nordeste. Foi assim que ocupou uma das direções em torno dessa problemática no BNDE. Seu ingresso e sua trajetória na administração pública se deram somente como "técnico", como portador de certo "saber", não como produto de algum apadrinhamento político partidário. Furtado disse que todas as portas se abriram: "[...] em 1958, as oportunidades eram tão amplas que me foi possível eleger, sem nenhuma dificuldade, a forma de atividade e a localidade mais adequada para mim, sem ter que aderir à organização política alguma"[34].

---

[33] Idem, *Perspectiva da economia brasileira* (Rio de Janeiro, Ministério da Educação e Cultura, 1958); citado, a seguir, como *Perspectiva... 1957*.

[34] Idem, *Adventures of a... 1973*, cit., p. 33.

CELSO FURTADO

De modo que, a partir de 1958, Furtado já se encontrava entre os mais importantes funcionários do Estado, como diretor regional do BNDE, para o Nordeste[35]. Simultaneamente, trabalhou como membro integrante do Grupo de Trabalho para o Desenvolvimento do Nordeste (GTDN) além de integrante e guia do Conselho de Desenvolvimento do Nordeste (Codeno).

O ano de 1958 foi altamente produtivo. Escreveu o quarto e o quinto capítulos de *Desarrollo y... 1961*, além de se aprofundar no estudo da problemática do Nordeste. Inicia a construção de uma nova especificidade acerca dessa região, todavia ainda demonstrava certas dúvidas a respeito das causas e razões da "tendência secular" nordestina.

Em virtude de sua participação no GTDN e no Codeno, Furtado radicalizou e transformou teoricamente a concepção de subdesenvolvimento e a problemática do Nordeste. Os estudos "secretos" que realizava no BNDE frutificaram porque pôde elaborar rapidamente estratégias e programas para encarar a problemática da região. O presidente Juscelino Kubitschek convidou Furtado e outros intelectuais a uma reunião para discutir o problema. Nela, Furtado saiu como o primeiro superintendente "desconhecido" da Superintendência para o Desenvolvimento do Nordeste (Sudene).

Esse período viu nascer *Uma política de desenvolvimento econômico para o Nordeste*[36], uma das análises e diagnósticos mais reconhecidos até a atualidade, constituindo-se como um documento-base para a criação da Sudene. Ali surgem as teses do porquê do declive das taxas de crescimento da região, em termos relativos, quando não absolutos, em relação ao Centro-Sul, e, portanto, as razões para promover sua industrialização. Ao mesmo tempo, *A operação... 1959*, do mesmo período, é uma série de propostas oferecidas ao país para angariar o apoio necessário para a causa do Nordeste e da Sudene. Apesar das críticas que as propostas da Sudene receberam na época, o que surpreende são, sobretudo, os avanços que alcançaram seus projetos ante os limites institucionais e a contundente oposição das forças sociais latifundiárias no Congresso Nacional.

No cargo de superintendente, Furtado também elaborou os dois primeiros planos de desenvolvimento para o Nordeste. Posteriormente, sem deixar o comando da Sudene (1960-1963), passou a ser ministro do Planejamento (1963-1964) e, ao mesmo tempo, foi autor do *Plano trienal de desenvolvimento econômico e social 1963-65*[37].

---

[35] Idem, *A fantasia desfeita... 1989*, cit., p. 37, ver também: Francisco de Oliveira, *Un clásico de el trimestre económico: Celso Furtado y el paradigma del subdesarrollo*, cit.

[36] Celso Furtado, *Uma política de desenvolvimento econômico para o Nordeste* (Rio de Janeiro, Imprensa Nacional, 1959).

[37] Idem, *Plano trienal de desenvolvimento econômico e social 1963-65*, dez. 1962, citado, a seguir, como *Plano trienal... 1963*.

Foi nessa época, devido à intensidade do trabalho realizado, que Furtado teve de se recolher por recomendação médica ("tudo isso no mais absoluto sigilo")[38].

A partir desse período até a cassação de seus direitos políticos em 1964 pelo governo militar, Furtado viveu uma contradição difícil de resolver, oscilando entre o intelectual e o político comprometido com uma causa e sua função apenas técnica. Aliás, em 1962, em pleno processo de luta para instaurar a política de desenvolvimento do Nordeste, ele dizia:

> O desenvolvimento econômico deve ser desenvolvimento político-econômico. [...] Economistas e outros técnicos fracassaram na política porque tentaram se converter em políticos de partido. Deve-se ser político, porém não de partido. A batalha política deve ser impulsionada a partir da força do técnico.[39]

A publicação, em 1961, de *Desarrollo y... 1961* abriu espaço para uma série de ensaios que escreveria entre esse ano e 1962, os quais, por sua vez, foram divulgados em forma de livro sob o título *A pré-revolução brasileira*[40]. Destes, o mais notório foi "Reflexões sobre a pré-revolução brasileira", com grande repercussão no país e em alguns círculos do governo estadunidense. Esses dois livros estão claramente marcados pelas lutas políticas que se davam nesse momento no Brasil.

Se a obra de 1962 surgiu como uma espécie de manifesto político para a reconstrução do Brasil, *Dialética del desarrollo*[41], também sob uma ótica similar, expande alguns de seus pontos, mas explica com mais bagagem a especificidade do desenvolvimento e faz um desesperado chamado para unir forças contra um iminente retrocesso social, político e econômico. Suas funções técnicas e políticas terminam, simultaneamente, com a constituição de uma problemática e enfoque denominado estruturalista, claramente distanciado de grande parte do acervo conceitual da economia convencional[42].

Em 1964, Celso Furtado teve de abandonar o Brasil. Esse "exílio voluntário"[43], devido ao golpe militar, não interrompeu, em absoluto, sua atividade acadêmica.

---

[38] Idem, *A fantasia desfeita... 1989*, cit., p. 154.

[39] S. H. Robock, *Brazil's Developing Northeast: a Study of Regional Planning and Foreign Aid* (Washington, 1963), p. 103-4.

[40] Celso Furtado, *A pré-revolução brasileira* (Rio de Janeiro, Fundo de Cultura, 1962).

[41] Idem, *Dialética del desarrollo* (Cidade do México, FCE, 1965, 1. ed. port. 1964), citada, a seguir, como *Dialética del... 1964*.

[42] Um exame do estruturalismo de Furtado e sua atualidade podem ser encontrados em Carlos Mallorquín: "Teoría y interpretación del estructuralismo de Celso Furtado", *Estúdios Sociológicos*, Cidade do México, El Colegio de México, n. 49, jan.-abr., 1999).

[43] Celso Furtado, *A fantasia desfeita... 1989*, cit., p. 197-201. Furtado descreve as condições de sua saída do Brasil e a insegurança que reinava para aqueles que se opunham ao golpe, particularmente para os que ocuparam cargos ministeriais de alto escalão. De certa maneira, Furtado foi "afortunado", já que outros membros do governo foram presos, levados a julgamento e depois

Logo desembarcou no Ilpes*, no Chile, com um contrato de três meses, onde deu conferências sobre a questão brasileira. Estas podem ser examinadas em *Subdesarrollo y estancamiento en América Latina*[44]. Aqui surge o primeiro modelo estruturalista da estagnação, apresentando a unidade teórica estruturalista – com um enfoque da economia eminentemente sociológico e histórico. Esse enfoque se encontra claramente evidenciado nos ensaios históricos que publica nos anos seguintes ("Obstáculos políticos al crescimiento económico del Brasil"[45] e "Brasil: de la república oligárquica al Estado Militar"[46]).

Do Chile, Furtado partiu para os Estados Unidos, onde recebeu muitos convites para ingressar em universidades de grande prestígio, como da Universidade de Yale, onde atuou como pesquisador do Centro de Crescimento Econômico. Posteriormente, ocupou um posto de professor associado na Universidade de Paris, sendo nomeado diretor do Instituto de Altos Estudos em Ciências Sociais da mesma universidade (1965-1979).

Entretanto, em 1968, vislumbrando uma possível abertura política no Brasil, Furtado faz uma breve viagem ao país e apresenta a uma comissão do Congresso *Um projeto para o Brasil*[47], em que conjugava sua nova visão da economia mundial e norte-americana, com repercussões para o Brasil. Em 1969, escreve o que se constituiria um clássico das ciências sociais latino-americanas: *La economía latino-americana*[48], que inclui parte de *Un proyecto... 1968* e, em suas revisões posteriores, integraria textos elaborados nos primeiros anos da década de 1970.

Em 1971, publica *La hegemonía de los Estados Unidos y América Latina*[49], o qual não deve ser considerado um livro inédito, já que foi produto dos textos men-

---

exilados. Furtado saiu do país com um passaporte diplomático. Sendo membro do Conselho Internacional da Aliança para o Progresso, nenhuma nação em particular podia retirar essa prerrogativa a seus integrantes. Ver também: *Los vientos del cambio* (Rio de Janeiro, Paz e Terra, 1991), citado, a seguir, como *Los vientos del cambio... 1991*.

* Instituto Latinoamericano y del Caribe de Planificación Económica y Social, órgão da Cepal com sede em Santiago, no Chile. Dirigido na época por Raúl Prebisch, foi criado em 1962 e tem por objetivo assessorar governos da América Latina nas áreas de planejamento e gestão. (N. T.)

[44] Idem, *Subdesarrollo y estancamiento en América Latina* (Buenos Aires, Eudeba, 1967), citada, a seguir, como *Subdesarrollo y estancamiento... 1966*, tradução do livro *Subdesenvolvimento e estagnação na América Latina* (Rio de Janeiro, Civilização Brasileira, 1966).

[45] Publicado em 1965; consultar *Obstáculos para la transformación de América Latina* (org. Claudio Veliz, Cidade do México, FCE, 1969).

[46] Publicado em 1967; ver *Brasil hoy* (Cidade do México, Siglo XXI, 1968).

[47] Celso Furtado, *Um projeto para o Brasil* (Rio de Janeiro, 1968), citado, a seguir, como *Un proyecto... 1968*.

[48] Utilizamos a edição da Siglo XXI, Cidade do México, 1980, 1. ed. port. 1969.

[49] Idem, *La hegemonía de los Estados Unidos y América Latina* (Madri, Cuadernos para el Diálogo, 1971), citado, a seguir, como *La hegemonía de los... 1971*.

cionados previamente: *Subdessarrollo y estancamiento... 1966* e *Un proyecto... 1968*. Contudo, deve-se deixar claro que, nessa versão, Furtado realizou os recortes e as ênfases que pratica nesses casos. Apesar disso, é precisamente nesses livros que se pode encontrar a genealogia do discurso que imediatamente depois será identificado como "dependentista". Nesse mesmo ano, escreve um artigo que vale a pena ressaltar, dado seu impossível objetivo: fundir o discurso da dependência com o da teoria convencional da alocação dos recursos produtivos em um esquema global e funcionalista. O artigo intitulado "Dependencia externa y teoría económica"[50] representa uma espécie de "regressão" teórica, se é que isso é possível. No ano seguinte, escreveu e publicou um ensaio que posteriormente também se tornou um clássico: "Análisis del 'modelo' brasileño"[51], mas em grandes traços já se podia encontrar no terceiro capítulo de *Subdesarrollo y estancamiento... 1966*.

Nessa época, atua também como professor visitante, primeiro na American University, em Washington, durante o segundo semestre de 1972, e, posteriormente, durante o ano letivo 1973-1974, na Universidade Cambridge. Desse período, podemos ressaltar seu texto *El desarrollo económico: un mito*[52], do qual emerge novamente como um crítico do discurso econômico convencional, só equiparável ao livro de 1962. Agora se reconceitualizava a noção de dependência e revisava o ensaio *Análisis del... 1972*, a respeito do capitalismo periférico, excludente e concentrador de renda. Em 1975, Furtado esteve também na Universidade de São Paulo (USP) e, em 1977, na Universidade Columbia.

Foi durante esse período que vemos um Furtado em busca de alternativas teóricas. Eram os tempos do apogeu monetarista com a nova linguagem do neoliberalismo retumbante de Friedman sobre a liberdade de escolha. Alguns ensaios desse período foram apresentados em um novo livro: *Prefacio a una nueva economía política*[53]. Aqui o pensador se aproxima da noção de excedente e tenta construir, a partir dela, uma teoria das funções sociais, ideia que ficara esquecida desde seus escritos dos anos 1950. Furtado, por um lado, propõe uma crítica e um deslocamento do discurso estruturalista e, por outro, o defende heroicamente como uma corrente transcendental para a América Latina. Em certo sentido, esse livro redigido como um prefácio de um livro ainda a ser escrito cumpre com sua incumbência para o que seria seu livro seguinte, quiçá o de maior envergadura teórica na década

---

[50] Idem, "Dependencia externa y teoría económica", *El Trimestre Económico*, Cidade do México, FCE, n. 150, abr.-jun., 1971).

[51] Idem, "Análisis del 'modelo' brasileño" (Buenos Aires, Editor América Latina, 1972), citado, a seguir, como *Análisis del... 1972*.

[52] Idem, *El desarrollo económico: un mito* (Cidade do México, Siglo XXI, 1982, 1. ed. port. 1974).

[53] Idem, *Prefacio a una nueva economía política* (Cidade do México, Siglo XXI, 1978, 1. ed. port. 1976), citado, a seguir, como *Prefacio a una... 1976*.

CELSO FURTADO

de 1970, *Creatividad y dependencia*[54]. Esse livro inclui uma série de conceitos que apareceram no livro anterior, mas, além disso, propõe e elabora o que se poderia denominar uma interpretação da história do surgimento da civilização industrial para todo o globo, a partir de seu início no século XVIII.

Se esses textos demonstram um claro distanciamento do discurso estruturalista – e me refiro ao estruturalismo muito específico de Furtado –, seu próximo livro, *Breve introducción al desarrollo: un enfoque interdisciplinario*[55], reincorporava e chamava em seu auxílio, mais uma vez, o estruturalismo, assim como os conceitos mais importantes consolidados em suas obras prévias, especificamente o de excedente e de acumulação interna e fora do sistema produtivo. Por um lado, esse livro personifica a viabilidade e a plenitude do estruturalismo, por outro, representava a *débâcle* e a decomposição do monetarismo universal da Escola de Chicago, convertido em ideologia e base de sustentação à *manu militari* na América Latina.

A década de 1980 foi muito rica e produtiva para Furtado, pois apresenta várias publicações e volta à vida pública com o governo de José Sarney. Com o estruturalismo em mãos, o estudioso esgrimiu a reconstrução do Brasil depois de duas décadas de esquecimento das questões sociais. A formulação dessa tarefa inicia-se com *El Brasil después del "milagro"*[56]. A nova visão do capitalismo mundial – a hegemonia das instituições financeiras e as transnacionais e o caos econômico mundial como seu resultado inevitável, ideias que já se vislumbravam desde *Prefacio a una... 1976* – está amplamente desenvolvida em outro texto que apareceu nessa década: *La nueva dependencia: deuda externa y monetarismo*[57], que inclui uma série de ensaios diversos, entre os quais cabe ressaltar: "Transnacionalización y monetarismo" e "El Nordeste: nuevo modelo de desarrollo?". Furtado publica também *Cultura e desenvolvimento*[58].

Este último livro, com *Não à recessão e ao desemprego*[59], representa outro momento histórico da reflexão de Furtado, que já se encontrava novamente imerso

---

[54] Idem, *Creatividad y dependencia* (Cidade do México, Siglo XXI, 1979, 1. ed. port. 1978).

[55] Idem, *Un enfoque interdisciplinario* (Cidade do México, FCE, 1983, 1. ed. port. 1980), citado a seguir como *Breve introducción al... 1980*.

[56] Idem, *El Brasil después del "milagro"* (Cidade do México, FCE, 1983, 1. ed. port. 1981), citado a seguir como *El Brasil después... 1981*.

[57] Idem, *La nueva dependencia: deuda externa y monetarismo* (Buenos Aires, Centro Editor de América Latina, 1985, 1. ed. port. 1982).

[58] Idem, *Cultura e desenvolvimento* (Rio de Janeiro, Paz e Terra, 1984).

[59] Idem, *Não à recessão e ao desemprego* (Rio de Janeiro, Paz e Terra, 1983), citada, a seguir, como *No a la recesión... 1983*. Esse texto fundamenta a crítica da oposição à política econômica do governo prévio à transição democrática; ver Ronaldo Munck, *Latin America: the Transition to Democracy* (Zed Books, 1989), p. 131-6.

na vida pública brasileira. Ambos os textos já estão, portanto, direcionados ao consumo público e não ao acadêmico. Com o advento da transição democrática no Brasil, Furtado é nomeado, em 1985, embaixador na Comunidade Econômica Europeia para, logo depois, ocupar o cargo de ministro da Cultura no governo de José Sarney, ao qual renuncia no final de julho de 1988.

O retorno de Furtado à vida pública no Brasil marcou profundamente seus livros seguintes. Eles foram basicamente autobiografias de distintos períodos de sua vida político-teórica a partir da década de 1950, com ênfase na conformação da Cepal e do trabalho realizado nela (*La fantasía... 1985*). Além disso, tratava de sua participação nos governos de Juscelino Kubitschek, Jânio Quadros e João Goulart, como se quisesse prestar contas, corrigir e se redimir ante a história, especialmente em torno da Sudene (*A fantasia desfeita... 1989*).

O terceiro livro autobiográfico, *Los vientos del cambio*[60], relata suas experiências por todo o globo em diversas universidades e instituições entre os anos 1970-1980. Apresenta algumas conversas com eminentes homens públicos e intelectuais, assim como suas impressões e apreciações das universidades estadunidenses. Também anexa documentos inéditos escritos durante suas visitas a vários países, como no caso de sua avaliação dos "socialismos" que observou. Em outros temas ali expostos, dá-nos a conhecer seções de *Análisis del... 1972*, que não foram publicadas por causa da censura do regime militar. Finalmente, o texto mais recente, *Brasil: a construção interrompida*[61], apresenta cinco ensaios, entre os quais cabe mencionar a descrição da ordem econômica mundial e uma apreciação e convite a reler Raúl Prebisch.

Finalmente me permitirei romper com as regras usuais concluindo com uma nota pessoal. O estudo do pensamento de Furtado me convenceu de que jamais haverá tempo suficiente para se dedicar a ele. Existem grandes áreas de suas ideias que foram inexploradas e poderiam ser úteis para refletir sobre a problemática latino-americana. Outros estudos poderiam, por sua vez, ressaltar outras vertentes; seu compromisso com a democracia, por exemplo; sua atividade como docente, em sua maior parte em Paris; sua visão das ciências sociais, neokantiana, em certas ocasiões, ou positivista em seus primeiros tempos; sua irresistível paixão pela teorização dos novos fenômenos sociais; sua perspectiva de "nação" ou seu temor por seu desaparecimento, como me fez saber recentemente[62].

Depois de vários anos de um descanso forçado em razão de problemas cardíacos, Furtado voltou à reflexão do atual capitalismo globalizado e publicou um livro em

---

[60] Idem, *Los vientos del cambio... 1991*, cit.

[61] Idem, *Brasil: a construção interrompida* (Rio de Janeiro, Paz e Terra, 1992).

[62] Parte dessa conversa com Furtado foi publicada em *Revista Novos Estudos* (Cebrap), n. 41, Brasil, 1994.

1998: *El capitalismo global*[63]. Aqui devemos ressaltar que a lógica deficiente de um capitalismo que tenta se expandir por todo o globo terrestre, sem organismo ou instituição que o regule, produzirá maiores desigualdades socioeconômicas se não conseguir articular o processo por meio da renovação da participação dos espaços locais ou Estados nacionais, cuja importância não pode nem poderá reduzir sem criar maiores cataclismos sociais.

Também falta investigar a infeliz associação de suas ideias com as do próprio Prebisch (se digo "infeliz" é porque ambos ficam desvalorizados ao serem metidos em um mesmo saco), e não menos importante é conhecer e decifrar os códigos que dominaram a recepção de suas ideias. Tudo isso me levou à conclusão de que as ciências sociais latino-americanas parecem desconhecer sua grande dívida com Celso Furtado. A herança desse autor é incomensurável e há de se resgatá-la do esquecimento para (re)construir as verdades deste mundo. Furtado, como intelectual comprometido com a transformação das relações sociais reinantes, não foi alheio à dita problemática: nos legou "um regime de verdade" sobre a ideia do subdesenvolvimento e as possíveis vias para sua superação.

> O problema político essencial para o intelectual não é criticar os conteúdos ideológicos que estariam ligados à ciência ou agir de tal forma que sua prática científica esteja acompanhada de uma ideologia justa. É saber se é possível construir uma nova política da verdade. O problema não é "mudar a consciência" das pessoas ou o que têm na cabeça, senão *o regime político, econômico, institucional da produção da verdade.*[64]

Iniciei este estudo com uma referência à Cepal, terminarei do mesmo modo. Em 1998, a Cepal completou cinquenta anos. Apareceram variadas homenagens à instituição e a alguns de seus homens ilustres; no entanto, a melhor homenagem que poderíamos render a seu incansável trabalho para o desenvolvimento econômico na América Latina é a busca pela renovação de suas ideias e a construção de novas perspectivas a partir delas.

---

[63] Celso Furtado, *El capitalismo global*, cit.

[64] Michel Foucault, "Verdad y poder", em *Microfísica del poder* (Madri, La Piqueta, 1980), p. 189. Grifos meus.

RÔMULO ALMEIDA

Alexandre de Freitas Barbosa

Este texto apresenta a trajetória de Rômulo Almeida – um dos principais desenvolvimentistas brasileiros, ao lado de Celso Furtado, Ignácio Rangel e Jesus Soares Pereira –, o seu papel na construção da utopia e da prática do desenvolvimentismo e, finalmente, o núcleo básico do seu pensamento sistêmico sobre o Brasil.

Como se trata de um autor que, além de desconhecido para as atuais gerações, não possui obra de relevo publicada, mostraremos como a sua prática no serviço público – exercendo múltiplas funções de destaque ao longo da carreira – levou a uma interpretação própria da realidade brasileira, em que as *personas* do planejador, executor e pensador se revelam indissociáveis.

Boa parte das referências provém de textos – a maioria dos quais não publicadas –, discursos, palestras, entrevistas e artigos para jornal do economista baiano[1]. Esse material encontra-se disponível no Instituto Rômulo Almeida de Altos Estudos (Irae), em Salvador, e no Centro de Pesquisa e Documentação de História Contemporânea do Brasil (CPDOC), no Rio de Janeiro.

Trajetória singular

Rômulo Almeida veio ao mundo em 1914, quando os exércitos empunhavam suas armas na Europa. Nascido casualmente em Salvador, passou a infância em Santo Antônio de Jesus, no Recôncavo Sul. O pai, seu Eduardo, caixeiro-viajante, e

---

[1] Uma seleção de textos inéditos, bem como uma primeira análise, foi empreendida no âmbito do projeto "Rômulo Almeida e as bases econômicas e institucionais para o desenvolvimento da nação", Programa Cátedras Ipea/Capes para o Desenvolvimento, coordenado pelo autor deste capítulo durante o período de dez. 2010 a nov. 2012. As entrevistas citadas ao longo do artigo também foram realizadas pelo autor e sua equipe, todas no âmbito do projeto acima mencionado.

306   INTÉRPRETES DO BRASIL

a mãe, dona Almerinda, dona de casa, compunham uma típica família de pequena classe média do interior, beneficiada pela condição de ponta de trilho[2].

Em Salvador, para onde se muda em 1925, Rômulo estuda, com uma bolsa parcial, no importante Ginásio Ipiranga, de propriedade do seu primo Isaía Alves de Almeida[3], por onde passaram Jorge Amado e boa parte da elite baiana, localizado precisamente no sobrado onde Castro Alves dera o último suspiro. É quando extirpa o "de" de seu nome, pois um professor lhe informa que tal preposição denotava origem aristocrata[4].

Inicia a sua formação em Direito em 1930 e a conclui em 1933. Terminado o curso, Rômulo vai para o Rio de Janeiro "cavar o que fazer". Na capital, dá aulas no Colégio Jacobina, atua como jornalista e trabalha na Secretaria de Educação e Cultura do Distrito Federal e na Câmara de Reajustamento Econômico[5]. Zanza de um lado para o outro, até se mudar para o Acre, em 1940, tornando-se, aos 27 anos de idade, diretor do Departamento Territorial de Estatística do Estado.

Volta à capital federal para trabalhar no escritório de advocacia de San Tiago Dantas. "Vira economista", entre 1942 e 1943, quando ministra cursos na Faculdade de Ciências Econômicas e Administrativas do Rio de Janeiro (FCEARJ) – futuramente incorporada à Universidade do Brasil – substituindo seu chefe, professor titular.

Ingressa, em 1944, no Departamento Administrativo do Serviço Público (Dasp)[6]. Seu primeiro cargo como funcionário público federal concursado seria como assessor econômico do ministro do Trabalho, Indústria e Comércio Alexandre Marcondes Filho. Em uma de suas primeiras atividades, é lançado no olho do furacão. Deveria fazer a exposição de motivos sobre o parecer do conselheiro Roberto Simonsen em defesa da criação do Conselho Nacional de Política Industrial e Comercial (CNPIC), intitulado "A planificação da economia brasileira", aquele mesmo que inauguraria o campo da economia política no país, por meio da hoje famosa controvérsia Simonsen/Gudin[7].

Dali, ele daria um salto, ao ser convidado para organizar o Departamento Econômico da Confederação Nacional da Indústria (CNI), sob a liderança de Euvaldo Lodi, por recomendação de Simonsen. E outro quando desembarca na Assessoria

---

[2] Rômulo Almeida, *Rômulo: voltado para o futuro* (Fortaleza, Banco do Nordeste do Brasil/ Associação dos Sociólogos do Estado da Bahia, 1986), p. 16.

[3] Ibidem, p. 19.

[4] Aristeu Souza e José Carlos de Assis, *A serviço do futuro: a trajetória de Rômulo Almeida* (Rio de Janeiro, A. Souza, 2006), p. 39.

[5] Ibidem, p. 55.

[6] Rômulo Almeida, *Rômulo: voltado para o futuro*, cit., p. 24.

[7] Roberto Simonsen e Eugênio Gudin, *A controvérsia do planejamento na economia brasileira* (3. ed., Brasília, Ipea, 2010).

Econômica de Vargas. Caberia a ele provar que Gudin já havia perdido o bonde da história.

Rômulo sabia de que lado estava. Seus grandes mestres, Roberto Simonsen e San Tiago Dantas, haviam lhe apontado o caminho. Sua formação de autodidata e seu sentimento de missão no serviço público lhe forneciam a confiança necessária. Mas nada disso frutificaria não fosse a sua utopia nacionalista, calibrada durante duas décadas de intensa atuação política. Leiamos seu depoimento: "Cheguei a ser economista numa trajetória que partia do desafio político. Fiz o curso de direito. Depois dediquei-me a estudos de educação e sociologia. Mas era preciso chegar ao âmago da estrutura social: tornei-me então economista"[8].

Em outro relato, durante o discurso de posse daquele que seria o seu último cargo público, já no governo de Sarney, ele afirma:

> Eu formei a minha vida de servidor público federal dentro de uma consciência nitidamente nacional. Antirregionalista no momento em que era preciso unir o país, unificar o mercado. Considerávamos isto um passo necessário no processo de desenvolvimento autônomo do país. Entretanto, nunca esqueci de que era preciso que esse desenvolvimento, que no sistema de mercado levaria a uma concentração talvez insanável, necessitaria ser compensado por uma política lúcida de desconcentração. Para que o movimento imperial interno de ocupação dos espaços e da unificação territorial e econômica do país a partir do centro não resultasse num país dual.[9]

É como se Rômulo tivesse de criar a Petrobras no Rio de Janeiro, durante o segundo governo Vargas, para depois estruturar a Comissão de Planejamento Econômico (CPE) da Bahia na segunda metade dos anos 1950 e, bem depois, já em 1960 e 1970, sentar as bases do polo petroquímico baiano. A nação, depois a região e mais tarde ainda uma nova nação dentro de cada região.

Mas antes que o Rômulo maduro roube a cena, acompanhemos a transição da adolescência para a juventude, entre os dezesseis e os trinta anos, vividos entre a Revolução de 1930 e o ocaso do Estado Novo.

Rômulo alista-se, em 1930, ainda na Bahia, nas forças revolucionárias chefiadas pelo então tenente Agildo Barata. Logo depois apoiaria a Revolução de 1932, não em si, mas porque "a legalidade permitiria fazer a nossa revolução"[10]. A crítica ao governo Vargas faria com que fosse preso três vezes na Bahia, durante a interventoria de Juracy Magalhães[11]. Em 1935, já no Rio de Janeiro, adere ao integralismo, sendo preso ao final de 1937, em pleno Estado Novo. Em 1938, volta à Bahia, "pois

---

8 Rômulo Almeida, *As opções do economista*, mimeo, s. d., p. 1.

9 Idem, *Discurso de posse como diretor da área industrial do BNDES*, mimeo, 1985, p. 4-5.

10 Idem, *Rômulo: voltado para o futuro*, cit., p. 24-5.

11 Ibidem, p. 31.

a cana estava dura no Rio", quando ajuda a estruturar o Departamento da Cultura do Estado, depois de intercâmbio com Mário de Andrade[12]. Antes de ingressar no Partido Trabalhista Brasileiro (PTB), em 1951, momento em que explicita em carta seus motivos e critica o "queremismo"[13], votara, em 1945, pelo brigadeiro Eduardo Gomes "dentro da ideia de democratizar"[14].

Como definir esse jovem tão acometido por zigue-zagues ideológicos? Ou seria a vida política brasileira desse interregno que se caracterizaria pela extrema volatilidade? Aos setenta anos, Rômulo definiria assim o jovem de dezesseis anos:

> Um nacionalista dotado de tremenda preparação cívica, cujo negócio era o Brasil, queria empurrar o Brasil para a frente; mas também socialista no sentido da distribuição de oportunidades iguais e da participação do povo. Mas não era comunista, o fraseado deles me deixava tonto.[15]

Sobre as influências mais marcantes de Rômulo, sabemos, pelos seus depoimentos, que ele frequentara a Sociedade Alberto Torres, criada no pós-1930, no Rio de Janeiro, onde se reuniam intelectuais e interessados na discussão dos problemas brasileiros. Em um de seus relatos, Rômulo chegara a declarar-se um "torreano"[16], por sua defesa do patrimônio natural como base para a nacionalidade.

Antes de chegar ao Rio, passara mais de um mês pelo interior da Bahia com *Os sertões*, de Euclides da Cunha, e outros livros e mapas[17]. Ou, ainda, que o convite para o Acre fora aceito porque lhe franqueava "a sonhada oportunidade de ver o mundo amazônico por dentro"[18]. Ou seja, um nacionalismo à flor da pele, idealista, porém carregado de pragmatismo, herança da formação positivista tardia.

Também se entusiasmara com as políticas do New Deal de Roosevelt e da Guelro soviética. Ou seja, um economista com enraizamento social, cultural e ecológico, que não se deixaria afetar pelos extremismos trazidos pela Guerra Fria. Utilizava-se da teoria econômica existente como ferramenta, até porque não existiam universidades para fragmentar o econômico, isolando-o da vida social e política.

---

[12] Ibidem, p. 39.

[13] Idem, *Carta dirigida ao dr. Laundulpho Alves, presidente do Diretório do PTB na Bahia*, mimeo, 5 ago. 1950, p. 3.

[14] Idem, "Política econômica no segundo governo Vargas", em T. Szmrecsányi e R. Granziera (orgs.), *Getúlio Vargas e a economia contemporânea* (Campinas, Editora da Unicamp, 2004), p. 125.

[15] Idem, *Rômulo: voltado para o futuro*, cit., p. 25.

[16] Idem, "Prefácio", em Medeiros Lima (org.), *Petróleo, energia elétrica, siderurgia: a luta pela emancipação, um depoimento de Jesus Soares Pereira sobre a política de Getúlio Vargas* (Rio de Janeiro, Paz e Terra, 1975), p. 16.

[17] Idem, *Rômulo: voltado para o futuro*, cit., p. 34-5.

[18] Ibidem, p. 40

Sobre a sua passagem pelo integralismo, vale lembrar que boa parte da juventude nacionalista, inclusive aqueles que depois penderiam para a esquerda, flertara com as hostes de Plínio Salgado. Rômulo e outros, entretanto, cedo se desencantaram com a "mística integralista", mantendo-se no movimento com o intuito de alterar a sua orientação ideológica, apoiados que estavam nos valores comunitaristas e antiliberais, mas distantes da pregação fascista[19].

Aliás, a oposição entre muitos comunistas e integralistas era mais de forma do que de conteúdo. Aristeu, irmão mais novo de Rômulo, conta que este quando estivera preso na Casa de Detenção, no Rio de Janeiro, estabelecera contato com Agildo Barata e outros líderes do PCB, travando um fértil intercâmbio de ideias por meio de seminários que organizavam sobre os problemas nacionais[20].

Se havia algo a unificar essa geração, cujas posições ideológicas e áreas de interesse iriam se diversificando com o tempo – e que tinha um Lúcio Costa, um Cícero Dias, um Caio Prado Júnior e um Afonso Arinos –, era de que o Brasil conformava a única civilização do trópico mestiça. Porém, todos sabiam que as elites não promoveriam o desenvolvimento nacional e que era importante – e urgente – fazê-lo[21]. Esse era o ideal que Rômulo encarnava.

Não faria teoria nem arte. Um "praxista"[22], como ele insistia em se qualificar. A economia era um meio para obter mudanças sociais e políticas. Rômulo elaborou projetos que criaram a Petrobras e o Banco do Nordeste, executou-os, fez as negociações políticas necessárias, sempre de olho nas suas possibilidades de transformação, sem deixar de desenvolver posteriormente sua autocrítica.

O Rio de Janeiro funcionava então como um ímã, uma "espécie de namorada" de todos os brasileiros, especialmente os de classe média, encantador com sua cultura urbana, atuando como centro principal de atividades intelectuais e artísticas[23]. A capital emergia como espaço de socialização das elites estaduais desgarradas, carreadas para sua máquina burocrática assimiladora, geradora de mobilidade social e crescentemente meritocrática. Recebia os jovens recém-formados em direito e engenharia nos vários rincões do país, ávidos por erguer os alicerces da nação. Muitos deles nordestinos, sobretudo os nacionalistas.

A ideologia negativa do caráter nacional paulatinamente dava lugar à afirmação da identidade nacional como précondição para o desenvolvimento, novo verbete a

---

[19] Ernani Silva Bruno, *Almanaque de memórias* (São Paulo, Hucitec/Instituto Nacional do Livro, 1986), p. 113 e 255.

[20] Entrevista com Aristeu Barreto de Almeida, 4 ago. 2011.

[21] Entrevista com Carlos Lessa, 25 maio 2011.

[22] Rômulo Almeida, *Discurso de recepção do título de doutor* honoris causa *da Universidade Federal do Ceará*, mimeo, 14 set. 1982, p. 1.

[23] Ernani Silva Bruno, *Almanaque de memórias*, cit., p. 94-6.

irromper nos anos 1940 e 1950, prenhe de novos significados e utopias, pois capaz de incorporar o "povo" à nação[24].

Em vez de "consertar" a nação, incompleta e artificial, querem os novos construí--la a partir da matéria bruta existente[25]. Expansão da base material com progresso social, mas preservando as raízes culturais. Rômulo é fruto e semente dessa transição, que vai permitir a emergência de um positivismo mais aberto a novas fontes de inspiração modernistas, desleixando-se de suas raízes potencialmente autoritárias.

Getúlio seria reinterpretado, nos anos 1950, por Rômulo e seus companheiros, todos eles lançados a posições públicas de relevo e que se sentiam capazes de alterar os rumos da nação. A experiência de Rômulo no governo Dutra revelaria a falta de audácia do liberalismo paralisante. Na sua própria definição, durante o governo Dutra, "o que havia era uma opinião pública nacionalista, mas havia também um governo não nacionalista"[26]. Sobre a decepção com a União Democrática Nacional (UDN), que ele apoiara no sentido de destronar a ditadura, ele afirmaria: "era impressionante a falta de atualização daquelas lideranças, um pessoal que tinha horror à ideia de planejamento"[27].

Se Rômulo, que por pouco trombara com Graciliano Ramos na Casa de Detenção no Rio de Janeiro, concordaria então com o escritor alagoano – acerca do "nosso pequenino fascismo tupinambá", "cujo presidente da república era um prisioneiro como nós; puxavam-lhe os cordões e ele se mexia, títere, paisano movido por generais"[28] –, sua posição mudaria sensivelmente nos dez anos seguintes.

Em síntese, a partir do prisma de Rômulo, o Estado Novo fora um mal menor quando tomado em perspectiva histórica. Deturpara a Revolução de 1930, mas dera novo fôlego às instituições estatais, para que estas pudessem completar a obra inacabada, agora num quadro de democracia com apoio popular às políticas nacionalistas de expansão da infraestrutura econômica e social.

Era como se Rômulo reinventasse o seu próprio Getúlio, o único líder capaz de concretizar a sua utopia nacionalista. Por sua vez, Getúlio via na sua Assessoria Econômica, comandada por Rômulo, a manifestação do seu positivismo, necessitado de modernização num ambiente democrático. Conta o economista

---

[24] Dante Moreira Leite, *O caráter nacional brasileiro* (3. ed., São Paulo, Livraria Pioneira Editora, 1976), p. 145, 310-1.

[25] Entrevista com Francisco de Oliveira, 3 abr. 2011.

[26] Rômulo Almeida, *O Nordeste no segundo governo Vargas* (Fortaleza, Banco do Nordeste do Brasil, 1985), p. 21.

[27] Idem, *Rômulo Almeida (depoimento; 1988)* (Rio de Janeiro, CPDOC-FGV/Sercom-Petrobras, 1988), p. 88.

[28] Graciliano Ramos, *Memórias do cárcere*, v. 1 (São Paulo, Livraria Martins Editora, 1960), p. 8 e 271.

Ignácio Rangel[29] que Vargas por vezes ficava a olhar as luzes acesas do anexo do Palácio do Catete, onde seus "boêmios cívicos" varavam noites debruçados sobre projetos e pareceres.

Essa reinterpretação do legado varguista por Rômulo e outros técnicos nacionalistas seria confirmada pela convivência diária com o presidente, quando atestaram a sua capacidade de aprovar os projetos por eles elaborados. Não negavam o clientelismo de Vargas, mas saudavam a sua capacidade "de distinguir as áreas em que ele podia permitir o clientelismo" daquelas consideradas estratégicas[30].

Eles perceberiam que não havia alternativa, ou que as existentes eram piores: giravam em torno do "democratismo udenista"[31] ou das palavras de ordem do PCB, cuja cúpula se mostrava distanciada da estrutura do poder político e incapaz de proceder – no seu entender – a uma apreensão das reais contradições presenciadas pelo país em intensa transformação.

No centro do *front* desenvolvimentista

Durante os anos 1950 e 1960, Rômulo inscreveria sua marca no território baiano, nacional e latino-americano. É difícil abrir o mapa do país de hoje, o organograma das agências estatais, as várias iniciativas empresariais e projetos sociais, sem que nos deparemos com o fantasma de Rômulo, como a nos perscrutar de maneira humilde e bonachona, sem esconder, entretanto, certa amargura pelo que poderia ter sido.

Direcionemos a máquina do tempo para o dia 11 de fevereiro de 1951, data em que nosso personagem recebe a incumbência de redigir a Mensagem Presidencial de Vargas para o Congresso. O prazo para a sua entrega é o dia 15 de março[32].

Rômulo não a escreve sozinho. Conta com o apoio de uma legião de servidores públicos, cerca de cinquenta pessoas. À sua capacidade de arregimentar o pessoal técnico e de pô-los para trabalhar em equipe, não de maneira impositiva, mas motivado por um senso de missão[33], deve-se somar a existência de um novo tipo de funcionário público, plantado pelo sistema de mérito do Dasp e comprometido com os destinos da nação.

Uma parcela do pessoal recrutado já fizera parte da comissão encarregada de preparar os estudos para a criação do Instituto de Serviços Sociais do Brasil (ISSB),

---

[29] Ignácio Rangel, "Especial para a *Folha de S.Paulo*", em Aristeu Barreto de Almeida (org.), *Rômulo Almeida: construtor de sonhos* (Salvador, Corecon-BA, 1995), p. 79.

[30] Rômulo Almeida, *O Nordeste no segundo governo Vargas*, cit., p. 37.

[31] A expressão é de Jesus Soares Pereira, *O homem e sua ficha* (Rio de Janeiro, Civilização Brasileira, 1988), p. 30.

[32] Rômulo Almeida, *Rômulo Almeida (depoimento: 1980)* (Rio de Janeiro, CPDOC-FGV/História Oral, 1990), p. 2.

[33] Entrevista com Francisco de Oliveira, cit.; e com Fernando Pedrão, 5 ago. 2011.

sob a liderança de João Carlos Vital – iniciativa de 1945, abortada pelo presidente Dutra; ou da assessoria da Comissão de Investigação Econômica e Social da Assembleia Nacional Constituinte, de 1946. No dizer de Rômulo, esse grupo tinha registrado um retrato da vida social brasileira[34]. Agora voltava a se reunir num novo contexto político.

Graças, portanto, às redes sociais que permeavam a burocracia, os "boêmios cívicos" arregaçaram as mangas. Como não dispunham de computadores, acesso à internet e *powerpoints* miraculosos, começaram por coligir as informações dos vários setores da administração nas pastas "Geka", que se transformariam em minutas redigidas a partir da discussão com os especialistas, depois revistas pela equipe básica[35].

A leitura da mensagem revela a dificuldade da empreitada. Não podia ser um documento técnico, tinha de incorporar o nacionalismo getulista, agora em moldes democráticos, "deixando a coisa um pouco fluida para evitar que as palavras comprometessem o governo"[36]. Entraria para a história do pensamento econômico como "o mais amplo documento de afirmação da industrialização integral até então escrito no Brasil"[37].

O documento, depois da introdução de cunho político, aborda a questão internacional, o quadro administrativo, a situação econômico-financeira, a produção, com destaque para os seus vários setores, a dupla sagrada "transporte e energia", a temática regional, o papel dos capitais estrangeiros, para terminar com um amplo capítulo sobre o progresso social nas suas diversas vertentes.

As funções da Assessoria Econômica, chefiada por Rômulo durante quase todo o segundo governo Vargas, eram variadas. De um lado, havia a administração econômica de curto prazo, feita por meio de despachos cotidianos com o presidente, que inclusive pedia vista de processos provenientes das diversas pastas. A outra atividade, mais estratégica e de longo prazo, visava a um planejamento ainda que informal para atacar os principais gargalos, sob uma orientação nacionalista, movida pela busca de eficiência econômica e social.

Em algumas iniciativas, Rômulo e sua equipe assumiam a negociação política de alguns projetos, sempre sob delegação do presidente Vargas. Mas jamais assumiam os louros. Depois da contenda, retiravam-se de volta aos bastidores[38].

---

[34] Rômulo Almeida, *Rômulo Almeida (depoimento: 1980)*, cit., p. 3.

[35] Ibidem, p. 2-3.

[36] Idem, *Discurso de posse como diretor da área industrial do BNDES*, cit., p. 48.

[37] Ricardo Bielschowsky, *Pensamento econômico brasileiro: o ciclo ideológico do desenvolvimentismo* (2. ed., Rio de Janeiro, Contraponto, 1995), p. 339.

[38] Rômulo Almeida, "Depoimento 1982", *Memórias do Desenvolvimento*, Rio de Janeiro, Centro Internacional Celso Furtado de Políticas para o Desenvolvimento, ano 3, n. 3, out. 2009, p. 199.

Atuavam no cerne do aparelho de Estado, imprimindo seus valores, integrando atividades que corriam o risco de se fragmentar e buscando deslocar interesses de natureza essencialmente clientelista. Instauraram uma espécie de "conspiração assessorial"[39], blindando, ao menos parcialmente, a máquina pública contra as demandas centrífugas e imediatistas de grupos sociais e regionais.

Como definir esse novo fator social, operando por dentro das estruturas do Estado e buscando impulsionar o que se chamava de "interesse nacional"?

Em primeiro lugar, não eram meros técnicos. A melhor definição sobre o tipo social encarnado por Rômulo e outros servidores públicos de sua geração seria a coletada por Lourdes Sola com outro desenvolvimentista brasileiro, Celso Furtado, seis anos mais jovem que o economista baiano. Vejamos seu depoimento:

> Não diga tecnocratas [...] sim, técnicos é correto. Tecnocratas não existiam naquele tempo. [...] Foi só nos anos 1950 (e não no primeiro governo Vargas) que se formaram *técnicos em fins*. [...] O fato de que o homem tem objetivos não pode ser dissociado de sua capacidade de usar a razão.[40]

E Furtado não para por aí:

> O mais interessante é que esta gente no Brasil tinha uma ligação com o Estado que era considerada essencial: *se você fosse contra o Estado, você seria contra o povo*, já que não havia partidos com suficiente capacidade para defender o povo, então teria que ser o Estado.[41]

Havia, pois, um debate em torno dos fins e das alternativas para o desenvolvimento econômico do país. Os meios dependiam de uma interpretação dos fins, os quais possuíam um quê de utopia, de oportunidades a serem construídas. Eram, antes de tudo, "produtores qualificados de ideologias"[42]. A política era o objetivo, a economia, um dos instrumentos disponíveis, cujo conhecimento ainda engatinhava. Daí o autodidatismo desses economistas não por formação, mas quase por destino.

Por outro lado, colocavam-se como intérpretes dos anseios populares, não de maneira tecnocrática, do tipo "nós sabemos o que o povo quer", nem por meio de vantagens imediatistas concedidas com objetivo eleitoral. Bem diferente do período pós-64, em que Rômulos, Furtados e Soares seriam exilados direta ou indiretamente para dar lugar, agora sim, ao tecnocrata, ao economista-rei especialista em meios[43].

---

[39] Idem, *Discurso de posse como diretor da área industrial do BNDES*, cit., p. 36-7.

[40] Depoimento de Celso Furtado, em Lourdes Sola, *Ideias econômicas, decisões políticas* (São Paulo, Edusp, 1998), p. 152.

[41] Ibidem, p. 153-4.

[42] Ibidem, p. 151.

[43] Ibidem, p. 45.

314 INTÉRPRETES DO BRASIL

Quer nos parecer, entretanto, que algo mais importante, para além da ideologia econômica e da defesa do papel do Estado, caracterizava esse grupo de técnicos desenvolvimentistas nacionalistas do setor público[44]. O acompanhamento da trajetória de Rômulo nos permite aprofundar essa diferenciação.

Ainda que todos fossem manheinianos de alguma maneira, como admite Furtado[45], essa influência merece uma avaliação mais matizada. O papel do intelectual como intérprete da vontade coletiva nacional não deve ser visto de forma ingênua, como se ele planasse sobre a sociedade, eximindo-se de participar do seu jogo intrincado.

Qual é o traço singular desse grupo? Ora, eram eles, antes de tudo, "intelectuais orgânicos do Estado" promotor do desenvolvimento. Isso não significa que vissem o Estado como a tábua de superação do atraso ou que subestimassem os conflitos de classe nele condensados. Ao contrário, eles o presenciavam de camarote.

Viam-se, entretanto, como organizadores dos interesses sociais conducentes ao desenvolvimento nacional, assumindo-se como servidores da nação porque lograram assumir posições privilegiadas na máquina burocrática e uma diretriz unificadora.

Se eles não colidiam com a dominação de classe encarnada pelo Estado do qual eram funcionários, como defende Coutinho[46]; por outro lado, viam o desenvolvimento econômico como uma forma de reorganização das estruturas de classe e de poder. Buscavam agir sobre a sociedade, plantando as sementes de uma democracia efetiva, mas que não emergiria espontaneamente.

Por isso, criavam suas próprias entidades, como o Ibesp (futuro Iseb) e o Clube dos Economistas, estabelecendo pontes com outros segmentos do setor público e da vida social. Ou seja, esses servidores públicos de índole nacionalista socializados no âmbito do Estado assumiam o papel de combatentes nas lutas internas que levariam à tão almejada democratização da vida social brasileira.

Não queremos ver essa espécie de contraelite composta pelos intelectuais orgânicos do Estado como demiúrgica. Muito pelo contrário, estava enraizada socialmente, a partir de um *locus* de atuação privilegiado. Esse lugar vai se enfraquecendo já no governo JK, ao passo que a "esquerda social" está marcada pela ausência de coerência teórica e propositiva, além de reduzida representatividade, preferindo manter-se distante do Estado elitista e acreditando numa mítica "revolução democrático-burguesa"[47].

---

[44] Ricardo Bielschowsky, *Pensamento econômico brasileiro: o ciclo ideológico do desenvolvimentismo*, cit., p. 33-5, 240-1.

[45] Celso Furtado, *O capitalismo global* (São Paulo, Paz e Terra, 1998), p. 9.

[46] Carlos Nelson Coutinho, *Cultura e sociedade no Brasil: ensaios sobre ideias e formas* (4. ed., São Paulo, Expressão Popular, 2011), p. 27.

[47] Ver diagnóstico de Caio Prado Júnior, *A revolução brasileira* (São Paulo, Brasiliense, 1966).

RÔMULO ALMEIDA

Rômulo e os demais desenvolvimentistas nacionalistas percebiam tanto as continuidades como as descontinuidades entre o governo Vargas e o de JK. É como se o projeto "varguista" de Rômulo e companhia tivesse sido transformado à sua revelia de tal maneira que ele já não se reconhecia no Brasil de "50 anos em 5".

De um lado, vemos que o Brasil de JK não existe sem a Petrobras, o Fundo Federal de Eletrificação, o Plano Nacional do Carvão, a Coordenação de Aperfeiçoamento de Pessoal de Nível Superior (Capes), o Banco do Nordeste do Brasil (BNB) e seu Etene – estes últimos desembocariam futuramente na Sudene – e a Superintendência do Plano de Valorização Econômica da Amazônia (SPVEA), entidades que sairiam da cabeça de Rômulo e equipe. Ou sem o Conselho de Desenvolvimento Industrial e a Subcomissão de Jipes, Tratores, Caminhões e Automóveis, também oriundos dos tempos da Assessoria Econômica, que se transformariam mais adiante, respectivamente, no Conselho de Desenvolvimento, agora com a máquina do Banco Nacional de Desenvolvimento Econômico e Social (BNDES) por trás, e no Grupo Executivo da Indústria Automotiva (Geia)[48].

De outro, um conjunto de ações abortadas, como a Comissão Nacional de Política Agrária e a Comissão Nacional do Bem-Estar Social, além de inúmeras iniciativas setoriais na área de biomassa e de infraestrutura, em especial nos transportes, com o engavetamento do projeto ferroviário, sem deixar de mencionar a Comissão Nacional de Energia Nuclear e a Comissão de Reforma Administrativa, também com a participação contundente do nosso desenvolvimentista prático[49].

Esse conjunto de iniciativas em várias frentes – infraestrutura, regional, social, todas moldadas por uma concepção sistêmica de planejamento – é o que faz com que Hélio Jaguaribe considere Rômulo "o principal arquiteto do desenvolvimento brasileiro nos anos 1950"[50].

Depois de renunciar ao cargo de presidente do Banco do Nordeste, com o suicídio de Vargas, Rômulo é eleito deputado federal pela Bahia em outubro de 1954. No ano seguinte, torna-se secretário da Fazenda do seu estado. Repete a experiência da mensagem presidencial de Getúlio Vargas. Agora, Rômulo e sua equipe organizam "as pastas cor-de-rosa", contendo os subsídios para a elaboração de um planejamento para a economia baiana. O diagnóstico embasaria a atuação da Comissão de Planejamento Econômico (CPE), criada formalmente em maio de 1955. Surgiria então a primeira equipe multidisciplinar para planejamento gover-

---

[48] Sidney Latini, *A implantação da indústria automobilística no Brasil: da substituição de importações à globalização passiva* (São Paulo, Alaúde, 2007), p. 97-107.

[49] Rômulo Almeida, "Política econômica no segundo governo Vargas", em T. Szmrecsányi e R. Granziera (orgs.), *Getúlio Vargas e a economia contemporânea*, cit., p. 138-9.

[50] Hélio Jaguaribe, *Jornal do Brasil*, 28 nov. 1988, em Aristeu Barreto de Almeida (org.), *Rômulo Almeida: construtor de sonhos*, cit., p. 77.

316INTÉRPRETES DO BRASIL

namental no Brasil, em nível estadual, com engenheiros, economistas, arquitetos e gente da educação e da saúde[51].

Seriam formatadas instituições públicas destinadas a ativar a economia baiana – muitas das quais funcionariam a pleno vapor nos governos seguintes –, abrindo espaço para o setor privado, sem deixar de lado os impactos sociais do processo de modernização. Em 1956, Rômulo redige o documento "Participação da Bahia na vida nacional", enviado pelo governador baiano ao presidente JK, recém-empossado, no qual defende as políticas de desenvolvimento regional no país[52]. Lançara, assim, as bases para a diversificação da economia do Estado, que se completaria com as iniciativas do Centro Industrial de Aratu e do Polo Petroquímico de Camaçari, já no governo militar, mas sob inspiração de Rômulo, agora atuando por meio de sua consultoria, a Clan.

Rômulo participara da política, inclusive concorrendo a cargos eletivos, na busca por transformar as estruturas de poder e a realidade econômica e social. Jamais aceitara cargos pelo prestígio que estes pudessem lhe conferir, como no caso da recusa do convite de JK – o qual lhe dissera "És a única pessoa que vejo esperar para responder"[53] – para o Ministério do Trabalho.

A saída definitiva do governo baiano em 1961 se dá pelo confronto com os quadros locais do seu partido. Não obstante, mostrava-se fiel, como o prova a participação na campanha do marechal Henrique Lott como formulador de propostas[54].

Rômulo receberia ainda muitos convites do presidente Jânio Quadros para organizar o sistema de planejamento do seu governo, participar do grupo de análise sobre o problema agrário e implantar o serviço de assistência aos estados[55]. Até que descobre ter sido nomeado delegado do Brasil para a Conferência Inaugural da Área Latino-Americana de Livre-Comércio (Alalc). O ministro Afonso Arinos já havia negociado para que o Brasil assumisse – ou melhor, Rômulo – a Secretaria-Geral do mais novo organismo criado para fomentar o comércio entre os países da região[56].

Rômulo aceita, com receio de ficar de escanteio no país, já que "havia fechado as portas na Bahia, no Rio e em Brasília também"[57]. Enfrenta o desafio e embarca para tomar posse na Secretaria Executiva da Alalc em 31 de julho de 1961.

---

[51] Rômulo Almeida, *Rômulo: voltado para o futuro*, cit., p. 95-6.

[52] Fernando Pedrão, "Rômulo Almeida: pensar (e viver) o futuro", em Aristeu Barreto de Almeida (org.), *Rômulo Almeida: construtor de sonhos*, cit., p. 71.

[53] Rômulo Almeida, *Rômulo Almeida (depoimento: 1988)*, cit., p. 98.

[54] Ibidem, p. 51-2.

[55] Idem, *Rômulo: voltado para o futuro*, cit., p. 118-9.

[56] Ibidem, p. 120-1.

[57] Idem.

RÔMULO ALMEIDA

Em 1962, ele passa a questionar o ritmo lento da integração, sentindo-se uma figura decorativa. A gota d'água foi a Conferência da Alalc na cidade do México no final do ano. Rômulo sanciona o pedido de ingresso de Cuba à nova organização, recebendo represálias de membros do Comitê Executivo. Decide sair, mas não renuncia, pois não quer que o Brasil fique sem a Secretaria Executiva.

Havia pouco tempo, fora criado o Comitê dos Nove Técnicos de Alto Nível da Organização dos Estados Americanos (OEA) para monitorar as atividades da Aliança para o Progresso na região. Com a renúncia de Ari Torres, o Brasil ficara sem representante. Raúl Prebisch, com o apoio de Furtado, faz-lhe o convite para o novo cargo. Rômulo comenta sobre a sua decisão:

> Então eu fui para a Comissão dos Nove, também forçado, tangido pelo destino, aliás nunca tive no exterior meu desejo, sempre fiz força para encargos no Brasil, mesmo fora da capital, pelo destino fui catapultado para numerosas conferências no exterior. Morava em Montevideo, passei a morar em Washington. A única coisa que eu desejara do exterior, não consegui, foi bolsa, no tempo era difícil, queria passar uns dois anos fora estudando.[58]

A "revolução" lhe pegaria longe, tendo inclusive sido reeleito para o Comitê dos Nove em 1965. Ao voltar, depois de renunciar, em 1966, em repúdio à posição norte-americana cada vez mais unilateral, o faz na "ânsia de contribuir para a resistência democrática" do seu país[59]. Reassume o seu cargo no Ministério, com uma remuneração modesta, e se recusa a aceitar qualquer posto em autarquias ou comissões, ainda que procurasse, sempre que possível, interferir nos meandros da máquina burocrática.

Nesse momento funda a Clan, empresa de consultoria, radicada na Bahia, mas com um escritório no Rio, onde continua sendo acionado para opinar e formular iniciativas e projetos de governo nos âmbitos federal e estadual. Segundo sua própria definição: "Eu era um homem público que se recusava a privatizar-se"[60].

Rômulo ficaria como uma espécie de reserva moral do desenvolvimentismo brasileiro, com uma folha de serviços extensa, tendo trabalhado em quase todos os governos, desde Vargas, e atuado como figura de proa no planejamento baiano e na defesa da integração latino-americana. Filia-se ao Movimento Democrático Brasileiro (MDB) em 1966 e sai candidato, derrotado, ao Senado pela Bahia, em 1978. Mas não se exime de emitir opiniões de conteúdo técnico quando chamado, mesmo durante a ditadura militar, e principalmente por ocasião da luta pela redemocratização, quando se aproxima de Ulysses e Tancredo.

---

[58] Ibidem, p. 124.

[59] Ibidem, p. 126.

[60] Idem, *Rômulo Almeida (depoimento: 1988)*, cit., p. 72.

Um pensamento sistêmico sobre o Brasil[61]

Planejamento, execução e reflexão eram três atividades indistintas na personalidade do Rômulo servidor público. Se as duas primeiras predominaram nos anos 1950 e 1960, quando ele ocupava cargos de destaque, a terceira fora exercitada durante os anos 1940, preparando-lhe o sentido da ação e, a partir dos anos 1970, quando a reflexão vai ganhando corpo por força do exílio forçado a que os militares lhe tentaram impor. Apesar do presente funesto, nosso economista político, como se buscasse uma insistente dialética contida no real, não entrega os pontos.

Como vimos, sua ação industrializante incorporava a dimensão social como parte constitutiva da esfera econômica. Relata Rômulo que, quando convidado por Simonsen e Lodi para estruturar o Departamento Econômico da CNI, explicita suas "posições independentes sobre relações de trabalho e regime social"[62].

O conhecimento acerca do funcionamento do setor privado estará associado a uma busca pela ampliação da "livre iniciativa", constantemente coartada pelo regime econômico implantado desde a Colônia, e apenas possível por meio da atuação inteligente e eficiente do Estado. Podemos dizer inclusive que seus primeiros textos de história econômica – sobre a economia amazônica (de 1941 a 1943)[63], escritos no seu exílio nortista, e sobre a economia baiana (1952)[64] –, mas também o texto sobre planejamento de 1950[65], são influenciados por uma leitura smithiana particular e pela defesa de uma economia de mercado *à la* Braudel[66], a qual não aflorava pelo predomínio acachapante de um capital comercial essencialmente parasitário.

Não deixa de ser surpreendente como no artigo publicado em 1952 já aparece a análise desenvolvida anos mais tarde pelo Grupo de Trabalho para o Desenvolvi-

---

[61] Algumas ideias desta seção foram desenvolvidas inicialmente em Alexandre de Freitas Barbosa e Ana Paula Koury, "Rômulo Almeida e o Brasil desenvolvimentista (1946-1964): ensaio de reinterpretação", *Revista Economia e Sociedade*, v. 21, número especial, dez. 2012.

[62] Idem, "Humor e Carrapicho", mimeo, s. d., p. 2.

[63] Idem, "O Acre na economia amazônica", *O Observador Econômico e Financeiro*, ano VI, n. 69, out. 1941; e "O Sudeste amazônico", *O Observador Econômico e Financeiro*, ano VIII, n. 89, jun. 1943.

[64] Idem, "Traços da história econômica da Bahia no último século e meio", *Revista de Desenvolvimento Econômico*, ano XI, n. 19, jan. 2009. Esse texto teve sua primeira versão publicada na *Revista de Economia e Finanças do IEFB*, n. 4, 1952.

[65] Idem, "Experiência brasileira de planejamento, orientação e controle da economia", *Estudos Econômicos*, n. 2, jun. 1950.

[66] Apesar de provavelmente não conhecer o historiador francês, para Rômulo a realidade econômica brasileira era composta de vários setores ou níveis, não necessariamente complementares. A economia de mercado se via constrangida pelo monopólio dos intermediários comerciais, ou avançava desestruturando a economia de subsistência, o "inframercado" de Fernand Braudel.

RÔMULO ALMEIDA

mento do Nordeste (GTDN) coordenado por Furtado[67]. Em vez de fardo para o país, a Bahia e o Nordeste sustentavam a industrialização paulista[68]. Por mais que essa tese seja passível de questionamento, foi o Rômulo historiador que a desenvolveu pela primeira vez, mostrando como São Paulo "chamava para si todas as energias", atraindo capitais e mão de obra[69]. Aqui nascia o diagnóstico que desembocaria no Banco do Nordeste e, futuramente, na própria Sudene.

Seu último texto mais analítico antes de se atirar de cabeça no segundo governo Vargas, de 1950, no qual versa sobre o planejamento, é anterior a qualquer trabalho de fôlego publicado pelos desenvolvimentistas da sua geração. Rômulo então já conhece a Comissão Econômica para a América Latina e o Caribe (Cepal), criada em 1948, facilmente incorporada ao seu instrumental analítico pelo treinamento nas ideias de Simonsen.

Nesse texto, ele inicia seu diagnóstico partindo do sistema latifundiário, responsável pela "tradição predatória e móvel de nossa exploração rural". O tipo de economia prevalecente, somado à extensão e à topografia do território, dificultou o desenvolvimento de um sistema de transporte. As condições da população se casam, por sua vez, às da geografia, tornando a sua valorização educacional e sanitária de alto custo. Nosso "geógrafo" se faz agora de "antropólogo" ao mencionar que "testemunhos isentos atestam a aptidão da população rústica para assimilar a técnica moderna".

Apesar da deterioração dos termos de intercâmbio, ampliaram-se as atividades internas. A industrialização avança, assim como a diferenciação da produção agrícola, o que não impede a limitada absorção do excedente populacional. Tropeços institucionais retardam a estruturação da economia nacional em bases mais sólidas. A organização tributária segue concentrada nos tributos indiretos, ao passo que a distorção da renda e da procura devia os lucros para a manutenção do padrão elevado de uma minoria. O padrão técnico da administração pública se ressente do patrimonialismo, que mantém evidentes sobrevivências, e da precariedade do sistema educacional[70].

Enfim, o parco aproveitamento dos recursos naturais e a escassez de meios técnicos e financeiros confluem para que o território não se transforme em um ativo à disposição do processo de transformação das estruturas econômicas e sociais. O principal problema do país reside "no vulto das inversões sem produtividade direta necessárias para tornar viável e útil a paisagem"[71]. Como associar desenvolvimento,

---

[67] Celso Furtado, *A operação Nordeste* (Rio de Janeiro, Iseb, 1959), p. 35.

[68] Idem, "Traços da história econômica da Bahia no último século e meio", cit., p. 98.

[69] Idem.

[70] Idem, *Carta dirigida ao dr. Laundulpho Alves, presidente do Diretório do PTB na Bahia*, cit., p. 5-15.

[71] Ibidem, p. 6 e 16.

320INTÉRPRETES DO BRASIL

aumento da produtividade e enfrentamento ao subemprego[72]? O linguajar econômico empresta sentido à utopia dos seus mestres positivistas.

Predomina ainda uma "psicologia do conformismo com as limitações das possibilidades de capital e de técnica". Ora, "se tivermos em vista uma substancial e não remota elevação da procura efetiva", deveremos caminhar no sentido de "uma política econômica ou de um planejamento de mais largo alcance"[73].

De volta ao Congresso, em 1957, depois de uma missão no Conselho Econômico e Social das Nações Unidas, Rômulo realiza um pronunciamento ilustrativo de seu pensamento[74]. Nele, analisa a estrutura de poder como óbice ao desenvolvimento.

Mesmo ressalvando que "o Brasil é, possivelmente, a grande área potencialmente feliz de toda a Terra", ele nos brinda com seu "pessimismo viril". Diante do progresso tecnológico, parecia-lhe que "o Brasil era, no mundo industrial", "uma espécie de ilha distante"[75].

O desencanto advém do desajustamento manifesto das instituições nacionais – permeadas de clientelismo e caudilhismo – ante as necessidades do desenvolvimento nacional. Rômulo percebia "uma crise profunda das classes dirigentes do país". Emperravam o desenvolvimento do fator tecnológico e do fator empresarial ou de direção, o que era pior do que a insuficiência da formação de capital nacional. O Estado cartorial imperava, nutrindo "uma estrutura política pré-ideológica ou antiprogramática"[76].

Duas instituições ilustravam esse desajustamento: o sistema educacional e o atual sistema individualista de uso da propriedade da terra, já que não resolvemos o problema da ocupação rural e muito menos o "grave problema urbano da nação"[77].

No caso do problema urbano, Rômulo fora um dos poucos economistas desenvolvimentistas a encará-lo. De acordo com o relatório da Subcomissão de Habitação e Favelas[78], sua proposta previa articular a solução da crise urbana com a contenção do êxodo rural, diminuindo os custos da produção da moradia mediante o incentivo à ação local na compra de terrenos e no fornecimento de materiais de construção baratos, e promovendo os meios de integração social pela instrução, assistência médica e elevação do poder aquisitivo da população assentada.

---

[72] Ibidem, p. 22.

[73] Ibidem, p. 16, 36 e 44.

[74] Idem, "Clientelismo contra desenvolvimento: dilema dos nossos dias", em Aristeu Souza e J. Carlos de Assis, *A serviço do Brasil: trajetória de Rômulo Almeida* (Rio de Janeiro, Fundação Rômulo Almeida, 2006), p. 272-82.

[75] Ibidem, p. 273.

[76] Ibidem, p. 274-7.

[77] Ibidem, p. 278.

[78] Relatório da Subcomissão de Habitação e Favelas, CPDOC, Arquivo Getúlio Vargas, classificação GV c1952.12.23, 23 dez. 1953.

RÔMULO ALMEIDA

Sua visão sistêmica articula por meio da intencionalidade política – a qual perpassa as várias esferas de governo – as dimensões econômicas, sociais, territoriais e culturais da nação. É o que se percebe, por exemplo, na sua discussão sobre o papel do "artesanato" na economia baiana em transformação.

Se é certo, diz ele, "que o artesanato muda de estrutura com o desenvolvimento da indústria fabril", existe espaço para o seu florescimento se houver uma campanha educativa de valorização social, o que se justifica tanto a título de defesa cultural como de promoção de mercado. O apoio do Estado faz-se estratégico, nesse sentido, nos aspectos comercial, financeiro, tecnológico e artístico, tendo impactos diretos no emprego feminino, prejudicado pelas estruturas econômicas e condições culturais[79].

Nos anos 1970 e 1980, Rômulo procura reatar os elos do Brasil "atual" com o de sua experiência de personagem atuante, municiando-se para tanto das contribuições teóricas de Furtado, Rangel e outros economistas do desenvolvimento. A sua originalidade está em utilizar esses "modelos de interpretação" como ponto de partida para adentrar de forma mais cirúrgica as várias facetas do real, focando as estruturas sociais regionais e nacionais, e buscando o potencial de superação do regime militar por meio de uma dialética planejadora, essencialmente democrática e ancorada nos anseios dos excluídos.

O autor sabe que isso não se fará pelas novas elites tecnocráticas assentadas em um novo tipo de Estado mais modernizador em termos econômicos e mais patrimonialista em termos políticos. A mudança dependeria antes de um processo de reorganização da sociedade capaz de reformar o Estado, ou o que restara dele.

Quatro questões articulam a análise crítica de Rômulo nesse período pós-desenvolvimentista. São elas: o novo modelo econômico e político; a recuperação da noção de planejamento integral; a superação das disparidades regionais; e a relação entre tecnologia e estrutura social.

Nosso pensador mostra como a estrutura social criada, associada à necessidade de concentração de poder para "sustentar o processo de ampliação imoderada do excedente", acarreta a repressão e o controle dos meios de comunicação; a baixa organização política em virtude das condições de subemprego urbano ocasiona manifestações em grande medida espasmódicas; e o controle estrito das áreas não urbanizadas do interior se faz por mecanismos casuístas. Mas aponta que tais efeitos políticos poderiam ser contestados de modo efetivo e duradouro pelos novos segmentos urbanos em ascensão[80].

---

[79] Rômulo Almeida, "Exposição sobre o problema do artesanato na Bahia", em José Carlos da Costa Pereira, *Artesanato e arte popular* (Salvador, Livraria Progresso Editora, 1957), p. 176-81.

[80] Rômulo Almeida, *Estrutura política periférica e capitalismo tardio* (Teresópolis, Ilpes, 1983), p. 2-3.

Essa reflexão, justamente quando assume o centro do palco o tecnocrata, faz com que Rômulo questione o papel do economista. Agora, "utilizar o oligopólio da informação tornou-se uma possibilidade rendosa"[81].

Por outro lado, o pensador, exilado do setor público, coloca-se à disposição dos segmentos sociais preteridos, na defesa da ampliação da eficiência econômica e social, mas questionando o modelo vigente. Para tanto, um novo (velho) tipo de economista deve surgir, dotado de "uma perspectiva multidisciplinar, em comunicação com os setores da sociedade, especialmente os desprotegidos e dominados, no sentido de habilitá-los ao desenvolvimento, pela informação e pela luta, já que as mudanças essenciais não podem resultar de mera atitude elitista"[82].

Mas Rômulo não se destaca apenas por sua resistência, vinculada a uma renovada capacidade de análise e formulação de instrumentos de ação coletiva. O autor mostra, por exemplo, como já estava colocada a polêmica em torno da privatização e dos impactos para a empresa nacional da generalizada presença estrangeira no mercado interno.

Sua argumentação é tudo menos movida pelo nacionalismo ideológico. No seu entender, a abstenção do Estado enfraqueceria o crescimento econômico, além de desequilibrá-lo social e espacialmente. As empresas nacionais não dispunham de recursos para certos investimentos de longa maturação, enquanto as multinacionais não estavam dispostas a correr riscos, apenas antecipando posições vantajosas em um mercado interno seguro. E completa: "só o Estado pode fazer os investimentos, com postura promocional, o que ocorre tanto para os empreendimentos de benefício social mais que direto, como por meio da criação de externalidades para as empresas privadas". Do contrário, "cresceremos menos, cresceremos mais capengas e mais dependentes"[83].

Para além das imperfeições de mercado que a privatização com internacionalização poderia engendrar, o cerne da questão encontra-se na "imperfeição estrutural do mercado para orientar os investimentos", o que só faz aguçar, com a velocidade das mudanças tecnológicas e mercadológicas, a longa maturação dos investimentos e a escala das operações. Uma internacionalização passiva significaria a própria castração do potencial de desenvolvimento nacional[84].

Paralelamente, Rômulo enfatiza as possibilidades de desenvolvimento do país. Trata-se de "um país fácil do Terceiro Mundo"[85]. Apesar da sua defasagem tecnoló-

---

[81] Idem, *As opções do economista*, cit., p. 1.

[82] Ibidem, p. 4.

[83] Idem, "A castração", *Folha de S.Paulo*, 9 fev. 1978, mimeo, p. 3.

[84] Ibidem, p. 3-4.

[85] Idem, "Reflexões sobre o desenvolvimento do Brasil (Discurso como paraninfo, Faculdade Católica de Ciências Econômicas da Bahia)", mimeo, parte II, 1977.

gica, esta pode ser sanada com uma renovação cultural no âmbito de um processo de desenvolvimento democrático que aproveite ademais os recursos agrícolas, o potencial florestal e os novos minérios ainda não descobertos, além da maior unificação do território por meio das tecnologias de transportes disponíveis.

As condições positivas são as tecnologias agrícolas desenvolvidas para o trópico; o núcleo industrial nos setores de bens de capital e intermediários; a capacidade empresarial e os recursos humanos ao menos nos segmentos modernos; a qualidade do Estado brasileiro no que tange ao padrão de organização e de métodos de gestão; o sistema federativo, com entidades espaciais descentralizadas com relativa autonomia; além da escala do mercado interno, acrescida da crescente capacidade de exportação.

Do lado das condições negativas, o ufanismo autoritário que engessa mudanças culturais e institucionais; a semialfabetização; o cartorialismo gremial, que concede privilégios por meio de diplomas; o exagero expropriativo de uma minoria; o explosivo problema urbano, que não se resolve sem mudanças na distribuição e no uso da propriedade; o crescimento econômico gerador de dependência externa; a deterioração da solidariedade e da participação que pode esgarçar a cordialidade como característica nacional; a postura de superioridade com relação aos demais países da região[86].

Após essa síntese por pares de oposição das possibilidades de desenvolvimento do país, Rômulo aponta para o impasse da "civilização brasileira". O adiamento de uma melhora distributiva junto com uma mudança na estrutura produtiva que a possibilitasse é justamente o que impede uma maior capacidade de geração de empregos na agricultura e nas áreas urbanas, e, por sua vez, maior capacidade de arrecadação do Estado. Melhores salários representam maior demanda para bens agrícolas e industriais, habitações e obras públicas, todas atividades menos poupadoras de mão de obra[87].

Por fim, afirma que não está provado que o crescimento elevado do PIB exija necessariamente uma distribuição tão desigual. Ou seja, a desigualdade está na base da acumulação capitalista no Brasil (o que é diferente de condição), em relação à qual o Estado tem perdido a capacidade de acionar mecanismos corretivos[88]. O modelo pode ser superado pelas próprias forças que ele engendra e pela reorganização da sociedade, acionando o Estado de maneira democrática, mas sem retirar-lhe a autonomia e a capacidade propositiva. É o último canto da sereia de um capitalismo autônomo, democrático, regulado e adaptado à realidade cultural dos trópicos.

---

[86] Ibidem, partes III e IV.

[87] Ibidem, parte V.

[88] Idem.

DARCY RIBEIRO[*]

Agnaldo dos Santos • Isa Grinspum Ferraz

> De todas as coisas deste mundo tão variado, a única que me exalta,
> me afeta, me mobiliza, é o gênero humano. As gentes indígenas,
> com quem convivi tantos anos. As gentes que me acolheram nos
> meus longos anos de exílio mundo afora. Mas, principalmente,
> minha amada gente brasileira que é minha dor, por sua pobreza e
> seu atraso desnecessários. E também meu orgulho, por tudo o que
> pode ser como uma civilização tropical de povos morenos, feitos
> pela mistura de raças e pela fusão de culturas.
>
> *Darcy Ribeiro*

Darcy Ribeiro foi um homem de mil faces. Brilhante, inquieto, engraçado, provocativo, polêmico, ele era um vulcão em permanente ebulição. Dizia de si mesmo:

> Eu sou atípico. O Partido Comunista não me quis porque me achava um militante muito agitado, e a Força Expedicionária Brasileira não me aceitou porque os médicos achavam que eu era muito raquítico para ser sargento. Eu me entendi com o marechal Rondon e passei dez anos com os índios. Dali fui ser ministro da Educação, criei a Universidade de Brasília, fui chefe da Casa Civil do Jango, tentei fazer a reforma de base e caí no exílio. E foi no exílio que escrevi uma larga obra. Nunca gostei de ser político. No fundo, acho que sou político por razões éticas. Um poeta inglês pode ser só poeta. Mas num país com o intestino à mostra, como o Brasil, o intelectual tem obrigação de tomar posição. Essa é uma briga séria e eu estou nessa briga.

Darcy Ribeiro viveu num transe de criação e indignação. Revolucionário nas várias áreas nas quais atuou, amava intensamente o Brasil. Criticado por muitos, chamado de "gênio da raça" pelo amigo Glauber Rocha, ele teve a liberdade rara de inventar-se e reinventar-se em mil faces. Em seu discurso dissonante e hete-

---

[*] Para registro de autoria, a primeira parte foi escrita por Isa Grinspum Ferraz e a segunda por Agnaldo dos Santos, ambos especialmente para esta coletânea e em diálogo a fim de abarcar com rigor a vida e as múltiplas facetas da obra de Darcy Ribeiro. (N. E.)

rodoxo, incorporou livremente coisas como o culto popular do Espírito Santo, o elogio da mestiçagem brasileira e uma profunda vontade de beleza. Por toda a sua vida, defendeu um socialismo moreno que tivesse repercussões profundas na alma brasileira. A formação e o futuro do Brasil eram sua obsessão.

Darcy Ribeiro escreveu continuamente por grande parte dos seus 73 anos – muito bem vividos. As poltronas de suas casas tinham de ter braços largos para apoiar papel e caneta. Nem a doença freou seu impulso e sua urgência de dizer o que queria. Escreveu até o último dia de vida, mesmo devorado por um câncer generalizado. Sua produção intelectual – estudos, ensaios, artigos, romances – é enorme.

Aos acadêmicos e estudiosos, a tarefa de analisar a obra de Darcy Ribeiro em profundidade, buscando nela fundamentações e incongruências, comparando, tecendo considerações críticas. Minha abordagem é necessariamente outra: é a de quem viu, ouviu, conviveu, compartilhou experiências profissionais e uma amizade profunda.

A liberdade com que certos pensadores cultos se propuseram a percorrer a formação sociocultural de seus países e a refletir sobre as suas perspectivas pode produzir intuições reveladoras. Esse é o caso de Darcy Ribeiro. Sem se filiar a nenhuma escola de pensamento, mas bebendo em muitas fontes e conhecendo em profundidade o país no qual vivia, ele soube reler a história do Brasil com originalidade e ousou tecer profecias sobre seu futuro.

Darcy investigou o Brasil e os brasileiros, assim como vivenciou e estudou o contexto latino-americano – que, para ele, guardava uma unidade essencial com o processo civilizatório do Brasil, apesar dos fatores de diversificação. Foi antropólogo, educador, criador de universidades, romancista, político.

Fez parte de uma geração de intelectuais e artistas que acreditava firmemente ser possível construir um projeto cultural abrangente para o Brasil e para a América Latina. Um projeto destinado a revolucionar as estruturas do país e do continente, e não apenas reformá-las. Em um discurso proferido no México em 1978, Darcy disse:

> A meu ver, o que caracteriza a América Latina de hoje é o súbito descobrimento de que tudo é questionável. As velhas explicações eram justificações. É necessário repensar tudo... Eu acredito que o que caracteriza a nossa geração, a geração que começou a atuar depois de 1945, é esta consciência mais lúcida e mais clara de que o nosso mundo tinha de ser desfeito para ser refeito.

Herdeiros das utopias socialistas e humanistas e do vazio deixado pela visão dos horrores das duas grandes guerras que abalaram a ordem mundial no século XX, gente como Darcy, Celso Furtado, Lina Bo Bardi, Mario Schemberg, Vilanova Artigas, Octavio Paz, Alejo Carpentier, Julio Cortázar, entre muitos outros intelectuais em todo o continente, tinha uma perspectiva ao mesmo tempo trágica e aguda da realidade e queria nada menos do que o todo. Gente temperada pelo radicalismo das vanguardas europeias do começo do século, pelo existencialismo

DARCY RIBEIRO

de Sartre e, mais tarde, pelas revoluções sociais de maio de 68 e pelos movimentos *beat* e *hippie*. Pela Guerra do Vietnã e pela Revolução Cubana. E ávida por conhecer e fazer valorizar as raízes mais profundas da híbrida formação latino-americana.

Como disse Eduardo Subirats em *A penúltima visão do paraíso*,

> a vanguarda europeia exprimiu fundamentalmente uma angústia existencial com respeito a um passado que, de um lado, a afogava e, de outro, temia perder... Ao contrário, os "antropófagos" brasileiros [e latino-americanos] descobriram na própria realidade histórica americana, nas línguas indígenas e nas expressões artísticas populares aquele princípio criador capaz de gerar o novo em termos formais e em termos de uma utopia social de sinal emancipador... Mais além da reivindicação de uma realidade cultural própria, a Antropofagia apontava para um projeto civilizador originalmente americano.[1]

Tratava-se de uma vanguarda local, sim, "mas perfeitamente globalizada e integralmente civilizada"[2].

Dessa mistura complexa brotaram, no Brasil, coisas tão diversas como o cinema novo, a poesia concreta, a bossa nova, uma MPB ativa, a Sudene, o Centro Popular de Cultura (CPC), um teatro radicalmente novo e uma produção acadêmica comprometida com a realidade. Uma série de caminhos se abriu também na arquitetura e nas artes plásticas. Formas livres e novas linguagens; "uma visão radicalmente renovadora da modernidade", como bem diria Subirats.

Darcy Ribeiro pertencia a essa linhagem. Para ele, fato e mito – contextos e estruturas simbólicas – formam juntos a tessitura da vida, e qualquer análise que menospreze esse amálgama será necessariamente incompleta e desinteressante.

Por um lado, seus escritos são o resultado de pesquisa e observação pacientes e aguçadas, e de uma análise sistemática a respeito dessa experiência planetária única que é o Brasil, sendo, portanto, fontes riquíssimas de estudo para quem quer conhecer o país. Seus livros de etnologia e antropologia foram traduzidos e reeditados em inúmeras línguas, recebendo Darcy títulos de doutor *honoris causa* em algumas das mais importantes universidades do mundo.

Ao mesmo tempo, sua obra nos faz refletir sobre a possibilidade de criar de forma livre e descolonizada, sem complexo de inferioridade em relação aos pensadores da moda. Para Darcy, nenhum modelo poderá jamais explicar o Brasil – país dotado e promissor "que deu e não deu certo". Por isso, é necessário conhecê-lo para poder reinventá-lo, sem perder de vista o que a formação brasileira nos legou, com sua potência criadora.

A academia brasileira – principalmente a paulista – sempre olhou com reserva e ceticismo para o pensamento independente e totalizante de Darcy Ribeiro. Muitas

---

[1] Trad. Eduardo Brandão, São Paulo, Studio Nobel, 2001, p. 158.

[2] Ibidem, p. 156.

são também as críticas – de várias naturezas – em relação à sua atuação política. Darcy foi um dos poucos intelectuais brasileiros que se engajaram na luta política partidária: foi ministro da Educação e chefe da Casa Civil no governo de João Goulart nos anos 1960; candidato a governador no Rio de Janeiro nos anos 1980 pelo Partido Democrático Trabalhista (PDT) de Leonel Brizola; vice-governador e secretário de Estado no governo Brizola; e morreu senador da República. Ele aceitou os riscos dessa exposição pública como poucos intelectuais latino-americanos e foi, também por isso, bastante estigmatizado.

Com o golpe de 1964 e a ditadura militar que se instalou no Brasil, todo aquele universo de renovação foi desmantelado com violência. As repercussões na universidade e na vida intelectual e artística do país foram brutais, com a prisão, a morte e o exílio de muitos dos melhores quadros dessa geração. Ao lado de vários outros, Darcy Ribeiro, então chefe da Casa Civil do governo reformista de Jango, foi preso e exilado, sendo obrigado a peregrinar por muitos anos em diversos países da América Latina. Os anos de chumbo que se seguiram deixaram marcas profundas na cultura e na educação brasileiras. E as novas gerações que se formaram a partir de então – vítimas de uma universidade cerceada e de uma mídia censurada – pouco sabem sobre as ambições e o significado profundo do pensamento de tantas cabeças ilustres e brilhantes que, por décadas, sonharam em reinventar o país.

Em Darcy Ribeiro, o pensamento e a ação engajada foram moldados por essa época confusa e profícua. Mas também por sua trajetória pessoal de mineiro de Montes Claros – região marcada por grandes desigualdades sociais e por um imaginário muito rico (poderosamente descrito por Guimarães Rosa).

Darcy Ribeiro nasceu em 26 de outubro de 1922 em Montes Claros, no Vale do Rio São Francisco, porta de entrada do sertão nordestino. Em 1946, licenciou-se em Ciências Sociais pela Escola de Sociologia e Política de São Paulo, especializando-se em Antropologia sob a orientação de Herbert Baldus. Nesse mesmo ano, Darcy casa-se com Berta Gleizer Ribeiro, com quem viveria e trabalharia por muitos anos.

Como antropólogo/etnólogo, e fortemente inspirado pelas ideias do marechal Cândido Rondon, com quem trabalhou por longo período, Darcy viveu por dez anos entre os índios brasileiros, decifrando seu modo de existir e pensar; criou o Museu do Índio, primeira instituição brasileira "projetada para lutar contra o preconceito contra o índio, que descrevia o índio como canibal, preguiçoso, violento"; escreveu seus impressionantes *Estudos de antropologia da civilização* (seis volumes, com quase 2 mil páginas); além de ter criado, com Eduardo Galvão e os irmãos Villas-Boas, o revolucionário Parque Nacional do Xingu.

Em 1955, Darcy organizou o primeiro curso de pós-graduação em Antropolgia Cultural no Brasil para a formação de pesquisadores. Sob sua orientação, o Museu do Índio produziu vasta documentação fotográfica e cinematográfica sobre a vida dos índios Kaapor, dos Bororo e dos índios do Xingu. No mesmo ano, assumiu

DARCY RIBEIRO

a cadeira de Etnografia Brasileira e Língua da Faculdade de Filosofia, Ciências e Letras da Universidade do Brasil. Em 1958, foi eleito presidente da Associação Brasileira de Antropologia.

Como educador, Darcy trabalhou ao lado de Anísio Teixeira, com quem lutou por uma escola pública e gratuita de período integral e de qualidade para todos os brasileiros. Mais tarde, viria a criar os Centros Integrados de Educação Pública (Cieps), escola que revolucionou a educação básica no Rio de Janeiro. Em 1960, foi incumbido pelo presidente Juscelino Kubitschek de coordenar o planejamento e a criação da Universidade de Brasília (UnB), na qual viria a ser reitor – para, como dizia, "transmitir todo o saber do homem como um modo de diagnosticar os problemas brasileiros, de definir bem que problemas são e de encontrar caminhos para superar esses problemas". Para isso, organizou uma equipe de uma centena de notáveis cientistas e pesquisadores de várias áreas. Mais tarde, com o exílio, andou pelo continente latino-americano reformando universidades. Em 1992, elaborou e inaugurou a Universidade Estadual Norte Fluminense, em Campos. Já no final da vida, criou a Lei de Diretrizes e Bases da Educação (LDB), que, aliás, leva o seu nome.

Como político, Darcy assumiu, em 1962, o cargo de ministro da Educação e Cultura do Gabinete Parlamentarista do primeiro-ministro Hermes Lima. Em 1963, assumiu a chefia da Casa Civil do presidente João Goulart, cargo que ocupa até o golpe militar de 1964, quando se exilou no Uruguai. Durante seu longo exílio político, trabalhou em diversos projetos de universidades em vários países da América Latina. Nesse mesmo período, escreveu parte importante de sua vasta obra. Mais tarde, já em 1978, casou-se com Claudia Zarvos, com quem vive até 1990.

Em 1982, foi eleito vice-governador do estado do Rio de Janeiro no governo de Leonel Brizola. Em 1983, assumiu também a Secretaria Extraordinária de Ciência e Cultura do Rio de Janeiro. Em 1990, Darcy Ribeiro foi eleito senador pelo estado do Rio de Janeiro pelo PDT. Em 1991, licenciou-se de seu cargo para assumir a Secretaria de Projetos Especiais, no segundo governo de Brizola.

Como romancista, Darcy Ribeiro escreveu, entre outras obras, *Maíra*, considerada pelo crítico Antonio Candido "um dos mais importantes romances brasileiros do século". Em 1992, foi eleito membro da Academia Brasileira de Letras (ABL). E, na sua profunda inquietação, ainda fez muitas outras coisas no Brasil e mundo afora.

O que há de comum e coerente em todas essas frentes em que Darcy Ribeiro empenhou sua vida sem filhos parece ser o impulso quase vulcânico de um criador sem medo e cheio de utopias. Já quase no final da vida falou para minha câmera:

> O que é que nós todos queremos? É fazer um país habitável, em que as pessoas existam para serem felizes, alegres, amorosas, afetuosas, todo mundo comendo todo dia. Não é uma alegria? Não é um absurdo que num país tão grande, tão cheio de verde, tenha tanta gente com fome?... O Brasil não tem nenhum bezerro abandonado, não tem nenhum cabrito abandonado, nenhum frango. Todo frango

tem um dono. Mas tem milhões de crianças abandonadas. Quando uma sociedade perde seu nervo ético, perde seu amor, seu apego por suas crianças, que são a sua reprodução, é uma enfermidade tremenda.

Quem hoje quer ouvir essa música que arde e segue incomodando? Como disse uma vez Aílton Krenak, "Por que o Darcy causava tanto desconforto e raiva? Qual universidade dá chance para alguma coisa do Darcy no Brasil? Parece que eles o exilaram mais de uma vez. Eles o exilaram vivo e aproveitaram que ele morreu e o exilaram de novo".

Uma geração que fracassou em sua "cruzada heroica e redentora da modernização"? Sim e não. Darcy Ribeiro afirmou várias vezes, referindo-se a suas lutas pelos índios, pela educação, pela democracia: "Fracassei na maioria das propostas que defendi. Mas os fracassos são minhas vitórias. Eu detestaria estar no lugar de quem me venceu".

O temperamento vulcânico de Darcy produziu intuições em ritmo e quantidade avassaladores, e a urgência de dizer coisas, ao lado da angústia da proximidade da velhice e da morte, fez com que ele, em certos momentos, desdenhasse de certo tratamento do texto e um rigor maior. Darcy se permitia generalizações, brincadeiras e incongruências que deixam arrepiados muitos pensadores. Era amigo das grandes imagens que o tornassem compreensível por todos. Achava que pouca gente conhecia o Brasil e os brasileiros e, na sua ambição "meio iluminista", acreditava poder contribuir para "desasnar" jovens e velhos, como ele dizia.

Sua obra – em parte esgotada e desconhecida – é estimulante, e não apenas como uma das notáveis expressões de uma época profícua da produção intelectual no país. É também horizonte aberto para pensar o Brasil contemporâneo, que até agora não superou grande parte dos problemas e das questões nela apontados.

Alguns aspectos da obra

A obra de Darcy Ribeiro é bem menos conhecida do que sua imagem pública. Mas só a compreendemos bem se tomamos a própria biografia do antropólogo acima exposta como referência. Dos seus estudos etnológicos dos anos 1950 até *O povo brasileiro*, no final da sua vida, sua preocupação foi sempre a de interpretar a história da formação de uma gente engendrada a partir de um processo muito mais dramático do que o da simples "assimilação" cultural de índios e negros, que resultou em um tipo humano *sui generis*. A seu ver, a boa compreensão desse fenômeno social é que conduziria tal povo à superação das desigualdades e opressão em seu seio.

Por estar convencido desse elemento idiossincrático do brasileiro, Darcy acreditava que uma única abordagem teórica seria incapaz de captar o *ethos* dessa gente, daí sua clara opção pelo ecletismo teórico-metodológico, que acabou lhe custando muito caro, especialmente entre a comunidade acadêmica paulista, dividida entre a abordagem culturalista anglo-saxã e a forte herança estruturalista deixada por Claude Lévy-Strauss na formação da Universidade de São Paulo (USP), na primeira metade do século XX.

De acordo com José Maurício Arruti, a leitura dos cadernos conhecidos como *Grundrisse* de Karl Marx (publicados na União Soviética em 1939-1941) impactou o antropólogo[3], que acatou a sugestão contida nesses manuscritos, em especial aqueles referentes às formações econômicas pré-capitalistas, de que era possível mais de uma via de desenvolvimento nos processos civilizacionais.

Assim, *O processo civilizatório: etapas da evolução sociocultural*, escrito no período de exílio após o golpe de 1964, procurava apontar como aquela ruptura com os grupos humanos arcaicos, indicada por Marx nos seus manuscritos anteriores a *O capital* – conduzindo à civilização escravista greco-romana e ao modo de produção asiático –, poderia ser útil para compreender outras formas de desenvolvimento social, tal qual achava que era a civilização formada entre os trópicos.

Mas essa simpatia pelas teses marxianas nunca indicou adesão incondicional ao marxismo, principalmente na versão adotada pela seção nacional do Partido Comunista Brasileiro (PCB). No Prefácio à quarta edição venezuelana de *O processo civilizatório*, diz Darcy Ribeiro:

> [...] um conhecido intelectual marxista [...] deu um parecer arrasador sobre *O processo civilizatório*. Dizia ele que o autor, etnólogo de índios, brasileiro, que não era nem sequer marxista, pretendia nada menos que reescrever a teoria da história, o que equivalia, pensava ele, a inventar o moto-contínuo. O diabo é que eu pretendia mesmo![4]

Aqui podemos notar duas características já mencionadas de sua personalidade e de seu projeto: inconformidade com rígidas estruturas analíticas e uma clara intenção de produzir uma ciência social desde o terreno latino-americano, sem vassalagem aos paradigmas do Norte. Nesse sentido, via-se próximo de autores como Gilberto Freyre, Câmara Cascudo e Sérgio Buarque de Holanda, que percebiam na formação do Brasil traços que lhe eram muito particulares, mesmo entre os vizinhos hispânicos. É desses autores da primeira metade do século XX, questionadores do "carma ibérico" (a crença segundo a qual nosso subdesenvolvimento era fruto do atraso dos portugueses, índios e africanos), que Darcy buscará inspiração para defender a cultura brasileira como uma nova e original forma de humanidade, capaz de superar os modelos antigos herdados no Velho Mundo.

Na tentativa de elaborar uma abordagem histórico-antropológica original, resgata as teorias da evolução sociocultural para mostrar como, em um intervalo de

---

[3] Darcy Ribeiro, *O processo civilizatório: estudos de antropologia da civilização* (col. Grandes Nomes do Pensamento Brasileiro, São Paulo, Companhia das Letras/Publifolha, 2000), p. 242.

[4] Ibidem, p. xvii.

332

INTÉRPRETES DO BRASIL

aproximadamente 10 mil anos, as diversas sociedades e civilizações foram surgindo e se transformando, tendo como um dos principais pilares a mudança tecnológica. Aqui ele é inegavelmente tributário do revolucionário e pensador alemão:

> Para Marx, a universalidade do processo evolutivo parecia estar antes no progresso continuado dos modos de produção e na sua resultante histórica, que era o sistema capitalista industrial de base mundial tendente ao socialismo, do que na unilinearidade da via de ascensão do primitivismo à civilização.[5]

Ele vai, assim, associando o surgimento das diferentes civilizações ao progresso técnico, desde as sociedade nômades, passando pela diversidade de impérios (e isso para ele era importante, a *diversidade*), até a sociedade industrial e termonuclear do século XX. Soa curiosa e ultrapassada, para leitores do século XXI, a menção feita à tecnologia de base atômica, uma vez que ainda não era nítido para quem escrevia nos anos 1960 que ela seria nebulada pelo impacto da informática, da biotecnologia e da nanotecnologia (de todo modo, frutos dos avanços teóricos da física). Mas sua conclusão sobre esse desenvolvimento era otimista:

> O futuro mais longínquo, o do homem, será certamente o da antevisão de Marx. Este se cristalizará no curso de uma civilização que amadurecerá com o novo homem produzido pela Revolução Termonuclear, já não adjetivável étnica, racial ou regionalmente. Essa será a civilização da humanidade.[6]

Mas Arruti acredita existir um paradoxo nessa obra: de fato, ela é fruto dos questionamentos de Darcy Ribeiro acerca da imprecisão do conceito de "assimilação" da cultura branca pelas indígena e africana (a seu ver, muito mais consequência de violência do que de negociação), expressa na análise do desenvolvimento de outros povos do passado. Mas, ao tomar de forma explícita o princípio da *evolução* como eixo explicativo, acaba se rendendo aos modelos que já eram amplamente combatidos no campo antropológico nas primeiras décadas do século passado[7]. O curioso é que ele já tinha uma resposta a essa questão também no Prefácio à sua quarta edição venezuelana, de 1978:

> Contestar em nome de Marx a utilização do critério tecnológico no estudo da evolução social humana é tanto mais absurdo porque é o próprio Marx quem reclama no primeiro tomo de *O capital* a necessidade imperiosa de se escrever a história crítica da tecnologia. Isso porque, a seu juízo, ela seria, no plano social, o equivalente da obra de Darwin no plano da evolução das espécies.[8]

---

[5] Ibidem, p. 3.

[6] Ibidem, p. 178.

[7] Ibidem, p. 242-3.

[8] Ibidem, p. xxiii.

DARCY RIBEIRO

Dificilmente um cientista social treinado ou exercendo seu ofício na segunda metade do século XX passaria incólume pela avalanche de críticas pós-estruturalistas e pós-modernas com essas posições. E isso certamente ajuda a explicar por que muitos alunos de ciências sociais até hoje possuem pouco ou nenhum contato com sua obra, mesmo com sua evidente notoriedade pública. Esse difícil diálogo com os pares talvez explique a energia orientada por décadas no campo das políticas públicas de educação.

Mas além da questão da evolução outro motivo que o levou a certo isolamento na comunidade dos etnólogos brasileiros foi o fato de se negar a ficar circunscrito ao exótico e ao local, que a seu ver era o erro de muitos de seus colegas de ofício.

> Esses meus colegas têm um irresistível pendor barbarológico e um apego a toda conduta desviante e bizarra. Dedicam seu parco talento a quanto tema bizarro lhes caia em mãos, negando-se sempre, aparvalhados, a usar suas forças para entender a nós mesmos, fazendo antropologias da civilização.[9]

Suas citadas passagens pelo Ministério da Educação e Cultura, pelo governo Leonel Brizola, no Rio de Janeiro, na criação da UnB e nos Cieps estavam em consonância com essa perspectiva de desenvolver uma nova práxis nacional – a formação de uma nova civilização exigia uma nova forma de pensar, e o acesso à educação garantiria esse novo pensar, tão caboclo e eclético quanto o povo.

O livro que ele julgava ser a coroação de suas reflexões de décadas foi *O povo brasileiro: a formação e o sentido do Brasil*, que seguia também a trilha da reconstrução histórico/evolutiva daquilo que seria o Brasil. A leitura do Prefácio indica um pensador que sabia estar no crepúsculo da vida, mas antes dever legar às novas gerações uma interpretação do país que tanto amou. Ali não só faz uma retrospectiva dos livros que antecederam *O povo brasileiro*, como também anuncia o conceito que atravessa toda a sua obra, o de "transfiguração étnica", um processo pelo qual os povos surgem, transformam-se e morrem.

Então, mesmo tributário de autores que procuraram atribuir um sentido positivo à mestiçagem brasileira, como o citado Gilberto Freyre (aliás, num debate de titãs com outros pesos-pesados do nosso pensamento social, como Euclides da Cunha e Oliveira Viana), nunca negou as dores do parto da nação. Pelo contrário, destacou nessa e em outras obras a violência que guiou o projeto civilizatório lusitano:

> Os brasilíndios foram chamados de mamelucos pelos jesuítas espanhóis horrorizados com a bruteza e a desumanidade dessa gente castigadora do gentio materno. Nenhuma designação podia ser mais apropriada. O termo se referia a uma casta de escravos que os árabes tomavam de seus pais para criar e adestrar

---

[9] Darcy Ribeiro, *O povo brasileiro: a formação e o sentido do Brasil* (2. ed., São Paulo, Companhia das Letras, 1995), p. 15.

334   INTÉRPRETES DO BRASIL

em suas casas-criatórios; [...] podiam alcançar a alta condição de mamelucos se revelassem talento para o mando e a suserania islâmica sobre a gente de que foram tirados.[10]

Desse modo, de forma perversa, os filhos das índias com os portugueses eram o principal elemento na empresa da captura dos não brancos – primeiro os índios, depois os negros dos quilombos. Como sabemos, muitos deles estiveram com Domingos Jorge Velho (sobrinho) no extermínio de Palmares.

Às vezes se diz que nossa característica essencial é a cordialidade, que faria de nós um povo por excelência gentil e pacífico. Será assim? A feia verdade é que conflitos de toda a ordem dilaceraram a história brasileira, étnicos, sociais, econômicos, religiosos, raciais etc. [...] Assim, a luta dos Cabanos, contendo, embora, tensões inter-raciais (brancos *versus* caboclos), ou classistas (senhores *versus* serviçais), era, em essência, um conflito interétnico, porque ali uma etnia disputava a hegemonia, querendo dar sua imagem étnica à sociedade. O mesmo ocorre em Palmares, tida frequentemente como uma luta classista (escravos *versus* senhores) que se fez, no entanto, no enfrentamento racial, que por vezes se exibe como seu componente principal.[11]

Aqui vemos que, sem desprezar o componente econômico, o antropólogo olha para os conflitos de base étnica que levaram à transfiguração das populações nativas e trazidas do outro lado do Atlântico. E é nessa forma de combinação teórica que vemos aflorar seu explícito ecletismo: usa Marx, mas não perdoa o serviçalismo do PCB ante Moscou; usa Freyre, mas não poupa sua abordagem idílica na relação entre a casa-grande e a senzala:

Gilberto Freyre se enlanguece, descrevendo a atração que exercia a mulher morena sobre o português, inspirado nas lendas da moira encantada e até nas reminiscências de uma admiração lusitana à superioridade cultural e técnica dos seus antigos amos árabes. Essas observações podem até ser verdadeiras e são, seguramente, atrativas como bizarrices. Ocorre, porém, que são totalmente desnecessárias para explicar um intercurso sexual que sempre se deu no mundo inteiro, onde quer que o europeu deparasse com gente de cor em ausência de mulheres brancas.[12]

Para Darcy Ribeiro, a marca da nacionalidade reside exatamente neste ponto: a violência do europeu serviu para desenraizar, por meio da cultura e da miscigenação, os componentes indígenas e africanos, tornando-os "ninguém" – já não serviam para ser índios, ou nem se viam mais como africanos, e muito menos eram considerados brancos.

---

[10] Ibidem, p. 107-8.

[11] Ibidem, p. 167.

[12] Ibidem, p. 237.

Mas, se esse havia sido o destino dos povos indígenas e africanos que foram triturados ao longo da nossa história, também essas vicissitudes desencadearam um processo "criatório de gente", que conduziria o país à condição de uma nova Roma:

> Uma Roma tardia e tropical. [...] Mais alegre, porque mais sofrida. Melhor, porque incorpora em si mais humanidades. Mais generosa, porque aberta a convivência com todas as raças e todas as culturas e porque assentada na mais bela e luminosa província da Terra.[13]

Temos então a crença inabalável de um intelectual-militante que nunca duvidou das virtudes de um povo gestado a ferro e sangue, que ao final poderia ser a antítese de todos os particularismos e xenofobias que grassaram o século XX. As benesses da natureza, associadas a um povo em permanente formação e capaz de incorporar e recriar o elemento exógeno, seriam as garantias dessa nova civilização.

Fica evidente, nessa rápida aproximação à obra de Darcy Ribeiro, que existem flancos descobertos passíveis de críticas. Não só os já citados evolucionismo e ecletismo, ou ainda o otimismo ao nível do paroxismo quanto ao destino do país, além da forma como conduziu a elaboração e promulgação das Leis de Diretrizes e Bases da Educação, criticado à época devido ao pouco diálogo com os diversos setores envolvidos.

Por isso vale a pena sugerir a leitura do seu último livro, preparado no mesmo período de *O povo brasileiro*, após sua fuga do tratamento hospitalar – trata-se de sua autobiografia *Confissões*, título não por coincidência homônimo ao de Santo Agostinho, além do de Rousseau.

Ali, ele procura descrever sua infância e formação nas Minas Gerais, o que torna clara, por exemplo, sua predileção pelos neologismos e termos usados pelo povo simples, no melhor estilo Guimarães Rosa ("fazimento", "ninguendade"). Descreve suas alegrias e desencontros na universidade, no Executivo e no Legislativo, suas amizades, seu combate à doença, seu gosto pelas letras e por "contação" de histórias, além da obsessão de toda vida, uma explicação sobre o Brasil e o destino do país. Ele reconhece ali, enfim, a dificuldade de usar o arcabouço conceitual que nos foi legado para essa empreitada, muito em função de berço eurocentrista, mas indica que é trabalho do qual não se deve fugir. Nem mesmo quando o fim se aproxima:

> A você que fica aí, inútil, vivendo vida insossa, só digo: "Coragem! Mais vale errar, se arrebentando, do que poupar-se para nada. O único clamor da vida é por mais vida, bem vivida. Essa é, aqui e agora, a nossa parte. Depois, seremos matéria cósmica, sem memória de virtudes e gozos. Apagados, minerais. Para sempre mortos".[14]

Esse era Darcy Ribeiro: antropólogo, educador, político, mas acima de tudo um apaixonado.

---

[13] Ibidem, p. 454-5.

[14] Darcy Ribeiro, *Confissões* (São Paulo, Companhia das Letras, 1997).

MÁRIO PEDROSA

Everaldo de Oliveira Andrade

Mário Pedrosa foi um dos personagens mais extraordinários da militância socialista e da crítica artística no Brasil. Sua trajetória, ao longo dos seus mais de oitenta anos de vida, foi marcada por dois exílios – durante a ditadura Vargas e na ditadura iniciada em 1964 –, perseguições políticas, polêmicas, debates, contradições. Muito mais conhecido hoje como crítico de arte, Pedrosa deixou livros fundamentais de interpretação da história e economia brasileira, além de uma longa e ativa militância política socialista. Este texto não pretende realizar uma biografia exaustiva e detalhada de uma personalidade que, pela complexidade de sua vida, de sua obra, de suas ideias e iniciativas, merecerá sempre novos estudos e leituras.

Ele se formou como militante ao combater o stalinismo no interior do Partido Comunista Brasileiro (PCB) nas décadas de 1920 e 1930. Percorreu os caminhos tortuosos do Partido Socialista (PS) das décadas de 1950 e 1960. Após o segundo exílio, nas décadas de 1960 e 1970, mergulhou nas mobilizações por um novo partido operário e independente – o Partido dos Trabalhadores (PT) – que, nos seus primeiros anos, era uma organização vigorosa, de massas, combativa e comprometida com propostas socialistas e reivindicações operárias. Foi a esperança sempre renovada de que os trabalhadores brasileiros não seriam mais agarrados pelos braços do capitalismo tupiniquim e abririam seu próprio caminho socialista que o engajou até os últimos momentos de sua vida.

Mário Xavier de Andrade Pedrosa nasceu em Pernambuco, na cidade de Timbaúba, em 25 de abril de 1900. Desde a juventude, foi um filho desgarrado do rebanho. Sua família era de proprietários, senhores de engenho no Nordeste, que se voltaram para a administração pública. Seu pai, Pedro da Cunha Pedrosa, chegou a ser senador da República e ministro do Tribunal de Contas. Mário foi enviado pela família em 1913 para estudar na Europa e lá ficou até 1916. Entre 1920 e 1923, na Faculdade de Direito do Rio de Janeiro, tomou contato com as ideias socialistas.

Foi despertado para a vida política e intelectual a serviço dos trabalhadores, luta da qual jamais se separaria. Tomou contato nessa mesma época com os artistas do movimento modernista, como Mário de Andrade. Entre os amigos dessa época podemos destacar Rodolfo Coutinho e seu camarada de sempre Lívio Barreto Xavier, cearense e também jovem advogado. Com Lívio em particular Pedrosa tinha muito em comum: ambos nasceram no mesmo dia, mês e ano e tornaram-se militantes de esquerda na mesma época. Em 1923, Mário formou-se bacharel em direito, mas sua vida tomaria outros caminhos.

Ele fez parte da primeira geração de militantes comunistas do Brasil que aderiam à luta revolucionária no momento seguinte à Revolução Russa, de outubro de 1917. No Brasil, vivia-se, no começo do século XX, um período de transformação da estrutura econômica agroexportadora dominada pelo imperialismo inglês com a qual a velha oligarquia cafeeira dominava o país. Tudo mudava com o avanço da industrialização e urbanização, embora a esmagadora maioria dos brasileiros ainda sobrevivesse em uma vida miserável no campo. A greve geral de 1917 em São Paulo, o impacto da Revolução Mexicana de 1910 e da Russa de 1917, os movimentos no exército com os tenentistas e a própria fundação do Partido Comunista em 1922 mostravam uma situação de crescente tensionamento e crise do sistema político e do modelo econômico oligárquico que desembocaria na Revolução de 1930.

O envolvimento de Pedrosa com a militância foi intenso e crescente. Em 1925, teve os primeiros contatos com o PCB por meio do jornal *A Classe Operária*. No ano seguinte se filia ao partido e em março de 1927 começa a trabalhar em João Pessoa (PB) como agente fiscal e logo desiste da profissão. Em São Paulo assume o trabalho político de organização do Socorro Vermelho – uma organização que promovia atividades de ajuda e solidariedade aos prisioneiros políticos comunistas e era impulsionada pelo PCB. Começa na mesma época a escrever e publicar regularmente na revista teórica do partido.

O militante de esquerda e a Revolução Russa

A União Soviética surgiu a partir da Revolução de Outubro, e nos trinta anos seguintes Mário Pedrosa esteve ligado aos destinos da Revolução Russa, suas vitórias, polêmicas e crises. Até 1921 a guerra civil, provocada pelas burguesias de vários países contra a Rússia revolucionária, isolou o país e consumiu milhares dos melhores militantes revolucionários. O resultado foi que, apesar da vitória na guerra civil, uma camada de funcionários e burocratas carreiristas e aproveitadores vão surgir dos escombros dessa luta para tentar desviar e impedir o avanço da revolução socialista para outros países. Eles passaram a sufocar a democracia da jovem república socialista e o poder operário que surgia com ela. Stalin se destaca como líder dessa burocracia em ascensão no partido. Essa situação não era facilmente percebida pelos militantes de base dos jovens partidos comunistas, já que o próprio prestígio da revolução favorecia a aceitação quase cega das propostas vindas da União Soviética.

As divergências aprofundavam-se no interior do Partido Comunista da União Soviética (PCUS) após a morte de Lenin, em 21 de janeiro de 1924. A maioria da direção liderada por Stalin e Bukharin iniciava uma profunda revisão das principais ideias e propostas que orientaram a vitória da revolução, como o internacionalismo revolucionário e a democracia operária. Também a III Internacional Comunista, que foi fundada em 1919 e agrupava os nascentes partidos comunistas do mundo, começava a ser atingida pelas influências dos novos dirigentes ligados a Stalin. O movimento comunista no Brasil sofrerá esses impactos.

No interior do PCUS, uma intensa discussão se desenvolvia e ganharia contornos dramáticos nos anos seguintes. Multiplicavam-se diversos grupos de oposição, que buscavam agir contra a crescente burocratização e desvios do movimento comunista. A Oposição de Esquerda surge em 1923 e funcionará até 1933, sob inspiração inicial de Leon Trotski, como uma tendência interna e depois como uma fração do partido. A partir de março de 1926, com a aliança dos dirigentes Kamenev e Zinoviev e a "Declaração dos 13", surge a Oposição de Esquerda Unificada Russa como uma federação de frações opositoras à direção de Stalin[1]. A Oposição Internacional começa a se desenvolver inicialmente muito dependente dos dirigentes russos, que, por outro lado, ainda desfrutam de algum espaço no partido e na Internacional Comunista.

No Brasil, Mário Pedrosa acompanha esses debates ainda muito distantes. Mas no final de 1927 é indicado pela direção do PCB para frequentar a Escola Leninista em Moscou, curso de formação de militantes da III Internacional. Em novembro já está em Berlim. É o momento em que se aprofundam as crises políticas na URSS. Ele ficará na Europa até agosto de 1929, onde tomará contato mais próximo com as propostas da Oposição de Esquerda Russa[2]. É desse contato que nasce plenamente

---

[1] Pierre Broué, *História da Internacional Comunista (1919-1943)* (São Paulo, Sundermann, 2007), p. 563-4.

[2] Em dezembro de 1927, explode a Oposição Unificada. A derrota da Revolução Chinesa provocada pela política de alianças de Stalin com o Kuomitang (partido nacionalista chinês) fortalece o aparato burocrático e enfraquece os setores oposicionistas. Zinoviev e Kamenev capitulam, saem da Oposição e "reconhecem os seus erros". Trotski resiste, é expulso do partido em 1927 e exilado em Alma-Ata. A oposição continua combatendo na URSS e consegue distribuir em 1928 uma carta de Trotski a muitos dos delegados da 6ª Conferência da Internacional que se reunia na URSS apenas alguns meses após a expulsão da Oposição Unificada do partido russo. Essas iniciativas provocam a expulsão de Trotski da própria URSS em 1929. Isso provocará um redimensionamento dos objetivos e atividades da Oposição de Esquerda, até então restrita em grande parte ao solo soviético. Tratava-se agora de desenvolver uma atividade de dimensão mundial no interior de todos os PCs para reorientar as atividades e a tática política da III Internacional.

o militante revolucionário Mário Pedrosa. Ele voltará ao país no final de julho de 1929 com convicções políticas mais maduras sobre os destinos da revolução e do movimento comunista no Brasil. Encontra já uma polêmica em andamento desde 1928 no PCB sobre as alianças e que opõe o militante Rodolfo Coutinho à maioria da direção. Mário inicia a organização do Grupo Comunista Lenin ligado à Oposição Internacional. A situação dos partidos comunistas na América Latina – até então deixados quase à própria sorte – começará a mudar com a chegada de burocratas stalinistas. Em Buenos Aires, ocorre de 1º a 12 de julho de 1929 a 1ª Conferência dos Partidos Comunistas da América Latina. Vários militantes importantes e defensores do livre debate entre comunistas começam a ser afastados. É o caso do cubano Julio Antonio Mella, do peruano José Carlos Mariátegui e de Plínio Gomes de Melo no Brasil.

Um punhado de militantes aguerridos, esse é o grupo inicial da oposição de esquerda brasileira, na qual estavam Rodolpho Coutinho, Lívio Xavier, Wenceslau Azambuja, Joaquim da Costa Pimenta, Aristides Lobo, entre outros. Nos meses seguintes, aderem novos militantes, como o operário gráfico Manoel Medeiros, o metalúrgico Mário Colleoni e os jovens irmãos Fúlvio e Lélia Abramo, entre outros. Eles mantêm desde o início laços fortes com a Oposição de Esquerda Internacional e desenvolvem intensa atividade nos sindicatos dos comerciários, dos bancários e dos gráficos em São Paulo.

Para a máquina burocrática dirigida por Stalin, por outro lado, os oposicionistas tornam-se sinônimos de contrarrevolução e traição, pois ameaçavam a suposta unidade "infalível" e monolítica da Internacional Comunista. A burocracia stalinista tornara-se de fato parasita do Estado Operário surgido da Revolução Russa de 1917 e passava a atacar cada vez mais brutalmente qualquer tentativa que a ameaçasse. Em vez de abrir um debate franco e democrático entre militantes comunistas sobre os possíveis rumos do movimento revolucionário, optaram por tentar calar implacavelmente os oposicionistas.

Em 1930, Mário Pedrosa, à frente dos comunistas oposicionistas, agrupa militantes saídos da crise do PCB e decide tomar novas e mais ousadas iniciativas. O Grupo Comunista Lenin (GCL) é lançado oficialmente em 8 de maio de 1930 com a publicação do seu jornal *Luta de Classes*, sob a direção de Pedrosa. O objetivo era fortalecer e ajudar a luta dos trabalhadores, explicando e demarcando as diferenças políticas com os dirigentes stalinistas. O documento de inauguração do jornal explicava:

> Fruto das próprias circunstâncias, resultante inevitável delas, "a Luta de Classes" significa e representa, por isso mesmo, a necessidade imediata de uma luta sem trégua, intransigente, enérgica, implacável, contra a burguesia e seus privilégios de classe – em primeiro lugar; e, em segundo lugar, contra todos os desvios ou deformações de que a direção do partido comunista vem sendo, destes últimos tempos, uma espécie de casa e editora atacadista.

MÁRIO PEDROSA

Até janeiro de 1931, quando surge a Liga Comunista do Brasil (LC, filiada à Oposição Internacional de Esquerda), serão publicados cinco números do jornal, que depois circulará impresso até o número 33 e mimeografado até o número 49. Em 1933, Pedrosa e outros militantes ajudam a fundar a editora Unitas, que passa a publicar vários textos e livros da esquerda revolucionária. Mário Pedrosa publica no mesmo ano uma coletânea de textos de Trotski selecionados e traduzidos por ele. É o livro *Revolução e contrarrevolução na Alemanha*, no qual Trotski defende a unidade da classe operária alemã para combater o nazismo, opondo-se à política dos stalinistas de divisão dos trabalhadores.

A Revolução de 1930

Mário Pedrosa ajudou a desenvolver uma elaboração original do marxismo sobre a realidade brasileira e diretamente ligada às avaliações em torno da Revolução de 1930. A direção do PCB agora bem alinhada com as posições do Secretariado Sul-Americano da IC avaliava que a Revolução de 1930 era produto de contradições imperialistas entre a Inglaterra e os Estados Unidos. Pedrosa, ao contrário, demonstrará que em 1930 ocorria uma reorganização das classes dominantes do Brasil, com uma disputa de frações da burguesia por privilégios econômicos internos. Essas posições foram desenvolvidas em colaboração com Lívio Xavier em outubro de 1930 e receberam o título "Esboço de uma análise da situação econômica e social do Brasil"[3]. O texto destacava a incapacidade das burguesias de realizarem a revolução democrática nos países atrasados. A Revolução de 1930 foi um movimento da burguesia brasileira para consolidar com maior firmeza sua exploração, defender o capitalismo e centralizar seu poder. Como resultado, surgia um governo forte e centralizador comandado por Getúlio Vargas para garantir a unidade nacional do país contra a ameaça dos interesses regionalistas. Ao contrário do que diziam os dirigentes do PCB, a análise demonstrava ser o Brasil um país capitalista com uma burguesia aliada ao imperialismo:

> A burguesia brasileira não tem bases econômicas estáveis que lhe permitam edificar uma superestrutura política e social progressista. O imperialismo não lhe concede tempo para respirar e o fantasma da luta de classes proletária tira-lhe o prazer de uma digestão calma e feliz. Daí sua incapacidade política, seu reacionarismo cego e velhaco e – em todos os planos – sua covardia. [...]
> Seja qual for o resultado da luta atual, a unidade no Brasil mantida pelo domínio da burguesia será garantida na razão direta da exploração crescente das classes oprimidas e do achatamento sistemático das condições de vida do proletariado. O grau mais ou menos elevado de sua consciência de classe, o tempo mais ou menos longo que ela levar para formar-se, decidirá da sorte dessa unidade.

---

[3] Publicado no Brasil em *A Luta de Classe*, n. 6, fev.-mar. 1931.

O debate teórico tinha consequências práticas muito diretas para a luta socialista. O PCB, marcado pelas muitas idas e vindas de sua direção e de sua política, oscila no começo da década de 1930 entre a luta armada defendida por ex-tenentistas ligados a Prestes e a aliança com a burguesia contida na tática stalinista das frentes populares. Seguindo essa última orientação, mas sem abandonar totalmente a primeira, a partir do segundo semestre de 1934 é constituída a Aliança Nacional Libertadora (ANL)[4]. Tratava-se de uma composição ligada diretamente com setores da burguesia brasileira que buscam amarrar o operariado ao carro-chefe dos empresários. Os oposicionistas atacaram essa orientação, propondo a estratégia da "revolução permanente": só o movimento operário poderia liderar o conjunto dos oprimidos do país para realizar a revolução democrática e anti-imperialista que a burguesia era incapaz de impulsionar (a democracia, a reforma agrária) para transformá-la em revolução socialista. Isso exigia unidade e ação independente do movimento operário e suas organizações diante da burguesia.

Com a formação em 1931 da Oposição Internacional de Esquerda, o grupo liderado por Mário Pedrosa muda de nome em 21 de janeiro do mesmo ano e passa a se chamar Liga Comunista do Brasil (LCB). Porém, havia grandes obstáculos ao livre debate entre os militantes. Mário Pedrosa estava profundamente envolvido com a construção da oposição na perspectiva de que havia ainda a possibilidade de que a III Internacional dirigida por Stalin pudesse ser reorientada para revolução com uma mudança em sua direção. Em fevereiro de 1933, reuniu-se uma Conferência da Oposição Internacional, que aprova uma plataforma de onze pontos para a adesão à Oposição de Esquerda, como a independência de classe do partido operário, o caráter internacional da revolução, o reconhecimento da democracia no partido nos fatos e não nas palavras.

A LCB de Pedrosa integra esse movimento desde o Brasil. Em outubro de 1933, com a decisão da Oposição Internacional de partir para a criação de novos partidos e uma nova Internacional, a Liga Comunista adota o nome de LCI, agora como partido e não mais como fração do PCB, como até então se considerava. A LCI defendeu a unidade de todas as organizações operárias (socialistas, anarquistas, comunistas) para enfrentar o integralismo, movimento fascista brasileiro. A realização da Frente Única Antifascista (FUA) foi uma das iniciativas mais importantes da política da LCI liderada por Mário Pedrosa, que nessa época impulsiona o jornal *O Homem Livre*, criado em maio de 1933 pela FUA.

Em 7 de outubro de 1934, a FUA decide impedir o desfile fascista em São Paulo. Ocorre um confronto com os integralistas na Praça da Sé, centro da cidade de São Paulo. Como o próprio Mário narra: "Toda a esquerda se uniu contra a manifestação integralista que seria realizada naquele dia. O objetivo dos integralistas era

---

[4]   Ibidem, p. 51-3.

atacar a organização da classe operária, a sede da Federação Sindical de São Paulo"[5]. É preciso acrescentar que houve um brutal tiroteio e Mário Pedrosa foi um dos atingidos e saiu ferido junto com outros companheiros. Um grupo de militantes do PCB que não concordavam com a linha política do partido de divisão operária e aliança com a burguesia na ALN decide se unir à LCI no final de 1936. A fusão da LCI com esse grupo dá origem ao Partido Operário Leninista (POL), também sob a liderança de Pedrosa.

A militância internacional

Entre 29 e 31 de julho de 1936, realizava-se em Genebra a primeira Conferência pela IV Internacional. Na URSS, os processos de Moscou dizimavam os militantes revolucionários. Era o momento da Revolução Espanhola (1936-1939) e de mobilizações de massa na França. No Brasil, Vargas implementava a ditadura do Estado Novo[6]. A direção do POL decide, em 8 de dezembro de 1937, que Mário Pedrosa, o dirigente mais reconhecido do partido e agora processado pelo Tribunal de Segurança Nacional, deveria se exilar e evitar a prisão.

Mário chega à França usando passaporte falso e logo se integra às tarefas políticas do movimento revolucionário pela IV Internacional. Mantém contato e colabora com os órgãos políticos do POL no Brasil. Em meados de 1938, um dos seus camaradas de luta, Leon Sedov, filho de Leon Trotski, é assassinado. Em seguida, outro importante militante, o alemão Rudolf Klement, secretário do movimento pela IV Internacional, é sequestrado e assassinado pela GPU, a polícia política stalinista. Mário Pedrosa estava sob ameaça direta de morte ao integrar o núcleo de militantes que preparava a conferência de fundação da IV Internacional. Em 3 de setembro de 1938, é realizada a conferência em Paris. Mário Pedrosa é representante das seções latino-americanas. Ao final, o brasileiro foi eleito representante da América Latina e membro do primeiro Comitê Executivo da IV Internacional.

A conferência foi de fato um esforço para se antecipar à guerra e preservar os frágeis laços que uniam os remanescentes da Oposição Internacional de Esquerda em todo o mundo. Para Leon Trotski, tratava-se de assegurar a continuidade da herança histórica do movimento que permitiu a Revolução Russa de 1917. A conferência caracterizou a União Soviética como um "Estado operário degenerado" pela burocracia dirigida por Stalin. Uma revolução política dirigida pelos operários seria necessária para retomar o controle do Estado operário e tirá-lo das mãos dos burocratas. A IV Internacional buscaria transformar a guerra interimperialista

---

[5] Entrevista ao jornal *O Trabalho*, n. 0, 1º maio 1978.

[6] Jean-Jacques Marie, *O trotskismo* (São Paulo, Perspectiva, 1998), p. 46-74.

em guerra civil, mobilizando os explorados contra o imperialismo e propagando a unidade dos operários dos países em guerra[7].

Dirigente da IV Internacional nos Estados Unidos

Mário Pedrosa muda-se para Nova York com toda a direção da IV Internacional recém-eleita[8]. Eram anos difíceis, de perseguições. Na URSS as deportações exterminaram milhares de simpatizantes, na Europa a GPU prosseguia assassinando trotskistas[9]. E é nesse momento que a IV Internacional mergulha em um debate de consequências trágicas. Mário Pedrosa envolveu-se em uma polêmica decisiva para sua militância. A questão central desenvolveu-se em torno do suposto novo papel da União Soviética após a assinatura de pacto entre Stalin e Hitler em 1939. A posição da IV Internacional era de defesa incondicional da URSS. Porém, com a assinatura dos acordos entre Stalin e Hitler, um grupo minoritário de militantes trotskistas estadunidenses propõe a revisão dessa posição. Trotski, porém, argumenta que o tratado entre a Alemanha e a União Soviética não trazia nada de novo para a luta e que a posição pela derrubada da burocracia e por uma insurreição revolucionária dos trabalhadores continuava sendo atual. A propriedade social na URSS continuava intacta.

Mário Pedrosa participa intensamente desses debates e toma partido daqueles que afirmavam que a União Soviética em 1939 assumia posições imperialistas. Entre 19 e 26 de maio de 1940, realizou-se uma Conferência Extraordinária da IV Internacional em Nova York, que lançou o manifesto "A guerra imperialista e a revolução proletária mundial" e elegeu novos dirigentes para a Internacional. A conferência condenou como derrotistas as posições de Pedrosa, que questionava a defesa da URSS durante a guerra, mesmo dirigida por Stalin. O Partido Socialista Revolucionário (PSR), a seção brasileira, também desautorizou Mário Pedrosa de defender essas posições em nome dos militantes brasileiros. Ele, apesar de con-

---

[7] "La guerre impérialiste et la révolution prolétarienne mondiale" e "Le mouvement de la IV Internationale en Amérique Latine", em *Les congrès de la IV Internationale*, maio 1940.

[8] As propostas da IV Internacional e da sua seção brasileira, o POL, provocaram uma movimentação importante e, no caso do Brasil, ajudaram a desenvolver uma crise entre os militantes do PCB e um crescimento da organização. Um grupo desse partido divergiu da caracterização de que a burguesia nacional seria a força motriz da revolução brasileira como propunha a direção stalinista. Liderados pelo jornalista Hermínio Sacchetta, pelo advogado Alberto Moniz da Rocha Barros e José Stacchini, saíram do PCB e acabaram por se unir ao POL em agosto de 1939, dando origem ao Partido Socialista Revolucionário (PSR), seção brasileira da IV Internacional. A escritora Patrícia Galvão, mais conhecida como Pagu, integrou-se a esse grupo e à presidência de honra do congresso de fundação do PSR.

[9] Em 29 de agosto de 1940, o próprio Trotski foi assassinado no México. Jean-Jacques Marie, *O trotskismo*, cit., p. 72-740.

MÁRIO PEDROSA

vidado por Trotski a participar e expor seus argumentos, não compareceu à IV Internacional e desligou-se dela.

Sem abandonar a militância política – mas agora desligado da IV Internacional –, Mário Pedrosa continuará marxista e militante pelo socialismo. Daquela intensa experiência com o trotskismo, certamente carregará consigo posições fundamentais: a defesa da democracia e do livre debate entre os militantes operários, a defesa da ação independente dos trabalhadores sem jamais se submeter aos interesses da burguesia, a necessidade de o partido e as organizações sindicais e populares agirem com unidade contra os poderes da burguesia.

Do pós-guerra à ditadura de 1964

Nos primeiros tempos após seu desligamento da IV Internacional, Mário Pedrosa parecia querer acertar contas com sua militância anterior. Chegou a criticar o modelo da Revolução Russa de 1917 e, apoiando-se nas ideias da revolucionária polonesa Rosa Luxemburgo, ajudou a divulgar suas obras no Brasil, como o texto "A Revolução Russa", escrito por ela em 1918. As ideias de Rosa permitiam a Mário, nesse momento, tomar distância sem romper com suas convicções de militante revolucionário e independente na defesa da Revolução de Outubro. Ele se separou do PSR trotskista, dirigido por Hermínio Sacchetta, que seguiu como seção da IV Internacional até 1952[10].

Mário Pedrosa fez seu balanço político do momento, assumiu novas posições sem sair do campo do marxismo. Com o fim da guerra em 1945, a esquerda brasileira stalinista ganhou prestígio com a legalização do PCB e a saída da prisão de Luiz Carlos Prestes. A classe operária da URSS derrotara as hordas nazistas, o que atraía ao stalinismo setores de massa no que aparentemente representava a via única à revolução socialista. Mário Pedrosa, vindo de uma militância crítica ao stalinismo do PCB, buscou abrir caminho como líder de um grupo de militantes socialistas independentes. Entre 1945 e 1948, dirigiu a publicação do jornal *Vanguarda Socialista*, no Rio de Janeiro, agrupando antigos simpatizantes e militantes trotskistas. O grupo em torno do jornal aproximou-se de outros grupos socialistas de diversos matizes e contrários ao stalinismo. Daria origem à chamada "Esquerda Democrática", que teve seu manifesto de fundação aprovado em 25 de agosto de 1945. O jornal dirigido por Pedrosa fez uma oposição contundente à orientação do PCB de se aliar com o ex-ditador Getúlio Vargas. Em abril de 1946, a Esquerda Democrática realizou sua primeira convenção na-

---

[10] Dainis Karepovs e José Castilho Marques Neto, "Os trotskistas brasileiros e suas organizações políticas (1930-1966)", em *História do marxismo no Brasil* (Campinas, Editora daUnicamp, 2002), v. 5, p. 137.

cional e, em 16 de agosto de 1947, adotou o nome de Partido Socialista Brasileiro (PSB), que durou até 1965.

A militância socialista independente nas décadas de 1950 e 1960 no Brasil não era fácil – como nunca será qualquer militância revolucionária, aliás. Mário Pedrosa teve de se dedicar à sua profissão com muito mais empenho que antes, fazendo da crítica de arte uma arena também de luta socialista. No Brasil, vivia-se um período político difícil logo após o suicídio de Vargas, em 1954. Havia a inquietação militar, a corrupção e o clientelismo, os sindicatos controlados pelo Ministério do Trabalho, muitas vezes com a colaboração do PCB, dificultando a formação de uma vanguarda socialista independente.

O diagnóstico de Mário Pedrosa foi que o PSB se tornava uma legenda oportunista e eleitoreira sem qualquer relação com a luta e os interesses da classe trabalhadora. A gota d'água para a saída de Mário Pedrosa do PSB foi provavelmente o apoio do partido à candidatura presidencial do conservador Juarez Távora em 1955. Em 1956, o grupo liderado por Pedrosa e Rachel de Queiroz se afasta e forma a Ação Democrática com vários dos chamados "socialistas autênticos". Mário Pedrosa foi claro em seu balanço posterior do partido:

> O oportunismo político fez com que não se lutasse pela real restauração de um movimento sindical independente, daí nascendo o peleguismo, ao qual o Partido Socialista se associou por motivo de ordem tática. O Partido Comunista também fez acordo nesse sentido. [...] O PSB não teve grande importância, porque já nasceu morto. Entre Prestes e Getúlio, ele não conseguiu encontrar uma posição independente. O que faltou ao PSB foi exatamente um movimento operário independente.[11]

Opção imperialista ou brasileira

Com o golpe de 1964, Mário Pedrosa decide empreender um balanço e uma análise de fôlego sobre as perspectivas do imperialismo, seus desdobramentos na economia e na luta política brasileira, e as perspectivas da revolução socialista no país. Pela Civilização Brasileira, publica os livros siameses *Opção imperialista* e *Opção brasileira* em 1966. No primeiro, analisa as transformações do capitalismo no período entreguerras e renova suas esperanças na possibilidade da revolução socialista no Brasil. O objetivo central do livro era avaliar as novas tendências do imperialismo norte-americano como continuidade das chamadas reformas contrarrevolucionárias inauguradas pelo nazismo nos anos 1930. O capitalismo expresso pelas grandes corporações representaria um estágio ainda mais avançado de simbiose entre a ação dos governos dos Estados Unidos e os interesses por novos

---

[11] Alexandre Hecker, *Socialismo sociável: história da esquerda democrática em São Paulo (1945--1965)* (São Paulo, Editora Unesp, 1998), p. 257-8.

mercados vindos das grandes e gigantescas corporações. Por outro lado, Mário via esperanças no caráter cada vez mais social das grandes organizações econômicas no coração do capitalismo. Uma das conclusões que tirava era de que os proprietários privados, donos de empresas e grandes fazendas, haviam sido substituídos pelos burocratas ou dirigentes das grandes corporações, e aqui ele identificava a ex-URSS e os Estados Unidos como parte de um mesmo fenômeno de crescente socialização da máquina produtiva. Argumentava que o capitalismo se tornava cada vez mais uma máquina impessoal a separar o proprietário do processo produtivo.

Por outro lado, Mário Pedrosa critica os impasses da revolução tecnológica sobre o ritmo do trabalho. Ao mesmo tempo em que a automação trazia consequências benéficas para os trabalhadores, como aumento da produção e diminuição da fadiga física, provocava o aumento da intensidade do trabalho e da exploração, de sofrimentos morais e psíquicos. Esse aumento da produção e o corte dos empregos faziam com que a sociedade capitalista de consumo mantivesse, de um lado, uma grande massa de desempregados e miseráveis e, de outro, uma camada de consumidores que desperdiçavam e consumiam mesmo o que não precisavam, aumentando os fenômenos da alienação.

A suposta democracia dos Estados Unidos era vista por Mário Pedrosa como cobertura de um verdadeiro regime totalitário, no qual o homem virara um pequeno átomo, tomado pelas propagandas, pelo consumo e pela alienação. Tudo para consumir o seu tempo livre. Apenas o socialismo garantiria a democracia e a liberdade para a humanidade. Mas para isso não bastaria apenas tomar o poder. Para Mário Pedrosa, o socialismo democrático deveria começar a germinar antes da tomada do poder, desde a base do local de trabalho.

Ele começa a vislumbrar um caminho para uma futura economia mundial planificada no entranhamento das contradições na URSS e nos Estados Unidos. Compara e discute com entusiasmo – até exagerado e superdimensionado visto de hoje – os avanços da economia planificada da então União Soviética. Enxerga-os do ponto de vista do reforço do papel econômico da classe operária como fundamental para qualquer política emancipadora: "a classe operária é ainda, no entanto, a pedra de cristal catalizadora. Nenhum movimento social ou político de envergadura, em nenhum país, se poderá fazer ou perdurar sem ela – ou senão terá que ser fatalmente contra ela, quer dizer, antitético e contra a história"[12].

O socialismo deveria ser uma criação dos trabalhadores, das massas agindo com autonomia desde baixo, se politizando, para transformarem o capitalismo até destruí-lo. O local de trabalho, as empresas, as escolas deveriam ser os espaços da transformação econômica socialista, as comunidades cooperativas ou de autogestão coletiva da produção. Ou seja, os trabalhadores deveriam assumir plenamente seu

---

[12] Mário Pedrosa, *Opção imperialista* (Rio de Janeiro, Civilização Brasileira, 1966), p. 497.

348 INTÉRPRETES DO BRASIL

lugar dirigente no novo sistema socialista. A vitória do socialismo deveria ser fruto do controle popular, do fim do Estado, da descentralização do poder.

Mas a ditadura instalada em 1964 no Brasil marcava uma mudança decisiva da política dos Estados Unidos para a América Latina:

> A primeira característica do governo ditatorial militar bonapartista foi a de ser, como o bonapartismo clássico foi, não o resultado do equilíbrio entre as classes em oposição dentro do Brasil, mas o agente imperialista no sistema econômico--político a compor-se no Brasil, após a derrocada. A burguesia brasileira passaria a ser no sistema um fator não autônomo, mas um fator subordinado. Até hoje não se havia visto bonapartismo apoiado em forças externas, não nacionais. [...] A ditadura militar brasileira veio repor o equilíbrio das forças sociais rompidas de modo perigoso, mas sobretudo repor os interesses imperialistas no cerne do esforço para vencer a crise de crescimento das forças produtivas pronunciadas desde 1962.[13]

Seus novos livros eram um desafio provocador, militante e ousado, aos longos anos de ditadura brutal que se abateriam sobre o Brasil.

Arte como caminho para a liberdade

Ao longo da sua trajetória como um militante político de esquerda, arte e política, essas duas vertentes ricas de uma mesma personalidade, transformaram--no em um dos maiores pensadores socialistas e críticos de arte do país. Mário Pedrosa tornou-se uma referência no uso da interpretação marxista da arte no Brasil, e sua atuação como crítico começou bem cedo. Na década de 1920, seus contatos com os modernistas no Brasil e os surrealistas franceses preparavam seu caminho. Os anos 1930 registram a ruptura política e econômica no Brasil. Uma década de virada histórica da dominação burguesa no país e também da crítica de artes, que começa a atrair a atenção de Pedrosa e abrir um novo capítulo em sua vida. Ele passa a notar no período o surgimento de uma nova geração de artistas com mensagens sociais de luta de classes, como Lívio Abramo e suas xilogravuras sobre a luta dos operários, a exploração nas fábricas e a solidariedade de classes. É o momento também em que a pintora Tarsila do Amaral está em sua fase social e pinta telas com temas de operários. Na sociedade brasileira, aprisionada pelo atraso colonial e pela dominação imperialista crescente, a função social da arte poderia, aos olhos de Mário Pedrosa, assumir uma função de ajuda à libertação dos oprimidos.

Em 1933, inaugura seu futuro caminho de crítico de arte com uma série de conferências analisando a obra da artista alemã Kaethe Kollwitz, que expunha

---

[13] Mário Pedrosa, *A opção brasileira* (Rio de Janeiro, Civilização Brasileira, 1966), p. 188-9.

trabalhos em São Paulo com temáticas sociais. A exposição provocou um choque, pois a arte foi usada para denunciar e combater a injustiça social. Mostrava a dor profunda e real da miséria e da fome que marcavam os trabalhadores[14].

A formação política de militante socialista de Mário Pedrosa, como comunista oposicionista e crítico da esquerda tradicional stalinista, deu-lhe a possibilidade de usar sua formação para ajudar a enriquecer a cultura brasileira. Para ele, o crítico de arte deveria ajudar a desenvolver a sensibilidade artística e a consciência, ajudando o homem a superar a alienação imposta pelo capitalismo. Certamente um elemento importante dessa sua trajetória foi sua proximidade com os artistas franceses do movimento surrealista encabeçado pelo escritor francês André Breton. Este, com Leon Trotski e Diego Rivera, escreveu o célebre "Manifesto por uma arte revolucionária e independente", de 1938, defendendo a total liberdade para a arte. Mário Pedrosa defendia, seguindo as propostas do manifesto, a autonomia da arte, a preservação e a ampliação da liberdade do artista. Tratava-se para Pedrosa de desenvolver no plano mundial a possibilidade de um desenvolvimento que permitisse formas culturais e inovadoras também nos países de capitalismo atrasado. A união entre o particular, que fosse próprio do Brasil, com o universal. Nem o nacionalismo nem o cosmopolitismo, mas o ponto de síntese entre os dois. O sistema cultural brasileiro estava "condenado ao moderno", ou seja, em constante formação, sempre de segunda mão, impedindo as forças emancipatórias e libertadoras. Por isso insistiu sempre na necessidade de o Brasil romper o seu isolamento e acompanhar o que havia de mais avançado no seu tempo.

Para Mário Pedrosa, o artista capaz de se aproximar da natureza, da sociedade, auxiliava na formação de uma consciência de classe para os trabalhadores. A arte provinha da natureza e da capacidade cada vez maior de o homem controlá-la. A própria criação de materiais e técnicas se refletia na evolução dos estilos artísticos. O capitalismo, porém, levava o homem a se distanciar da natureza. Os artistas que cultuavam o moderno como novo Deus estavam, por outro lado e na verdade, distanciando o homem do resgate da natureza, ajudando a aprisioná-lo no mercado capitalista ou no apoio a uma casta burocrática e parasitária como a dos dirigentes da antiga União Soviética. A verdadeira arte do proletariado deveria recuperar a relação da sociedade com a natureza.

Se para Mário Pedrosa arte e política seguiam juntas, os caminhos para superar o capitalismo e libertar a criação artística convergiam. A brutalidade do capitalismo e dos meios de comunicação deveria ser superada porque o materialismo grosseiro da sociedade burguesa ajudava a fazer da cultura e das artes um privilégio dos ricos. O capitalismo reproduzia a miséria cultural ao mercantilizar todas as esferas da sociedade. A sociedade capitalista transformava o homem moderno trabalhador

---

[14] Otília Arantes, *Mário Pedrosa: itinerário crítico* (São Paulo, Scritta, 1991), p. 11.

em um homem incapaz de enxergar a riqueza artística do mundo, impedido de ter uma imaginação livre e inovadora. Seria preciso fornecer, por intermédio de uma nova educação artística, a possibilidade para desenvolver a sensibilidade e a criatividade das crianças, o sentido das emoções que dão ao homem o impulso espontâneo natural para criar o novo.

Desse modo, Mário acreditava ser possível reeducar a sensibilidade do homem por meio da forma artística, que para ele era uma questão política maior que dizia respeito a um novo destino para a humanidade. Por essa razão, o ensino de arte, como o ensino em geral, deveria ser um tema fundamental ligado à luta política emancipatória. Ele questionou o ensino tradicional das artes, que não estimulava verdadeiramente a criatividade das crianças. Era preciso cultivar a espontaneidade ou "a ausência de ordenação e regularidade no pintar ou desenhar, o acaso das tintas, os golpes de improviso", tudo longe das regras e das convenções acadêmicas. Ficou fascinado com trabalhos artísticos dos loucos e com a criatividade livre das crianças, aos quais dedicou vários textos. A criança deveria viver plenamente essas possibilidades[15], não devendo temer as emoções, para que estas aflorassem e desabrochassem pela educação artística. Isso permitiria ensinar as crianças a dar forma às emoções, controlá-las e integrá-las como um fator dinâmico na formação da sua própria personalidade[16]. Para Mário Pedrosa, ensinar arte às crianças preparava o caminho político para a liberdade.

Mário Pedrosa viveu intensamente a paixão pela política e pela arte. Buscou libertar a arte brasileira do seu isolamento nacional provinciano. Sempre defendeu a necessidade da renovação da experiência, do espírito ventilado e internacionalista para a arte brasileira, valorizando ao mesmo tempo a identidade local. Esteve presente nos grandes eventos de arte a partir dos anos 1950, principalmente em São Paulo e no Rio de Janeiro. Foi curador da Bienal de Arte de 1961. Como ele mesmo definia seu trabalho, tratava-se de ver "A arte como o exercício experimental da liberdade", frase espetacular de Mário pensando nos artistas que buscavam em suas obras de arte ações permanentes para todos como gestos e iniciativas coletivas.

Nesse momento, revelava-se o Mário da incansável coragem intelectual, desenvolvendo teses teóricas inovadoras e revolucionárias. Ele acreditava, nessa época, no surgimento de uma grande arte livre, coletiva e total como fruto da comunicação do homem moderno e do desenvolvimento das forças produtivas sob o socialismo. Em 1953, trabalha quase um ano na Europa preparando a segunda Bienal de Artes de São Paulo, quando traz ao Brasil artistas importantes como Pablo Picasso, Klee, Mondrian, entre outros. Em 1954, envolve-se em polêmicas no meio artístico por

---

[15] Iná Camargo Costa, "A educação pela arte segundo Mário Pedrosa", em J. C. Marques Neto (org.), *Mário Pedrosa e o Brasil* (São Paulo, Fundação Perseu Abramo, 2001), p. 62-3.

[16] Ibidem, p. 63.

criticar com sinceridade monstros sagrados da época: o comercialismo de Cândido Portinari, o acomodamento e a repetição de Di Cavalcanti, o sentimentalismo do último Lasar Segall. E é afastado do jornal *Tribuna da Imprensa*[17].

Mário Pedrosa acompanhou com entusiasmo e depois preocupação a construção de Brasília. Em 1959, ajudou a realizar um congresso internacional dos críticos de arte com o tema "Brasília, a cidade nova e a síntese das artes", trazendo diversas personalidades internacionais para debater. O congresso ocorreu quando Juscelino Kubitschek governava o país, período de euforia e otimismo com o futuro e ao mesmo tempo de abertura às empresas multinacionais. Ele desconfiava da modernização problemática do Brasil, que não surgia de um processo histórico de libertação popular, mas como um gesto autoritário de governo. Temia que em nome dos modernismos e nacionalismos se destruísse a magnífica possibilidade de construir uma nova capital para o Brasil. O conteúdo conservador misturava-se com o moderno. Temia que a construção de Brasília despontasse como uma nova capital que se tornaria uma fortaleza impenetrável às demandas da população, longe das periferias miseráveis das grandes cidades:

> Fatalmente isolado do povo brasileiro, o seu governo desconhecerá, não participará senão de fora do drama de seu crescimento, do amadurecimento de sua cultura, da formação de sua personalidade. Brasília seria uma espécie de casamata impermeável aos ruídos externos, ou só de opinião, como um estado maior que se abriga em cavernas subterrâneas blindadas.[18]

Na década de 1960, o crescente poder do mercado no mundo artístico, o ritmo da arte industrial e da *pop art* pareciam destruir definitivamente o sonho de Mário de fazer da arte uma arma de libertação do homem. Para o intelectual, a arte estava se tornando uma produção automatizada e mecânica, baseada no mercado, retirando a dimensão humana da própria produção artística. Nessa situação, como preservar a liberdade e a autonomia do artista? O impulso de liberdade de todo artista, que naturalmente se choca com o capitalismo, estava e está em crise. A ação política, a luta contra o capitalismo, abria-se como a única forma de romper o círculo vicioso e destrutivo do capital, permitindo que no futuro surgisse uma nova arte e artistas autênticos.

O segundo exílio e o Museu da Solidariedade

O golpe militar de 1964 trouxe Mário Pedrosa novamente para a linha de frente da militância política direta, depois de uma intensa atividade ligada à crítica de arte. Em 1966, sai candidato a deputado pelo Movimento Democrático Brasileiro

---

[17] José Castilho Marques Neto (org.), *Mário Pedrosa e o Brasil*, cit., p. 13.

[18] Mário Pedrosa, *Mundo, homem, arte em crise* (São Paulo, Perspectiva, 1986), p. 306.

(MDB) sem sucesso. O MDB era o único partido permitido pelos militares ao lado da Aliança Renovadora Nacional (Arena) e que serviu de abrigo provisório para muitos militantes de esquerda como Mário. No jornal *Correio da Manhã* de 25 de setembro de 1966 ele escrevia: "Nesse movimento de aproximação aos cassados, às vítimas da ditadura militar, está a prova de que a ditadura já é uma sobrevivência no tempo. O povo em sua imensa maioria já lhe retirou qualquer apoio...". Dois anos depois, com a decretação do Ato Institucional n. 5, uma medida que aprofundará a repressão da ditadura, ele participa das mobilizações no Rio de Janeiro, como a passeata dos 100 mil contra o regime militar e da missa em homenagem ao estudante Edson Luiz, morto pela polícia no Restaurante Calabouço. Nessa ocasião, ele sofre uma isquemia e é obrigado a se afastar por um período para tratamento médico.

Dois anos depois, volta à atividade no período mais brutal da ditadura brasileira, no qual as torturas, prisões ilegais e assassinatos tornavam-se a rotina do regime. Ele passa a desenvolver uma atividade de denúncia à Anistia Internacional dos casos de tortura. Em julho de 1970, é obrigado a fugir do país após ter sido ouvido em processo, quando afirmou estar solidário com as vítimas envolvidas, e isso pelo horror que lhe inspirava a tortura. Sua casa foi invadida pela polícia, e sua biblioteca, saqueada, mas ele consegue sair às pressas do país com a ajuda de amigos. Aos setenta anos de idade, Mário partia para seu segundo exílio, perseguido novamente por suas ideias e sua militância socialista. Uma carta aberta assinada por Pablo Picasso, Alexander Calder e outros grandes artistas internacionais é dirigida ao general Médici, declarando-o responsável pela integridade física de Pedrosa e condenando o pedido de prisão contra ele.

Ele e muitos outros brasileiros na época vítimas da ditadura militar buscaram refúgio no Chile. Nessa época, o Chile começava a ser governado pelo presidente Salvador Allende e apoiado por amplas mobilizações de massa. O governo chileno propunha uma transição pacífica ao socialismo, mas despertava uma poderosa energia revolucionária entre a juventude e os trabalhadores. Mário Pedrosa envolveu-se entusiasticamente com as promessas revolucionárias que se abriam, mas sempre cauteloso e crítico. Em uma carta de setembro de 1972, ele comentava: "O que caracteriza a situação política atual é o processo de crescente conscientização da classe trabalhadora [...] a classe sente que o que está em jogo é o seu governo, que esta é a sua hora...".

Mário Pedrosa foi convidado para integrar-se como professor às atividades da Faculdade de Belas-Artes de Santiago, além de participar como membro do Instituto de Arte Latino-Americano. Salvador Allende lhe propôs a criação de um Museu de Arte Moderna, ideia que ele abraçará com grande entusiasmo. A nova instituição foi batizada com o nome de "Museu da Solidariedade". Para conseguir obras de arte para seu acervo, Mário Pedrosa viajou ao exterior, conseguindo importantes adesões, como a dos pintores e artistas plásticos Juan Miró, Pablo Picasso, Calder e Soullages, entre centenas de outras obras doadas. Teve o apoio de Pablo Neruda, na época embaixador chileno em Paris.

O capítulo chileno da vida militante de Mário Pedrosa termina abruptamente junto com a queda do governo de Salvador Allende, em 11 de setembro de 1973. Em outubro, ele e sua esposa passam a residir em Paris. Nesse período, é possível acompanhar um nítido deslocamento de suas preocupações políticas e intelectuais para a América Latina e um distanciamento da Europa. Esse novo olhar sobre a América Latina é envolvido por uma perspectiva terceiro-mundista e será confirmado pelo seu texto "Discurso aos tupiniquins e nambás", publicado em outubro de 1975, em que ele afirma:

> Os países pobres e subdesenvolvidos já não podem alcançar o avanço dos ricos. Essa disparidade verifica-se também no campo da arte. Aqui, igualmente, a quantidade se transforma em qualidade. Na fase histórica em que estamos vivendo, o Terceiro Mundo para não marginalizar-se de tudo, para não derrapar na estrada do contemporâneo, tem que construir seu próprio caminho de desenvolvimento [...]. As vivências e experiências desses povos não são as mesmas dos povos do norte. São muito diferentes, ainda que suas aspirações sejam contemporâneas. [...] Os pobres da América Latina vivem e convivem com os escombros e os cheiros inconfortáveis do passado...

Em carta de 17 de julho de 1976, comentava um novo livro que escrevia sobre Rosa Luxemburgo e afirmava: "com Rosa me despedi do europeísmo...". A nova obra ficou conhecida como "A crise mundial do imperialismo e Rosa Luxemburgo", na qual procura resgatar o legado da revolucionária polonesa e sua atualidade em relação às mobilizações operárias que então ocorriam.

Seu último combate permanece

Ele viveu em Paris até outubro de 1977, quando, muito doente, pôde voltar ao Brasil já no período de abertura da ditadura militar por força das mobilizações populares. No final de sua vida, entusiasmou-se profundamente pela mobilização que originou a formação do Partido dos Trabalhadores (PT). Percebeu, a partir de sua longa trajetória e experiência como militante de esquerda, o significado novo do partido de massas construído de baixo para cima, a partir dos dirigentes sindicais, organizações de esquerda e militantes populares. Para aqueles que supunham que o veterano crítico de arte perdera sua têmpera de militante revolucionário, seus últimos anos de vida mostrariam exatamente o contrário. A luta política estava no centro de sua atividade.

O surgimento do PT encheu-o de novas esperanças. Mário Pedrosa foi construtor de organizações históricas da classe operária. Não podemos esquecer que, quarenta anos antes do surgimento do projeto do PT, ele fora um dos delegados fundadores da IV Internacional. Agora, voltando do segundo exílio, abria-se uma nova e inédita situação política na qual a ação da pulsante classe operária brasileira buscava seu próprio caminho. Mário não abriu mão de exercer um papel ativo na luta política e de usar sua experiência para combater pela fundação do novo partido de trabalhadores.

Sua célebre carta a Lula, ou "Carta aberta a um líder operário", seus diversos artigos em jornais da época são o melhor testemunho do seu engajamento político nesse período. A carta, escrita em 1º de agosto de 1978, esforçava-se por demonstrar aos novos dirigentes o elo histórico com as ações revolucionárias do passado. Retoma, assim, a luta histórica do movimento operário: "Quando Karl Marx, meu mestre, proclamou no século passado que a 'emancipação dos trabalhadores seria obra dos próprios trabalhadores' – esta verdade não se apagou mais da história". Era a reafirmação para Mário da necessidade da luta independente dos trabalhadores. Por isso ele era capaz de ver a liderança de Lula apenas como uma pequena expressão de um movimento social mais amplo, coletivo e profundo da classe operária:

> Um jovem militante de sua têmpera, de sua inteligência, de seu devotamento, não é produto feliz do acaso. É um produto necessário da classe operária emergente da nova sociedade brasileira. Formou-se você em São Paulo, no coração mesmo dessa nova classe. Estou certo de que outros como você se estão formando pelo Brasil todo aos milhares.

O veterano militante socialista via na luta pela redemocratização e contra a ditadura o caminho aberto para a revolução socialista. A carta de Pedrosa reafirmava:

> Assim se criarão as condições ideais para que afinal surja da luta pela redemocratização do Brasil um movimento operário realmente profundo, livre, nitidamente trabalhista, dentro do qual todas as forças populares legítimas se vão unir para um só final, o socialismo: movimento dos trabalhadores pelo socialismo. Cunha-se, assim, com a naturalidade das coisas elementares, o partido que a consciência proletária de que você e seus companheiros estão imbuídos. Isso é penhor do futuro: fruto das tradições dos mestres nutrido do sangue dos nossos heróis proletários. Sem a libertação do movimento trabalhista é inútil falar-se em liberdade, democracia, socialismo.

Mário Pedrosa depositava grandes esperanças no erguimento PT, mas não se iludia nem deixava de assinalar os perigos nessa construção. Havia as tentativas que a burguesia e seus aliados no movimento operário lançavam para amarrar o jovem e independente movimento operário brasileiro. E nesse caso sua mensagem foi sempre muito transparente e clara: aprofundar a luta de classes contra a burguesia e abrir caminho para o socialismo. Assim, ele escrevia em 1980:

> [...] O partido dos trabalhadores deve atuar e destacar-se autonomamente como classe. Nesse sentido, é preciso destacar a diferença histórica que existe entre as

classes dominantes e o operariado. [...] A missão do proletariado contemporâneo como classe consciente de seus próprios interesses é oposta à da burguesia.

O próprio Lula reconheceria muitos anos depois que os argumentos de Mário Pedrosa ajudaram a manter a motivação do seu grupo de sindicalistas sobre a possibilidade de criar o PT: "Ele acreditava na classe operária possivelmente até mais do que nós, que fazemos parte dela. Falava com uma convicção extraordinária [...]". Mário Pedrosa se tornou o filiado número 1 do PT, no domingo de 10 de fevereiro de 1980 em que se fundava o partido. Ele estava com 79 anos e discursou brevemente afirmando a originalidade e a força de um novo partido de massas saído de baixo, das lutas operárias e de massas, para construir um novo e original caminho de luta. Décadas depois, certamente muita coisa mudou. A própria história do PT, que foi um passo extraordinário para a ação organizada dos trabalhadores brasileiros, desviou-se muito das perspectivas originais como partido operário e independente da burguesia com as quais dialogava Mário Pedrosa nos últimos anos de sua vida.

Sua filha Vera o definia como um romântico, outros como um provocador cultural. Todos seriam unânimes em afirmar que nele a emoção era permanente, expressa por meio de certo olhar matreiro, quase infantil, que nunca o abandonava. Foi isso que lhe permitiu degustar plenamente cada momento da vida. A seriedade sem arrogância ou afetação. Em 18 de novembro de 1981, o jornal *O Pasquim* publicava a última entrevista de Mário Pedrosa, na qual ele afirmava: "Ser revolucionário é a profissão natural de um intelectual. [...] Sempre achei que revolução é a atividade mais profunda de todas. [...] Sempre sonhei uma revolução para o Brasil".

Na madrugada de 5 de novembro de 1981, ele faleceu no Rio de Janeiro. Sua esperança não se tornou utopia, ou um sonho irrealizável, mas uma necessidade cada vez mais urgente para a humanidade. Com os instrumentos de luta disponíveis, e construídos por eles próprios, é que os trabalhadores e a juventude buscam continuar o caminho socialista e revolucionário que Mário Pedrosa ajudou a abrir em sua vida.

Maurício Tragtenberg

Paulo Douglas Barsotti

> *O enigma decifrado brasileiro é que aqui tudo se*
> *reforma e nada muda.* [1]
>
> *Qualquer Estado por natureza é conservador.*[2]

Pode-se dizer que a face de Maurício Tragtenberg (1929-1998) como historiador e cronista do Brasil ainda está por merecer seu devido valor. Na verdade, ela foi eclipsada pelas faces de crítico das burocracias, de pedagogo libertário e historiador do socialismo, que foram objeto de ensaios e teses acadêmicas. Essa lacuna explica-se pelo fato de que as reflexões de Tragtenberg sobre o Brasil concentraram-se mais em sua atividade extra-acadêmica – como jornalista e ensaísta – e foram distribuídas, ao longo do tempo, em várias revistas e jornais. Essa dispersão do material dificultou sua divulgação, bem como as pesquisas sobre o tema.

Claro que, quando Tragtenberg examina outros temas – burocracia, educação etc. –, pontilham nesses trabalhos referências significativas sobre a história brasileira, seus acontecimentos e personagens. Apenas recentemente esse conjunto de ensaios, artigos jornalísticos e entrevistas foi agrupado nos dez volumes que compõem a Coleção Maurício Tragtenberg, organizada por Evaldo A. Vieira e publicada pela Editora da Universidade Estadual Paulista (Unesp), que está à disposição para reflexões e pesquisas.

Intelectual múltiplo e único no Brasil, Tragtenberg não pertenceu a nenhuma escola teórico-política nem pretendeu criar qualquer coisa parecida. Autor de várias referências teóricas, ele teve, no entanto, um foco bem definido: o de que a

---

[1] Maurício Tragtenberg, *A falência da política* (São Paulo, Editora Unesp, 2009), p. 397.

[2] Ibidem, p. 182.

individualidade humana não se realizaria sem a eliminação da intermediação de toda e qualquer burocracia econômica e política.

A sua opção ética – e aposta social – está na ação autônoma dos trabalhadores, na afirmação de sua independência ideológica, no poder criativo de sua auto-organização, autoeducação e autogestão social, como condição *sine qua non* para a realização da emancipação humana.

Assim, constrói um amálgama teórico ancorado na crítica de Marx à economia política, apropria-se dos recursos analíticos de Weber para a reflexão dos fenômenos superestruturais e faz uso tanto do pensamento anarquista revolucionário como do marxismo herético e heterodoxo para desenvolver suas críticas ao capitalismo, às sociedades pós-capitalistas, aos stalinismos e a toda e qualquer forma de Estado e aparatos burocráticos de poder e exploração. Não por acaso, Tragtenberg é considerado, por uns, anarquista; por outros, marxista heterodoxo, socialista libertário, weberiano e, até mesmo, liberal.

Sobre a imputação de ter sido anarquista, José Carlos Orsi Morel afirma que Tragtenberg, apesar de nunca ter assumido publicamente a posição de anarquista, sempre manteve "vínculos pessoais com os anarquistas paulistanos", contribuindo com o movimento por cerca de 25 anos[3]. Vale lembrar também que no artigo de Tragtenberg "Marx e Bakunin" quem aparece como autoritário – para surpresa de muitos – não é o comunista, mas o anarquista, destacando o *"contraste* entre o seu discurso pregando a auto-organização" dos trabalhadores a partir de suas bases e o "seu apego" em criar *"seitas e sociedades secretas"*[4].

A respeito da acusação de ser eclético e pluralista – na maior parte das vezes feita por stalinistas e trotskistas –, Tragtenberg as rejeitava com veemência: "O pluralismo é o refúgio preferido do conservador"[5]. Ele, inclusive, deixou em certa passagem a seguinte sugestão:

> Definimos marxismo heterodoxo uma leitura de Marx não regida pelos moldes "ortodoxos" definidos pelo chamado "marxismo-leninismo-stalinismo", que fundamentavam as análises dos Partidos Comunistas (PCs) vinculados ao modelo da União das Repúblicas Socialistas Soviéticas (URSS) e fundamentavam até há pouco as análises dos integrantes da IV Internacional antes de sua divisão em três correntes e posterior subdivisão em duas tendências.[6]

---

[3] José Carlos Orsi Morel, "Maurício Tragtenberg, a solidariedade de classes e as lutas sociais em São Paulo", em Doris Accioly Silva e Sonia Alem Marrach (orgs.), *Maurício Tragtenberg: uma vida para as ciências humanas* (São Paulo, Editora Unesp, 2001), p. 286.

[4] Maurício Tragtenberg, "Marx e Bakunin", em José Chasin (org.), *Marx hoje: Cadernos Ensaio* (São Paulo, Ensaio, 1987, série Grande Formato), v. 1., p. 206.

[5] Edson Passetti, "Um parresiasta no socialismo libertário", em Antonio José Romera Valverde (org.), *Maurício Tragtenberg: 10 anos de encantamento* (São Paulo, Educ, 2011), p. 173.

[6] Maurício Tragtenberg, *Marxismo heterodoxo: introdução* (São Paulo, Brasiliense, 1981), p. 7.

MAURÍCIO TRAGTENBERG

Para Tragtenberg, essa posição discute questões como a ditadura do proletariado, partido único e outras, aceitas como dogmas pelos stalinismos; e o socialismo "implicava em auto-organização, associação e autogestão operária"[7].

Mas é o próprio Tragtenberg quem elucida essa construção teórica desprovida de preconceitos e tecida durante a sua existência. Para falar de sua formação e de seu desenvolvimento intelectual e político, valorizava suas experiências de vida com partidos políticos, grupos e pessoas, utilizando a expressão, *à la* Gorki, "minhas universidades" ou "escola da vida".

A vida de Tragtenberg foi marcada por perseguição, delação e repressão, mas também pela amizade e solidariedade de muitos. Viveu num momento atribulado da história brasileira, em que se alternaram ditaduras e processos de redemocratização.

Tragtenberg nasceu em 1929, em Erebango* (RS), descendente de família imigrante ucraniana e judaica, que havia chegado ao país no início do século XX, fugindo dos *pogroms* czaristas.

Será nesse mundo rural que Tragtenberg tomará contato com as letras e os números no galpão da colônia onde funcionava uma escola pública. Desse universo camponês, "aprendendo uns com os outros", incorpora o espírito de solidariedade e apoio à vida coletiva, que o levaria à aposta na autoemancipação dos trabalhadores. Entra em contato ainda com a literatura russa (Pushkin, Tchekov, Tolstoi), com o anarquismo (Bakunin e Kropotkine) e com os rumos da Revolução Bolchevique. Tudo indica que aqui nasceu seu interesse pelos eventos de 1917, mantido por toda a vida.

Tragtenberg irá tornar-se um historiador da Revolução Russa e chamará a atenção para suas vicissitudes, como a revolução camponesa na Ucrânia (1919), liderada por Nestor Makhno, e a revolta dos marinheiros de Kronstadt (1921), ambas aplastadas pelo bolchevismo.

Não por acaso, sua estreia como escritor se deu aos 25 anos, em que publicou na *Folha Socialista* mantida pelo Partido Socialista Brasileiro (PSB) – "Rússia atual: produto da herança bizantina e do espírito técnico norte-americano" (1954), resultado de suas leituras e experiências políticas. Aí, apresenta uma "crítica antecipada, original e corajosa aos soviéticos e à União Soviética, que se diziam vanguarda do socialismo, pervertendo-o em sua gênese e aproximando-o do capitalismo"[8]. Logo se inicia o processo de "desintegração da família como unidade produtiva"[9], e a

---

[7]   Idem, *Reflexões sobre o socialismo* (São Paulo, Editora Unesp, 2006), p. 13.

*   Posteriormente denominado Erexim, o município chama-se hoje Getúlio Vargas. (N. E.)

[8]   Evaldo A. Vieira, "Preâmbulo", em Maurício Tragtenberg, *A falência da política* (São Paulo, Editora Unesp, 2009), p. 11.

[9]   Maurício Tragtenberg, "Memorial", *Espaço Acadêmico*, n. 30, nov. 2003. Disponível em: <www.espacoacademico.com.br/030/30mt_memorial.htm>; acesso em 14 nov. 2013.

360 INTÉRPRETES DO BRASIL

alternativa é a mudança para Porto Alegre. Aqui, um novo horizonte se descortina: a amplitude social e dimensão nacional do mundo urbano.

Um fato marca a consciência do menino judeu. Em plena ditadura do Estado Novo, assiste a uma manifestação da Ação Integralista Brasileira (AIB), ainda no momento em que esse movimento apoia Vargas. A presença de Plínio Salgado e de sua trupe desfilando e cantando com suas camisas verdes num bairro judeu "era sentida como a visita de um antissemita que prepara futuros *pogroms*". Tal situação produziu no menino judeu uma "politização precoce"[10].

Anos mais tarde, irá tratar do fenômeno na *orelha-resenha* que escreve na publicação da tese de doutoramento de J. Chasin, *O integralismo de Plínio Salgado: forma de regressividade no capitalismo hipertardio* (1978), de quem foi orientador na Escola de Sociologia e Política de São Paulo (ESP), ou, no mínimo, estimulador e interlocutor privilegiado. Em 1981, publica o artigo "Educação e política: a proposta integralista", na revista *Educação & Sociedade* (*E&S*), em que apresenta sua visão do integralismo. Para Tragtenberg, esse movimento cultural tem como finalidade "realizar uma revolução conservadora", limitada a "mudanças de superestrutura". O integralismo pretende ser uma "revolução cultural pelo avesso", isto é, "introjetando nos explorados (economicamente) e nos dominados (política – e socialmente) a ideologia dominante"[11].

A AIB aparece na política nacional nos anos 1930, como um "formidável *aparelho ideológico*" com diversas publicações em todo o país, no momento em que se dá a "crise de hegemonia entre as várias facções da classe dominante brasileira". Situação em que, "nem a tradicional aristocracia do café" nem "o setor industrial" têm condições de – sozinhos – "definir a linha política do Estado", tampouco de "exercer o poder econômico e político e assim, legitimar-se ante a classe média e o movimento operário"[12]. Cena típica de emergência de um poder e dominação autocrático-bonapartista.

Para Tragtenberg, a Revolução de 1930, como "todas as revoluções brasileiras", significou uma "revolução por cima", um realinhamento das classes dominantes dos "segmentos industrial, bancário e latifundiário", num momento em que o tenentismo, oriundo da pequena-burguesia, colocava em "xeque o antigo bloco histórico" e também o movimento operário questionava "a legitimação burguesa". Nesse contexto de crise, frações da burguesia e pequena-burguesia "procuram novas formas de legitimidade de poder, daí a contestação de direita à democracia liberal, socialismo e comunismo"[13].

---

[10] Idem.

[11] Idem, "Educação e política: a proposta integralista", *Educação & Sociedade*, São Paulo, Cortez, n. 8, jan. 1981, p. 98.

[12] Ibidem, p. 99.

[13] Idem.

MAURÍCIO TRAGTENBERG

Assim surge a AIB como "o 'aparelho' *contestador* e *recuperador* do conservadorismo político social". Pela incorporação que a proposta integralista faz "das formas corporativas de organização do trabalho e sociedade, pela inculcação dos valores ideológicos do Movimento" – daí "o ufanismo nacionalista, a mística do líder carismático, a supervalorização dos símbolos [...] a formação militar [...]" –, Tragtenberg aproxima a AIB de movimentos similares "aos fascistas na Europa". Porém, alerta que "os fascistas europeus foram hegemônicos em países que realizaram seu processo de capitalização 'por cima', mediante a integração da aristocracia e burguesia (Itália e Alemanha)". Já na América Latina, "onde a revolução burguesa até hoje não se completou e jamais se completará como burguesa", o integralismo seria um "fenômeno direitista" que "corresponde ao anticapitalismo romântico de fundo ruralista num capitalismo hiper-retardatário". E mais, enquanto o fascismo europeu "se vincula a uma economia em direção à guerra", no caso brasileiro "o fascismo caseiro" vincula-se "a um ideal de volta aos campos, em suma, a uma fantasia regressiva à época do capital monopolista"[14].

De Porto Alegre muda-se para São Paulo, sua cidade definitiva. Sua família dirige-se para bairros de forte presença judaica (Bom Retiro, Belém); em seguida, Tragtenberg retoma os estudos numa escola ortodoxa judaica, encerrando sua formação "convencional". Nesse período, passa pela crise religiosa típica da adolescência, cujo desfecho não poderia ser mais contundente: "nem judeu nem cristão. Optei [...] pelo ateísmo"[15]. Nova mudança, e seu novo lar é o Brás, bairro industrial de aluguéis baratos e de uma vizinhança de trabalhadores italianos, espanhóis e portugueses. É nesse bairro de forte presença operária que o jovem Maurício inicia a jornada fértil de suas "universidades". No plano internacional, o momento é do pós-Segunda Guerra Mundial, e seu impacto no Brasil provoca o fim da ditadura de Getúlio Vargas, a redemocratização da vida política e a volta dos partidos à legalidade.

Nesse clima de euforia, o jovem judeu recém-convertido em ateu é levado por um operário espanhol a ingressar no Partido Comunista Brasileiro (PCB), em que inicia a sua militância política ao mesmo tempo que trabalha de *office boy*.

Ainda que curta, sua passagem pelo PCB será sua principal experiência de militância partidária. É no auge da maior stalinização da agremiação que Tragtenberg se depara com a *burocracia política* e começa o seu questionamento.

Inquieto e ávido pelo conhecimento, sua vida militante não se restringe ao PCB. Frequenta um bar de operários na rua Ribeiro de Lima onde, com imigrantes que participaram da Revolução Russa e da Guerra Civil Espanhola, toma contato com o papel do stalinismo nesses eventos.

---

[14] Ibidem, p. 99, 108-9.

[15] Idem, *Memórias de um autodidata no Brasil* (São Paulo, Escuta, 1999), p. 21.

Na Galeria Prestes Maia, reúne-se com várias tendências de esquerda – anarquistas, trotskistas, comunistas, socialistas – e também integralistas. Ali conhece Hermínio Sacchetta, a quem considerou seu "pai social". Todo esse debate é fértil e, mais uma vez, toma ciência dos "descaminhos do bolchevismo", da oposição operária de Kollontai, de Rosa Luxemburgo, Makno e de Kronstadt. Como diz em seu *Memorial*, leva ingenuamente suas dúvidas para o PCB e a resposta que recebe é fantástica: é proibido de frequentar as "conversinhas da Praça do Patriarca", "impedido de ler Marx e Lenin" e limitado a ler os órgãos oficiais: *Hoje* e *Imprensa Popular*[16]. Tragtenberg também discordava da linha teórica do PCB de considerar a existência de restos feudais no Brasil e de que "o desenvolvimento capitalista era um longo processo e as lutas de classe abriam um período de desenvolvimento pacífico no mundo". A orientação política do partido nesse momento era "imobilista" e de "união nacional". Criara-se o conceito de "burguesia progressista" e o resultado prático foi o apoio do PCB a Adhemar de Barros para governador de São Paulo[17]. Como as dúvidas persistiam, o jovem de dezessete anos é expulso pelo artigo 13 do estatuto do PCB de 1945, que reza: "É proibido ao militante do Partido qualquer contato direto ou indireto com trotskistas ou outros inimigos da classe operária"[18].

Após sua expulsão do PCB (1947-1948), frequenta os cursos de fim de semana do PSB, apesar de considerar o programa "eleitoralista", em que "o voto era tudo". Seguem-se as conferências do Centro de Cultura Social e lê os clássicos marxistas proibidos pelo PCB. Fica fascinado pela leitura de Trotski sobre a questão da burocracia, seu tema para toda a vida. No entanto, sua aproximação com o trotskismo é muito breve. Sobre essa corrente política disse: "é um stalinismo mais intelectualizado; quero dizer, uma espécie de dogmatismo mais elaborado"[19].

O *office boy* presta concurso para escriturário no Departamento de Águas e Energia Elétrica de São Paulo e conhece a *burocracia pública*. A condição de trabalho de seis horas permite que frequente a Biblioteca Municipal Mário de Andrade, onde vive "o melhor período de sua vida". Estuda e lê desenfreadamente, iniciando nova interlocução com o "grupo da biblioteca" – Antonio Candido, Florestan Fernandes, Aziz Simão, entre outros –, que lhe indicava leituras. Ele próprio reconheceu a importância desses contatos para impedir que seu autodidatismo não caísse em "diletantismo"[20].

Nessas andanças pela praça Dom José Gaspar, reencontra Antonio Candido, que conhecia do PSB e já era assistente de sociologia na Faculdade de Filosofia, Letras e Ciências Humanas da Universidade de São Paulo (FFLCH-USP). Candido

---

[16] Idem, "Memorial", *Espaço Acadêmico*, cit.

[17] Idem, *Memórias de um autodidata no Brasil*, cit., p. 82.

[18] Idem, "Memorial", *Espaço Acadêmico*, cit.

[19] Idem, *Memórias de um autodidata no Brasil*, cit., p. 31, 19.

[20] Ibidem, p. 56.

MAURÍCIO TRAGTENBERG

fala a Tragtenberg de uma lei que permitia o acesso à faculdade a quem não tivesse o secundário completo. O candidato deveria apresentar uma monografia e, se aprovada, poderia prestar o vestibular. Assim, redige a monografia *Apontamentos sobre algumas constantes histórico-sociais tendentes à planificação*, aprovada pelo professor João da Cruz Costa e publicada posteriormente como *Planificação: desafio para o século XX*, pela Editora Senzala em 1967. Presta vestibular e ingressa no curso de ciências sociais – que logo abandona e presta novo vestibular para o curso de história da civilização, que conclui em 1959.

Após a conclusão do curso, dá início à sua carreira de professor no magistério oficial do Estado. Sua primeira estada é em Iguape (SP), onde sofre – por ser ateu – novas perseguições, que o levam a transferir-se para Taubaté, Mogi das Cruzes e, finalmente, retornar e se fixar na cidade de São Paulo.

Em 1963, a convite do professor Wilson Cantoni, torna-se docente da Faculdade de Filosofia, Ciências e Letras de São José do Rio Preto. Com Norman Porter e Michael Löwy, inicia uma experiência de autogestão pedagógica. Tragtenberg conhecia Löwy desde 1956, pois, com Sacchetta, Luiz Alberto Moniz Bandeira, Alberto Luis da Rocha Barros, Paul Singer, Emir e Eder Sader – entre outros –, participara da criação da Liga Socialista Independente (LSI), de inspiração luxemburguista, revolucionária e anti-stalinista.

Sobre o episódio, Löwy se recorda de Tragtenberg na Faculdade de Filosofia da rua Maria Antonia, "discutindo nossas santas escrituras" com um exemplar debaixo do braço de *Pages choises pour une éthique socialiste*, coletânea de estratos de Marx organizada por Maximilien Rubel, que nos anos 1950 propunha um marxismo ético, contraposto ao stalinismo[21].

Em 1964, *o pior ano de sua vida*, novos *pogroms* e delações se anunciam. É demitido do magistério estadual pelo parágrafo 1º do Ato Institucional n. 1, que determinava a demissão de funcionários públicos envolvidos em atividades subversivas. Um ano antes, mesmo afastado de suas funções, Tragtenberg envolve-se na greve do professorado estadual. Mais tarde, tendo acesso ao processo, descobre que fora delatado por ex-aluno e ex-professor da USP. Não tarda nova demissão com outros colegas, agora na FFCL de São José do Rio Preto, onde são obrigados a prestar declarações sobre os cursos que ministravam. A esse episódio, Tragtenberg se referia como curso de "extensão universitária".

---

[21] Na década de 1980, tive a oportunidade de observar a admiração de Tragtenberg por Rubel e uma grande afinidade teórico-política pela aproximação que ambos fazem entre Marx e o anarquismo em relação à crítica da política e pelo posicionamento impiedoso contra a dogmática stalinista. Sobre esse livro em especial, disse-me que havia uma tradução feita por Lívio Abramo, sendo importante publicá-lo. Infelizmente, os contratempos da vida impediram essa realização, que pode estar ainda aberta. Michael Löwy, "Maurício Tragtenberg, espírito libertário", em Doris Accioly Silva e Sonia Alem Marrach (orgs.), *Maurício Tragtenberg: uma vida para as ciências humanas*, cit., p. 32.

Mesmo com toda a ironia e sarcasmo, ele não aguentou a pressão e, em outubro de 1964, se interna por noventa dias com esgotamento nervoso no Instituto Aché. Malgrado a experiência, depara-se com o poder médico e com a *burocracia médica*. Nesse retiro forçado, intensifica suas leituras de Weber e sai com o primeiro capítulo de sua futura tese de doutoramento quase pronto.

A hora é de recomeçar a vida, contando para isso com a solidariedade dos amigos e companheiros. Pelas mãos de Cláudio Abramo, trabalha na *Folha de S.Paulo*, na direção do setor internacional (1965-1966). Presta vários concursos – em alguns, mesmo aprovado, é barrado – e, finalmente, em 1966, o ateu comunista ingressa como docente na Pontifícia Universidade Católica de São Paulo (PUC-SP). Em 1968, ingressa na Fundação Getulio Vargas de São Paulo (FGV-SP) para ministrar sociologia aplicada à administração, em que faz uso de sua experiência na burocracia pública e hospitalar e na burocracia como poder político.

No entanto, foi promulgado o Ato Complementar n. 75 pela Junta Militar de 1968, que determinava que quem tivesse sido punido pelo Ato Institucional n. 1 não poderia trabalhar em fundação que recebesse verbas oficiais, como a PUC e a FGV. Com isso, a primeira mantém Tragtenberg no emprego e a segunda o afasta, para depois reintegrá-lo, quando obtém vitória jurídica em primeira instância.

Finalmente, conclui em 1973 sua tese de doutorado, *Burocracia e ideologia*, publicada em 1980, que defende no Departamento de Ciências Sociais da USP, sob a orientação de Francisco Weffort – fato que não deixaria de ironizar mais tarde, quando este se tornou ministro de Fernando Henrique Cardoso.

O trabalho crítico e inovador de Tragtenberg em relação à *burocracia privada* e sua administração – de tomá-las como teorias das harmonias administrativas afirmativas das relações de trabalho capitalistas – provocou uma inovação no ensino da administração durante os anos 1980 e quebrou os paradigmas utiliza-dos na FGV-SP e na Faculdade de Economia, Administração e Contabilidade da Universidade de São Paulo (FEA-USP). Também aqui faz crítica ao *socialismo burocrático* como reprodutor e criador de novas formas de dominação e alienação do proletariado.

Adquirindo novo *status* profissional e respeitado como intelectual acadêmico, é aprovado em três concursos na recém-criada Unesp, mas sob a lacônica alegação de que não havia "interesse administrativo" em absorvê-lo jamais foi autorizado a assumir seu cargo naquela universidade[22]. Talvez a Unesp tenha se redimido do fato ao publicar, após a sua morte, a *Coleção Maurício Tragtenberg*.

De qualquer forma, além da PUC e da FGV, passa a trabalhar na Faculdade de Educação da Universidade Estadual de Campinas (Unicamp) e na Escola de Sociologia e Política de São Paulo, fato este frequentemente ignorado.

---

[22] Maurício Tragtenberg, *Memórias de um autodidata no Brasil*, cit., p. 75.

No final dos anos 1970, Tragtenberg inicia sua carreira como historiador e cronista do Brasil. Mais pela letra do ensaísta e jornalista do que pelo acadêmico. Essa produção vai de 1980 – quando ela é mais extensa – até 1990, ano em que reduz bastante essa atividade para se dedicar à produção de livros paradidáticos.

O período que envolve a face de historiador compreende o fim do regime militar, da "abertura política" e da Nova República. Nesse novo processo de redemocratização do país – controlada pela *manu militari* dos golpistas de 1964 –, surgem diversos movimentos sociais: movimento contra a carestia, movimento pela anistia e, em especial, o ressurgimento do movimento operário-sindical.

Como jornalista, escreve tanto para a imprensa alternativa quanto para a grande imprensa paulista. Sua maior contribuição é na *Folha de S.Paulo* e no *Notícias Populares*, mas colabora também com o *Jornal da Tarde*. Como ensaísta, escreve para várias revistas, como *Estudos Cebrap*[23], *Educação & Sociedade*, *Nova Escrita/Ensaio* e *Ensaio*. Na *Folha de S.Paulo* seus artigos aparecem na seção "Tendências e debates" e no caderno especial "Folhetim". No *Notícias Populares*, manteve uma coluna sindical, "No Batente" (1981-1987).

A coluna "No Batente", pela qual Tragtenberg tinha grande consideração, era escrita pelo menos duas vezes por semana de forma simples e direta. Para ele, essa atividade lhe possibilitava ter contato direto com os trabalhadores, um momento privilegiado para ele, um "militante sem partido"[24]. O objetivo da coluna era "traduzir" o que se passava "no interior das empresas, na política sindical e na política no geral"[25]. Era um "espaço de discussão para o trabalhador", em que sua voz e as denúncias de suas condições de vida e de trabalho pudessem ser ouvidas, sem a mediação da imprensa oficial ou sindical.

A coluna era aberta a todos os trabalhadores assalariados, às minorias raciais, às donas de casa, aos estudantes etc. "No Batente", vedava a participação ao velho peleguismo e "ao de novo tipo, aqueles que vivem do sindicato". Ao mesmo tempo se comprometia a "não ser canal de transmissão de palavras de ordem de partidos políticos, por melhores que se apresentem e pretendam representar o trabalhador, procurando submeter o peão à política parlamentar"[26].

Atento às novas formas de controle do trabalho implantadas nas empresas nos anos 1980, de maneira pioneira, Tragtenberg executa sua crítica ferrenha. Esses mecanismos apresentados como elementos de participação e integração do trabalhador – como os Círculos de Controle de Qualidade (CCQ) – são desmistificados como instrumentos de manipulação e exploração dos trabalhadores.

---

[23] Nessa revista, Tragtenberg escreve um único artigo: "Max Weber e a Revolução Russa" (1976).

[24] Idem, *Memórias de um autodidata no Brasil*, cit., p. 99.

[25] Idem, "Memorial", cit.

[26] Idem, "No Batente", *Notícias Populares*, jul. 1982, p. 139.

Tragtenberg aponta para o crescimento do setor de Recursos Humanos e Treinamento, que, com diversos sociólogos, psicólogos e pedagogos, torna-se o coração desse processo manipulatório empresarial revestido de participacionismo. A verdade de toda operação é simples, trata-se de "empulhar a mão de obra, criando o escravo contente e autoassumido". Não há outro modo de entender os CCQs: ou pela ótica "do patrão ou do empregado". Da ótica patronal, "predomina a ideologia de harmonia social e colaboração de classes, não aceitando a noção da existência e legitimidade de conflito social, isto é, de interesses diferenciados". O empresariado, por meio desses departamentos, visa "impor um dos mais arrojados tipos de escravidão". O que está em pauta não é a exploração do "corpo produtivo" do trabalhador, mas sim sua "mente produtiva", utilizando-se da "teoria da motivação". Os trabalhadores são divididos e submetidos a um *processo de infantilização*, em que se formam trabalhadores especiais, cuja função é a de controlar seus pares, e tudo se realiza a "baixíssimo custo"[27]. "No Batente", Tragtenberg não deixa de tratar da mulher trabalhadora e dar atenção especial à trabalhadora negra, submetida a uma maior discriminação e exclusão profissional. Num artigo, ele escreve: "Quando se fala em boa aparência, leia-se negro não serve". Noutro, em apoio à proposta de transformar o dia 13 de Maio no dia nacional da denúncia do racismo, ele redige:

> O movimento negro precisa de negros com consciência social e política e não de jabuticabas, negro que reproduz relações sociais de exploração e dominação, tem a alma branca ou vota no Partido Democrático Social (PDS). Negro jabuticaba é aquele negro por fora, branco por dentro, com caroço duro de engolir.[28]

Uma coluna sindical dessa natureza não poderia deixar de sofrer pressões e, por interferência "de grupos de pressão empresariais e políticos, ela deixou de ser publicada" em 1987[29].

Tragtenberg não olha para o movimento dos trabalhadores de forma ingênua. A história vivida e refletida, pelo menos de 1930 a 1964, recomenda evitar precipitações, ter prudência e atenção. Ele sabe das pressões a que a organização dos trabalhadores está sujeita, tanto por parte dos empresários quanto por parte do aparato estatal e de seus descaminhos: a cooptação e a burocratização. Ele vê com desconfiança o crescimento dos aparelhos sindicais, mesmo dos sindicatos "combativos", em detrimento do descolamento da organização de base. Posição que jamais significou dúvidas em prestar sua efetiva solidariedade quando esses sindicatos e suas lideranças foram cassados e reprimidos. Porém, o que valoriza

---

[27] Paulo-Edgar de Almeida Resende, "Maurício Tragtenberg: o intelectual sem cátedra, o judeu sem templo, o militante sem partido", em Doris Accioly Silva e Sonia Alem Marrach (orgs.), *Maurício Tragtenberg: uma vida para as ciências humanas*, cit., p. 143.

[28] Idem.

[29] Maurício Tragtenberg, "Memorial", cit.

são as experiências de auto-organização do chão de fábrica. Execra toda forma de tutela que infantiliza e limita a ação independente e criativa dos trabalhadores, seja por parte do capital, seja dos partidos políticos ou dos sindicatos. Discute a relação entre os movimentos sociais, os sindicatos e os partidos políticos. A subordinação do movimento social dos trabalhadores a sindicatos burocratizados e partidos políticos eleitoreiros limitaria sua iniciativa política e a reduziria a meras "correias de transmissão".

Assim, sua atenção está focada nas experiências de auto-organização da classe trabalhadora, como as comissões de fábrica da década de 1980. No *Folhetim* analisa dois casos dessas experiências em São Paulo. A primeira é a da Comissão de Fábrica da Ford de São Bernardo do Campo, na grande São Paulo, da base do sindicato "combativo" dos metalúrgicos da cidade. Tragtenberg nota que, embora a formação fosse resultado da auto-organização dos trabalhadores, por seus estatutos a comissão estaria completamente subordinada à estrutura sindical. O dirigente sindical que trabalhasse na fábrica seria seu membro nato, e o sindicato teria o direito de avocar a representação dos empregados, colocando-se acima da decisão dos trabalhadores. Considera como a "falha central dos Estatutos da Ford" o fato de não existir a figura da assembleia dos trabalhadores. Além de vulnerável à repressão, ela perde sua autonomia, pois sua fonte de referência não é a assembleia dos trabalhadores, mas a "diretoria sindical"[30].

O segundo caso, totalmente diverso, é o da Comissão de Fábrica da Asama, pertencente à base do Sindicato dos Metalúrgicos de São Paulo. Os trabalhadores – mais precavidos com a direção sindical representante do velho peleguismo – nos estatutos da comissão definem o papel do sindicato como órgão consultivo, garantindo sua autonomia e independência. Nesses estatutos, o trabalhador possui poderes "para eleger e revogar o mandato de seus membros em Assembleia-Geral, convocada para esse fim"[31].

São experiências como essas que Tragtenberg valoriza como "formas embrionárias de um novo modo de produção". E ressalta a importância que "heréticos" como Gramsci atribuíam às comissões de fábricas em considerá-las "como fato permanente e não apenas na luta pelo salário" e, por Pannekoek, "como a fonte de democracia operária, prática da autonomia e representação direta"[32].

Outras experiências de organizações populares serão também destacadas por Tragtenberg, como a das prefeituras de Lages, em Santa Catarina, de Boa Esperança, no Espírito Santo, e de Piracicaba, em São Paulo. Destaca a positividade dessas municipalidades como forma de administração comunitária, de participação po-

---

[30] Idem, *A falência da política*, cit., p. 45.

[31] Ibidem, p. 46.

[32] Ibidem, p. 47.

368INTÉRPRETES DO BRASIL

pular nos assuntos de interesse geral, procedimento tão distante do voluntarismo pequeno-burguês de certas organizações políticas. Porém, reconhece e sabe

> que tais práticas não se constituem em alternativa global ao sistema, não realizam mudanças estruturais, porém, *mostram a capacidade do povo em fazer criar*; dentro das condições mais adversas possíveis organizações populares contra o eleitoralismo e burocratização sindical.[33] (Grifo meu)

Apenas indico que a produção teórica desse período credencia Tragtenberg como um *historiador do movimento operário-sindical brasileiro*. Seu alcance não fica por aí. Nesses artigos, e em outros, ele acaba por construir uma linha interpretativa da história política e social do Brasil.

Em 1977, no andamento da "política de distensão lenta, gradual e segura" do general Ernesto Geisel, Tragtenberg escreve o artigo "Burocracia, Estado e sociedade civil", em que traça seu entendimento da "objetivação do capitalismo brasileiro". O caso brasileiro é tratado como a realização tardia da revolução burguesa, que se dá via "revolução passiva", uma "revolução pelo alto", assim jamais precedida de "realizações da cidadania e da comunidade democrática". Esse processo seria resultado da conciliação entre os interesses da burguesia industrial e os das antigas classes dominantes, o que explicaria "o fato de a Revolução Democrático-Burguesa no país ser uma flor exótica, e a via colonial de desenvolvimento capitalista ter permeado nossa formação econômico-social". As condições desse desenvolvimento capitalista dependeriam da "alavanca do Estado intervencionista, de um Estado social fundado no esquema keynesiano", que, no entanto, não era o que alguns à época sugeriam, "um Estado socializante", "nem representa uma solução além do modo de produção capitalista"[34].

Nesse "capitalismo super-retardatário", de ausência de tradição democrática, a *frágil* sociedade civil brasileira torna-se "objeto da manipulação burocrático-estatal, na qual a participação do cidadão em processos decisórios se transforma em figura de retórica"[35].

Em 1979, na "política de abertura" de João Batista Figueiredo, com a revogação do Ato Institucional n. 5, da anistia política e do ressurgimento do movimento sindical, Tragtenberg escreve para a revista *E&S*, "Violência e trabalho através da imprensa sindical". Aqui analisa as condições de vida e de organização do trabalho que a classe trabalhadora viveu e herda do "milagre brasileiro".

Para Tragtenberg, a base do "milagre brasileiro" foi a superexploração do trabalho, que teve "como ponto de partida a desorganização da mão de obra através da repressão a seus organismos representativos, intervenções em sindicatos, cassações

---

[33] Ibidem, p. 20.

[34] Ibidem, p. 185.

[35] Ibidem, p. 188.

MAURÍCIO TRAGTENBERG

políticas". Nessa situação, a classe trabalhadora se viu impedida de organizar-se diante da "investida do capital mediada pelo Estado" e perdeu "muito dos seus direitos sociais adquiridos através das lutas que remontam a 1930"[36].

Assim, a Revolução de 1930, diferentemente da ditadura de 1964, pelo menos reconhecia a "legitimidade da oposição de interesse entre o capital e o trabalho". O "milagre brasileiro" não foi além de um

> processo de superacumulação de capital paralelo à inserção da economia brasilei-ra na chamada economia internacional, e o enquadramento da classe operária através da coerção indireta pela derrogação da estabilidade, ou direta através da repressão, nas malhas do Estado.[37]

Depois de analisar as condições de vida e de trabalho do operariado industrial de São Paulo e de questionar como ela é refletida pela imprensa sindical, o autor conclui o artigo:

> Este é um retrato sem retoques das condições de trabalho em parte do sistema industrial paulista, colhido através da leitura dos jornais das várias categorias de trabalhadores; é o ponto conclusivo proveniente da desorganização da mão de obra, da repressão à sua auto-organização e da hegemonia do tipo social "pelego", num falso defensor dos que não têm *voz* para serem ouvidos.[38] (Grifo meu)

Anos mais tarde, a *voz* sem retoques dos trabalhadores será ecoada em sua coluna "No Batente".

A questão social é a preocupação central de Tragtenberg no artigo "Questão social: ainda um caso de polícia?". Escrito em 1979, após a intervenção governamen-tal nos sindicatos dos metalúrgicos do ABC paulista e da morte do operário Santo Dias nos piquetes do bairro de Santo Amaro, o autor reflete sobre a participação política e social dos trabalhadores no capitalismo desenvolvido e no "capitalismo super-retardatário". No primeiro, a classe trabalhadora conquistou não só o direito à cidadania, o "reconhecimento da legitimidade de suas organizações (sindicatos, partidos e escolas)", como também o direito à greve. Aí, o Estado atua como uma espécie de "mão invisível, tende a reconhecer os conflitos de interesses entre as classes" e admite a greve como instrumento legítimo de pressão. Situação diversa ocorre no Brasil do pós-1964: o trabalhador não tem cidadania e, com "raras ex-ceções, o sindicato não é a casa do trabalhador, é a casa do pelego". Prevalece aqui a ausência da autonomia e da liberdade sindical. A classe operária tem sua vida política e sindical enquadrada e regulada burocraticamente pela Consolidação das

---

[36] Idem, "Violência e trabalho através da imprensa sindical", *Educação & Sociedade*, São Paulo, Cortez, n. 2, jan. 1979, p. 87.

[37] Ibidem, p. 88.

[38] Ibidem, p. 96.

Leis do Trabalho (CLT), e seus "órgãos representativos" são submetidos "ao Artigo 528 da Constituição". O Estado desempenha uma política corporativa que assume a tutela dos conflitos sociais e as funções de "vigiar, punir e matar em nome da lei".

Os trabalhadores brasileiros – "após o desencanto do milagre brasileiro" – retomam suas mobilizações, voltam à cena política e encontram "a questão social" tratada "sob a ótica estritamente policial"[39]. Tragtenberg destaca o "caráter seletivo" da repressão estatal:

> Enquanto as greves são dos setores médios – professores, estudantes e funcionários públicos –, a repressão adota a forma de boicotes econômicos, retenção de verbas a institutos públicos, dificultando assim o seu trabalho. No momento em que o operário sai à rua, um tiro mortal marca o sentido da violência diferenciada, segundo as classes a que pertencem as pessoas. A bala que vitimou Santo Dias da Silva marca os limites exatos da "abertura".[40]

Em 1981, o que está em pauta é a convocação de uma Constituinte. Sobre o assunto, Tragtenberg escreve *Constituinte, para quê?*, em que estabelece seu significado e o momento de sua convocação. Ela sempre ocorre "quando as classes dominantes necessitam redefinir a legitimidade do poder exercido por seus representantes no Parlamento" e da necessidade "de uma nova ordenação jurídica que cimente o pacto entre as várias facções que a compõem"[41].

Assim, desenvolve uma retrospectiva histórica das Constituintes ocorridas no país demonstrando como as classes dominantes se armam politicamente e como as classes dominadas são tratadas. Para Tragtenberg, na Constituinte de 1890, a burguesia brasileira proclama a forma republicana liberal como a "mais apta a manter sua dominação de classe, com a exclusão dos subalternos, na época ex-escravos destinados ao subemprego urbano e colonos destinados à escravidão no campo". A Constituição de 1891 é vista como reação à centralização dominante "da burocracia mandarinal do II Império" que estabelece um "federalismo estadual", reafirmando "a primazia política da região Centro-Sul em relação à nação", e submete o "trabalhador imigrante da zona urbana a relações de trabalho definidas no Código Civil, como simples prestador de serviços, sem quaisquer direitos sociais". Essa descentralização federativa – numa época em que não existem partidos nacionais concretamente e sim de grupos de interesses locais – produziu uma perversidade política: "entregou as populações rurais de mãos atadas ao domínio total do coronelismo" e ao "clientelismo exercido pelos latifundiários ou pelo aparelho de Estado"[42].

---

[39] Idem, *A falência da política*, cit., p. 238-9.

[40] Ibidem, p. 240.

[41] Ibidem, p. 241.

[42] Idem.

A "questão da representação" política e do coronelismo será discutida somente com a industrialização e "a emergência dos setores médios". Essa pressão exercida pela classe média, aliada aos "pronunciamentos militares de 1922-1924", desemboca na Revolução de 1930, que reformulou a "estrutura de dominação com a integração dos setores médios nos quadros do Estado, em ampliação de sua burocracia, especialmente na economia". A Revolução de 1930, longe de significar ruptura, representou "solução de compromisso entre os vários setores dominantes". A intervenção econômica estatal não se dirigiu "contra a propriedade privada"; pelo contrário, o Estado se transformou em "elemento de acumulação com o fim de expandir sua área"[43].

Todo esse processo de modernização capitalista do país implicava também no "ingresso da classe operária na história" e a emergência do sindicalismo autônomo e independente, que teve seu ápice em 1918 com a greve geral de São Paulo. A resposta da Revolução de 1930 é a criação do sindicalismo de Estado em 1931, em que a "questão social" deixa de ser caso de polícia para passar a ser assunto do Estado. A Constituinte de 1934 não teve outra função que a de "recompor o novo pacto social de dominação", estabelecer novas formas de controle da classe trabalhadora com a criação do Ministério do Trabalho e o enquadramento do movimento sindical. Os acontecimentos seguem-se: o Estado Novo, o fim da Segunda Guerra Mundial, a redemocratização e a Assembleia Constituinte de 1945. Mais uma vez a recomposição do pacto de dominação, com a participação dos deputados do PCB. Para a classe trabalhadora, nada mudou, "toda a estrutura montada pela ditadura Vargas foi mantida após 1945". A Constituinte de 1946, quanto à autonomia e à liberdade sindical ante o Estado, "ficou na mesma"[44]. A eficiência repressiva do Ministério do Trabalho pode ser atestada pelo fato de que a ditadura de 1964 "não mexeu na estrutura sindical herdada, apenas aprimorou o ruim criando o pior"[45].

Quanto à proposta que se apresentava na década de 1980, Tragtenberg se indaga:

> Como é possível falar em Assembleia Constituinte popular e soberana quando líderes sindicais são enquadrados pela LSN (Lei de Segurança Nacional); quando ela age como uma espada sobre jornalistas que veiculam notícias que não interessam ao poder; em suma, quando na prática a questão social continua ainda sendo o que era na década de 1920 – um caso de polícia.[46]

Encerra o artigo explicitando os pré-requisitos para a luta e a convocação de uma Assembleia Nacional Constituinte: sem a desmontagem do aparelho repres-

---

[43] Ibidem, p. 242.

[44] Ibidem, p. 243.

[45] Idem.

[46] Idem.

372 INTÉRPRETES DO BRASIL

sivo do Estado, sem condições da efetiva participação dos assalariados em todos os níveis decisórios, ela não será nada mais "que um sonho de uma noite de verão, destinado a reciclar a ditadura"[47].

Às vésperas das primeiras eleições – após a sanção do Congresso da reforma eleitoral e partidária –, Tragtenberg, como no artigo anterior, inicia da mesma forma didática. Trata-se de desmistificar a "grande ilusão popular" de que o "governo representativo eleito pelo sufrágio 'universal' – analfabetos que constituem 50% da população não votam – seja o governo do povo ou o povo no governo". Desenvolve uma retrospectiva histórica da evolução política da burguesia até a consolidação, na Revolução Francesa, da Assembleia Parlamentar e do governo representativo. Para Tragtenberg, nesse ponto, tem início o "maior dos preconceitos políticos", que radica na "fé" do governo representativo o "governo por procuração", em que o povo, no processo eleitoral, "abdica de sua própria iniciativa, colocando-a nas mãos de uma assembleia de 'eleitos'". O governo representativo, que despontou com o desenvolvimento da burguesia, não é eterno, surgiu com ela e "com ela desaparecerá". O Parlamento é um palco de "concessões, transações e conchavos" em que imperam "as considerações clientelísticas e partidárias" e em que os eleitos amplificam o seu poder "emancipando-se da dependência do povo", que a "ele não mais volta". Para Tragtenberg, a dúvida no processo eleitoral é apresentada de forma singela: os candidatos que defendem no processo eleitoral ferrenhamente seus programas "farão isso após eleitos?". A resposta é direta: "nesse processo político, a propaganda dos princípios é substituída pela propaganda das pessoas. O único interesse dos partidos é a vitória das candidaturas". A "ilusão eleitoral" está "em pensar que depositando ritualmente um voto em uma urna o povo detém algum poder de decisão", e ela "leva ao povo a inércia, ao endormecimento, esperando que alguém lute por ele". É a "escola do conformismo social, em que se confunde mobilização popular real, partindo dos próprios interessados em defenderem as suas reivindicações, com a arregimentação do povo em comício, em que alguém fala por ele"[48].

O que estava em jogo nas eleições de 1982, para Tragtenberg, é quem seriam os *administradores da crise*. O autor analisa os partidos apontando seus limites estruturais. Do PDS, partido situacionista – assim como dos que se colocam na oposição (PTB, PMDB) –, nada se pode esperar quanto a soluções estruturais que alterem as condições do povo brasileiro. Quanto ao Partido dos Trabalhadores (PT), o diagnóstico é realista. O partido – no qual inicialmente depositou esperanças na "valorização da auto-organização" da classe trabalhadora –, ao optar pelo "caminho eleitoral", tende a transformar cada ex-trabalhador, ex-líder sindical, em candidato a vereador, deputado, senador, ou seja, num "ex-trabalhador". Se o PT não "se definir

---

[47] Ibidem, p. 244.
[48] Ibidem, p. 51-2.

MAURÍCIO TRAGTENBERG

com clareza, seu objetivo em termos de mudança estrutural *poderá* ser cooptado pelo regime, transformando-se em 'seu braço esquerdo'"[49]. Demonstra como na Europa – na França de F. Mitterrand e na Espanha de Felipe Gonzalez – a solução do "capitalismo em crise" é a via "social democrática", do "reformar para não mudar". Assim, "vença quem vencer as eleições, nada muda" nas "fábricas, nos campos e nas oficinas". Para Tragtenberg, não "há vida por procuração", muito menos "luta por procuração". Só "auto-organizado em seus lugares de trabalho, o trabalhador pode esperar ser ouvido e ter um lugar ao sol". Conclui o artigo, como crítico da política institucional: "a ilusão eleitoral faz parte da 'ilusão do político' na qual intelectuais e políticos tendem a crer como suas (independentes da base econômica) as metas que se propõem a si e aos outros"[50]. No mesmo dia desse artigo, Tragtenberg publica também, em "No Batente", "Eleição: trabalhador não trabalha no Parlamento", e o alerta é dirigido para o perigo da cooptação dos candidatos trabalhadores, via carreirismo político[51].

O novo processo de conciliação política, a Nova República, merece a atenção de Tragtenberg. Resultado da frustração da maior manifestação de massas da história brasileira, o movimento Diretas Já termina com a coroação de Tancredo Neves em eleição indireta no Congresso Nacional. Esses eventos são tratados por Tragtenberg no artigo "Quem paga o pacto social?". A inspiração sugerida é o Pacto de Moncloa, após cinquenta anos de ditadura franquista, promovida pela social-democracia de Suarez, que iniciou a "era dos pactos sociais". No caso brasileiro, assinala, "a Nova República nada inovou". É recorrente "que apareçam movimentos de conciliação no país após grandes mobilizações de massas que no limite são enquadradas no aparelho de estado". Mais uma vez, ele ilustra com um episódio de nossa história:

> Na Regência, após inúmeras revoluções populares, de Cabanos à Praieira, tivemos o Gabinete da Conciliação do Marquez (*sic!*) de Parará, que prefigurava a extremada centralização burocrática do Segundo Império e o afastamento das massas de qualquer ação política.[52]

Nesse momento, o processo se repete: "após a grande mobilização pelas 'diretas já', vimos a sua canalização rumo ao Colégio Eleitoral que, da noite para o dia, de órgão espúrio se transformou na tábua de salvação nacional"[53]. Sempre da perspectiva dos trabalhadores, sua visão desse episódio é marcada pelo ceticismo dos acordos e

---

[49] Ibidem, p. 53.

[50] Ibidem, p. 54.

[51] Antonio Ozaí da Silva, *Maurício Tragtenberg: militância e pedagogia libertária* (Ijuí, Editora Unijuí, 2008), p. 123.

[52] Maurício Tragtenberg, *A falência da política*, cit., p. 407.

[53] Idem.

conciliações permanentes na política brasileira, ainda que não despreze a ampliação relativa de liberdades democráticas para a auto-organização operária e popular.

O PT volta a ser examinado após as eleições para as prefeituras das grandes cidades do país, imediatas à aprovação da Constituição de 1988. A vitória petista é surpreendente em São Paulo, Porto Alegre, Vitória e na região do ABC paulista. Diante desse fato, Tragtenberg trata a situação em artigo do *Jornal da Tarde*: "O dilema da estrela: branca ou vermelha". Ele, que saudara a fundação do PT positivamente – como "a primeira proposta política em nível nacional de um partido constituído majoritariamente de trabalhadores, ultrapassando a fase dos grupúsculos doutrinários" –, agora, sete anos depois, sua análise é mais realista e aponta tendências de seu desenvolvimento, que, hoje podemos dizer, se confirmaram[54].

Tragtenberg examina os vários grupos políticos internos do PT e aponta a prevalência da linha da *Articulação dos 113*, grupo majoritário formado por sindicalistas do ABC e intelectuais independentes "que detêm o controle da máquina do partido". Ao analisar o manifesto dessa tendência de 1983, ele destaca que, após a "crítica do leninismo das tendências minoritárias do partido", o documento faz uma defesa de um "PT de massas, de luta e democracia, e criticando o 'vanguardismo' partidário, os 'iluminados', realiza uma profissão de fé tipo *Labour Party* ou no nível dos partidos social-democráticos"[55].

Quanto à base sindical da *Articulação*, o chamado sindicalismo combativo e a Central Única dos Trabalhadores (CUT), Tragtenberg observa a sua tendência histórica "de ampliação e consequente burocratização" e ao "desdobrar suas funções" limita-se a "perpetuar-se e a tornar-se seu próprio objetivo"[56].

Além dos "perigos de burocratização", a opção e a "ênfase na atuação eleitoral e parlamentar" feita pela *Articulação* – alimentada pelas vitórias municipais e o lançamento de Lula para a presidência da República – reforçam os "traços reformistas" e formam um quadro nada auspicioso. Adverte Tragtenberg: a "tática eleitoral e parlamentar acabou na Europa e nos Estados Unidos com o espírito revolucionário das massas e conduziu à abdicação do socialismo". Ele considera que não tem "cabimento a nenhum partido que se diga representante dos trabalhadores opor-se às reformas sociais", mas não se deve ficar de "braços cruzados" esperando a vinda "de um São Sebastião socialista para salvar o povo esquecido e humilhado". E esclarece o seu posicionamento: "Deve-se lutar por reformas, aqui e agora, sim: a crítica que fazemos ao reformismo embutido em uma política que acentua o parlamento e o eleitoralismo é que o reformismo torna impossíveis as reformas, inclusive"[57].

---

[54] Ibidem, p. 406.

[55] Ibidem, p. 58.

[56] Ibidem, p. 60-1.

[57] Ibidem, p. 62.

MAURÍCIO TRAGTENBERG

Para concluir, Tragtenberg chama a atenção para a admissão de Lula – em palestra proferida poucos dias antes da publicação desse artigo na Escola de Administração de Empresas de São Paulo (Eaesp) – de que no PT há espaço para que todas as classes possam ser representadas. Dessa forma, como outros partidos de massas europeus (PCF e PCI) – que se tornaram interclassistas e acabam por configurar-se em partidos da "ordem" –, o PT, prevalecendo a linha parlamentar, não será outra coisa que um partido "social-democrático adaptado ao Brasil"[58].

Hoje, com o terceiro mandato presidencial do PT e observando os rumos da CUT e da maioria do movimento sindical, Tragtenberg merece as palmas pelo seu diagnóstico desse último processo de cooptação das massas trabalhadoras brasileiras, iniciado com Vargas. Convém lembrar ainda o que Tragtenberg repetia com frequência em relação ao processo de burocratização dos sindicatos e partidos: "o meio fica e o fim é esquecido".

As últimas considerações de Tragtenberg sobre a realidade brasileira nos jornais são entrevistas concedidas no final dos anos 1980 e início dos 1990.

O destaque dessas entrevistas é a que concede ao *Diário do Grande ABC*, em 18 set. 1994: "Sociólogo afirma que país não tem oposição", realizada às vésperas das eleições presidenciais, que terminariam com a primeira vitória de Fernando Henrique Cardoso. Aqui, podemos ver de forma sintética sua linha interpretativa da história política e social do Brasil.

Para Tragtenberg, a política brasileira é caracterizada pelo pouco significado dos partidos políticos para o eleitor, que prefere "votar em nomes – 'sou Lula', 'sou Fernando Henrique'". É assim "desde Tomé de Souza até hoje", "o domínio das pessoas. Trata-se de um fenômeno de personalização do poder". Outro "problema sério" de nossa realidade política é a falta de "oposição séria", situação agravada com a "derrocada do Leste Europeu", que produziu "essa oposição que não se opõe". Insiste que no país houve "poucos momentos de ruptura" e que até o presente "não realizamos uma revolução democrática", como os Estados Unidos e outros países europeus[59].

A debilidade histórica das oposições brasileiras caminha *pari passu* com os processos de conciliação das classes dominantes e exclusão das massas populares da participação política. Tragtenberg ilustra a questão recorrendo a Justiniano José de Almeida (1812-1863), jornalista ligado ao Partido Conservador que, "referindo-se à velha Regência", caracteriza a política brasileira em três movimentos: ação, reação e translação. Assim, "a primeira ação é popular, a segunda é absorvida pela elite; e a terceira é a conciliação". No Brasil, arremata Tragtenberg, tudo "se

---

[58] Ibidem, p. 63.

[59] Ibidem, p. 397-8.

resolve na conciliação". Esse é o "enigma decifrado brasileiro" em que "tudo se reforma e nada muda"[60].

Para finalizar, Maurício Tragtenberg, além de escritor e cronista do Brasil, possui um extraordinário trabalho acadêmico, em que foi orientador de inúmeras teses e mestrados que abriam espaço para estudos às vezes considerados "estranhos à Universidade". Apesar de todas as agruras vividas, era difícil ver Tragtenberg sem o seu senso de humor cáustico e de fina ironia, modesto, sempre escutando as pessoas, tolerante, sem jamais camuflar suas posições e sempre disposto a prestar solidariedade efetiva aos colegas e amigos que, assim como ele, sofriam discriminações políticas e acadêmicas. *Persona* rara que faz muita falta no meio político e acadêmico brasileiro.

---

[60] Ibidem, p. 398.

PAULO FREIRE

Ângela Antunes

Paulo Freire, como se tornou conhecido, ou Paulo Reglus Neves Freire, nome completo de registro e batismo, foi um dos principais educadores e um dos mais expressivos pensadores do nosso tempo. Filho de Joaquim Temístocles Freire e Edeltrudes Neves Freire, nasceu em 19 de setembro de 1921, no Recife (PE), e faleceu em 2 de maio de 1997, aos 75 anos.

De certo modo, toda sua obra é autobiográfica. Com estilo característico de redigir, apresentava em seus livros não só seu pensamento sobre educação, mas também as reflexões sobre sua própria forma de "estar sendo no mundo" e sobre sua aprendizagem ao longo da vida.

Para Freire, refletir sobre educação era refletir sobre o ser humano e educar era promover a capacidade de interpretar o mundo e agir para transformá-lo. Em sua obra, foi nos mostrando como ele foi aprimorando sua capacidade de interpretar o mundo e a si mesmo. Ele se colocava como objeto de estudo e refletia sobre sua própria prática, partilhando com o leitor esse movimento de ação-reflexão-ação pessoal. Desde seus primeiros escritos como intelectual, professor e pesquisador, ele destaca a importância de nos percebermos seres em construção. O respeito que ele teve pelo "saber de experiência feito" dos educandos para a construção do conhecimento teve também pelo seu próprio saber de experiência feito para construir sua pedagogia. Procurava superar-se sempre, exercendo sua vocação de "ser mais", humanizando-se continuamente. Celso Beisiegel[1] afirma que era:

> próprio do estilo de trabalho de Paulo Freire a permanente revisão de suas convicções. Antigas preocupações eram reexaminadas e, em alguns casos, até mesmo reformuladas a partir de novas reflexões e leituras ou de perguntas, entre-

---

[1] Celso de Rui Beisiegel, *Paulo Freire* (col. Educadores, Recife, Fundação Joaquim Nabuco, Massangana, 2010), p. 112.

378

vistas e conversas com outros intelectuais, colegas, alunos, educadores e público em geral. [...] A pedagogia da esperança: um reencontro com a Pedagogia do oprimido é exemplar, no sentido desse permanente esforço de reflexão de Paulo Freire sobre suas posições e atividades. Como ele mesmo afirma, "é como se estivesse – e no fundo estou – revivendo e, ao fazê-lo, repensando momentos singulares de minha andarilhagem pelos quatro cantos do mundo a que fui levado pela pedagogia do oprimido"[2].

Em *Política e educação*, Paulo Freire dá a um dos capítulos o título "Ninguém nasce feito: é experimentando-nos no mundo que nós nos fazemos", o qual traduz, de forma feliz, o que ele mostra em suas obras sobre si mesmo: vai nos brindando com trechos de sua história e nos mostrando como foi-se experimentando no mundo e foi-se fazendo.

Ele nos conta que em sua infância morou na Estrada do Encanamento, n. 724, no bairro Casa Amarela, no Recife. No quintal da casa, à sombra das mangueiras, aprendeu, com a mãe, a ler e a escrever as palavras, utilizando os gravetos que encontrava pelo chão. Talvez um prenúncio de sua teoria do conhecimento, proposta no século XX, que, entre outros aspectos, reconhece o "chão", o contexto e a realidade dos educandos como ponto de partida para a aprendizagem. Falando do seu "estar sendo no mundo" a partir do qual "foi-se fazendo", afirma que,

na verdade, não me é possível separar o que há em mim de profissional do que venho sendo como homem [...] Menino cedo desafiado pelas injustiças sociais como cedo tomando-se de raiva contra preconceitos raciais e de classe a que juntaria mais tarde outra raiva, a raiva dos preconceitos em torno do sexo e da mulher. Como não perceber, por exemplo, que, de minha formação profissional, faz parte bom tempo de minha adolescência em Jaboatão, perto do Recife, em que não apenas joguei futebol com meninos de córregos e de morros [...], mas também com eles aprendi o que significava comer pouco ou nada comer.
Algumas opções radicais, jamais sectárias, que me movem hoje como educador, portanto como político, começaram a se gestar naquele tempo distante. *A pedagogia do oprimido*, escrita tanto tempo depois daquelas partidas de futebol [...] tem que ver com o aprendizado jamais interrompido, que comecei a fazer naquela época – o da necessidade de transformação, da reinvenção do mundo em favor das classes oprimidas.[3]

Em 1944, ainda estudante, casou-se com Elza Maria Costa de Oliveira. Dessa união, nasceram cinco filhos: Maria Madalena, Maria Cristina, Maria de Fátima, Joaquim e Lutgardes. Elza, professora e diretora de escola primária, participou ativamente no desenvolvimento das primeiras experiências de Paulo Freire como

---

[2] Paulo Freire, *Pedagogia da esperança* (Rio de Janeiro, Paz e Terra, 1992), p. 13.

[3] Idem, *Política e educação: ensaios* (col. Questões de Nossa Época, 5. ed., São Paulo, Cortez, 2001), p. 40.

professor, e assim foi a vida toda: ora sendo leitora crítica de seus textos, ora opinando sobre as diferentes possibilidades de trabalho, ora acompanhando Paulo Freire em suas assessorias. Várias vezes, entre conversas, conferências e por escrito, Paulo fazia referência à amorosa e lúcida presença dela em sua vida e em suas ideias. Viveram casados por 42 anos. Após o falecimento de Elza, em 1986, casou-se, em março de 1988, com Ana Maria Araújo.

Em 1946, Paulo Freire concluiu o curso superior na tradicional Escola de Direito do Recife. Mal iniciou sua profissão, logo desistiu da prática de advocacia. Por influência de Elza, decidiu investir em sua carreira de professor.

> Vamos nos fazendo aos poucos, na prática social de que tornamos parte. Não nasci professor ou marcado para sê-lo, embora minha infância e adolescência tenham estado sempre cheias de "sonhos" em que rara vez me vi encarnando figura que não fosse a de professor. [...] Eu tinha, na verdade, desde menino, um certo gosto docente, que jamais se desfez em mim. Um gosto de ensinar e de aprender que me empurrava à prática de ensinar que, por sua vez, veio dando forma e sentido àquele gosto. Umas dúvidas, umas inquietações, uma certeza de que as coisas estão sempre se fazendo e se refazendo e, em lugar de inseguro, me sentia firme na compreensão que, em mim, crescia de que a gente não é, de que a gente está sendo.[4]

Em 1947, Aluízio Araujo, que, anos antes, tinha recebido Paulo Freire em seu colégio como aluno, dispensando-o de pagar as mensalidades, pois a condição da família dele não permitia arcar com aqueles gastos, convidou-o a assumir algumas turmas de português do então curso ginasial.

Pouco tempo depois de assumir as aulas de português, foi designado para a diretoria do setor de Educação e Cultura do Sesi de Pernambuco. Partindo de suas próprias vivências, dedicou-se a um intenso trabalho de formação de educadores de crianças e de criação de círculos de diálogos entre professores e pais de alunos. Em 1954, assumiu a superintendência da instituição, onde permaneceu até 1957.

> Outro instante, que durou dez anos, de grande importância para a minha formação permanente de educador, foi o de minha passagem pelo Serviço Social da Indústria (Sesi), Departamento Regional de Pernambuco [...] Percebo o quanto me foi fundamental naquela época e continua sendo hoje o exercício a que me entregava e me entrego de pensar a prática para melhor praticar [...] As pesquisas, os estudos teóricos que fiz, com efetiva colaboração de Elza, minha primeira mulher, naqueles dez anos, viabilizaram o que veio a se chamar Método Paulo Freire. No fundo, muito mais uma compreensão dialética da educação do que um método de alfabetização. Compreensão dialética da educação vivamente preocupada com o processo de conhecer em que educadores e educandos devem assumir o papel crítico de sujeitos cognoscentes.[5]

---

[4] Ibidem, p. 43.

[5] Ibidem, p. 40-2.

De toda sua filosofia e de seus princípios político-pedagógicos, o mais conhecido de sua extensa obra foi o que se denominou Método Paulo Freire. Aplicado ao processo de alfabetização de jovens e adultos, se constitui de três momentos fundamentais, inseparáveis: o da leitura da realidade (Leitura do Mundo) ou "investigação temática", o da seleção das palavras e dos Temas Geradores (o momento da tematização) e o da problematização. Podemos, portanto, sequenciar a aplicação do método em três etapas distintas, porém não estanques, pois estão interdisciplinar e dialeticamente entrelaçadas:

1. Etapa de investigação. Descoberta do universo vocabular, em que são levantadas palavras e Temas Geradores relacionados à vida cotidiana dos alfabetizandos e do grupo social a que eles pertencem.

2. Etapa de tematização. São codificados e decodificados os temas levantados na fase anterior, contextualizando-os e substituindo a primeira visão mágica por uma visão crítica e social.

3. Etapa de problematização. Nessa ida e vinda do concreto para o abstrato e do abstrato para o concreto, volta-se ao concreto problematizado. Descobrem-se os limites e as possibilidades das situações captadas na primeira etapa.

Para Paulo Freire, o processo de alfabetização não estava dissociado da politização, da compreensão crítica do educando sobre "seu estar sendo no mundo" e de como agir para transformar a realidade. Nos registros de avaliação usados por Paulo Freire na década de 1960, uma das dimensões observadas era o grau de politização alcançado pelo educando no processo de alfabetização.

Por várias razões, muitos não querem utilizar a expressão "Método Paulo Freire", principalmente porque ela pode dar a ideia de que a grande obra de Paulo Freire se reduz a alguma técnica de ensino. Mais do que um "método", sua obra é uma teoria do conhecimento, uma epistemologia ou, como ele dizia, uma "compreensão dialética da educação vivamente preocupada com o processo de conhecer em que educadores e educandos devem assumir o papel crítico de sujeitos cognoscentes".

Desde seus primeiros escritos, Freire procurava uma teoria do conhecimento que possibilitasse a compreensão do papel de cada um no mundo e de sua inserção na história. Ele estava preocupado em elaborar uma pedagogia comprometida com a melhoria das condições de existência das populações oprimidas. O conhecimento construído por meio do processo educativo, nessa perspectiva, tem a função de motivador e impulsionador da ação transformadora. O ser humano deve entender a realidade como modificável e a si mesmo como capaz de modificá-la. Sua pedagogia proporciona aos educandos a compreensão de que a forma de o mundo estar sendo não é a única possível. Ela revela como possibilidade tudo aquilo que a totalidade opressora apresenta como determinação.

PAULO FREIRE

Nesse processo leitura e releitura do mundo, de leitura e releitura da palavra, uma leitura mais crítica do mundo e da palavra forma o sujeito, que constrói uma visão de mundo e pode, a partir dessa visão, não apenas vê-lo, entendê-lo melhor, mas, assim fazendo, entender melhor como somos capazes de mudar o mundo pela nossa ação. Nessa problematização, o educador desafia os alunos a expressar de maneiras variadas o que pensam sobre diferentes dimensões da realidade vivida. O educando dialoga com seus pares e com o educador sobre seu conhecimento, sobre sua vida. Essas discussões permitirão ao educador apreender a visão dos alunos sobre a situação problematizada para fazê-los perceber a necessidade de adquirir outros conhecimentos a fim de melhor entendê-la. No processo de construção do conhecimento, ele parte sempre de temas relacionados ao contexto do educando e da compreensão inicial que este tem do problema, para, por meio de um processo dialógico, da relação entre educandos e educadores, ir ampliando a compreensão dos alunos, construindo e reconstruindo novos conhecimentos.

O respeito ao saber popular implica necessariamente o respeito ao contexto cultural. A partir disso, uma "readmiração" da realidade inicialmente discutida em seus aspectos superficiais vai sendo realizada com uma visão mais crítica e generalizada. Para Paulo Freire, o ser humano é um "ser de relação", caracterizado pela sua "incompletude", pelo "inacabamento" e pela sua condição de "sujeito histórico". Os seres humanos "estão sendo", são "seres inacabados, inconclusos". "[...] Seres situados em e com uma realidade que, sendo igualmente histórica, é tão inacabada quanto eles, por isso passível de mudança, de transformação."[6]

O diálogo é condição para o conhecimento. O ato de conhecer ocorre num processo social, e é o diálogo o mediador desse processo. Para o pensamento freiriano, ele se dá sob algumas condições.

Ele não existirá sem uma profunda relação amorosa com o mundo e os seres humanos. Não se trata de uma relação amorosa ingênua ou piegas, limitada a uma manifestação de sensibilidade ao problema, a uma ajuda temporária, que não transforma. Ele fala de uma relação amorosa que implica comprometimento com a promoção da vida. Refere-se a um amor "armado" para que a esperança na mudança, a esperança na possibilidade de construir um mundo melhor, mesmo em condições adversas, não se esmoreça e alimente o permanente diálogo e compromisso.

Outra condição que a relação dialógica impõe é a humildade. Não haverá diálogo entre educador e educando quando aquele se reconhecer como o único a possuir saber e este o que deverá recebê-lo. Não haverá diálogo entre escola e comunidade, e/ou entre as escolas, se os diferentes polos não estiverem abertos à possibilidade de aprender e ensinar. A humildade está presente no educador que se reconhece incompleto e inacabado (tendo sempre, portanto, algo a aprender)

---

6   Idem, *Pedagogia do oprimido* (17. ed., Rio de Janeiro, Paz e Terra, 1981).

382 INTÉRPRETES DO BRASIL

e admite que o educando também traz conhecimento, tendo, nesse sentido, algo a ensinar. A pronúncia do mundo, com que os homens o recriam permanentemente, não pode ser um ato arrogante. "O diálogo, como encontro dos homens para a tarefa comum de saber agir, se rompe, se seus polos (ou um deles) perdem a humildade. Como posso dialogar, se alieno a ignorância, isto é, se a vejo sempre no outro, nunca em mim?"[7]

A fé nos seres humanos é outra exigência da dialogicidade. "Fé no seu poder de fazer e de refazer. De criar e recriar. Fé na sua vocação de Ser Mais."[8] Está aberto ao diálogo aquele que entende o ser humano como sujeito histórico, capaz de agir no contexto em que vive e construir novas realidades. Dialoga aquele que sabe da capacidade de o ser humano rever-se, reinterpretar-se, "renascer", aprofundar a compreensão sobre seu estar sendo no mundo e sobre seu próprio mundo e transformá-lo.

Além do amor ao mundo e aos homens, da humildade e da fé, Paulo Freire fala-nos da necessária confiança e esperança para a relação dialógica se concretizar.

Sem a esperança, que nos estimula, dá sentido, movimenta nossas ações rumo ao projeto com o qual sonhamos, não pode haver diálogo. "Se o diálogo é o encontro dos homens para Ser Mais, não pode fazer-se na desesperança. Se os sujeitos do diálogo nada esperam do seu quefazer já não pode haver diálogo. O seu encontro é vazio e estéril". Finalmente, "não há diálogo verdadeiro se não há nos sujeitos um pensar verdadeiro. Pensar crítico. [...] Este é um pensar que percebe a realidade como processo, que a capta em constante devenir e não como algo estático"[9], que a entende como construção histórica e social, por isso, mutável.

Não é possível, para Paulo Freire, que a leitura de mundo seja esforço intelectual que uns façam e transmitam para outros. Ela é uma construção coletiva, feita com a multiplicidade das visões daqueles que o vivem.

Transmitir ou receber informações não caracteriza o ato de conhecer. Conhecer é apreender o mundo em sua totalidade, e essa não é uma tarefa solitária. Ninguém conhece sozinho. Nesse sentido, após seu contato com a África, Freire passou a falar de educação como ato político, de produção e de conhecimento[10]. O processo educativo deve desafiar o educando a penetrar em níveis cada vez mais profundos e abrangentes do saber. Nisso se constitui uma das principais funções do diálogo, que se inicia quando o educador busca a temática significativa dos educandos, procurando conhecer o nível de percepção deles sobre o mundo vivido. A educação,

---

[7] Ibidem, p. 94-5.

[8] Idem, p. 95.

[9] Idem, p. 97.

[10] Moacir Gadotti, "Paulo Freire na África: notas sobre o encontro da pedagogia freiriana com a práxis política de Amílcar Cabral", mimeo, artigo produzido para o VII Encontro Internacional do Fórum Paulo Freire, Praia, Cabo Verde, 12 a 19 ago. 2010.

numa perspectiva libertadora, exige a dialogicidade, portanto a leitura do mundo coletiva. É a partir dela, do conhecimento do nível de percepção dos educandos, de sua visão do mundo, que Freire considera possível organizar um conteúdo libertador. A realidade imediata vai sendo inserida em totalidades mais abrangentes, revelando ao educando que a realidade local, existencial, possui relações com outras dimensões – regionais, nacionais, continentais, planetária – e em diversas perspectivas – social, política, econômica – que se interpenetram. A localidade do educando é, dessa forma, o ponto de partida para a construção do conhecimento do mundo. Fazer os educandos falarem a partir de seu território, do seu lugar de vida, convivência, trabalho, relações sociais, e, num movimento solidário, dialético e dialógico, ir permitindo que eles desvendem o local e o universal, denominem o mundo e se comprometam com as ações necessárias à construção do mundo novo, com justiça social e sustentabilidade, é a grande exigência de um projeto político-pedagógico voltado à formação da cidadania ativa, à transformação social e da construção à cultura da solidariedade.

Essa será uma pedagogia ao mesmo tempo dos oprimidos e dos não oprimidos, mas comprometidos com eles. Exatamente como Paulo Freire expressou na sua dedicatória no livro *Pedagogia do oprimido*, escrito em 1968. Não pode essa nova pedagogia ser construída apenas pelos silenciados de hoje e de sempre. Mas eles devem conquistar a voz ativa nessa nova pedagogia. Ela não poderá ser construída sem eles. Mas sem os não oprimidos "que se descobrem" nos oprimidos e "com eles lutam", solidariamente responsáveis, sem eles, também não será possível construir essa nova pedagogia. Ela nascerá solidária e dialogicamente.

A educação, na perspectiva freiriana, compromete-se com a eliminação de práticas que institucionalizam o preconceito, a exclusão, a degradação e a injustiça. Busca a superação de relações de caráter repressivo e/ou discriminatório (raça, etnia, classe social, orientação sexual); oferece espaços formativos capazes de restabelecer a autoestima, a confiança, a capacidade criativa e criadora dos educandos. Em *Pedagogia da autonomia* afirma:

> É incrível que não imaginemos a significação do "discurso" formador que faz uma escola respeitada em seu espaço. A eloquência do discurso "pronunciado" na e pela limpeza do chão, na boniteza das salas, na higiene dos sanitários, nas flores que adornam. Há uma pedagogicidade indiscutível na materialidade do espaço.[11]

Segundo Freire, como educadores, precisamos ler cada vez melhor a leitura do mundo que os grupos populares com os quais trabalhamos fazem de seu contexto imediato e do maior de que o seu é parte e nos sugere:

---

[11] Paulo Freire, *Pedagogia da autonomia: saberes necessários à prática educativa* (São Paulo, Paz e Terra, 1997), p. 50.

384 INTÉRPRETES DO BRASIL

Por que não aproveitar a experiência que têm os alunos de viver em áreas da cidade descuidadas pelo poder público para discutir, por exemplo, a poluição dos riachos e dos córregos e os baixos níveis de bem-estar das populações, os lixões e os riscos que oferecem à saúde das gentes. Por que não há lixões no coração dos bairros ricos e mesmo puramente remediados dos centros urbanos?[12]

Paulo Freire nos ensina que as escolas podem tornar-se centros de saberes locais em vez de serem repetidoras de saberes supostamente universais.

Uma escola pública popular não é apenas a que garante acesso a todos, mas também aquela de cuja construção todos podem participar, aquela que realmente corresponde aos interesses populares, que são os interesses da maioria; é, portanto, uma escola com uma nova qualidade, baseada no empenho, numa postura de solidariedade, formando a consciência social e democrática. [...] O primeiro passo é conquistar a escola velha e convertê-la num centro de investigação, reflexão pedagógica e experimentação com novas alternativas dum ponto de vista popular.[13]

Sua filosofia educacional expressou-se primeiramente em 1958 na sua tese de concurso para a universidade do Recife, mais tarde, como professor de história e filosofia da educação daquela universidade e em suas primeiras experiências de alfabetização, como a de Angicos, Rio Grande do Norte, em 1963.

No início da década de 1960, participou do Movimento de Cultura Popular (MCP) do Recife, importante iniciativa criada pelo então prefeito Miguel Arraes. Algum tempo depois, assumiu a direção do Serviço de Extensão Cultural (SEC) da Universidade do Recife. Vivia um período de intensa e ativa presença no campo educacional, o que o levou a ser convidado pelo ministro Paulo de Tarso à presidência da Comissão Nacional de Alfabetização. A partir de março de 1964, passou a coordenar o Programa Nacional de Alfabetização, promovido pelo Ministério da Educação, utilizando o Método Paulo Freire para a alfabetização de adultos.

As experiências pessoais de vida somadas ao contexto em que estava inserido no início de sua carreira como educador desafiaram-no a buscar respostas, no campo da educação, para os graves problemas que o Brasil enfrentava, em especial na região Nordeste, onde ele atuava. Ele as procurava em sua própria prática e nos autores de sua época, principalmente por meio de pesquisas e análises da situação nacional realizadas pelo Instituto Superior de Estudos Brasileiros (Iseb).

As reflexões do Iseb centravam-se em torno das contradições desenvolvimento-subdesenvolvimento e alienação-tomada de consciência, procurando uma reapropriação de nossa realidade cultural. A princípio, Paulo Freire sofreu influência do espaço cultural que gerava e veiculava essa ideologia, o Iseb. Seu livro *Educação*

---

[12] Ibidem, p. 90.

[13] Secretaria Municipal de Educação, "Construindo a educação pública popular", São Paulo, Diário Oficial do Município, 1º fev. 1989 (suplemento).

PAULO FREIRE

como prática da liberdade mostra o marco decisivo que fora o Iseb no panorama da história do pensamento brasileiro na vida do autor:

> Até o Iseb, a consciência dos intelectuais brasileiros ou da grande maioria daqueles que pensavam e escreviam dentro do Brasil tinha como ponto de referência tanto para o seu pensar como para a própria avaliação do seu pensar a realidade do Brasil como um objeto do pensar europeu e depois norte-americano. Pensar o Brasil, de modo geral, era pensar sobre o Brasil, de um ponto de vista não brasileiro. [...] É evidente que este era fundamentalmente um modo de pensar alienado. [...] Pensar o Brasil como sujeito era assumir a realidade do Brasil como efetivamente era. Era identificar-se com o Brasil como Brasil. A força do pensamento do Iseb tem origem nesta identificação, nesta integração. Integração com a realidade nacional, agora valorizada, porque descoberta e, porque descoberta, capaz de fecundar, de forma surpreendente, a criação do intelectual que se põe a serviço da cultura nacional. Desta integração decorreram duas consequências importantes: a força de um pensamento criador próprio e o compromisso com o destino da realidade pensada e assumida. [...] Inserindo-se cada vez mais na realidade nacional, sua preocupação era contribuir para a transformação da realidade, a base de uma verdadeira compreensão do seu processo.[14]

A ampla campanha publicitária promovida pela Secretaria de Educação do Estado do Rio Grande do Norte no início de 1963 projetou Paulo Freire em nível nacional. Ao perceberem que seu "método" fazia muito mais do que ensinar a ler e a escrever, Paulo Freire começou a chamar a atenção não só no país, mas também em outras partes do mundo.

A coragem de pôr em prática um autêntico trabalho de educação que identifica a alfabetização com um processo de conscientização e formação política, formando o oprimido tanto para a leitura e a escrita quanto para intervenções na realidade, buscando a sua transformação, fez dele um dos primeiros brasileiros a serem exilados. A metodologia por ele desenvolvida foi muito utilizada no Brasil em campanhas de alfabetização, e, por isso, ele foi acusado de subverter a ordem instituída, sendo preso após o golpe militar de 1964. Depois de 72 dias de reclusão, foi convencido a deixar o país. Exilou-se no Chile, onde, encontrando um clima social e político favorável ao desenvolvimento de suas teses, realizou, durante cinco anos, trabalhos em programas de educação de adultos no Instituto Chileno para a Reforma Agrária (Icira). Também, nesse período, lecionou na Universidade Católica do Chile e foi consultor da Unesco em Santiago. Sua permanência no Chile, entre 1965 e 1979, foi marcada por intenso trabalho e dedicação aos estudos e à reflexão sobre as questões que ele colocava ao processo educativo desde o início de suas atividades. Destacam-se entre os estudos desse período os livros *Educação*

---

[14] Frei Betto e Paulo Freire, *Essa escola chamada vida: depoimentos ao repórter Ricardo Kotscho* (São Paulo, Ática, 1985), p. 106-7.

386INTÉRPRETES DO BRASIL

como prática da liberdade, de 1965, com notável Prefácio de Francisco Weffort, e *Pedagogia do oprimido*, concluído em Santiago do Chile, no outono de 1968, e publicado em 1970, prefaciado por Ernani Maria Fiori. Segundo Celso Beisiegel, a partir dessa publicação, vale ressaltar a perda de espaço dos isebianos e da ideologia do nacionalismo desenvolvimentista na sua obra.

> Enquanto os escritos anteriores se apoiavam preponderantemente em autores não diretamente filiados ao pensamento marxista, como Barbu, Mannheim, Ortega y Gasset, Jarpers, Huxley, Marcel, os isebianos e outros também já mencionados agora, neste livro, entre os autores citados encontravam-se, além de Hegel, Marx, Engels, Lenin, Fromm, Sartre, Marcuse, Fanon, Memmi, Lukács, Debray, Freyer, Kosik, Goldman e Althusser. Além disso, havia ainda repetidas menções a escritos e pronunciamentos de Mao Tsé-Tung, Fidel Castro, Ernesto Guevara, Camilo Torres... A mudança era flagrante, o educador passara a movimentar-se num universo teórico bem diferente. Agora, sob esses novos pontos de vista, a educação (ou a "conscientização") dificilmente poderia continuar a ser entendida como o instrumento privilegiado de transformação dos modos de coexistência. Acima dela, condicionando-a e determinando os limites de sua possibilidade de interferência na organização do social, estava a própria organização social que a envolvia. [...] Socialmente condicionado, o conhecimento constituía-se em ideologia. E também não haveria neutralidade no processo educativo. Daí as duas modalidades típicas de educação apresentadas neste livro: a concepção bancária da educação, comprometida com a manutenção da ordem social e instrumento da opressão; e a concepção problematizadora da educação, comprometida com a superação da contradição opressores-oprimidos.[15]

Em *Pedagogia do oprimido*, Paulo Freire destacou o ato de educar como ato político. Chamou a atenção para a existência da politicidade da educação. E, na dedicatória do livro, tomou uma posição: "aos esfarrapados do mundo e aos que com eles sofrem, mas, sobretudo, com eles lutam". Ensinou-nos que educar implica escolhas, compromisso e luta. Nesse sentido, Paulo Freire continua atual. Traz sempre as perguntas: em favor de quem? De quê? Para quê? Para quem? Como queria ontem, e hoje com muito mais razão, insistia que o professor precisa ser menos lecionador e mais organizador do conhecimento e da aprendizagem. Lembra-nos, sempre, de que não basta oferecer educação. É preciso garantir qualidade. E não fala de qualquer qualidade. Trata da qualidade ética, social, política da educação. Qualidade na educação, para Paulo Freire, implica saber de qual educação estamos falando, já que não existe uma só concepção de educação. Ressalta a importância de levarmos em consideração, no processo pedagógico, o contexto do educando, a diversidade que nos caracteriza: populações afrodescendentes, indígenas, de zona rural, encarcerados, jovens em conflito com a lei etc. Insiste para que não chegue-

---

[15] Celso de Rui Beisiegel, *Paulo Freire*, cit., p. 84.

PAULO FREIRE

mos com respostas prontas, pois não haverá diálogo entre escola e comunidade, entre educador e educando, quando aquele se reconhecer como o único a possuir saber e este o que deverá recebê-lo. "A pronúncia do mundo, com que os homens o recriam permanentemente, não pode ser um ato arrogante."[16]

Em abril de 1969, Paulo Freire transferiu-se para os Estados Unidos. Lecionou em Harvard até fevereiro de 1970, em estreita colaboração com grupos engajados em novas experiências educacionais tanto em zonas rurais quanto urbanas. Nos dez anos seguintes, foi consultor especial do Departamento de Educação do Conselho Mundial das Igrejas, em Genebra (Suíça). Nesse período, deu consultoria a vários governos do Terceiro Mundo, principalmente na África.

> Centrado, primeiro, no Chile, depois em Cambridge, onde fui professor em Harvard e, finalmente na Suíça, em Genebra, percorri o mundo. [...] As experiências de que participei na África, na Ásia, na Europa, na América Latina, no Caribe, nos Estados Unidos, no México, no Canadá, discutindo com educadores nacionais problemas fundamentais de seus subsistemas educacionais; minha participação em cursos e seminários em universidades norte-americanas, latino-americanas, africanas, europeias, asiáticas; meus encontros com lideranças de movimentos de libertação na África, na América Latina, tudo isso está guardado em minha memória não como algo do passado, que se recorda com saudade. Tudo isso, pelo contrário, está bem vivo e bem atual. E quando sobre tudo isso penso, algo me faz crer que uma das marcas mais visíveis de minha trajetória profissional é o empenho a que me entrego de procurar sempre a unidade entre a prática e a teoria. É neste sentido que meus livros, bem ou mal, são relatórios teóricos de quefazeres com que me envolvi.[17]

Reconhecia a importância em sua prática e, a partir dela, refletindo sobre ela, ia ampliando sua compreensão e procurando realizar melhor a prática a cada experiência vivida. Não ficava buscando inovações educacionais para transplantá-las artificialmente à sua sala de aula. Essa não seria uma prática humanizante. Recorria a elas, sim, preocupava-se em conhecê-las, mas sempre relacionando-as, estudando-as criticamente a partir de sua própria prática.

> Comecei a escrever fichas a que ia dando, em função do conteúdo de cada uma, um certo título ao mesmo tempo em que as numerava. Andava sempre com pedaços de papel nos bolsos, quando não com um pequeno bloco de notas. Se uma ideia me ocorria, não importava onde estivesse, no ônibus, na rua, num restaurante, sozinho, acompanhado, registrava a ideia. [...] À noite, em casa, depois de jantar, trabalhava a ou as ideias que havia registrado, escrevendo duas, três ou mais páginas. [...] Em outros momentos a afirmação deste ou daquele autor me levava a reflexões dentro do campo mesmo em que o(a) autor(a) se situava, mas reforçava

---

[16] Paulo Freire, *Pedagogia do oprimido*, cit., p. 94-5.

[17] Idem, *Política e educação: ensaios*, cit., p. 43.

alguma posição minha, que passava a ser mais clara. Em muitos casos, o registro que me desafiava e sobre o que escrevia em fichas eram afirmações ou dúvidas, ora dos camponeses que entrevistava e a quem ouvia debatendo codificações nos círculos de cultura, ora de técnicos agrícolas, agrônomos ou outros educadores com quem me encontrava assiduamente em seminários de formação.[18]

Depois de dezesseis anos de exílio, em junho de 1980, retornou ao Brasil para "reaprender" seu país. Lecionou na Universidade Estadual de Campinas (Unicamp) e na Pontifícia Universidade Católica de São Paulo (PUC-SP). Em 1989, a convite de Luíza Erundina, prefeita eleita pelo Partido dos Trabalhadores (PT), tendo, inicialmente, Moacir Gadotti como chefe de gabinete, assumiu a Secretaria de Educação do Município de São Paulo aí permanecendo até maio de 1991. Sua política educacional fundamentou-se em três princípios básicos: participação, descentralização e autonomia, desenvolvidos no âmbito de quatro grandes prioridades: Democratização da Gestão, Democratização do Acesso, Nova Qualidade de Ensino e Política de Educação de Jovens e Adultos.

A política educacional, por meio de seus documentos e ações, assumiu o compromisso político de organizar uma escola voltada para a transformação social.

A escola deve ser um local tanto de elaboração e construção do conhecimento e organização política das classes populares, quanto da solidariedade de classe; um espaço onde se incentive a participação do povo na criação do saber, que é instrumento de luta na transformação da história; um centro irradiador de cultura, para que a comunidade não só se aproprie dela mas também a recrie. [...]
A união entre educação formal e educação não formal deve ser o novo espírito a animar a escola. Consideramos que o processo de ensino-aprendizagem não se esgota na sala de aula, mas envolve a articulação de grupos, núcleos, associações, entidades, propiciando o debate de ideias, através do qual a organização popular sistematiza a própria experiência. Tudo aquilo que contribui para a formação da criança, jovens e adultos, enquanto indivíduos críticos e conscientes de suas possibilidades de atuação no contexto social, deve ser considerado como prática educativa.[19]

Paulo Freire é autor de muitas obras. Uma publicação bastante completa de trabalhos sobre suas ideias pode ser encontrada no livro *Paulo Freire: uma biobibliografia*, com mais de setecentas páginas, coordenado por Moacir Gadotti – que conviveu e trabalhou com Paulo Freire por mais de vinte anos e é um dos principais estudiosos de sua obra – e editado por meio de parceria entre o Instituto Paulo Freire, a Editora Cortez e a Unesco. Além de *Educação como prática da liberdade* (1967) e *Pedagogia do oprimido* (1968), escreveu *Cartas à Guiné-Bissau* (1975), sobre

---

[18] Idem, *Pedagogia da esperança*, cit., p. 58.

[19] Secretaria Municipal de Educação, "Construindo a educação pública popular", cit., p. 4.

sua experiência na África; *A educação na cidade* (1991), uma coletânea de entrevistas que registram a experiência política e administrativa de Paulo Freire como secretário municipal de Educação da cidade de São Paulo (1989-1991); *Pedagogia da esperança* (1992), livro em que ele faz uma releitura de *Pedagogia do oprimido*; *À sombra desta mangueira* (1995), no qual analisa e denuncia o utilitarismo e o consumismo pós-moderno neoliberal e anuncia uma concepção de civilização que não nega a importância da tecnologia atual, mas a subordina a outros valores, os da cooperação e da solidariedade; *Pedagogia da autonomia*, obra que nos apresenta uma reflexão sobre a relação entre educadores e educandos, sintetizando questões fundamentais para a formação de educadores numa perspectiva educativo-crítica. Lançada em abril de 1997, um mês antes de ele falecer, em 2011 chegou à sua 43ª edição, com mais de um milhão de exemplares vendidos.

Tornou-se mundialmente reconhecido pela sua práxis educativa por meio de numerosas homenagens. Além de ter seu nome adotado por muitas instituições, é cidadão honorário de várias cidades no Brasil e no exterior. A ele foi concedido o grau de doutor *honoris causa* por quase quarenta universidades do Brasil e de outros países. Recebeu, entre outros, os seguintes prêmios: Prêmio Rei Balduíno para o Desenvolvimento (Bélgica, 1980), Prêmio Unesco da Educação para a Paz (1986) e Prêmio Andres Bello da Organização dos Estados Americanos, como Educador do Continente (1992). Em 2005, foi a personalidade brasileira escolhida para ser homenageada no Projeto Memória, da Fundação Banco do Brasil. Mais recentemente, a partir de projeto da deputada estadual Ana Lúcia (PT), foi sancionada, pelo governador Marcelo Déda, em 3 de janeiro de 2012, a Lei n. 7.382/2012 que torna Paulo Freire Patrono da Educação Sergipana. Em 6 de março, a Comissão de Educação, Cultura e Esporte do Senado Federal aprovou o projeto de lei da Câmara (PLC n. 50/11), de autoria da deputada federal Luíza Erundina, que declara o educador Paulo Freire como Patrono da Educação Brasileira.

Em 1992, com Moacir Gadotti, fundou oficialmente o Instituto Paulo Freire. Até 1997, participa ativamente de congressos, conferências, simpósios, bem como de produção de livros, ensaios, artigos, entrevistas e diálogos com outros intelectuais. No dia 10 de abril de 1997, lançou seu último livro, o citado *Pedagogia da autonomia: saberes necessários à prática educativa*. Faleceu no dia 2 de maio de 1997 em São Paulo, vítima de um infarto agudo do miocárdio.

O legado educacional e pedagógico de Paulo Freire, marcado por sua "ética universal do ser humano" e constituído por uma ciência, uma epistemologia e uma política, é referência para pensadores e militantes em vários campos do conhecimento e atividades, implicados na construção de uma educação para a transformação social.

Em seu último livro, *Pedagogia da autonomia*, cujos títulos e organização dos capítulos foi feita, a pedido de Paulo Freire, pelo IPF (Moacir Gadotti, Angela Antunes, Paulo Roberto Padilha e Sônia Couto), ele reitera o que, de formas diferentes, desde o início, sempre afirmou e perseguiu durante toda a sua vida:

> Gosto de ser homem, de ser gente, porque sei que a minha passagem pelo mundo não é predeterminada, preestabelecida. Que o meu "destino" não é um dado, mas algo que precisa ser feito e de cuja responsabilidade não posso me eximir. Gosto de ser gente porque a história em que me faço com os outros e de cuja feitura tomo parte é um tempo de possibilidades e não de determinismo. Daí que insista tanto na problematização do futuro e recuse sua inexorabilidade.[20]

Em 2014, celebraremos os cinquenta anos do Programa Nacional de Alfabetização. Em 2013, foram celebrados os cinquenta anos de Angicos, conhecida experiência de alfabetização de adultos desenvolvida por Paulo Freire em 1963, um projeto piloto para o que seria denominado, em 1964, Programa Nacional de Alfabetização (PNA). Mas veio o golpe civil-militar. Em 14 de abril daquele mesmo ano, o Decreto n. 53.886 extinguiu o programa. O MEC, por meio da Portaria 237, revogou todas as decisões anteriores e divulgou, pela imprensa, um levantamento do material usado na alfabetização, com o "arrolamento de um vasto equipamento fotográfico, avaliado em vários milhões de cruzeiros e publicações de caráter subversivo", que seriam, em seguida, expostas à visitação[21].

Em 5 de novembro de 2013, o Brasil pôde conhecer os manuscritos da *Pedagogia do oprimido*, entregues ao governo brasileiro pelo ministro da Agricultura do governo de Salvador Allende, Jacques Chonchol, a quem Paulo Freire os havia confiado, em 1968.

Na sede central do IPF, onde trabalho desde 1994, está a biblioteca pessoal de Paulo Freire, que ele construiu antes e depois do exílio. Por meio de um projeto intitulado "Paulo Freire, memória e presença: preservação e democratização do acesso ao patrimônio cultural brasileiro", grande parte do seu acervo ficou disponível virtualmente a todos os interessados, em <acervo.paulofreire.org>. No IPF, recebemos visitas diárias de estudantes, pesquisadores e interessados na vida e na obra de Paulo Freire vindos de diferentes lugares do Brasil e de diversas partes do mundo. São pessoas das mais variadas áreas do conhecimento e profissões. Há mestres, doutores, mas também estudantes do ensino médio e graduandos. É interessante observar as expressões utilizadas pelas pessoas ao se referirem a Paulo Freire: "guardião da utopia", "pedagogo da esperança", "semeador de sonhos", "pedagogo dos oprimidos". Quando Paulo Freire faleceu, recebemos centenas de mensagens, e muitas delas destacavam, entre outros aspectos: a forte relação entre o cognitivo e o afetivo em sua vida e obra, a sua capacidade de conectividade, a coerência entre seu discurso e sua prática, a sua amorosidade com "as gentes". Ao falar de Freire,

---

[20] Idem, *Pedagogia da autonomia: saberes necessários à prática educativa*, cit., p. 23.

[21] Celso de Rui Beisiegel, *Estado e educação popular* (São Paulo, Pioneira, 1974), p. 171.

em geral, as pessoas se referem a uma energia de vida, "essa corrente elétrica de quem toca a pessoa certa", como no poema de Carlos Drummond "Reverência ao destino", que a vida e a obra dele geraram em suas respectivas histórias pessoais e profissionais. Paulo Freire, ao longo da vida, buscou dar concretude às palavras com as quais finaliza *Pedagogia do oprimido*: "Se nada ficar destas páginas, algo, pelo menos, esperamos que permaneça: nossa confiança no povo. Nossa fé nos homens e na criação de um mundo em que seja menos difícil amar".

MILTON SANTOS

Fabio Betioli Contel

> O homem define-se pelo seu projeto. Este ser material supera perpetuamente a condição que lhe é dada; revela e determina sua situação, transcendendo-a para objetivar-se, pelo trabalho, pela ação ou pelo gesto.
>
> *Jean-Paul Sartre,* Questão de método *(1966)*

Escrever sobre a trajetória pessoal e acadêmica deste importante intelectual brasileiro que foi Milton Santos (1926-2001) constitui tarefa bastante difícil, dada a extraordinária riqueza de sua vida e obra. Para tentar essa análise, baseamo-nos fundamentalmente na leitura de seus principais livros e de grande parte das entrevistas e depoimentos que concedeu em vida. Foi de grande relevância também o estudo de vários artigos de colegas e comentadores de sua obra, assim como o próprio *curriculum vitae* do autor, disponível no bonito sítio eletrônico que a família de Milton criou e mantém: <www.miltonsantos.com.br>. Nesse sítio se encontra catalogada e comentada toda sua extensa biobibliografia.

Este texto está dividido em duas partes. Na primeira, buscamos identificar os principais elementos de sua trajetória pessoal e profissional, desde a infância até o período do exílio provocado pelo golpe militar (1964-1977). Na segunda, procuramo-nos deter mais no entendimento de seu projeto teórico, isto é, buscamos uma análise de suas propostas para a construção de uma "filosofia da geografia", projeto que o autor consolida em sua volta ao Brasil, fundamentalmente em seus anos de trabalho na Universidade de São Paulo (USP) (1984-2001).

Dada a complexidade do percurso de Milton Santos, esta análise é resultado de algumas escolhas. As seleções e as classificações realizadas aqui, porém, são fruto de um longo e cuidadoso processo de leitura e reflexão sobre parte significativa de seus escritos. Na medida do possível, procuramos também reconstituir a relação da biografia e das propostas teóricas de Milton com os "debates teóricos", as instituições e os círculos de afinidades do qual fez parte, como preconizam os bons estudos da historiografia da geografia[1].

Os exílios e o itinerário de um intelectual em formação

Se há um fio condutor que permita sintetizar a biografia deste brasileiro universal é a ideia de "projeto" de Jean-Paul Sartre, isto é, a "superação vivida de nossa situação material"[2]. Da infância à juventude, Milton Santos teve uma educação voltada para o desenvolvimento de sua vocação para o trabalho intelectual.

Nascido na cidade de Brotas de Macaúbas (BA), em 3 de maio de 1926, teve até os dez anos de idade sua educação garantida no ambiente domiciliar, já que seus pais eram professores ginasiais. Nesse período, aprende em casa noções de álgebra, francês e "boas maneiras". Aos dez anos, é mandado pelos pais a um colégio interno em Salvador (Instituto Baiano de Ensino), onde é praticado um ensino "muito rigoroso"[3]. Já nesse período – que o autor considera seu "primeiro exílio" – toma contato sistemático com autores clássicos da literatura e da filosofia, como Aristóteles, Platão, Leibniz, Alfred Whitehead, Charles Gide[4], que vão contribuir para que ele adquira sólida formação humanista. Datam dessa época também suas leituras de Josué de Castro, em especial seu livro ginasial *Geografia humana: estudo da paisagem cultural do mundo* (1939), que permite a Milton estudar temas importantes da disciplina (a formação das paisagens e das regiões, as migrações, as cidades, o debate possibilismo/determinismo).

Em 1944, decide pelo curso de direito, e para isso volta a estudar sistematicamente geografia. Como lembra Santos,

> a faculdade de direito era o lugar da formação geral, inclusive porque o direito não era ministrado como algo técnico; o direito era ensinado juntamente com economia política [...] juntamente com sociologia jurídica, teoria do Estado, direito constitucional [...]. Isso dava uma base em humanidades que nenhum outro curso oferecia.[5]

---

[1] Vincent Berdoulay, "The Contextual Approach", em David Stoddart (ed.), *Geography, Ideology and Social Concern* (New Jersey, Basil Blackwell Publisher, 1981), p. 8-16; Sérgio Nunes Pereira, "Obsessões geográficas: viagens, conflitos e saberes no âmbito da Sociedade de Geografia do Rio de Janeiro", *Revista da SBCH*, n. 2, 2005, v. 3, p. 112-24.

[2] Jean-Paul Sartre, *Questão de método* (São Paulo, Difel, 1966), p. 124.

[3] Jesus de Paula Assis e Maria Encarnação Sposito (orgs.), *Milton Santos: testamento intelectual* (São Paulo, Editora Unesp, 2002), p. 46.

[4] Maria Ângela F. Pereira Leite (org.), *Encontros Milton Santos* (Rio de Janeiro, Beco do Azougue, 2007), p. 174.

[5] Ibidem, p. 30.

Tem como professores nomes prestigiados de diferentes áreas do saber, como Nestor Duarte, Aliomar Baleeiro e Luiz Vianna Filho. "Os professores eram extraordinários", lembra Milton[6].

Ao terminar o bacharelado em 1948, escolhe ser professor de geografia. Ele presta concurso e é admitido no Ginásio Municipal de Ilhéus. Nesse ínterim, é nomeado correspondente do periódico *A Tarde*, na cidade de Ilhéus, por Simões Filho – dono do jornal, na época o mais importante da Bahia. É também em Ilhéus que passa a frequentar os cursos de férias do Conselho Nacional de Geografia (CNG) do Instituto Brasileiro de Geografia e Estatística (IBGE) e participa das reuniões anuais da Associação dos Geógrafos Brasileiros (AGB).

Volta a morar na capital do estado em 1953, após passar em um concurso para ocupar a cadeira de Geografia Humana na Faculdade Católica de Salvador. É nomeado redator-chefe do jornal *A Tarde* em 1956, posição que aumenta seu prestígio e o projeta no cenário político e intelectual estadual. Nesse mesmo ano, participa do famoso Congresso da União Geográfica Internacional (UGI) no Rio de Janeiro – considerado um divisor de águas na geografia brasileira –, quando tem contato com grandes nomes da geografia mundial, sobretudo franceses e norte-americanos. Conhece nesse congresso um professor que o marcaria em definitivo, o geógrafo francês Jean Tricart. Milton torna-se aluno, admirador e amigo de Tricart, relação que lhe permite ir pela primeira vez à França, em 1957, na Universidade de Estrasburgo, onde elabora e defende doutoramento sob orientação de Tricart em 1958, com o título *Le centre de la ville de Salvador: étude de géographie urbaine*. A tese é traduzida e publicada no Brasil em 1959.

Ainda em 1959, cria a seção baiana da Associação dos Geógrafos Brasileiros, o Boletim Baiano de Geografia[7], e funda, com a ajuda de seu mestre francês, o Laboratório de Geomorfologia e Estudos Regionais na Faculdade Federal da Bahia, onde forma seus primeiros alunos. Nesse mesmo ano, passa a presidir a Imprensa Oficial do Estado da Bahia. Já em 1961, após ser escolhido por Jorge Calmon como representante do jornal *A Tarde* para acompanhar o então presidente Jânio Quadros em sua viagem a Cuba[8], Milton é nomeado pelo próprio presidente da República como subchefe da Casa Civil na Bahia (cargo apenas menos importante que o do governador do estado).

Terminada a atividade na Casa Civil – que dura poucos meses, mas aumenta sobejamente sua importância na cena política estadual –, Milton preside, a partir

---

[6] Idem.

[7] José Correia Leite, Odette Seabra, Mônica de Carvalho (orgs.), *Território e sociedade: entrevistas com Milton Santos* (São Paulo, Perseu Abramo, 2000) p. 82.

[8] Jorge Calmon, "O jornalista Milton Santos", em Maria A. de Souza (org.), *O mundo do cidadão, o cidadão do mundo* (São Paulo, Hucitec, 1996), p. 63.

de 1962, a Comissão Estadual de Planejamento Econômico (CEP), cargo que exerceu até ser preso pelo golpe militar em 1964. Na comissão, teve vários colegas diretamente ligados ao Partido Comunista (PC). Assim como na Sudene – que se formava pela intervenção direta de Celso Furtado –, no órgão de planejamento baiano se concentravam quadros da *intelligentsia* nordestina, sequiosos pela implementação de políticas de desenvolvimento regional, com grande apelo popular. Nesse contexto, pensa e formula projeto para a criação de bancos locais/regionais na Bahia (para uma ação numa escala menor que a do Banco do Nordeste), em consonância com os projetos da Sudene. Inspira-se em autores franceses, como François Perroux, Jacques Boudeville, Jean Labasse e o próprio Jean Tricart[9]. Tem contato com "uma turma de jovens bem ativos", que depois dariam suporte intelectual a Jango, como era o caso dos isebianos Guerreiro Ramos e Candido Mendes. O próprio Itamaraty – já no governo de João Goulart –, desejoso de fazer Milton diplomata brasileiro, envia-o para a África, onde conhece uma série de políticos e intelectuais diretamente ligados aos movimentos de descolonização no continente[10].

Por suas posições progressistas na atividade jornalística, suas ligações com o Partido Comunista e com o governo de Jango, e, sobretudo, por afrontar interesses patrimonialistas regionais em suas atividades na Comissão de Planejamento (CEP), Milton "tornou-se um dos alvos mais notórios do primeiro movimento de repressão a intelectuais na Bahia", lembra Fernando Pedrão[11]. É preso, com Nestor Duarte, como "bode expiatório"[12] do regime ditatorial em instalação. Nesse ínterim, e por solidariedade dos colegas franceses, é nomeado aos 38 anos professor na Universidade de Toulouse, viajando para a França em dezembro de 1964 para realizar seu "segundo exílio", sua segunda grande "experiência de desenraizamento"[13].

Essa mudança brusca de trajetória – "uma das suas experiências mais dolorosas"[14]– interferirá em ao menos duas posições de Milton: em primeiro lugar, ele se afasta das atividades políticas de caráter mais "partidário" e institucional, lembrando que esse convívio com a política lhe deu o "completo sentimento da fa-

---

[9] Jesus de Paula Assis e Maria E. Sposito (orgs.), *Milton Santos: testamento intelectual*, cit., p. 58.

[10] Ibidem, p. 57.

[11] Fernando Pedrão, "Uma injustiça atinada", em Maria A. de Souza (org.), *O mundo do cidadão, o cidadão do mundo*, cit., p. 61.

[12] Maria Ângela F. Pereira Leite (org.), *Encontros Milton Santos*, cit., p. 41.

[13] José Correia Leite, Odette Seabra e Mônica de Carvalho (orgs.), *Território e sociedade: entrevistas com Milton Santos*, cit., p. 74.

[14] Maria A. Silva, "Milton Santos: a trajetória de um mestre", em "El ciudadano, la globalización y la geografía. Homenaje a Milton Santos", *Scripta Nova*, Universidade de Barcelona, n. 124, 2002, v. VI.

tuidade do poder"[15]. Em segundo lugar, aproxima-se definitivamente das atividades acadêmicas, da vida universitária.

Na Universidade de Toulouse (1964-1967), inicia um período de trabalho extremamente profícuo na criação intelectual, dadas as condições favoráveis que encontra: remuneração adequada, enorme receptividade dos colegas, muito tempo para se dedicar aos estudos e bibliotecas bem servidas. Data desse início de sua estadia na França a participação de Milton Santos como professor e diretor de pesquisas do Institut d'Études du Developpement Économique et Social (Iedes), que foi criado em 1957 e em 1969 passa a fazer parte da Universidade de Paris I – Sorbonne, que publica a prestigiosa *Revue Tiers Monde*. No Iedes, conhece François Perroux (fundador e diretor do Institut) e se aprofunda no estudo de sua obra. Milton trabalha com os temas da "economia espacial", da "difusão das inovações" e das "teorias do desenvolvimento/subdesenvolvimento". Além de se aproximar do estudo desses temas centrais ao entendimento da divisão internacional do trabalho, vai paulatinamente se desfazendo da geografia francesa tradicional (que serviu de base a seus primeiros escritos na Bahia). Inicia uma verdadeira "resistência em relação ao aprendido"[16], principalmente contra os resquícios colonialistas e retrógrados que parte significativa dessa geografia europeia ainda possuía.

Terminado o contrato na Universidade de Toulouse depois de três anos, em 1968 leciona na Universidade de Bordeaux, onde permanece por apenas um ano. Em Bordeaux, termina a redação de seu primeiro livro, com explícita ambição teórica, intitulado *Le métier de géographe en pays sous-developpés* e publicado somente em 1971. Recebe convite então para lecionar na Sorbonne, por onde passaria mais três anos de sua vida (1968-1971), período em que já é reconhecido como um dos "principais líderes de uma geografia terceiro-mundista"[17].

O término do contrato na Sorbonne em 1971 vai transformá-lo num verdadeiro "pesquisador viajante", como qualificou Jacques Lévy[18]. Nesse mesmo ano, é convidado como *research-fellow* no Massachusetts Institute of Technology (MIT) e se muda para Cambridge (Estados Unidos), onde trabalha como pesquisador por um ano. O convite é feito por Lloyd Rodwin (então diretor do Departamento de Estudos Urbanos do MIT), que havia publicado artigo na *Tiers Monde* (número

---

[15] Maria Ângela F. Pereira Leite (org.), *Encontros Milton Santos*, cit., p. 40.

[16] José Correia Leite, Odette Seabra e Mônica de Carvalho (orgs.), *Território e sociedade: entrevistas com Milton Santos*, cit., p. 111.

[17] Hélène Lamicq, Ana M. Montenegro, C. Paix e Michel Rochefort, "Milton Santos, géographe et citoyen", *Tiers-Monde*, t. 42, n., 167, 2001, p. 714.

[18] Jacques Lévy, *Biografia de Milton Santos* (2011). Disponível em: <http://miltonsantos.com.br/site/biografia/>. Acesso em 5 fev. 2012.

especial dirigido por Milton com Bernard Kayser, em 1971). No MIT, ele encontra um entorno acadêmico extremamente favorável à pesquisa, o que lhe permitiu – entre outras coisas – estudar e avançar na redação de um de seus livros mais importantes, *L'espace partagé* [*O espaço dividido*]. Naquela instituição, foi possível também vislumbrar como se gestavam, "a partir dos intelectuais, as ideias-força de comando do mundo"[19]. Conheceu importantes pensadores progressistas – como Noam Chomsky – e presenciou no MIT manifestações públicas de pesquisadores absolutamente coadunados com projetos militares-imperialistas norte-americanos (no auge da Guerra do Vietnã).

Após o período no MIT, é nomeado *full visiting professor* na Universidade de Toronto, no Canadá, por onde permanece mais um ano (1972-1973). Em Toronto, termina a redação de seu *L'espace partagé*, obra que consolidaria todo o seu esforço de entendimento teórico e empírico da urbanização dos países do Terceiro Mundo. Esse livro – publicado na França em 1975 e traduzido para o inglês e para o português em 1979 – pode ser considerado um divisor de águas na trajetória do autor. A obra logo se tornou "uma verdadeira bíblia dos estudos do desenvolvimento urbano no Terceiro Mundo", lembra um dos principais estudiosos da urbanização até hoje, o geógrafo canadense Terence McGee[20]. A "teoria dos dois circuitos da economia urbana" que o livro traz projeta em definitivo seu nome nos círculos mundiais de debates sobre o planejamento regional, sobre a teoria da urbanização e do subdesenvolvimento. É lido por importantes autores de distintas filiações teóricas e matizes políticos, simpatizantes e "adversários", como é o caso de Richard Morse, Fréderic Mauro, David Harvey, Manuel Castells, Paul Claval, Boaventura de Sousa Santos, Elmar Altvater, entre tantos outros intelectuais do centro do sistema-mundo, *via de regra* refratários à teorização feita por colegas de países periféricos.

Ainda em 1972, torna-se consultor em projetos da Organização das Nações Unidas, principalmente na Organização Internacional do Trabalho (OIT) e na Organização dos Estados Americanos (OEA). Consegue recursos para viajar e estudar a realidade do emprego e da urbanização nos países do Terceiro Mundo. "Levado por missões técnicas e viagens de estudo, trabalhou no Senegal, Costa do Marfim, Daomei, Gana, Togo, Tunísia, Argélia, Cuba, México e Colômbia", lembra José Fernandes Dias[21].

Em função desses trabalhos prestados para a Organização dos Estados Americanos e para a Organização Internacional do Trabalho – e também por seus contatos

---

[19] Maria Ângela F. Pereira Leite (org.), *Encontros Milton Santos*, cit., p. 47-8.

[20] Terence McGee, "Geografia e desenvolvimento: crise e renovação", em Maria Adélia de Souza (org.), *O mundo do cidadão, o cidadão do mundo*, cit., p. 454.

[21] José Fernandes Dias, "Apresentação", em *A urbanização desigual* (2. ed., Petrópolis, Vozes, 1982), p. 8.

MILTON SANTOS

com intelectuais latino-americanos –, leciona na Universidade de Lima (Peru) ainda em 1973. Em 1974, depois de uma rápida passagem pela Universidade Central da Venezuela – onde trabalha com Maza Zavala –, se instala por dois anos na Tanzânia (1974-1976), colaborando na fundação da Universidade de Dar-es-Salaam. Readquire uma aproximação prática em relação ao planejamento econômico e regional (após os tempos de Comissão de Planejamento na Bahia), o que vai lhe permitir desenvolver uma série de críticas profundas e sistemáticas sobre o tema, como fica claro no texto "Planejando o subdesenvolvimento e a pobreza", publicado em seu livro *Economia espacial: críticas e alternativas* (1979).

Como lembra o próprio Milton, até o início da década de 1970, havia um clima de combate pela democracia no mundo e pela "causa" dos países subdesenvolvidos. O debate civilizatório influenciava as universidades dos países ricos[22], e as décadas de 1950 e 1960 podem ser entendidas como o período do "auge da solidariedade internacional" no mundo[23]. Do ponto de vista pessoal, além de sua verdadeira obstinação pelo trabalho acadêmico crítico e rigoroso, Milton congregava outros predicados favoráveis para sua inserção ativa nesse contexto terceiro-mundista: "Eu reunia a condição de 'exilado', de intelectualmente interessado nos temas de subdesenvolvimento, as leituras marxistas. [...] Era a pessoa ideal para figurar nesse movimento"[24].

Seu último posto no estrangeiro foi na Universidade Columbia, em Nova York, onde leciona em 1976. Nessa época, era tido por William Bunge[25] – geógrafo de grande prestígio nos Estados Unidos – como um "distinto e resistente geógrafo marxista". Ainda nesse ano, vem ao Brasil para a reunião da Sociedade Brasileira para o Progresso da Ciência (SBPC) por convite da socióloga Maria de Azevedo Brandão (UFBA). Apesar da interferência de amigos para seu regresso definitivo – principalmente de Maria Adélia de Souza e Armen Mamigonian –, não consegue nenhum posto em universidades brasileiras: "os professores das universidades, mesmo aqueles que se fingiam de esquerda, corriam dos professores chamados exilados como o diabo corre da cruz"[26], escreve Milton.

A volta ao Brasil, porém, era uma questão de tempo. Milton já era conhecido e reconhecido em importantes círculos do pensamento progressista mundial, sendo sua obra difundida, criticada e lida por autores da área de geografia e fora dela. Vale destacar ainda que, nesse período anterior à sua volta, participa ativamente da funda-

---

[22] Jesus de Paula Assis e Maria E. Sposito (orgs.), *Milton Santos: testamento intelectual*, cit., p. 26.

[23] José Correia Leite, Odette Seabra e Mônica de Carvalho (orgs.), *Território e sociedade: entrevistas com Milton Santos*, cit., p. 104.

[24] Jesus de Paula Assis e Maria E. Sposito (orgs.), *Milton Santos: testamento intelectual*, cit., p. 125.

[25] William Bunge, "Perspective on Theoretical Geography", *Annals of the Association of American Geography*, n. 1, 1979, v. 69, p. 171.

[26] Maria Ângela F. Pereira Leite (org.), *Encontros Milton Santos*, cit., p. 53.

ção e/ou renovação temática de duas das principais revistas "engajadas" de geografia que surgem nesse contexto: a *Hérodote* (França) e a *Antipode* (Estados Unidos).

Apesar de um convite para trabalhar na Nigéria, em 1977 Milton regressa ao Brasil, também em função de uma importante questão familiar: era de seu desejo – e de sua esposa, Marie-Hélène – que Rafael, seu filho, nascesse na Bahia. Aos poucos, consegue alguns trabalhos esporádicos – ministrando cursos em universidades e trabalhando em órgãos de planejamento estatais. Depois de lecionar quatro anos na Universidade Federal do Rio de Janeiro (1979-1983), presta concurso público e se instala em definitivo como professor titular no Departamento de Geografia da Universidade de São Paulo. É na USP que Milton trabalha até o final de sua vida (1984-2001), instituição que vai lhe dar as condições materiais e a "visibilidade" necessárias para a recomposição de seu "círculo de afinidades" acadêmicas, possibilitando ainda a organização de congressos e seminários (nacionais e internacionais) que alavancam também o Departamento de Geografia da instituição[27]. É a partir dessas condições favoráveis que continua suas pesquisas e a orientação de teses e dissertações, criando o que chegou a ser chamada – à revelia de Milton – uma "escola de pensamento" ao seu redor[28].

O retorno ao Brasil e uma filosofia da geografia

A retomada da vida acadêmica de Milton Santos no Brasil tem como ponto de partida um currículo verdadeiramente impressionante. Até o ano de 1977, havia publicado dezenove livros (sendo onze no Brasil, seis na França, um na Espanha e um no Canadá), escrito cerca de 119 artigos em importantes periódicos e livros (na Europa, nos Estados Unidos e na América Latina), além de acumular aos 51 anos de idade essa enorme experiência como professor e pesquisador nas já citadas instituições de ensino. Encontra também no Brasil um ambiente político em extrema efervescência, dadas a fadiga do regime militar e a aguerrida movimentação política (nas universidades e na sociedade civil) para a incorporação de demandas progressistas na agenda política nacional. Como lembra Ana Clara Torres Ribeiro[29], é o momento do "reencontro da nação com os brasileiros".

Mas sua volta tem também um ônus sobre essa ausência prolongada: por seus treze anos de exílio, havia perdido o contato com a literatura acadêmica que vinha sendo produzida sobre a realidade brasileira e não fazia parte de nenhum grupo político – ou de pesquisa – já estabelecido no país. Essa condição reforçaria suas convicções acerca da autonomia e da independência, que devem pautar o trabalho

---

[27] Rosa Ester Rossini, "Milton Santos: seu nome é solidariedade", em Maria A. Silva (org.), *Dez anos sem Milton Santos* (Salvador, Edufba, 2011), p. 280-4.

[28] Jesus de Paula Assis e Maria E. Sposito (orgs.), *Milton Santos: testamento intelectual*, cit., p. 133.

[29] Ana Clara Torres Ribeiro, "A (in)disciplina do saber ou o árduo caminho do concreto pensado", em Maria A. de Souza (org.), *O mundo do cidadão, o cidadão do mundo*, cit., p. 390.

MILTON SANTOS

acadêmico genuíno, e aprofunda sua *démarche* como intelectual público. Essa postura, aliás, é o que define em grande parte o intelectual para Milton: "intelectual é o indivíduo que tem um compromisso único com a verdade e que está muito mais preocupado com o prestígio que com o poder"[30]. O poder deriva necessariamente de acordos coletivos mecânicos e conjunturais; o prestígio, por seu turno, é fruto da reflexão crítica solitária, independente, que tem um compromisso com o futuro, por isso é um atributo de longo prazo para aqueles que o possuem.

Desde então, é possível dizer que sua obra se organiza a partir de duas preocupações: um conjunto de estudos voltados para o entendimento da urbanização e da cidadania no território brasileiro; e um conjunto voltado para o aprofundamento do debate teórico na geografia, para a construção de uma fundamentação filosófica dessa província do saber. Essas duas buscas não fogem ao próprio desígnio pessoal de Milton, que desejava se tornar tanto um *scholar* quanto um cidadão no retorno ao seu país[31]. Para ele, "um país incapaz de gerar suas próprias ideias está fadado a ser um país dependente"[32].

No que tange à sua preocupação com a realidade da urbanização e da cidadania no Brasil, é possível identificarmos cinco principais livros que escreve desde sua volta: *O espaço do cidadão* (1987), *Metrópole corporativa fragmentada* (1990), *A urbanização brasileira* (1993), *Por uma economia política da cidade* (1994) e, em certo sentido, *O Brasil: território e sociedade no início do século XXI* (2000), em coautoria com María Laura Silveira[33]. São obras que têm uma preocupação mais explícita com o trabalho empírico (bastante distante do "empirismo inocente"[34] de seus primeiros estudos na Bahia) e vão permitir ao autor desenvolver – e operacionalizar – no "concreto pensado" a evolução de suas propostas mais teóricas.

Já do ponto de vista de sua preocupação com a construção de uma teoria coerente e atualizada da geografia – a produção de uma "metageografia"[35] –, na volta

---

[30] Maria Ângela F. Pereira Leite (org.), *Encontros Milton Santos*, cit., p. 18.

[31] Jesus de Paula Assis e Maria E. Sposito (orgs.), *Milton Santos: testamento intelectual*, cit., p. 34.

[32] Milton Santos e Adriana Bernardes, "Tarefas da geografia brasileira num mundo em transformação: um momento de sua trajetória", *Ciência Geográfica*, n. 13. 1999, v. V, p. 5.

[33] O livro *O Brasil: território e sociedade* extrapola a busca pelo entendimento da urbanização brasileira e se constitui numa apurada síntese de todos os aspectos do funcionamento atual do território nacional (sua dinâmica demográfica e urbana, seus novos circuitos produtivos, a modernização do espaço agrícola, entre tantos outros processos que compõem a vida do território). Como mostra a coautora (María Laura Silveira, "O Brasil: território e sociedade no início do século XXI – a história de um livro", *ACTA Geografica*, edição especial, 2011, p. 151-63), o livro realiza um estudo crítico, profundo e coerente do território nacional e, ao mesmo tempo, operacionaliza os conceitos propostos por Milton em *A natureza do espaço* (1996).

[34] José Correia Leite, Odette Seabra e Mônica de Carvalho (orgs.), *Território e sociedade: entrevistas com Milton Santos*, cit., p. 111.

[35] Maria Ângela F. Pereira Leite (org.), *Encontros Milton Santos*, cit., p. 109.

402

INTÉRPRETES DO BRASIL

ao Brasil o autor elege em definitivo a categoria que julgava ser o cerne do conhecimento geográfico: o "espaço geográfico". É a partir da busca de uma definição ao mesmo tempo precisa e dinâmica dessa categoria que Milton vai construir todo seu sistema conceitual, condição *sine qua non* para o entendimento geográfico da realidade contemporânea e para estabelecer um debate fértil com as demais ciências sociais. Essa busca por uma "metageografia" tem pelo menos quatro grandes obras de síntese na trajetória de Milton: *O trabalho do geógrafo no Terceiro Mundo* (1971), *Por uma geografia nova* (1978), *Metamorfoses do espaço habitado* (1988) e finalmente sua obra maior, *A natureza do espaço* (1996).

No livro *O trabalho do geógrafo no Terceiro Mundo* – título inspirado no *Apologie pour l'histoire*, de Marc Bloch –, o autor ao mesmo tempo assimila e rejeita a geografia francesa clássica, introduzindo elementos que permitem um rechaço ao empirismo – a geografia como "inventário de dados"[36] – , assim como preconiza a necessidade de um recurso maior ao raciocínio abstrato nesse campo do saber[37]. Propõe novos parâmetros para a teorização na disciplina, com a incorporação criteriosa de elementos da filosofia da ciência e dos avanços que a economia e a sociologia registravam em seus respectivos debates "internos". Segundo comentário do próprio Milton (já nos anos 1990), "creio que é esse livro que me abre os caminhos que eu estou até hoje buscando trilhar. Ali estão, talvez, os problemas que eu fui pouco a pouco desenvolvendo"[38].

Ainda em relação às suas propostas conceituais, vale frisar o esforço do autor para a definição das noções de "tempo espacial" e de "rugosidades", fundamentais para a construção de uma análise geográfica não descolada da ideia de "tempo histórico"[39].

Data já dessa obra a crítica ao conceito de "paisagem" – tão caro à geografia francesa clássica –, considerando-a um "epifenômeno", de onde não se pode sacar um papel causal ou de "determinação" na explicação geográfica substantiva. A ideia da geografia como uma "filosofia das técnicas" – que é proposta por Milton pela primeira vez em 1958[40] – também é retomada no livro[41], mas terá sua forma mais bem-acabada em *A natureza do espaço*, 25 anos depois (1996). Em *O trabalho do geógrafo*, fica clara a capacidade do autor de dialogar com as demais ciências

---

[36] Milton Santos, *O trabalho do geógrafo no Terceiro Mundo* (3. ed., São Paulo, Hucitec, 1991), p. 7.

[37] Ibidem, p. 11s.

[38] Jesus de Paula Assis e Maria E. Sposito (orgs.), *Milton Santos: testamento intelectual*, cit., p. 28.

[39] Adriana Bernardes, "Milton Santos: breve relato da trajetória científica e intelectual de um grande geógrafo", *Boletim Paulista de Geografia*, n. 78, 2001, p. 144.

[40] A proposta original encontra-se no Prefácio do livro *Estudos de geografia da Bahia*, organizado por Milton Santos e Jean Tricart (Livraria Progresso, 1958).

[41] Milton Santos, *O trabalho do geógrafo no Terceiro Mundo*, cit., p. 60.

sociais, sem que esse diálogo repercuta numa perda de coerência epistemológica da própria teoria geográfica.

A segunda obra que tem uma explícita preocupação de teorização na trajetória bibliográfica de Milton Santos é sem sombra de dúvida seu revolucionário *Por uma geografia nova* (1978). Escrito fundamentalmente no período em que lecionava na Universidade de Dar-es-Salaam na Tanzânia, na Universidade Central da Venezuela e na Universidade Columbia em Nova York, o livro aprofunda várias questões colocadas em *O trabalho do geógrafo*, sobretudo as críticas à geografia "tradicional" francesa, mas também à ascendente geografia quantitativa anglo-saxã (a então chamada *new geography*). Para realizar essas críticas, Milton recorre a um aprofundado diálogo com a história da filosofia, com a história do pensamento geográfico, e incorpora em seu discurso os principais autores e debates que ocorriam na geografia, na economia e na sociologia, em especial aqueles autores de formação marxista. Em função dessa riqueza e complexidade dos autores trabalhados, é tarefa praticamente impossível definir um "viés" ou uma "escola teórica" à qual Milton pertence; há, porém, uma solução de continuidade claramente consolidada nesse livro: a busca pela definição precisa do que seria o "espaço geográfico" e a proposta de toda uma "filosofia espontânea" (para lembrar a expressão de Althusser) da geografia a partir dessa definição.

Parece ser justamente a incorporação do marxismo em seu discurso a solução teórica que permite a Milton aprimorar sua definição de espaço geográfico e, consequentemente, dar novas balizas para o pensamento crítico na geografia. Além de passar a trabalhar em definitivo com a categoria filosófica da "totalidade", introduz em seu discurso as categorias de "estrutura", "processo", "forma" e "função", como mediações para o entendimento geográfico da realidade[42]. Do marxismo de Lenin, Emílio Sereni e Amílcar Cabral, absorve ainda o debate sobre a "formação econômico-social", que propõe chamar em geografia de "formação socioespacial"[43]. Desse profícuo aproveitamento do legado de Marx, Milton propõe em *Por uma geografia nova* uma definição relativamente simples do que seria o espaço geográfico: uma "instância social"[44]. Portanto, assim como as instâncias "econômica",

---

[42] Idem, *Por uma geografia nova: da crítica da geografia a uma geografia crítica* (1978) (3. ed., São Paulo, Hucitec, 1990), p. 176-7.

[43] Ibidem, p. 191s.

[44] De acordo com a leitura althusseriana, uma das principais balizas nessa conjuntura intelectual dos anos 1960-1970, "Marx concebe a estrutura de toda sociedade como constituída por 'níveis' ou 'instâncias' articuladas por uma determinação específica: a infraestrutura ou base econômica ('unidade' de forças produtivas e relações de produção) e a superestrutura, que compreende dois 'níveis' ou 'instâncias': a jurídico-política (o direito e o Estado) e a ideológica (as distintas ideologias, religiosa, moral, jurídica, política etc.)"; ver Louis Althusser, *Aparelhos ideológicos de Estado* (2. ed., Rio de Janeiro, Graal, 2001), p. 60.

"político-jurídica" e "ideológica", o processo de totalização histórica estaria também condicionado pela "instância espacial" ou "geográfica".

O livro *Metamorfoses do espaço habitado* (1988), por seu turno, permite fazer uma nova "radiografia" do pensamento de Milton e enseja um entendimento de suas constantes propostas para o avanço conceitual da disciplina. Talvez uma das principais características dessa obra – e que já aparecem no seu livro anterior, *Espaço e método* (1985) – seja a preocupação do autor com a definição precisa de um arsenal de conceitos próprios da geografia que permitam um "modelo analítico", operacional para o desvelamento da realidade sob o ponto de vista geográfico; não é por outro motivo que o subtítulo da obra é "Fundamentos teóricos e metodológicos da geografia". Numa época em que a geografia de viés marxista – sobretudo aquela decalcada da obra do filósofo Henri Lefebvre – começa a produzir uma série de textos mais frouxos do ponto de vista epistemológico, nesse livro Milton retoma várias categorias essenciais do conhecimento geográfico ("território", "meio geográfico", "região", "paisagem", "lugar") e as atualiza[45]. O livro tem assim, para lembrar a feliz expressão de Francisco Scarlato[46], uma função de "crítica restauradora" da disciplina.

Além desse esforço de atualização do conhecimento geográfico, a retomada e ampliação do debate do "fenômeno técnico" permitem ao autor trabalhar novos conceitos, como "meio técnico-científico" e "período técnico-científico", fundamentais para o entendimento da "história do presente"[47]. Essa nova qualidade do espaço geográfico no período contemporâneo – em que as técnicas se tornam um "universal concreto" e se materializam em todos os continentes – autoriza Milton a advogar que a geografia, enfim, teria encontrado sua "maturidade histórica" como província do saber[48]. Já que toda parcela do espaço terrestre seria, no período atual, direta ou indiretamente atingida pelo "fenômeno técnico"[49], haveria hoje um efetivo "papel ativo do espaço geográfico" no processo de totalização histórica. Para qualificar essa nova característica do planeta, pela primeira vez trabalha sistematicamente com o

---

[45] Uma das principais dificuldades ligadas à produção de uma geografia marxista com solidez epistemológica advém do fato de que os livros de Marx e Engels – e da maior parte dos marxistas do século XX – desconsideram as categorias próprias da geografia; como nota Paul Claval em "Milton Santos e o pensamento radical", em Maria A. Brandão (org.), *Milton Santos e o Brasil*, cit., p. 19: "o pensamento radical não faz normalmente referência aos problemas espaciais".

[46] Francisco C. Scarlato, "Metamorfoses do espaço habitado: reencontrando a geografia", em Maria Adélia de Souza (org.), *O mundo do cidadão, o cidadão do mundo*, cit., p. 332.

[47] Milton Santos, *Metamorfoses do espaço habitado* (São Paulo, Hucitec, 1988), p. 11s.

[48] Ibidem, p. 36.

[49] Como lembra ainda Jürgen Habermas (*Técnica e ciência como "ideologia"*, Lisboa, Edições 70, 1994, p. 55), no atual período histórico, "se a técnica se transforma na forma englobante da produção material, define então uma cultura inteira; e projeta uma totalidade histórica – um 'mundo'".

termo "globalização" em sua obra, retirando do conceito seus conteúdos neoliberais, possibilitando um debate substantivo e progressista a partir dele[50].

No que diz respeito à sua definição de espaço geográfico, elenca dois tipos diferentes de aproximação no livro. Uma definição fundada na união dialética entre "fixos e fluxos", sendo os fixos "os próprios instrumentos de trabalho e as forças produtivas em geral", e os fluxos, "o movimento, a circulação, e assim eles nos dão, também, a explicação dos fenômenos da distribuição e do consumo"[51]. Mas é a internalização dos conceitos de "objeto" e de "ação humana" em seu sistema teórico que vai permitir ao autor chegar a uma segunda definição, mais próxima daquela que seria sua proposta "definitiva" de espaço geográfico (que aparecerá no livro *A natureza do espaço*).

Após esse longo e denso trajeto intelectual, Milton publica em 1996 – aos setenta anos de idade – seu principal livro, *A natureza do espaço: técnica e tempo, razão e emoção*. De acordo com vários comentadores de seus trabalhos, trata-se de um obra de enorme complexidade, mas sobretudo de grande maturidade intelectual e filosófica. Como lembra o próprio autor, foram necessários quinze anos de trabalho para sua redação, e uma das maiores ambições ali seria "mostrar que a geografia também é uma filosofia"[52], mais precisamente uma "filosofia das técnicas" (como mencionado havia quase quarenta anos, em *Estudos de geografia da Bahia*, de 1958).

Além da enorme, diversificada e espessa lista de autores elencados na bibliografia (são cerca de 555 livros e artigos), nota-se em *A natureza do espaço* um rigoroso – e renovado – esforço para a incorporação em seu sistema conceitual dos debates recentes da própria geografia, mas também da filosofia contemporânea, da fenomenologia, da "teoria da ação" e da "filosofia da técnica". Essas leituras ajudam o autor a captar o espírito do tempo (*Zeitgeist*) e preencher com os conteúdos da história do presente as categorias e os conceitos que julgava importantes em sua epistemologia.

Destarte, não seria exagero dizer que o livro encerra todo um projeto de vida, que acabou por se concretizar nessa verdadeira "ontologia do espaço geográfico" que propõe. Em outras palavras, Milton cria, com seu esforço intelectual, em grande parte solitário, uma verdadeira teoria social crítica a partir do principal objeto de estudo da geografia, o espaço geográfico. Em *A natureza do espaço*, ficaria assim definido esse conceito:

> O espaço é formado por um conjunto indissociável, solidário e também contraditório, de sistemas de objetos e de sistemas de ações, não considerados isoladamente, mas como o quadro único no qual a história se dá. No começo era uma natureza selvagem, formada por objetos naturais, que ao longo da história vão sendo substituídos por objetos fabricados, objetos técnicos, mecanizados e, de-

---

[50] Atilio A. Boron, "Duas fábulas perversas: a aldeia global e a livre mobilidade do trabalho", em Maria A. Brandão (org.), *Milton Santos e o Brasil*, cit., p. 189-201.

[51] Milton Santos, *Metamorfoses do espaço habitado*, cit., p. 77.

[52] Maria Ângela F. Pereira Leite (org.), *Encontros Milton Santos*, cit., p. 176.

406

pois, cibernéticos, fazendo com que a natureza artificial tenda a funcionar como uma máquina. [...] Os objetos não têm realidade filosófica, isto é, não nos permitem conhecimento, se os vemos separados dos sistemas de ações. Os sistemas de ações também não se dão sem os sistemas de objetos.[53]

É possível identificar uma obra que está muito longe da "timidez linguística" que o autor modestamente assumia possuir[54], por ocasião da escrita de seus primeiros livros na França (décadas de 1960 e 1970). Vê-se em *A natureza do espaço* uma sofisticada capacidade de trabalho com categorias e ideias, de entendê-las, cotejá-las, interpretá-las e reuni-las em nova síntese própria, capacidade típica de um "artesão intelectual", para lembrar a expressão de Wright Mills[55]. E mesmo com os neologismos que propôs no livro (como os de "verticalidades" e "horizontalidades", "tecnoesfera" e "psicoesfera", "meio técnico-científico-informacional") nunca deixou de se pautar por essas duas características principais do *scholar*: a coragem de propor e a humildade de reconhecer que sempre esteve seguindo trilhas abertas por outros pensadores.

Esses elementos ao mesmo tempo analíticos e críticos de sua teoria é que permitiram ao autor produzir um "conhecimento assentado na prática"[56] e identificar as "determinações espaciais da realidade social", lembra a socióloga Ana Clara Torres Ribeiro[57]. Com a publicação de *A natureza do espaço* – como mostra María Laura Silveira[58] –, "ao passo que ressignifica a disciplina, o geógrafo teria achado, assim, as lentes aptas para interpretar o mundo contemporâneo". Não parece ser por outro motivo que, na década de 1990, volta em Milton o desejo de participar de modo mais explícito na política do país; mas uma participação que se daria por meio de sua "militância pelas ideias", e não por algum tipo de militância político--partidária. Como demonstra em uma de suas entrevistas, "está cada vez mais claro, para mim, que a atividade acadêmica é o introito indispensável à produção do discurso político"[59], e que "não há discurso político que se mantenha se não for precedido de um bom discurso acadêmico"[60].

---

[53] Milton Santos, *A natureza do espaço: técnica e tempo, razão e emoção* (São Paulo, Hucitec, 1996), p. 51.

[54] Jesus de Paula Assis e Maria E. Sposito (orgs.), *Milton Santos: testamento intelectual*, cit., p. 38.

[55] C. Wright Mills, *A imaginação sociológica* (Rio de Janeiro, Zahar, 1975).

[56] Emil Sader, "Milton", *Caros Amigos*, ago. 2001.

[57] Ana Clara Torres Ribeiro, "A (in)disciplina do saber ou o árduo caminho do concreto pensado", cit., p. 39.

[58] María Laura Silveira, "Milton Santos: uma obra, uma teoria", *AGB Informa*, n. 62, encarte especial, 1996, p. 10.

[59] José Correia Leite, Odette Seabra e Mônica de Carvalho (orgs.), *Território e sociedade: entrevistas com Milton Santos*, cit., p. 111.

[60] Ibidem, p. 122-3.

MILTON SANTOS

Ainda no conjunto dessas propostas mais "recentes" de sua obra, sua busca para "desmantelar a ideologia da globalização"[61] e a crença no que chamou de "período popular da história" parecem também duas de suas maiores contribuições para a inteligibilidade do mundo atual. A globalização, lembra-nos Milton Santos em um de seus últimos livros, é um período histórico fundado em duas principais tiranias: a "tirania da informação" e a "tirania do dinheiro"[62]. Valendo-se da enorme eficácia e ubiquidade que os sistemas técnicos hoje permitem (sistemas produtivos, de transporte, de comunicação), algumas poucas empresas de alcance global possuem condições de minimizar a ação republicana dos Estados e arrastar para sua órbita, direta ou indiretamente, todas as regiões produtivas, todas as populações, os excedentes e os sistemas culturais locais.

Porém, ao incidirem sobre os lugares (isto é, as combinações locais, cotidianas, de objetos e ações), os desarranjos causados por esses gigantescos monopólios obrigam as populações à criação de soluções alternativas, de combinações "contrarracionais" de ações e objetos técnicos "que escapam ao totalitarismo da racionalidade"[63]. As ações "fora" dos circuitos de produção globalizados são muito mais simbólicas do que instrumentais; são ações comunicativas, resultado da copresença cotidiana e da intersubjetividade criada entre atores sociais localizados. O uso que essas populações "periféricas" fazem dos sistemas de objetos à sua disposição produz "novas formas de coexistência" nas cidades[64]. Os lugares têm uma força enorme, portanto, e essa força tem de ser levada em conta para a superação do atual período histórico[65]. Dessa maneira, para o autor, "nunca houve na história sistemas tão propícios a facilitar a vida e a felicidade do homem. [...] Está tudo aí, do ponto de vista da materialidade, para que a gente promova um outro mundo. Está faltando o dado político"[66].

É essa a raiz da ideia do "período popular da história", que segundo o autor vai substituir a atual globalização. Era convicção de Milton Santos que

> [...] nós estamos entrando em uma fase diferente, porque vai haver uma mudança qualitativa extremamente forte, onde tudo vai se submeter ao homem e não à técnica, ela própria comandada pela produção, como tem sido até hoje. [...] Essa nova tese resulta não apenas de uma vontade de esperança e de uma crença no futuro, mas de uma leitura diferente do fenômeno técnico, uma leitura mais filosófica

---

[61] Ibidem, p. 116.

[62] Milton Santos, *Por uma outra globalização: do pensamento único à consciência universal* (Rio de Janeiro, Record, 2000).

[63] Idem, *A natureza do espaço: técnica e tempo, razão e emoção*, cit., p. 261.

[64] Idem, *Por uma outra globalização*, cit., p. 113.

[65] Idem, *A natureza do espaço*, cit.

[66] Maria Ângela F. Pereira Leite (org.), *Encontros Milton Santos*, cit., p. 184.

do que pragmática. O fenômeno técnico é por definição também uma forma de produção da inteligência do homem.[67]

Ao ser içado o homem ao centro das preocupações civilizacionais, a humanidade finalmente superará o atual período da globalização. Conforme preconizado em seu *Por uma outra globalização* (2000), o mundo deixado ao sabor das vicissitudes dos atores hegemônicos tende a ser um mundo onde a crise é estrutural, já que os maiores esforços para solucionar os problemas da humanidade pautam-se apenas na lógica das finanças e dos atores financeiros. Enquanto essa for a preocupação principal, todas as demais variáveis não financeiras – a economia produtiva e o trabalho, a saúde, a educação, a cultura – permanecerão em crise.

A geografia engajada: um projeto voltado para o futuro

O minucioso e engajado trabalho para a construção de sua geografia fez com que Milton Santos chegasse ao final da vida com uma produção bibliográfica impressionante: são quarenta livros, quinze trabalhos de editoria, 21 "publicações menores" e cerca de 380 artigos científicos[68]. É laureado com vinte títulos de doutor *honoris causa*, entre 1980 e 2000, em universidades brasileiras, latino-americanas e europeias. Em 1994, recebeu a maior honraria da comunidade geográfica internacional, o Prêmio Vautrin Lud, considerado uma espécie de "Prêmio Nobel" dessa comunidade. Voltou a exercer sua verve publicista em escala nacional ao ser convidado no final da década de 1990 para escrever sistematicamente nos jornais *Folha de S.Paulo* e *Correio Braziliense*.

Milton fez do tempo seu aliado na reflexão teórica. Não se rendeu ao que ele próprio chamou de "aceleração contemporânea"[69] e, lentamente, a cada livro ou artigo escrito, amadurecia ideias que julgava importantes e deixava de lado aquelas que não lhe pareciam mais coetâneas. Soube como poucos fazer uso de um enorme estoque de conhecimento concomitantemente ao recurso à imaginação teórica. Professor ao mesmo tempo elegante, rigoroso e generoso, em todas as universidades que lecionou, incentivava os alunos que demonstravam talento para o trabalho acadêmico. Muito crítico consigo mesmo e extremamente atento ao movimento do mundo, conseguiu discernir com grande perspicácia os temas, debates e autores significativos de cada época intelectual que viveu. Foi sempre inovador, mas ao mesmo tempo adversário dos modismos, aqueles impostos pela grande mídia ou aqueles derivados de falso prestígio de autores, universidades ou revistas científi-

---

[67] Ibidem, p. 110-1.

[68] Flavia Grimm, "Aspectos da produção teórica e da organização do arquivo de documentos do geógrafo Milton Santos", *Revista do IEB*, n. 52, 2011, p. 165.

[69] Milton Santos, *A natureza do espaço*, cit.

cas dos países centrais[70]. Combateu ferozmente o individualismo, o carreirismo, a privatização e a burocratização na universidade, males comparáveis aos modismos na produção intelectual. Redigiu a maior parte de sua obra "recente" numa recusa fundamentada a debates vazios como os do pós-modernismo, do "fim da história" e do "fim da geografia". Colocou-se contra o pensamento único dos *think-tanks* capitalistas norte-americanos e também foi extremamente avesso ao ecologismo obtuso, que tende a ver aumento na importância da "primeira natureza" como fator determinante na organização do mundo atual.

O fato de ser um autor muito lido e também criticado impediu que ele e atualmente sua obra se tornassem *establishment*. É por isso mesmo que seus livros são tanto "clássicos" (no sentido dado por Italo Calvino, de terem se tornado "balizas" para o pensamento contemporâneo) quanto obras "vivas", voltadas para a compreensão do mundo atual, para a liberdade e para o futuro. Essa envergadura de sua vida e obra é que permite colocá-lo no rol de grandes nomes do pensamento social brasileiro, do qual fazem parte Caio Prado Júnior, Sérgio Buarque de Holanda, Josué de Castro, Guerreiro Ramos, Ignácio Rangel, Florestan Fernandes, Darcy Ribeiro, Paulo Freire, Celso Furtado, entre (poucos) outros.

O mundo parece insistir na atualidade de suas propostas neste período da globalização. A recente crise financeira global, os diferentes tipos de "revoltas populares" catalisadas pelas técnicas da informação e as frequentes manifestações de "contrarracionalidades" nas grandes cidades – dos países periféricos e dos países centrais – indicam que a geografia de Milton possibilita uma precisa codificação desses problemas, além de mostrar a clarividência do autor. Milton propôs um "entendimento do mundo que significa, também, sua transformação"[71].

Seu projeto de vida, nesse sentido, se completou plenamente. Além de geógrafo, Milton foi um intelectual público, na acepção que Sartre dá à palavra, isto é, um "guardião dos fins fundamentais (emancipação, universalização e portanto humanização do homem)"[72]. Lutou por esses "fins fundamentais" a seu modo, num incansável combate por meio da *práxis intelectual*, a partir de suas ideias libertárias. Seu legado é também um convite. Um convite para que todos aqueles preocupados com o destino da humanidade não esmoreçam na difícil batalha de tornar o espaço geográfico guarida perfeita para a vida digna de toda a população do mundo. Sem exceções.

---

[70] Maria Adélia de Souza, "Por ouvir dizer e por querer saber: conversando com Milton", em Maria Adélia de Souza (org.), *O mundo do cidadão, o cidadão do mundo*, cit., p. 26-34.

[71] María Laura Silveira, "Milton Santos: uma obra, uma teoria", cit., p. 10-1.

[72] Jean-Paul Sartre, *Em defesa dos intelectuais* (São Paulo, Ática, 1994), p. 52.

Os autores

Agnaldo dos Santos é professor de economia política da Universidade Estadual Paulista Júlio de Mesquita Filho (Unesp-Marília). Tem experiência na área de sociologia, com ênfase em sociologia do desenvolvimento. É autor de *Entre o cercamento e a dádiva: inovação, cooperação e abordagem aberta em biotecnologia* (Blucher, 2011) e *Juventude metalúrgica e sindicato no ABC paulista* (Edição do Autor, 2010).

Alexandre de Freitas Barbosa é professor de história econômica e economia brasileira do Instituto de Estudos Brasileiros da Universidade de São Paulo (IEB--USP), membro da direção da Associação Brasileira de Estudos do Trabalho (Abet) e autor de *A formação do mercado de trabalho no Brasil* (Alameda, 2008).

Ângela Antunes é mestre e doutora pela Faculdade de Educação da USP. É diretora do Instituto Paulo Freire e autora, entre outras publicações, dos livros *Educação cidadã, educação integral: fundamentos e práticas* (Instituto Paulo Freire, 2010) e *Aceita um conselho? Como organizar os colegiados escolares* (Cortez, 2005).

Angélica Lovatto é professora do programa de pós-graduação em Ciências Sociais na Unesp-Marília. Autora de *A utopia nacionalista de Helio Jaguaribe: os anos do ISEB* (Xamã, 2010), coordena o grupo de pesquisa "Pensamento Político Brasileiro", na Unesp.

Antonio Carlos Mazzeo é professor adjunto da Faculdade de Filosofia e Ciências da Unesp. É autor, entre outros livros, de: *O voo de Minerva: a construção da política, do igualitarismo e da democracia no ocidente antigo* (Boitempo, 2009) e *Sinfonia inacabada: a política dos comunistas no Brasil* (Unesp/Boitempo, 1999).

Carlos Mallorquín foi professor da Benemérita Universidade Autónoma de Puebla (Buap) e atualmente é professor no doutorado da unidade de Estudos do Desenvolvimento da Universidade Autónoma de Zacatecas, México. Escreveu uma biografia intelectual de Celso Furtado e atualmente trabalha em algo similar em torno de Raúl Prebisch.

EVERALDO DE OLIVEIRA ANDRADE é mestre e doutor em história pela USP. Foi diretor e professor de história da América da Universidade de Guarulhos. É professor de história contemporânea da USP. Autor de *A revolução boliviana* (Editora Unesp, 2007) e *Bolívia: democracia e revolução* (Alameda, 2011).

FABIO BETIOLI CONTEL é professor do Departamento de Geografia da Faculdade de Filosofia, Letras e Ciências Humanas (FFLCH) da USP. Possui graduação em geografia, mestrado e doutorado em geografia humana pela USP. Realizou parte do doutorado na Friedrich-Schiller-Universität Jena (Alemanha), em 2005, onde foi também pesquisador visitante em 2007.

FLÁVIO AGUIAR nasceu em Porto Alegre em 1947. Foi professor de literatura brasileira na USP de 1972 a 2006 e na pós-graduação até 2012. Sempre militou na imprensa, e hoje na mídia alternativa, atuando como correspondente de várias publicações brasileiras em Berlim, onde mora desde 2007. Ganhou três vezes o Prêmio Jabuti da Câmara Brasileira do Livro (CBL).

GUILLERMO ALMEYRA, militante de esquerda histórico da Argentina, nasceu em 1928. Doutor em ciências políticas pela Universidade de Paris-VIII, trabalha no Conselho Latino-Americano de Ciências Sociais (Clacso) e é analista internacional do jornal mexicano *La Jornada*. Foi professor da Universidad Autónoma de México (Unam), da Universidad Autónoma Metropolitana (Uam) e da Universidade de Buenos Aires (UBA).

HAROLDO CERAVOLO SEREZA é doutor em literatura brasileira pela USP. Jornalista de formação, é autor de *Florestan: a inteligência militante* (Boitempo, 2005) e da tese "O Brasil na Internacional Naturalista: adequação do método e da temática naturalista na literatura brasileira do século XIX".

ISA GRINSPUM FERRAZ é formada em ciências sociais pela USP, roteirista e documentarista. Diretora da Fundação Darcy Ribeiro, dirigiu as séries *O povo brasileiro*, *Intérpretes do Brasil* e *O valor do amanhã*, além do longa-metragem documental *Marighella*. Coordenou a criação de conteúdos e roteiros do Museu da Língua Portuguesa, em São Paulo.

JOÃO QUARTIM DE MORAES graduou-se em ciências jurídicas e sociais e em filosofia pela USP. Fez o Doctorat D'État en Science Politique na Fondation Nationale de Science Politique da Academia de Paris. Foi professor titular da Universidade Estadual de Campinas (Unicamp), desenvolveu pesquisas e publicou artigos e livros nas áreas de história da filosofia antiga, teoria política, materialismo, marxismo, instituições brasileiras etc.

LINCOLN SECCO é professor livre-docente de história contemporânea na USP. É autor de *A revolução dos cravos* (Alameda, 2004), *História do PT* (Ateliê, 2011) e *Caio Prado Júnior, o sentido da revolução* (Boitempo, 2008), entre outros.

OS AUTORES

LUIZ BERNARDO PERICÁS é formado em história pela Universidade George Washington, doutor em história econômica pela USP e pós-doutor em ciência política pela Flacso (México). Professor de história contemporânea da USP, foi *visiting scholar* na Universidade do Texas. É autor, entre outros, de *Cansaço, a longa estação* (Boitempo, 2012), *Os cangaceiros: ensaio de interpretação histórica* (Boitempo, 2010) e *Che Guevara y el debate económico en Cuba* (Buenos Aires, Corregidor, 2011).

MARCELO RIDENTI é professor titular de sociologia na Unicamp e pesquisador do Conselho Nacional de Desenvolvimento Científico e Tecnológico (CNPq). É autor de *Brasilidade revolucionária* (Unesp, 2010), *O fantasma da revolução brasileira* (Unesp, 2005) e *Em busca do povo brasileiro* (Record, 2000), entre outros livros.

MARCOS DEL ROIO é professor titular em ciências políticas da Unesp, diretor da revista *Novos Rumos* e presidente do Instituto Astrojildo Pereira. É autor de *A classe operária na revolução burguesa* (Oficina de Livros, 1990), *Os prismas de Gramsci* (Xamã, 2005) e *O império universal e seus antípodas* (Ícone, 1998).

MARCOS SILVA é professor titular de metodologia da história na USP. Publicou, entre outros livros, *Prazer e poder do amigo da onça* (Paz e Terra, 1989). Organizou doze coletâneas, entre elas o *Dicionário crítico Câmara Cascudo* (Perspectiva, 2003) e o *Dicionário crítico Nelson Werneck Sodré*. Participa do Grupo Ô de Casa, dedicado à cultura popular.

MARIA CÉLIA WIDER é jornalista formada pela Universidade Federal do Rio de Janeiro (UFRJ) e autora de *Caio Prado Jr., um intelectual irresistível* (Brasiliense, 2007), entre outros.

MARIO HELIO GOMES DE LIMA é jornalista e escritor, mestre em História pela Universidade Federal de Pernambuco e doutor em Antropologia pela Universidade de Salamanca, na Espanha, onde leciona. Publicou, entre outros livros, *Gilberto Freyre* (Massangana, 2010) e *Casa-Grande & Senzala: o livro que dá razão ao Brasil mestiço e pleno de contradições* (É Realizações, 2013).

MÁRIO MAESTRI iniciou seus estudos em história na Universidade Federal do Rio Grande do Sul (UFRGS), em 1970, na Universidade de Chile (1971-1973) e na Universidade Católica da Lovaina (UCL), Bélgica. Pós-graduou-se com dissertação de mestrado sobre a África negra pré-colonial e doutorou-se com tese sobre a escravidão no Rio Grande do Sul. É professor do programa de pós-graduação em História da Universidade de Passo Fundo (UPF).

MARISA MIDORI DEAECTO é docente da Escola de Comunicações e Artes (ECA), na USP, e da Cátedra de História e Civilização do Livro, em Paris, 2012-2013. Autora de *O império dos livros* (Edusp, 2011), é ganhadora do Prêmio Sérgio Buarque de Holanda, da Fundação Biblioteca Nacional (1º lugar), na categoria Melhor Ensaio do Ano de 2011, e Prêmio Jabuti – Comunicação 2011 (1º lugar).

MILTON PINHEIRO é professor de ciência política da Universidade do Estado da Bahia (Uneb). Coordena o Cemarx da mesma universidade e pesquisa a história da esquerda brasileira, com ênfase na história e nas formulações do PCB. É autor e organizador, entre outros, de *A reflexão marxista sobre os impasses do mundo atual* (Outras Expressões, 2012), edita a revista *Novos Temas* e dirige o Instituto Caio Prado Júnior (ICP).

PAULO ALVES JUNIOR é doutor em Sociologia pela Unesp de Araraquara, onde defendeu a tese "Um intelectual na trincheira: José Honório Rodrigues, um intérprete do Brasil", em 2010.

PAULO DOUGLAS BARSOTTI, professor da Fundação Getulio Vargas (SP), organizou, com Luiz Bernardo Pericás, os livros *América Latina: história, ideias e revolução* e *América latina: história, crise e movimento*, publicados pela editora Xamã.

PAULO RIBEIRO DA CUNHA é professor de teoria política da Unesp de Marília, autor de *Um olhar à esquerda* (Revan, 2002) e co-organizador, com Fátima Cabral, de *Nelson Werneck Sodré, entre o sabre e a pena* (Unesp, 2006), entre outros.

RICARDO BIELSCHOWSKY é professor do Instituto de Economia da UFRJ. É autor de mais de cinquenta publicações, com destaque para a história das ideias econômicas brasileira e latino-americana. Publicou *Pensamento econômico brasileiro, o ciclo ideológico do desenvolvimentismo (1930-1964)* (Contraponto, 2004) e *Cinquenta anos de pensamento na Cepal* (Record, 2000).

THIAGO LIMA NICODEMO é pesquisador de pós-doutorado do IEB-USP e professor do programa de pós-graduação em História da Universidade Federal do Espírito Santo (Ufes). É autor de *Urdidura do vivido, visão do paraíso e a obra de Sérgio Buarque de Holanda dos anos 1950* (Edusp, 2008).

OUTRAS PUBLICAÇÕES DA BOITEMPO

ARSENAL LÊNIN

Conselho editorial: Antonio Carlos Mazzeo,
Antonio Rago, Fábio Palácio,
Ivana Jinkings, Marcos Del Roio, Marly Vianna,
Milton Pinheiro e Slavoj Žižek

Esquerdismo, doença infantil do comunismo
VLADÍMIR ILITCH LÊNIN
Tradução de Edições Avante!
Prefácio de Atilio A. Borón
Orelha de Sâmia Bomfim
Apoio de Fundação Maurício Grabois

BIBLIOTECA LUKÁCS

Coordenação: José Paulo Netto e
Ronaldo Vielmi Fortes

Estudos sobre Fausto
GYÖRGY LUKÁCS
Tradução de NÉLIO SCHNEIDER
Revisão técnica de Ronaldo Vielmi Fortes
Apresentação de Luiz Barros Montez
Orelha de Jorge de Almeida

*Estética: a peculiaridade do estético —
volume 1*
GYÖRGY LUKÁCS
Tradução de Nélio Schneider
Revisão técnica de Ronaldo Vielmi Fortes
Apresentação de José Paulo Netto
Orelha de Ester Vaisman

ESCRITOS GRAMSCIANOS

Conselho editorial: Alvaro Bianchi, Daniela
Mussi, Gianni Fresu, Guido Liguori, Marcos del
Roio e Virgínia Fontes

Vozes da terra
ANTONIO GRAMSCI
Organização e apresentação de Marcos Del
Roio
Tradução de Carlos Nelson Coutinho e Rita
Coitinho
Notas da edição de Rita Coitinho e Marília
Gabriella Borges Machado
Orelha de Giovanni Semeraro

ESTADO DE SÍTIO

Coordenação: Paulo Arantes

Colonialismo digital
DEIVISON FAUSTINO E WALTER LIPPOLD
Prefácio de Sérgio Amadeu da Silveira
Orelha de Tarcízio Silva

MARX-ENGELS

O essencial de Marx e Engels
KARL MARX E FRIEDRICH ENGELS
Organização de Marcello Musto
Tradução de Nélio Schneider e outros
Apresentação de José Paulo Netto
Orelha de Marilena Chaui e
Jorge Grespan (v. 1);
Leda Paulani e Alfredo Saad Filho (v. 2);
Virgínia Fontes e Lincoln Secco (v. 3)

Para a crítica da economia política
KARL MARX
Tradução de Nélio Schneider
Apresentação de Jorge Grespan
Orelha de Hugo da Gama Cerqueira

MUNDO DO TRABALHO

Coordenação: Ricardo Antunes
Conselho editorial: Graça Druck, Luci Praun,
Marco Aurélio Santana, Murillo van der Laan,
Ricardo Festi, Ruy Braga

*As novas infraestruturas produtivas:
digitalização do trabalho, e-logística e
Indústria 4.0*
RICARDO FESTI E JÖRG NOWAK (ORGS.)
Orelha de Maria Aparecida Bridi

PONTOS DE PARTIDA

Lênin: uma introdução
JOÃO QUARTIM DE MORAES
Orelha de Juliane Furno

Lukács: uma introdução
JOSÉ PAULO NETTO
Orelha de João Leonardo Medeiros

Fotograma de *Cabra marcado para morrer* (1985).

Publicado dias após a morte do cineasta Eduardo Coutinho, um dos mais sensíveis intérpretes da sociedade brasileira, cuja obra representa uma reviravolta radical na forma da relação entre os intelectuais e o povo, este livro foi composto em Minion Pro, corpo 10,5/13,5, e reimpresso em papel Avena 80 g/m² pela gráfica Forma Certa, para a Boitempo, em fevereiro de 2025, com tiragem de 300 exemplares.